KB132166

영화이미지학

일러두기

1. 이 책에서 빈번히 인용된 저서나 글은 맨 처음에 해당 서지를 자세히 밝히고, 이하 각주 및 본문에서 제목과 쪽수로만 표기했다.

2. 국내 번역서 인용 중 저자가 부분적으로 보완·수정하여 옮긴 경우 괄호를 넣어 표시하고 해당 각주에 이를 밝혔다.

3. 인명과 지명의 외래어 표기는 국립국어원 고시를 존중하되, 서지사항은 출간된 대로 표기했다.(예: 본문에서는 더들리 앤드루, 서지사항에서는 더들리 앤드류) 단, 일부는 관용을 따랐다.(예: 게오르그 짐멜)

4. 가독성을 고려해, 가급적 명사나 동사의 단위별 붙여쓰기를 허용했다.

5. 단행본은 『 』, 글은 「 」, 영화나 공연 제목은 〈 〉로 표시했다.

STUDIUM
스투디움 총서 06

영화이미지학

김호영

문학동네

차례

프롤로그: 영화이미지(학)란 무엇인가? *009*

제1부 이미지−지각: 베르그손 & 벤야민 & 베르토프

제1장 지각과 이미지, 그리고 영화이미지: 베르그손 *021*

1. 근대 기계주의적 지각과 영화적 환영 *022*

(1) 근대 과학의 기계주의적 지각구조: 시간과 운동의 규칙적 분할 ‖ (2) 영화적 지각구조와 근대 기계론적 환영

2. 이미지와 지각 *031*

(1) 이미지란 무엇인가? ‖ (2) 이미지의 두 체계와 신체 이미지 ‖ (3) 지각과 정감 ‖ (4) 지각과 기억

결절 *046*

제2장 분산적 지각에서 몽타주적 지각으로: 벤야민 *051*

1. 근대의 지각양식 변화와 분산적 지각: 짐멜과 크라카우어 *052*

(1) 대도시와 지각양식의 변화−신경과민증에서 둔감증으로: 짐멜 ‖ (2) 영화−분산적 지각과 깨어남: 크라카우어

2. 시각적 충격에서 분산적 지각으로: 벤야민 *059*

(1) 근대의 이미지들과 시각적 충격: 아케이드, 교통, 군중 ‖ (2) 영화: 촉각적 지각에서 분산적 지각으로

3. 기계적 지각과 영화 *074*

(1) 기계복제 예술: 지속성의 소멸과 지각의 기계화 ‖ (2) 기계적 리듬과 기계적 지각, 그리고 영화

4. 변증법적 지각 및 보기의 변증법 *084*

(1) 변증법적 지각과 영화: 꿈꾸기와 깨어나기 ‖ (2) 몽타주적 지각 및 보기의 변증법

결절 *106*

제3장 물질적 지각과 물질적 우주: 베르토프 *109*

1. 키노−아이: 기계−눈과 기계적 지각 *111*

(1) 키노−아이: 기계적 지각, 기계적 구성 ‖ (2) 키노−아이: 현실의 기록 및 구성

2. 몽타주: 사물의 운동과 물질적 지각 *121*

(1) 몽타주: 사물의 운동과 리듬 ‖ (2) 몽타주: 물질의 운동, 물질의 지각

3. 간격 *129*

(1) 간격: 이미지 사이의 운동 ‖ (2) 간격과 내재성의 평면: 바깥 및 시간에 대한 사유

결절 *139*

제2부 이미지―정신: 엡슈타인 & 발라즈 & 모랭 & 미트리

제4장 포토제니, 그리고 사유하는 기계로서의 영화: 엡슈타인 *145*

1. 포토제니와 영화이미지: 델뤽과 엡슈타인 *147*

(1) 델뤽의 포토제니: 사진과 영감의 결합 ‖ (2) 엡슈타인의 포토제니: 영화이미지와 정신적 특질의 증대

2. 영화: 시간을 사유하는 기계 *157*

(1) 포토제니의 운동성: 시공간 안에서의 가변성 ‖ (2) 영화이미지와 시간적 원근법 ‖ (3) 영화: 시간을 사유하는 기계

3. 영화이미지: 애니미즘적, 원시주의적 언어 *168*

(1) 인격성과 애니미즘 ‖ (2) 원시주의와 현전성

결절 *175*

제5장 상相, 얼굴, 신체: 발라즈 *179*

1. 영화이미지와 상 *180*

(1) 상: 내적 특질 및 영혼을 나타내는 외적 형상 ‖ (2) 영화이미지와 상

2. 얼굴과 클로즈업 *188*

(1) 영화 속 얼굴: 이중적, 다성적 언어 ‖ (2) 클로즈업 및 클로즈업된 얼굴: 부분이자 전체, 자율적 전체 ‖ (3) 클로즈업: 시각적 무의식성 및 미세표정법

3. 가시적 언어 및 신체언어로서의 영화이미지 *208*

(1) 가시적 언어로서의 영화이미지 ‖ (2) 신체언어로서의 영화이미지

결절 *219*

제6장 **영화이미지의 이중성과 초현실성: 모랭** *221*

1. 영화이미지의 이중성 *223*
(1) 물질적 이미지이자 정신적 이미지 ‖ (2) 객관적 이미지이자 주관적 이미지 ‖ (3) 분신으로서의 영화이미지

2. 영화이미지의 몽환성, 마법성, 초현실성 *235*
(1) 몽환적 세계 또는 마법적 세계 ‖ (2) 영화이미지의 초현실성

결절 *249*

제7장 **지각이자 정신, 실재이자 형상으로서의 영화이미지: 미트리** *252*

1. 지각이미지, 실재이미지, 정신이미지 *253*
(1) 이미지란 무엇인가? ‖ (2) 지각이미지와 정신이미지 ‖ (3) 실재이미지와 정신이미지

2. 실존−본질, 실재−형상으로서의 영화이미지 *262*
(1) 실존이자 본질로서의 영화이미지 ‖ (2) 실재이자 형상으로서의 영화이미지

3. 언어기호로서의 영화이미지 *272*
(1) 언어기호로서의 영화이미지 ‖ (2) 영화 언어체계와 일반 언어체계의 차이 ‖ (3) 재현의 기호에서 의미작용의 기호로

결절 *277*

제3부 **이미지−기호**: 메츠 & 파솔리니 & 바르트

제8장 **언어기호로서의 영화: 메츠** *283*

1. 랑가주로서의 영화 *285*
(1) 메츠 영화기호학의 전개과정 ‖ (2) 영화: 랑그 없는 랑가주

2. 영화이미지의 복합적 의미작용 *295*
(1) 영화에서의 외연과 내포 ‖ (2) 파롤로서의 영화이미지 ‖ (3) 이미지기호: 도상적 유사성을 넘어 일반 기호로

3. 영화에서의 약호화, 그리고 랑그로서의 영화 *305*
(1) 약호화 층위들 ‖ (2) 영화적 약호들의 분류

결절 *310*

제9장 영화, 이미지기호로 이루어진 시적 언어: 파솔리니 *313*

1. 영화언어 *315*

(1) 영화와 이중분절 ‖ (2) 영화: 현실로 쓰인 언어, 현실이라는 '말'에 대한 '글' ‖ (3) 시네마와 필름, 무한 시퀀스 숏과 몽타주

2. 이미지기호와 시적 영화 *329*

(1) 이미지기호란 무엇인가? ‖ (2) 자유간접주관적 시점 ‖ (3) 시적 영화

결절 *342*

제10장 영화이미지와 기호적/탈─기호적 요소들─무딘 의미에서 환유적 확장성으로: 바르트 *346*

1. 내포 및 순수 외연으로서의 이미지 *348*

(1) 내포적 메시지로서의 사진이미지 ‖ (2) 순수 외연적 메시지로서의 사진이미지

2. 무딘 의미와 영화적인 것 *352*

(1) 제3의 의미 또는 무딘 의미 ‖ (2) 잉여 또는 일탈로서의 무딘 의미 ‖ (3) 무딘 의미와 영화적인 것

3. 영화와 환유적 확장성 *364*

(1) 사진이미지와 환유적 확장성: 푼크툼과 절대 유사성 ‖ (2) 영화이미지와 환유적 확장성: 몽타주와 프레임

결절 *381*

제4부 이미지─운동 그리고 시간: 들뢰즈

제11장 물질이자 의식, 그리고 운동으로서의 영화이미지 *387*

1. 이미지: 운동, 물질, 빛, 의식 *389*

(1) 운동이자 물질로서의 이미지 ‖ (2) 빛이자 의식으로서의 운동─이미지

2. 내재성의 평면과 영화 *394*

(1) 베르그손의 평면과 들뢰즈의 내재성의 평면 ‖ (2) 내재성의 평면: 유동적 단면이자 이미지들의 무한집합

3. 영화적 운동의 이중성 *400*

(1) 운동─이미지: 범용한 순간이자 특권적 순간 ‖ (2) 전이운동과 질적 변화 ‖ (3) 운동─이미지의 한 형식: 숏

결절 *414*

제12장 운동–이미지의 변이, 간격과 기호들 *417*

1. 간격과 운동–이미지 *419*
(1) 간격과 작용–반작용 ‖ (2) 살아 있는 이미지와 사물의 지각 ‖ (3) 영화적 지각과 운동–이미지의 세 가지 변이들

2. 발신하는 물질 및 기호적 물질로서의 영화이미지 *431*
(1) 발신하는 물질로서의 영화이미지 ‖ (2) 기호적 물질로서의 운동–이미지와 다양한 파생 기호들

결절 *447*

제13장 시간–이미지 및 사유–이미지로서의 영화이미지 *450*

1. 운동의 와해와 시간의 출현: 운동–이미지에서 시간–이미지로 *452*
(1) 일탈된 운동과 감각–운동 도식의 와해 ‖ (2) 순수 시지각적–음향적 상황의 출현 ‖ (3) 순수 시지각적–음향적 이미지와 시간의 기호들

2. 결정체–이미지 및 시간–이미지로서의 영화이미지 *462*
(1) 기억과 주의깊은 재인: 시간–이미지 ‖ (2) 식별불가능성의 지점 및 결정체–이미지로서의 영화이미지

3. 시간–이미지의 서사 및 거짓의 서사 *476*
(1) 잠재태적 현재의 세 차원: 과거의 현재, 현재의 현재, 미래의 현재 ‖ (2) 잠재태적 과거의 세 차원: 현재, 과거 일반, 과거 시트들 ‖ (3) 시간–이미지의 서사: 〈지난해 마리앙바드에서〉 ‖ (4) 함께 가능하지 않은 세계들의 동시성 및 거짓의 서사

결절 *495*

에필로그: ∞의 영화 사유, 8개의 줄기 *503*

참고문헌 *515*

찾아보기 *529*

프롤로그

|

영화이미지(학)란 무엇인가?

영화이미지학이란 말은 없다. 고유의 사전적 의미를 갖는 '영화이미지학'이라는 용어는 국내에도, 국외에도 존재하지 않는다. 서구에서는 '영화이미지 연구'나 '영화이미지론' 정도가 이 연구를 아우르는 용어로 사용되지만, 국내에서는 아직까지 그에 상응할 만한 용어를 찾기 힘들다. 그렇다고 이 연구들을 한데 묶어 규정지을 만한 특정한 범주화가 이루어진 것도 아니다.

그럼에도 불구하고 다소 무거운 이 제목이 곧 이 책의 화두다. 그 이유는 단순하다. 무엇보다 국내 영화학계에도 '영화이미지'에 대한 보다 심도 있고 체계적인 연구가 필요하다고 절감했기 때문이다. 또 '영화'의 본질에 대한 국내 영화연구자들의 좀더 깊은 관심과 이해가 요구된다는 판단도 있었다. 물론 현재 국내 영화학계에서는 다양한 스펙트럼의 연구들이 발전적으로 진행되고 있다. 하지만 주변 학문의 방법론을 그대로 이식한 일련의 연구들에서 영화 자체에 대한 탐구는 뒷전으로 밀려나 있는 것이 사실이다. 영화를 여타 학문의 방법론적 실천을 위한 손쉬운 요리재료 정도로 여기는 경향들이, 불행히도 영화 안팎에서 점차 확대되고 있다.

주지하다시피, 영화는 실재의 움직임을 '재생'한 영화이미지에 기반을 두고 탄생했다. 현실 속 어느 대상(들)의 움직임과 그에 따른 시간의 진행을 '이미지'를 통해 보여주는 것, 그것이 바로 영화의 시작이었다. 곧이어 영화이미지의 '운동성'은 부재하는 대상의 현전성을 강화시키며 영화에 강력한 실재감을 부여했고, 그 '실재감'은 영화를 탁월한 대중적 파급력과 소통성을 갖춘 매체로 만들어주었다. 나아가, 운동 자체가 분할된 단편들의 단순한 종합을 넘어 영화이미지에 내재된 고유한 성질로 자리잡아가면서, 영화는 유동적이고 불안정하며 가변적인 특질을 자신만의 고유한 특질로 만들어갔다. 아울러, 단순한 연대기적 시간이 아니라 주관적이고 상대적이며 이중적인 시간(현재/과거, 지각/기억 등)이 영화이미지를 통해 구현되면서, 영화는 스스로를 현실태적 시간과 잠재태적 시간이 겹쳐 있는 복합적이면서도 규정 불가능한 세계로 만들어갔다. 즉 실재를 있는 그대로 보여주면서도 설명할 수 없는 무언가를 발현하는 것, 가시적인 세계를 구현하면서도 비가시적인 세계를 끊임없이 환기시키는 것이 영화이미지의 특성을 거쳐 영화의 특성으로 자리잡아간 것이다. 요컨대 영화는 '이미지'에 기반을 두고 탄생했고, '이미지'를 통해 발전했으며, '이미지'에 의해 그것의 본질적 특성을 형성해갔다.

이 책 역시 영화이미지의 본질과 특성을 추적해가면서, 궁극적으로 영화라는 매체 혹은 장르의 본질과 특성을 함께 탐구해나가고자 한다. '영화이미지'를 향한 이 책의 모든 질문은, 그러므로 '영화' 자체를 향한 질문이다. 또한 이 책은 영화 탄생 이후 지금까지 영화이미지에 대해 근본적이고 혁신적인 사고를 보여준 주요 학자들의 논의들을 탐구하는 데 주력할 것이다. 이 책에 소개되는 학자들은 서로 다른 관점으로 영화이미지를 바라보며 사유했지만, 그들의 연구는 모두

'영화이미지의 본질은 무엇인가'라는 근본적인 질문으로 수렴된다. 이중 일부는 영화 밖에서 영화에 대한 사유를 시작했다. 이를테면, 메츠는 언어기호학적 사고를 바탕으로 영화에 대한 연구를 시작했고, 모랭은 사회학자이자 인류학자였으며, 들뢰즈와 벤야민은 철학적, 매체학적 입장을 기반으로 영화를 바라보았다. 그러나 이들의 연구에서 영화는 방법론적 실천을 위한 도구나 재료가 아니라, 근본적인 학문적 성찰의 대상이자 목적이었으며 사유의 대상이자 목적이었다. 이들은 처음에 영화 밖에 있었지만 이내 영화 안으로 들어와, 타 학문의 시선이 아닌 영화학의 시선으로 영화이미지를 성찰하고 영화를 사유했다. 따라서 이 책은 영화이미지에 대한 주요 학자들의 핵심적 논의들을 연구하면서, 그들의 사유와 그 논의들 사이의 상관성 및 영향관계를 밝히는 데 목적을 둔다. 다시 말해 영화이미지에 대한 일종의 '사유의 계보학'을 만들어나가기 위한 시도라고 할 수 있다.

이 책은 총 4부 13장으로 이루어져 있다. 각 부에는 '이미지-지각,' '이미지-정신,' '이미지-기호,' '이미지-운동 그리고 시간'이라는 명칭이 붙어 있는데, 이는 그 자체로 영화이미지의 본질적 성격을 규정하는 개념들이라 할 수 있다. 영화이미지는 카메라의 눈이 지각하고 우리가 다시 지각할 수 있는 가시적 실재, 즉 지각-이미지이며, 동시에 물리적 법칙으로는 설명할 수 없는 무언가를 내포하고 있는 비가시적 실재, 즉 '정신적 이미지'이다. 또한 영화이미지는 무언가를 대신해 나타내거나 그 스스로 무언가를 표시하는 '기호' 혹은 '기호적 물질'이라 할 수 있으며, 현실의 운동을 재현한 이미지가 아닌 운동 그 자체로서의 이미지, 즉 '운동-이미지'라 할 수 있다. 나아가 영화이미지는 인위적으로 분할하고 재구성할 수 있는 규칙적 시간이 아니라, 전체로서의 시간 즉 분할할 수 없고 무한대이며 우리의 지각 이

전부터 존재해온 거대한 시간을 가리키는 '시간-이미지'다. 물론, 각 부의 범주가 칼로 무 자르듯이 단절적이지는 않다. 이미지-정신의 문제는 이미지-지각의 문제이기도 하며, 이미지기호의 문제는 이미지-운동의 문제에 연결되어 있고, 이미지-운동의 문제에는 이미지-시간의 문제가 이미 포함되어 있다. 따라서 열세 개의 장이 부에 따라 각각 나뉘어 배치되어 있지만, 이 네 개의 틀을 넘어 서로 긴밀히 연결되고 상호간섭하고 있다.

한편, 영화이미지의 속성을 드러내주는 네 개의 부는 통시적 맥락에 따라 배치되어 있기도 하다. 즉 영화이미지에 대한 초기 연구부터 최근 연구까지 시기별로 되짚어나가며 영화이미지에 대한 사유의 변천과정을 검토해볼 수 있도록 구성되어 있다. 그러나 이 역시 엄격한 잣대로 규범화시켜 바라볼 필요는 없다. 아니, 그래서도 안 된다. 당연한 얘기지만, 지각-이미지로서 영화이미지를 바라보는 시각은 정신적 이미지로서 영화이미지를 간주하는 시각 이후에도 제기되었고, 기호로서 영화이미지를 바라보는 시각이나 심지어 시간-이미지로서 영화이미지를 바라보는 시각과도 밀접한 유연관계에 있다. 아울러 각 장의 주요 학자들도 기본적으로 시대순을 따라 배치했지만, 일정 범위의 여유를 전제하고 있다. 예를 들어 영화에 대한 벤야민의 주된 논의는 베르토프나 엡슈타인의 주된 논의보다 평균적으로 더 늦게 발표되었다고 볼 수 있지만, 이미지-지각이라는 범주에서 고찰해야 할 내용들이라는 판단하에 엡슈타인보다 앞서 위치시켰다. 마찬가지로, 모랭의 연구는 20세기 후반까지도 왕성히 이루어졌고 영화에 대한 언급도 종종 발표되었지만, 영화이미지학과 연관된 그의 연구들은 1950~1960년대에 집중되기 때문에 그 순서에 맞춰 위치시켰다.

'제1부 이미지-지각'은 글자 그대로 영화이미지와 지각의 문제를 다룬다. 이는 곧 영화가 사물과 세계의 이미지를 어떻게 지각하는가의 문제이자, 동시에 우리가 영화이미지를 어떻게 지각하는가의 문제에 해당한다. 먼저, 베르그손은 이미지를 물질이자 의식으로 간주하고 사물이자 표상이라고 설명하는데, 이러한 그의 사유는 후대 영화학자들이 각자 자신의 논리에 따라 영화이미지를 물질적 이미지나 정신적 이미지로, 혹은 물질적 이미지이자 정신적 이미지로 간주하는 데 근간이 된다. 또 이미지의 지각에는 반드시 정감과 기억이 개입한다는 그의 주장 역시 후대 학자들의 영화이미지 논의에 깊은 영향을 미친다. 그다음으로, 벤야민은 변화무쌍한 근대의 지각양식과 새롭게 등장한 영화적 지각양식 사이의 상관성에 대해 끊임없이 논의를 내놓는다. 그에 따르면, 근대 이미지들과 영화이미지에 대한 지각양식은 모두 짧은 기간 안에 촉각적 지각에서 분산적 지각으로, 분산적 지각에서 기계적 지각, 변증법적 지각, 몽타주적 지각으로 변화를 거듭해간다. 한편, 키노-아이, 몽타주, 간격 등 베르토프의 독자적 영화 개념들이 궁극적으로 의미하려 했던 것은, 영화이미지가 물질적 지각의 산물이며 영화는 물질적 우주의 축소판이라는 사실이다. 베르토프에게 영화이미지를 지각한다는 것은, 인간의 눈보다 훨씬 뛰어나고 거의 물질들의 지각에 가까운 카메라가 지각한 우주의 일부를 그대로 다시 지각한다는 것을 뜻한다.

'제2부 이미지-정신'에 등장하는 학자들은 영화가 필름이라는 물질적 질료에 정감, 정신, 영혼 등 정신적인 것들을 담아낼 수 있다고 보았다. 엡슈타인은 정신적 이미지로서의 영화이미지를 가장 강력하게 주장한 이론가 중 한 사람이다. 카누도 등 초창기 영화예술운동가들의 영향을 받은 그는 델뤽의 포토제니 개념을 체계화시키면서, 포토제니에 내포되어 있는 정신성의 의미를 강조한다. 발라즈는 정신과 영혼 등 내적 특질이 새겨지는 만물의 외양을 상相이라는 독특한 개념으로 정립하며, 영화이미지는 그러한 상을 구현하는 데 있어 최적의 수단이라고 강조한다. 무엇보다, 영화이미지는 만물의 외양 중 가장 강렬한 상을 발현하는 인간의 얼굴을 극대화시켜 보여줄 수 있기 때문이다. 한편, 영화이미지에 대한 모랭의 사유는 근본적으로 이중성에 대한 인식을 바탕으로 한다. 모랭은 몽환성, 마법성, 초현실성 등 영화이미지가 지니는 정신성의 측면들을 강조하지만, 궁극적으로는 영화이미지가 정신적 이미지이자 물질적 이미지이며 주관적 이미지이자 객관적 이미지라는 관점을 철저히 견지한다. 마찬가지로, 미트리 역시 영화이미지가 지각-이미지이자 정신-이미지이며 물리적 실재이자 이미지화된 실재라고 강조한다. 특히 미트리는 영화이미지가 재현된 것이자 재현이라는, 즉 실재이자 형상이라는 사고를 바탕으로 당대 대립적 양상을 보이던 리얼리즘 논의와 형식주의 논의를 통합하고자 한다.

'제3부 이미지-기호'에서 다룰 '기호로서의 영화이미지' 문제는 메츠를 중심으로 하는 구조주의 언어학자들에 의해 본격적으로 대두된다. 소쉬르의 언어학적 기호학으로부터 깊은 영향을 받은 초기의 메츠의 영화기호학적 사유에서 영화이미지는 주된 탐구의 대상이 아니었다. 그의 관심은 일단 영화 자체가 언어와 유사한 하나의 체계로 고려될 수 있는가에 집중되어 있었기 때문이다. 하지만 그의 논의가 랑가주에서 파롤로, 파롤에서 랑그로 이어지면서, 영화이미지 또한 언어기호와 유사한 기능을 수행할 수 있는 기호로 간주된다. 반면, 파솔리니에게 영화이미지는 언어기호가 아니라 이미지기호를 의미한다. 파솔리니는 이미지기호가 언어기호와 달리 사전과 목록(어휘록)을 갖추지 못해 매우 주관적이며 원시적인 기호라는 사실을 강조하며, 따라서 이미지기호를 기반으로 구성되는 영화 역시 그 자체로 주관적이고 원시적인 매체라고 주장한다. 한편, 바르트에게 영화이미지란 여러 층위의 약호를 담고 있는 구조적, 객관적 기호이자, 무한한 환유적 확장성을 지니는 주관적 기호라 할 수 있다. 바르트에 따르면 영화이미지 안에는 결코 약호화할 수 없는 무딘 의미의 층위가 존재하며, 유동성, 가변성, 비결정성을 내포하고 있는 이 무딘 의미의 층위야말로 진정으로 영화적인 것이 산출되는 영역이라 할 수 있다.

'제4부 이미지-운동 그리고 시간'은, 한마디로 운동의 재현물이 아닌 '운동 그 자체'로서의 영화이미지와, 일반적 시간을 재현한 이미지가 아닌 '시간 그 자체'로서의 영화이미지 본성에 대해 탐구하는 부분이다. 제4부는 전적으로 들뢰즈의 사유에 할애되어 있다. 우선, 들뢰즈의 운동-이미지론은 '영화이미지'와 '운동'이 동일한 것이라는 사실을 입증하는 데 초점을 맞춘다. 들뢰즈는 베르그손의 사유를 바탕으로 '이미지'와 '물질'이 동일하고 '물질'과 '운동'이 동일한 것임을 논증하며, 그로부터 영화이미지는 '물질적 운동' 혹은 '운동중인 물질'과 동일한 것이라는 결론에 다다른다. 또한 들뢰즈는 물질적 운동으로서의 영화이미지가 실제 작품들에서 상대화되고 특수화될 때 그 내부의 '간격'으로 인해 다양한 유형의 이미지들(지각-이미지, 행동-이미지, 정감-이미지 등)로 변이되어 나타나는 양상을 설명한다. 한편 들뢰즈에 따르면, 영화에서 시간-이미지의 출현은 고전영화를 지배하던, 즉 변이된 운동-이미지 간의 관계를 지배하던 '감각-운동 도식'의 와해와 함께 시작된다. 무너진 운동-이미지들 체계의 틈새에서, 순수 시지각적-음향적 상황들이 발생하고, 그 순수 시지각적-음향적 상황 속에서 시간은 더이상 운동-이미지들의 연결을 통해 간접적으로 재현되거나 연역적으로 유추되지 않고 '스스로 직접' 나타나기 때문이다. 그런데 이러한 '시간-이미지'로서의 영화이미지는 언제나 이중적인 속성을 지닌다. 시간-이미지에는 지각과 기억, 물리적 대상과 정신적 반사, 현재와 과거 등 모든 대립항이 서로 중첩되기 때문이다. 따라서 시간-이미지는 한편으로 무수한 대립항들이 서로 교대하며 출현과 침잠을 거듭하고 현실태적 시간과 잠재태적 시간이 서로 식별할 수 없을 만큼 뒤섞여 있는 '식별불가능성의 지점'이라고 할 수 있으며, 다른 한편으로 과거의 현재, 현재의 현재, 미래의 현재가 공존하고 과거의 시트들과 거대한 과거 전체가 현재의 한 점을 향해 응축되어 있는 '결정체-이미지'라고 할 수 있다.

이제, 집필 기간 내내 머릿속을 맴돌았던 몇 가지 아쉬운 부분들을 미리 밝히고 독자의 양해를 구하고자 한다.

먼저, 이 책에서 하나의 장으로 독립해 다루었어야 할, 그러나 이런 저런 사정으로 다루지 못한 학자들의 빈자리가 크게만 느껴진다. 다른 이들은 제쳐두더라도, 바쟁과 예이젠시테인은 이 책 안에 들어왔어야 했다. 바쟁은 그만을 위한 또다른 책을 준비하려던 욕심 탓에, 예이젠시테인은 미처 그의 논저들을 다 통독하지 못한 과문함 탓에 끝내 이 책에 포함시키지 못했다. 또 세르주 다네, 자크 오몽, 레몽 벨루 등도 영화이미지에 관해 중요한 논의들을 제시한 학자들이지만, 역시 필자의 학식이 아직 그들의 논의를 모두 소화할 만큼 충분치 못해 이 책에서 독립적으로 소개하지 못했다. 이들에 대한 연구를 지속해, 추후 개정판에서 반드시 보완할 예정이다.

또 이 책에는 모두가 예상하거나 기대하는 것과 달리, 구체적인 작품 분석이 풍족하게 들어 있지 않다. 굳이 변명하자면, 이 책은 영화에 관한 이론서이기 전에 '영화이론에 관한 이론서'이기 때문이다. 물론, 시간적 여유가 있었다면 각각의 이론을 예증할 수 있는 작품 분석들을 더 많이 삽입했을 것이다. 아쉽지만 이대로 마무리하며, 이 책의 이론들을 적용한 작품 분석의 시도는 감히 독자의 몫으로 남겨둔다.

또한 이 책을 이루는 열 세 개의 장들의 성격이 모두 고르지는 않다는 점도 미리 고백해둔다. 때로는 구체적이고 때로는 관념적이며,

때로는 영화적이고 때로는 철학적인 이 책의 흐름에 다소 난감해하는 독자들이 있을 것이다. 이 역시 굳이 변명을 하자면, 각 장에서 다루어지는 학자의 연구 방향과 관점이 다르고 논의의 성격 또한 다르기 때문이다. 베르토프, 엡슈타인, 파솔리니 등 직접 영화를 만들었던 학자들을 다룬 장들은 굳이 상세한 작품 분석이 없더라도 좀더 구체적인 영화적 차원으로 논의가 모아지는 반면, 영화이미지의 본질에 대한 질문을 쉼 없이 이어가는 들뢰즈를 다룬 장들은 구체적인 작품에 대한 언급과 상관없이 상당히 관념적이고 추상적일 수밖에 없다. 또 영화이미지 연구의 진원지가 된다는 이유로 베르그손의 논의들을 검토한 제1장은 오로지 철학적 관점에서만 전개되므로, 이 역시 관념적이고 추상적일 수밖에 없다. 한 장 한 장, 호흡을 조절하며 읽어야 할 독자들에게 다시 한번 양해를 구할 뿐이다.

끝으로, 이 책이 무사히 세상의 빛을 볼 수 있도록 도움을 주신 분들께 짧게나마 감사의 마음을 전한다. 우선, 흔쾌히 책의 출간을 수락해주고 늦어지는 원고를 묵묵히 기다려준 문학동네 인문팀 고원효 부장에게 감사드린다. 또 탁월한 안목과 솜씨로 원고를 꼼꼼히 다듬어주고 책의 미진한 부분들까지 세세히 보완해준 송지선 편집자에게 깊은 감사의 마음을 전한다. 수년 동안 값진 조언과 아낌없는 격려로 영화에 대한 애정을 늘 일깨워주셨던 김인식 선생님께 감사의 마음을 전하며, 날카로운 지적과 귀중한 조언으로 저술의 완성도를 높여주신 이선주 선생님과 김지훈 선생님께도 감사의 인사를 드린다. 또 멀리 있어도 언제나 학문의 동반자이자 안내자가 되어주는 친구 김희정 선생에게 고마운 마음을 전하고, 일일이 기명하지는 못하지만 함께 영화를 공부하고 토론했던 선후배 연구자들의 순수한 열정에 감사를 표한다. 그리고 항상 온 마음으로 응원해주시고 기도해주시는 어머니께 감사드리며, 모랭의 표현처럼 수년 동안 부재하듯 현전했던 아빠를 이해해준 딸 현진에게도 고마움을 전한다. 마지막으로, 긴 시간 동안 한결같은 마음으로 지지해주고 기다려주면서 집필의 고통을 견디게 해준 아내에게 짧은 지면을 통해서나마 진심으로 고마운 마음을 전한다.

2014년 5월
김호영

제1부 이미지-지각

베르그손 & 벤야민 & 베르토프

제1장

|

지각과 이미지, 그리고 영화이미지: 베르그손

앙리 베르그손(Henri Bergson, 1859~1941)은 프랑스 현대 철학의 문을 연 선구적 철학자이지만, 영화와 관련해서도 매우 중요한 유산을 남겼다. 사실 생전에 그는 영화 고유의 본질이나 특성에 대해 이렇다 할 주장을 내놓지 않았으며, 오히려 영화에 내재된 근대 기계주의적 사고의 틀을 강하게 비판했다. 그가 보기에, 영화는 지속중이고 변화중이며 운동중인 모든 실재를 단속적이고 순간적이며 정지된 상태들의 합으로 재구성해내는 기계매체에 불과했다. 즉 모든 실재가 규칙적이고 보편적인 법칙들로 구성된다고 주장하는 근대 기계주의적 사고의 그럴듯한 도구에 불과했던 것이다. 심지어 베르그손은 이러한 영화적 지각구조나 사유구조에서 벗어나는 것이야말로 근대의 '기계론적 환영'에서 벗어나는 길이라고까지 강조했다.

그러나 영화에 대한 베르그손의 이러한 공개적 비판에도 불구하고, 역설적으로 많은 후대 영화인과 이론가는 그의 사유로부터 다양한 영화적 사유의 원천을 끌어온다. 무엇보다도, 베르그손이 '이미지'와 그것의 '지각'에 대해 혁신적이면서도 심오한 사유를 보여주기 때문이다. 영화는 태생적으로, 본질적으로, 이미지 매체다. '움직이는 이미지'를 통해, 그 이전에 어느 예술도 꿈꾸지 못했던 실재의 운동과 시간의 재현에 성공했기 때문이다. 베르그손은 바로 그 이미지의 본성과 특질을 엄정한 논리와 창의적 사고로 밝혀냈다. 오랫동안 서구 합리주의 문명에서 체계적이고 논리적인 언어와는 비교할 수 없는 열등한 표현수단으로 치부되었던 이미지에 대해, 따라서 언어로 개념을 창출하는 철학에서는 논외였던 이미지에 대해, 한 시대를 대표하는 철학자가 사고를 집중한 것이다. 특히 이미지를 그 자체로 '운동'이라 규정하고 '물질'이자 동시에 '의식'으로 간주하며 '사물'이자 동시에 '표상'으로 간주한 그의 논의들은, 필름이라는 물질에 근거한 이미지이자 실재의 운동을 재현한 이미지인 영화이미지를 다양한 방식으로 사유할 수 있게 해준다. 또한 이미지 '지각' 행위에는 반드시 '정감'과 '기억'이 개입한다는 그의 주장 역시, 오늘날 영화이미지와 영화적 지각의 본질을 탐구하는 후대 영화인들에게 커다란 영향을 끼치고 있다.

1. 근대 기계주의적 지각과 영화적 환영

(1) 근대 과학의 기계주의적 지각구조: 시간과 운동의 규칙적 분할

영화 탄생 시기 전후로, 베르그손은 근대 객관주의적 사고와 기계주의적 사고가 발전시킨 인간의 지각구조를 분석하고 진단한다. 그에 따르면, 근대 철학 및 과학이 고착시킨 지각구조는 한마디로 '영화적 지각구조'와 매우 유사하다. 그리고 이는 사물과 세계의 본질 및 모든 생성과정의 본질로부터 멀어지는 것이기 때문에, 반드시 극복되고 지양되어야 한다.

그런데 베르그손이 영화적 지각구조라 지칭하며 설명하는 근대적 지각구조는, 사실 대부분의 인간에게서 통상적으로 작동되는 '일상적 지각구조'이기도 하다. 기본적으로 인간 지성의 역할은 '행동'을 이끌고 주관하는 것이고, 지성은 그 필요성에 따라 행동의 목적과 결과에만, 즉 행동을 이루는 무수한 운동의 "끝점"에만 관심을 갖기 때문이다. 다시 말해 지성은 인간 "활동에서 도달해야 할 목적, 즉 정지점들만을 재현"하며, 따라서 지성을 바탕으로 형성되는 인간의 인식은 현재 "이루어지고 있는 운동에서 가능한 한 돌아서서 완성된 운동의 예상된 이미지만을" 보게 되는 셈이다.[1] 우리의 지각은 행동에서 운동을 취하는 것이 아니라 정지점들만을, 즉 '정지된 순간의 이미지들'만을 취하는 것이다. 이는 '물질'의 작용에서도 유사하다. 우리는 영원한 흐름이자 지속인 물질로부터 매 순간 '상태'만을 포착하며, 매 순간 변화하고 있는 사물에서도 순간적으로 고체화된 형태 또는 불연속적인 이미지만을 취한다. 그리고 다양한 생성과정에 대해서도 생성 일반의 단일한 현상만을 취한다. 즉 우리의 지성은 물질의 생성과 관련해 "순간적인 외관, 즉 부동적 외관들을 취하는 데" 머물며, "생성으로부터 상태들만을, 지속으로부터 순간들만을" 파악하는 데 머무는 것이다. 베르그손에 따르면, 심지어 "지속과 생성에 관해 말할 때조차도 우리는 다른 것에 대해 생각하고 있다."(『창조』, 406쪽) 이처럼 끊임없이 운동하고 변화하는 물질의 세계로부터 고정되고 순간적인 형태만을 취하는 우리의 통상적이고 일상적인 지각양식은 결국 안정적인 것을 통해 불안정한 것을, 정지된 것을 통해 움직이는 것을 사유할 수 있다고 믿는 우리의 심각한 착각에 근거한다.

---

1. 앙리 베르그손, 『창조적 진화』, 황수영 옮김(아카넷, 2005), 444쪽. 이하, 빈번히 인용된 제1장에서만 『창조』로 축약해 본문에 쪽수와 함께 병기한다.

베르그손은 근대 과학 및 근대 기계주의적 사고가 이러한 우리의 일상적 지각양식을, 즉 우리의 일상적 착각을 더욱 심화시키고 고착시켰다고 주장한다. 주지하다시피, 근대 과학은 시간을 독립변수로 취급하려는 열망에 사로잡혀 운동과 변화로서의 시간보다 순간과 상태로서의 시간에 더 몰두했기 때문이다. 물론, 고대 과학이 대상의 '특권적 순간'들에 주목했던 것과 달리, 근대 과학은 대상의 '임의적 순간'들을 고찰하는 데 주력한다. 그러나 근대 과학은 우리의 일상적 지각이 생성의 유동적 측면에 대한 인식을 포기하는 방식을 그대로 따르면서, 시간을 거대한 흐름 내지는 규정 불가능한 개념으로 인식하는 대신, 규칙적으로 절단할 수 있는 임의 정지된 순간들로 인식하고자 했다. 즉 근대 과학이 시간으로 간주한 것은 항상 '순간들'이자 '잠재적 정지들'이며 '부동의 절편'들이고, "흐름으로 고려된 실재적 시간, 또는 다시 말해 존재의 운동성 자체로 고려된 실재적 시간"은 언제나 근대 "과학적 인식의 범위를 벗어나" 있었다.(『창조』, 494쪽) 이처럼 "발명으로서의 시간에 길이로서의 시간을 대치하는"(501쪽) 근대 과학은 '운동'에 대해서도 동일한 사유양식을 작동시킨다. 근본적으로 법칙들, 즉 변화하는 크기들 간의 합리적 관계들을 탐구하는 데 목적을 두는 근대 과학적 사고에는 운동 역시 규칙적으로 분할할 수 있는 지각 대상에 해당한다. 즉 근대 과학은 일정한 법칙의 도출을 위해 "모든 변화를 상태들로 재구성하려"(455쪽) 하며, 이에 따라 운동을 일정한 간격들 사이의 거리로 전환시키면서 모든 운동 역시 부동성들로 만들어졌다는 부조리한 명제를 파생시킨다. 베르그손에 따르면, 유일한 운동은 기본적으로 두 정지들 사이의 운동이고 "모든 운동은 정지에서 정지로 가는 과정인 한 절대적으로 불가분적"[2]인데, 근대 과학의 논리에서 운동은 무수한 정지상태들로 분해된 후 다시 재구성된다. 생성으로서의 운동은 어디까지나 분할할 수 없는 불가분의 도약이지만, 근대 과학에서 운동은 무수한 내적 분절을 내포하는 분할 가능한 지각 대상일 뿐이다.

요컨대, 부단한 지속과 다름없는 시간과 운동을 분할 가능한 대상으로 간주하는 근대 과학의 기계주의적 지각구조는 생성으로부터 정지된 상태들만을, 지속으로부터 순간적 현상들만을 파악하는 우리의 일상적 지각구조와 본질적으로 다를 바 없다. 근대 과학은 고대부터 이어진 우리의 일상적 지각구조에서 벗어나지 못하고 그것을 심화, 고착시켰을 뿐이다. 그런데 베르그손은 그의 저서 『창조적 진화 *L'évolution créatrice*』(1907)의 말미에서 근대 과학과 기계주의적 사고로 더욱 공고해진 우리의 지각양식을 가장 잘 나타내주는 모델이 바로 영화적 지각구조라고 설명한다. 이에 대해 좀더 자세히 알아볼 필요가 있다.

(2) 영화적 지각구조와 근대 기계론적 환영

① 영화적 지각구조와 근대 기계론적 환영

베르그손에 따르면, 영화적 지각은 "모든 형태의 고유한 운동들로부터 비개인적이고 추상적이며 단순한 운동, 말하자면 운동 일반을 추출하고, 그것을 사진기 속에 넣어 이 익명의 운동을 개인적인 자세들로 구성하여 특수한 각 운동의 개별성을 재구성하는" 방식으로 이루어진다.(『창조』, 452쪽) 즉 영화는 현실 세계에 존재하는 각 대상들의 고유하고 부단한 운동을 일반적이고 분할 가능한 운동으로 전환해 일정한 리듬으로 절단하고, 그것을 다시 각 대상의 실제 운동을 모

---

2. 앙리 베르그손, 『물질과 기억』, 박종원 옮김(아카넷, 2005), 314쪽. 이하, 빈번히 인용된 제1장에서만 『물질』로 축약해 본문에 쪽수와 함께 병기한다.

방한 유사 운동으로 재구성해 보여준다는 것이다. 하나의 지속적 흐름인 운동이 무수한 정지된 순간들로 분할되고 다시 재결합되는 과정에서, 각 운동이 지니는 고유한 특성은 사라지게 되고 운동 자체의 본성인 지속과 생성의 특질도 사라진다. 이러한 영화적 지각양식은 앞서 살펴본 우리의 일상적 지각양식과 매우 유사하다. 우리는 지속 중인 실재에 대해 거의 순간적인 외관들만을 취하며, 이 외관들이 어느 정도 실재의 특성을 지니고 있어, 우리의 인식기관의 근간을 이루는 추상적이고 보편적이며 균일한 생성을 따라 이 순간적 외관들을 차례대로 재배열한다. 즉 "생성을 사유하거나 그것을 표현하는 것이 문제되건, 또는 심지어 그것을 지각하는 것이 문제되건, 우리는 일종의 내적인 영화를 작동시키는 일 이외에는 거의 하지 않는" 것이다.(같은 곳)

베르그손은 이처럼 내적 영화로 작동되는 우리의 일상적 지각양식을 '만화경kaleidoscope'적 지각양식에 비교하기도 한다.[3] 만화경에서처럼 우리의 지각과정에서도, 우리의 관심 대상은 하나의 배열에서 재배열로 이동할 때마다 일어나는 새로운 움직임이 아니라, 그러한 움직임이 만들어내는 '새로운 형태'일 뿐이다. 한마디로, "사물에 대한 우리 인식의 영화적 특성은 그것에 대한 우리의 적응의 만화경적인 성격에 기인한다"(『창조』, 453쪽)고 볼 수 있다.

따라서 영화적 지각구조는 우리의 일상적 지각양식과 근대 과학의 기계주의적 사유가 결합된 형태를, 혹은 더 정확히 말해 우리의 일상

---

3. 베르그손이 제시한 '근대적 지각'과 '만화경'의 비유는 훗날 크라카우어와 벤야민 등에 의해 차용된다: Siegfried Kracauer, "Cult of Distracion: On Berlin's Picture Palaces"(1926), in *The Mass Ornament: Weimar Essays*, translated & edited by Thomas Y, Levin(Cambridge/London: Havard University Press, 1995), 324쪽; 발터 벤야민, 「보들레르의 몇 가지 모티프에 관하여」(1939), 『발터 벤야민 선집 4』, 김영옥·황현산 옮김(도서출판 길, 2010), 215~216쪽 참조.

적 지각양식이 근대 과학적 사유에 의해 심화된 형태를 충실히 반영한다. 영화라는 근대의 기계매체는 지속중이고 변화중이며 운동중인 모든 실재를 단속적이고 순간적이며 정지된 상태들의 합으로 이해하려는, 즉 모든 실재가 규칙적이고 보편적인 법칙들로 구성된다고 간주하는 근대 기계주의적 사고를 총체적으로 그리고 집약적으로 구현해낸다. 베르그손은 바로 이러한 영화적 지각구조 내지는 사유구조로부터 벗어나는 것이 근대의 '기계론적 환영'으로부터 벗어나는 길이라고 했다. 영화적 사유구조란 움직이는 것을 부동의 것에 의해, 지속하는 것을 순간적인 것에 의해 사유할 수 있다고 믿는 우리의 착각에 근거하는 것이며, 영화가 만들어내는 운동은 실제 대상의 운동의 고유한 특질이 상실된 "거짓 운동faux mouvement"[4]일 뿐이다. 요컨대, 베르그손은 영화매체의 가장 중요하고 변별적인 특징이라 할 수 있는 '운동성' 자체를 거짓 운동이라 간주하면서 인정하지 않는다. 물질이든 정신이든 모든 실재는 항구적인 생성이자 운동일 뿐이며, 그러한 실재의 본질을 인식하고 파악하기 위해서는 근대적 기계주의가 낳은 영화적 지각구조에서 반드시 벗어나야 한다고 주장하는 것이다.

② 베르그손 영화론의 한계와 잠재성

그런데 영화적 지각구조에 대한 이러한 베르그손의 사유는 분명한 한계를 드러낸다. 그가 말하는 영화는 엄밀히 말해 복합적 매체로서의 영화라기보다 촬영과 영사의 기능이 거의 전부였던 영화 탄생기

---

4. Gilles Deleuze, *Cinéma 1, L'image-mouvement* (Paris: Les Editions de Minuit, 1983), 10쪽. 베르그손은 '영화적 환상'과 동류 개념인 '거짓 운동'에 관해서 『창조적 진화』의 제4장을 할애해 설명했고, 그와 대립되는 '진짜 운동vrai mouvement'에 대해서는 『물질과 기억』의 제1장에서 집중적으로 다루었다.

의 '영사기계,' 즉 '시네마토그래프cinématographe'[5]에 더 가깝기 때문
이다. 근대적 지각양식과 영화적 지각구조를 중점적으로 비교, 분석
한 그의 저서 『창조적 진화』가 1907년에 출간되었고 실제로 그 내용
이 1902년에서 1903년 사이 콜레주 드 프랑스Collège de France에서의
강연 내용을 요약한 것이라는 사실을 고려해볼 때, 이 같은 베르그손
의 관점은 어느 정도 이해 가능하기도 하다. 당대 영화의 수준을 고려
해볼 때, 베르그손은 시네마토그래프로서의 영화를 "물화된 운동"과
"기계화된 시간"의 합[6] 이상으로 보기 힘들었을 것이다. 초창기 영화
에서 "시점은 고정되어 있었고, 그에 따라 숏은 공간적이면서 형식적
으로 부동적"이었으며, "촬영기는 일률적이고 추상적 시간이 부가되
는 영사기와 결합되어 따로 구분되지 않았다."[7] 하지만 주지하다시
피, 영화는 초창기를 지나며 다양한 방식을 통해 '운동과 시간의 기계
적 분할과 재구성'이라는 스스로의 한계로부터 빠르게 벗어난다. 영
화는 "몽타주, 움직이는 카메라, 시점의 해방" 등을 통해 "영사로부터
분리"되고, 그로부터 "숏은 공간적 범주이기를 멈추고 시간적 범주"

---

5. 일반적으로, '시네마토그래프'란 뤼미에르 형제Les Lumières가 만든 '영사기계'
를 가리킨다. 영화사적으로, 뤼미에르 형제는 1895년 12월 28일 파리의 그랑 카페에
서 공식적인 첫 영화 상영에 성공했고, 이날 이후 그들이 만든 영사기계는 '시네마
토그래프 뤼미에르'라는 이름으로 불리게 된다.(Christine de Montvalon, Les mots
du cinéma, Paris: Belin, 1987, 100쪽) 하지만 잘 알려진 것처럼, '시네마토그래프'
는 브레송에 의해 좀더 특별한 의미로 제안된 개념이기도 하다. 브레송은 시네마토
그래프를 "움직이는 이미지들과 소리들을 가지고 행하는 글쓰기"라고 정의하는데,
이는 당시 연극적 규범에서 벗어나지 못하고 직업 배우들의 연기에 의지하는 상업
영화들, 즉 '시네마'를 비판하기 위한 것이다. 브레송에 따르면, 시네마는 "사진적
연극"에 불과하고 "진실과 거짓의 혼합물"일 뿐이며, 진정한 영화의 모델은 연극적
규칙들과 전문 배우의 연기로부터 자유롭고 오로지 실재만을 기록하는 '시네마토그
래프'에서 구해야 한다.(로베르 브레송, 『시네마토그래프에 대한 단상』, 동문선,
2003, 20쪽과 35쪽)
6. 데이비드 노먼 로도윅, 『질 들뢰즈의 시간기계』, 김지훈 옮김(그린비, 2005), 63쪽.
7. Gilles Deleuze, 같은 책, 12쪽.

가 되며, 영화이미지를 이루는 "각 단면coupe은 부동적 단면이 아니라 유동적 단면이 된다."[8] 또한 영화는 저속촬영과 고속촬영의 다양한 사용을 통해 자유롭게 시간을 확대하거나 단축할 수 있게 되며, 클로즈업의 효율적 사용과 다채로운 카메라 이동을 통해 인간의 시지각을 벗어나는 새로운 공간 영역을 제시하기도 한다. 다시 말해, 영화적 시간과 운동의 영역 및 영화적 공간의 영역은 광범위하게 (혹은 이론적으로는 무한대로) 확장되는 것이다.

요컨대, 베르그손의 논의에서 단지 기계화된 시간과 물화된 운동만을 재현하는 것으로 간주되었던 영화는 불과 20여 년 만에 공간과 시간에 대한 자유로운 확대, 축소, 변형 등을 보여주었고, 이를 통해 이전까지 경험할 수 없었던 전혀 다른 성격의 시간과 운동을 제시하게 되었다. 영화는 일상적인 지각양식으로 파악할 수 없고 근대의 기계론적 사고로도 파악할 수 없는 '증폭되거나 압축된 시간'을 사유할 수 있게 해주고, 마찬가지로 '확장되거나 응축된 운동'을 통해 부동적 단면들의 연쇄로서의 운동이 아닌, 지속적인 흐름으로서의 운동을 분명하게 보여줄 수 있게 된 것이다. 탄생 후 불과 사반세기 만에, 영화는 베르그손이 원했던 바로 그 '시간'과 '운동'을, 즉 규칙적인 길이로 재단할 수 없고 부동적 단면들로 환원할 수 없는 '진짜' 시간과 운동을 구현해낼 수 있게 되었다.

그런데 들뢰즈는 영화적 지각에 대한 베르그손의 비판적 논의 이전에, 이미지와 운동에 관한 그의 논의들에 이미 영화이미지의 본질에 대한 사유가 내포되어 있다고 주장한다. 영화이미지에 관한 베르그손의 직접적인 언급(『창조적 진화』)은 일종의 '기계론적 환영론'에 그치지만, 이미지와 운동 및 지각에 관한 그의 철학적 주장들(『물질과

---

8. 같은 곳.

기억*Matière et mémoire*』, 1896)에는 이미 '운동-이미지'로서의 영화 이미지에 대한 중요한 사유의 단초들이 내재되어 있다는 것이다. 베르그손은 한편으로는 "영화와 거짓 운동을 비판"했지만, 다른 한편으로는 "진짜 운동을 사유하면서 오히려 영화적 작용의 의미 자체를 발견하게 해주었다."[9] 들뢰즈에 따르면, 영화가 우리에게 제공하는 것은 추상적 시간과 운동의 추가가 불가피한 일련의 "부동적 단면"들이 아니라 "유동적 단면들로서의 운동-이미지들"인데, 이와 유사한 '유동적 물질'이자 '운동'으로서의 이미지 개념이 베르그손의 사유에 이미 명확하게 제시되어 있는 것이다.[10] 즉 베르그손에게 '물질'은 고정되고 단편적이며 균등 분할할 수 있는 닫힌 체계가 아니라, 지속적으로 운동중이고 변화하며 분할할 수 없는 열린 전체이며, '이미지'는 내적으로 끊임없이 진동하고 변화하는 '물질' 자체이자 '운동' 자체이다. 우리는 들뢰즈의 입장을 따라 영화이미지를 단순한 포토그램 이미지들의 합이 아니라 그것들이 충돌하며 만들어내는, 즉 운동이 그 자체에 이미 내재되어 있는 "직접적인 소여所與로서의 매개적 이미지 image moyenne comme donnée immédiate"[11]로 간주할 수 있는데, 그러한 영화이미지 개념은 베르그손이 말하는 이미지 개념, 즉 지속적으로 변화하고 운동중인 물질이자 운동 자체로서의 이미지 개념과 거의 동일하다고 할 수 있다.

다시 말해, 베르그손은 『창조적 진화』에서 영화이미지에 대한 부정적 진단을 내놓기 이전에, 이미 『물질과 기억』에서 향후 영화이미지

---

9. Pierre Montebello, *Deleuze, Pihilosophie et Cinéma*(Paris: Vrin, 2008), 16쪽. "비록 베르그손이 방법으로서의 영화를 비판했다 할지라도, 그는 운동과 운동의 지각에 대해 말할 때부터 이미 영화적 사유에 가장 근접해 있었다."(같은 책, 17쪽)
10. Gilles Deleuze, 같은 책, 11쪽.
11. 같은 곳.

의 본성을 밝혀줄 중요한 사유들을 개진했다.『창조적 진화』에서는 "일상적 지각과 영화적 환상을 동류시하는" 입장을 보였지만, 그보다 10년 앞서『물질과 기억』에서는 향후 "영화에서 일어날 것을 더 잘 이해하게 해주는" 이미지-지각론을 발표한 것이다.[12] 물론 베르그손이 『물질과 기억』에서 다루는 것은 영화이미지가 아니라 어디까지나 '이미지' 일반이지만, 이미지와 지각 그리고 이미지와 물질에 관한 그의 독창적이고 심오한 사유는 영화이미지의 본질과 특성을 탐구하는 후대 영화인들과 영화이론가들에게 지대한 영향을 미친다. 현대 영화이미지론의 근간이 되는 베르그손의 이미지와 지각 논의에 대해 좀더 살펴본다.

2. 이미지와 지각

(1) 이미지란 무엇인가?

① 지각되는 것이자 존재하는 것

베르그손에게 '이미지'란 무엇인가? 베르그손에 따르면, 가장 보편적 의미의 이미지는 "내가 나의 감관들을 열면 지각되고, 내가 그것을 닫으면 지각되지 않는"(『물질』, 37쪽) 것을 말한다. 한마디로, 이미지란 '내가 나의 감관들을 통해 지각하는 것'에 해당한다. 그러나 이것은 결코 내가 지각하는 것이 곧 이미지의 총체라는 역명제를 전제하지는 않는다. 베르그손에게, 이미지는 '의식적으로 지각되는 것être consciemment perçue'이자 '존재하는 것être'이기 때문이다.(71쪽) 즉 이

---

12. Pierre Montebello, 같은 책, 16쪽.

미지는 내가 지각하는 것만으로는 설명될 수 없으며, 내가 지각하기 이전에 이미 그 자체로 존재하고 있는 실재라 할 수 있다. 나의 감관에 의해 지각되는 것은 이미지의 일부이며, 이미지는 "나의 감관의 지각과 상관없이 이미 거기에 존재하고 있는 실재,"[13] 즉 '사물' 그 자체다. 다시 말해, 사물은 "그 자체로 우리가 지각하는 대로 그림같이 펼쳐져 있는 것"이며, "그 자체로 존재하는 하나의 이미지"다.(23쪽)

② 표상이자 사물

이미지가 사물 그 자체라는 베르그손의 주장은, 이미지가 '물질' 그 자체라는 더 근본적인 관점을 바탕으로 한다. 베르그손에게 이미지는 물질적인 것이며, 그러므로 사물 자체가 될 수 있다. 하지만 이미지에 대한 베르그손의 사유가 단지 유물론적이고 실재론적인 차원에만 머무는 것은 아니다. 베르그손은 이미지가 무엇보다 '사물'이자 '표상'이며 '물질'이자 '의식'이라고 강조하기 때문이다.

베르그손은 자신이 말하는 이미지가 실재론자가 말하는 이미지와 달리 사물과 동일하지 않다고 설명한다. 일단, 그의 논의에서 이미지는 "관념론자가 표상이라고 부르는 것 이상의, 그리고 실재론자가 사물이라고 부르는 것보다는 덜한 어떤 존재, 즉 '사물'과 '표상' 사이의 중간 길에 위치한 존재"(『물질』, 22쪽)[14]를 의미한다. 하지만 엄밀히 말

---

13. 이지영, 「들뢰즈의 『시네마』에서 운동-이미지 개념에 대한 연구」, 서울대학교 대학원 철학과 박사학위논문, 2007, 60쪽.

14. "사물과 표상의 중간 존재" 혹은 "사물이자 표상"으로서의 이미지 개념은 관념론과 실재론의 대립을 극복하려는 베르그손의 의지를 잘 나타내준다. 대개 관념론은 우주의 궁극적 실체를 절대적 관념 또는 정신으로 보면서 물질적 사물들은 정신의 표상에 불과하다고 주장한다. 반면, 실재론은 물질 또는 사물을 인간의 인식과 관계없이 독자적으로 존재하는 것으로 간주하고 지각 역시 단지 사물로부터 파생되는 것이라고 간주한다. 박성수에 따르면, 베르그손은 관념론과 실재론의 이 차이를 "시점 혹은 관점의 차이로 전환"시키면서 극복하려 하는데, 이를 위해 제시되는 것이

해, 베르그손에게 이미지란 표상과 사물의 중간에 위치하는 존재라기보다는 '표상이자 동시에 사물'인 존재라 할 수 있다. 즉 '지각되는 것'으로서의 이미지는 우리의 의식과 관련되고 우리의 의식에 의해 표상되는 존재로서의 이미지를 뜻하고, '존재하는 것'으로서의 이미지는 우리의 의식 바깥에 객관적으로 존재하는 실재, 즉 사물로서의 이미지를 뜻한다. 요컨대, 이미지는 우리의 의식에 의해 지각되고 표상되는 '주관적' 존재이자, 동시에 우리의 의식 밖에서 우리의 지각과 무관하게 물질적으로 선재하는 '객관적' 존재다.

  ③ 물질이자 빛이자 의식

  또한 베르그손에게 이미지는 사물이자 표상일 뿐 아니라, 더 나아가 '물질'이자 '의식'이다. 이러한 그의 주장을 이해하기 위해서는, 먼저 '물질'과 '빛'의 동일성에 대한 그의 입장을 이해해야 한다. 베르그손은 물질을 원자들과 같이 견고한 윤곽을 지닌 입자로만 환원하는 당대 자연과학의 입장에 반대했다. 당대 과학에서 주장하던 '원자'의 실체성론에 반박하면서, 원자는 단지 '힘의 중심'일 뿐이며 따라서 '물질' 역시 '힘의 흐름'이라는 논의를 펼친 것이다. 베르그손에게 '물질'은 그 자체로 끊임없이 운동중인 '에너지'이자 '힘'이며, 궁극적으로 '빛의 합'과 동일하다.[15] 즉 물질의 총합인 사물에 하나의 명확한 형

사물과 표상의 중간적 존재 혹은 사물이자 표상으로서의 '이미지' 개념이다.(박성수, 「운동-이미지: 베르그송과 들뢰즈」, 『필름 컬처』, 제6호, 한나래, 2000, 62~64쪽)
15. 베르그손은 다음과 같이 설명한다: "물질을 운동하는 원자들로 환원해보라. 이 원자들은 심지어 물리적 성질들조차 결여하고 있으므로, 단지 가능적 시각 즉 광선 없는 시각과 가능적 접촉 즉 물질성 없는 접촉과의 관계에서만 규정된다. 원자를 힘의 중심들로 응축시켜보고, 그것을 연속적인 흐름 속에서 전개되는 와동渦動, tourbillon들로 해체시켜보라. 이 흐름, 이 운동들, 이 중심들은 그 자체가 단지 하나의 무력한 접촉, 효과 없는 충력, 퇴색한 빛과의 관계에서만 규정된다. 그러나 그것들은 여전히 이미지들이다."(『물질』, 66쪽.)

상을 부과하고 그 형상에 자신의 조건을 부과하는 것은 '빛'이며, 따라서 사물의 형상은 곧 '빛의 형상'이다.

이러한 베르그손의 입장은 전통적인 형이상학의 입장과 반대되는 것이기도 하다. 전통적 형이상학은 빛을 '정신'과 '의식'으로 보고, 물질 혹은 사물은 그 정신과 의식, 즉 '빛으로 비춰내야 하는 것'으로 보는 이원론적 입장을 고수해왔기 때문이다. 베르그손은 이러한 전통적 형이상학의 관점에서 벗어나, 물질 혹은 사물은 자신을 비추는 어떤 것 없이 '스스로 빛나는' 어떤 것이라고 주장한다. 그리고 '빛'인 '의식'은 물질, 즉 사물 속에 이미 내재해 있다고 강조한다. 요컨대 베르그손은 "모든 의식은 어떤 것(사물)의 의식이다"라는 후설E. Husserl의 입장에서 더 멀리 나아가, "모든 의식은 어떤 것(사물)이다"라는 입장을 제시한다.[16] 요컨대, 그의 논의에서는 물질(사물)이 곧 빛이자 의식이므로, '의식'은 '물질(사물)'로부터, 그리고 '빛의 총합'인 '이미지'로부터 구별될 수 없다. 이미지는 물질이자 빛이며 동시에 의식이고, 혹은 달리 말해 "의식이 내재된 물질"인 셈이다. 베르그손은 다음과 같이 설명한다.

아마도 결국 이미지들의 총체로 정의된 물질적 우주 자체는 일종의 의식, 즉 모든 것이 상쇄되고 중화되는 의식, 모든 우연적인 부분이 항상 동등한 힘을 갖는 작용들과 반작용들에 의해 서로 평형을 이루면서 상호돌출하는 것을 방지하는 의식일 것이다.(『물질』, 388쪽)

---

16. Gilles Deleuze, 같은 책, 83~84쪽.

(2) 이미지의 두 체계와 신체 이미지

① 이미지의 두 체계

이처럼 지각된 것이자 존재하는 것이고 표상(주관적 존재)이자 사물(객관적 존재)이며 의식이자 물질인 이미지의 속성을 바탕으로, 베르그손은 이미지의 근본적인 두 체계를 상정한다. 하나는 "각 이미지가 자기 자신에 대해서, 그리고 그것이 주변 이미지들의 실제적인 작용을 받고 있는 한도 내에서 변화하고" 있는 체계이고, 다른 하나는 "모든 이미지가 단 하나의 이미지에 대해서, 그리고 이 이미지들이 이 특권적 이미지의 가능적 행동을 반사하는 다양한 한도 내에서 변화"하고 있는 체계이다.(『물질』, 51쪽) 아래에서 자세히 설명하겠지만, 여기서 특권적 이미지란 나의 신체를 가리킨다. 다시 말해, 첫번째 체계는 모든 이미지가 인과법칙에 따라 자신의 모든 부분을 통해 서로 작용-반작용 하는 객관적 체계라 할 수 있으며, 이는 곧 이미지들의 총체이자 물질의 총체인 '우주'를 가리킨다. 또한 어떤 중심도 존재하지 않고 모든 이미지가 보편적인 상호작용을 하고 있는 이 체계는, 그 자체로 하나의 부단한 흐름이자 운동이라 할 수 있다. 또한 특권화된 중심에 의해 좌표화되지 않기 때문에 "어떤 정박점도, 어떤 준거의 중심도 정해질 수 없는 물질-흐름matière-écoulement"[17]이라고도 볼 수 있다. 반면, 두번째 체계는 이와 달리 "우주에 대한 나의 지각이라고 부르는 이미지들의 체계, 나의 신체라는 어떤 특권적 이미지의 가벼운 변화만으로도 완전히 교란되는 이미지의 체계"(50쪽)다. 즉 나의 뇌의 작용에 의해 지각되고 표상되는 이미지들의 체계를 말하며, 이는 곧 이미지의 주관적 체계에 해당한다.

---

17. 같은 책, 85쪽.

이러한 이미지의 두 체계 구분은 사실상 '시점'(혹은 관점)의 차이에 근거를 두는 것이기도 하다. 첫번째 체계는 중립적 시점의 체계 혹은 탈중심화된 시점의 체계라 할 수 있으며, 어떤 특별한 중심적 시점을 상정하지 않고 "시점의 전반적인 분산을 특징으로" 하는 보편적 변이의 세계라 할 수 있다.[18] 반면, 두번째 체계는 나의 신체의 '효용성'을 중심으로 형성되는 체계라 할 수 있으며, 나의 신체라는 특권적 시점을 상정하고 '시점의 일원화 및 중심화'를 특징으로 한다. 이처럼 베르그손의 객관적 이미지 체계와 주관적 이미지 체계 구분이 내포하고 있는 시점의 차이는, 훗날 들뢰즈가 영화적 지각과 영화이미지의 독자성을 제시하는 데 있어 중요한 단초가 된다.[19]

② 특권적 이미지로서의 나의 신체

그런데 베르그손의 객관적 이미지 체계와 주관적 이미지 체계 논의에서 중요한 것은, "두 체계가 공존한다는 사실"이며 또 "동일한 이미지들이 이 두 상이한 체계에 동시에 들어올 수 있다는 사실"(『물질』, 51쪽)이다. 이것은 무엇보다 '나의 신체'라는 한 특별한 이미지의 작용으로 인해 가능하다. 일단 모든 이미지가 자연의 법칙들이라고 불리는 "항구적인 법칙들에 따라, 그것들의 모든 요소적인 부분 속에서 서로에게 작용하고 반작용하는 물질"(37쪽)이라 할 수 있으며, 모든 이미지의 궁극적 총합은 결국 물질의 총합인 우주이다. 그런데 "내가 우주라고 부르는 이 이미지들의 총체 속"에는 "다른 모든 이미지와 뚜렷이 구별되는 하나의 이미지"가 존재하는데, 바로 "나의 신체"다.(38~39쪽) 나의 신체는 한편으로는 "물리적 세계의 전체 속에서 다

---

18. 박성수, 「운동-이미지: 베르그송과 들뢰즈」, 67쪽.
19. 이에 관한 자세한 논의는 이 책의 제12장을 참조하라.

른 이미지들처럼 운동을 받고 되돌려보내면서 작용하는 이미지"에 해당하지만, 다른 한편으로는 "자신이 받은 것을 되돌려보내는 방식을 어느 정도까지는 선택할 수 있다"는 점에서 다른 이미지들과 구별되는 특별한 이미지다.(41쪽)

나아가, 이미지들의 총체인 우주에서 특별한 이미지로서 나의 신체가 행하는 운동(작용-반작용)은 가능적 행동이 아니라 '실재적 행동'에 해당한다. "나의 신체를 둘러싸고 있는 대상들은 그것들에 대한 내 신체의 가능적 행동을 반영"하지만, "나의 신체는 그것을 둘러싸고 있는 대상들에 대해 실제적이고 새로운 작용을 행사할 수 있는" 특권적 위치를 점하고 있기 때문에 일종의 '실재적 행동'을 실행하는 것이다.(42~44쪽)[20] 따라서 가능적 행동이 아니라 실재적 행동을 실행하는 나의 신체는 이미지들의 총체인 물리적 세계에서 "다른 이미지들에 실제적인 영향을 행사하고" "물리적으로 가능한 여러 과정 사이에서 어떤 결정을 내릴" 수 있는 이미지라 할 수 있다. 다시 말해, 나의 신체는 이미지들의 총체인 우주에서 어떤 "특권적 위치를 점하는" 특별한 이미지다.(42~43쪽) 베르그손에 따르면, "바로 이 특별한 이미지를 나는 나의 우주의 중심으로 받아들이고, 내 인격성의 물리적 기초로서 받아들인다."(109쪽)

---

20. 여기서, 우리는 베르그손의 논의에서 '실재적인 것'과 '가능적인 것'의 관계가 의미하는 것에 주의해야 한다: Henri Bergson, *La pensée et le mouvant*(1938), Paris: P.U.F., 1993, 99~116쪽 참조. 통상적으로 '실재적인 것le réel'과 대립되는 것으로 '잠재적인 것le virtuel'을 언급하는 것과 달리, 베르그손은 '실재적인 것'의 대립항은 '가능적인 것le possible'이라고 주장한다. 또한 '현실적인 것actuel'의 대립적 상관물은 '잠재적인 것'이다. 이러한 베르그손의 관점은 이후에 살펴볼 '지각과 정감,' '지각과 기억'의 관계에서도 잘 드러난다.

(3) 지각과 정감

① 지각: 신체의 물리적 운동

이미지의 상이한 두 체계를 상정하고 신체를 하나의 특권적 이미지로 간주하는 베르그손의 논의에서, '지각'은 한마디로 '신체를 통한 이미지들의 선택'을 의미한다. 그런데 특권적 이미지로서의 나의 신체가 행하는 뇌의 작용인 지각은, 사변적이고 순수한 인식이라기보다는 신체의 '물리적 운동' 혹은 작용이라 할 수 있다. 베르그손에 따르면, 지각은 무엇보다 "신체의 운동하려는 경향에서 그것의 진정한 존재 이유를 갖는데"(『물질』, 82~83쪽) 더 구체적으로 지각은 외부의 자극에 작용하고 반작용하는, 즉 외부의 자극을 수용해 운동으로 바꾸는 일종의 '신경계의 작용'이라 할 수 있다. 지각의 과정을 통해, "주변의 진동은…… 뇌수로 거슬러올라간 다음 반사운동에 개입하는 척수의 동일한 운동세포들로 내려간다."(58쪽) 우리 신체의 신경세포들은 주변의 자극(진동)으로부터 오는 구심적 운동을 수용해 뇌수로 전달하고, 이 운동의 진동들은 뇌수에서 척수의 운동기제들 중 일부와 연결돼 다시 원심적 운동으로 반사되어 나가는 것이다. 결국 지각이란, 신경세포와 뇌피질의 감각세포들 및 척수의 운동세포들 사이에서 이루어지는 작용과 반작용의 과정, 즉 운동의 과정과 다름없다.

이처럼 신체의 물리적 운동인 지각과정에서 뇌는 인식하고 사유하는 기관이라기보다, 마치 "중앙전화국"처럼 "자신이 받은 것에 어떤 것도 덧붙이지 않고" 단지 모든 지각과 운동기제에 "(연락을 보내거나) 연락을 기다리게 하는" 일만 수행하는 기관이라 할 수 있다.(59쪽) 뇌는 "받아들인 운동과 관련해서는 분석기관이고, 행사된 운동과 관련해서는 선택기관"이라 할 수 있으며, 뇌의 역할은 두 경우 모두에서 "운동을 전달하고 분할하는 데 한정"된다.(같은 곳) 이와 같이 '신경계, 뇌, 척수 간의 물리적 운동'이라 할 수 있는 지각은 따라서 의식을 향하기보다는 '행동'을 향하며, 어떤 표상을 만들어내거나 준비하는 관념적 작용(과정)이 아니라 주변의 자극을 받아들여 가능한 운동들을 제시하는 신체의 '물리적 작용'에 해당한다.

② 지각과 정감: 의식적 지각의 출현

그러나 위에서 살펴본 지각은 현실에서 실제로 일어나는 지각이라기보다는 이론적으로 가능한 지각, 즉 "사실적이라기보다는 오히려 권리적으로 존재하는 지각"(『물질』, 65쪽)을 가리킨다. 실제 지각에는 반드시 '비결정의 영역zone d'indétermination'(29쪽)이 존재하기 때문이다. 이 비결정의 영역으로 인해 나의 신체는 외부의 이미지로부터 오는 자극을 수용(작용)한 후 반응(반작용)을 유보할 수도 있고, 동일한 자극에 대해 전혀 다른 반응을 나타낼 수도 있다. 비결정의 영역은 나의 신체의 반작용에, 즉 행동에 비결정성을 부여하며, 따라서 나의 신체를 특권적 중심일 뿐 아니라 "비결정의 중심"으로 만든다.[21] 또한 비결정의 영역은 나의 행동에 비결정성을 부여하면서 가능적 행동의 수를 하나가 아닌 복수로 만드는데, 이에 따라 "대상들에 대한 행동의 관계는 단 하나뿐인 실재 행동의 관계일 뿐 아니라, 미래에 일어날 복수의 행동들의 관계"[22]가 된다.

그런데 베르그손은 이 비결정의 영역에 특히 '정감affection'과 '기억mémoire'이 개입하는 것에 주목한다. 먼저, 정감은 한마디로 '신체가 자기 자신에 대해 행하는 지각,' 즉 신체가 '자기 자신에 대해 느끼는 감각'을 의미한다. 앞서 살펴본 것처럼, 우리의 신체는 이미지들의 총

---

21. 박성수, 「운동-이미지: 베르그송과 들뢰즈」, 64쪽.
22. Frédéric Worms, Introduction à 《Matière et mémoire》(Paris: P.U.F., 1977), 30쪽.

체인 물질적 세계에서 주변 대상들이 보내는 자극을 받아 다시 그 대상들로 반사하는 하나의 중심이다. 그러나 이러한 단순한 반사운동은 외적 지각(혹은 순수 지각)에 해당하며, 우리의 신체 운동이 이러한 외적 지각에 그친다면 신체는 결코 우주라는 물리적 세계에서 특권적 위치를 얻을 수 없을 것이다. 우주 안의 특별한 중심으로서 우리의 신체는 단순한 "수학적 중심이 아니며," "자연의 모든 물체처럼 자신을 해체하려고 위협하는 외적 원인들의 작용에 노출된 하나의 물체"다.(『물질』, 101쪽) 신체는 주변으로부터 전달되는 모든 자극을 받아들여 무조건적으로 반사하는 대신, 반사를 유보하고 머뭇거리며 때로는 거부한다. 즉 신체는 주변 자극에 대해 "대항하며, 그러한 대항작용에서 어떤 것을 흡수"하는데, 베르그손은 바로 여기에 정감의 근원이 있다고 주장한다. 다시 말해, "지각이 신체의 반사하는 능력을 측정한다면, 정감은 신체의 흡수하는 능력을 측정하는 것이라고 할 수 있다."(같은 곳)

따라서 순수 지각이 사물에 대한 우리의 '가능적 행동'에 관계된다면, 정감은 사물에 대한 우리의 '실재적 행동'에 관계된다. 즉 정감은 (순수) 지각이라는 가능적 행동의 '실현réalisation'이라 할 수 있다.[23] 기본적으로 신체와 구별되는 어떤 대상에 대한 우리의 (순수) 지각은 오로지 가능적 행동만을 표현하는데, 대상과 신체 사이의 거리가 감소할 경우 신체가 느끼는 위험은 증대되며, 따라서 지각이 표현하는 가능적 행동은 점점 더 실재적 행동에 가까워진다. 그리고 마침내 양자 사이의 거리가 0이 될 경우, 즉 (순수) 신체가 지각 대상 자체가 될 경

---

23. 베르그손의 논의에서 '가능적인 것'이 '실재적인 것'이 되는 과정은 '실현'이라고 불리며, 이미 실재 그 자체인 '잠재적인 것'이 '현실적인 것'으로 변환되는 과정은 현실화actualisation"라고 불린다.(쉬잔 엠 드 라코트, 『들뢰즈 철학과 영화』, 이지영 옮김, 열화당, 2004, 88쪽)

우, "지각이 표현하게 될 것은 더이상 잠재적 행동이 아니라 실재적 행동"(『물질』, 102쪽)이 된다. 즉 (순수) 지각과 정감의 관계는 신체의 가능적 작용과 실재적 작용의 관계와 같으며, 가능적 작용이 대상들에 관계되고 대상들 안에서 일어나는 것에 반해, 실재적 작용은 신체 자체에 관련되고 신체 안에서 일어난다. 다시 말해, 정감은 신체를 대상으로 신체 안에서 일어나는 실재적 작용이라 할 수 있으며, 따라서 "신체의 표면은 지각되는 동시에 감각되는 유일한 연장적 부분"(같은 곳)이라 할 수 있다. 다음과 같은 베르그손의 설명을 보라.

> 그 사실은 언제나 나의 지각은 내 신체 밖에 있고, 나의 정감은 반대로 내 신체 속에 있다는 것을 뜻한다. 외적 대상들이 나에 의해서 그것들이 있는 곳에서, 즉 내 안에서가 아니라 그것들 안에서 지각되듯이, 나의 정감적 상태들은 그것들이 산출되는 곳에서, 즉 내 신체의 정해진 한 지점에서 느껴진다.(『물질』, 103쪽)

그러나 위와 같은 지각과 정감의 차이가 지각과 정감의 완전한 분리나 본성상의 차이를 의미하지는 않는다.[24] 나의 신체는 물질적 세계라 불리는 이미지들의 총체에 속하는 하나의 이미지이며, 정감은 그

---

24. 이는 근본적으로 베르그손의 논의에서 '지각'이 '가능한 것'에 해당하고 '정감'이 '실재적인 것'에 해당하기 때문이다. 이에 관해서는 들뢰즈의 설명을 참고할 필요가 있는데, 들뢰즈는 '가능적인 것'과 '실재적인 것'의 관계에 대한 베르그손의 논의를 이어가면서 이 관계 양상이 '잠재적인 것'과 '현실적인 것'의 관계 양상과는 다르다는 점을 강조한다. 즉 들뢰즈에 따르면, '가능한 것'은 실현 가능한 것이며 그 자체가 실재의 이미지로 인식될 만큼 '실재적인 것'과 '유사'하다. 반면, '잠재적인 것'은 '현실적인 것'과 유사하지 않으며, 오히려 현실과의 '차이'라는 양태를 기반으로 현실화된다. 요컨대, '가능한 것'에 해당하는 '지각'과 '실재적인 것'에 해당하는 '정감' 사이의 관계 역시 유사성을 바탕으로 하고 있으며, 따라서 양자 사이에는 본성상의 차이가 존재할 수 없다.(Gilles Deleuze, *Différence et Répétition*, Paris: PUF, 1968, 273쪽 참조)

러한 개별 이미지로서의 나의 신체가 "자기 자신에 대해 행하는 노력"(『물질』, 103쪽)이기 때문이다. 즉 지각과 정감 사이에는 본성의 차이가 아니라 단지 '정도의 차이'만 존재한다. 따라서 베르그손은 "우리 신체에 대한 대상의 잠재적 작용 또는 대상에 대한 우리 신체의 잠재적 행동"(104쪽) 때문에 우리의 지각을 대상 자체로부터, 즉 이미지들의 실질로부터 있는 그대로 분리된 한 부분이라고 보는 것은 어디까지나 추론에 불과하다고 강조한다. 왜냐하면 "우리 신체가 공간 속의 하나의 수학적 점이 아니라는 사실, 우리 신체의 잠재적 작용들은 복합적이 되어 실재적 작용들로 배어 있다는 사실"(같은 곳)을 반드시 고려해야 하기 때문이다. 즉 "정감이 없는 지각은 존재하지 않는다."(같은 곳) 정감이란 외적 대상들의 이미지에 우리 신체의 내적인 것이 혼합된 것이며, 따라서 만일 이미지의 순수성을 되찾으려 한다면 지각으로부터 가장 먼저 정감을 추출해내야만 한다.

요컨대, 물질들의 전체(혹은 이미지들의 전체) 속에서 나의 신체가 행하는 지각은 순수한 상태로 시작되나 궁극적으로는 나의 신체를 중심으로 제한되며 정향된다. 나의 신체의 '감각-운동적sensori-moteur' 능력에 의해, 즉 행동을 수행하면서 정감을 느끼는 나의 신체의 이중적 기능에 의해, 나의 지각 역시 이중적 기능을 수행하게 된다. 나의 신체는 분명히 이미지들의 중심, 표상의 중심을 점하는 특권적 이미지이며, 다른 이미지들은 나의 신체와의 작용-반작용의 유무 및 강도에 따라 나의 신체를 중심으로 단계적으로 배열된다. 하지만 동시에 나(혹은 나의 신체)는 다른 이미지들에 대해 그러하듯, 나의 신체 이미지에 대해서도 단지 외피만을 지각하는 것이 아니라 "정감적이라고 부르는 감각들"(『물질』, 109쪽)을 통해 그 내부 또한 지각한다. 즉 나의 신체는 자신의 표면에서만이 아니라 자신의 심층에서도 지각되는 특별한 이미지이며, "행동의 근원임과 동시에 정감의 자리"다.(같은 곳)

(4) 지각과 기억

이처럼 정감을 신체가 자기 자신에 대해 행하는 지각, 자신의 내부 자극에 대해 반응하는 지각이라고 정의한다면, 정감은 지각의 또다른 국면, 단지 정도의 차이만 지니는 지각의 한 부분으로 간주될 수 있을 것이다. 지각과 정감은 서로 분리될 수 없으며, 우리의 신체가 행하는 실제 지각작용에서 항상 동시에 일어난다. 즉 크게 보아 베르그손에게 지각과 정감은 우리가 일반적으로 '지각'이라고 부르는 것 안에 통합되며, 정감과 따로 고려해볼 수 있는 '지각 안의 지각'은 이론상으로만 가능한 순수 지각이다.

그런데 지각과 정감이 합쳐진 일반적 지각에는 항상 또다른 무엇이 덧붙여진다. 바로 '기억'이다. 베르그손에 따르면, "기억, 즉 과거의 이미지들의 존속"은 "항상 우리의 현재 지각과 혼합되며, 심지어 그것을 대체할 수도 있다."(『물질』, 116쪽) 이 과거의 이미지들은 매 순간 겪는 현재의 경험을 기존의 획득된 경험으로 풍부하게 만들면서, 그것을 보충한다. 외부 세계에 대한 우리의 현재적 지각은, 그 지각으로부터 비롯되는 '실재적 직관'과 그 직관에 덧붙여지는 '과거의 이미지들'에 비하면 미미한 것이다. 어떤 대상에 대한 우리의 현재적 지각은 곧바로 실재적 직관, 즉 순간적인 직관을 산출하고, 이 실재적 직관은 기억을 불러낸다. 즉 실재적 직관의 역할은 "기억을 불러내고, 그것에 형체를 부여하고, 그것을 능동적으로 따라서 현실적으로 만드는 것"(117쪽)에 있다. 물론 '지각'이 '지각된 대상'과 일치하는 비개인적 경우가 가능하지만, 이것은 어디까지나 권리상으로만 존재하는 지각, 즉 정감과 기억이 모두 배제된 순수 지각에만 해당한다. 요컨대, 베르그손에 따르면 "지각하는 것은 결국 기억하기 위한 하나의 기회에 불과"(같은 곳)하며, 실제로 "기억들souvenirs로 배어 있지 않은 지각은 없다."(63쪽)

그런데 위에서 보다시피 지각과 정감이 본성상의 차이가 아니라 단지 정도의 차이만을 지녔던 것과 달리, 지각과 기억 사이에는 근본적으로 '본성상의 차이'가 존재한다. 베르그손은 당시까지 심리학자들과 형이상학자들이 지각과 기억 사이에 단지 정도의 차이만 있다고 보는 것에 반대하며, 기억을 일종의 '약화된 지각'으로 보는 관점이나 지각을 어떤 '정신적 상태'처럼 보는 관점을 모두 비판한다. 물론 지각과 기억이 삼투압 현상처럼 서로 침투하며 서로의 실질substance을 교환하는 것이 사실이지만, 기본적으로 지각과 기억 사이에는 크게 두 가지 차원의 차이가 존재하기 때문이다. 즉 지각이 '현재'적이고 '물질'적인 것이라면, 기억은 '과거'의 것이고 '정신(의식)'에 관계되는 것이다.

먼저, 지각은 물질적 세계를 구성하는 대상들, 즉 이미지들 사이에서 "우리의 시발적 행동"(『물질』, 120쪽)으로 이루어지는 작용 혹은 운동을 말한다. 즉 지각은 '현재'의 '물질적' 대상에 대한 우리 신체의 작용과 반작용에 의해 이루어지는 것으로, '현실성actualité'과 '활동성activité'을 근본 특징으로 한다. 반면, 기억은 '과거'의 이미지들의 존속을 의미하며, 이 과거의 이미지들은 현재 내 신체가 놓여 있는 물리적 세계에 실재하는 대상이 아니라 어디까지나 우리의 '의식' 속에만 존재하는 '관념적' 대상이다. 따라서 베르그손에 따르면, 지각을 일종의 관조contemplation로 간주하여 순수하게 사변적spéculative이고 무의식적인 행위로 정의하며, 이로써 지각과 기억 사이에 궁극적인 차이를 폐지하려는 모든 시도는 다 오류라 할 수 있다. 그러한 시도들은 "본성상 더이상 작용하지 않은 것"인 과거를 지금 "작용하는 것agissant"인 현재로부터 구별할 수 없게 만들기 때문이다.(121쪽) 요컨대, 현재와 물질에 관계하는 지각과 과거 및 의식(정신)에 관계하는 기억은 근본적으로 다른 것이며, 양자 사이에는 정도의 차이가 아니

라 본성상의 차이가 존재한다.[25]

이처럼 본성상 분명히 다른 성질을 갖는 기억이 지각에 덧붙여짐으로써, 우리의 지각은 더이상 순수 지각이 아닌 '의식적 지각,' 즉 '구체적이고 복합적인 지각'이 된다. 앞서 살펴본 것처럼, "물질로부터 직접적이면서 동시에 순간적으로" 얻을 수 있는 이미지인 순수 지각은 사실적이라기보다는 권리상으로만 존재하는 지각이며, 모든 형태의 정감과 "모든 형태의 기억을 배제"시켜야만 가능한 지각이다.(『물질』, 65쪽) 만일 우리가 지각으로부터 모든 정감과 모든 기억을 제거할 수 있다면 순수 지각을 얻을 수 있을 것이고, 그 경우 지각으로부터 물질로의, 그리고 주체로부터 대상으로의 이행도 가능해질 것이다. 그러나 실제로는 정감이 제거된 지각뿐 아니라 기억이 전적으로 배제된 지각 또한 불가능하다. 무엇보다, "하나의 지각을 아무리 짧다고 가정한다 해도, 사실상 그것은 항상 일정한 지속을 점유하고, 따라서 무수한 순간들을 서로 안으로 연장하는 기억작용mémoire의 노력을 요구하기"(64쪽) 때문이다. 즉 우리의 지각은 아무리 그것이 순간적이라 해도 '지속'의 어떤 두께를 점유하며, 따라서 연속적으로 이어지는 우리의 지각은 "결코 사물들의 진정한 순간들이 아니라, 우리의 의식의 순간들이다."(122쪽) 진정으로 '순간적인 것'이란 결코 존재할 수 없으며, 우리가 '순간적인 실재'라 부르는 것에도 이미 지속이, 우리의 '기억'의 작업 내지는 우리의 '의식'의 작업이 개입되어 있다.

---

25. 이는 '지각'이 '현실적인 것'에 해당하고 '기억'이 '잠재적인 것'에 해당하기 때문이다. 앞서 언급한 것처럼, 베르그손의 사유에서 '가능적인 것'과 '실재적인 것'의 관계는 유사성을 바탕으로 이루어지는 반면, '잠재적인 것'과 '현실적인 것'의 관계는 '차이'를 바탕으로 이루어진다. 즉 지각은 기억이라는 잠재적 행동의 차이를 바탕으로 양태화된 현실적 행동이라 할 수 있다.

그러므로 기억(혹은 기억작용)은 "그것이 직접적 지각이라는 바닥을 기억들의 담요로 덮고 있는 한에서, 또한 그것이 무수한 순간들을 응축시키고 있는 한에서, 지각 속에 있는 개인적 의식의 주요한 지분, 즉 사물에 대한 우리의 인식의 주관적 측면을 구성한다."(『물질』, 65쪽) 우리는 실제로 직접적인 지각으로부터 과거의 이미지들을 상기시키는 몇몇 단순한 '신호들signes'만을 붙잡으며, 기억작용을 통해 고도로 응축되어 있는 과거의 무수한 이미지들 중 어떤 것들을 끌어와 덧붙인다. 즉 "우리 지각의 주관성은 무엇보다도 우리 기억의 지분으로 이루어지는"(122쪽) 것이다. 요컨대, 사물과 우주에 대해 우리가 행하는 지각의 '질적인 이질성'과 '주관성'은 우리의 지각이 실제로는 어떤 두께를 갖는 지속 위에서 연속적으로 이어지는 지각들의 합이라는 사실로부터 비롯된다. 나아가, 그러한 지각의 주관성은 우리의 기억이 매 순간 수행되는 지각들 각각에 과거의 이미지들과 관계되는 무수한 진동들을 순차적으로 응축시킴으로써 형성된다고 할 수 있다.

결절 結節

베르그손은 이미지와 지각과 관련해 기존의 고정된 사고의 틀을 넘어서는 혁신적 사유를 보여주었다. 이미지를 지각되는 것이자 존재하는 것으로 간주하고, 표상이자 사물로 간주하며, 물질이자 의식으로 간주하는 그의 사유는, 영화 탄생 후 전개된 여러 영화이미지론에 직간접적인 영향을 미친다. 또한 사물, 즉 이미지에 대한 우리의 지각에는 항상 정감과 기억이 개입된다는 그의 주장도, 영화사의 진행과 함께 제기되는 수많은 영화적 지각 논의들에 커다란 영향을 미친다. 즉 영화매체에 대한 그의 부정적 평가에도 불구하고, 이미지와 지각에 관한 그의 사유 전반은 영화와 영화이미지의 본성에 대해 질문하고 탐구했던 많은 이들에게 사유의 단초가 되는 역할을 했다. 들뢰즈의 표현처럼, 베르그손은 "영화에 대해 비판할 때조차도, 그가 믿었던 것보다 훨씬 더 강하게 영화에 찬동하고 있었다."[26] 이 장을 마무리하면서, 이미지에 대한 베르그손의 사유가 후대 영화인들 및 영화이론가들에게 어떤 영향을 미쳤는지에 대해 간략히 조망해본다. 사실상 이 책에 등장하는 주요 이론가들은 대부분 베르그손의 사유로부터 적지 않은 영향을 받았다고 해도 무리가 없을 것이다.

먼저, 『창조적 진화』에서 전개되었던 근대 기계주의적 지각구조와 영화적 지각구조에 대한 베르그손의 비판적 사유는, 영화이미지와 영화적 지각을 매체학적으로 혹은 사회학적으로 바라보는 이들에게 특히 중요한 실마리를 제공한다. 이를테면 기계적 메커니즘이 근현대인의 지각양식에 깊은 영향을 주고 근현대인의 지각 메커니즘 자체를 변화시킨다는 벤야민의 주장은, 근대 과학의 기계주의적 사유구조가 인간의 사유방식의 기계화를 더욱 심화시키고 고착시켰다는 베르그손의 주장을 수용해 계승한 것이다. 그리고 영화적 지각이 그처럼 기계화된 인간의 지각구조를 상징적으로 나타낸다는 주장 역시, 베르그손의 글과 벤야민의 글에서 똑같이 발견된다. 아울러, 근대인의 일상적 지각양식이 실제 운동은 무시한 채 순간적인 외관들에만 주목하는 '만화경'적 인식과 유사하고 이는 곧 영화적 지각과 유사하다는 베르그손의 비유도, 크라카우어와 벤야민에 의해 다시 제시된다.

또한, 이미지, 물질, 의식, 운동의 동일성에 관한 베르그손의 철학적 사유는 영화이미지의 본질과 특성을 탐구하는 후대 연구자들에게 지대한 영향을 미친다. 베르토프의 경우, '이미지'는 대상 자체이자

---

26. Gilles Deleuze, *Cinéma 1. L'image-mouvement*, 85쪽.

사물 자체이고 궁극적으로 '물질'이라는 베르그손의 한 관점을 더 극단으로 밀고나가 '유물론적 영화이미지론'이라는 그만의 사유를 완성시킨다. 베르토프가 그의 글들에서 베르그손을 직접 인용한 사례는 찾기 힘들지만, 이 책의 제3장에서 확인할 수 있는 것처럼, 우리는 그의 영화적 사유 곳곳에서 '이미지는 의식이기 이전에 근본적으로 물질이며 운동이다'라고 주장했던 베르그손의 유물론적 이미지론의 흔적을 발견할 수 있다. 들뢰즈는 '간격'이라는 개념을 통해 베르그손의 이미지론과 베르토프의 영화적 이미지론이 만나는 지점을 밝힌다.

반면 엡슈타인, 발라즈, 바르트 등은 '이미지가 물질이지만, 동시에 빛이자 의식이다'라는 베르그손의 관점으로부터 더 큰 영향을 받는다. 즉 이들의 영화적 사유에는, 이미지를 우리의 의식에 의해 지각되고 표상되는 '주관적 존재'로 간주하고 이미지의 지각에는 반드시 '정감'과 '기억'이 개입된다는 베르그손의 주장이 더 큰 영향을 미친다. 요컨대, 엡슈타인이 확산시킨 '포토제니photogénie' 개념의 핵심은 영화이미지의 규정할 수 없는 특질인 정신성과 인격성에 있다.[27] 발라즈는 '상相, physiognomie' 개념을 통해 정신, 의식, 영혼 등 영화이미지에 새겨지는 내적 특질에 대해 강조한다. 보다 후대 이론가인 바르트의 '푼크툼functum' 개념 역시 사진이미지 혹은 영화이미지 안에 존재하는 비결정적 영역에 초점을 맞춘 것으로, 이미지 안의 '비결정의 영역'을 강조했던 베르그손의 사유가 그 뿌리가 된다고 할 수 있다. 그

---

27. 물론, 베르그손과 엡슈타인의 사유의 연관성은 이보다 더 복잡하다. 엡슈타인은 베르그손의 시간관을 계승하여 시간의 본질을 '지속'이자 '흐름'으로 간주한다. 그런데 베르그손과 달리, 엡슈타인은 영화가 바로 그러한 지속이자 흐름으로서 시간을 구현하는 유일한 예술이라고 주장하며, 우리의 일상적 시간구조와 전혀 다른 독자적인 시간구조를 구축하는 예술이라고 강조한다.(이 책 제4장 「2-(3) 영화: 시간을 사유하는 기계」 부분 참조) 따라서 엡슈타인의 영화적 사유는 베르그손의 이미지론과 들뢰즈의 영화이미지론 사이의 중간 단계에 위치한다고도 볼 수 있다.

뿐만 아니라, 바르트의 푼크툼적 사유는 '이미지의 지각에 반드시 정감과 기억이 개입한다'는 베르그손의 사유와 '이미지는 상상하는 의식이다'라는 사르트르의 사유를 결합한 것이라고도 볼 수 있다.

한편 모랭과 미트리의 영화적 사유는, 이미지를 '사물'이자 '표상'으로 보고 '물질'이자 '의식'으로 보는 베르그손의 이중적 입장과 유사한 입장을 취한다. 모랭은 이미지가 우리의 의식 바깥에 존재하는 객관적 실재이자 우리의 의식에 의해 지각되고 표상되는 주관적 존재라고 간주하는 베르그손의 사유를 계승해, 영화이미지는 물질성/정신성, 객관성/주관성, 실재계/상상계 등을 동시에 내포한다고 주장한다. 또한 미트리는 이미지가 우리의 '관념'과 관련되면서 동시에 사물의 '실재'에 관련된다는 베르그손의 이미지론을 이어받아, 영화이미지 역시 재현된 것이자 재현이고 실재이자 형태이며 지각이자 구성이고 실존이자 본질이라는 복합적 차원의 이중성 논의를 전개한다.

끝으로 들뢰즈는, 베르그손의 이미지론을 자신의 영화이미지론의 근간으로 삼으면서 영화이미지에 관한 그의 광대한 사유를 형성해간다. 그 내용을 간단히 요약하면 다음과 같다. 첫째, '표상'(의식)이자 '사물'(물질)로서의 이미지 개념을 통해 실재론과 관념론의 대립을 극복하고자 했던 베르그손을 따라, 들뢰즈 역시 이미지는 '운동'이자 '물질'이며 나아가 '빛'이자 '의식'이라고 주장한다. 특히, 들뢰즈는 베르그손보다 '운동'으로서의 이미지의 의미를 더욱 강조하면서, 영화이미지는 '운동중인 물질' 또는 '물질적인 운동' 그 자체라고 정의한다. 둘째, 들뢰즈는 베르그손의 '평면' 개념을 바탕으로 '내재성의 평면'이라는 그만의 고유한 개념을 구체화시킨다. 그런데 양자 사이에는 분명한 차이가 존재한다. 베르그손의 평면이 나의 신체라는 비결정의 중심을 둘러싸고 형성되는 유한한 이미지의 총체라면, 들뢰즈의 내재성의 평면은 어떤 중심도 없고 단지 즉자적인 이미지들만이 운동하고 있는 운동-이미지들의 무한집합에 해당한다. 셋째, 평면과 내재성의 평면 사이의 이 같은 차이를 만들어내는 결정적 원인은 '인간적 지각'과 '영화적 지각'의 차이에 있다. 평면과 내재성의 평면 모두 내부의 간격을 통해 새로운 운동을 제시하는 '살아 있는 이미지'의 지각과 관련된다. 그러나 베르그손이 말하는 살아 있는 이미지의 지각이 '자기중심적이고 유기적인 인간의 지각'을 전제하는 것에 반해, 들뢰즈가 말하는 살아 있는 이미지의 지각은 '탈중심적이고 비유기적인 영화적 지각'을 전제하기 때문이다. 넷째, 들뢰즈는 베르그손의 '비결정의 영역' 개념에 베르토프의 '간격' 개념을 더해, 그만의 '운동-이미지와 간격' 논의를 발전시킨다. 우주의 이미지들과 물질들이 서로에 대해 행하는 지각은 반드시 그 내부에 '간격'을 지닌다. 살아 있는 이미지로서의 영화이미지가 행하는 지각 역시 그 내부에 간격을 지니는데, 그러한 간격의 존재로 인해 물질적 우주를 이루는 즉자적 운동-이미지는 각 영화작품 내에서 특수한 유형의 이미지들(지각-이미지, 행동-이미지, 정감-이미지 등)로 변이되어 나타난다. 다섯째, 들뢰즈는 베르그손의 지각이론을 수용하면서, 인간의 지각뿐 아니라 '영화적 지각'에 내재된 간격에도 정감과 함께 항상 '기억'이 덧붙여진다고 강조한다. 영화이미지는 매 순간 '지각' 이미지뿐 아니라 '기억' 이미지를 보여주며, 따라서 영화는 관객으로 하여금 매 순간 현실태적 시간과 잠재태적 시간이 서로 교차하고 중첩되고 전도되는 것을 경험하게 해주면서, 진정한 의미의 시간-이미지를 구현할 수 있게 된다.

|

제2장

분산적 지각에서 몽타주적 지각으로: 벤야민

이 장에서는 발터 벤야민(Walter Benjamin, 1892~1940)의 광대한 사유 중 영화와 관련된 내용만을 간추려 살펴볼 것이다. 벤야민은 다양한 저작을 통해 마르크스주의, 언어철학, 역사철학, 유대 신비주의 등에 근거하는 복합적 사유를 보여주었으며, 시대를 앞질러 매체학, 지각이론, 문화정치학 등의 영역을 개척하기도 했다. 영화에 관한 그의 관점은 탈근대주의적 사고와 유물론적 모더니즘을 바탕으로 하고 있는데, 기본적으로 그의 영화적 사유 전반은 영화를 예술로 바라보기보다는, 사회와 역사를 이해하는 도구로 바라보는 매체학적 범주에서 벗어나지 않는다. 하지만 이러한 매체학적 인식 틀에도 불구하고, 영화적 지각에 관한 그의 논의들은 영화와 영화이미지의 본질을 관통하고 있다. 벤야민의 영화적 사유는 주로 영화에 관한 선행 논의와 동시대 담론을 종합해 발전시킨 것이지만, 그러한 종합을 바탕으로 하나의 매체이자 예술로서의 영화적 특성과 영화이미지만의 독자성에 대해 냉철하면서도 심도 있는 통찰을 보여준다.

말하자면 여기에서 다루게 될 벤야민의 '촉각적 지각'과 '분산적

지각' 개념은 근대의 시각환경과 영화적 지각에 관한 짐멜G. Simmel
과 크라카우어S. Kracauer의 선구적 사고를 종합한 후 그만의 관점을
덧붙인 것이며, '기계적 지각' 개념은 영화 고유의 기계적 지각양식에
대한 베르그손의 비판적 입장과 동시대 무성영화인의 긍정적 입장을
종합한 후 그만의 사유를 더해 발전시킨 것이라 할 수 있다. 또 '변증
법적 지각'과 '몽타주적 지각'은 역사에 대한 새로운 인식방법을 모색
하는 과정에서 영화적 지각을 하나의 양식적 틀로 차용하며 성립된
개념들이지만, 이를 통해 그는 영화적 지각의 본질적 특성들을 제시
하고 시대를 앞서는 새로운 전망을 내놓고 있다. 아울러, 기계적 지각
과 몽타주적 지각을 잇는 그의 '시각적 무의식성' 개념은 발라즈B.
Balázs가 이미 제시한 영화에서의 시각적 무의식성 개념을 그대로 계
승한 것이지만, 그는 거기에 일상성에 대한 자신만의 철학적, 사회학
적 사유를 더해 동시대 이론가들과 차별되는 독창적인 논의로 발전
시킨다. 요컨대, 벤야민은 주로 영화의 바깥에 머물러 있었지만 그의
언술들은 항상 영화 내부의 핵심에 닿아 있었고, 그의 영화 논의들은
대부분 역사적, 정치적, 사회적 맥락 속에서 영화매체를 조망하는 것
으로부터 출발했지만 그 사유의 핵심은 언제나 예술로서의 영화라는
본질을 향해 있었다. 이 장에서는 먼저 벤야민의 영화적 사유의 발판
이 되는 짐멜과 크라카우어의 논의들을 검토한 후, 벤야민이 제시한
영화적 지각의 세부 개념들에 대해 차례로 살펴볼 것이다.

1. 근대의 지각양식 변화와 분산적 지각: 짐멜과 크라카우어

(1) 대도시와 지각양식의 변화—신경과민증에서 둔감증으로: 짐멜

19세기 유럽에 본격적으로 '대도시'가 등장하기 시작한 후, 많은

지식인과 예술가가 대도시에 관한 진단과 사유를 내놓는다. 그중에서도 짐멜은 19세기 후반 서구 대도시의 등장과 대도시인의 특징적 증상에 대해 예리하면서도 깊은 통찰을 보여주었고, 이는 훗날 벤야민의 사유에도 깊은 영향을 주었다.

먼저, 짐멜은 「대도시와 정신적 삶」(1903)이라는 글에서 도시환경의 변화가, 즉 '대도시의 등장'과 비약적인 발전이 '인간의 지각작용'에 미치는 영향에 주목한다. 짐멜에 따르면, 이미 19세기 말의 대도시인은 빠르게 밀려들면서 부단히 변화하는 '이미지의 홍수'를 겪고 있었다. 즉 대도시에 사는 개인은 외적 자극과 내적 자극이 급속히, 끊임없이 변화하는 환경 탓에 일종의 "신경과민Nervoität" 증상을 겪고 있었던 셈이다. "대도시의 거리를 걸을 때나, 빠르고 다양한 경제적, 직업적, 사회적 삶을 경험할 때," 개인은 "급속도로 이미지들이 교체되면서 밀려오거나, 하나의 이미지 안에서 포착되는 내용의 변화가 급격하거나, 밀려오는 인상들이 전혀 예기치 못한" 양상으로 나타나는 것을 경험하게 된다.[1]

이처럼 이미지의 홍수와 부단한 변화에 무방비로 노출된 대도시의 개인은 신경과민증에서 벗어나기 위해 여러 가지 심리적 기제를 찾게 된다. 우선 대도시인은 이미지의 홍수 등과 같은 외적 자극에 대해 정서적 반응보다 지적이고 '이성적'인 반응으로 점점 대응하게 되며, 그에 따라 각 개인의 내부에서 "외부 현상들에 대한 반응은 가장 덜 민감하면서도 인격의 심층에서 가장 멀리 떨어진 정신적 기관에 이양된다."[2] 이성적 사고는 사물이든 사람이든 각각의 존재를 모두 개체성이 배제된 균질적 요소로 간주해 그 가치를 교환가치에 따라 계

---

1. 게오르그 짐멜, 「대도시와 정신적 삶」, 『짐멜의 모더니티 읽기』, 김덕영·윤미애 옮김(새물결, 2005), 36쪽.
2. 같은 글, 37쪽.

산하는 일련의 태도에 근거하기 때문이다. 나아가 짐멜은 이러한 이성적 태도가 다양한 시각적 자극의 쇄도에 대한 방어적 수단일 뿐 아니라, 대도시 발전과 맞물려 형성된 '화폐경제'에서 비롯한 근대인의 행태양식이라고 설명한다.[3] 화폐경제는 근본적으로 "모든 현상에 공통적인 것, 즉 모든 성질과 특성을 단지 수량적인 문제로 평준화시키는 교환가치만을 문제삼기 때문이다."[4] 이는 무엇보다 화폐 자체의 "무특징성"에서, 즉 "사물들의 가치관계의 기계적 반영이며 모두에게 동일하게 유용한" 수단인 화폐 자체의 근본적 특성에서 기인한다.[5] 즉 화폐경제의 논리는 각 대상의 개별성, 독자성, 특수성을 부차적인 것으로 간주하고 각 대상의 가치를 먼저 교환가치에 따라 판단하는, 객관적이고도 이성적인 태도를 요구하는 것이다.

요컨대, 대도시인은 시각적 환경의 급격한 변화에 대처하기 위한 일종의 방어수단으로서 '이성적 태도'를 찾았고, 동시에 대도시의 정치 및 경제 구조를 지배하는 화폐경제 가치관에 적응하기 위해 '이성적이고 객관적인 태도'를 지키려 했다. 그런데 짐멜에 따르면, 대도시인들의 이성적 태도는 시간이 지날수록 좀더 극단적인 증세를 보이게 된다. 바로, 초기의 '신경과민증'과 정반대되는 "둔감증Blasiertheit"이다. 둔감증이란 본질적으로 "사물의 차이에 대한 마비증세"를 가리키는 것으로, 둔감증에 걸린 대도시인은 "사물의 차이들이 지닌 의미나 가치, 나아가 사물 자체를 공허한 것으로 받아들이는" 증상에 급

---

3. 윤미애는 이 점에서 짐멜이 대도시에 대한 19세기적 시각을 뛰어넘는다고 주장한다. 즉 짐멜에게 대도시는 "교통과 기술에 의해 구조화된 가시적 공간이거나 외부의 움직임과 순간적 인상이 교차되는 만화경 같은 세계"일 뿐 아니라, "개인들 간에 눈에 보이지 않는 상호작용이 일어나는 장소"이자 무엇보다 "화폐경제에 의해 지배되는 추상적 공간"인 것이다.(윤미애, 「대도시와 거리산보자—짐멜과 벤야민의 도시문화 읽기」, 『독일문학』, 제85집, 2003, 391~392쪽 참조)
4. 게오르그 짐멜, 같은 글, 38쪽.
5. 게오르그 짐멜, 『돈의 철학』, 안준섭·장영배·조희연 옮김(한길사, 1976), 540쪽.

속도로 빠져들게 된다.[6] 이와 같은 짐멜의 이론은, 시각환경과 지각양식의 변화를 연구하는 후대 연구자에게 커다란 영향을 미친다. 크라카우어는 짐멜의 '신경과민증'과 '둔감증'을 합쳐 '분산적 지각'이라는 개념을 유추해내며, 벤야민은 짐멜의 사유를 더욱 세분화시키고 심화시키면서 '시각적 충격'에서 '촉각적 지각'으로, '분산적 지각'에서 '기계적 지각'으로 이어지는 사유의 궤적을 보여준다.

(2) 영화—분산적 지각과 깨어남: 크라카우어

크라카우어는 벤야민에 앞서 1920년대 유럽의 대도시 대중이 겪는 '분산Zerstreuung/distraction'적 지각에 대해 주목한다. 그가 말한 분산적 지각이란, 빠르게 연속되는 대도시의 감각적 이미지나 다양한 시각적 효과가 어우러진 스펙터클 앞에서 대중이 겪는 '비통일적이고 즉물적인 지각'을 가리킨다. 즉 고도의 집중으로 대상의 내면까지 파악하고 대상에 어떤 통일적 의미를 부여하려는 전통적 예술의 주의깊은 지각과 달리, 분산적 지각은 오로지 대상의 표면에만 일시적으로 머무르면서 대상의 순수한 외재적 의미만을 수용하려는 지각, 즉 "최소한의 관조the slightest contemplation"도 개입하지 않는 지각[7]이라 할 수 있다.

또한 크라카우어에게 분산적 지각은 대중의 의도적인 '일탈능력'을 뜻하기도 한다. 기계화와 대량생산이 특징인 새로운 노동환경에서, 과도한 긴장에 시달리는 노동 대중은 조직적이고도 반복적인 긴장에서 벗어나기 위해 대도시의 비유기적이고 분산적인 이미지들의 부유를 있는 그대로 지각하면서 일종의 정신분산적 상태를 능동적으

---

6. 게오르그 짐멜, 「대도시와 정신적 삶」, 41쪽.
7. Siegfried Kracauer, "Cult of Distriction: On Berlin's Picture Palaces"(1926), in *The Mass Ornament: Weimar Essays*, translated & edited by Thomas Y. Levin(Cambridge/London: Havard University Press, 1995), 326쪽.

로 즐긴다고 본 것이다.[8] 이를 대중이 지양해야 할 문제적 지각으로 보았던 동시대 학자들과 달리, 크라카우어는 이 분산적 지각에서 대중의 새로운 잠재적 능력을 파악해낸다. 말하자면 대중은 외부의 대상이나 이미지가 보내오는 자극에 함몰되지 않고 일정한 거리를 유지할 수 있으며, 그러한 '거리두기'를 통해 이미지에 새겨진 특정 가치관이나 이데올로기에 대해 비판적 사고를 유지할 수 있다는 것이다. 즉 크라카우어는 분산적 지각이 대중에게 당대 바이마르 공화국의 다양한 총체적 예술과 총체적 스펙터클이 제시하는 시각적 효과에 몰입되거나 현혹되지 않고 일정한 거리두기를 유지할 수 있는 능력을 부여할 수 있다고 보았다.[9] 그리고 이를 통해 대중은 전일적全一的 사고를 강요하는 바이마르 공화국의 이데올로기에 저항할 수 있는 비판적 사고력을 배양할 수 있다고 생각했다.[10]

크라카우어에 따르면, 영화매체의 진정한 본성은 그러한 대작 영화식의 통일성과 총체성에 있는 것이 아니라, 현대사회에서의 분산적

---

8. 같은 글, 324~325쪽.

9. 여기서 크라카우어가 주목하는 '바이마르 시대의 영화들'은 바이마르 공화국 영화의 세 단계 중, 특히 두번째 단계에 해당하는 영화들이라 할 수 있다. 이 단계가 시작되는 1924년부터 독일 영화계는 경제적 안정에 힘입어 할리우드 영화와 경쟁할 수 있는 초대작 영화들—프리츠 랑Fritz Lang의 〈메트로폴리스Metropolis〉(1927) 등—을 제작하기 시작한다. 즉 기존의 강력한 표현주의적 스타일에 할리우드적 물량공세와 스펙터클한 특수효과가 더해진 '화려하고 거대한' 바이마르식 영화들이 등장하기 시작한 것이다.(남완석, 「바이마르 공화국 시대의 영화」, 『유럽영화예술』, 2003, 한올아카데미, 53~70쪽; 볼프강 야콥센 외, 『독일영화사 1』, 이준서 옮김, 이화여자대학교출판부, 2009, 102~115쪽 참조)

10. 다른 한편으로 크라카우어는 바이마르 공화국의 '대작 영화groß film'들이 관객의 '분산적 지각' 능력을 약화시킬 수 있다고도 경고한다. 다양한 영화적 효과와 예술적 경향을 총동원해 하나의 통일적인 영화세계를 제시하는 바이마르 시대의 영화가, 관객이 새롭게 장착한 분산적 지각능력을 또다시 약화시키고 말소시킬 수 있다고 본 것이다. 크라카우어가 보기에, 파편화된 현실에 눈을 감고 다양한 과잉자극을 통해 환영적인 통일적 이상향을 제시하는 바이마르의 대작 영화들은, 현실에 대한 사유와 비판력을 떨어뜨려 대중을 도피적인 몰입상태로 유도할 수 있는 위험성을 내포하고 있었다.(Siegfried Kracauer, 같은 글, 327쪽)

지각을 있는 그대로 보여주는 '분산적이고 비유기적인 특성'에 있다. 영화는 광각적 이미지와 파편적 이미지로 대중이 대도시에서 겪는 분산적 지각 상황을 다른 어느 예술보다 더 잘 구현해낼 수 있기 때문이다. 따라서 영화는 무엇보다 대작 영화 스타일에서 벗어나, 일반 대중에게 대도시 생활에서 겪는 분산적 지각을 더 집약적으로 체험할 수 있게 해주는 '학습의 장'이 되어야 한다. 나아가 그러한 분산적 지각 체험과 함께, 영화는 대중에게 자신이 처한 현실과 현대사회의 모순을 깨닫게 해주는 '깨어남Erwachen/awakening'의 체험을 제공해주어야 한다. 오로지 외재적 이미지만이 지배하는 현대 대도시의 삶은 삶의 본질에 대한 깊은 숙고와 질문의 기회를 주지 않는다. 마찬가지로 영화는 삶의 본질적 모습 대신 온갖 화려한 시각효과와 볼거리로 오로지 삶의 표면들만을 제시하고 있으며, 관객 역시 그러한 표피적 이미지기호들에 몰입해 동화되거나 혹은 거리를 두는 양자택일을 해야만 하는 것이다. 즉 크라카우어에 따르면, 이러한 상황에서 분산적 지각은 관객-대중에게 빠르게 연쇄되는 영화이미지의 시각적 자극에 몰입되지 않은 채 일정한 거리를 두고 바라볼 수 게 하는 동시에, 작가가 말하는 가상적 현실이 아닌 이미지가 말하는 '물리적 현실'의 의미를 깨닫도록 해준다. 즉 관객은 분산적 상태로 영화이미지들을 지각하면서, "화려한 감각적 인상들의 파편화된 연쇄 속에"[11] 드러나는 그들의 실제 현실을 있는 그대로 온전히 지각할 수 있게 되는 것이다. 나아가, 영화관에서의 유사 체험과 학습을 통해, 현실에서도 무수히 쏟아지는 새로운 문명 이미지에 현혹되지 않은 채 일정한 거리에서, 이미지들에 새겨진 이데올로기적 허상 대신 이미지들이 처한 물리적 현실의 의미에 비로소 눈뜰 수 있게 된다.

---

11. Siegfried Kracauer, 같은 글, 326쪽.

크라카우어가 주장한 이러한 '분산적 지각'과 '깨어남'의 개념은, 물론 전통적 의미의 '예술로서의 영화'에 대한 회의와 비판을 바탕으로 하고 있다. 그의 주장에는 당대 상당수의 유럽 무성영화인이 찬미했던 '영화적 매혹'에 대한 언급이나 영화이미지의 내재성에 대한 고려가 배제되어 있다. 그럼에도 불구하고 그의 논의는 영화를 통한 대중의 각성과 비판적 사유능력을 긍정하고 소망한다는 점에서, '기계 매체로서의 영화'의 사회적이고 정치적 기능에 대한 긍정적이면서도 유토피아적인 전망을 담고 있다고 할 수 있다. 실제로, 영화이미지에 대한 거리두기를 통해 근현대 시각 문명에 대한 거리두기와 비판적 사고를 학습할 수 있다는 크라카우어의 논의는, 동시대에 제기되었던 브레히트B. Brecht의 '생소화효과Verfremdung' 논의와 일정 부분 관점을 공유하지만,[12] '깨어남'을 통해 분산적 지각의 해방적 잠재력을 추구한 점은 그만의 혹은 그를 비롯한 일군의 학자들만의 독특한 사유라 할 수 있다.[13] 영화이미지에 대한 이러한 크라카우어의 사유는 곧이

---

12. 흔히 '소외효과'라고도 불리는 브레히트의 '생소화효과'는 본래 친숙한 대상이나 이미지를 "낯설게, 미지의 것으로, 기이하게, 생소하게 만드는 행위"라 할 수 있다. 브레히트는 이 개념을 러시아 형식주의자이자 소설가인 빅토르 시클롭스키Vicktor B. Shklovskii의 '낯설게 하기priem ostranenija' 개념에서 가져왔다. 그런데 생소화효과는 수용의 차원과도 관련된다. 수용의 차원에서 생소화효과는 관객에게 야기된 효과를 가리키는 것으로, 관객으로 하여금 '드라마 속에 빠지지 않고 무대와 직접 대면하는 태도'를 유지하도록 한다. 즉 생소화효과의 영향을 받은 (서사극의) 관객은 재현되는 행위에서 일정하게 떨어져 '비판적 거리'를 확보하며, 감정이입을 자제한 채 재현 속에 흡수되지 않고 멀리서 성찰하며 연구한다. 이 점에서, 생소화효과는 크라카우어가 말하는 분산적 지각의 '거리두기' 태도와 일정한 연관성을 지닌다고 할 수 있다.(Patrice Pavis, *Dictionnaire du théâtre*, Paris: Messidor Editions sociales, 1987, 127쪽; 카트린 노그레트, 『프랑스 연극미학』, 김덕희 외 옮김, 연극과 인간, 2007, 340~341쪽 참조)
13. '깨어남'은 특히 크라카우어와 벤야민이 공유하는, 혹은 크라카우어로부터 벤야민이 영향받은 중요한 개념 중 하나다. 그러나 크라카우어가 깨어남을 (분산적 지각의) 비판적 거리두기를 통해 다다를 수 있는 일종의 '목표'로 보았다면, 벤야민은 꿈과 깨어남을 거쳐 변증법적 깨달음-(각성)의 단계로 나아갈 수 있다는 주장을 펼치면서 깨어남을 일종의 '과정'으로 제시했다.

어 등장하는 벤야민의 영화적 사유에 적지 않은 영향을 미친다. 벤야민은 한편으로는 대도시 군중의 신경과민증 및 둔감증에 대한 짐멜의 사유를 계승하고, 다른 한편으로는 분산적 지각의 학습장이자 깨어남의 학습장으로서의 영화에 대한 크라카우어의 사유를 이어간다. 그리고 거기에 근대 기계주의적 지각에 대한 베르그손의 비판적 사유를 더해 그만의 고유한 영화적 지각 논의로 발전시킨다.

2. 시각적 충격에서 분산적 지각으로: 벤야민

(1) 근대의 이미지들과 시각적 충격: 아케이드, 교통, 군중

주지하다시피, 19세기의 서구 대도시는 벤야민이 자신의 평생 연구 주제로 삼을 만큼 지속적으로 관심을 기울였던 대상이다. 19세기 대도시에 대한 벤야민의 관심과 탐구는 보들레르에 관한 일련의 연구들[14]과 유작 『아케이드 프로젝트*Passagenwerk*』(1927~1940)에 잘 나타나 있으며, 「일방통행로」(1928), 「1900년경 베를린의 유년 시절」(1932~1934, 1938), 「베를린 연대기」(1932) 등과 같은 글들에서도 발견된다. 그런데 벤야민의 탐구는 19세기 대도시에 관한 사회학적, 문화학적 관심에만 머물지 않고, 시대와 사회의 변화가 가져다준 '지각양식의 변화'에도 깊이 천착한다. 특히, 대도시의 발달과 자본주의의 상품소비문화가 가져온 '시각환경의 급격한 변화'에 주목하면서, 근대인들이 겪는 시각적 충격 및 그에 따른 지각양식의 변화에 깊은 주의

---

14. 보들레르에 관한 벤야민의 글 세 편 「보들레르의 작품에 나타난 제2제정기의 파리」(1938), 「보들레르의 몇 가지 모티프에 관하여」(1939), 「중앙공원—보들레르에 대한 단장」(1939)은 모두 다음의 번역서에 실려 있다.(발터 벤야민, 『발터 벤야민 선집 4』, 김영옥·황현산 옮김, 도서출판 길, 2010) 이후, 각주에서는 이 벤야민 선집에 실린 해당 글제목과 쪽수만 표시한다.

를 기울인다. 19세기의 사회적, 시각적 환경의 변화에 대한 이러한 벤야민의 탐구는 물론 19세기를 통해 20세기를 사유하고자 하는 의도를 바탕으로 한다. 또한 19세기와 20세기에 관한 그의 사유 전반에서 '영화'는, 궁극적으로 근현대인의 지각양식의 변화를 설명할 수 있는 핵심 매체이자 대중예술의 혁명적 잠재성을 입증해줄 수 있는 가장 중요한 매체로 부각된다.

① 파노라마 이미지들: 아케이드와 교통수단의 발달

일단, 벤야민의 관심은 19세기 대도시의 발달을 통해 드러나는 사회적, 문명적 변화의 흐름을 쫓으며, 동시에 그러한 시대적 변화의 물결이 가져다주는 일상의 소소한 풍경에 주목한다. 특히 미완의 대작인 『아케이드 프로젝트』에서 자본주의와 소비문화에 잠식당하는 파리 풍경을 통해 19세기 서구 대도시의 변화를 세밀하게 탐사하는데,[15] 그중에서도 프랑스어로 '파사쥬passage'라 불렸던 '아케이드'에서 커다란 영감을 얻는다. 아케이드는 당시 파리 도심에 세워졌던 '아케이드 형태의 쇼핑 거리'를 뜻하며, 철골과 유리로 이루어져 있고 일종의 백화점의 전신이라 할 수 있는 공간이다. 아케이드는 당시 만개하기 시작한 대량생산과 대량소비로 세워진 구조물이었지만, 소비문화의 촉진을 위해 매우 화려하게 지어져 자연스럽게 "사치품 거래의 중심지"가 된다.[16] 즉 벤야민에게 상품자본주의의 화려한 볼거리라 할 수

---

15. 이 미완의 유작을 구성하고 있는 34개의 항목 중에는 '아케이드, 패션, 철골건축, 박람회, 광고, 조명, 파리의 거리들' 등 당시 파리의 일상적 삶을 이루는 다양한 요소들이 다수 포진되어 있다. 벤야민은 이 항목들로써 19세기 파리의 소소한 일상적 요소에 대한 미시적 탐구를 통해 자본주의와 소비 문명이 가져다준 역사적 변화에 대한 거시적 안목을 제시하고자 했다.

16. 벤야민은 아케이드가 등장하게 된 두 가지 구체적 조건으로 "직물 거래의 번창"과 "철골건축의 시작"을 꼽는다. 19세기 들어 더욱 번창하게 된 직물 거래는 다양한 상품들을 위한 대규모 전시 공간을 필요로 했고, "역사상 최초의 인공적인 건축 재

있는 아케이드는, 자본주의와 상품소비문화가 지배하는 시대 풍경을 선명하게 보여줄 뿐 아니라 19세기 대도시의 일상생활을 이루는 소소한 요소들을 구체적으로 제시해주는 중요한 공간이다.

아울러, 아케이드는 19세기 유럽에 널리 퍼졌던 '파노라마 이미지'를 선명하게 보여주는 상징적 공간이기도 하다.[17] 벤야민의 언급처럼, '파사주 데 파노라마Passage des panoramas' 같은 파리의 유개有蓋 아케이드들은 19세기의 다양한 분야 및 장르에서 유행한 파노라마 양식의 진원지가 되는데,[18] 당시 소비자-대중은 이러한 아케이드들을 거닐며 이전까지 경험할 수 없었던 다양한 이미지의 '파노라마적 연쇄'를 체험하게 된다. 그런데 소비자-대중이 일정한 흐름을 따라 '정지' 상태가 아닌 '이동' 상태에서 상품을 관람해야 하는 아케이드는, 지각 주체에게 대상(상품)에 대한 주의깊은 지각 대신 '일시적이고 순간적인 지각'만을 가능하게 했다. 즉 정지상태에서 상품에 집중하며 대상의 내적 가치까지 숙고할 기회를 얻지 못하는 소비자들은 이동에 의한 순간적 지각을 통해 대상의 외재적 가치만을 판단할 수 있었던 것이다. 아울러, 소비자는 아케이드의 구조상 유리진열장 안에 놓여 있는 상품들과 일정한 거리를 유지할 수밖에 없었고, 따라서 상품에 대한 다각도의 면밀한 관찰 대신 상품의 외적 인상에 대한 표피적 파악만 할 수 있었다. 이를테면, 당시 발달하기 시작한 '가스조명' 기술 등은 그러한 상품의 외적 특징을 일시적으로 강조하는 데 유용하게 활

료"라 할 수 있는 철은 유리와 함께 아케이드나 박람회장 같은 임시 건물의 건축에 효율적으로 사용되었다.(발터 벤야민, 『아케이드 프로젝트 I』, 조형준 옮김, 새물결, 2005, 91~93쪽 참조)

17. 벤야민은 『아케이드 프로젝트』의 "파노라마" 항목에서, 1799년 1월 프랑스에 최초로 도입된 볼거리인 '파노라마'(일종의 원통 회화)가 다양한 예술 장르와 일상 영역에서 하나의 양식으로 유행하게 되는 양상을 상세히 기록하고 있다.(발터 벤야민, 『아케이드 프로젝트 II』, 1251~1270쪽 참조)

18. 발터 벤야민, 같은 책, 1257쪽.

용된 도구다.

한편, 아케이드뿐 아니라 19세기 초 철도 건설로 촉발된 '교통수단'의 급격한 발달 역시 파노라마 이미지를 만들어내는 데 한몫을 담당한다. 교통수단의 발달로 인한 속도감의 경험은 19세기 개인의 정신적, 육체적 삶에 커다란 영향을 미치는데, 특히 '철도'를 이용한 이동 경험은 각 개인에게 '변화, 소멸, 속도'로 요약될 수 있는 새로운 파노라마 이미지를 체험하게 해준다. 볼프강 시벨부슈Wolfgang Schivelbusch의 표현처럼, "파노라마처럼 펼쳐지는panoramatischen" 철도 여행은 '파노라마적 인식구조'라 불리는 새로운 인식구조를 낳았고,[19] 순간적으로 나타났다 사라지고 끊임없이 변화하며 이어지는 이미지 체험은 이전까지 경험할 수 없던 전혀 새로운 시각 체험을 제공했다. 특히 철도 도입으로 인한 속도 증가는 "시각에 의해 처리되어야 할 인상들의 수" 증가를, 즉 "인식기관이 받아들이고 작업해야만 하는 인상들의 양적인 증가"를 유발했으며, 이는 곧 근대인의 지각양식의 변화로 이어지게 된다.[20]

나아가, 철도의 창유리는 마치 파사주의 진열장 유리처럼 지각 대상과 지각 주체 사이의 일정한 거리를 만들어냈고, 따라서 대상의 직접적인 체험이 아닌 '간접적 체험'만을 가능하게 했다. 즉 철도 여행은 창유리 너머로 빠르게 명멸되는 이미지들만을 보여주면서 외부 세계에 대한 직접적 지각을 파노라마 이미지들의 간접적 체험으로 바꾸어놓았고, 각 개인은 외부 세계에 대해 주의깊은 지각과 내적 체험 대신 순간적인 지각과 외적 체험만을 실천할 수 있게 되었다.[21]

---

19. 볼프강 쉬벨부쉬, 『철도 여행의 역사』, 박진희 옮김(궁리, 1999), 83쪽.
20. 같은 책, 76~77쪽.
21. 벤야민에게 '아케이드'와 '철도 여행'이 주는 파노라마 이미지 체험은 베를린에서 유년기에 겪었던 '카이저 파노라마Kaiser-Panorama'의 체험을 상기시켜주기도

아케이드와 교통수단의 발달이 가속화시킨 이러한 파노라마적 지각은, 벤야민이 말하는 '기계적 지각'의 전 단계에 해당하는 것이라 할 수 있다. 파노라마적 지각은 대상의 외재적 특징들만을 포착하는 외적 지각이자, 끊임없이 변화하며 명멸하는 이미지들에 대한 일시적 지각이기 때문이다. 즉 파노라마 이미지들의 지각은 정서와 기억이 개입할 수 없는 순간적 지각이자, 육체를 통한 직접적 체험이 불가능한 간접적 지각이다. 즉 정신과 육체에 새겨지지 않고, 기억되지도, 체화되지도 않는 비인간적 지각, 달리 말하면 기계적 지각의 전조前兆라 할 수 있다.

② 이미지의 홍수와 시각적 충격: 군중과 거리산보자

19세기 대도시는 빠르게 연쇄되는 '파노라마 이미지'뿐 아니라 '이미지의 홍수'도 만들어낸다. 거리는 급격한 인구 증가, 다양한 교통수단의 발달, 각종 광고물의 범람 등으로 인해 이미지로 가득 채워지는데, 시민들은 어지러울 정도로 넘쳐나는 이미지 홍수 속에서 커다란 '시각적 혼란과 충격'을 겪게 된다. 벤야민은 특히 '군중'과 '거리산보자'라는 상징적 존재에 대한 탐구를 통해 19세기 대도시인이 겪었던 시각적 혼란과 충격을 추적한다. 그의 언급처럼, '군중'은 19세기 서구 문인들이 가장 큰 관심을 나타냈던 대상 중 하나이며, '거리산보자'는 프랑스 작가들, 특히 보들레르의 작품에서 보다 구체적으로 묘사되고 탐구된다.

19세기 문학작품에서 군중과 거리산보자는 종종 동일한 성격의 존

한다. 회전하며 변화하는 그림으로 이루어진 카이저 파노라마는 빠른 속도로 연쇄되는 이미지 파노라마를 보여주었고, 벤야민이 특히 매혹되었던 여행 주제의 카이저-파노라마는 낯선 세계의 풍경을 마치 철도를 타고 여행하듯 빠른 속도로 제공해주었다.(발터 벤야민, 「1900년경 베를린의 유년시절」, 『발터 벤야민 선집 3』, 윤미애 옮김, 도서출판 길, 2007, 40~43쪽 참조)

재로 다루어지지만, 벤야민은 일단 양자를 엄격히 구분해야 한다고 주장한다. 먼저, 군중에 대한 일반 개념과 유사하게, 벤야민은 '군중'을 거리를 메우는 "무정형 집단으로서의 행인들"[22]로 묘사한다. 즉 군중은 대도시 거리를 오가는 한무리의 사람을 가리키며, 산업화와 교통 발달로 인한 19세기 대도시의 급격한 인구 증가 및 볼거리 증가를 나타내주는 상징적 존재다. 익명의 대중이자 이동하는 한무리라 할 수 있는 군중은 대도시의 범람하는 이미지에 대해 대개 비동기적인 시선만을 던지며, 특정한 볼거리 앞에서만 일시적으로 형성되었다가 해체된다. 이에 비해, '거리산보자'는 집단이라기보다는 '개인'을 가리킨다. 특히 거리산보자는 개인적 "공간을 필요로 하고 사적 생활을 그대로 갖고 싶어하는"[23] 점에서, 사적 영역과 공적 영역이 분리되고 개인에 대한 의식이 대두되기 시작한 19세기 사회 변화를 상징하는 존재라고 할 수 있다.[24] 거리산보자는 물론 정해진 목적이나 노선 없이 다종다양한 이미지로 채워지는 대도시 거리를 떠돌지만, "외부 풍경을 단지 넋을 잃고 쳐다보는 구경꾼이나 자신의 이해관계에 갇혀 있는 행인"과 달리, 혹은 익명의 무정형 집단인 군중과 달리, 정신을 집중해 주변의 모든 대상을 주의깊게 바라본다.[25] 비록 거리를 배회하며 외부 이미지와 우연히 조우한다 할지라도, 빠르게 연쇄되는 거리와 상품 풍경 모두를 "감정이입"[26]에 가까운 주의력으로 관찰하는 존재인 것이다. 또한 거리산보자는 "작가 개인의 과거가 아니라 집단의 잊혀

---

22. 발터 벤야민, 「보들레르의 몇 가지 모티프에 관하여」, 196쪽.

23. 같은 글, 140쪽.

24. 심혜련, 「새로운 놀이공간으로서의 대도시와 새로운 예술 체험: 발터 벤야민 이론을 중심으로」, 『시대와 철학』, 제14권 1호, 2003, 229쪽.

25. 윤미애, 「대도시와 거리산보자—짐멜과 벤야민의 도시 문화 읽기」, 399쪽.

26. 발터 벤야민, 「보들레르의 작품에 나타난 제2제정기의 파리」, 108쪽: "'감정이입'은 거리산보자가 군중 속에서 탐닉하는 도취의 본질 그 자체이다."

진 과거'[27]에 대한 기억을 찾아다니는 집단적 '기억의 발굴자'라고도 할 수 있다. 거리는 산보자를 항상 "어떤 과거로 데리고 가는데, 이 과거는 산책자 본인의 것, 사적인 것이 아니"어서 "그만큼 더 매혹적인 것으로 다가온다."[28]

그런데 여기서 중요한 것은, 군중과 거리산보자의 구별보다 이들에게서 공통적으로 발견할 수 있는 특별한 지각양태 혹은 지각방식이다. 벤야민이 예로 든 19세기의 여러 문학작품에서, 군중과 거리산보자는 모두 빠르게 움직이는 도시환경에 충격받아 사방으로 불안하고 불안정한 시선을 던지고 있다. 이를테면, 엥겔스F. Engels의 『영국 노동자계급의 상태Die Lage der arbeitenden Klasse in England』(1845)에서는 쏜살같은 템포로 서로 스쳐지나는 행인들이 일종의 거리산보자인 작가를 불안하게 만들고 있으며, 포E. A. Poe의 「군중 속의 사람The Man of the Crowd」(1840)에서도 음울하고 넋 나간 듯한 모습으로 사방에 시선을 던지는 군중의 모습이 묘사된다. 물론, 보들레르의 작품 속 거리산보자 역시 복잡하고 변화무쌍한 도시 풍경에 충격받으면서 "전기에너지의 저장소에 들어가듯 군중 속으로 잠겨들어가" 그 충격을 온몸으로 겪어낸다.[29] 즉 집중력이나 관심의 정도를 떠나, 군중이나 거리산보자 모두 빠르게 변화하고 범람하는 대도시 이미지 앞에서 마치 강한 전기적電氣的 충격을 받은 듯 커다란 '시각적 충격과 혼란'을 겪는다.

요컨대, 19세기 서구의 대도시 연구를 통해 벤야민이 주목했던 가

27. 윤미애, 같은 글, 396쪽.
28. 발터 벤야민, 『아케이드 프로젝트 I』, 964쪽. 따라서 벤야민은 거리산보자를 일종의 예술가적 능력을 갖춘 특별한 인물 유형으로 간주하며, 19세기 중반 보들레르의 문학에서 중점적으로 다루어진 후 20세기 초반 초현실주의자들에 의해 다시 부활했다고 설명한다.(윤미애, 같은 글, 390쪽 참조)
29. 발터 벤야민, 「보들레르의 몇 가지 모티프에 관하여」, 215쪽.

장 중요한 주제 중 하나는, 바로 짐멜이 언급했던 대도시에서의 '시각적 충격'과 그에 따른 '지각양식의 변화'다. 벤야민은 앞서 언급한 짐멜의 논의와 유사한 논의를 펼치면서, 대도시인의 시지각양식의 변화를 설명한다. 즉 "대도시 교통 속을 뚫고 지나가는 것은 개개인에게 일련의 충격과 충돌"을 체험하는 것을 의미하며, 대도시에서는 "위험한 교차로에 서 있는 사람의 몸속을 건전지에서 흘러나오는 에너지 충격처럼 빠른 속도로 신경의 자극들이 관통하고 지나간다."[30] 여기서 '충격'과 '충돌'이란 시각적 충격과 충돌을 가리키며, 이 말은 위에서 살펴본 대로 파노라마 이미지와 범람하는 이미지가 대도시 공간 속에서 서로 부딪히며 뒤섞이는 상황을 온몸으로 겪어야 하는 대도시인의 지각상태를 구체적으로 드러내준다. 짐멜과 마찬가지로, 벤야민은 이런 시각적 충격 탓에 대도시인의 신경이 극도로 예민해진다고 보며, 그러한 '신경과민증'으로부터 탈피하기 위해 대도시인이 결국 감정의 무력화와 둔화를 택하게 된다고 본다. 즉 대도시의 각 개인은 자신의 눈을 응답하지도 않고 응답을 찾지도 않는, '방어적'이고 '둔감한' 눈으로 만들어가는 것이다.[31]

그러나 이미지 연쇄와 범람으로 커다란 시각적 혼란과 충격 체험을 겪었던 근대 대도시인의 지각양식이 곧바로 '신경과민증적 지각'에서 '이성적 지각'으로 옮겨간 것은 아니다. 벤야민은 짐멜의 논의를 좀더 세분화시켜, 근대인들이 겪는 지각양식의 변화를 보다 상세히 설명한다. 우선 근대 문명이 야기한 '시각적 충격'으로 근대인의 지각양식은 이미지의 전체 대신 이미지의 파편만을 직접적으로 지각하는 '촉각적 지각'의 양상을 보이며, 곧이어 불연속적이고 파편화된 이미

---

30. 같은 곳.
31. 같은 글, 245~246쪽.

지를 분산적 상태 그대로 지각하면서 이미지와 일정한 거리를 유지하는 '분산적 지각'의 양상을 나타낸다. 특히 영화이미지에 대한 관객의 지각은 이러한 근대인의 지각양식을 압축적으로 보여주며, 이로써 영화관은 현실에서의 촉각적, 분산적 지각을 미리 경험하고 학습할 수 있는 일종의 학습장이 된다.

(2) 영화: 촉각적 지각에서 분산적 지각으로

① 촉각적 지각과 영화

시각적 혼란과 충격으로 인한 근대 대도시인의 신경과민증적 증세는 이전까지 볼 수 없었던 새로운 지각양식을 낳는데, 벤야민은 그것을 일종의 '촉각적taktisch 지각'[32]이라고 간주한다. 위에서 살펴본 것처럼, 빠른 속도로 연쇄되는 파노라마 이미지와 사방에서 밀려드는 이미지 물결은 도시인에게 이미지 자체에 대해 집중하고 침잠할 수 있는 기회를 주지 않으며 '즉각적이고 순간적인 판단'만을 가능하게 한다. 대도시의 이미지 현실에서 지각 주체인 대도시인은 주의깊은 지각 대신 순간적 지각만을 수행할 수 있으며, 전체 이미지가 아닌 파편만 지각할 수 있다. 이미지 전체의 집합뿐 아니라 이미지의 중심도 파악하기 어려운 대도시인의 '탈중심적이고 파편화된 지각'은, 그리하여 각각의 이미지를 좀더 가까이 끌어와 파악하려는 욕구를 동반한다. 마치 지각 대상인 이미지를 볼 뿐만 아니라 만지는 느낌까지 얻을 수 있도록, 즉 시지각행위에서 어떤 "촉각적 성질"[33]을 느낄 수 있도록

---

32. '촉각적 지각' 혹은 '이미지의 촉각적 수용'에 관한 벤야민의 설명은 다음을 참조할 것: 발터 벤야민, 「기술복제시대의 예술작품」(제3판), 『발터 벤야민 선집 2』, 최성만 옮김(도서출판 길, 2007), 139~146쪽.
33. 같은 글, 142쪽.

지각행위가 이루어지는 것이다. 이미지를 마치 육체와 눈으로 부딪히 듯 받아들이는 시각적 충격 체험은, 이러한 시각적 촉각성의 강도를 더 높이는 데 일조한다.

벤야민은 근대 대도시인의 이러한 촉각적 지각을 빠른 속도로 확산시키는 데에는 새롭게 등장한 '매체들'의 역할이 컸다고 설명한다. 우선, 벤야민은 사진술과 인쇄술의 발달로 19세기 후반부터 대량제작되기 시작한 '광고물'을 예로 든다. 근대 대도시 거리를 점령한 다양한 광고그림과 사진은 전통적 회화작품과는 전혀 다른 방식으로 수용되고 지각되었기 때문이다. 한 작품에 시선을 고정한 채 집중과 침잠을 통해 작품의 내적 의미까지 파악하는 데 목적이 있는 회화작품과 달리, 근대 대도시인은 거리 곳곳에 붙어 있는 다양한 광고물을 빠른 속도로 지각하면서 이동함으로써 '즉각적이고 순간적인 의미만을 파악'하게 된다.[34] 또한 하나의 광고는 다른 광고와 서로 아무런 연관 없이 '독자적이고 파편화된 이미지'만을 전달할 뿐이어서, 광고물 전체의 구조와 상관관계를 파악할 필요가 없는 대도시인은 각각의 광고이미지를 좀더 직접적으로, 좀더 가깝게 지각하며 촉각적 지각을 수행할 수 있다.

나아가 '영화'는 근대 대도시의 시각적 환경이 유발한 촉각적 지각을 더욱 심화시키고 세분화시킨다. 탄생 후 얼마 지나지 않아, 즉 '초창기'를 지나자마자, 영화는 다양한 광학적, 기계적 효과를 통해 전통적 시각예술과는 전혀 다른 이미지 세계를 보여주며 근대 대중-관객에게 커다란 시각적 충격을 안겨준다. 다양한 시점 선정과 신속한 영상 교체, 자유로운 카메라 이동 등으로 구축되는 영화세계는 관객들

---

34. 심혜련, 「대중매체에 관한 발터 벤야민의 미학적 고찰이 지니는 현대적 의의」, 『미학』, 제30집, 한국미학회, 2001, 187쪽.

로 하여금 집중과 침잠을 통한 총체적 지각 대신, 이미지 각각에 대한 파편화되고 탈중심화된 즉각적 지각만을 수행하게 한다. "단속적으로 밀려들어오는 영화장면들이나 시점(카메라 앵글)들의 교체에 근거를 두는" 영화는 단순히 "사람의 마음을 사로잡는 시각적 환영이나 사람의 귀를 솔깃하게 하는 음향 구조물이기를 그치고," 그야말로 "보는 사람의 눈과 귀에 와닿는" 일종의 시각적 "포탄"이 된다.[35] 따라서 영화의 전체 의미를 파악하기 어려운 관객은 현실에서 절단된 각각의 이미지의 신속한 파악을 위해 좀더 가까운 거리를 원하게 되며, '클로즈업'[36]을 비롯한 새로운 영화 기술과 양식은 그러한 직접적이고 촉각적인 관객의 지각 욕구를 충족시키는 데 있어 효과적인 기능을 수행하게 된다.

요컨대, 영화는 근대 대중-관객에게 탈중심적이고 파편화된 이미지를 제공하면서 커다란 시각적 충격을 안기고, 그러한 충격효과를 통해 이미지의 지각방식 자체를 관조적인 것에서 촉각적인 것으로 변화시킨다. 영화를 비롯한 새로운 매체들은 침잠과 집중을 요구하는 전통 예술의 수용방식 대신 충격과 분산에 의거하는 '촉각적 수용' 방식을 제안하며, 이후 촉각적 지각은 영화뿐 아니라 예술의 전 분야

---

35. 발터 벤야민, 같은 글, 142쪽.
36. 클로즈업의 발달은 물론 당대 무성영화 관객들의 '지각적, 심리적 근접성'에 대한 욕망을 담고 있다. "사물을 공간적으로 또 인간적으로 자신에게 보다 더 '가까이 끌어오려고' 하는 것은 오늘날(당시) 대중이 지닌 열렬한 관심사"였다.(발터 벤야민, 같은 글, 109쪽) 그런데 클로즈업의 발달이 암시하는 이런 지각적 근접성의 욕망은 단지 영화이미지에 대한 촉각적 지각의 필요성 때문만은 아니다. 즉 클로즈업에 내포된 '공간적 가까움'은 관객의 '소유욕망'과도 연결되는데, 사물을 더 가까이 끌어오고 그것의 세부들까지 확대해 보여줌으로써 관객에게 일시적으로나마 "사물을 손에 넣은 듯한" 충족감을 전해주기 때문이다. 즉 영화에서 클로즈업은 자본주의 소비사회를 사는 대중의 욕망을 충족시켜주는 하나의 수단이기도 했다.(Mary Ann Doane, "The Close-up: Scale and Detail in the Cinema," in *Differences: A Journal of Feminist Cultural Studies*, volume 14, No. 3, Fall, 2003, 92~93쪽 참조)

에서 일어나는 지각방식의 변화를 주도하게 된다.[37]

② 분산적 지각과 영화

한편 근대 대도시인이 거리에서나 영화관에서 겪는 촉각적 지각이, 단지 탈중심화되고 파편화된 이미지를 지각하려는 근대인의 욕구를 반영하는 건 아니다. 벤야민이 말하는 촉각적 지각은 탈중심화된 이미지의 지각 욕구뿐 아니라 근대인이 겪는, 마치 지각 주체와 지각 대상이 구별 없이 뒤섞이는 듯한, '지각의 혼란' 또한 반영한다. 즉 촉각적 지각은 이미지의 연쇄와 범람으로 대도시인이 겪게 된 변화된 지각양식의 부정적 측면을 나타내는 것이기도 하다. 말하자면 도시환경의 변화와 테크놀로지 발달의 결과를 전적으로 수용해 재빠르게 적응해나갔다기보다는, 그 과정에서 적잖은 마찰과 혼돈을 겪는 근대인을 드러내주는 지각양식이기도 했다.

따라서 벤야민은 이 촉각적 지각이, 얼마 지나지 않아 불연속적이고 파편화된 이미지를 '분산적 상태' 그대로 지각하면서 이미지와 일정한 거리를 유지하는 '정신분산'적 형태의 지각으로 바뀌어간다고 주장한다. 벤야민의 이러한 '분산적 지각' 개념은, 한편으로는 대도시인의 신경과민증이 일종의 자기방어적 증상으로 이성화 태도를 낳는다는 짐멜의 논의로부터 간접적으로 영향받은 것이며, 다른 한편으로는 대도시의 감각적 이미지나 다양한 스펙터클 앞에서 근대인이 겪는 비통일적이고 즉물적이며 외재적인 지각을 '분산적 지각'이라고 명명한 크라카우어의 논의로부터 직접적으로 영향받은 것이다. 아울러, 벤야민은 다다이스트들의 작품에서도 정신분산적 효과의 시도를 발견하는데, 그들이 당시 "대중이 영화에서 찾고 있는 효

---

37. 발터 벤야민, 같은 글, 145~146쪽.

과를 회화나 문학의 수단을 통하여 만들어내려"[38] 했다고 판단한다. 즉 다다이스트들은 예술작품을 '관조적 침잠'의 대상으로 만들려는 전통 예술의 창작방식에 대항하여 예술작품을 일종의 '정신분산'의 대상으로 만들고자 했는데, 벤야민은 이를 "부르주아사회의 퇴폐 속에서 침잠이 반[反]사회적 행동의 훈련장"이 되는 현실에 맞서 "사회적 행동의 한 양태로서 정신분산(오락, Ablenkung)"을 제시하려는 시도로 보았다.[39]

그런데 다다이스트들의 그것과 비교했을 때, 벤야민의 분산적 지각 개념에서는 파편화된 채 불연속적으로 밀려드는 이미지에 맞서는 근대인의 '이성적 태도'가 더 분명하게 강조된다. 즉 대도시 거리에서나 영화관에서 만나는 파편화된 이미지에 더 다가가지도, 더 멀어지지도 않으면서 분산된 양상 그대로를 모두 지각하려는 근대인의 의지가 강조되는 것이다. 한편으로, 벤야민은 연쇄적으로 밀려드는 이미지의 전체 양상이 불연속적이고 비일관적이기 때문에 역설적으로 근대인에게 더욱더 '이성적 지각' 태도가 요구된다고 보았다.[40] 다른 한편으로, 그는 근대인이 이미지를 분산적으로 지각하는 과정에서 자본주의의 환영에 도취되거나 중독되는 위험을 느끼다보니 오히려 더 철저한 '이성적 태도'와 '거리두기 태도'를 고수하려 한다고 주장했다. 즉 근대의 이미지들은 비록 분산적(파편화되고 불연속적인) 상태로 다가오지만, 산업문명과 상품문화의 환영들을 담고 있기 때문에 감각

---

38. 같은 글, 140쪽.
39. 같은 글, 141쪽.
40. 벤야민이 분산적 지각의 속성으로 강조하는 이러한 '이성적 태도'는 이미 촉각적 지각에서부터 요구되는 태도라고 볼 수 있다. 대도시나 영화관에서 불연속적으로 밀려드는 파편화된 이미지는 촉각적 지각을 유도하기에 앞서 일종의 충격효과를 유발하는데, 이때 충격효과는 "단단히 정신을 차리고 있는 침착한 마음상태 Geistesgegenwart에서만 받아낼 수 있기" 때문이다.(같은 글, 143쪽)

적 자극을 통해 근대 대중을 언제든 도취상태 혹은 마취상태에 빠뜨리릴 수 있다. 실제로 상품소비문화의 파편화된 이미지가 양산하는 환영에 대한 중독과 '감각적 도취'는 근대 도시인 사이에서 일어난 하나의 보편적 현상과도 같았다.[41] 다시 말해, 근대인은 파편화된 이미지에 덧씌워져 있는 자본주의 환영에 대해 쉽게 '도취'의 욕망을 느꼈지만, 그와 동시에 그에 대한 반작용으로 그것에 대한 '거리두기'의 욕망도 함께 느꼈다. 분산적 지각은 그러한 근대인의 이중적 욕망을, 즉 근대의 다양한 이미지에 대한 근대인의 '도취'와 '거리두기'의 이중적 욕망을 반영하는 지각양식이라 할 수 있다.

한편, 분산적 지각에는 '도취'와 '거리두기'의 이중적 욕망 외에도, '요소'와 '전체'를 동시에 지각하고 이해하려는 또다른 이중적 욕망이 내포되어 있다. 대도시나 영화 스크린을 채우는 '각각의 이미지'를 구체적으로 지각하는 동시에, 불연속적이고 비통일적인 '전체 양상'을 있는 그대로 지각하려는, 근대인의 또다른 이중적 태도가 내포되어 있는 것이다. 분산적 지각은 비록 비체계적이고 비통일적이더라도 이미지의 전체 양상을 종합적으로 파악하고자 하는 의도를 내포하고 있으며, 그러므로 분산적 지각에서 '분산'이 의미하는 것은 '재구성을 전제로 하는 분산'[42]이라 할 수 있다. 이 점에서, 분산적 지각은 각각의

41. 김지훈, 「1920년대 전후 유럽 영화와 시각문화의 미디어 고고학Media archeology: '기계적 시각mechanical vision'의 중요성 및 이후 미디어와의 관계를 중심으로」, 중앙대학교 첨단영상대학원 석사학위논문, 2004, 129~132쪽. 크라카우어와 달리, 벤야민은 분산적 지각이 지니는 '몰입'과 '거리두기'의 이중성을 강조한다. 이후, '꿈과 깨어남'이라는 '변증법적 지각'으로 이어지는 벤야민의 '분산적 지각'에는, 대상에 대한 '거리두기'의 욕구뿐 아니라 '도취나 중독'의 욕망이 분명히 내재되어 있다.(같은 글, 132쪽) 이는 이미지에 대한 '몰입'과 '거리두기'를 거리산보자의 지각양식의 기본 특성으로 파악했던 그의 관점이 연장된 것이라 할 수 있다.
42. 벤야민에게 분산(혹은 파괴)과 구성은 서로 긴밀히 연결되는 개념들이라 할 수 있다. 올바른 구성을 위해서는 파괴 또는 분산이 선행되어야 하고 또 파괴와 분산은 언제나 이후의 재구성을 전제로 이루어지기 때문이다. 말하자면 벤야민은 '정지상

요소에만 집중하는 촉각적 지각과 뚜렷이 구별되며, 이후 벤야민이 변증법적 지각과 함께 제시하는 '몽타주적 지각'의 근간이 된다. 그리고 영화는 벤야민의 사유가 촉각적 지각에서 분산적 지각으로 나아가고, 다시 분산적 지각에서 변증법적 지각을 거쳐 몽타주적 지각으로 나아가는 데 있어 결정적인 역할을 담당한다.

요컨대, 촉각적 지각에서 비롯한 벤야민의 분산적 지각 개념은 이후 근대적 지각양식과 영화적 지각양식의 상관성에 대한 벤야민의 여타 논의의 출발점이 된다. '기계적 지각'은 분산적 지각에 나타났던 근대적 지각의 특징 중 거리두기의 태도 혹은 이성적 태도가 극단화되는 경우를 가리킨다. 벤야민은 기계적 지각 개념을 통해, 근대사회를 지배하는 기계적 리듬의 영향으로 지각양식 자체가 기계화되는 양상과 그러한 지각의 기계화에 일조하는 영화의 역할에 대해 설명한다. 이 기계적 지각에서는 분산적 지각에서 거리두기와 대립항을 이루던 도취나 중독의 내재적 욕망이 사라지고 없으며, 개별 요소와 전체 상황을 유기적으로 파악하려는 욕구도 특별한 의미를 갖지 못한다. 반면, '변증법적 지각'은 분산적 지각에 나타났던 두 개의 이중적 욕망을 보다 긍정적으로 전망한 지각양식이라 할 수 있다. 특히 벤야민은 변증법적 지각 개념에서, 자신이 제시했던 분산적 지각의 '도취'와 '거리두기' 개념에 크라카우어가 언급했던 '깨어나기' 개념을 더해 '꿈꾸기'와 '깨어나기'라는 변증법적 과정을 탄생시킨다. 즉 근대인의 의식을 마취시키는 위험을 내포하던 '도취' 욕망은, 변증법적 지각에서 혁명을 위한 도취의 힘을 얻고 진정한 각성 단계를 준비할

태의 변증법' 논의에서 변증법적 이미지를 '구성'하는 자신의 행위를 기술자의 행위와 비교하는데, 특히 기술자가 사물을 구성하고 만드는 과정에서 먼저 사물을 '파괴'하는 점을 강조한다.(수잔 벅 모스, 『발터 벤야민과 아케이드 프로젝트』, 김정아 옮김, 문학동네, 2004, 324~325쪽 참조)

수 있는 꿈꾸기의 과정으로 발전한 것이다. 영화적 지각은 그러한 꿈꾸기와 깨어나기의 변증법적 지각을 학습할 수 있는 매우 유용한 경험(기회)이 되며, 그로부터 혁명을 위한 집단적 각성 도구가 될 수 있다. 이후로는, 분산적 지각으로부터 시작된 벤야민의 기계적 지각, 변증법적 지각, 몽타주적 지각에 대해 차례로 살펴본다.

3. 기계적 지각과 영화

자본주의와 상품문화의 시대, 그리고 기계노동과 대중매체(스펙터클)의 시대에 걸맞은 지각양식을 탐구하는 벤야민의 사유는 촉각적 지각에서 분산적 지각으로, 다시 분산적 지각에서 기계적 지각으로 옮아간다. 벤야민의 논의를 통해 '기계적 지각'은 자본주의와 대중매체 시대의 핵심적인 지각양식 중 하나로 제시되는데, 그의 사유가 분산적 지각에서 기계적 지각으로 넘어가는 과정에서 중요한 역할을 하는 몇 가지 요인들이 있다.

(1) 기계복제 예술: 지속성의 소멸과 지각의 기계화

인간의 지각양식의 기계화에 대해 주목했던 벤야민의 사유는 자연스럽게 당대 새로운 예술양식으로 주목받던 기계복제 예술에 대한 사유로 연결된다. 벤야민에 따르면, 한마디로 사진과 영화로 대변되는 기계복제 예술작품은 전통 예술작품과는 전혀 다른 가치를 제시하며 따라서 관객에게도 전혀 다른 '지각'과 '수용' 태도를 요구한다.

먼저, 벤야민은 모든 복제 예술작품에서 누락되는 것은 무엇보다 예술작품의 '진품성'이라고 강조한다. "원작이 지금 여기 존재한다"라는 사실을 나타내는 진품성은 예술작품의 '여기와 지금,' 즉 예술작품의 '일회적인 현존성'을 보증해준다.[43] 또한 예술작품을 포함한 모든 사물의 진품성은 각 "사물의 물질적 지속성과 함께 그 사물의 역사적인 증언가치까지 포함"한다.[44] 그러나 대량생산과 영구적 현재화를 목표로 하는 기계복제 예술에는 당연히 이러한 일회적 현존성과 지속성 및 역사적 증언가치가 포함될 수 없으며, 따라서 전통 예술에서 예술작품의 필수조건이 되었던 진품성 또한 사라지게 된다.

또한 기계복제 예술에서는 예술작품의 진품성뿐만 아니라 '제의성'도 사라진다. 벤야민에 따르면, 모든 예술작품은 본래 주술적 혹은 종교적 '의식儀式'을 위한 용도에서 비롯되었으며, 예술작품의 '아우라적 존재방식'도 바로 그러한 종교의식 기능에 기원을 두고 있다. "'진정한' 예술작품의 유일무이한 가치는, 예술작품이 그 속에서 원래적이고 최초의 사용가치를 가졌던 제의에 근거를" 두는 것이다.[45] 그런데 기계복제 예술은 인류 역사 이래 처음으로 예술작품을 그 같은 종교적 의식에서, 즉 제의적 굴레에서 벗어나게 해준다. 기술복제를 통한 대량생산과 대량보급은 특정 공간과 특정 유형의 수용자로 한정되던 예술작품의 '제의가치Kultwert'를 가능한 모든 공간과 수용자에 개방하는 '전시가치Ausstellungswert'로 바꾸어놓은 것이다.[46]

이처럼 기술복제 예술에서 사라지는 진품성과 제의성은 '아우라 Aura'라는 개념에 의해 보다 명확히 설명될 수 있다. 주지하다시피, 벤야민은 아우라에 대해 여러 차례 정의를 내린 바 있는데, 가장 먼저

---

43. 발터 벤야민, 「기술복제시대의 예술작품」(제3판), 103쪽.
44. 같은 글, 105쪽.
45. 같은 글, 110~111쪽.
46. 따라서 벤야민은 아벨 강스Abel Gance나 세브랭 마르스Severin Mars 같은 초기 영화이론가들이 영화이미지를 숭고하고 신비스러운 것으로 보면서 영화에 일종의 "제의"적 혹은 "예술"적 가치를 부여하는 것이야말로 영화에 대한 환상에 지나지 않는다고 강하게 비판한다.(발터 벤야민, 「기술복제시대의 예술작품」 제2판, 『발터 벤야민 선집 2』, 최성만 옮김, 도서출판 길, 2007, 62~63쪽 참조)

아우라의 정의에 대해 언급한 것은 「사진의 작은 역사」(1934)에서다. 여기서 벤야민은 아우라를 "공간과 시간으로 짜인 특이한 직물로서, 아무리 가까이 있더라도 멀리 떨어진 어떤 것의 일회적인 현상"으로 정의하며,[47] 이러한 정의는 이후 「기술복제시대의 예술작품」의 제2판과 제3판에서도 거의 동일하게 반복된다. 다만, 「보들레르의 몇 가지 모티프에 관하여」(1939)에서는 이와 다소 상이하게 아우라를 "무의지적 기억에 자리잡고 있는 어떤 관조 대상의 주위에 모여드는 연상들"이라고 정의하기도 한다.[48]

그런데 실제로 벤야민이 아우라의 가장 중요한 조건으로 간주한 것은 바로 '지속성'이다. '아무리 가까이 있더라도 멀리 떨어진 어떤 것의 일회적인 현상'라는 아우라의 정의에서, '멀리 떨어진 것'은 공간뿐만 아니라 시간적으로도 멀리 떨어진 어떤 것을 가리키기 때문이다. 이러한 지속성의 중요성은 「사진의 작은 역사」에서도 잘 드러난다. 벤야민은 초창기 사진만이 유일하게 아우라를 내포하고 있다고 보았는데, 그것은 무엇보다 초창기 사진이 기술적 제약으로 인해 역설적으로 긴 '시간의 지속'을 담아낼 수 있었기 때문이다. 즉 초창기 사진판은 감광도가 낮아 햇빛에 장시간 노출시켜야 했고, 그에 따라 모델들 역시 오랜 시간 동안 카메라 앞에 부동의 자세로 머물러야 했다.[49] 그 덕분에 마치 메조틴트 판화에서처럼 초창기 사진은 명암의 변화와 연속을 담아낼 수 있었고, 그 명암의 연속체는 시간의 지속의 흔적을 표현하면서 사진에 "예전에 한 번도 이루어낸 적이 없는 귀중한 인상"을 부여하게 된다.[50] 이후로는, 집광도 높은 렌즈 등 다양한 사진

---

47. 발터 벤야민, 「사진의 작은 역사」, 『발터 벤야민 선집 2』, 184쪽.
48. 발터 벤야민, 「보들레르의 몇 가지 모티프에 관하여」, 236쪽.
49. 발터 벤야민, 「사진의 작은 역사」, 170~171쪽.
50. 같은 글, 180쪽.

의 기술이 발달하면서 자연스럽게 이 같은 음영이 사진에서 사라지게 되고 아우라 역시 사진 자체에서 사라지게 된다.

마찬가지로, 벤야민이 「보들레르의 몇 가지 모티프에 관하여」에서 제시한 '무의지적 기억에 자리잡고 있는 어떤 지각 대상의 주위에 모여드는 연상작용'이라는 아우라의 정의에서도 지속성은 아우라를 형성하는 가장 중요한 요소가 된다. '무의지적 기억에 자리잡고 있는 어떤 지가 대상'이 연상작용을 일으키기 위해서는 그 대상이 과기에 존재했고 현재에도 우리의 무의식 영역에, 즉 무의지적 기억 속에 여전히 존재하고 있어야 하기 때문이다. 벤야민은 이 같은 사물의 지속성 및 지속의 현재화가 인간의 영혼으로부터 시간에 대한 강박관념을 제거시킨다고 주장하며, 과거와 현재, 무의식과 의식, 주체와 대상 사이에 교감을 낳는다고 본다. 그리고 그러한 교감을 바탕으로 "뭔가 아름다운 것," "아무리 바라보아도 싫증이 나지 않는 어떤 것" 등이 발생한다고 보는데,[51] 아우라는 바로 이 모든 것을 아우르는 개념이라 할 수 있다.

하지만 초창기 사진 이후 모든 기술복제 예술은 이러한 지속성을 원천적으로 배제한다. 카메라를 비롯한 모든 복제기계는 무의지적 기억의 영역이 아닌 의지적 기억의 영역의 확대를 추구하며, 과거로부터 진행되어온 시간의 지속이 새겨지고 현재화되는 방식보다는 일시적인 '현재'가 인위적인 수단을 통해 고정되고 항구화되는 양식을 추구한다. 즉 "만질 수 없고, 설명할 수 없는 영역, 인간이 자신의 영혼을 부여하는 영역"은 배제되고, 가시적이고 설명과 추리가 가능한 의식의 영역만이 기록되는 것이다. 벤야민은 기계복제 예술에 나타나는 이 같은 지속성의 소멸이 결국 인간의 지각방식의 변화를 낳는다고

---

51. 발터 벤야민, 「보들레르의 몇 가지 모티프에 관하여」, 238쪽.

본다. 사진과 영화 등 모든 기계복제 예술은 인간으로부터 아우라를 지각할 수 있는 가능성을 제거하고 인간의 지각양식 자체를 의식의 영역, 즉 의지적 기억에 의존하는 단순한 지각으로 변모시킨다는 것이다. 또한 기계복제 예술은 우리의 의식으로 하여금 사물의 지속성 대신 사물의 순간적인 외관만을 취해 지각하도록 이끌면서 우리의 지각구조 자체를 기계적인 것으로 바꾸어놓는다. 이 같은 기계적 지각으로 인해, "대상을 그것을 감싸고 있는 껍질에서 떼어내는 일, 다시 말해 아우라를 파괴하는 일"이 현대인의 지각의 특징이 되며, 현대인의 지각은 "복제를 통해 일회적인 것에서도 동질적인 것을 추출"하려 하고 모든 일회적인 것과 멀리 떨어진 것을 복제를 통해 극복하려 한다.[52] 요컨대, 기계복제 예술에서 행해지는 진품성, 제의성, 지속성의 제거는 인간의 지각양식을 가시적이고 일시적이며 반복적인 것에 의거하는 '기계적 구조'로 바꾸어놓는 것이다.

(2) 기계적 리듬과 기계적 지각, 그리고 영화

① 기계, 속도, 그리고 영화

기계복제 예술의 지속성과 아우라의 소멸 외에도, 20세기 들어 가속화되는 '기계주의'와 '속도문명'은 근대인들의 '기계적 지각' 양식을 강화시키는 데 중요한 역할을 담당한다. 테일러주의와 포드주의로 요약될 수 있는 미국식 '기계주의'는 근대 기계주의적 사고를 집약적으로 보여준다고 할 수 있는데, 미국을 넘어 유럽과 아시아 등 전 세계를 빠른 속도로 사로잡고 있다.[53] 노동과정의 엄정한 분절(업)화, 생

---

52. 발터 벤야민, 「사진의 작은 역사」, 184쪽.
53. 포드주의적 기계화와 지각양식의 변화의 상관성에 대한 설명은 다음을 참조할 것: 김지훈, 같은 글, 102~107쪽.

산체계의 자동화와 표준화, 대량생산 및 대량소비 등을 지향하는 미국식 기계주의는 전 세계 산업시스템과 노동시스템에 커다란 영향을 미칠 뿐 아니라, 현대인의 삶 곳곳에 침투해 커다란 변혁을 일으키고 현대인의 육체적, 정신적 삶 자체를 자동적이고 기계적인 것으로 바꾸어놓는다. 즉 미국식 기계주의의 근본 원리인 '일정한 간격의 분절,' '기계적 반복,' '신속한 교체와 연쇄' 등은 현대인들의 육체적 노동을 특징짓는 특성일 뿐 아니라, 그들의 정신적 활동까지 지배하는 원리가 되어버렸다.

게다가 미국식 기계주의를 포함한 기계주의 전반은 영화를 비롯한 20세기 초반의 일련의 예술운동에도 지대한 영향을 미친다. 예를 들어, "기계와 기술에 대한 친연성"을 바탕으로 탄생했고 "근대 문명이 낳은 역동성, 속도, 기계의 힘, 활력"을 찬양했던 이탈리아의 '미래주의'[54]나 기하학적 기계미학을 통해 새로운 예술적 표현가능성을 탐구하고자 했던 프랑스와 독일의 '아방가르드,' 기계의 법칙성, 과학성, 질서 등을 찬양하면서 기계적 구성(형태)을 형태적 추상화의 모델 중 하나로 삼고자 했던 '구성주의' 등이 이에 해당한다. 또한 당시 유럽의 아방가르드 영화들도 기계주의에 대한 강한 동경을 드러내는데, "과거를 부정하고 미래로 향해 부푼" 아방가르드 영화들의 유토피아적 모더니티는 실제로 "기계적인 것과 전기적인 것에 대한 매혹"에서부터 시작된 것이라 할 수 있다.[55]

한편, 기계주의뿐 아니라 '속도'의 지배도 근대인의 지각양식 변화에 커다란 영향을 미친다. 앞서 살펴본 것처럼, 19세기 철도 건설로 촉발된 교통수단의 발달은 근대 문명을 '속도의 문명'으로 만들어갔

---

54. 이태광, 『세계를 뒤흔든 미래주의 선언』(그린비, 2008), 17쪽과 161쪽.
55. 자크 오몽, 『영화와 모더니티』, 이정하 옮김(열화당, 2010), 30쪽.

으며 변화, 연쇄, 속도를 특징으로 하는 새로운 '파노라마' 이미지 체험을 통해 이미지에 대한 인간의 지각양식을 간접적이고 순간적인 것으로 바꾸어놓았다. 그리고 20세기 들어, 자동차의 대량생산으로 더욱 가속화된 교통수단의 발달은 새롭게 부상하는 '통신수단의 발달' 및 다양한 '기계장치의 발명'과 더불어 속도문명을 더욱 발전시킨다. 즉 다양하고 신속한 교통수단을 통해 현대인의 지각양식은 점점 순간적이고 간접적인 지각양식으로 변모해간 것이다. 빠른 속도로 교체되고 연쇄되는 이미지들의 지각경험을 통해, 시간은 점점 더 일정하고 규칙적인 것으로 인식되어가고 공간 또한 점점 더 동질적이고 표면적인 것으로 지각되어간다. 요컨대, 기계주의뿐 아니라 속도문명의 발달 또한 시간과 공간을 분절적이고 동질적인 것으로 변화시키는 데 중요한 역할을 담당한다. 교통의 발달과 속도의 지배로 인해, 이전까지 "생생한 통일체로 의식"되며 전통적으로 이어져오던 "공간-시간-연속체"가 분절되고 탈-의미화(탈-개체화)되며 결국엔 소멸되어가는 것이다.[56] 이로써 유럽의 아방가르드 영화들은 기계주의뿐 아니라 속도문명의 매혹을 표현하는 데에도 주력한다. 오몽의 지적처럼, 실제로 1920년대 유럽 아방가르드 계열의 영화가 보여준 "진정한 모더니티는 이미지의 모더니티라기보다 속도의 모더니티"[57]라 할 수 있다. 즉 아방가르드 영화인들은 이미지의 속도가 사유의 속도를 앞서기 시작한 시대를 영화적으로 표현하고자 한 것이다.

② 기계적 리듬과 영화적 리듬

그런데 기계의 지배와 속도의 지배는 서로 무관하게 진행되는 독

---

56. 볼프강 쉬벨부쉬, 『철도여행의 역사』, 48쪽.
57. 자크 오몽, 같은 책, 24쪽.

자적 현상들이 아니라 서로 깊게 연관되면서 동시에 발달하는 현대의 한 특징적 현상이라 할 수 있다. 특히, 기계문명과 속도문명은 서로 결합되면서 '기계적 리듬'이라는 하나의 공통된 현상을 창출해낸다. 일상과 노동의 영역을 모두 지배하게 된 기계주의는 현대인의 육체와 정신에 일정한 속도로 반복되는 기계 '리듬'을 새겨넣었고, 마찬가지로 현대적 삶의 중요한 일부가 된 교통수단도 현대인에게 빠르고 거의 일정한 속도로 연쇄되는 이미지들의 '리듬'을 끊임없이 경험하게 해주었다. 기계 리듬과 이미지 리듬은 일정한 속도로 반복되고 연쇄된다는 점에서 일종의 '기계적 리듬'이라고도 할 수 있으며, 이러한 기계적 리듬은 당대 가장 강력한 영향력을 발휘하던 한 대중매체의 리듬, 즉 '기계' 장치에 의해 재생되고 빠른 '속도'로 연쇄되는 '영화이미지 리듬'이기도 하다.

따라서 당대 유럽의 아방가르드 영화인들은 기계문명과 속도문명의 공동 산물인 기계적 리듬을 현대의 한 특징으로 간주하고 그것을 영화적으로 구현하려 했다. 예를 들자면, 페르낭 레제Fernand Leger와 더들리 머피Dudley Murphy의 〈기계 발레Ballet mécanique〉(1924)는 실린더, 피스톤, 기어, 터빈 같은 기계노동의 오브제들이나 냄비, 선풍기, 시계 바늘 같은 일상의 오브제들을 빠르고 반복적인 리듬으로 보여주면서 기계적 리듬이 지배하는 현대사회를 표현하고자 했고, 라슬로 모호이너지László Moholy-Nagy의 영화 〈대도시 동역학Dynamic of the Metropolis〉(1921~1922)은 다양한 기계의 운동과 자동차 이동을 묘사하면서 독특한 시각적 템포로 대도시 리듬을 표현하려 했다. 또 발터 루트만Walter Ruttmann의 〈베를린, 대도시 교향악Berlin, Symphony of a Big City〉(1927)은 자동차, 기차, 군중의 움직임이 만들어내는 리듬과 온갖 종류의 공장기계가 만들어내는 리듬을 "엄격하게 음악적인 원칙들에 따라" 재구성하면서 '기계 리듬'이 지배하는 대도시 베를린의

하루를 묘사하려 했고,[58] 베르토프의 〈카메라를 든 사나이〉(1929)는 "기계들, 달리는 차와 오토바이, 라디오, 옥외 스포츠" 같은 다양한 현대 이미지를 독특한 시각적 패턴과 리듬으로 보여주면서 "현대의 질주"를 표현하고자 했다.[59]

벤야민은 그의 사유를 통해 기계적 리듬과 영화적 리듬이 갖는 친연성을 논증하고자 한다. 일단 그에게도, 다양한 교통수단 및 통신수단의 발달에 따른 대도시에서의 '시각적 리듬' 경험은 노동 현장에서 겪는 '기계적 노동의 리듬'과 다르지 않았고, 이는 또한 영화관에서 빠른 속도로 교체되는 '영화이미지 리듬'과 다르지 않았다. 따라서 벤야민은 대도시에서의 이미지 연쇄와 기계화된 노동, 그리고 영화이미지 사이에 성립되는 상응관계에 주목하는데, 특히 그는 세 가지 리듬의 상응관계에서 '영화적 리듬'이 일종의 '교집합'적인 역할을 한다고 간주한다. 즉 빠른 속도로 흘러가고 연쇄되는 대도시의 이미지 리듬은 빠른 속도로 교체되고 이어지는, 즉 "사람의 눈에 단속적으로 밀려들어"오고 "눈에 들어오자마자 곧 다른 장면으로 바뀌어버리는"[60] 영화이미지 리듬과 유사하다. 또 마치 "컨베이어 시스템에서 생산의 리듬을 규정하는 것이 영화에서는 수용 리듬의 근거가 되는"[61] 것처럼, 공장의 각종 기계장치가 반복적으로 보여주는 기계적이고 규칙적인 리듬은 일정한 조각으로 분해된 후 재구성되는 영화이미지의 기계적이고 규칙적인 리듬과 유사하다.

---

58. 볼프강 야콥센 외, 『독일영화사 1』, 104~105쪽.
59. 마이클 오프레이, 『아방가르드 영화』, 양민수·장민용 옮김(커뮤니케이션북스, 2010), 53~54쪽.
60. 발터 벤야민, 「기술복제시대의 예술작품」(제3판), 142쪽.
61. 발터 벤야민, 「보들레르의 몇 가지 모티프에 관하여」, 216쪽.

③ 영화: 기계적 지각의 학습장

한편, 벤야민은 이러한 기계적 리듬의 수용과정에서 발생하는 '기계적 지각'과 '영화'가 그러한 지각을 확산시키고 심화시킨 것에 대해서도 주목한다. 그에 따르면, 기본적으로 영화는 대도시 이미지들의 수용과정에서 형성되는 기계적 지각과 기계노동의 현장에서 발생하는 기계적 지각 사이에서 일종의 '교집합적 역할'을 할 뿐 아니라, 대도시의 대중을 중심으로 새롭게 확산되고 있는 기계적 지각의 체화와 발전적 사행事行을 위해서도 중요한 '학습의 장'이 된다.

벤야민에 따르면, 현대인들은 대도시 거리, 기계노동 현장, 영화관 등에서 기계적으로 반복되고 빠른 속도로 교체되는 이미지의 자극과 충격에 대해 점점 더 '자기방어적인 기제'를 만들어간다. 또한 그러한 자극과 충격에 대한 현대인의 지각은 점점 더 '무신경적이고 무정서적인 반응'으로 변해간다. 그 결과로 형성되고 고착되는 현대인의 지각양식이 바로 '기계적 지각' 양식이다. 즉 '기계적 지각'은 외부 이미지들이 발신하는 자극들로부터 단지 표면적이고 일차적인 신호만 수신하는 지각이고, 빠르고 규칙적이며 반복적인 리듬으로 연쇄되는 이미지들의 리듬에 맞춰 이미지들을 기계적 리듬으로 수용하는 지각이며, 아울러 대상에 몰입하지 않고 일정한 거리를 유지하는 지각이라 할 수 있다. 벤야민의 논의에 따르면, 영화는 현대의 모든 매체 중에서 그러한 기계적 지각을 가장 잘 구현하는 매체다. 따라서 크라카우어가 영화를 대중을 위한 분산적 지각의 학습의 장으로 고려했다면, 벤야민은 대중을 위한 '기계적 지각의 학습의 장'으로 고려한다. 그가 보기에, 기계와 기술이 "인간의 감각체계를 복합적 형태의 훈련에 종속시키는" 시대에 등장한 영화는 "어떤 새롭고 절박한 자극을 원하는 (대중의) 욕구에 부응하는" 매체로 부상하고 있으며, 특히 "충격의 형식을 띤 지각이 일종의 형식적 원리"인 그 속성 때문에 대중이 실제 현실에서 겪어야 할 기계적 지각을 미리 효율적으로 학습할 수 있는 매체로 발전하고 있기 때문이다.[62] 즉 벤야민에게 "영화관은 공장에서의 불쾌한 신경 자극들을 무감각하게 받아들이도록 정화해주는, 그러기 위해 기계적인 자극을 찰나적인 볼거리로서 치환하는 거대한 여과장치"[63]와 같다고 할 수 있다.

결국, 이러한 벤야민의 기계적 지각 논의는 짐멜과 크라카우어의 논의를 포괄할 뿐 아니라 근대 기계주의적 지각에 관한 베르그손의 논의도 포괄한다. 즉 외부 이미지들이 보내오는 시각적 자극에 대한 근현대인의 지각이 정감과 기억이 사라진 '비-실재적' 지각, 즉 '기계적 지각'으로 바뀌어간다고 보는 그의 관점은, 근대 기계주의적 지각에 관한 베르그손의 사유를 이어가는 것이라 할 수 있다. 또한 인위적 연속성에 근거하는 기계적 메커니즘이 영화와 현실에서의 이미지 수용양식을 결정짓는다는 주장과, 영화야말로 현대인의 기계적 지각구조를 상징적으로 나타낸다는 주장 역시, 베르그손의 사유를 계승하고 발전시킨 것이라 할 수 있다.

4. 변증법적 지각 및 보기의 변증법

(1) 변증법적 지각과 영화: 꿈꾸기와 깨어나기

① 변증법적 지각: 몰입과 거리두기에서 꿈과 깨어남으로
벤야민의 분산적 지각 개념은 한편으로는 '거리두기'가 극단화되

---

62. 같은 곳.
63. 김지훈, 같은 글, 128쪽.

는 시대적 경향들을 인식하면서 기계적 지각 논의로 발전하지만, 다른 한편으로는 '꿈과 깨어남'이라는 과정과 결합되면서 변증법적 지각 논의로 발전한다. 벤야민의 이 개념에는 거리두기를 유발하는 '이성적 태도' 외에도 '깨어남'이라는 과정이 잠재적으로 내포되어 있었던 것이다. 크라카우어가 분산적 지각을 거리두기와 깨어남으로 설명했다면, 벤야민은 그것을 세 단계로 나눠 설명한다. 즉 파편화된 이미지들에 대해 정신적 혼란에 가까운 몰입을 보이는 지각은 '촉각적 지각'으로, 몰입과 거리두기라는 이중적 입장을 바탕으로 하면서도 이성적 태도를 고수하려는 지각은 '분산적 지각'으로, 그리고 몰입과 거리두기의 과정을 거쳐 '깨어남'의 단계까지 이르는 지각은 '변증법적 지각'으로 세분화시켰다.

다시 말해, 벤야민의 변증법적 지각은 자신이 제시했던 촉각적 지각과 분산적 지각을 바탕으로 형성된 개념이며, 거기에 크라카우어로부터 영향받은 깨어남의 요소가 더해져 완성된 개념이라 할 수 있다. 하지만 크라카우어의 '깨어남'과 벤야민의 '깨어남' 사이에는 명심해야 할 차이점이 있다. 크라카우어의 깨어남이 대도시 거리와 대규모 스펙터클이 발신하는 현혹적 이미지들에 '철저한 거리두기'를 유지하면서 그로부터 실제 물리적 현실의 의미를 깨닫는 것을 말한다면, 벤야민의 깨어남은 '몰입과 거리두기'의 과정을 통해 혹은 '꿈과 깨어남'의 과정을 통해 자본주의가 강요하는 꿈의 본질과 실제 역사적 현실을 깨닫는 것을 의미하기 때문이다. 즉 벤야민의 변증법적 지각은, 아케이드나 파노라마 같은 자본주의의 꿈 이미지들이나 화려하고 현혹적인 영화이미지들에 빠져들면서도 동시에 그러한 이미지들로부터 깨어나면서 꿈의 모든 요소를 되살려내는 지각을 말한다.[64]

---

64. 발터 벤야민, 「파리—19세기의 수도」(1935년 개요), 『아케이드 프로젝트 I』, 112쪽.

② 꿈에의 침잠과 꿈으로부터의 각성

벤야민이 말하는 변증법적 지각은 깨어남에 앞서서 '꿈에의 침잠'을 전제로 한다. 이때, 꿈은 19세기 파리의 아케이드와 대형 볼거리 등에서부터 20세기 대도시의 백화점과 대작 영화 등에 이르기까지 자본주의의 상품소비문화 및 대중문화가 강요하는 온갖 '신화적 이미지들'을 가리킨다. 벤야민에게 근대의 현실은 그 자체로 "꿈나라"를 의미하며, 자본주의는 "꿈을 수반한 새로운 잠이 유럽을 덮친 하나의 자연현상"이자 그 잠 속에서 거대한 "신화적 힘들을 재활성화"[65] 시키는 현상이라 할 수 있다. 즉 근대성의 본질을 사회의 '탈신화화와 탈주술화'로 본 막스 베버와 달리, 벤야민은 근대성의 본질을 '자본주의의 재신화화'와 '세계의 재주술화'로 보았다.[66] 그에게 자본주의의 근대는 표면적으로는 체계적인 합리화를 확산시키지만, 이면으로는 화려하고 매혹적인 꿈 이미지들과 신화적 이미지들을 통해 사회 전체를 새롭게 재주술화하는 것과 다름없다. 새로운 자연으로 자리잡은 산업 문화는 스스로 "보편 상징의 모든 신화적 힘"을 생성할 수 있게 되었으며, 새로운 산업 테크놀로지는 점점 더 많은 "신화적 에너지"를 충전해갔다.[67] 그런데 벤야민에게 꿈에의 침잠이란 자본주의의 허위적 환영들에 수동적으로 무기력하게 끌려들어가는 것을 의미하는 것이 아니라, 그 환영들의 실체와 본질을 파악하기 위해 '적극적으로 꿈들을 향유'하고 체험하는 것을 의미한다. 초현실주의의 잠재력에 대한 벤야민의 찬사에서 알 수 있듯이, 꿈꾸기 혹은 꿈에의 침잠은

65. 발터 벤야민, 「꿈의 도시와 꿈의 집, 인간학적 허무주의, 융」, 『아케이드 프로젝트 I』, 911쪽.
66. 수잔 벅 모스, 같은 책, 328쪽.
67. 같은 책, 330쪽.

"혁명을 위한 도취의 힘들을 얻을"[68] 수 있는 가장 효과적인 방법이 될 수 있다.

하지만 궁극적으로 벤야민에게 '꿈꾸기'는 '꿈으로부터의 각성'을 위한 전 단계 역할에 머문다. 그리고 이 점에서 벤야민의 사유는 초현실주의자들의 사유와 분명하게 구별된다. 초현실주의자들의 꿈이 "개인적, 사적 세계에 속하는" 것이고 꿈꾸기의 목적이 꿈을 그대로 재현하는 데 있다면, 벤야민이 말하는 꿈은 "집단적 현상"이며 꿈꾸기의 목적은 그 꿈을 몰아내고 꿈 이미지로부터 '집단적 각성'의 단계로 넘어가는 데 있기 때문이다.[69] 벤야민은 『아케이드 프로젝트』에서도, "아라공이 꿈의 영역에 머무르기를 고수하는 반면, 여기서는 깨어남의 성좌Konstellation가 밝혀져야 한다"고 진술하며 "신화를 역사의 공간 속에서 해체하는 일"이 중요하다고 강조한다.[70] 즉 꿈은 언제나 깨어나는 순간을 은밀히 기다리고 있으며,[71] '꿈꾸기'는 어디까지나 '깨어남'을 전제로 수행되는 변증법적 과정의 일부일 뿐이다. 변증법적 이미지란 결국 꿈을 꿈으로 정확히 인식하고 있는 이미지, 혹은 "꿈을 꾸면서 꿈으로부터의 각성을 재촉"[72]하고 있는 이미지를 말한다.

③ 영화: 꿈 이미지 혹은 집단적 각성의 도구

벤야민은 자본주의가 만들어낸 대표적 꿈 이미지인 영화를 여타 대중문화 장르들과 함께 "허위의식이라는 환등상의 원천"으로 간주

68. 발터 벤야민, 「초현실주의」, 『발터 벤야민 선집 5』, 최성만 옮김(도서출판 길, 2008), 162쪽.
69. 수잔 벅 모스, 같은 책, 336~337쪽. 물론, 벤야민은 근대사회의 제반 현상들에 대해 초현실주의자들과 많은 관점을 공유한다. 자본주의의 신화화, 기계의 지배 예상, 사소한 것에 대한 경의 등이 그것이다.(같은 책, 331~335 참조)
70. 발터 벤야민, 『아케이드 프로젝트 I』, 1046~1047쪽.
71. 같은 책, 909쪽.
72. 같은 책, 112쪽.

하지만, 그와 동시에 "이를 극복할 집단적 에너지의 원천"[73]로 인식하기도 한다. 영화이미지는 한편으로 가장 정교하고 매혹적인 '꿈 이미지'이지만, 다른 한편으로는 대중이 그 꿈의 실체를 깨닫는 데 가장 효과적인 '집단적 각성의 도구'가 될 수 있는 것이다. 크라카우어의 논의에서와 마찬가지로, 벤야민의 논의에서도 광각적이고 파편적인 이미지들로 구성되는 영화는 대도시 대중의 분산적 지각 상황을 다른 어느 대중예술보다 더 잘 구현해내는 매체이며, 또 분산적 지각의 반복적 학습을 통해 대중의 의식을 견고한 이성적 의식으로 만들어줄 수 있는 매체이다. 하지만 벤야민에게 영화는 거기서 더 나아가 대중의 의식을 꿈꾸기와 깨어나기의 과정을 거쳐 '깨달음'의 단계로 인도해갈 수 있는 매체이기도 하다. 즉 영화관에 모인 대중-관객은 꿈꾸기와 깨어나기의 '변증법적 지각'을 통해 자본주의와 현대 문명이 전시하는 꿈 이미지들에 최대한 가까이 다가가 접촉할 수 있으며, 동시에 그 꿈들로부터 깨어나 꿈의 본질을 파악하고 꿈과 현실의 실체를 더 분명하게 구분할 수 있게 된다.

벤야민에 따르면, 영화는 근대성이라는 꿈나라와 자본주의의 신화적 세계로 관객을 인도한 다음, 다시 관객에게 그 꿈의 실체를 간파하고 꿈으로부터 깨어나는 '집단적 각성'의 능력을 부여해줄 수 있다. 또한 "꿈나라로부터의 집단적 각성은 혁명적 계급의식의 동의어"[74]이므로, 영화는 곧 대중-관객의 혁명적 계급의식을 고취시킬 수 있는 '정치적 도구'가 될 수 있다. 즉 영화는 파시즘이 행하는 정치적 심미화에 맞서, 한편으로는 기술복제를 통해 부르주아 집단의 아우라 신화를 벗겨내고, 다른 한편으로는 대중의 집단적 각성을 유도해 자본

---

73. 수잔 벅 모스, 같은 책, 327~328쪽.
74. 같은 책, 327쪽.

주의의 꿈나라를 무너뜨리면서, 이른바 "예술의 정치화"[75]를 실현할 수 있게 된다.

④ 정지상태의 변증법과 범속한 각성

그런데 벤야민이 말하는 '변증법적 지각'은 정통 마르크스주의적인 변증법적 지각과는 일정한 차이가 있다. 스스로를 역사적 유물론자라고 피력했음에도 불구하고, 벤야민은 그의 주저들에서 "정통 마르크스주의를 피해"가고 "정통 철학과 완전히 다른"[76] 그만의 독특한 역사적 유물론을 제시한다. 그가 말하는 '변증법' 역시 정반합을 통해 확실한 개념적 도약을 추구하는 정통 변증법과는 다른 의미다. 특히, 벤야민은 이미지를 가리켜 '정지상태의 변증법'이라고 규정했는데, 헤겔의 변증법과는 다른 그의 '이미지-변증법'의 핵심은, 무엇보다 "변증법적으로 대립하는 것들 간의 긴장이 가장 팽팽한 곳"[77]으로부터 '변증법적 이미지'가 발생한다고 보는 데 있다. 즉 "사고에는 사유의 운동뿐 아니라 정지도 필요"한데 "사고가 긴장들로 가득한 성좌에서 정지할 때"[78] 마치 섬광처럼 변증법적 이미지가 생겨난다고 보는 것이다.[79] 다음과 같은 벤야민의 설명을 보라.

---

75. 발터 벤야민, 「기술복제시대의 예술작품」(제3판), 150쪽.
76. 수잔 벅 모스, 같은 책, 281쪽.
77. 발터 벤야민, 『아케이드 프로젝트 I』, 1082쪽.
78. 같은 책, 1082쪽. 한편, 벤야민의 이러한 정지상태의 변증법은 브레히트의 서사극 이론에서의 '중단' 개념으로부터 일정 부분 영향을 받았다고 볼 수 있다. 벤야민이 언급한 것처럼, 서사극에서 "중단은 사건의 진행과정을 정지상태에 이르게 하고, 그를 통해 청중에게는 사건 진행에 대해, 배우에게는 그의 역할에 대해 어떤 입장을 취하도록 강요"하기 때문이다. 즉 브레히트의 '중단'이나 벤야민의 '정지상태'는 짧은 순간이지만 전체 상황에 대한 관객의 사유를 이끌어내고 어떤 각성을 얻도록 유도한다는 점에서 분명한 공통점을 갖는다고 할 수 있다.(발터 벤야민, 「생산자로서의 작가」, 『발터 벤야민의 문예이론』, 반성완 편역, 민음사, 1983, 267~269쪽 참조)
79. 같은 책, 1077쪽: "변증법적 이미지는 한순간에 빛나는 이미지다."

과거가 현재에 빛을 던지는 것도, 그렇다고 현재가 과거에 빛을 던지는 것도 아니다. 오히려 이미지란 과거에 있었던 것이 지금과 섬광처럼 한순간에 만나 하나의 성좌를 만드는 것을 말한다. 다시 말해 이미지는 정지상태의 변증법이다. 왜냐하면 현재가 과거에 대해 갖는 관계는 순전히 시간적, 연속적인 것이지만 과거에 있었던 것이 지금에 대해 갖는 관계는 변증법적인 것이기 때문이다.[80]

벤야민의 이러한 정지상태의 변증법은 정반합의 부단한 운동을 통해 역동적으로 의미를 생산하는 전통적 변증법과 분명하게 구별된다. 하지만 이처럼 사유의 정지상태에서 '순간적으로' 깨달음을 얻는 벤야민의 정지상태의 변증법은, 당대 학자들로부터 '신비주의적 유물론' 또는 '메시아적 유물론'이라는 비판을 받기도 했다. 즉 브레히트와 아도르노 등 많은 학자들이 "역사적 유물론의 이름으로 신학의 해석과 마르크스의 해석을 융합하려 했다"[81]고 비판한다. 근대라는 경험적 역사의 신화적 이미지들에 맞서 신학이라는 상징적 역사의 신화적 이미지들을 내세우면서 정작 자율적 인식과 사유의 주체로서의 인간의 역할을 지워버렸다는 것이다.

그러나 다른 한편으로 벤야민의 정지상태의 변증법은, "인간학적 유물론"이라는 상반되는 평가를 받기도 한다. 벤야민은 여러 글에서 자신의 변증법적 유물론을 스스로 '인간학적 유물론'이라고 지칭한

---

80. 같은 책, 1056쪽. 과거와 현재에 대한 벤야민의 이 같은 관점은 근본적으로 베르그손의 시간관과 상통한다. 이 책의 제1장에서 살펴본 것처럼, 베르그손은 과거와 현재가 연대기적 관계가 아닌 동시적 관계에 놓여 있다고 보며, 잠재상태에 있는 무수한 과거의 순간들이 현재의 어느 순간에 솟아올라 과거이자 현재인 시간을 이룬다고 주장한다.
81. 수잔 벅 모스, 같은 책, 318쪽.

바 있는데,[82] 인간학적 유물론은 '범속한 삶에 대한 통찰'을 근간으로 하는 것으로 "범속한 각성, 이미지, 신체, 기술, 대중" 등을 핵심 모티프로 삼는다.[83] 특히, 인간학적 유물론과 관련해 벤야민은 초현실주의적 경험의 핵심이라 간주한 "범속한 각성profane Erleuchtung"을 강조하는데, 이때 범속한 각성은 '각성'만큼이나 '범속함'에 방점이 있는 것으로, "유물론적이고 인간학적인 영감 속에서 이루어지는" 것이다.[84] 이러한 범속한 각성은, 신비주의적이고 메시아적이라 비판받은 그의 정지상태의 변증법이 실상은 '종교적 각성'을 목적으로 하는 것이 아니라, 일상적 삶의 다양한 요소들에 대한 '경험'과 '통찰'을 통해 '세속적이고 일상적인 각성'을 추구한다는 것을 나타낸다. 범속한 각성에 대한 벤야민의 주목은 결국 마르크스의 역사적 유물론에 결여되어 있는 미시적, 구체적 삶에 대한 성찰과 인간에 대한 이해를 보완하려는 시도라 할 수 있다.

그런데 벤야민이 제시한 정지상태의 변증법과 범속한 각성 개념은 크게 세 가지 차원에서 영화와 관련된다고 할 수 있다. 첫째, 팽팽하게 긴장된 사물(오브제, 이미지)들의 성좌에서 변증법적 이미지를 발생시키기 위해서는 먼저 '사물들의 나열과 병치'가 중요하다. 즉 병치된 사물의 이미지들이 서로 부딪히고 작용하면서 스스로 의미를 발신하게 하는 상황이 선행되어야 하는 것이다. 이러한 사유는 무엇보다 이질적 시공간의 이미지들을 병치하면서 의미를 발생시키는 영화의 '몽타주' 양식으로부터 영향받은 것이라 할 수 있다. 둘째, 정지

---

82. 벤야민의 인간학적 유물론에 대한 자세한 설명은 다음을 참조할 것: 강수미, 『아이스테시스』(글항아리, 2011), 294~299쪽.
83. 최성만, 「발터 벤야민의 인간학적 유물론」, 『뷔히너와 현대문학』, 제30호, 2008, 233쪽.
84. 발터 벤야민, 「초현실주의」, 147쪽.

상태의 변증법이 추구하는 범속한 각성은 범속한 삶에 대한 통찰을, 즉 평범하고 세속적인 '일상'에 대한 관심과 관찰을 그 기본 전제로 한다. 이러한 사유는 일상과 사물들의 세계에 대한 벤야민의 구체적 이고도 부단한 관심을 잘 보여준다. 이는 바로 '일상의 무의식 지대'를 보여주는 영화카메라의 특별한 지각능력의 영향이라 할 수 있다. 셋째, 병치된 사물들(이미지들)의 팽팽한 긴장에서 순간적인 깨달음을 얻는 정지상태의 변증법은 단순한 신비주의적 유물론이라기보다는 그 자체로 '보기의 변증법'을 내포하고 있는 개념이라 할 수 있다. 즉 정지상태의 변증법은 '말로 설명할 수 없는 것들,' 즉 합리적 이성과 관념의 도구인 언어로는 설명할 수 없고 오로지 이미지를 통한 '보여주기'를 통해서만 그 의미를 전달할 수 있는 것들에 대한 예민한 인식을 담고 있다고 할 수 있다. 이 역시 언어 매체가 아닌 이미지 매체로서의 영화에 대한 인식에 근거한 사유라 할 수 있다. 아래에서, 벤야민의 정지상태의 변증법에 나타나는 이 세 가지 영화적 경향 혹은 영화적 사유에 대해 좀더 살펴보자.

(2) 몽타주적 지각 및 보기의 변증법

① 몽타주적 지각, 몽타주적 사유

벤야민은 이미지 혹은 사물들의 병치가 그 자체로 혁명적 각성을 추동시킬 수 있다고 보면서, 다양한 이미지 병치를 통해 '이미지 스스로 말하게 하는 것'이 중요하다고 강조한다. 특히 그는 『아케이드 프로젝트』를 준비하면서 과거의 미시적 이미지들의 단순한 병치를 통해 충분히 혁명적 의식을 얻을 수 있다고 설명하는데, 이는 무엇보다 역사를 단순한 선형적 진행과정으로 보지 않는 그의 독특한 역사의식에서 비롯된다. 즉 벤야민은 역사를 단계적인 진보과정으로 간주하는 부르주아 역사관과 마르크스주의 역사관을 모두 거부하고, 과거의 미시적 이미지들과 현재의 특별한 정치적 시선의 만남으로서 역사를 바라본다. 일종의 초현실주의적 역사관을 계승한 그는, 추출되고 병치된 '지난 시대의 꿈 이미지들'이 '인식가능성의 지금'과 만나는 순간 섬광 같은 각성을 가져오면서 '진정한 과거의 얼굴'을, 즉 상투적인 부르주아 문화사가 억압한 '초현실주의적 얼굴'을 보여줄 수 있다고 주장한다. 과거의 이미지들은 단순한 병치만으로도 이미 현재의 정치적 시각을 전제할 수 있으며, 인식가능성의 현재와 만남으로써 과거의 참모습을 보여주는 진정한 의미의 역사적 이미지로 기능할 수 있다는 것이다.

이러한 벤야민의 사유는, 당대 '아방가르드 예술' 및 '아방가르드적 영화들'의 '몽타주' 양식으로부터 깊은 영향을 받은 것이라 할 수 있다. 이질적 속성을 지니는 재료들을 하나의 공간 안에 혼재시키거나 상이한 시공간에 존재하는 사물들을 다양한 시점에서 포착한 후 연쇄시키는 몽타주를, 벤야민은 지각의 한 방식이자 사유의 한 방식으로 적용하고자 했다. 아방가르드 예술에서 몽타주는 기본적으로 작품 창작의 핵심 원리로 통용되었다. 현실의 모사에 기반을 둔 유기적 작품이 아니라, 현실의 해체와 총체성의 파괴에 목표를 둔 비유기적 작품을 지향하는 아방가르드 예술에서 "현실의 파편화를 전제로 하는"[85] 몽타주가 예술적 실천의 기본 원리가 되는 것은 당연하다. 유기적 예술작품이 자연의 가상假像을 만들어 작품의 구성과정을 덮고자 한 것에 반해, 비유기적 예술작품은 스스로가 "예술적 구성물"이자 "제작물"임을 드러내고자 하기 때문이다. 따라서 아방가르드 예술에서 말하는 몽타주는, 영화에서 일반적으로 언급되는 몽타주, 즉 효율적인

---

85. 페터 뷔르거, 『아방가르드의 이론』, 최성만 옮김(지식을만드는지식, 2009), 143쪽.

의미 생산을 위해 유기적이고 통일적인 구성을 지향하는 몽타주를 의미하지 않는다. 그보다는 초기 입체파가 보여준 콜라주collage 형식의 몽타주, 즉 "예술가들의 주관에 의해 가공된 적이 없는 재료들"인 "현실의 단편들"을 현실 모사와 통일성이라는 원칙을 배제한 채 비-규칙적으로 그리고 자의적으로 모아놓은 몽타주를 모델로 삼는다.[86] 즉 아방가르드의 비유기적 예술작품에서 의미의 통일이라는 '종합' 개념은 부정되고, 부분적 의미와 전체적 의미 사이의 '일치'라는 조건은 해체되며, 각 부분은 전체로부터 해방되어 필연성의 굴레를 벗어난다. 그런데 이처럼 전체로부터 해방된 부분들은 일종의 '충격효과'를 통해 우리의 사유를 가동시키고 우리의 행동을 변화시킬 수 있다. 혹은 '의미의 지연'이나 '의미의 박탈'을 통해 "실생활의 애매성을 지각하게 하고," 현실 모사와 통일적 작품의 구축의 필연성이 아닌 "실생활을 바꿔야 하는 필연성"을 느끼게 만들 수 있다.[87] 요컨대, 아방가르드 예술의 몽타주는 파편화된 현실 조각을 사실 그대로 보여주면서 통일적 의미나 총체적 형상을 추구하는 작품들의 허상을 드러내는 데 목적을 두며, 의미의 추구를 보류시키거나 의미의 해석을 포기하게 만들면서 사고의 방향을 작품이 아닌 삶과 세계를 향해 돌려놓는 것을 지향한다.

벤야민의 몽타주 개념 역시 이러한 아방가르드 예술의 몽타주 개념과 매우 유사하다. 사실, 벤야민의 몽타주 개념은 그의 '알레고리 Allegorie' 개념에 이미 내재되어 있다. 그가 말하는 알레고리의 첫번째 조건이, 총체성이라는 거짓된 가상을 파괴하기 위해 삶의 총합으로부터 개별 요소를 끌어내어 고립시키고 그 기능을 탈취하는 '파편화'

---

86. 같은 책, 151쪽.
87. 같은 책, 157쪽.

작업에 있기 때문이다.[88] 총체성으로 가장된 삶으로부터 그 조각들을 일탈시키고 고립시키고 파편화시킨다는 점에서, 파편화와 구성 혹은 "흩어짐과 모음"의 변증법이 반복적으로 이어진다는 점에서, 벤야민의 알레고리 개념은 아방가르드 예술의 비유기적 또는 콜라주적 몽타주와 동일하다고 할 수 있다. 마찬가지로 통일적 구성과 총체적 형상화 작업을 지양한 채, 이질적 속성의 이미지들을 있는 그대로 나열하는 것을 원칙으로 삼는 벤야민의 '정지상태의 변증법' 역시 비유기적 몽타주의 한 유형이라 할 수 있다. 아방가르드 예술의 몽타주가 의미의 보류와 의미의 단절을 통해 삶과 세계에 대한 사유와 행동을 이끌어낼 수 있듯, 벤야민의 정지상태의 변증법 또한 의미화 작업의 정지를 통해 역사와 세계에 대한 각성을 이끌어낼 수 있기 때문이다.

따라서 벤야민은 아방가르드 예술가들의 '비유기적 몽타주'의 실천을 적극 지지한다. 이를테면, 「생산자로서의 작가」(1934)에서 밝힌 것처럼, "입장권, 실패 꾸러미, 담배꽁초 등을 합쳐" 만든 다다이즘의 "정물화"가 일반 회화보다 더 진실한 것이라 주장하며, "일상생활의 사소하기 짝이 없는 진실한 파편이 회화보다 더 많은 것을 말해주고 있다"고 강조한다.[89] 또 상이한 성격의 이미지와 문자를 조합해 강렬한 방식으로 정치적 의도를 드러내는 존 하트필드John Heartfield의 '포토몽타주photomontage' 작품들을 아방가르드 몽타주의 핵심을 탁월하게 구현해낸 사례라고 평가하기도 한다.[90]

---

88. 발터 벤야민, 『독일 비애극의 원천』, 최성만·김유동 옮김(한길사, 2009). 특히 '알레고리적 파편화' 개념에 관해서는 276~281쪽 참조.
89. 발터 벤야민, 「생산자로서의 작가」, 262쪽.
90. 같은 글, 262~263쪽. 그밖에, 발터 벤야민, 「파리 편지 II」, 『발터 벤야민 선집 2』, 290~291쪽; 페터 뷔르거, 『아방가르드의 이론』, 146~150쪽의 설명 참조.

아울러, 이러한 벤야민의 몽타주 개념은 영화와 관련해서도 마찬가지다. 일부 아방가르드 이론가들의 견해와 달리, 그에게 영화의 몽타주란 매체 자체에 내재되어 있는 기술적 수법일 뿐 아니라 작품의 생산과정 전체를 특징짓는 하나의 '미학적 양식'이다. 벤야민이 볼 때, 영화적 몽타주는 아방가르드 예술의 몽타주와 마찬가지로, 총체적 형상화의 가상을 멀리한 채 파편화된 현실의 단편들을 있는 그대로 제시하는 비유기적이고 비통일적인 작업을 지향해야 한다. 물론, 몽타주에 대한 그의 이러한 인식은 당시 영화계에서 주류를 이루던 몽타주 인식들과 일정한 차이를 갖는 것이기도 하다. 그가 주장하는 영화적 몽타주는 개개의 요소들의 효율적이고 기능적인 조합을 통해 최적의 의미 생산을 추구하는 할리우드의 '벽돌쌓기 몽타주'와 구별되며, 정반의 요소들의 조합을 통해 새롭고 역동적인 의미의 창출을 목적으로 하는 소비에트의 '변증법적 몽타주'와도 구별된다. 오히려, 그보다는 당대 아방가르드적 무성영화들, 즉 인상주의 영화나 초현실주의 영화가 보여준 해체적이고 비통일적인 몽타주가 그의 몽타주 개념에 더 가깝다. 특히, 사물을 인간의 의식에 선행하는 즉자적 존재로 보고 사물들의 운동과 리듬을 있는 그대로 재구성하려 했던 베르토프의 '유물론적 몽타주'는, 그가 생각하는 영화적 몽타주 유형에 매우 근접한 것이라 할 수 있다.[91] 베르토프 역시 이미지들의 정교한 병치를 통해 시간적으로나 공간적으로 멀리 떨어져 있는 이미지들을 서로 연결시키며, 인간의 통상적 지각으로 파악할 수 없는 새로운 의미들을 창출하려 했기 때문이다. 즉 벤야민의 몽타주와 베르토프의

---

91. 벤야민은 베르토프의 비유기적, 물질적 몽타주를 적극 지지하지만, 간혹 그의 몽타주가 본래의 특성에서 벗어나 서사적 내러티브의 구축을 위해 봉사할 경우 분명하게 비판적 입장을 취하기도 한다.(발터 벤야민, 「러시아 영화예술의 상황에 대하여」, 『발터 벤야민 선집 2』, 229~230쪽 참조)

몽타주는, 상이한 시공간적 질서에 속한 사물들의 이미지들을 병치시키면서 사물들 스스로 의미를 전달하게 하는 데 목적을 둔다는 점에서 하나의 공통점을 갖는다고 볼 수 있다.[92]

이처럼, 벤야민에게 몽타주란 통일적 구성과 총체적 형상화의 의도를 배제한 채 파편화된 현실의 사물들을 있는 그대로 병치하는 것을 뜻하며, 일반 예술작품과 영화작품 모두를 관통하는 핵심적 구성 원리라 할 수 있다. 그의 정지상태의 변증법 역시 과거의 다양한 이미지들을 특정한 역사적, 정치적 관점을 배제한 채 파편화된 상태 그대로 병치하는 것을 원칙으로 한다. 따라서 벤야민은 몽타주와 정지상태의 변증법이 동일한 원리를 바탕으로 하는 것이라 간주하며, 정지상태의 변증법이 사유의 '정지상태'에서 각성을 이끌어내는 것처럼 "몽타주 기법" 역시 "전체의 문맥을 중단시키는" 것으로부터 의미를 생산하는 기법[93]이라고 강조한다. 그리고 그의 정지상태의 변증법에 영향을 준 브레히트의 서사극이론 역시 "영화에서 결정적 방법이라 할 수 있는 몽타주 기법"으로부터 '중단'이라는 개념을 이끌어냈다고 보았다.[94] 따라서 벤야민에게 있어 몽타주적 지각은 그 자체로 역사를 인식하는 하나의 방식이다. 그가 주장하듯, 진정한 유물론적 역사 인식을 위해서는 "몽타주 원리를 역사 속에 도입하는 것"이 기본이다.

결국 역사 유물론에서 인식되어야 할 중심적인 문제. 마르크스주의적 역사 이해는 무조건 역사의 명료성Anschaulichkeit을 희생시켜야만

---

92. 베르토프의 유물론적 몽타주에 관해서는 이 책의 제3장에서 다시 자세히 다룰 것이다.
93. 발터 벤야민, 「생산자로서의 작가」, 268쪽.
94. 같은 곳.

비로소 획득할 수 있는 것일까? 아니면 명료성을 높이는 것과 마르크스주의적 방법을 관철시키는 것을 결합하는 어떤 방법이 가능할 수 있을까? 이러한 길로 나가기 위한 첫번째 단계는 몽타주 원리를 역사 속에 도입하는 것이 될 것이다. 즉 극히 작은, 극히 정밀하고 잘라서 조립할 수 있는 건축 부품들로 큰 건물을 세우는 것이다.[95]

역사적 지각방식으로서의 몽타주적 지각은 역사에 대한 즉각적 해석을 보류하고, 파편화된 요소 사이에 단절이 가져오는 의미의 지연을 받아들이며, 섬광 같은 각성을 이끌어낼 수 있는 사유를 실천하는 데 목적을 둔다. 또한 해체된 채 나열되는 과거의 조각들을 시대가 요구하는 관점이나 지배계급의 관점에 따라 보지 않고 각자의 관점에 따라 보면서 각자 '또다른 의미'를 발견해낼 수 있도록 유도한다. 아방가르드 예술이나 영화의 비유기적 몽타주가 각각의 이미지들을 서사의 연속성으로부터 떼어내 파편화된 상태 그대로 제시하는 것처럼, 역사적 유물론 역시 "서사시적 요소를 포기"하고 "시대를 물화된 '역사의 연속성'으로부터 분리"해 파편화된 상태 그대로 나열해야 하는 것이다.[96] 또한 아방가르드 몽타주처럼, 역사적 지각방식으로서의 몽타주적 지각 역시 마치 "인용부호를 쓰지 않은 인용기법"[97]처럼 도식화되지 않은 실재를 있는 그대로 제시하면서 "실재로 하여금 스스로 말하게" 하는 것을 목표로 삼는다.[98] 요컨대, 벤야민에게 몽타주는 "개별적인 구체성을 잃지 않으면서 전체 역사를 구성한다"는 점에서,

---

95. 발터 벤야민, 『아케이드 프로젝트 I』, 1052쪽.
96. 같은 책, 1078쪽.
97. 같은 책, 1047쪽.
98. 노베르트 볼츠, 빌렘 반 라이엔, 『발터 벤야민: 예술, 종교, 역사철학』, 김득룡 옮김(서광사, 2000), 111쪽.

그리고 현재과 과거를 병치하면서 그로부터 역사적 상관관계를 추출해낸다는 점에서 탁월한 사유 방법론이자 역사적 지각 원리가 된다.[99]

아울러, 벤야민의 몽타주적 지각은 나열되고 병치되는 이미지들에 대한 개인의 '재구성' 능력을 발전시킨다는 점에서 또다른 중요성을 갖는다. 영화는 몽타주라는 양식을 통해 근대 대중-관객에게 자본주의 및 산업화가 초래한 사물과 공간의 파편화를 직시할 수 있는 능력뿐 아니라, 그 파편화된 이미지들을 다시 조합하고 '재구성'할 수 있는 능력을 부여할 수 있기 때문이다. 즉 영화를 통해, "테크놀로지의 재생산은 테크놀로지의 생산이 앗아간다고 위협했던 경험능력을 인간에게 돌려주고"[100] 아울러 "치유의 잠재력"을 부여할 수 있게 되었다. 영화적 몽타주 경험을 통해, 대중-관객은 파편화된 세계의 이미지들을 자신만의 고유한 질서에 따라 스스로 재구성하는 능력을 터득해가며, 이를 통해 "산업화의 외상에 대한 방어의 방법뿐 아니라 산업화의 과정에서 부서졌던 경험능력을 재구성하는 방법"[101]을 터득해간다. 따라서 영화는 사물과 공간의 파편화를 '직시'하는 능력과 파편화된 세계를 '재구성'하는 능력을 학습하고 강화할 수 있는 가장 좋은 학습장이 될 수 있다.

② 시각적 무의식성과 일상의 사물들

이처럼 이질적 사물의 나열과 병치에 중요성을 부여하는 벤야민의 몽타주적 지각은, 자연스럽게 '사물들 자체'에 대한 주의깊은 관심과 통찰을 필수조건으로 한다. 즉 사물들을 둘러싼 시대적, 역사적 의미에 대한 이해뿐 아니라, 사물들 각각에 대한 깊은 이해와 탐구를 필요

---

99. 강수미, 같은 책, 117~118쪽.
100. 수잔 벅 모스, 같은 책, 345쪽.
101. 같은 책, 346쪽.

로 한다. 물론 위에서 살펴봤듯, 정지상태의 변증법이 목표로 하는 범속한 각성 역시 평범하고 세속적인 일상에 대한 통찰이 전제되어야 비로소 이루어질 수 있다. 다시 말해, 벤야민의 변증법적 지각에서나 몽타주적 지각에서 사물과 일상에 대한 통찰은 매우 중요하다. 이때, 벤야민이 특히 주목하는 사물과 일상적인 것은 거대 역사의 역동적 전개과정에서 빠져나가고 탈락된 것들이며, 역사의 의미화 과정에 포함되지 않은 '비결정적인 것들,' '불특정한 것들' 혹은 '무의미한 것들'이다. 아래에서 다시 살펴보겠지만, 벤야민이 구축하고자 했던 역사는, 일반적인 역사(지배계급의 역사)에서 배제된 일상적인 모든 것을 위한 미시적 역사이기 때문이다. 그런데 벤야민이 변증법적 지각과 몽타주적 지각과정에서 실천하고자 했던 이러한 일상에 대한 통찰도, 마찬가지로 영화의 한 특성과 긴밀히 관련된다. 즉 일상성과 사물들에 대한 벤야민의 관심은 영화카메라의 특별한 지각능력과 연결되는데, 이를 위해 그는 '시각적 무의식성das Optisch-Unbewußte'이라는 개념을 제시한다.[102]

벤야민의 시각적 무의식성 개념은 당대 무성영화인들이나 영화이론가들에게 널리 퍼져 있던 '기계적 눈'으로서의 영화카메라 개념 덕분이다.[103] 벤야민은 동시대 영화연구자들과 마찬가지로 인간 눈의 지

---

102. 실제로 벤야민의 '시각적 무의식성' 개념은 발라즈의 '시각적 무의식성' 개념과 매우 유사하다. 벤야민은 자신의 논의 핵심을 발라즈의 논의에서 그대로 가져오는데, 이에 대해서는 이 책의 제5장에서 자세히 살펴볼 것이다.

103. 벤야민과 마찬가지로, 크라카우어도 기계적 눈으로서의 영화카메라가 구현하는 시각적 무의식성에 대한 사유를 공유한다. 다시 말해, 크라카우어는 "영화는 우리가 그것의 출현 이전에는 보지 못했던, 어쩌면 볼 수 없었던 것을 볼 수 있게 해주는" 매체라고 주장하면서, 다양한 영화 기법과 양식을 통해 "우리로 하여금 물질적 세계를 발견"하도록 하고, 그에 따라 우리는 "휴지상태" 혹은 "잠재적 비존재 상태"에 있는 물질들의 세계를 경험할 수 있다고 말한다.(Siegfried Kracauer, *Theory of Film: The Redemption of Physical Reality*, New York: Oxford University Press, 1960, 300쪽 참조)

각능력을 넘어서는 카메라 렌즈의 특별한 지각능력에 주목하는데, 특히 '기계적 눈'으로서 영화카메라가 우리에게 일종의 '시각적 무의식의 세계'를 일깨워주는 것에 비상한 관심을 나타낸다. 그에 따르면, "우리가 정신분석학을 통하여 충동의 무의식적 세계를 알게 된 것처럼 카메라를 통하여 비로소 시각적 무의식(광학적 무의식)의 세계를 알게"[104] 되었기 때문이다. 영화카메라의 이러한 시각적 무의식성에는 크게 두 가지 중요한 의미가 있다. 첫째, 시각적 무의성을 통해 영화는 우리의 지각 심화 및 확대를 가져올 수 있다. 둘째, 시각적 무의식 세계의 발견이 곧 일상의 무의식 지대의 발견을 뜻한다.

먼저, 벤야민은 영화가 '클로즈업'을 통해 일상 공간에 숨어 있던 미세한 세부를 보여주고 나아가 인간의 의식을 지배하던 필연성의 구속으로부터 벗어나 '시각적 무의식 지대'를 보여준다고 주장한다. "우리는 확대촬영(클로즈업)을 통해 불분명하게 보던 것을 분명하게 볼 수 있게 되었을 뿐 아니라, 전혀 새로운 물질의 구조들을 볼 수 있게" 된 것이다.[105] 또한 당시 무성영화인들에게 클로즈업은 단순히 공간 확대뿐 아니라 '시간 확대'를 의미했는데,[106] 마찬가지로 벤야민에게서도 시각적 무의식성은 공간 차원을 넘어 시간적 차원으로까지, 즉 4차원 영역으로까지 확장된다. 이를테면, 영화는 '고속촬영' 등으로 "이미 알려진 움직임의 모티프들"뿐 아니라 "이러한 알려진 모티프들 속에서 전혀 알려지지 않은 모티프들, 다시 말해 빠른 움직임을 천천히 진행시켜 보여주는 것이 아니라 미끄러지는 듯한, 공중에 떠 있

---

104. 발터 벤야민, 「기술복제시대의 예술작품」(제3판), 139쪽.
105. 같은 글, 138쪽.
106. 1920~1930년대 유럽의 영화인이나 이론가에게 '클로즈업'은 '공간 확대'뿐 아니라 '시간 확대'를 의미했고, 나아가 "시간의 경험까지 포함하는 우리가 지닌 모든 감각적 경험의 확대"를 의미했다.(자크 오몽, 『영화 속의 얼굴』, 김호영 옮김, 마음산책, 2006, 156쪽과 178쪽 참조)

는 듯한, 그리고 세상 밖에 있는 듯한 움직임"을 보여줄 수 있게 되었다.[107] 요컨대, 벤야민은 영화카메라가 "그것이 가지는 보조 수단, 즉 추락과 상승, 중단과 분리, 연장과 단축, 확대와 축소 등"[108]을 통해 공간과 시간에 대한 우리의 지각을 심화시키고 확대시켜준다고 보았다.

그다음, 영화는 시각적 무의식 세계와 새로운 물질 구조를 보여주면서, 지각뿐 아니라 '일상에 대한 통찰'의 심화를 가능하게 해준다. 즉 새로운 시각장을 보여준다는 것은 우리가 평소 인지하지 못한 사물과 일상의 측면들을 보여준다는 것을 뜻하고, 이는 곧 '일상의 무의식 지대'를 보여준다는 것이다. 비로소 영화카메라로 모습을 드러낸 광학적 무의식 지대는 우리가 평소 너무 익숙해서 보지 못하고 지나친 '시선의 무의식 지대'이기도 하다. 즉 사물들이 그것의 특수한 독자성 속에서 고유한 의미를 지니며 존재하고 있는 세계다. 요컨대, 영화의 특별한 지각능력은 우리가 무의식적으로 지나치는 일상의 사물과 공간에 대해 새로운 인식의 기회를 제공해주며, 이는 곧 일상에 대한 우리의 통찰을 심화시켜준다.

③ 보기의 변증법, 혹은 보여주기로서의 몽타주

이처럼 벤야민의 몽타주적 지각은 영화의 고유한 특성인 시각적 무의식성과 깊은 연관이 있다. 다시 말해 몽타주적 지각은 도식적 변증법에 따라 지각하고 사유하기보다는, 나열상태에서 있는 그대로 지각하고 사유하게 한다. 일상에 대한 보다 깊은 시공간적 통찰을 요구하면서, 소소한 사물들에서 과거와 현재를 이어주는 진정한 역사적 의미를 발견하도록 이끄는 것이다. 즉 시각적 무의식성을 통해 "일상

---

107. 발터 벤야민, 「기술복제시대의 예술작품」(제3판), 138쪽.
108. 같은 글, 139쪽.

적 삶에 대한 스펙트럼 분석을 수행한다"는 점에서도, "영화는 벤야민의 역사 인식의 논리에서 중심적인 역할을 차지한다"고 볼 수 있다.[109]

따라서 몽타주적 지각에 이르러, 벤야민의 사유는 아도르노의 언급처럼 "거대한 목적 지향에 의해 결정되지 않았던 것"을 "변증법적으로 동시에 비변증법적으로 사유하도록 간절하게 요청한다"[110]고 할수 있다. 몽타주적 지각을 근간으로 하는 벤야민의 사유는 한편으로는 병치된 이미지들의 긴장 속에서 섬광 같은 각성을 얻으려는 변증법적 측면을 갖지만, 다른 한편으로는 이미지들의 병치 자체에 의미를 두면서 지배 담론의 역사에서 배제된 일상적 사물들의 의미를 밝혀내려는 비변증법적 측면을 갖는다. 요컨대, 몽타주에 내재된 벤야민의 변증법적이면서 비변증법적인 사유는, 우리의 삶을 이루는 무수한 사물 각각에 주의를 기울이면서 '승리와 패배라는 역사의 역동적 과정에서 벗어나고 변증법적 과정에서 비껴나는 것들'에 주목하려는 사유이다. 역사화 과정에서 배제되고 의미화 작업에서 빠져나가는 비결정적인 것들을, 즉 "비스듬한 것, 불투명한 것, 붙잡을 수 없는 것"[111] 등을 사유의 중심 대상으로 삼으면서, 그를 통해 역사적 역동관계의 구상을 교묘하게 좌절시키고 역사를 영원히 현재적인 것으로 놓아두려는 시도인 것이다.

아울러, 이처럼 몽타주적 지각을 바탕으로 한 변증법적/비변증법적 사유에서는 이미지들의 의미를 도출하고 해석하는 행위보다, 이미지들을 있는 그대로 '보는' 행위가 더 중요하다. 우리의 삶(일상)을 이루는 무수히 많은 비결정적인 것들, 비의도적인 것들, 무의식적인 것

---

109. 노베르트 볼츠, 빌렘 반 라이엔, 같은 책, 110쪽.
110. 테오도르 아도르노, 『한줌의 도덕』, 최문규 옮김(솔, 1995), 214~215쪽.
111. 같은 책, 214쪽.

들을 있는 그대로 그리고 '제대로 보는 것'이 중요하다. 이 점에서, 몽타주적 지각은 벅모스가 말하는 "보기의 변증법dialectics of seeing"[112]과 일맥상통한다고 할 수 있다. 즉 보기의 변증법이라 지칭할 수 있는 벤야민의 몽타주적 지각 혹은 변증법적/비변증법적 사유는, 변증법적 지각이 놓칠 수 있는 시대와 사회의 미시적 부분과 범용한 요소에 대해 보다 세심한 주의와 관찰을 강조하는 또다른 유형의 사유라 할 수 있다. 따라서 작가 혹은 예술가에게는, 독자/관객/대중이 역사의 의미화 과정에서 빠져나가는 그 모든 사물과 이미지를 어떤 선행논리나 지배이데올로기에 의거하지 않고 직시할 수 있도록 '제대로 보여주는 것'이 중요하다. 즉 한 시대와 사회를 이루는 다양한 유형의 사물들을 그것들의 정당한 권리 속에서 제대로 보여줘야 한다. 그 사물의 이미지들을 어떻게 재구성하는가는 어디까지나 독자/관객/대중의 몫이다. 몽타주적 지각을 위한 작가 혹은 예술가의 작업에서 '몽타주'는 단지 '보여주기'에 해당하는 작업일 뿐, '구성하기'의 작업이 아니다. 벤야민은 『아케이드 프로젝트』를 위해 자신이 사용한 방식을 스스로 "문학적 몽타주"라고 부른 바 있는데, 이때 몽타주란 단지 보여주는 행위를 뜻한다. 아래의 글을 보라.

이 프로젝트의 방법: 문학적 몽타주. 말로 할 건 하나도 없다. 그저 보여줄 뿐. 가치 있는 것만 발췌하거나 재기발랄한 표현을 자기 것으로 만드는 것 같은 일은 일절 하지 않는다. 누더기와 쓰레기들을 목록

---

112. 벅모스는 벤야민 전기들의 일반적 구분 방식을 따라, 벤야민의 사유 궤적을 '제1단계: 형이상학적, 신학적 단계,' '제2단계: 마르크스주의적, 유물론적 단계,' '제3단계: 독창적 종합의 단계'로 나눈다. 그리고 완성되지 않은 제3단계 사유 방식을 "보기의 변증법"이라고 지칭한다. 국내 번역서에는 '봄/앎의 변증법'이라고 소개되었지만, 여기서는 맥락상 '보기의 변증법'이라고 번역할 것이다.(수잔 벅 모스, 같은 책, 18~19쪽 참조)

별로 정리하는 것이 아니라 유일하게 가능한 방법으로 그것들이 정당한 권리를 찾도록 해줄 생각이다.[113]

그런데 이처럼 몽타주를 보여주기의 행위로 인식하는 벤야민의 사유는 이미 영화적 사유의 핵심에 다다라 있다. 벤야민은 영화의 몽타주를 차용해 근대인이 지향해야 할 지각양식의 한 대안으로 혹은 역사 인식의 한 방법으로 제시했지만, 그의 몽타주 인식은 이미 당대의 상투적인 몽타주 인식을 뛰어넘어 영화의 본질을 구현할 수 있는 좀 더 미래적인 몽타주 인식에 다가가 있었던 것이다. 벤야민이 생각하는 몽타주는 베르토프의 영화에서 혹은 네오리얼리즘 이후 일군의 현대영화들에서 나타나는 그것처럼, "몽트라주(보여주기)montrage로서의 몽타주montage"[114]에 가깝다. 이 영화들에서 몽타주는 "이미지에 이미 내재되어 있거나 혹은 이미지의 구성요소들로 이미 내포되어" 있으며, "더이상 어떻게 이미지들이 연쇄되는가를 묻지 않고, 대신 '이미지가 무엇을 보여주는가'를 묻는"[115] 작업이기 때문이다. 요컨대, 벤야민은 베르토프 및 일군의 현대 영화인들과 몽타주에 대한 인식을 공유한다고 할 수 있으며, 몽타주에 관한 그의 사유는 이미 영화적 사유의 본질을 내포하고 있다.

113. 「인식론에 관해, 진보 이론」, 『아케이드 프로젝트 I』, 1050쪽(N,1a, 8).
114. Robert Lapoujade, "Du montage au montrage," in *Fellini*, L'Arc, n° 45, 1971; Gilles Deleuze, *Cinéma 2. L'image-temps*, Paris: Les Editions de Minuit, 1985, 59쪽에서 재인용.
115. Gilles Deleuze, *Cinéma 2. L'image-temps*, 59~60쪽 참조.

결절 結節

벤야민의 영화적 사유는 기본적으로 영화에 대한 매체학적 시각을 바탕으로 한다. 영화에 대한 그의 논의들은 대부분 예술로서의 영화를 탐구하거나 영화이미지만의 고유한 특질에 대해 숙고하는 미학적 관점과 일정한 거리를 유지한다. 위에서 살펴본 벤야민의 '촉각적 지각,' '분산적 지각,' '기계적 지각' 개념은 시각환경의 급격한 변화 속에서 현대인의 지각양식과 영화적 지각양식의 상관관계를 밝히는 데 중점을 둔 것이다. 다시 말해 대도시나 기계노동의 이미지 등에 대한 현대인의 지각이 영화적 지각과 어떤 영향을 주고받고, 어떤 특성을 공유하는지가 주된 관심사였다. 또 '변증법적 지각'과 '몽타주적 지각'은 '역사를 어떻게 인식하고 이해할 것인가'라는 문제와 관련해 형성된 개념들로, 역사에 대한 새로운 인식 방법을 모색하는 과정에서 영화적 지각을 하나의 양식적 틀로 차용하며 성립된 개념들이라 할 수 있다. 물론 벤야민은 단순한 차용에서 벗어나, 변증법적 지각과 몽타주적 지각에 영화적 지각이 지니는 구체성과 물질성을 적극 도입하며, 그로부터 기존의 역사 인식과 차별되는 새로운 역사 인식의 방법을 제시한다. 아울러 베르토프나 발라즈 같은 당대 좌파 영화이론가들과 마찬가지로, 벤야민은 영화를 정치적 실천의 도구로 간주하기도 한다. 영화가 대중을 교육시키고 대중에게 세계를 보는 눈을 부여할 수 있는, 특히 대중에게 부르주아의 환영과 자본주의의 신화들로부터 깨어나는 집단적 각성의 능력을 부여할 수 있는 혁명적 도구가 될 수 있다고 간주한 것이다.

이처럼 벤야민은 영화의 예술적 특성을 탐구하기보다는 매체적 유용성을 탐구하는 데 더 주력했지만, 그럼에도 불구하고 영화와 관련된 그의 사유는 이미 예술로서의 영화가 지닌 본질과 특성을 꿰뚫는다. 이를테면, 몽타주적 지각과 관련된 언급들에서 그는 영화의 몽타주의 핵심을 의미 생산의 극대화를 위한 효율적, 체계적 구성으로 보지 않고 이미지들의 자유로운 병치와 비의도적인 제시로 보았으며, 콜라주에 가까운 비체계적 병치를 통해 오히려 진정한 몽타주 효과를 얻을 수 있다고 주장했다. 이러한 그의 주장은 본문에서 언급한 것처럼 몽타주를 '구성하기'가 아니라 '보여주기'로 간주하는 현대적 몽타주 개념과 일치하는 것으로, 그의 시대를 훨씬 앞선 선구적 관점이자 영화의 본질에 다가가 있는 사유라 할 수 있다.

또한 벤야민은 영화의 '기계적 지각'에 대해서도 한편으로는 베르그손의 영향을 받아 그것의 반복적이고 비정서적인 양태에 대해 비판적 입장을 취하지만, 다른 한편으로는 엡슈타인, 발라즈, 베르토프 같은 동시대 영화이론가들의 영향으로 그것의 특별한 지각능력에 주의를 기울인다. 특히 후자와 관련해, 그는 기계적 눈으로서의 카메라가 클로즈업을 통해 우리에게 시각적 무의식 지대를 보여줄 수 있고 기타 다양한 기법을 통해 확장되거나 압축된 시공간 세계를 보여줄 수 있다고 주장한다. 즉 반복적이고 무정서적인 기계 리듬을 그대로 재생하는 단순한 기계에서 벗어나, 인간의 지각을 넘어서고 인간의 인식 영역 및 사유 영역을 넓혀줄 수 있는 혁신적인 기계로서 카메라를 바라본다. 특히, 벤야민은 영화의 기계적 지각과 일상성 간의 상관성에 대해 동시대 영화인들보다 더 주의를 기울이는데, 그는 영화의 초-인간적인 '기계적 지각' 능력이 오히려 일상의 무의식 지대를 밝혀주고 나아가 우리의 관습과 의식에서 빠져나가는 '비결정적인 것들,' '모호한 것들,' '무의미한 것들' 등을 보여줄 수 있다고 강조한다. 즉 엡슈타인과 발라즈 등 동시대 영화이론가들이 베르그손적 사유의 자장 내에서 영화이미지 안에 존재하는 '비결정적 요소들'에 주목했다면, 벤야민은 영화이미지의 바깥, 즉 영화이미지가 보여주는 우리의 일상 세계 속에 존재하는 '비결정적 요소들'에 주목했다.

요컨대, 벤야민은 종합적이면서도 독창적인 시각으로 한 시대의 모든 현상과 논제를 편력하고 사유하는 철학자이자 문화비평가였으며, 영화에 대해서도 마찬가지로 동시대의 모든 영화적 담론을 조망하면서 동시에 공시적 클리셰에서 빠져나간 독자적 사유를 보여주었다. 그의 논의들은 대부분 영화를 사회와 역사의 이해를 위한 도구로 간주하면서 일종의 매체학적 범주에 머문 것이 사실이지만, 그의 사유는 그의 의도와 상관없이, 어쩌면 그가 의도한 바대로, 이미 영화의 본질을 꿰뚫고 영화의 미래까지 전망하는 단계에 도달해 있었다.

제3장

|

물질적 지각과 물질적 우주: 베르토프

지가 베르토프(Dziga Vertov, 1898~1954)는 영화이미지와 지각에 대해 매우 급진적인 유물론적 관점을 전개한 감독이자 이론가로, 동시대 거의 모든 영화인의 사유와 변별되는 독창적인 영화적 사유를 보여주었다. 그의 영화적 사유에서 근본적으로 인간의 지각과 의식은 배제되어 있으며, 사물들 혹은 물질들이 지각과 의식의 주체이자 대상으로 기능한다. 특히 그의 사유는 '영화-눈,' 즉 영화카메라의 탁월한 지각능력에 근간을 두고 있으며, 그러한 영화적 지각 자체가 인간의 것이 아니라 '물질의 것'이라는 사고를 바탕으로 한다. 세계는 상호지각하고 스스로 운동하는 물질들로 구성되어 있으며, 인간적 지각이 아닌 물질적 지각만이, 혹은 물질적 지각의 원리에 입각해 구성되는 기계적 지각만이 그러한 물질세계를 제대로 구현해낼 수 있다는 입장을 견지한 것이다. 베르토프는 영화cinéma야말로 물질적 지각 또는 기계적 지각을 가장 탁월하게 실천할 수 있는 매체로 보았다. 한 편의 영화film는 스스로 운동하고 상호 작용-반작용 하는 물질들의 세계를 압축해 보여주는 하나의 작은 우주와 같다고 생각했다.

이 장에서는 베르트포의 주요 영화 개념들 중 '키노-아이Kino-Eye/ Kino-Glaz,' '몽타주,' '간격interval'에 주목한다. '키노-아이'는 인간의 눈보다 더 많이, 더 잘 기록하고 인간의 시점으로부터 해방되어 자유롭게 세계를 지각하는 영화카메라의 눈, 즉 '기계-눈'을 가리킨다. 이 기계-눈은 물질세계를 자유롭게 돌아다니며 사물의 운동과 리듬을 찾아내어 있는 그대로 재구성해낼 수 있고, 현실의 조각들을 효과적으로 조직해 일상의 배후에 숨어 있는 진실들을 보여줄 수 있다.

또한 베르토프에게 '몽타주'는 특정한 의미 생산을 위해 영화 요소들에 행해지는 일반적 의미의 구성작업을 의미하는 것이 아니라, 사물의 운동과 리듬을 나타내고 물질들의 상호지각작용을 온전하게 구현하기 위해 실천되는 특별한 영화작업을 가리킨다. 그의 몽타주는 시간과 공간의 제약으로부터 벗어나 세계의 모든 요소를 자유롭게 연결시키며, 각 영화마다 자신만의 고유한 시공간 차원을 갖게 해준다. 나아가, 각각의 물질들이 서로를 지각하고 서로의 함수로 작용하고 있는 물질적 세계, 모든 시점이 인간이 아닌 물질들 각각에 종속되어 있는 물질적 우주를 구현해내는 것을 목표로 삼는다.

한편, '간격'은 동시대 어느 영화인들에게서도 발견할 수 없는 베르토프만의 독자적 개념으로, 기본적으로는 '이미지와 이미지 사이의 간극'을 가리킨다. 그런데 좀더 발전된 그의 논의들에서 간격은 단순히 이미지들 사이의 간극을 넘어 시각적 상관관계 및 추상적 관계를 가리키며, 아울러 이미지들 사이의 '운동'을 가리킨다. 또한 간격은 영화이미지 내에 존재하는 어떤 '비결정의 영역'이라 할 수 있으며, 영화이미지에 대한 우리의 사유가 '사유의 바깥'과 만날 수 있게 해주는 지점이기도 하다.

1. 키노-아이: 기계-눈과 기계적 지각

(1) 키노-아이: 기계적 지각, 기계적 구성

기계-눈으로서의 영화카메라가 지닌 특별한 지각능력에 대한 관심은 1920년대 무성영화의 전성기를 경험했던 유럽의 영화인들 및 이론가들에게서 뚜렷하게 나타나는 공통적 특징 중 하나다. 뒬락G. Dulac, 엡슈타인, 크라카우어, 발라즈, 벤야민 등은 인간의 시지각능력을 훨씬 넘어서는 영화카메라의 기계적 지각능력을 중요한 성찰 대상으로 삼았다. 이를테면, 엡슈타인은 인간의 동작을 거의 모든 각도, 거리, 측면에서 절단해 보여줄 수 있고, 상시 가변적인 시선의 축을 따라 이동하며 보여줄 수 있으며, 자유롭게 확대, 축소, 분리, 봉합, 변형, 과장할 수 있는 영화카메라의 눈을 가리켜 "기억도 없고 사유도 없는 비인간적인 눈"이라고 명명한다.[1] 또 비인간적이고 기계적인 영화카메라의 눈이 인간의 눈과는 전혀 다른 '눈 밖의 눈'이 될 수 있고, 관객의 시선을 인간의 눈이 지닌 "전제적 자아중심주의"로부터 벗어날 수 있도록 해준다는 점에도 주목한다.[2] 또한 앞장에서 보았듯, 크라카우어와 벤야민 등은 영화카메라가 일상의 공간 속에 숨어 있는 거대한 '시각적 무의식 지대'를 보여줌으로써 우리의 '지각을 심화시키고 확대시킨다'는 점을 강조했다.

베르토프 역시 동시대 유럽 영화인들과 마찬가지로 '기계적 눈'으로서의 영화카메라가 지닌 특별한 능력과 가능성에 주목하는데, 이들과 유사하면서도 차별되는 그만의 독자적인 사고를 보여준다. 그의 사유는 무엇보다 '키노-아이'라는 그만의 독창적인 영화 개념에서 잘

---

1. Jean Epstein, "L'objectif lui-même"(1926), in *Écrits sur le cinéma*(Paris: Editions Seghers, 1974), 128쪽.
2. 같은 글, 129쪽.

나타난다. 그런데 베르토프가 말하는 키노-아이는 단 하나의 정의로 설명될 수 있는 개념이 아니다. 일차적으로, 키노-아이는 "시간과 공간 속에서 살아 움직이고" "인간의 눈과는 완전히 다른 방식으로 인상들을 모으고 기록"하며 인간의 눈보다 "더 많이 그리고 더 잘 지각하는" 기계-눈, 즉 영화카메라의 눈을 가리킨다.[3] 하지만 베르토프는 키노-아이 개념을 그의 글들에서 종종 이보다 넓은 의미로 사용한다. 한편으로 키노-아이는 그가 지향하는 영화창작 방식, 즉 현실에 대한 '지각'이자 '기록'이며 '구성'인 그만의 독특한 '영화제작 방식'을 가리키며, 다른 한편으로는 그가 창설하고 이끌었던 '영화운동'을 지칭한다.[4] 기본적으로 영화제작 방식이나 운동으로서의 키노-아이 개념은 모두 기계적 눈으로서의 카메라가 지닌 특수성에 근거를 둔 것이므로, 키노-아이 개념에 내재된 기계-눈의 의미에 대해 좀더 살펴볼 필요가 있다.

먼저, 짐멜이나 벤야민의 사유에서 볼 수 있듯, 기계-눈에 대한 베르토프의 사유도 산업화와 대도시 등장으로 새롭게 형성된 세계의 시각적 복잡성에 대한 인식을 전제로 하고 있다. 특히, 베르토프는 무수히 많은 개체들이 엄청난 속도로 움직이고 있는 새로운 세계 앞에서 인간의 눈이 갖는 지각능력의 불완전성과 기계-눈이 갖는 지각능력의 우수성을 대비시킨다.[5] 그에 따르면, "우리의 눈은 아주 조금 그

---

3. 지가 베르토프, 「'영화인'—혁명(1922년 초의 호소문에서)」(1923), 『KINO-EYE. 영화의 혁명가 지가 베르토프』, 김영란 옮김(이매진, 2006), 75쪽. 이후, 이 책에 실린 베르토프 글들의 인용은 모두 제목(연도)과 쪽수로만 표기한다.
4. 아울러, 영화-눈을 뜻하는 '키노-아이'는 그가 제작했던 장편 영화 〈영화의 눈kino-glaz〉(1924)의 제목이기도 하다.(「우리-선언서의 이문」, 62쪽)
5. 오몽에 따르면, 당시 아방가르드 영화인들은 현기증 나는 속도의 세상을 살아가야 하는 "새로운 인간, 기계적 인간, 감정 없는 인간"을 제시하려 했고, 베르토프의 〈카메라를 든 사나이〉는 그러한 속도의 세계와 기계적 인간을 잘 보여주는 "모더니티의 요약본"인 셈이다.(Jacques Aumont, *Moderne? Comment le cinéma est*

리고 매우 불완전하게 볼 수 있기" 때문에, "가시적인 세계를 보다 깊이 꿰뚫어보고" 다양한 "시각적인 현상을 탐색하고 기록하기 위해서는" 기계의 눈, 즉 영화카메라가 필요하다.[6] 즉 그는 "영화카메라(키노-아이)의 도움을 받은 눈이 보는 '있는 그대로의 삶'을 불완전한 인간의 눈이 보는 '있는 그대로의 삶'"에 대립시키면서(「카메라를 든 사나이」, 161), 일상의 "공간을 채우고 있는 혼돈스러운 가시적 현상을 탐구하기 위해 인간의 눈보다 더 완전한 영화의 눈인 키노-아이"를 사용할 것을 강조한다.[7] 즉 영화의 기계-눈은 가시 세계에 속해 있지만 인간의 눈으로 지각할 수 없는 무수한 비가시적 영역들을 자유롭게 포착해 제시해줄 수 있는 것이다. "나는 키노-아이다. 나는 기계의 눈이다. 기계인 나는 당신에게 나만이 볼 수 있는 세상을 보여준다"라는 베르토프의 선언을 상기해보라.[8]

기계-눈의 특별한 지각능력에 대한 베르토프의 숭배에 가까운 신뢰는 기계 자체에 대한 그의 강한 믿음과 동경으로부터 비롯된다. 동시대의 주요 예술 경향 중 하나인 기계주의[9]로부터 깊은 영향을 받은 베르토프는, 무엇보다 기계의 정확한 '운동성'과 강력한 '역동성'을 찬양했다. 즉 그는 "사람과 기계를 보다 가까운 관계로 만들"고자 했으며, "기계의 시학을 통해 서투른 시민을 완벽하게 전기적인 인간으

devenu le plus singulier des arts, Paris: Cahiers du cinéma, 2007, 26쪽)

6. 「키노-아이」(1926), 141쪽.

7. 「'영화인'—혁명(1922년 초의 호소문에서)」(1923), 74쪽.

8. 같은 글, 77쪽. 지젝은 그의 '신체 없는 기관'의 모델로 베르토프의 '영화-눈'을 직접 인용하는데, '신체 없는 기관'으로서의 영화카메라는 "주체에게서 도려내어져 주위로 자유롭게 내던져진 눈"처럼 인간의 시지각 영역으로부터 독립된 하나의 자족적 기관으로 기능할 수 있다.(슬라보예 지젝, 『신체 없는 기관. 들뢰즈와 결과들』, 김지훈·박제철·이성민 옮김, 도서출판 b, 2006, 289~291쪽 참조)

9. 물론 여기서 말하는 기계주의는 프란시스 피카비아Francis Picabia와 페르낭 레제 등이 주도했던 현대 회화의 한 유파를 의미하는 것이 아니라, 20세기 초반 다양한 아방가르드 예술운동들이 공유했던 중요한 하나의 사상을 가리킨다.

로 인도"하고자 했다.[10] 사실 '기계의 정확성'이야말로 베르그손과 베르토프가 공통적으로 깊은 관심을 표명했던 주제라 할 수 있는데,[11] 베르토프가 정확한 리듬으로 정확히 움직이며 정확히 연결되는 기계의 모습에서 인간이 추구해야 할 이상적 모습을 발견한 반면, 베르그손은 근대 과학이 기계의 정확성에 대한 지나친 숭상 때문에 생성으로서의 운동과 지속으로서의 시간을 분할 가능한 대상으로 간주하게 되었다고 비판했다.

베르토프는 키노-아이 개념을 통해 영화카메라에 몇 가지 새로운 능력을 부여하고 명시한다. 첫째, 키노-아이는 '시야의 확장가능성'을 내포한다. 인간의 시지각 한계를 넘어 다양한 시각 영역을 보여줄 수 있는 카메라의 눈, 즉 영화-기계의 눈은 시각 세계에 대한 우리의 인식 범위를 확장시켜준다. 또 영화-기계의 눈은 인간의 눈처럼 '의식' 장치를 통해 지각된 내용을 사후에 보완하거나 교정할 필요가 없으므로 기본적인 '진실성'을 확보할 수 있다.[12] 둘째, 영화-기계의 눈은 인간의 몸에 구속되지 않는 자유로움과 무한한 시점 변경의 가능성을 바탕으로 일종의 '시선의 자율성'을 얻는다. 즉 인간의 신체에서 해방되어 눈에 보이는 현상들 너머의 것을 탐사할 수 있게 된 영화카메라의 눈은 단순한 현실 모사의 기능에서 벗어난다. "모든 곳에 스며들어, 시점을 증식(다수화)시키고, 공간의 모든 점을 모두 시점화"[13]하면서 인간 시점의 한계를 극복하고 무한한 시점 변경의 자유를 얻는 것이다. 아래에서 다시 논하겠지만, 영화카메라의 시점이 종속되

---

10. 「우리─선언서의 이문」(1922), 65쪽.
11. 프랑수아 주라비슈빌리, 「몽타주의 눈: 지가 베르토프와 베르크손적 유물론」, 『뇌는 스크린이다. 들뢰즈와 영화 철학』, 그레고리 플렉스먼 엮음, 박성수 옮김(이소출판사, 2003), 222쪽.
12. 박성수, 『들뢰즈와 영화』(문화과학사, 1998), 213쪽.
13. 프랑수아 주라비슈빌리, 같은 글, 218쪽.

는 곳은 근본적으로 인간의 몸이 아니라 '물질' 자체이며, 모든 물질이 보편적 법칙에 따라 작용-반작용 하는 '물질적 우주' 자체다. 셋째, 키노-아이는 '무한한 운동성'을 지닌다. 인간 눈의 부동성과 대비되는 기계-눈의 운동성은 단순히 '시선의 자율성'만으로는 설명하기 힘들다. 카메라는 물질세계를 자유롭게 돌아다니면서 사물의 운동과 리듬을 지각하고 찾아낼 수 있으며, 그것을 있는 그대로 재구성해 영화를 하나의 물질적 우주의 세계로 만들 수 있다. 베르토프는 영화-눈(키노-아이)의 자유로운 운동성에 대해 다음과 같이 환희에 찬 언급을 표명하기도 했다.

> 지금 그리고 앞으로도 영원히 나(키노-아이)는 나 자신을 인간의 부동성에서 해방시킨다. 나는 끊임없이 움직이며 사물에 가까이 갔다가 다시 멀어진다…… 나는 질주하는 말의 재갈과 함께 움직인다. 나는 군중 속으로 전속력으로 뛰어들어가고, 달리는 병사들을 추월한다. 나는 비행기 위에 누워 비행기와 같이 상승한다…… 이제 나, 카메라는 비행기들의 합성력에 내 몸을 맡긴 채 날아다니며 움직임으로 기록하며, 혼돈스러운 움직임 속에서 카메라를 조정하고 가장 복잡한 조합으로 이루어진 움직임을 시작으로 한다.[14]

베르토프의 키노-아이 개념은 인간의 지각능력을 넘어서는 영화-기계의 특별한 지각능력에 주목하고 카메라의 시점을 인간 중심의 시점에서 해방시키려 했다는 점에서 동시대 유럽 영화인들의 사유와 맥을 같이한다. 하지만 베르토프는 자신의 철저한 유물론적 세계관과 구성주의적 사고를 바탕으로 키노-아이 개념을 더욱 극단화시킴으

---

14. 「'영화인' ― 혁명(1922년 초의 호소문에서)」(1923), 77~78쪽.

로써 동시대 영화인들과 변별되는 그만의 독자성을 얻는다. 무엇보다, 그는 키노-아이가 세계와 현실을 단지 더 잘, 더 많이 기록할 뿐 아니라 더 효과적으로 '조직'한다는 점을 강조한다. 즉 영화의 눈이 수행하는 '지각'이란 현실의 조각들을 '기록'하면서 동시에 '조직'하는 행위라고 주장하고 있다. 이에 대해 좀더 자세히 살펴보자.

(2) 키노-아이: 현실의 기록 및 구성

위에서 보듯, 베르토프의 키노-아이는 가시적인 시지각의 범위를 벗어나 비가시적 영역까지 탐사하고 기록하며, 인간 중심의 시점으로부터 벗어나 사물의 시점에서 지각된 세계를 보여준다. 그런데 어느 시점에서 바라보든, 혹은 가시적 영역을 탐사하든 비가시적 영역을 탐사하든, 키노-아이가 보여주려는 것은 바로 가공되지 않은 '현실의 삶' 그 자체다. 베르토프는 한 사람의 '영화인'으로서 영화를 통해 "실제 삶을 조직하는 것을 목표"로 삼았고,[15] 카메라의 눈을 통해 "사람들이 연기하지 않는 순간"을, 즉 "부지불식간의 삶"을 포착하는 것을 추구했다.[16] 즉 영화를 통해 사실들을 촬영하고 분류하고 유포하는 "사실들의 공장"을 만들고자 했으며,[17] 있는 그대로의 삶을 가장 정확한 형태로 보여주고자 했다. 이 때문에, 베르토프는 이러한 키노-아이의 목표에 부합할 수 없는 모든 극영화 및 예술영화를 철저히 비판하기도 한다. "진정한 삶은 이야기될 수 있는 것이 아니라, 보여지고 분석되고 결국은 이해되는 것"이라고 본 것이다.[18] 그는 키노-아이 운동을

15. 「비연기 영화의 중요성에 관하여」(1926), 103쪽.
16. 「키노-아이의 탄생」(1924), 108쪽.
17. 「사실들의 공장(제안으로서)」(1926), 131~132쪽.
18. Jacques Aumont, *Les théories des cinéastes* (Paris: Nathan, 2002), 98쪽.

시작한 초기부터 "극영화의 즉각적인 죽음"을 선언했으며,[19] 활동 기간 내내 시나리오를 통해 구성되고 배우에 의해 연기되어진 '연기 영화'에 대해 노골적인 반감을 드러냈다. 다소 극단적인 경향이라 할 수 있지만, 그는 모든 극영화 및 예술영화의 폐기를 주장하면서 "예술의 바벨탑을 폭파"할 수 있기를 소망했다.[20]

그런데 키노-아이가 행하는 삶의 지각, 현실의 지각은 단지 현실의 세부들을 있는 그대로 기록하는 것만을 의미하는 것이 아니다. 키노-아이는 삶을 기록할 뿐 아니라 동시에 '조직'한다. 즉 키노-아이의 첫번째 기능이 현실을 더 잘, 더 많이 지각하는 데 있다면, 그것의 두번째 기능은 현실의 조각들을 보다 체계적으로 '구성'하는 데 있다.

키노-아이=키노-보기(나는 카메라를 통해 본다)+키노-쓰기(나는 카메라로 필름 위에 쓴다)+키노-구성(나는 편집한다)[21]

따라서 키노-아이적 지각이란 "삶에서 일어나는 사실들을 필름 위에 체계적으로 기록"하는 것을 의미할 뿐 아니라, 동시에 "필름에 기록된 다큐멘터리 재료들을 체계적으로 조직"하는 과학적 탐사방식, 과학적 지각방식을 의미한다.[22] 키노-아이에는 이미 "건설자"라는 개념이 포함되어 있으며, 영화카메라는 "미리 준비한 여러 가지 청사진과 설계도에 따라" 대상의 조각들을 "가장 알맞은 순서로 '나르고' 그 세부들을 순서 정연한 몽타주로 면밀히 구성"하는 작업을 수행한다.[23]

---

19. 「우리─선언서의 이문」(1922), 64쪽.
20. 「키노-프라우다」에 관하여」(1924), 114~115쪽.
21. 「키노-아이에서 라디오-아이로」(1929), 164~165쪽.
22. 같은 글, 165쪽.
23. 「'영화인'─혁명(1922년 초의 호소문에서)」(1923), 76~77쪽.

요컨대, 키노-아이는 '복잡다단한 현실의 삶을 어떻게 있는 그대로 기록할 수 있는가'에 대한 고민일 뿐 아니라, 혼돈스러운 "하루의 인상들을 어떻게 하나의 효율적 통합체인 시각의 연구로 구성하는가"에 대한 고민이다.[24] 여기서 우리는 키노-아이 개념에 내재된 일종의 모순적 경향을 발견할 수 있는데, 베르토프에게 '기록'과 '조직화'('구성')는 서로 상충되는 방법이 아니라 서로 간섭하며 더 큰 의미를 만들어내는 상보적 방법 또는 근본적 차원에서 서로 동일한 생각의 방법이라 할 수 있다.

그런데 이러한 기록과 조직화로서의 키노-아이 개념이 성립되기 위해서는 두 가지 전제조건이 필요하다. 바로 현실 조각들(즉 '영화-사실')에 대한 '형태화' 작업과 다양한 '영화기술의 사용'이다. 먼저, 베르토프의 영화 속에 등장하는 각각의 현실 이미지들은 어느 구체적인 현실의 특정한 시공간을 지시하는 재현물이 아니라, 하나의 '영화-오브제,' 즉 한 편의 영화를 구성하기 위해 '벽돌'처럼 사용되는 미분의 조각들에 해당한다. 동시대 구성주의의 추상화 작업으로부터 영향을 받은 베르토프는, 카메라를 통해 현실 세계로부터 수많은 '영화-사실film-fact'들을 포착한 후 곧바로 그것들에서 특정한 외부 현실을 지시하는 지표적 기능을 제거하는 방식을 고수한다.[25] 즉 카메라 렌즈를 통해 포착된 삶의 조각들은 하나의 영화-대상을 구성하기 위해 일련의 추상화 과정과 형태화 과정을 거치며, 이후 벽돌처럼 사용 가능한 중성의 조각들, 즉 일종의 형태적 요소들이 된다.

---

24. 같은 글, 78쪽.
25. 구성주의가 베르토프의 추상화 작업에 미친 영향에 관해서는 다음을 참조할 것: 박성수, 『들뢰즈와 영화』, 218~223쪽. 또 베르토프의 〈카메라를 든 사나이〉에 나타난 구성주의의 다양한 양상에 관해서는 다음을 참조할 것: Vlada Petric, *Constructivism in Film: The Man with the Movie Camera: A Cinematic Analysis*(Cambridge: Cambridge University press, 1987).

집이 벽돌로 만들어지는 것과 마찬가지로 키노-프라우다는 필름 조각들(푸티지)로 만들어지는 것이다. 어떤 사람은 벽돌을 가지고 오븐이나 크렘린 벽, 다른 많은 물건들을 만들 수 있다. 그리고 어떤 사람은 푸티지를 가지고 다양한 영화-오브제를 만들어낼 수 있는 것이다.[26]

일견 베르토프 자신의 유물론적 강령과 대치되어 보이는 이 같은 현실 조각들에 대한 추상화, 형태화 작업은 궁극적으로 일상적 현실의 배후에 숨어 있는 '법칙성'과 '진실'을 찾아내 보여주기 위함이다.[27] 카메라를 통해 현실에서 곧바로 취한 현실 조각들, 즉 '영화-사실'들은 그 자체로 진실 혹은 현실에 해당한다고 볼 수 없으며, 진실 혹은 현실을 둘러싸고 있는 위장물과 컨텍스트 등을 벗겨내야 비로소 삶의 법칙과 진실에 이를 수 있는 것이다. 즉 키노-아이의 가장 근본적인 목표는 "화면 위에 진실-영화-진실을 보여주는 데" 있으며,[28] 그러기 위해서는 일상 현실 속에서 가시적인 것, 상투적인 것, 가장된 것 아래 숨겨져 있는 진실을 찾아내야만 한다.

또한, 베르토프가 그의 영화를 위해 갖추고자 했던 "신속한 이동수단, 보다 빛에 민감한 필름, 작고 가벼운 들고 찍기 카메라, 가벼운 조명 장비"[29] 같은 '영화 기술들'은 삶을 보다 효과적으로, 체계적으로 조직화하는 데 기여한다. 키노-아이 개념 자체가 "고속 촬영, 현미경의 사용, 역동작, 애니메이션, 카메라의 이동, 전혀 예상치 못한 단축법의 사용" 등 가능한 모든 촬영기술과 광학기구를 이용하는 것을 포

---

26. 「키노-프라우다」에 관하여」(1924), 112쪽.
27. 박성수, 『들뢰즈와 영화』, 216쪽.
28. 「키노-아이의 탄생」(1924), 108쪽.
29. 「키노-아이」(1926), 149쪽.

함하고 있으며[30] 베르토프는 이러한 영화 기술과 기구들이 삶을 기록할 뿐 아니라 삶을 해독하고 조직하는 데에도 도움을 준다고 보았다. 그의 표현에 따르면, 이 "모든 영화적 수단, 모든 영화적 발명"은 "진실을 드러내고 보여주는 데 기여"하고 나아가 "세계에 대한 공산주의적 독해decoding"를 가능하게 해준다.[31] 요컨대, 키노-아이가 수행하는 다양한 영화기술들의 사용과 형태화 및 조직화 작업은 "보이지 않는 것을 보이도록, 명료하지 않은 것을 명료하게, 숨겨진 것을 명백히 밝히고, 위장된 것을 드러나도록, 연기된 것을 연기하지 않는 것으로, 즉 거짓을 참으로 변화시키는 데" 목적을 둔다.[32]

결론적으로, 인간의 시점으로부터 해방된 키노-아이는 현실을 다양한 시점에서 더 정확히, 더 풍요롭게 기록할 뿐 아니라, 엄밀한 형태화 작업과 다양한 영화기술들을 통해 더 잘 수렴하고 더 체계적으로 조직한다. 베르토프 자신의 표현처럼, 키노-아이가 행하는 실천은 '키노-보기'와 '키노-쓰기,' '키노-구성'을 동시에 행하는 것을 뜻하며, 따라서 키노-아이가 행하는 지각에는 이미 기록과 구성 작업이 내포되어 있다. 키노-아이는 '지각이자 동시에 구성'이며, 다시 말해 "'내가 보는 것'의 몽타주"[33]와 다름없다. 이처럼 베르토프에게 지각은

---

30. 「키노-아이에서 라디오-아이로」(1929), 165쪽.

31. 「키노-아이의 탄생」(1924), 107~108쪽.

32. 같은 글. 따라서 베르토프의 영화적 수단들의 사용은 분명하게 "교육적인 didactique" 목적을 갖는다. 베르토프는 "에이젠시테인의 '총으로서의 카메라'라는 권위적이고 전통적인 견해"보다는 "무산계급 교육이라는 개념"을 목표로 그의 영화작업을 시작한다.(마이클 오프레이, 『아방가르드 영화』, 양민수·장민용 옮김, 커뮤니케이션북스, 2010, 54쪽) 즉 그는 대중에게 새롭게 등장한 매체이자 무한한 혁명적 잠재력을 지닌 매체인 영화의 고유한 '문법'을 알려주고자 했으며, 그것을 통해 세계의 진실에 대한 이해를 돕고자 했다.(Michel Marie, *Le cinéma muet*, Paris: Cahiers du cinéma, 2005, 57쪽)

33. 베르토프의 이 표현에 관해서는 다음 두 글을 참조할 것: 「'영화인'—혁명(1922년 초의 호소문에서)」(1923), 78쪽; 「비연기 영화의 중요성에 관하여」(1926), 102쪽.

곧 몽타주이며 몽타주 또한 지각과 다르지 않다. 그리고 바로 이 지점에서부터, 베르토프의 몽타주 개념은 동시대 소비에트 유파의 몽타주 개념과 명백하게 분리된다.

2. 몽타주: 사물의 운동과 물질적 지각

'구성' 작업을 뜻하는 몽타주는 이미 베르토프의 키노-아이 개념에 포함되어 있던 것으로 간주해볼 수도 있다. 위에서 살펴본 것처럼, 키노-아이는 지각이자 동시에 구성(조직)을 수행하는 기계-눈이기 때문이다. 그러나 이 장에서는 베르토프의 몽타주 개념을 키노-아이 개념과는 별도로 살펴보고자 한다. 이론의 여지 없이 몽타주는 1920~1930년대 유럽의 영화인들에게 가장 중요한 영화적 개념이자 작업이었으며, 특히 소비에트 유파의 감독들에게는 그들의 영화적 사유와 미학을 결정짓는 핵심적 요소였다. 소비에트 유파의 일원이었지만 다른 감독들과 변별되는 영화미학을 추구했던 베르토프는 몽타주와 관련해서도 그만의 독자적인 사유를 보여준다.

(1) 몽타주: 사물의 운동과 리듬

베르토프의 몽타주 개념은 소비에트 유파를 포함한 동시대 감독들의 그것과 여러 차원에서 구별된다. 그가 말하는 몽타주는 촬영이 끝난 후 획득된 이미지들에 행해지는 일련의 편집작업을 가리키는 것이 아니라, 영화의 모든 단계에서 쉼 없이 행해지는 정신적, 물리적 구성작업을 가리킨다. 또 사물들과 세계에 대해 인간의 의식이 행하는 일련의 사유작용과 사유운동을 표현하기보다는, 세계 속에서 부단히 진행되는 물질의 자기운동과 상호지각작용을 표현하는 작업이다.

우선, 베르토프는 몽타주가 촬영의 선행 단계와 실행 단계, 그리고 후행 단계 모두에서 이루어져야 한다고 주장한다. 즉 몽타주는 촬영하기 전 세상을 관찰하는 과정에서 이미 시작되어야 하며, 촬영 동안에도 지각 및 기록 행위와 함께 계속되어야 하고, 촬영이 끝난 후에는 여러 단계로 나뉘어 실행되어야 한다. 몽타주는 "최초의 관찰부터 시작하여 완성된 영화-오브제로 끝나는 이 모든 단계"에서 중단 없이 수행되어야 하는 작업인 것이다[34] "모든 키노-아이 작품은 주제가 선택된 순간부터 영화가 완성되어 개봉될 때까지 몽타주되며," 다시 말해 "영화제작의 전 과정 동안 편집된다"[35] 이처럼 촬영을 통해 세상을 지각하고 기록하는 동안에도 몽타주가 이루어져야 하므로, 몽타주는 '지각'이자 동시에 '구성' 작업이라 할 수 있다. 키노-아이가 지각이자 동시에 구성인 것처럼 몽타주 또한 지각이자 동시에 구성이며, 따라서 키노-아이와 몽타주는 근본적으로 동일한 하나의 영화작업을 가리킨다고도 볼 수 있다. 요컨대, 베르토프 자신의 언급처럼 키노-아이는 "내가 어떤 주제를 고를 때의 몽타주"이자, "내가 주제를 관찰할 때의 몽타주"이며, "내가 주제에 관해 푸티지를 보여주는 순서를 정할 때의 몽타주"다.[36]

이와 같이 영화의 전 과정에서 진행되는 베르토프의 몽타주는 그러나 결코 작품의 내러티브 구조를 위해, 즉 "신(연극적 의미에서)이나

---

34. 「키노-아이」(1926), 146쪽.
35. 「키노-아이에서 라디오-아이로」(1929), 166쪽. 이와 관련해 오몽은, 베르토프에게 몽타주montage란 "보여주기montrer"이자 동시에 "구성하기monter"라고 설명한다. 즉 처음부터 "보여주기 행위montage인 몽타주는 편집실에서 시작되는 것이 아니라, 크랭크인의 첫 단계에서부터 시작되어 '중단 없이' 지속되는" 작업인 것이다.(J. Aumont, *Les théories des cinéastes*, 98쪽 참조) 아울러 '몽타주'를 '보여주기'와 동일한 작업으로 간주한다는 점에서, 베르토프의 사유는 앞장에서 언급했던 벤야민의 사유—보기의 변증법—와 공통점이 있다.
36. 같은 글, 167쪽.

자막(문학적 의미에서)을 위해 조각들을 선택하는 것을 의미하지 않는다."[37] 베르토프의 몽타주의 진정한 목적은 무엇보다 영화의 화면 위에 '사물 본래의 운동과 리듬'을 구현하는 데 있기 때문이다. 베르토프에게 영화는 "과학의 요구에 부응하며 공간 안에서 사물의 움직임을 창조하는 예술,"[38] 몽타주는 각자의 고유한 리듬에 따라 부단히 운동하고 상호작용하는 물질들의 세계를 영화적으로 구현하는 작업이다. "세계의 고유의 리듬을 추구"하는 그의 영화는 카메라를 통해 세계 곳곳을 돌아다니며 "사물의 움직임 안에서 그 리듬을 발견"하고,[39] 그것을 기록하고 체화한 후 재구성해낸다. 즉 베르토프는 인간의 지각으로는 파악할 수 없는 혼돈스러운 세계 속에 카메라를 던져놓고, 카메라가 스스로 움직이면서 사물들의 움직임을 지각하고 물질세계의 리듬을 파악하게 한 후 다시 하나의 영화적 세계로 재구성하는 방식을 꿈꾼다. 카메라는 사물들의 세계에 던져진 순간부터 이미 지각과 구성을 동시에 수행하며, 그 순간부터 이미 사물의 운동과 리듬에 대한 몽타주 또한 실행되고 있는 셈이다. 즉 몽타주는 카메라의 움직임에서부터 시작되어 지각과 함께 이루어지며, 영화카메라가 움직임의 혼돈 속에서 사물 고유의 운동과 리듬을 찾아가는 것 자체가 이미 몽타주라 할 수 있다.

아기침대 시트와 같은 인간의 눈을 거부하는 기계의 눈인 카메라는

---

37. 같은 글, 166쪽.
38. 「우리―선언서의 이문」(1922), 67쪽. 예를 들어 베르토프는 그가 추구하는 '이상적 영화'를 '키노 체스트보kinochestvo'로 명명한다.(같은 글, 62쪽) 다음 설명을 보자: "'키노 체스트보'는 오브제의 꼭 필요한 운동들을 공간 안에서 운율적인 예술적 전체로 조직하는 예술이다. 그리고 각각의 오브제가 지닌 내적 리듬과 물질적 속성과의 조화 안에서 조직하는 예술이다."(같은 글, 66쪽)
39. 같은 글, 64쪽.

움직임에 의해 이끌리거나 밀려나면서, 그 안에서 독자적인 길을 탐색하며, 시각적 사건들의 혼돈을 뚫고 자신의 진로를 더듬어 찾는다. 카메라는 시간을 확장하고, 운동을 잘게 나누고, 혹은 반대로 몇 해를 꿀떡 삼켜버림으로써 시간을 흡수하고 보통의 눈으로는 불가능한 오랜 기간의 과정을 체계화하는 실험을 한다.[40]

그런데 이처럼 사물의 운동을 기록하고 구성하는 몽타주는 움직임으로부터 해방될 뿐 아니라 시간과 공간의 제약으로부터도 해방된다. 키노-아이가 "시간과 공간의 제약으로부터 자유로워진" 눈이자 "세상 어느 곳이라도 서로 연결"할 수 있는 눈인 것처럼,[41] 몽타주 역시 시간적으로나 공간적으로 서로 통약 불가능할 만큼 멀리 떨어진 사물들을 서로 연결시키면서 우리가 모르는 미지의 세계를 새로운 방식으로 보여주는 작업이다. 베르토프 자신이 언급한 것처럼, 이를테면 그의 영화는 "1923년 시카고의 어느 거리를 걷고 있는" 인물과 "1928년 페트로그라드 거리를 걷고 있는" 인물을 서로 연결하고 인사시킬 수 있다. 즉 그의 영화는 몽타주를 통해 서로 다른 시간, 다른 장소에서 촬영된 인물과 사물들을 연결시키면서 우리가 알 수 없는 전혀 새로운 관계, 미지의 관계를 창출해낼 수 있는 것이다. 베르토프는 다음과 같이 진술한다: "나의 길은 세상에 대한 새로운 지각을 창조하는 것으로 나아간다. 나는 당신이 모르는 미지의 세계를 새로운 방식으로 해석한다."[42] 즉 베르토프의 영화는 키노-아이와 몽타주를 통해 "움직임의 혼돈 속에서 고유의 운동의 결과를 발견"해가며, 우주를 이루고 있는 무수한 시간과 공간 속에서 "고유의 시공간 차원"을 형성해

---

40. 「'영화인'─혁명(1922년 초의 호소문에서)」(1923), 79쪽.
41. 같은 글, 78쪽.
42. 같은 곳.

가고,[43] 이를 통해 사물의 운동과 리듬이 그대로 진행되고 있는 하나의 물질적 우주를 구축해간다. 키노-아이와 몽타주가 모두 지각이자 구성이라는 점을 상기해볼 때, 다음과 같은 베르토프의 언급은 그의 몽타주 개념이 갖는 특성을 잘 설명해준다.

키노-아이(영화-눈)는 공간의 정복을 의미한다. 즉, 영화적이거나 연극적인 제시의 교환에 대한 반대로서 영화-기록의 가시적 사실인 끊임없는 교환에 토대를 두고 전 세계 구석구석에 있는 사람들을 시각적으로 연결하는 것을 의미한다.

키노-아이(영화-눈)는 시간의 정복(시간적으로 분리된 현상의 시각적 연결)을 의미한다. 키노-아이는 삶의 과정을 인간의 눈으로는 볼 수 없는 임의의 시간 순서나 속도로 볼 수 있는 가능성을 의미한다.[44]

요컨대, 베르토프의 몽타주는 영화 제작의 전 단계에서 실행되며 내러티브의 효율적인 축조가 아닌, 사물들의 운동과 리듬의 정확한 재구성을 목표로 삼는다. 물리적 세계를 채우고 있는 사물들만의 고유한 운동과 리듬을 파악한 후 "흥미로운 이미지들의 연속을 통해 뽑아낸 운동의 기하학적 추출물"[45]을 생산하는 것이 그의 몽타주가 추구하는 목표다. 또한 그의 몽타주는 인간의 지각과 사유로는 통약 불가능한, 시공간적으로 멀리 떨어져 있는 우주의 모든 대상을 서로 연결시키면서 우리가 모르는 전혀 새로운 세계를 보여준다. 즉 낯선 리듬과 관계로 연결되는, 그러나 인간의 지각 훨씬 이전부터 존재해온 물질들의 세계를 보여주고자 하는 것이다.

---

43. 같은 글, 75쪽.
44. 「키노-아이에서 라디오-아이로」(1929), 165쪽.
45. 「우리―선언서의 이문」(1922), 66쪽.

(2) 몽타주: 물질의 운동, 물질의 지각

한편, 당대 소비에트 유파 감독들과 마찬가지로 베르토프에게서도 몽타주는 인간의 의식과정과 사유과정을 상징적으로 보여주는 가장 중요한 영화적 작업이다. 한마디로, 영화에서 행해지는 모든 몽타주 과정은 인간의 의식과정과 사유과정을 그대로 반영한다. 또 영화가 몽타주를 통해 보여주는 이미지는 인간의 사유 속에서 발생하는 이미지와 다르지 않으며, 몽타주 과정에서 발생하는 영화이미지의 운동 또한 인간의 사유과정에서 발생하는 사유이미지의 운동과 유사하다. 즉 소비에트 유파의 감독 모두는 공통적으로 "인간 의식의 구성 양태와 몽타주의 구성 양태가 보여주는 유사성"에 주목했으며, 이들에게 "몽타주는 곧 '사유의 이미지(사유의 사행과 닮은 이미지)'이자 '사유 자체의 이미지(이념으로서의 사유의 이미지)'"였던 것이다.[46]

그러나 예이젠시테인을 비롯한 소비에트 유파 감독들이 사유, 인식, 지각의 주체를 철저하게 '인간'으로 규정하고 사물을 그 대상으로만 간주했던 것과 달리, 베르토프는 '사물' 또한 그러한 사유, 의식, 지각의 주체로 기능한다고 보았다. 그 누구보다 철저한 유물론자답게 베르토프는 사물을 물질적 우주 속에서 스스로 존재하는 즉자적 존재로 보았으며, 시선과 지각과 의식의 대상이자 동시에 그 모든 것의 주체라고 간주했다. 또한 그에 따르면 사물은 인간의 지각과 사유 이전에 선재하면서 우주라는 물질적 전체의 구성분자로 기능하고 있고, 각각의 사물들은 서로의 부분이나 전체를 지각하고 서로 영향을 주고받으면서 스스로 운동하고 있다. 세계의 모든 물질은 "그 스스로 만곡되고, 평형을 이루고, 분배되고, 약분되고, 증식하고" 있으며 "끝

---

46. 이정하, 「지가 베르토프의 '키노-아이kino-eye'에 대한 인식론적 고찰」, 『영상 예술연구』, 제15호, 2010, 26쪽.

없는 변증법적 운동 속에서 지속적으로 서로 작용하고 상호침투"하고 있는 것이다.[47] 따라서 예이젠시테인에게 몽타주는 인간의 사유운동을 압축적으로 나타내기 위한 구성작업에 해당하지만, 베르토프에게 몽타주는 인간의 사유 이전에 존재하고 인간의 사유를 가능케 하는 사물의 운동, 궁극적으로는 물질 자체의 운동을 나타내기 위한 구성작업이라 할 수 있다. 위에서 살펴본 것처럼, 그의 영화카메라는 물질세계를 자유롭게 유영하면서 사물들의 운동과 리듬을 찾아내고 그 운동의 보편적 법칙과 특성을 추출해 재구성해내고자 했으며, 그의 몽타주는 그러한 보편적 법칙에 따라 세계를 이루고 있는 모든 물질의 운동을 제시하려 했다. 즉 베르토프는 인간의 사유운동과 사유이미지를 표현하기 위해서가 아니라, 인간의 지각과 의식에 선행하고 인간의 사유를 가능하게 하는 물질의 운동과 물질의 이미지를 표현하기 위해, 다시 말해 선재하는 물질적 세계의 운동과 이미지를 표현하기 위해 몽타주를 사용했다.

그런데 베르토프의 몽타주가 구현하고자 했던 물질의 운동에는 물질의 '지각운동'이 포함되어 있다. 그의 몽타주, 나아가 궁극적으로 그의 영화는 이 세계를 이루고 있는 모든 물질이 서로를 '지각'하면서 상호 영향과 운동을 주고받는 과정을 나타내는 데 가장 큰 목적을 두기 때문이다. 들뢰즈는 이와 같은 베르토프의 사유를 "물질 자체의 변증법에 대한 근본적인 긍정"[48]이라고 해석했다. 즉 베르토프의 영화들에 등장하는 기계, 풍경, 건물, 인간 등은 그 자체로는 거의 의미를 갖지 않으며, 그들 "각각은, 가장 매력적인 농부 여인이나 가장 감동적인 어린이조차도 지속적인 상호작용 속에 있는 물질적 체계"일

---

47. 「우리―선언서의 이문」(1922), 67쪽.
48. Gilles Deleuze, *Cinéma 1. L'image-mouvement*, 59~60쪽.

뿐이다. 그들은 "운동들을 수용하고 재발신하는 동시에 그 운동들의 속도, 방향, 순서를 변화시키고, 물질이 좀더 '분명한' 상태로 진화하도록 만들며, 어떤 공통된 기준에 의존하지 않고 각각의 고유한 차원에 따라 스스로 변화하는 촉매제, 변류기, 변압기들이다." 다시 말해, 그의 영화에 등장하는 어린이와 여인조차도 일종의 "분자적 어린이, 분자적 여인" 또는 "물질적 어린이, 물질적 여인"일 뿐이다. 그런데 인간의 눈으로는 지속적인 상호지각과 상호운동 속에 있는 물질들을 온전하게 지각할 수 없으며, 그것은 오직 영화의 눈을 통해서만 가능하다. 영화의 눈은 인간의 시점과 의식으로부터 해방되어 물질들의 세계를 자유롭게 떠돌아다닐 수 있으며, 그 과정에서 물질들의 자기운동과 상호지각작용을 파악해 물질들의 시점에서 새롭게 세계를 재구성할 수 있기 때문이다. 베르토프의 영화에서 시점이 종속되는 곳은 인간의 몸이 아니라, 각각의 물질 자체이자 물질들로 이루어진 우주 자체다. 그의 영화에서 눈은 궁극적으로 인간을 떠나 물질 안에 있고 이미지들 안에 있으며, '지각'은 그 자체로 '물질'에 '내재되어' 있다.

따라서 그의 영화에서 몽타주는 '구성'이자 곧 '지각'을 의미한다. 앞서 우리는 그의 몽타주가 촬영 단계에서부터 이미 실행된다는 점에서 지각이자 동시에 구성임을 알 수 있었는데, 여기서는 몽타주가 근본적으로 사물의 지각운동을 나타내고 사물 속의 눈을 가리키기 위한 구성작업이라는 점에서 구성이자 동시에 지각임을 알 수 있다. 즉 그의 영화의 전全 단계에서 행해지는 모든 구성작업은 무엇보다 물질들의 지각작용과 지각운동을 압축적으로, 효과적으로 나타내기 위한 작업이라 할 수 있다. 요컨대, 그의 몽타주는 궁극적으로 물질의 지각 그 자체라 할 수 있으며, 그가 꿈꾸었던 '비인간적 눈'은 '몽타주'를 통해 비로소 완성될 수 있다.[49] 이 때문에, 들뢰즈는 베르토프의 몽타주를 가리켜 "비인간적 눈" 혹은 "사물 안에 있는 눈의 순수한 시각" 그 자체라고 강조한다.

인간의 눈의 관점에서 볼 때 몽타주가 분명 하나의 구성construction
이라면, 또다른 눈의 관점에서 볼 때 그것은 구성이기를 멈춘다. 그것
(몽타주)은 어떤 비인간적 눈, 아마도 사물 안에 있는 눈의 순수한 시
각일 것이다.[50]

여기서 "또다른 눈의 관점"이란 바로 사물의 눈의 관점, 즉 '물질의
눈'의 관점을 가리킨다. 즉 몽타주는 인간의 눈의 관점에서 보면 인간
의 사유과정과 사유이미지를 압축적으로 보여주는 '구성'일 뿐이지
만, 물질의 눈의 관점에서 보면 물질의 지각작용을 압인해 나타내는
'구성'이자 '지각'이다. 따라서 베르토프의 영화에서 몽타주가 수행하
는 것은 "지각을 사물들 속으로 운반하고, 지각을 물질 속에 놓아두
는" 일이며, "공간 속의 어떤 점이라도 그것이 작용을 미치고 있거나
혹은 그것에 작용하는 모든 점을 지각할 수 있도록 만드는" 일이다.[51]

3. 간격

간격은 베르토프의 사유를 영화이론사 내지는 영화적 사유사의 한
지점에 분명하게 위치시켜주는 특별한 개념이다. 간격은 그의 영화적
사유의 독창성을 완성시켜주고, 동시에 그의 영화이론이 다른 영화이
론들과 통시적으로, 공시적으로 맺는 관계의 양상을 명증하게 드러내

49. 프랑수아 주라비슈빌리, 같은 글, 218~219쪽.
50. Gilles Deleuze, *Cinéma 1. L'image-mouvement*, 117쪽.
51. 같은 곳.

준다. 베르토프가 말하는 간격은 기본적으로 영화의 구성과정에서 생성되는 틈, 사이, 간극 등을 가리키는데, 일차적으로 몽타주와 관련되지만 실제로는 카메라를 통한 지각에서부터 미장센에 이르기까지 영화작업 전반에 관계된다.

(1) 간격: 이미지 사이의 운동

① 시각적 관계이자 추상적 관계로서의 간격

베르토프에게 간격이란 한마디로 '이미지와 이미지 사이의 간극'을, 구체적으로는 '숏과 숏 사이의 간극'을 가리킨다. 그런데 베르토프의 사유에서 간격은 이미지들 사이의 단순한 간극을 넘어 "숏들 상호간의 시각적 상관관계," 즉 "하나의 시각적 자극에서 다른 자극으로의 이동"이기도 하다.[52] 다시 말해, 베르토프는 간격을 숏들 사이에 발생하는 다양한 '시각적 상관관계의 총합'으로 간주하는데, 그중 특히 중요한 다섯 가지 관계를 아래와 같이 제시하기도 한다.[53]

1. 평면들 간의 상관관계(클로즈업, 롱 숏 등)
2. 단축법의 상관관계
3. 프레임 내의 움직임의 상관관계
4. 빛과 그림자의 상관관계

---

52. 또한 오몽에 따르면, 베르토프 영화에서 간격은 기본적으로 "두 개의 연속되는 숏들(음악에서의 멜로디적 간격)" 사이의 간극이지만, 경우에 따라서는 "동시에 나타나는 이미지들(하모니적 간격)" 사이의 간극이기도 하다. 즉 간격은 하나의 숏 내에서 상이한 이미지들(혹은 상이한 시각적 요소들) 사이에 일어나는 시각적 관계일 수도 있다. 〈카메라를 든 사나이〉의 유명한 이중인화 및 다중인화 숏들이 그 예에 해당한다.(Jacques Aumont, *Image*, Paris: Nathan, 1990, 184쪽 참조)
53. 「키노-아이에서 라디오-아이로」(1929), 167~168쪽.

5. 촬영속도의 상관관계

그런데 이처럼 간격을 숏들 사이의 시각적 상관관계로 본다는 것은, 이미지 사이의 간극인 간격을 공간적 관계나 시간적 관계로 보기보다 '형식적' 혹은 '추상적' 관계로 본다는 것을 의미한다. 오몽은 베르토프의 이러한 추상적 관계로서의 간격 개념이 근본적으로 음악에서의 간격 개념과 유사하다고 설명한다. 즉 영화에서 간격은 "두 지점을 갈라놓는 거리"(공간적 간격)일 수 있고, "두 순간 사이 펼쳐지는 지속"(시간적 간격)일 수 있으며, 또 "두 높이의 음音 사이의 관계"(음악적 간격)일 수도 있는데,[54] 베르토프가 말하는 간격은 이중 특히 음악적 관계에 가깝다는 것이다.[55] 음악에서 두 음표 사이의 간격은 무엇보다 "추상적 관계"에 의거하며, 베르토프가 그의 영화에서 실현하고자 했던 간격 역시 이미지들 사이의 공간적 관계나 시간적 관계보다는, 관객을 이미지들에 대한 무한한 추론과 사유로 유도하는 관념적 관계 혹은 추상적 관계에 의거한다. 요컨대, 베르토프에게 간격이란 무엇보다 이미지들 사이의 시각적 관계를 뜻하며, 그러한 시각적 관계로서 간격은 공간적 관계나 시간적 관계보다는 이미지의 형식적 요소들 사이의 관계를 바탕으로 하는 추상적 관계에 더 가깝다.

베르토프는 이러한 시각적 관계이자 추상적인 관계로서의 간격을 통해 "의도적으로 비-서사적이고 비-허구적인" 전혀 "새로운 유형의 시네마토그래피"를, 즉 "추상적 관계들의 조합으로부터 의미와 감동이 탄생하는 시네마토그래피"를 창안해내고자 했다.[56] 이로써 영화 기

---

54. Jacques Aumont, *Les théories des cinéastes*, 13쪽.
55. Jacques Aumont, *Image*, 184쪽.
56. 같은 곳. '시네마토그래피cinematographie'란 일반적으로 영화 제작 및 상영에 관련된 모든 기술과 방식을 총칭하는 용어이다.

술적인 관점에서 '간격'은 '장면연결raccord'과 대립되며, 장면연결과 간격 사이의 대립 혹은 차이는 "체계를 세우고 보완해야 할 극적 연속성의 영화와 영화의 매 순간마다 전체 메시지의 일부와 그 메시지가 갖는 진실의 일부를 전달해야 하는 시각적 불연속성의 영화 사이의 차이"를 가리킨다."[57] 즉 베르토프는 간격을 통해 전혀 새로운 유형의 시네마토그래피를 제안하면서, 그로부터 극적 연속성의 굴레로부터 벗어나는 시각적이고 불연속적인 영화를 만들어내고자 한 것이다.

② 운동으로서의 간격

한편, 베르토프에게 간격은 이미지들 사이의 시각적 상관관계나 추상적 관계일 뿐 아니라, 이미지들 사이의 '운동'이기도 하다. 물론, 간격과 운동에 관한 베르토프의 언급들은 약간의 모순을 내포하고 있는 것처럼 보일 수도 있다. 그의 영화운동 초기(1922년)에, 베르토프는 "간격(하나의 운동에서 다른 운동으로의 이동)은 재료이고 움직임의 예술의 요소이지만, 결코 그 움직임 자체는 아니다"라고 강조했기 때문이다.[58] 당시 그는 간격을 "움직임을 동역학적 분해로 이끄는 것"이자 운동을 조직하는 요소로만 보았다. 즉 간격이 키노-아이와 몽타주가 만들어내는 영화적 운동(이미지들의 운동)의 핵심 요소인 것은 사실이지만 운동 그 자체는 아니라고 간주한 것이다. 그러나 영화운동을 전개하면서 간격에 대한 베르토프의 관점은 수정된다. 그의 영화적 사유에서 간격은 이미지들 사이의 간극을 넘어, 그리고 운동의 재료이자 요소를 넘어, 운동 자체가 된다. 이를테면, 「키노-아이에서 라디오-아이로」(1929)에서 베르토프는 간격을 명백하게 "숏들 사이

---

57. Jacques Aumont, *Les théories des cinéastes*, 14쪽.
58. 「우리—선언서의 이문」(1922), 66쪽.

의 운동"으로, 즉 '이미지들 사이의 운동'으로 지칭한다.[59] 즉 간격이 운동에 내재된 것이 아니라 운동이 간격에 내재되어 있으며, '간격'은 '운동' 그 자체다. 즉 운동에 관한 베르토프의 관점 자체가 바뀌는데, 베르토프는 이제 운동을 단지 이미지들의 결합을 통해(즉 몽타주를 통해) 얻을 수 있는 것이 아니라, 이미지들 사이의 간격 자체에 처음부터 내재되어 있는 것으로 간주한다.[60]

더 나아가, 베르토프는 운동이 간격에 내재되어 있을 뿐 아니라 '이미지' 자체에도 내재되어 있다고 주장한다. 즉 간격과 마찬가지로 이미지도 그 자체로 운동이라고 본 것이다. 이 때문에, 들뢰즈는 실제로 이미지와 운동에 대한 베르토프의 개념이 바뀐 게 아니라 '진화'한 것이라고 주장한다. 물론, 이전까지 영화이미지에 대한 베르토프의 개념은 "운동-이미지, 즉 포토그램들들로 구성된 이미지, 운동이 부여된 중개-이미지에 머물러 있었으며" 따라서 영화이미지는 "여전히 인간적 지각에 상응하는 이미지였다."[61] 하지만 〈카메라를 든 사나이〉 이후, (그의 영화들에서) 몽타주는 이미지의 구성요소 안으로 들어오고 운동 역시 이미지 내에 처음부터 내재되어 있는 것으로 나타난다. 즉 영화이미지는 그 자체로 몽타주와 운동을 내포하는 '움직일 수 있는 단편'이자 끊임없이 변주중이고 생성중인 것으로 제시된다. 따라서 들뢰즈는, 이후 베르토프가 영화이미지의 물리적 최소 단위라 할 수 있는 '포토그램'을 단순한 부동적 단면이 아니라, 운동과 변이를 내포

---

59. 「키노-아이에서 라디오-아이로」(1929), 167~168쪽.
60. 한편, 블라다 페트릭Vlada Petric은 베르토프의 영화에서 나타나는 시각적 관계 및 운동을 포함하는 간격들 간의 상호작용이 이데올로기적 차원, 시적 차원, 몽상적 차원 등 다양한 차원에 걸쳐 기능하고 있는 것을 상세히 분석한 바 있다.(Vlada Petric, *Constructivism in Film: The Man with the Movie Camera: A Cinematic Analysis*, 148~176쪽 참조)
61. Gilles Deleuze, *Cinéma 1. L'image-mouvement*, 119쪽.

하고 있는 '유동적 단면'으로 간주했다고 주장한다. 들뢰즈는 다음과 같이 설명한다.

> 베르토프에게 포토그램은 사진으로의 단순환 회귀가 아니다. 포토 그램이 영화에 속한 것이라면, 그 이유는 그것이 이미지의 발생적 요소이거나 운동의 미분적 요소이기 때문이다…… 포토그램은 진동이며, 매 순간 운동을 구성하는 기본적인 외력外力이고, 에피쿠로스적 유물론에서의 클리나멘clinamen이다.[62]

이처럼 베르토프의 사유에서 운동은 간격과 이미지 모두에 내재되어 있으며, 간격과 이미지는 그 자체로 끊임없이 진행중이고 변주중인 운동이다. 그런데 베르토프가 간격을 통해 보여주려는 운동은 단순한 물리적 운동이 아니라, 이 "세계 자체의 운동이자 에너지(힘)"이다.[63] 아래에서 자세히 살펴보겠지만, 베르토프의 영화에서 간격은 이미지들 사이의 단순한 틈이나 간극이 아니라, 전체 혹은 물질적 우주를 향해 열려 있는 공간이기 때문이다. 베르토프는 영화가 그것의 내적 간격을 통해 부단히 생성중이고 변주중인 세계의 운동과 힘을, 즉 "사물과 세계(사회)의 역동성"을 보여줄 수 있다고 믿었다. 즉 그는 "(확장적인) 공간에서의 움직임이 아니라 (강렬한) 움직임의 순수한 질에 기초를 두는 '간격'의 영화"를 통해 "모순과 숨은 역동성을 지닌 사회인 실제 세계"를 표현할 수 있다고 보았다.[64] 이는 결국 "영화는 세계를 분명하고 명확한 방식으로 보게 해주어야 한다"[65]는 그의 교육

---

62. 같은 책, 120쪽.
63. 「'영화인'―혁명(1922년 초의 호소문에서)」(1923), 81쪽.
64. Jacques Aumont, *Les théories des cinéastes*, 15쪽.
65. 같은 책, 13쪽.

적 관점을 바탕으로 한 것이라 할 수 있다. 혹은 더 나아가, 그가 자신의 영화에서 간격과 이미지를 통해 나타내고자 했던 세계는 보다 더 큰 세계일 수도 있다. 즉 우리가 알고 있는 현실 세계를 넘어, 모든 물질과 이미지가 부단히 변주하며 상호작용하고 있는 세계, 다시 말해 보편적 변이의 세계로서의 물질적 우주일 수도 있는 것이다.

(2) 간격과 내재성의 평면: 바깥 및 시간에 대한 사유

① 간격: 물질적 지각에서 물질적 우주로

간격이라는 개념 덕분에 베르토프의 몽타주는 동시대 어느 영화인들의 몽타주와도 구별되는 독자성을 얻는다. 그의 몽타주는 인간의 시점이 아니라 사물의 시점 및 물질의 운동을 보여줄 수 있을 만큼 현실의 조각들에 대한 엄정한 형태화와 조직화의 과정을 거치지만, 그 치밀하게 구성된 요소들 사이사이에 간격을 남겨둠으로써, 관객으로 하여금 그러한 구성작업 자체에 대해 사유하게 만들고 나아가 사물들(물질들)의 존재양식에 대해 사유하게 만든다. 실제로, 베르토프의 영화에서 물질적 지각은 단지 '물질(사물) 속에 있는 눈'을 가리킬 뿐 아니라, '물질과 물질들 사이에 존재하는 눈,' 즉 '간격에 새겨져 있는 눈'을 가리킨다. 따라서 그의 영화는 들뢰즈의 표현대로 "사이 ENTRE의 방법"[66]으로 만들어지는 영화, "두 이미지들 사이"의 간격을 근간으로 형성되는 영화다. 인간의 시지각능력을 훨씬 넘어서는 비인간적인 눈, 기계적인 눈은 물질 속에 있을 뿐 아니라 물질과 물질 사이에 있다. 즉 베르토프의 영화에서 지각은 '물질의 눈'이자, 동시에 물질들 사이의 눈, 즉 '간격의 눈'이다. 베르토프는 간격을 인간의 눈

---

66. Gilles Deleuze, *Cinéma 2. L'image-temps*, 235쪽.

에 속하는 것이 아니라 물질의 눈에 속하는 것으로 간주하면서, "간격을 물질에 되돌려준다."[67]

그런데 이처럼 인간의 것이 아닌 물질의 것으로서의 간격은, 이미지와 이미지 사이의 분리나 거리 혹은 불가능한 관계를 강조하기 위한 것이 아니다. 오히려 그것은 "멀리 떨어진(우리의 인간적 지각의 관점으로는 측정할 수 없을 정도로 떨어져 있는) 두 이미지들이 서로 상호관계를 맺는 것을"[68] 가리킨다. 즉 물질의 지각인 간격은 시간적으로나 공간적으로 멀리 떨어져 있고 내러티브 체계나 의미의 체계로 통합되지는 않지만, 그럼에도 불구하고 서로 강하게 작용-반작용 하고 있는 두 이미지들 사이의 상호관계를 나타내준다. 베르토프에 따르면, 간격과 그것을 내포하고 있는 몽타주는 그 어떤 시간적 질서에 있는 물질이라도 서로 연결시킬 수 있고, 이로써 우주의 모든 점이 맺는 상호관계를 보여줄 수 있다. 즉 모든 물질이 스스로 즉자적 운동을 지속하면서 다른 모든 물질과 부단히 상호작용하고 있는 물질적 우주를, 즉 "보편적 변이와 보편적 상호작용"[69]이 이루어지고 있는 보편적 변이의 세계를 보여줄 수 있다.

② 간격과 바깥의 사유

따라서 베르토프의 몽타주의 궁극적인 의미는 현실에 대한 엄정한 형태화와 추상화에 있는 것이 아니며, 이미지들의 완벽한 압인과 구성에 있는 것도 아니다. 오히려 그것은 물질들 사이 또는 이미지들 사이의 간격을 정교하게 드러내는 데 있다. 즉 베르토프는 '간격'과 '간격을 내포하는 몽타주'를 통해, 관객으로 하여금 현실에 속하지만 현

---

67. Gilles Deleuze, *Cinéma 1. L'image-mouvement*, 118쪽.
68. 같은 곳.
69. 같은 책, 117쪽.

실적인 지각으로 포착될 수 없는 것들에 대해 사유하도록, 또는 의미의 체계나 서사의 논리로 설명될 수 없는 것들에 대해 사유하도록 이끈다. 그의 영화에서 간격은 의미와 논리에 의해 지배되는 현실 세계 안에 산재해 있는 수많은 '비결정적인 것들'에 대한 사유를, 우리의 통상적 사유로는 결코 '사유되지 않는 것들'에 대한 사유를 가능하게 해주는 것이다.

들뢰즈는 이처럼 베르토프의 영화에서 간격을 통해 접할 수 있는 모든 비결정적인 것과 사유되지 않는 것을 총칭해 "바깥dehors"이라고 부른다. 즉 바깥은 "두 이미지들의 결합이나 끌어당김"으로부터 비롯되는 것이 아니라, "두 이미지들 사이의 틈새"로부터, "각각의 이미지를 공허로부터 떼어내었다가 다시 그곳으로 떨어뜨리는 간격"으로부터 비롯된다.[70] 따라서 간격은 한마디로 우리의 '사유'가 '사유의 바깥'과 만나는 곳이라 할 수 있다. 간격을 통해 이루어지는 "사유와 사유 바깥의 만남은 사유를 생성되고 있는 것이게끔 하고, 사유가 스스로에게서 빠져나가는 것을 끊임없이 사유하게끔"[71] 해준다. 이때 중요한 것은, 바깥이 단순히 '사유되지 않은 것'을 의미하는 것이 아니고, 단순히 '열려 있는 상태'를 의미하는 것도 아니라는 점이다. 근본적으로 바깥은 사유되는 것과 사유되지 않는 것을 모두 포함하는 무한한 '전체'이며, 우리의 지성을 넘어서는 세계이자 '인간 이전부터 존재하던 세계'이고, 모든 물질과 이미지가 보편적 변주와 보편적 상호작용을 실행하면서 부단히 생성되고 있는 세계다.

요컨대, 설명될 수 없고, 정의할 수 없으며, 사유되지도 않는 요소인 베르토프의 간격은 관객을 '바깥'으로 인도한다. 영화의 바깥 혹은

---

70. Gilles Deleuze, *Cinéma 2. L'image-temps*, 233쪽.
71. 쉬잔 엠 드 라코트, 같은 책, 69쪽.

사유의 바깥에는, 내러티브의 단순한 의미 체계를 넘어서고 우리의 통상적인 지각과 의식 세계를 넘어서는 진정한 물질들의 세계가 펼쳐져 있기 때문이다. 따라서 우리가 베르토프의 논의를 충실히 따른다면, "영화에서 보아야 할 것은 더이상 이미지들의 연속이 아니라, 이미지들 사이에 있는"[72] 간격이다. 물론, 이때 영화란 일반적인 내러티브 영화가 아니라, "이미지들의 바깥 혹은 이면이 전체를 대체하고 동시에 틈새 혹은 절단이 연합을 대체하는"[73] 영화를 말한다. 들뢰즈의 표현에 따르면, "연쇄되는 이미지들"이기를 멈춘 영화, "서로가 서로의 노예가 되는 이미지들의 끝없는 연쇄"를 멈춘 영화다.[74] 혹은 위에서 언급한 '사이의 방법'으로 만들어지는 영화, 즉 두 이미지들 사이의 간격을 근간으로 형성되는 영화다. 나아가 들뢰즈에 따르면, 이 새로운 영화는 '시간-이미지'의 영화이기도 하다. 시간-이미지의 영화는 "재생산의 영화이기를 그치며," "사유로 하여금 스스로의 바깥에 이르도록 강제"하는 영화이기 때문이다.[75] 즉 이미지들 사이의 "간격들에서 '비연대기적인 시간의 관계들에 따라' 직접적으로 나타나는 것은 바로 시간"[76]이다. 간격은 바로 전체이자 바깥이며, 동시에 거대한 시간이 응축되어 있는 장소다. 그러므로 간격에서 우리는 시간의 현현을, 응축된 시간의 분출을, 재현된 그 무엇이 아닌 현전하는 그 무엇으로서의 시간-이미지를 만날 수 있다.

---

72. 같은 책, 69쪽.
73. Gilles Deleuze, Cinéma 2. L'image-temps, 279쪽.
74. 같은 책, 235쪽.
75. 쉬잔 엠 드 라코트, 같은 책, 69쪽.
76. 같은 책, 70쪽.

결절結節

이와 같이 베르토프의 영화에서 시점 혹은 지각은 카메라맨이나 관객이 아닌, 우주를 이루고 있는 물질들 각각에 종속되어 있다. 또한 그의 몽타주는 다양한 시간과 공간에 흩어져 있는 우주의 모든 점을 서로 연결하면서, 우주의 모든 물질과 이미지가 각자의 모든 면과 부분에서 서로의 함수로 작용하고 있는 것을 보여주고자 한다. 즉 베르토프가 키노-아이와 몽타주 그리고 간격의 실천을 통해 구현하고자 했던 영화는, "항상적 메커니즘에 의해 지배되고 보편적 법칙에 따라 운동하는 물질적 우주"[77] 그 자체다.

그런데 이러한 베르토프의 영화세계, 즉 '무한한 시점들의 총체'로서의 물질적 우주는, 베르그손이 주장한 '객관적 이미지 체계'로서의 물질적 우주와 유사하다. 들뢰즈의 주장처럼, 우리는 베르토프가 베르그손의 유물론적 이미지론을 영화적으로 실현했다고 추론해볼 수 있다. 제1장에서 살펴봤듯, 베르그손의 객관적 이미지 체계란 각각의 이미지가 스스로 부단히 변화하고 있고 모든 이미지가 서로에 대한 함수로서 자신의 모든 부분을 통해 서로 작용-반작용 하고 있는 체계를 말한다. 이 체계는 "이미지들로 구성되어 있지만, 탈중심적이고 탈구체적인 특별한 지각"[78]에 의해 지배되고 있으며, 인간의 지각을 중심으로 구성되는 주관적 이미지 체계와 분명하게 구별된다. 또한 베르토프 영화에서 시점 혹은 지각이 물질들 안에 내재되어 있듯, 베르그손의 객관적 이미지 체계에서도 의식은 물질 안에, 사물들 속에 내재되어 있다. 즉 베르토프가 키노-아이, 몽타주, 간격을 통해 구성하려 했던 물질적 지각의 세계로서의 영화, 무한대의 물질들이 발신하

---

77. 이지영, 「이미지의 물질성과 내재성에 대한 연구—지가 베르토프의 영화이론을 중심으로」, 『시대와 철학』, 제16권 1호, 통권 30호, 2005, 167쪽.
78. 프랑수아 주라비슈빌리, 같은 글, 212쪽.

는 무한한 시점들의 총체로서의 영화는, 베르그손이 사유한 보편 생성의 세계로서의 객관적 이미지 체계와 다름없다.

나아가, 베르토프의 물질적 우주로서의 영화는 들뢰즈가 말하는 '내재성의 평면plan d'immanence'과도 유사하다. 이는, 제1장에서 잠시 언급한 것처럼, 들뢰즈의 '내재성의 평면' 개념 자체가 베르그손의 '객관적 이미지 체계' 개념을 바탕으로 형성되었기 때문이다. 들뢰즈가 말하는 내재성의 평면 역시 생성 속에서 무한한 변화들과 운동들이 끊임없이 이어지는 보편적인 변이의 세계를 가리키며, 어떤 중심도 갖지 않고 단지 즉자적인 이미지들로만 구성되는 무한한 평면을 가리킨다. 또한 '운동-이미지의 총체'인 내재성의 평면은, 들뢰즈에게 탈중심화되고 유동적인 카메라에 의해 형성되는 '영화적 지각의 장' 그 자체를 의미하기도 한다. 요컨대, 베르토프는 베르그손과 들뢰즈가 그들의 사유를 통해 논증하고자 했던 보편적 변이와 보편적 생성의 세계를, 즉 모든 물질이 즉자적으로 운동하며 서로의 함수로 부단히 상호작용하고 있는 물질적 우주를 '영화적으로' 구축하려 했다고 할 수 있다.

그런데 이처럼 영화를 통해 각각의 물질들이 스스로 운동하고 있고 서로를 지각하며 작용-반작용 하고 있는 물질적 우주를 구현할 수 있다는 베르토프의 주장은, 어쩌면 현실적 가능성을 고려하기 힘든 하나의 가설이라고 볼 수도 있다. 오몽의 표현처럼, "어떤 면에서는 하나의 유토피아 그 이상도 그 이하도 아닌" 것이다.[79] 베르토프에 따르면 진정한 영화는 인간의 시선과 지각과 의식이 배제된 상태에서 철저하게 물질 자체의 지각과 의식으로 이루어져야 하는데, 창작과정에서 감독이라는 지각과 의식의 주체를 배제한다 해도 실제로 영화

---

79. Jacques Aumont, *Les théories des cinéastes*, 15쪽.

라는 매체에는 늘 '관객'이 지각과 의식의 주체로 남아 있다. 즉 "영화는 아직 진정한 내재성의 조건을 획득하지 못하고 있으며," 따라서 베르토프가 추구하는 영화는 단지 "실험적인 조건에서만" 성립될 수 있는 영화다.[80] 아울러, 물질적 우주로서의 영화는 또다른 관점에서도 하나의 유토피아라 할 수 있는데, 베르토프에게 영화는 완벽하게 물질적이고 완벽하게 평등한 세계를 구축하고자 하는 그의 유물론적 공산주의의 이상이 종합적으로 투영된 세계라 할 수 있다. 동시대 아방가르드 영화인 중 유일하게 정치와 미학을 결합시키는 데 성공한 감독답게, 베르토프는 영화라는 물질적 우주의 건설을 통해 "세계에 대한 공산주의적 영화-독해"의 이상을 실천하려 했다.[81]

하지만 이러한 이상주의적 측면에도 불구하고, 영화가 인간의 경험과 의식을 넘어서는 물질들의 세계를, 즉 인간의 지각으로는 포착할 수도, 파악할 수도 없는 광활한 미지의 세계를 보여줄 수 있다고 믿은 그의 사유는, 후대 영화인들에게 지속적으로 영향을 미친다. 인간의 의식 이전에 존재하거나 인간의 지각 영역을 훨씬 넘어서는 '물질들의 세계'를 구현하는 것은, 영화를 포함한 모든 영상매체의 작가들이 한번쯤 꿈꾸어보는 공통의 소망이기 때문이다. 또한, 영화에 내재하는 비결정적 요소들의 의미를 구성주의적이고 물질주의적인 입장에서 파악한 베르토프의 '간격' 개념 역시 동시대 영화이론가들의 개념들과 일정 부분을 공유하면서 후대의 영화적 사유들에 깊은 영향을 끼친다. 이를테면, 동시대에 엡슈타인이 주창한 '포토제니' 개념은 영화이미지의 덧붙여지는 정신적 특질을 강조하지만, '간격'과 '포토제니'는 모두 영화이미지 안에 존재하는 어떤 '비결정적 요소'들에

---

80. 프랑수아 주라비슈빌리, 같은 글, 215쪽.
81. Jacques Aumont, *Moderne? Comment le cinéma est devenu le plus singulier des arts*, 31~32쪽.

대한 인식과 통찰을 핵심으로 하는 개념들이라 할 수 있기 때문이다. 이들의 사유는 이후 현대 인문예술 전반에서 전개되는 탈구조적 요소에 대한 논의와 맞물리면서, 후대 영화이론가들의 영화적 사유에서 중요한 역할을 담당한다. 이어지는 제2부에서, 영화이미지에 내재하는 비결정적 요소에 대한 논의들에 대해 더 자세히 알아본다.

제2부 이미지-정신

엡슈타인 & 발라즈 & 모랭 & 미트리

제4장

|

포토제니, 그리고 사유하는 기계로서의 영화: 엡슈타인

장 엡슈타인(Jean Epstein, 1897~1953)은 20세기 초 유럽의 아방가르드 영화운동을 대표하는 영화감독이자, 다수의 논저로 영화에 대한 사유의 지평을 확대시킨 영화이론가다. 어쩌면 20세기 전반 세계 영화사를 통틀어 창작과 이론 양 분야에서 가장 뚜렷한 족적을 남긴 인물 중 하나라고도 평가할 수 있다. 이론가로서 그의 사유는 '포토제니 photogénie'와 '사유기계machine à penser로서의 영화'라는 두 개념을 중심으로 전개되는데, 특히 포토제니는 그의 모든 영화적 사유가 시작되는 출발점이라 할 수 있다. 엡슈타인의 포토제니 개념은 크게 정신성, 운동성, 인격성이라는 세 가지 특성을 지닌다. 그런데 주목할 점은, 이 세 가지 특성이 포토제니의 의미를 규명해주는 특징일 뿐 아니라 엡슈타인의 영화적 사유의 전반을 밝혀주는 핵심 지표들이라는 사실이다.

먼저, '정신성' 혹은 정신적 특질은 엡슈타인이 주장한 포토제니의 첫번째 특성에 해당하는 것으로, 이후 영화이미지의 비가시성과 비물질성에 대한 사유를 이끌어내고 궁극적으로는 영화이미지에 내재된

'비결정성'에 대한 사유로 이어진다. 실제로 정신성은 동시대 및 후대 영화이론가들에게서 포토제니의 특성으로 가장 많이 수용되고 언급되는 것이기도 하다. 그다음으로, 포토제니의 두번째 특성인 '운동성'은 영화이미지에 내재된 유동성 또는 가변성을 지시하는 것으로, 엄밀히 말해 영화적 운동에 대한 사유보다 영화적 '시간'에 대한 사유에 더 깊이 관련된다. 엡슈타인은 여러 글을 통해 영화가 현실의 시간구조와는 다른 시간구조를 보여주고 나아가 우리로 하여금 시간의 본질에 대해 사유하도록 이끈다고 강조한다. 그에게 영화는 시간에 대한 사유를 가능하게 해주는 기계이자 그 스스로 시간을 사유하는 기계이며, 따라서 일종의 '사유기계' 혹은 '지성기계'에 해당한다. 끝으로, 포토제니의 세번째 특성인 '인격성'은 영화이미지가 만물에 영혼과 생명을 불어넣을 수 있을 뿐 아니라 각각의 사물에 하나의 고유한 인격을 부여할 수 있다는 엡슈타인의 사고를 표명한 것이다. 당대 아방가르드 예술인을 사로잡았던 애니미즘적 사고 및 원시주의적 사고가 그 바탕이 되었다. 나아가, 포토제니 개념에 내재된 인격성은 영화이미지의 '현전성'에 대한 사유와도 연결된다. 엡슈타인이 주장하는 영화이미지의 현전성은, 영화이미지를 기계에 의해 재현된 이미지가 아니라 그 자체로 '살아있는 이미지'이자 관객의 눈앞에 '현전하는 이미지'로 간주하는 사유를 뜻하기 때문이다. 영화이미지의 인격성 혹은 현전성에 대한 이러한 엡슈타인의 논의는, 기계매체이자 재현매체라는 영화의 원천적 한계를 뛰어넘어 영화 자체에 일종의 '예술적 숭고함'을 부여하고자 했던 당대 무성영화인들의 소망을 반영하는 것이기도 하다.

1. 포토제니와 영화이미지: 델뤽과 엡슈타인

(1) 델뤽의 포토제니: 사진과 영감의 결합

엡슈타인에 앞서, 1919년 영화적 의미의 포토제니 개념을 처음 제시한 이는 루이 델뤽이다. 그런데 잘 알려진 것처럼, 포토제니라는 용어는 이미 19세기 중반부터 프랑스에서 사진과 관련해 사용되었다. 정확히 1851년, '포토제니'라는 단어가 처음 등장한다. 당시, 포토제니는 "사진 건판을 충분히 감광시킬 정도로 빛을 산출하는(실제로는 빛을 반사하는) 오브제들을 가리키는"[1] 용어였다. 실제로, '포토photo'의 어원인 그리스어 'phos' 혹은 'photos'는 '빛'을 뜻하고, '제니génie'의 어원인 그리스어 접미사 'genes'는 '산출하는 것'을 뜻한다.[2] 즉 포토제니는 사진 분야에서 글자 그대로 '빛을 산출하는 (어떤) 것'이라는 의미의 용어로 처음 사용되었다. 그런데 점점 더 감도 높은 사진감광유제가 발명되어 거의 모든 오브제가 빛을 산출(반사)할 수 있게 되자, 포토제니라는 용어는 단순히 '빛을 산출하는 오브제'에서 '산출되는 빛의 질質'이나 '빛을 산출하는 오브제의 질'을 가리키는 용어로 바뀌어간다. 다시 말해 "(주로 얼굴에 해당하는) 포토제니적인 오브제란 사진에 잘 '반응하고,' 사진에 의해 더 높은 가치를 부여받으며, 조명 아래서 예상 밖의 흥미롭고 시적이고 매력적인 모습을 보여주는" 오브제를 가리키게 된 것이다.[3]

델뤽은 이처럼 사진 영역에서 사용되던 포토제니라는 용어를 영화 영역으로 끌어와 그것의 영화적 의미를 새롭게 규정한다. 영화비평의

---

1. Jacques Aumont & Michel Marie, *Dictionnaire théorique et critique du cinéma*(Paris: Armand Colin, 2008), 156쪽.
2. Christine de Montvalon, *Les mots du cinéma*(Paris: Belin, 1987), 342쪽.
3. Jacques Aumont & Michel Marie, 같은 책, 156쪽.

창시자이자 영화감독이기도 했던 그는 당시 영화인들과 예술인들 사이에서 급부상하고 있던 '영화예술론'에 참여하면서 '영화예술art cinématographique'의 주요 조건 중 하나로 '포토제니'를 내세운다. 델뤽은 '포토제니'라는 단어를 기존의 언어적 조합과는 다른 새로운 방식으로, 즉 좀더 '프랑스어語'적인 차원의 조합방식으로 설명한다. 그에게 '포토photo'는 '빛'을 가리키는 어원인 동시에 '사진'을 뜻하는 프랑스어 약자이며, '제니génie'는 글자 그대로 '영靈'이나 '정령' 혹은 '설명할 수 없는 영감'을 가리키는 프랑스어다. 즉 포토제니는 '사진적인 것'과 '영적인 것'의 결합 혹은 "사진과 영감의 신비로운 조화"[4]를 뜻한다. 또한 델뤽이 보기에, 사진적인 것과 영적인 것의 결합을 나타낼 수 있는 유일한 매체 혹은 예술은 영화뿐이다.[5]

일견 모호해 보이는 이러한 델뤽의 포토제니 개념은 실제로 그 안에 그만의 고유한 영화미학을 압축하고 있다. 여러 글에 발표된 그의 영화적 견해들을 종합해볼 때, 그의 영화미학은 다소 거칠긴 하지만 한마디로 '리얼리즘'과 '형식주의'의 결합 내지는 병행을 지향한다. 그는 분명 당시 리초토 카누도Ricciotto Canudo 등에 의해 촉발된 '영화예술론'의 강력한 지지자 중 한 사람이었지만, 한편으로는 영화가 '실재의 기록' 혹은 '현실의 재생'을 통해 영화만의 독자성과 정체성을 획득해야 한다고 믿었다. '실재'를 기록한다는 것은, 그에게 일종의 '진실'을 기록하는 작업에 상응하며 그 진실의 작업은 연극에서는 불가능하고 오로지 영화에서만 가능하다. 델뤽에 따르면, "진짜 극적인

4. Louis Delluc, "Photogénie"(1920), *Ecrits cinématographique I*(Paris: Cinémathèque Française et Editions de l'Etoile, 1990), 34쪽.
5. 물론, 델뤽과 엡슈타인의 미학적 성찰 이후 포토제니라는 용어는 영화계 전반에서 빠르게 일반화된다. 특히 할리우드를 중심으로 하는 상업영화계에서, 포토제니는 '조명을 잘 받고 실제 모습보다 스크린에서의 모습이 더 그럴듯한 배우'를 가리키는 용어로 통용된다.

영화는, 스크린에 옮겨진 연극배우들과 그들의 몸짓 신호가 자연(의 기록) 앞에서 지워질 수밖에 없다는 사실을 우리가 깨닫는 순간[6] 태어난다. 즉 그가 보기에 영화란 어디까지나 '예술'이자 동시에 '삶의 기록'이며, "양식화stylisation와 살아 있는 현실réalité animée 사이의 중항中項"[7]에 해당하는 것이다.

따라서 델뤽의 포토제니 개념은 영화에 대한 이러한 그의 미학적 입장을 바탕으로 이해해야 한다. 포토제니에서 사진이자 빛을 뜻하는 '포토'는 실재에 대한 '정확한(객관적) 기록'을, 영감을 뜻하는 '제니'는 그러한 실재의 기록을 바탕으로 예술작품을 만들어낼 수 있는 영화인의 특별한 '예술적 능력'을 가리키는 것과 다름없다. 그리하여 델뤽이 말하는 포토제니란 '실재의 정확한 기록'과 '예술적 영감'의 결합이라는 보다 확장된 의미를 지닌다. 말하자면 영화가 '예술적 양식화'와 '살아 있는 현실의 구현'이라는 상이한 목표에 동시에 도달할 때 그러한 포토제니는 자연스럽게 발현될 수 있다.

덧붙여, 델뤽은 이러한 포토제니를 실현할 수 있는 영화적 방법으로 '구성composition'을 제시한다. 모든 의미작용의 요소를 영화의 시간과 공간 안에 정교하게 배치하고 연결시키는 '건축적 구성'만이, 영화에 자율적 실존을 부여할 수 있고 나아가 현실로부터 비롯되는 아름다움을 부여할 수 있다고 본 것이다.[8] 델뤽에 따르면 "죽어 있는 혹은 침묵하는 자연은 영화의 구성가가 그것을 사용하는 자리에 따라 스스로 두드러지면서 생명을 얻을 수 있다."[9] 즉 정교한 시공간적 구

6. Louis Delluc, "D'oreste à Rio Jim," *Cinéa*, n. 31 decembre, 1921, 14쪽.
7. Louis Delluc, *CINEMA ET Cie*.(1919), *repris in Ecrits cinématographique II-vol. 1*(Paris: Cinémathèque Française et Editions de l'Etoile, 1990), 31쪽.
8. Joël Magny, "Premiers écrits: Canudo, Delluc, Epstein, Dulac," *CinémAction. histoire des théories du cinéma*, n. 60, 1991, 18쪽.
9. Louis Delluc, "D'oreste à Rio Jim," 14쪽.

성으로 이루어진 영화는 현실에서 가져온 요소들의 아름다움을 살려내면서 그것들에 생명력을 부여할 수 있다. 또한 예술가의 자율적이고 독창적인 영감의 표현을 통해 '사진(실재의 기록)과 영감(예술적 영감)의 신비로운 결합'인 포토제니를 구현해낼 수 있다.

(2) 엡슈타인의 포토제니: 영화이미지와 정신적 특질의 증대

① 포토제니의 정의와 조건

엡슈타인은 여러 글을 통해 델뤽의 포토제니 개념에 각별한 주의를 표하면서, 포토제니 개념을 더욱 구체적이고 체계적인 방식으로 다듬는다. 델뤽과 마찬가지로, 엡슈타인은 포토제니를 '영화예술'을 가능하게 만드는 근본이자 없어서는 안 될 필수요소라고 주장한다. 엡슈타인은 '포토제니'를 영화라는 매체 혹은 예술의 본질을 명증하게 드러내줄 수 있는 특별한 용어로 부각시키는데, 예컨대 "회화에 색이 있고 건축에 볼륨이 있다면 영화에는 포토제니가 있다"고 강조한다.[10]

먼저, 엡슈타인은 1923년에 발표한 「포토제니의 몇몇 조건들에 관하여」라는 글에서 '포토제니'의 개념을 다음과 같이 세 가지 조건으로 정의한다. 첫번째는 '정신성moralité'이다.

포토제니란 무엇인가? 나는 영화적 재생에 의해 정신적 특질이 증대된 모든 사물들, 존재들, 영혼들의 양상을 '포토제니적'이라고 부른다.[11]

---

10. Jean Epstein, "L'élément photogénique"(1924), *Écrits sur le cinéma*(Paris: Editions Seghers, 1974), 145쪽. 이후, 이 책에 실린 엡슈타인의 글들의 인용은 '제목, 저서, 쪽수'로만 표시한다.
11. "De quelques conditions de la photogénie"(1923), *Écrits sur le cinéma*, 137쪽. 고딕체는 인용자의 강조.

아래에서 다시 자세히 살펴보겠지만, 여기서 포토제니의 정의의 핵심은 무엇보다 '정신적 특질의 증대'에 있다. 정신적 특질의 증대는 영화이미지가 포토제니를 구현하는가를 판단할 수 있는 첫번째 조건이 된다. 또한, 엡슈타인은 포토제니의 두번째 조건으로 '운동성 mobilité'을 제시한다.

오로지 세계, 사물들, 영혼들의 운동적 국면들만이 영화적 재생에 의해 그들의 정신적 특질이 증대됨을 확인할 수 있다.[12]

아울러, 엡슈타인은 포토제니의 세번째 조건이자 마지막 조건으로 '인격성personnalité'을 추가한다. 그리하여 포토제니 개념은 다음과 같이 확장된다.

오로지 사물들, 존재들, 영혼들의 운동적이고 인격적인 국면들만이 포토제니적일 수 있으며, 영화적 재생을 통해 증대되는 탁월한 정신적 가치를 획득할 수 있다.[13]

요컨대, 엡슈타인은 영화이미지가 포토제니적 특성을 갖추기 위한 조건으로 크게 '정신성,' '운동성,' '인격성'을 제시한다. 이 조건들은 포토제니라는 개념의 핵심을 이룰 뿐 아니라, 엡슈타인이 추구하는 영화미학 전반의 핵심을 이룬다. 이중, 먼저 포토제니의 정신적 특성에 대해 살펴본다.

---

12. 같은 글, 138쪽. 고딕체는 인용자의 강조.
13. 같은 글, 140쪽. 고딕체는 인용자의 강조.

② 카누도: 정신적 예술로서의 영화

엡슈타인은 「포토제니의 몇몇 조건들에 관하여」라는 글에서 포토제니 개념을 정의한 후, 이듬해 「포토제니적 요소」라는 글에서 '영화적 포토제니' 개념의 유래와 전개과정을 이야기하고 있다. 그는 엡슈타인은 당시 영화인들 사이에 유행했던 포토제니 개념의 형성과정을 탐색하는데, 이와 관련해 그가 특히 주목한 이는 카누도이다. 엡슈타인에 따르면, 포토제니라는 용어를 처음 사용한 이는 델뤽이지만, 그보다 앞서 포토제니와 유사한 개념을 최초로 주장한 이는 카누도이다. 그의 표현을 빌리자면, "델뤽은 영화에 '포토제니'를 전해준 선교사였고, 카누도는 영화에 '시詩'를 전해준 선교사"라고 할 수 있다.[14]

이탈리아 출신의 카누도는 20세기 초부터 파리를 배경으로 음악이론, 시, 소설, 연극평론 등 다방면에 걸쳐 활동하면서 당대 주요 예술운동에 적극적으로 개입한 인물이다. 특히, 1908년 그는 「시네마토그래프의 승리」[15]라는 글에서 "오늘날 영화는 아직 하나의 예술이 아니다. 그러나 영화는 우리가 이제 막 이해하기 시작한 새로운 예술의, (혹은) 새로운 예술이 될 어떤 것의 첫번째 집이다"라고 쓰면서 '영화예술'의 개념을 적극적으로 알리기 시작한다. 그리고 1911년에는 「제6의 예술의 탄생: 시네마토그래프에 관한 에세이」이라는 글을 통해 영화를 여섯 개의 예술 가운데 하나로 위치시키면서 비상한 주목을 받는다. 이 글에서 그는 영화가 음악, 시, 건축, 조각, 회화의 뒤를 잇는 "제6의 예술"이자, 나아가 '시간의 예술'(음악, 시)과 '공간의 예술'(건축, 조각, 회화)의 통합을 이루어내는 종합예술이라고 강조한다.[16]

---

14. "L'élément photogénique," *Écrits sur le cinéma*, 145쪽.
15. Ricciotto Canudo, "La triomphe du Cinématographe"(1908), *L'Usine aux images*, établie par Jean-Paul Morel(Paris: Séguier et Arte éditions, 1995), 27쪽.
16. Ricciotto Canudo, "La Naissance d'un sixième art. Essai sur le

그후, 카누도는 여섯 개의 예술에 무용을 포함시켜 '제7의 예술'로서 영화를 고려하게 되고 1919년 「영화의 학습」이라는 글을 발표하면서 마침내 정식으로 영화를 "제7의 예술"의 자리에 위치시킨다.[17]

그런데 카누도는 이처럼 영화를 예술로 규정했을 뿐 아니라, 영화 예술의 본질이 무엇인지를 규명하기 위해서도 부단히 노력했다. 먼저, 그는 영화를 "공간과 시간의 리듬들의 절묘한 화합"이 이루어지는 예술이라고 설명하면서, 영화야말로 시간과 공간의 질서에 모두 속하는 종합적 조형예술이자 움직이는 이미지들에 기반을 두는 "움직이는 조형예술"이라고 강조한다.[18] 다음, 그는 영화의 본질은 무엇보다 정신적인 것을 드러내는 데 있다고 주장한다. 그에 따르면, 영화는 "'영혼'과 '육체'의 총체적 재현이 되기 위해 태어난"[19] 예술이며, 예술로서의 영화는 인간의 감정과 영혼을 온전하게 드러낼 수 있어야 한다. 즉 영화는 가시적이고 조형적인 예술이지만 다양한 기술장치와 인간의 몸짓을 이용해 "위협적으로 전개되는 영혼의 상태"나 "존재의 잠재의식상태" 같은 인간의 내적 상태를 탁월하게 보여줄 수 있다.[20] 영화는 인간 삶의 기저를 이루고 있을 뿐 아니라 모든 현실의 사건과 사실을 감싸고 있는 '비물질적'이고 '비가시적인 것'을, 다시 말해 '정신적인 것'을 포착해 보여주는 예술인 것이다. 카누도에 따르면, 예술로서의 영화는 일종의 '시'와 같으며 영화이미지는 무엇보다 "서정성lyrisme"을 갖추어야 한다.[21]

Cinématographe"(1911), *L'Usine aux images*, 32~33쪽.

17. Ricciotto Canudo, "La leçon du cinéma"(1919), *L'Usine aux images*, 41쪽.

18. Ricciotto Canudo, "La Naissance d'un sixième art. Essai sur le Cinématographe," *L'Usine aux images*, 32~33쪽.

19. Ricciotto Canudo, "L'esthétique du septième art (II). Le drame visuel"(1921), *L'Usine aux images*, 65쪽.

20. Ricciotto Canudo, "La leçon du cinéma," 42~43쪽.

21. "L'élément photogénique," *Écrits sur le cinéma*, 145쪽.

덧붙여, 델뤽 역시 포토제니 개념을 통해 영화예술의 정신적 측면을 강조한 바 있다. 엡슈타인에 따르면, 델뤽의 포토제니 개념의 특성은 '사진적인 것'과 '영적인 것'의 결합에, 즉 실재의 기록과 예술적 영감의 결합에 있지만, 다른 한편으로는 사물의 '정신적' 측면을 발견하고 드러내는 데에도 있다. 즉 "카누도가 예상치 못했던 영화적 지평의 깊이를 헤아려" 보여준 인물이라면, 델뤽은 영화라는 "새로운 광학예술에 행해지는 일종의 정신적 굴절의 지표로서 포토제니를 발견한"[22] 인물이라 할 수 있다.

③ 리로조피와 포토제니: 영화이미지의 정신성

엡슈타인은 이 같은 카누도와 델뤽의 주장들을 종합하면서 영화이미지의 '정신성' 혹은 '비물질성'에 대한 그의 사유를 더욱 발전시킨다. 우선, 엡슈타인이 본격적으로 포토제니 개념을 주장하기 전에 제안했던 '리로조피'라는 용어의 의미에 대해 살펴볼 필요가 있다. 엡슈타인은 1922년 『리로조피』라는 소책자에서 '리로조피'라는 신조어를 사용하며 카누도가 주창했던 영화예술의 서정성을 더욱 강조한다. 리로조피는 '서정' 혹은 '정서'를 뜻하는 라틴어 'lyre'와 '지혜' 혹은 '지식'을 뜻하는 라틴어 'sophie'를 결합한 것으로, '정서(감정)'와 '지식(이성)'이 등가의 것이고 동등하게 추구되어야 한다는 것을 의미하는 용어다. 엡슈타인이 볼 때, '앎connaissance'이란 "감정적이자 동시에 이성적"인 행위이며 감정과 이성은 우주라는 체계를 이루는 두 원리이다.[23] 즉 엡슈타인은 리로조피라는 용어를 통해 영화뿐 아니라 예술과 학문 전체에서 정서와 지식, 이성과 감정을 동등하게 그리고 균

---

22. 같은 곳.
23. *La Lyrosophie* (1922), *Écrits sur le cinéma*, 17~18쪽.

형 있게 사용해야 한다고 강조한다.

그런데 엡슈타인에게 정서와 지식이라는 리로조피의 두 요소 중 더 본질적인 것은 '정서'다. 리로조피는 '정서와 지식의 합일'을 뜻하지만, 다른 한편으로는 "지식을 느낀다"라는 의미도 지니기 때문이다. 리로조피에서 파생된 또다른 용어인 "리로조프lyrosophe"는 '지식을 느끼는 학자'를 뜻하는데, 엡슈타인에 따르면 리로조프는 "문제의 원인을 발견하고 감동에 젖는 기술자처럼, 머릿속에 들어오는 지식을 발견하고 강한 감동을 느끼는 학자"를 가리킨다.[24] 요컨대 리로조피는 지식을 감정으로 느끼면서 이해하는 단계, 즉 지성의 최상 단계를 지향하는 것이다. 엡슈타인은 "내적인 것이든, 외적인 것이든 모든 것이 시일 뿐이다"라고 주장하면서,[25] 시를 느끼고 이해하고 받아들이듯 지식의 객관성과 절대성을 따지기보다는 그것을 마음으로 느끼고 받아들이는 것이 더 중요하다고 강조한다.

이처럼 포토제니 개념 이전에 리로조피라는 개념을 통해 정서 혹은 정신의 중요성을 강조한 바 있는 엡슈타인은, 포토제니 개념을 새롭게 규정하면서 그것의 본질적 특성으로 가장 먼저 '정신적 특질'을 강조한다. 위의 포토제니의 정의에서도 살펴보았지만, '정신적 특질의 증대'는 영화이미지를 포토제니적이라고 규정지을 수 있는 가장 기본적 조건이자 첫번째 조건이 된다. 즉 엡슈타인의 포토제니 논의의 핵심은 영화매체의 '정신성'에 대한 강조에 있고, 나아가 영화이미지의 비물질적이고 비가시적인 특질의 강조에 있다. 포토제니는 "느껴지지만 설명되지 않고" "무언가를 구성하지만 분석할 수는 없는"[26]

---

24. 같은 책, 17쪽.
25. Jean Epstein, *L'intelligence d'une machine*(Paris: Les Éditions Jacques Melot, 1946), 105쪽. 이후, 이 책의 인용은 '제목(연도), 쪽수'로만 표시한다.
26. Jacques Aumont, *Les théories des cinéastes*(Paris: Nathan, 2002), 28쪽.

것, 즉 정의할 수 없는 무엇을 가리키는 용어다. 이러한 엡슈타인의 주장은 카메라라는 '기계적' 도구와 필름이라는 '물질적' 수단을 사용하고 이미지라는 '가시적' 수단을 통해 의미를 전달하는 영화가 역설적으로 '정신적'이고 '비물질적'이며 '비가시적'인 무언가를 산출하고 전달하는 데 가장 뛰어난 매체가 될 수 있다는 관점을 바탕으로 한다. 물론 그의 주장은 엡슈타인이라는 한 개인에 내재된 모순된 욕망으로부터 비롯된 것이라기보다는, 앞서 살펴본 것처럼 카누도와 델뤽 등 영화 연구의 선구자들에서부터 이어진 중요한 한 관점을 표현한 것이라 할 수 있다. '기계 예술을 통한 정신성의 발현' 혹은 '가시적 수단을 통한 비가시적 세계의 구현'은 신생 매체인 영화가 '예술'의 위상을 얻기 위해 갖추어야 할 가장 중요한, 어쩌면 유일한 특성일 수도 있기 때문이다.

참고로, 후대의 연구자들은 엡슈타인의 포토제니 개념에 포함된 "정신적 특질의 증대"라는 표현에서, 특히 '증대'라는 의미에 대해 주목하기도 한다. 이를테면, 오몽은 포토제니에 대해 (정신적 특질이든 혹은 여타 특질이든) 어떤 것이 대상에 "덧붙고 증폭되어" 나타난 결과라고 설명했고,[27] 들뢰즈는 포토제니적 영화이미지를 "운동에 의해 (무언가가) 증가된 이미지"라고 보았다.[28] 즉 오몽과 들뢰즈에게 포토제니란 설명할 수 없는 무엇, 비결정적인 무엇이 대상에 덧붙고 증폭되면서 산출되는 결과(혹은 현상)라 할 수 있다. 매리 앤 도앤 역시, 포토제니의 핵심적 특징 중 하나가 "일종의 보충성supplementarity, 즉 사진적 매체를 통해 투사되는 과정에서 사물에 더해진 어떤 증대를 지칭"

27. 자크 오몽, 『영화 속의 얼굴』, 김호영 옮김(마음산책, 2006), 156~157쪽.
28. Gilles Deleuze, *Cinéma I. L'image-mouvement* (Paris: Les Editions de Minuit, 1983), 65쪽.

하는 데 있다고 강조한다.[29]

2. 영화: 시간을 사유하는 기계

(1) 포토제니의 운동성: 시공간 안에서의 가변성

위에서 언급한 것처럼, 엡슈타인은 포토제니 개념을 정의하면서 '정신성'에 이어 '운동성'을 포토제니의 두번째 조건으로 제시한다. 그런데 중요한 것은, 엡슈타인이 말하는 운동성이 '공간'뿐 아니라 '시간' 안에서의 움직임도 가리킨다는 사실이다. 즉 포토제니의 운동성은 공간의 세 차원뿐 아니라 네번째 차원인 시간에도 관계한다. 엡슈타인에 따르면, "포토제니적인 운동성은 시간-공간 체계 안에서의 운동성, 즉 공간과 시간에서 동시에 진행되는 운동성"이며, "하나의 오브제가 지니는 포토제니적인 특성은 시간-공간 안에서의 변화들의 결과"라 할 수 있다.[30]

따라서 엡슈타인이 포토제니의 핵심 조건이자 특성으로 제시한 운동성은 실제로 '운동'의 의미보다 '변화' 혹은 '유동성'의 의미에 더 가깝다. 엄밀히 말하자면, 엡슈타인이 사용한 'mobilité'라는 프랑스어도 '운동성'보다는 '유동성流動性' 혹은 '가변성可變性'이라고 번역하는 게 더 정확할 것이다.[31] 엡슈타인은 포토제니에 관한 여러 글에

---

29. Mary Ann Doane, "The Close-up: Scale and Detail in the Cinema," in *difference: A Journal of Feminist Cultural Studies*, volume 14, No. 3, Fall 2003, 89쪽.
30. "De quelques conditions de la photogénie," *Écrits sur le cinéma*, 139쪽.
31. 엡슈타인을 비롯한 1920년대 영화인들의 '운동성' 개념은 일반 영화이론에서의 '운동성'과 분명히 다르다. 그러나 '유동성, 가변성'을 뜻하는 'mobilité'를 넓은 의미의 '운동성'으로 보아도 크게 무리가 없으므로, 여기서는 '운동성'이라 옮긴다.

서 이 말을 사용하면서 '움직임' 자체보다는 '변화' 혹은 '비-고정성'에 대해 더 자주 언급한다. 한마디로 엡슈타인에게 포토제니적 영화이미지의 '운동성'이란, "시-공간 안에서의 가변성"[32]을 의미한다고 할 수 있다.

이러한 입장은 그에 앞서 포토제니 개념을 규정했던 델뤽의 논의에 근거한 것이기도 하다. 앞서 봤듯이, 델뤽은 '포토제니'의 본질을 '사진적 특성'과 '영적 특성'의 결합으로 보았는데, 그는 사진적 특성 자체가 이미 단순한 기록의 성질을 넘어 '순간적인 것, 우연한 것, 예기치 않은 것' 등을 내포하고 있다고 주장했다.[33] 델뤽에 따르면, 설명할 수 없는 어떤 잠재적 특질이 '순간적'이고 '우연한' 방식으로 표현되는 것이 바로 포토제니적인 영화이미지의 본성이다. 델뤽의 주장을 계승한 엡슈타인의 포토제니 개념 역시 이와 같이 '불안정하고 순간적이며 불연속적인' 특성을 전제로 한다. 이를테면, 그가 「확대」(1921)라는 글에서 강조했듯, 포토제니는 "순간의 가치"이자 "영원히 변화하는 특질"이다.[34]

그런데 이처럼 포토제니의 본질을 이루는 '운동성'과 '가변성'은 바로 1920년대 유럽 영화인들이 공통적으로 인식했던 영화매체의 본질이기도 하다. 오몽의 지적처럼, 1920년대 영화예술에서 사유의 연소燃燒에 해당했던 '운동성'은 "영화의 특성이 본질적으로 유동적인 것, 가변적인 것을 고정시키는 데" 있으며, "영화만이 특정한 감정들의 불안정성을 실재의 시간으로 표현할 수 있는" 매체라는 사실을 가장 잘 나타내주는 특성이다.[35] 이처럼 포토제니라는 개념을 통해 영

---

32. "L'essentiel du cinéma"(1923), *Écrits sur le cinéma*, 120쪽.
33. Louis Delluc, "Photographie," *Ecrits cinématographique I*, 33쪽.
34. "Grossissement"(1921), *Écrits sur le cinéma*, 94쪽.
35. 자크 오몽, 『영화 속의 얼굴』, 141쪽.

화이미지의 운동성을 '시-공간적 유동성' 혹은 '가변성'으로 간주하는 엡슈타인의 논의는 후대 영화이론가들에게도 많은 영향을 미친다. 이를테면, '숏'을 '유동적 절단' 혹은 '가변적 주형'으로 설명하는 들뢰즈의 논의와 고정적 프레임 대신 '부유하는 프레이밍'의 의미를 강조하는 파스칼 보니체Pascal Bonitzer의 논의가 그 대표적 사례라 할 수 있다. 이에 대해서는 이 책의 제11장에서 자세히 살펴볼 것이다.

(2) 영화이미지와 시간적 원근법

엡슈타인의 포토제니 개념의 핵심은 시간과 공간 안에서의 운동성이지만, 특히 '시간' 안에서의 운동성 혹은 가변성이 포토제니적 영화이미지의 보다 두드러진 특징으로 제시된다. 즉 엡슈타인은 "시간 안에서의 원근법le perspective dans le temps"이라는 독특한 개념으로 설명하면서, 이러한 시간적 운동성 혹은 시간적 원근법을 만들어내는 가장 핵심적인 영화적 기법으로 '가속l'accéléré'과 '감속le ralenti'을 언급했다.

① 가속과 감속, 그리고 시간적 원근법

엡슈타인은 『기계의 지성』[36]이라는 말년의 저서에서 영화를 통한 시간의 증폭과 변경, 복수화 등의 가능성에 주목한다. 시간의 유희는 "어떤 절대불변의 법칙에서 변덕스러운 조건법"의 문제로 넘어간 것이다.[37] 특히 영화는 기존의 어떤 매체도 보여주지 못했던 새로운 시간을, 즉 실제 시간보다 빠르거나 느린 시간을 보여줌으로써, 우리로

---

36. 엡슈타인은 특히 이 『기계의 지성L'intelligence d'une machine』(1946)이라는 저서에서 영화적 '시간'에 관해 긴 설명을 첨부한다. 이 책의 핵심 내용은 1935년에 발표된 동명의 논문에서 제시된 바 있다.
37. L'intelligence d'une machine, 40쪽.

하여금 전혀 다른 시간을 경험하게 해준다. 즉 영화는 가속과 감속의 발명을 통해 시간을 조정할 수 있게 되었고, 이로써 이전까지 확고한 원칙으로 인식되어오던 시간의 불가역성, 불변성, 절대성 등을 동요하게 만든다. 비록 스크린 상으로 한정되긴 하지만, 당시 관객들은 영화의 기술적 효과를 통해 처음으로 아주 빠르거나 아주 느린 시간을, 즉 '새로운 시간'을 경험하게 된 것이다. 또한 영화에서 '시간'은 공간과 마찬가지로 '자의적'이며 '조작 가능한' 것이 된다.

영화가 보여준 이러한 가변적 시간은 앞서 언급했던 엡슈타인의 '시간적 원근법' 개념으로 더 보충할 수 있다. 엡슈타인에 따르면, 시간적 원급법이란 한마디로, 연속적으로 이어지는 외적 현상들이 만들어내는 원근법이다. 즉 "공간이 공존하는 사물들의 원근법인 것처럼, 시간은 연속되는 현상들에서 나온 원근법"[38]이다. 시간과 공간은 둘 다 연속적으로 혹은 동시다발적으로 발생하는 '외양들 간의 관계'들, 즉 본질적으로 '가변적인 관계'들로 구성된다. 시간은 시간에 의해 형성되는 것이 아니라, 단지 연속적으로 병렬되는 외적 현상들을 통해 얻어지는 것이다. 따라서 엡슈타인은 영화가 '공간 안에서의 원근법' 외에도 '시간 안에서의 원근법'을 구축하고 다룰 수 있어야 한다고 주장한다. 들뢰즈의 언급처럼, 영화는 공간뿐 아니라 시간의 차원에서도 "입체감relief"을, 즉 "시간적 원근법"을 만들어내는 매체가 되며,[39] 영화 창작가에게는 당연히 이 시간적 원근법을 능숙히 다룰 수 있는 능력이 요구된다.

『기계의 지성』보다 훨씬 앞선 「디테일의 연출」(1922)이라는 글에서도, 엡슈타인은 '시간은 그 자체로 존재할 수 없다'는 유사한 주장을

---

38. 같은 책, 51쪽.
39. Gilles Deleuze, *Cinéma 1. L'image-mouvement*, 37쪽.

펼친다. 즉 먼저 사건들이 존재하고, 그 사건들을 통해 지나간 것, 현재의 것, 다가올 것에 대한 감정들이 파생되며, 바로 그러한 '사건들에 대한 감정'을 통해 '시간에 대한 감정 및 인식'이 발생한다는 것이다.[40] 이는 다시 말해, '사물들의 움직임 혹은 정지상태'로부터 시간에 대한 인간의 감정과 인식이 발생하는 것을 의미하기도 한다.[41] 요컨대, 엡슈타인에게 시간은 그 자체로 형성되거나 지각되는 것이 아니다. 시간은 현상이든, 사건이든, 사물이든 어떤 특정한 외적 양상들의 연속이나 변화를 통해 간접적인 방식으로만 형성되고 지각될 수 있다.

② 시간과 감정

시간이 시간 자체가 아니라 시간에 대한 감정으로부터 발생한다는 엡슈타인의 주장은 필연적으로 '시간'과 '감정'의 관계라는 논의로 이어진다. 그리고 이는 다시 '심리적 시간' 혹은 '상대적 시간'의 논의로 연결된다. 엡슈타인은 '감속'을 예로 들면서, 감속으로 보여주는 얼굴이야말로 가장 큰 감동을 이끌어내는 영화이미지라고 말한다. 어떤 감정이 표현되기 전까지의 미세한 심리 변화와 점진적인 준비과정이 얼굴에 그대로 드러나기 때문이다. 그에 따르면, 진짜 드라마는 이와 같이 일반적인 시간의 바깥에 존재하며, 이를 위해서는 새로운 시간의 원근법, 즉 "순수하게 심리적인 (시간의) 원근법"이 요구된다.[42] 영화의 극작술은 시간의 상대성을 고려하면서 이러한 심리적 시간의 원근법을 다룰 수 있어야 한다. "인간의 삶에 대한 더 정확한 심리적 표현"을 위해 "다양한 속도"의 시간을, 즉 실제의 시간보다 더 빠르거

---

40. "Réalisation de détail"(1922), *Écrits sur le cinéma*, 106쪽.
41. 같은 글, 107쪽.
42. "L'âme au ralenti"(1928), *Écrits sur le cinéma*, 191쪽.

나 느린 시간을 적절히 이용해야만 할 것이다.[43]

이처럼 상대적이고 심리적인 시간을 만들어내는 '시간'과 '감정'은 상호영향 관계에 있다. 엡슈타인에 따르면, 일반적으로 어떤 대상에 대한 추억이 있을 경우 추억은 대상보다 더 아름다우며, 어느 시점까지는 오래된 추억일수록 더 아름답게 느껴진다.[44] 시간의 지속이 일종의 미적 가치로 작용하는 것이다. 즉 시간은 과거에 대한 재현의 질을 변화시키고, 각 개인의 기억작용과 기억에 대한 해석작용에 영향을 미친다. 그리고 그러한 기억의 변형을 통해 개인의 현재 심리상태에도 변화를 가져다준다. 결과적으로, 시간이 개인의 감정 영역에 변화를 일으키는 것이다. 반대로, 감정이 시간에 변화를 일으키기도 한다. 시간은 감정상태 혹은 정신상태로부터 파생되기도 하는데, 정신상태의 변화가 많으면 많을수록 사유의 속도가 증가하고 그에 따라 시간 역시 더 빨리 진행되는 것처럼 느껴진다. 즉 감정이 시간에, 정확히 말하자면 심리적 시간에 변화를 가져오게 된다. 엡슈타인은, 영화야말로 데쿠파주, 몽타주, 가속, 감속 등 다양한 기법을 통해 개인의 감정 변화와 사유 속도의 변화, 나아가 심리적 시간의 변화를 모두 기록하고 표현할 수 있는 유일한 매체라고 주장한다.[45]

(3) 영화: 시간을 사유하는 기계

시간이 현상, 사건, 사물 등의 외적 관계 양상과 그것에 대한 개인의 감정으로부터 발생한다는 엡슈타인의 논의는 단지 심리적이고 상대적인 시간의 중요성만을 강조하는 것이 아니다. 엡슈타인의 논의의 또다른 핵심은 바로 '시간' 자체를 사유의 대상으로 삼았다는 데 있

---

43. "Le cinématographe continue..."(1930), *Écrits sur le cinéma*, 225쪽.
44. "Réalisation de détail," *Écrits sur le cinéma*, 108~109쪽.
45. 같은 글, 109쪽.

다. 특히 엡슈타인은 영화를 "시간을 사유하는 기계"라고 명명하면서,[46] '영화와 시간'의 관계 및 '영화와 사유'의 관계를 보다 심도 있게 고찰한다.

① 영화: 독자적 시간의 세계

엡슈타인은 우선 영화가 현실과는 완전히 '다른 시공간 체계'를 구축하는 것에 주목한다. 영화는 본래 현실을 있는 그대로 복제하는 단순한 재현 기계가 아니며, 따라서 현실의 시간을 똑같이 재현하는 일과도 전혀 관계가 없다. 엡슈타인이 〈삼면거울La glace à trois faces〉(1927)이나 〈어셔 가의 몰락La Chute de la maison Usher〉(1928) 같은 그의 영화들에서 다양한 기법을 통해 보여준 것처럼, 또 이미 수많은 아방가르드 영화들이 실천한 것처럼, 영화에서 시간은 현실의 시간과 똑같이 재현되는 것이 아니라 완전히 새롭게 창조된다. 즉 영화는 시간의 체계를 포함해 "현상 세계와는 다른 세계, 심지어 실제 세계와도 다른 세계를 제시하는"[47] 것이다. 그 세계는 무한한 상상의 세계이자 또다른 시공간의 세계이며, 영화만의 자율적이고 독자적인 법칙에 따라 구성되는 세계이다.

엡슈타인의 이러한 영화세계는 일견 보르헤스J. L. Borges의 허구 세계처럼, 현실과 겹쳐 있으면서도 그것으로부터 독립된 또하나의 독자적이고 자율적인 세계로 보이기도 한다. 그러나 보르헤스의 독자적이고 자율적인 허구 세계가 순전히 인간의 상상력으로, 즉 정신력으로 구축되는 세계라면, 엡슈타인의 자율적이고 독자적인 영화세계는 인간의 상상력과 기계 및 기술의 힘으로 구축되는 세계이다. 보르헤스

---

46. *L'intelligence d'une machine*, 40쪽.
47. Jacques Aumont, *Les théories des cinéastes*, 29쪽.

의 '끝없이 두 갈래로 갈라지고 무한히 증식하는 시간'이, 즉 "서로 접
근하기도 하고, 서로 갈라지기도 하고, 서로 단절되기도 하고, 또는
수백 년 동안 서로에 대해 알지 못하기도 하는 시간의 구조"[48]가 인
간의 지각 이전부터 존재했고 혹은 인간의 지각 범주 밖에 존재하고
있는 것이라도 해도, 그것은 오로지 인간의 상상적 의식행위를 통해
서만 접근 가능하고 구축 가능한 시간이다. 그러나 엡슈타인의 자율
적이고 무한한 시간은 인간의 상상적 의식행위뿐 아니라 기계와 기
술의 실천을 거쳐야만 접근 가능하고 구축 가능하다. 엡슈타인에게
"영화는 우선은 기술적으로, 혹은 그보다는 '기계적으로' 시간을 '생
산하는' 도구이기 때문이다."[49] 앞서 살펴본 것처럼 영화는 새로운 기
계장치들과 가속, 감속, 편집 등 다양한 기술적 방법 등을 동원해 일
상의 시간과는 전혀 다른 독특한 시간의 구조를 만들어낼 수 있으며,
그로부터 새로운 시간의 경험을 창조해낼 수 있다. 엡슈타인의 표현
처럼, 영화는 "시간의 형상을 만들어내는 기계"인 것이다.

② 영화: 시간의 본질을 사유하는 기계

그러나 영화와 시간의 관계는 단지 기계와 기술을 통해 새로운 시
간의 형상을 만들어내는 것에 그치지 않는다. 방법상으로 영화는 기
계와 기술의 능력을 이용하지만, 내용상으로는 '시간의 본질'에 대해
끊임없이 질문하고 숙고하기 때문이다. 즉 영화는 '시간을 사유하는
기계'이자, 우리에게 시간의 진실을 드러내줄 수 있는 가장 좋은 도구
이다. 영화는 기계적 방법을 통해 우리가 알지 못했던 예상 밖의 시간
을 제시하면서, 우리로 하여금 이전까지 확고한 믿음으로 받아들였던

---

48. 호르헤 루이스 보르헤스, 「끝없이 두 갈래 갈라지는 길들이 있는 정원」, 『픽션
들』, 황병하 옮김(민음사, 1994), 164~165쪽.
49. Jacques Aumont, *Les théories des cinéastes*, 29쪽.

시간의 법칙성과 절대성에 대해 새롭게 사유하게 만든다. 엡슈타인에게 영화는 이론적 도구이자 철학적 도구인데, "왜냐하면 영화는 그것의 개념 자체에 의해(그것의 '본성'에 의해) 우리의 현실 경험과 관련된 네 개의 차원을 동시에 다루고 있기 때문이다."[50] 그렇다면 엡슈타인이 말하는 시간의 본질이란 무엇인가? 그가 보기에 영화가 드러내줄 수 있다고 믿었던 시간의 본질과 진실은 무엇을 의미하는가? 영화와 시간에 대한 엡슈타인의 사유와 관련해 우리는 크게 세 가지 차원에서 접근해볼 수 있다.

먼저, 엡슈타인은 시간의 본질을 '지속'이자 '흐름'으로 파악한다. 제1장에서 살펴보았던 것처럼 시간과 영화에 대한 베르그손의 사유는 후대 영화인들에게 많은 영향을 미치는데, 20세기 전반 영화인들이 그의 사유를 받아들이는 양상은 보통 상반되는 두 입장 중 하나로 나타난다. 하나는, 영화가 본질적으로 지속이자 흐름인 시간을 고정된 단편들로 분해한 후 일정한 법칙에 따라 다시 재구성해 마치 실제 시간인 것처럼 제시한다는 입장이다. 이러한 입장은 영화를 인위적인 운동과 시간의 조작이 결합된 기계로 판단했던 베르그손의 비판적 입장을 그대로 따르는 것이라 할 수 있다. 다른 하나는, 영화가 시간의 단편들(즉 고정된 이미지들)의 단순한 결합체가 아니라, 실제로 지속중인 시간을 영화 고유의 방식으로 형성해 보여주는 이미지-총체라고 보는 입장이다. 이 입장은 시간과 이미지에 대한 베르그손의 사유를 영화적으로 재해석해 적용한 것이라 할 수 있다. 엡슈타인의 관점은 이중 후자의 입장에 속한다. 그는 영화가 베르그손적 시간을 충분히 구현할 수 있는 매체라 믿었으며, "음악과 함께, 실재의 흐름을 재구성할 수 있는 유일한 예술"[51]이라고 판단했다. 즉 영화는 지속이

---

50. 같은 곳.

자 흐름으로서의 시간을 있는 그대로 구현할 수 있고 그를 바탕으로 현실의 시간과는 다른 영화만의 독자적인 시간 체계를 구축할 수 있는 예술이라고 간주했다.

다음, 엡슈타인은 시간을 객관적이고 절대적인 것이 아니라 '주관적'이고 '상대적'이며 나아가 '가변적'인 것이라고 보았다. 즉 시간은 규칙적으로 진행되는 절대적 법칙이 아니라, 단지 우리의 의식에 의해 창조된 것과 다름없다. 앞에서 살펴본 것처럼, 엡슈타인은 시간과 공간이 우리의 '지각의 범주'에 불과하다고 간주했다. 즉 "시간은 그 안에 우리가 시간이라 부를 수 있는 것을 아무것도 포함하고 있지 않으며, 공간 또한 그 안에 공간이라 할 만한 것을 포함하고 있지 않다."[52] 따라서 연속되는 외적 현상들에 대한 하나의 원근법(즉 관점)에 불과한 시간은 지극히 주관적일 수밖에 없다. 그런데 엡슈타인은 이처럼 우리의 의식과 관점에 의해 형성되는 주관적 시간을, 영화가 가속, 감속, 도치 등 그것만의 고유한 기계적, 기술적 방식을 통해 보여줄 수 있다고 보았다. 영화는 단지 연속적으로 일어나는 현상들 사이의 '가변적 관계'에 불과한 시간을 그것의 독자적인 기술과 방식으로 탁월하게 구현해낼 수 있다. 요컨대 엡슈타인에게 영화는, 시간이 현실의 주어진 조건도 아니고 절대 불변의 법칙도 아니며, 단지 '우리가 창조해낸 것'이라는 사실을 입증해주는 탁월한 도구다.[53] 우리는 영화에서의 시간 변조가능성을 현실에 투사해, 그 이전까지 상상하지 못했던 새로운 시간의 영역을 사고하고 새로운 시간의 의미를 이해

51. Joël Magny, "Premiers écrits: Canudo, Delluc, Epstein, Dulac," 19쪽.

52. *L'intelligence d'une machine*, 51쪽.

53. 이 점에서 우리는 '시간'과 '영화'에 대한 엡슈타인의 사유가 '시간'에 대한 베르그손의 사유에 매우 근접해 있음을 알 수 있다. 이를테면 베르그손의 다음과 같은 명제를 상기해보라: "시간은 발명품이거나, 아니면 아무것도 아니다."(앙리 베르그손, 『창조적 진화』, 501쪽)

할 수 있게 되었다. 즉 영화는 우리로 하여금 시간이 주관적이고 상대적이며 가변적이라는 사실을 깨닫게 해주는 훌륭한 사유 도구이자 지성의 도구인 것이다.

끝으로, 엡슈타인이 볼 때 시간은 공간과 운동에 선행한다. 달리 말하면, 공간과 운동은 시간에 종속된다. 우리가 현실에 대해 사유할 때 가장 먼저 전제되고 가장 중요한 준거로 고려되는 것은, 공간과 운동에 대한 우리의 관점이 아니라, 시간에 대한 우리의 관점이다. 엡슈타인은 영화야말로 이러한 시간과 공간과 운동의 관계를 분명하게 드러내주는 매체라고 보았다. 위에서 언급했지만, 엡슈타인이 포토제니적 영화이미지의 조건으로 내세웠던 운동성도 '운동성' 자체보다는 '시간 안에서의 가변성'에 더 중점을 둔 개념이었다. 혹은 적어도 영화에서 운동성이란 공간 안에서의 유동성보다 시간 안에서의 가변성에 더 가까운 개념이었다. 또한 엡슈타인이 볼 때, "공간의 세 차원은 서로 간에 결코 본질적이지 않은 위치의 차이만을 지니는 것에 반해, 시간의 차원은 시간 진행의 불가역성이라는 고유한 특징을 우선적으로 지니고 있다."[54] 즉 공간이 그것의 본질이라 할 만한 어떤 요소도 갖고 있지 않은 것에 반해, 시간은 비록 객관적인 규칙으로 입증할 수 없다 해도 '지속' 혹은 '흐름'이라는 그것의 본질을 지니고 있다. 따라서 우리는 공간의 영역에서는 시간을 생각할 수 없지만, 시간의 영역에서는 공간을 생각할 수 있다. 엡슈타인이 언급했던 유명한 "저녁의 도로"를 상기해보라. "저녁의 도로는 아침의 도로와 1밀리미터도 구분되지 않지만, 아침의 도로와는 항상 다른 도로다. 그것은 다른 빛 아래서 다른 공기 속에 놓인, 그래서 다른 마음과 다른 생각들로 느껴지는 도로이기 때문이다."[55] 즉 공간의 변화에 따라 시간이 변하지는

---

54. *L'intelligence d'une machine*, 47쪽.

않지만, 시간이 변화하면 공간도 항상 따라서 변화한다. 요컨대 "우리는 먼저 시간 속에 살고 있고, 그 다음에 부차적으로 공간 속에서 살고 있는"[56] 것이다. 따라서 엡슈타인은 영화가 무엇보다 시간의 예술이며 그 어느 매체보다 시간의 변화에 따른 공간의 변화를 탁월하게 표현해낼 수 있는 매체라고 주장한다.[57]

3. 영화이미지: 애니미즘적, 원시주의적 언어

(1) 인격성과 애니미즘

지금까지 살펴본 것처럼, 엡슈타인은 카누도와 델뤽의 논의를 계승하며 포토제니 개념의 핵심 조건으로 '정신적 특질의 증대'를 내세운다. 즉 포토제니적 영화이미지에 덧붙고 증폭되는 정신적 특질을 영화이미지의 가장 핵심적인 특성으로 정련한다. 그런데 영화이미지의 정신성에 대한 엡슈타인의 논의는 점차 영화이미지의 '인격성'에 대한 논의로 발전해나간다. 엡슈타인은 포토제니적 영화이미지의 세번째 조건이자 마지막 조건으로 '인격적 특성'을 제시한 바 있는데,

---

55. 같은 곳.

56. Jacques Aumont, *Les théories des cinéastes*, 30쪽.

57. 실제로, 엡슈타인이 말한 지속 혹은 흐름으로서 시간을 영화적으로 가장 잘 구현한 감독은 엡슈타인 자신보다 오즈 야스지로小津安二郎라고 볼 수 있다. 오즈는 그의 영화들에서 종종 텅 빈 공간 속에 놓인 부동의 사물을 오랫동안 보여주는데, '필로 숏pillow shot' 혹은 '정물화'라고도 불리는 그의 숏들에서 사물과 공간은 그 부동상태에도 불구하고 하나의 '변화'를, 즉 시간의 흐름을 표현한다. 예를 들면, 〈만춘晩春〉(1949)과 같은 그의 영화에서 10초 이전의 꽃병은 10초 이후의 꽃병과 전혀 다른 것이다. 그의 영화에서 시간은 "변화하는 것에 부동의 형태를 주고 그 형태 안에서 변화가 생성되도록" 만든다. 들뢰즈의 표현처럼, 오즈의 영화들에서 시간은 "충만함, 다시 말해 변화로 채워진 변화 없는 형태"라 할 수 있다.(Gilles Deleuze, *Cinéma 2. L'image-temps*, 27~28쪽 참조)

그후로 그는 여러 글을 통해 사물과 사람을 비롯한 세계의 모든 존재가 각자 자신의 고유한 인격을 지니고 있으며, 영화는 평범한 사물들에 생명을 불어넣고 인격을 부여하는 데 있어 가장 탁월한 능력을 갖춘 매체라고 강조한다. 엡슈타인에 따르면, 인격이란 사물과 사람을 비롯한 모든 존재의 가시적 영혼이며 그들의 과거이자 미래다. 영화는 '특수한 극작술'로서 모든 오브제에 드라마 속 '인물'의 지위를 부여할 수 있다는 말이다. 말하자면 서랍 속 권총이나 깨어진 병 같은 사물뿐 아니라 신체의 각 부분(예를 들면, 손)과 동물, 식물도 영화의 드라마를 이루는 하나의 '캐릭터'가 될 수 있다. 요컨대, 모든 오브제가 "정신적 의미작용"을 수행한다는 조건만 충족시킨다면 영화에서 하나의 인격적 개체로서 고유한 생명력까지 얻을 수 있다고 하면서 "영화가 장식의 개념을 없앤다"고 말하기도 한다.[58] 즉 풍경이나 축제 등은 장식이나 배경이 아니라 일종의 거대한 집단적 인물들이며, 각자 고유한 성격과 영혼을 지니고 있다는 것이다.

그런데 이처럼 영화가 세상의 모든 오브제의 정신적, 내적 특질을 드러낼 수 있을 뿐 아니라 그것이 재현하는 모든 오브제에 인격과 영혼을 부여한다는 엡슈타인의 사유는, 다분히 '애니미즘'적이라 할 수 있다. 영화이미지의 정신성에서 출발한 엡슈타인의 사유가 당시 서구에서 유행하던 애니미즘적 사유로까지 뻗어나간 것이다. 실제로 그는 "영화적 지성의 가장 두드러진 특징은 바로 그것의 애니미즘이다"라고 말한 바 있다.[59] 즉 영화가 렌즈, 마이크, 편집, 가속, 감속 등 그것의 모든 기술과 장치를 동원해 세계의 모든 사물과 식물, 동물을 영혼과 감정이 있는 존재로 바꾸어놓을 수 있다는 것이다. 특히, 그는 시

---

58. "L'objectif lui-même," *Écrits sur le cinéma*, 129쪽.
59. *L'intelligence d'une machine*, 244쪽.

간에 대한 영화의 가속과 감속 기술이 산 것과 죽은 것 사이의 경계를 사라지게 만들며, 그 어떤 것도 영원히 불변하거나 죽어 있지 않다는 사실을 보여준다고 주장한다. 즉 "영화(기술)는 사물들의 생명을 드러내고 돌을 식물화하며 식물을 동물화하고 짐승을 인간화면서, 이 모든 존재를 우리의 감각과 우리의 이성에 더 가까이 가져다놓는" 매체라는 것이다.[60] 그가 볼 때, 영화는 "그것이 지시하는 모든 것의 외양에 생명을 부여하고" 가장 비활성적인 사물에도 강력한 생명력을 부여하는 일종의 "애니미즘적 언어"다.[61]

(2) 원시주의와 현전성

이러한 애니미즘적 사유 외에도, 엡슈타인의 영화 사유에는 또하나의 중요한 사상적 혹은 예술적 배경이 있다. 그것은 바로 당대 아방가르드 영화인들[62] 및 예술인들을 사로잡았던 '원시주의'다. 20세기 초반을 휩쓸었던 아방가르드 예술은, 한편으로는 기존의 가치관과 세계질서에 대한 전복을 꿈꾸며 예술 형식의 전면적 혁신을 시도했지만, 다른 한편으로는 현대의 물질주의적, 기술주의적, 합리주의적인 가치관에 반대하는 원시주의를 추구했다.[63] 즉 원시주의는 아방가르드 예술운동의 핵심이자 근원으로, 그 안에는 아방가르드 예술 양식과 표

---

60. 같은 곳.
61. "De quelques conditions de la photogénie," *Écrits sur le cinéma*, 140쪽.
62. 엡슈타인은 델뤽, 뒬락, 레르비에L'Herbier, 강스 등과 함께 1920~1930년대 활동했던 대표적인 프랑스 아방가르드 시네아스트로 분류된다.(Étienne Souriau, *Vocabulaire d'esthétique*, Paris: PUF, 1990, 209~210쪽)
63. 크리스토퍼 인네스, 『아방가르드 연극의 흐름』, 김미혜 옮김(현대미학사, 1997), 14쪽. 이를테면, 아르토는 현대 물질문명과 기계문명에 반대하며 당대 예술인들이 가장 시급히 실행해야 할 혁명으로 "시간 속에서의 역진逆進/regression dans le temps"을 꼽았다.(Antonin Artaud, "Manifeste pour un théâtre avorté," in *Oeuvres complètes II*, Paris: Gallimard, 1973, 32쪽.)

현에 직접적인 영향을 미친 몇 가지 중요한 특징이 내포되어 있다.

첫째, 신화, 마법, 비교주의秘教主義, 다신주의 등을 모두 아우르는 '의사종교적疑似宗教的' 경향이다.[64] 기본적으로 만물에 영혼이 있다는 믿음에서 출발하는 의사종교적 경향은 세상의 모든 오브제에 인격 및 생명을 부여할 수 있다는 영화이미지로서의 사유로, 엡슈타인에게 깊은 영향을 미친다. 실제로, 그는 여러 글에서 영화를 감각적인 세계 너머로 접근하게 해주는 수단으로 간주했고, 영화에 자주 "신비주의적mystique"이고 나아가 "비교주의적ésotérique"인 비전을 부여했다.[65] 그에게 영화란 '비현실' 혹은 '초현실'에 다가가는 가장 강력한 수단이었다. 심지어 그는 영화를 "다신교적이고 신통계보학적théogonique"[66]인 것으로 간주하기도 했는데, 이는 무엇보다 무관심의 그늘에 있던 사물들이 극적 관계라는 빛의 세계로 나오면서 '생명력'을 얻을 수 있고 그러한 영화적 사물들의 생명력은 부적이나 마법 등 원시종교의 위협적이고 금기적인 사물들이 갖는 생명력과 유사하다고 판단했기 때문이다.

둘째, 아방가르드 원시주의에는 고대 헬레니즘 철학자 아폴로니오스의 사상으로부터 비롯되는 '미분적未分的 사고'가 포함되어 있다. 미분적 사고란 '정신'과 '육체,' '사물'과 '인간,' '삶'과 '죽음' 등을 일체로 간주하고 존재의 세계를 정신적인 것과 '물질적'인 것의 미분된 상태로 바라보며 나아가 가시 세계와 비가시 세계를 이어주는 마법적 힘을 믿는 사고를 가리킨다.[67] 원시주의를 지향하던 20세기 초 유

---

64. 크리스토퍼 인네스, 『아방가르드 연극의 흐름』, 14쪽.
65. Joël Magny, "Premiers écrits: Canudo, Delluc, Epstein, Dulac," 18쪽.
66. "De quelques conditions de la photogénie," Écrits sur le cinéma, 140쪽.
67. Monique Borie, Antonin Artaud, le théâtre et le retour aux sources(Paris: Gallimard, 1989), 148~150쪽.

럽의 아방가르드 예술인들은 이러한 미분적 사고로부터 영향받아 정신과 물질, 삶과 죽음의 미분성을 추구했으며, 가시 세계와 비가시 세계 사이의 교통을 소망했고, 가시적 수단을 통한 비가시적 세계의 구현을 꿈꾸었다. 엡슈타인의 영화적 사유 역시 이러한 미분적 사고를 바탕으로 하는데, 영화가 이미지라는 가시적, 물리적 수단을 통해 모든 오브제의 비가시적, 정신적 특질을 드러낼 수 있다는 그의 주장은 육체와 정신, 물질과 정신을 분리하지 않고 하나의 합일체로 바라보는 원시주의의 미분적 사고를 강하게 드러낸다.

셋째, 아방가르드 원시주의의 의사종교적 경향은 '제의성'이라는 또다른 특징과 연결된다. 본래 원시적 제의의 핵심은 '재현'과 '체험' 또는 '재현'과 '현전'의 일체성에 있는데, 아방가르드 예술인들은 원시 예술의 이러한 '제의성'을 현대 예술에서 그대로 되살려내고자 했다. 예를 들면, 대표적인 아방가르드 연극인이자 영화인이었던 아르토A. Artaud는 원시제의에서와 마찬가지로 그의 연극에서 재현과 현전의 분리를 거부했고, 공연 자체를 '재현'이자 동시에 현전의 '체험'으로 만들고자 했다.[68] 엡슈타인 역시 이러한 '재현'이자 '현전'의 체험으로서 제의성을 그의 영화적 사유 안에 담아내려 했다. 단지 기계적으로 복제한 '재현' 이미지에 불과한 영화이미지가 사물들에게 인격과 생명력을 불어넣어 그것들의 '현전'을 '체험'할 수 있게 해준다는 주장이 바로 그것이다. 즉 엡슈타인에게 영화이미지란 '재현'되는 이미지이자 동시에 '현전'하는 이미지를 뜻하며, 관객은 영화관람 과정에서 두 개의 이미지를 동시에 지각하고 체험하게 된다.

그런데 이처럼 영화이미지를 현전하는 이미지로 바라보는 엡슈타인의 관점이 단지 애니미즘이나 아방가르드 원시주의에만 근거한 건

---

68. 앙토넹 아르토, 『잔혹연극론』, 박형섭 옮김(현대미학사, 1995), 141~142쪽.

아니다. 다른 관점에서 볼 때, 영화이미지의 현전성現前性, présence은 엡슈타인을 포함한 당대 유럽 무성영화인들의 한 '소망'을 나타내는 것일 수도 있다. 즉 영화를 예술로 인식하던 당시 무성영화인들의 두드러진 공통점 중 하나는 '유사성ressemblance'과 '이야기récit'의 강박으로부터 벗어나려는 노력이었다. 엡슈타인은 동시대에 이미 유사성과 이야기라는 강박관념에서 자유로워진 회화의 예를 들면서, 영화 또한 이 두 개의 구속으로부터 벗어나는 것이 시급하다고 주장한다. 그가 보기에, 1920년대 회화는 현실을 있는 그대로 재현해야 하는 유사성의 구속으로부터 완전히 해방되어 있었고, 또 "그리기보다는 이야기하려고 하는" 일상적 회화 및 역사적 회화의 지배로부터도 벗어나 있었다.[69] 즉 회화는 "색色의 삶vie de la couleur"을 되찾으면서 진정으로 '회화적인 것'이 되어 있었다. 엡슈타인은 영화도 회화를 모델 삼아 모든 구속적 관계로부터, 특히 유사성과 이야기라는 구속으로부터 벗어나야 한다고 주장한다. 그리고 그것의 한 방법으로 영화이미지의 현전성을 구현할 것을 제안한다. 즉 영화이미지가 단순히 기계를 통해 재현되는 이미지가 아니라, 영사의 순간부터 일종의 생명력을 갖고 우리와 함께 존재하며 우리 눈앞에 '현전'하는 이미지라는 사실을 강조한 것이다. 영화이미지는 현실 세계의 시공간적 체계와는 다른 시공간적 체계에 속해 있고 현실적 지각의 범주를 벗어나는 또 다른 범주에 속해 있지만, 영사가 지속되는 동안은 관객 앞에 현전하며 관객 역시 그것의 현전을 체험한다. 특히, 틈틈이 클로즈업으로 나타나는 영화이미지는 "여기 그것이 있음"[70]을 선언하면서, 현전의 순수 사실을 강렬한 방식으로 구현한다. 요컨대, 영화는 현전성이라는

---

69. "De quelques conditions de la photogénie," *Écrits sur le cinéma*, 137~138쪽.
70. Mary Ann Doane, "The Close-up: Scale and Detail in the Cinema," 91쪽.

그것의 특성을 통해 '유사성의 한계'와 '재현의 한계'로부터 자유로워질 수 있으며, 실재이미지를 재현하는 매체가 아니라 영화이미지라는 독자적 이미지가 스스로 현전하게 만드는 매체가 될 수 있다.

그런데 사실, '이미지'를 하나의 재현물이 아니라 '현전하는 그 무엇'으로 바라보려는 것은 인류가 선사시대에 처음 벽화를 그릴 때부터 품어왔던 오래된 숙원 중 하나다. 발자크의 소설 『미지의 걸작Le Chef d'oeuvre inconnu』(1837)[71]에서 화가 프렌호퍼가 소망했던 '피 흘리는 그림'처럼, 엡슈타인의 영화적 사유는 영화이미지가 완성되는 그 순간부터 '살아 움직이는 무엇, 현전하는 무엇'이 되기를 바라는 소망과 다름없다. 영화는 탄생하는 순간 기존의 어떤 매체도 재현하지 못했던 현실의 움직임과 시간의 흐름을 '재현'하면서 인류의 재현의 역사를 비약적으로 발전시켜놓았다. 하지만 1920년대의 무성영화인이자 이론가인 엡슈타인은 재현의 역사 다음 단계를 희망했다. 영화이미지에 정신, 영혼, 인격을 부여하면서, 영화이미지를 재현된 무엇에서 현전하는 무엇으로 바꾸어놓으려 한 것이다. 영화이미지의 현전성에 대한 엡슈타인의 이 같은 주장 혹은 믿음이 비록 영화매체의 근본적인 한계를 무시하는 무모한 소망이라 해도, 영화이미지에 일종의 '숭고함'을 부여하려 했던 그의 노력은 분명 주목할 만한 가치가 있다. 그의 무모한 소망은 당대 애니미즘적 경향이나 아방가르드 원시주의적 경향으로부터 영향받은 것일 수 있지만, 어쩌면 그보다는 탄생하자마자 고유한 예술성을 의심받고 대중적 복제기계로 전락해가는 영화 자체에 대한 안타까움으로부터 비롯된 것인지도 모른다. 동시대에 벤야민은 영화라는 매체에서 아우라가 소멸되었다고 선언했

---

71. 자크 리베트Jacques Rivette가 'La Belle Noiseuse'(1991)라는 제목(한국판 제목 『누드모델』)으로 영화화했다.

지만, 엡슈타인은 그와 정반대로 영화이미지에 정신성, 인격성, 현전성을 부여하면서 영화매체만의 숭고한 예술성을 지켜내고자 했다.

결절結節

엡슈타인은 영화사 초기 여러 영화이론가에 의해 제기된 영화이미지의 정신성 논의들을 모아 '포토제니'라는 개념으로 정련한다. 그는 델뤽이 제안한 포토제니 개념을 보다 체계적으로 정의하면서 그것의 주요 특성으로 정신성, 운동성, 인격성을 제시하는데, 그중 동시대 영화인들과 이론가들에게 가장 많은 영향을 끼친 것은 '정신성'이라 할 수 있다. 포토제니 개념에 내재된 정신성에 대한 강조는 그의 논의들에서 영화이미지의 비가시성과 비물질성에 대한 강조로 이어지고, 이는 다시 영화이미지에 내재된 '비결정성'에 대한 강조로 이어진다. 그런데 실제로 당시 무성영화인들과 이론가들에게서 발견되는 공통된 특징 중 하나가 바로 영화이미지에 내재된 '비결정적 요소'에 대한 질문 혹은 탐구였다. 가시적이고 물질적인 영화이미지로부터 발현되는 비가시적이고 비물질적인 그것, 내러티브 논리로도 그리고 영화기술의 원리로도 설명할 수 없는 그것을 어떻게 정의해야 하는가? 엡슈타인의 포토제니 개념은 무성영화인들 사이에서 그 질문에 대한 일종의 해답처럼 받아들여진다.

따라서 영화이미지에 내재된 정신적인 무엇 혹은 비결정적인 무엇을 가리키는 개념인 포토제니는 동시대 유럽 영화인들에게 빠른 속도로 확산되면서 커다란 영향을 미친다. 예를 들면, 뒬락은 포토제니 개념의 영향을 받아 영화이미지가 구현하는 정신성과 인격성에 주목하게 되었는데, 그녀에 따르면 특히 "심리적 숏, 우리가 거대한 클로즈업이라고 부르는 그 숏은 스크린에 투영된 등장인물의 사유 자체"

이자 "인물의 영혼이고, 욕망"에 해당한다.[72] 또 발라즈는 『가시적 인간Der sichtbare Mensch』(1924) 등의 논저에서 포토제니와 매우 유사한 '상相, physiognomie'이라는 개념을 제시하는데, 상이란 한마디로 '정신이나 영혼 등 내적 특질을 담고 있는 만물(사물과 인간 포함)의 외양'을 가리킨다. 발라즈는 영화이미지야말로 그러한 '상'을 드러내는 데 가장 적합한 수단이라고 주장하며, 엡슈타인이 포토제니 개념을 통해 영화이미지의 인격성을 강조한 것처럼, 그는 상 개념을 통해 영화이미지의 범상징성을 강조한다(이에 관해서는 이 책의 제5장에서 자세히 살펴볼 것이다). 아울러, 베르토프와 벤야민은 엡슈타인과는 명백하게 다른 관점에서 영화이미지에 접근하지만, 둘 모두 종국에는 영화이미지에 내재된 비결정적 요소에 대해 주목한다. 제2장에서 살펴본 것처럼, 벤야민은 영화의 기계적 지각이 우리에게 시각적 무의식 지대를 보여주고 나아가 일상적 무의식 지대를 보여준다고 주장하는데, 이 일상적 무의식 지대는 우리의 의식으로 포착되지 않고 파악되지 않는 비결정적 영역이자 역사에 대한 변증법적 인식의 틀에서도 빠져나가는 영역이라 할 수 있다. 또 제3장에서 언급한 것처럼, 베르토프는 '간격'이라는 개념을 통해 영화이미지 안에 존재하는 '비결정적 요소'들을 구성주의적이고 물질주의적인 입장에서 파악하려 했다.

아울러 좀더 특별하게, 동시대 러시아의 형식주의자인 보리스 예이헨바움은 엡슈타인의 '포토제니'와 유사한 개념으로 '자움заумь/zaoum'을 제시한다.[73] 러시아 형식주의 이론가들은 영화와 관련된 엡

---

72. Germaine Dullac, "The Expressive Techniques of the Cinema"(1924), trans. by S. Liebman, in *French Film Theory and Criticism. 1907~1939*, selected by Richard Abel, vol. I(Princeton, New Jersey: Princeton University Press, 1988), 310쪽.
73. 김수환, 「러시아 형식주의 영화이론 다시 읽기: 영화기호학의 기원과 한계에 관하여」, 『슬라브학보』, 제21권 4호, 2006, 39~52쪽 참조. 러시아 미래파 시인들(특히 벨리미르 흘레브니코프, 알렉세이 크루체니크)의 시 유형을 가리키는 'zaum/zaoum'

176 ㅣ 영화이미지학

슈타인의 포토제니 개념에 대해 충분히 인지하고 있었는데, 유리 트이냐노프를 비롯한 다수의 이론가가 영화 속 모든 사물을 '의미론적 사물'로 간주하면서 영화의 의미화 과정 자체가 오직 체계 내에서만 가능하다고 본 반면, 예이헨바움은 영화 속 사물들의 '사물성' 자체를 인정하고 영화의 의미화 과정에는 반드시 '전언어적' 혹은 '비언어적' 성격의 포토제니적 요소가 포함된다고 주장한다. 예이헨바움은 더 나아가 포토제니를 영화의 "자움적 본질"이라고 간주하는데, 자움이란 "의미를 초월한 자족적 언어"를 뜻하는 것으로 영화를 포함한 예술작품에서 "의미와 서사의 영역 외부에 머무는 어떤 차원"으로 해석될 수 있다.[74] 요컨대, 예이헨바움은 영화매체 안에 반드시 의미화 과정의 외부, 서사화 과정의 외부, 혹은 통사론적인 체계화 과정의 외부에 머무는 불명료한 요소들이 존재한다고 보았으며, 그러한 '비결정적 의미'의 요소들을 바로 '자움적 요소' 또는 '포토제니적 요소'라고 명명했다.

　나아가, 포토제니 개념을 바탕으로 하는 엡슈타인의 사유 전반은 후대 영화이론가들에게 커다란 영향을 미친다. 비결정성 외에도 포토제니의 주요 특성으로 제시된 정신성, 운동성, 인격성은 후대 영화이론가들이 영화이미지의 본질을 규명해주는 특성으로 수용한다. 그리고 영화를 '사유하는 기계' 혹은 '사유를 위한 기계'로 보는 그의 주장역시, 단순한 대중매체로 전락해가는 영화의 위상을 재고하게 만드는데 중요한 기여를 한다. 이를테면, 모랭은 포토제니에 내재된 정신성

은 '~너머'라는 뜻의 접두사(za)와 '정신, 오성, 지성' 등을 뜻하는 명사(oum)를 합쳐 만든 상징적 단어다. 이들은 언어작용 너머의 문학, 의미 너머의 음성 상징을 이용한 언어적 실험시에 몰두했다. 러시아 형식주의자들을 비롯해, 특히 시클롭스키와 예이헨바움 등에게 많은 영향을 끼쳤다.
74. 같은 글, 50쪽.

과 인격성을 바탕으로 영화이미지의 마법성과 초현실성에 대한 사유를 발전시키며, 들뢰즈는 포토제니 개념 및 사유하는 기계로서의 영화 개념을 근간으로 영화이미지에 대한 그의 사유를 전개한다. 또 바르트의 '푼크툼punctum' 개념은 그 자체가 엡슈타인의 포토제니 개념으로부터 비롯된 것이라 할 수 있는데, 영화이미지에 내재된 비결정성과 정신성을 강조하는 포토제니 개념은 사진이미지와 영화이미지 안에 존재하는 비결정적 요소와 환유적 확장성을 강조하는 푼크툼 개념의 모태가 된다. 오몽의 지적처럼, 사실상 바르트의 푼크툼 개념은 의도적으로 더해진 주관적 특성을 제외하고는 포토제니의 정의를 그대로 가져왔다고 볼 수 있다.[75]

요컨대, 포토제니 개념을 중심으로 하는 엡슈타인의 영화적 논의는 영화 탄생 후 제기되었던 수많은 영화적 사유 가운데서 가장 주목할 만한 하나의 사유를 형성해낸다. 그것은 바로 영화이미지에 내재된 비결정적 요소들에 대한 사유, 혹은 영화이미지가 근본적으로 내포하고 있는 비결정성에 관한 사유다. 물론, 엡슈타인에 앞서 베르그손이 이미지 자체에 내재된 비결정성에 대한 사유를 보여주었고, 또 영화이론의 초창기에 카누도와 델뤽은 영화이미지에 덧붙여지는 설명할 수 없는 특질을 서정성과 정신성이라는 개념으로 설명한 바 있다. 그러나 이성적 사유와 언어적 논리로 설명할 수 없는 특질인 '비결정성'을 포토제니라는 개념을 통해 영화이미지의 본성으로 규명한 것은 엡슈타인이 처음이다. 그의 사유와 논증 덕분에, 영화이미지는 '설명할 수 없고 정의할 수 없는 무엇'이라는 본질적 특성이자 매혹을 획득해낸 것이다.

---

75. Jacques Aumont, *Image* (Paris: Nathan), 1990, 242쪽.

제5장

|

상相, 얼굴, 신체: 발라즈

벨라 발라즈(Béla Balázs, 1884~1949)는 20세기 전반의 가장 중요한 영화이론가 중 한 사람이자, 헝가리를 대표하는 좌파 사상가이며 문화이론가다. 그는 무성영화 시대에 등장한 독일 표현주의, 소비에트 몽타주 유파, 프랑스 아방가르드 등을 직접 목도하면서 그 경험을 바탕으로 그의 영화이론을 구축했고, 아울러 '상physiognomie,' '미세표정표현법micro-mimiques,' '신체언어' 등의 개념들을 제시하면서 보다 심화된 영화미학의 차원을 탐구했다. 후대의 많은 영화이론가들에게 영향을 미치는 그의 영화적 사유는 기본적으로 무성영화 시대의 논의들을 바탕으로 하고 있지만 하나의 큰 줄기로 묶을 수 없을 만큼 매우 다양하고 광대하다. 다소 비체계적이고 비논리적인 부분도 없지 않지만, 그는 동시대의 영화적 사유들을 중심으로 그 이전의 사유와 그 이후의 사유를 모두 아울러 집약한다.

영화에 대한 그의 사유는 '클로즈업'과 '미세표정표현법' 논의에서 알 수 있듯이 아주 작은 미시적 차원에 집중되다가도, '가시적 언어'와 '보편언어'의 논의 등에서 볼 수 있는 것처럼 동시대와 미래를 조망하는 거시적 차원의 담론으로 발전하기도 한다. 또 근본적인 마르크스주의자로서 오랫동안 유물론적 사고를 견지했지만, 정작 영화 관련 논의들에서는 영화이미지의 물질적 측면보다 정신적 측면을 드러내는 데 더 많은 부분을 할애한다. 특히 발라즈는 클로즈업과 상 개념을 연관시키면서 영화에서 '인간의 얼굴'이 갖는 의미에 대해 매우 정치한 분석을 보여주는데, 그에 따르면 '영혼의 드러냄'으로서 상의 의미는 세계 모든 존재의 외양 중에서 인간의 얼굴과 관련될 때 가장 강렬하게 나타난다. 그리고 영화는 모든 매체 중에서 이러한 얼굴의 상을 가장 잘 드러내줄 수 있는 매체이다. 요컨대 '상' 개념이나 '영화적 얼굴' 논의가 암시하는 것처럼, 발라즈는 영화이미지가 인간과 사물을 비롯한 만물의 정신과 영혼을 드러낼 수 있는 특별한 매개체라고 믿었다. 이 때문에, 그는 20세기 전반 엡슈타인과 함께 영화이미지의 정신성에 대한 사유를 가장 멀리까지 밀어붙인 인물로 간주되며, 또한 카누도, 뒬락, 강스 등과 함께 영화의 숭고한 예술성을 가장 적극적으로 전파한 인물로 꼽힌다.

1. 영화이미지와 상

(1) 상: 내적 특질 및 영혼을 나타내는 외적 형상

발라즈에 따르면, 자연과 사물과 인간을 포함한 세계의 모든 존재는 각자의 '상Physiognomie'을 갖고 있다. 이 독일어는 '상, 인상, 인상학' 등을 뜻하는 단어인데, 발라즈는 그의 논의들에서 그것을 주로 '상相'의 의미로 사용한다.[1] 그가 말하는 상은, 한마디로 '정신이나 영

---

1. 발라즈를 다룬 국내 논저들에서는 주로 '인상相'으로 번역되었다. 그러나 이 책

혼 등 내적 특질을 나타내는 만물의 (특별한) 외적 형상'이라는 의미로 요약될 수 있다. 즉 상이란 단지 인간의 얼굴의 형상만을 가리키는 것이 아니라 사물, 동물, 식물, 환경 등 이 세계를 구성하는 모든 존재의 외적 형상을 가리키며, 하나의 외적 형상이 상으로 간주되기 위해서는 반드시 '내적인 무언가'를 드러낼 수 있어야 한다. 요컨대, '상'은 한 존재의 외면성과 내면성에 모두 관계되며, 세계의 모든 볼거리와 관련되면서 동시에 각 오브제의 내적 특질 및 가치와 관련된다. 오몽의 언급처럼, "스펙터클로 보여지는(즉 재현되는) 세상의 모든 대상은 하나의 질質을 갖고 있으며, 나아가 상相의 질서에 속하는"[2] 것이다. 그런데 상이 드러내는 사물과 인간, 자연의 내적 특질은 단순히 그 대상의 특별한 성질이나 상태만을 의미하는 것이 아니다. 상은 궁극적으로 만물이 보유하고 있는 각자의 고유한 '정신'을 나타내며, 각자의 고유한 '영혼'도 나타낸다.[3] 상은 "사물들, 존재들, 장소들의 외양이자 얼굴이며, 동시에 그것들의 영혼의 창窓"인 것이다.[4]

그런데 이처럼 사물과 인간의 외양이 만들어내는 상에 특별한 의미를 부여하는 발라즈의 사유에는 몇 가지 원천이 있다. 먼저, 발라즈의 상 논의는 유럽의 '인상학人相學'으로부터 직접적으로 유래된다. 고대로까지 근원을 거슬러올라가는 인상학적 탐구는 18세기 스위스 신학자 라바터J. K. Lavater에 의해 체계적으로 정리되는데, 발라즈는

에서는 '인상印象'이라는 단어와의 혼동을 피하고, 인간뿐만 아니라 세상의 모든 존재에 관계된 용어라는 점을 강조하기 위해 '상相'이라는 단어로 번역한다.
2. 자크 오몽, 『영화 속의 얼굴』, 142쪽.
3. Béla Balázs, *L'homme visible et l'esprit du cinéma*, traduit par Claude Maillard(Paris: Circé, 2010), 74~75쪽. 여기에서는 발라즈의 『가시적 인간 혹은 영화의 문화*Der Sichtbare Mensch oder die Kultur des Films*』(1924)의 프랑스어 번역본인 위의 책을 참조하고 인용할 것이다. 이후, 이 책의 인용은 제목과 쪽수로만 표기한다.
4. 자크 오몽, 같은 책, 144~145쪽. 고딕체는 인용지의 강조.

그의 저서 『가시적 인간 혹은 영화의 문화』에서 괴테의 「라바터의 인상학 단편들에 대한 논고」(1774)를 직접 인용하면서 라바터에서 괴테로 이어지는 인상학적 관점에 대해 설명한다. 괴테에 따르면, "인간 존재의 외부"는 "사회적 조건, 습관, 소유물, 의상 등으로 변형되고 덧씌워지지만," "그러한 가면들을 통해" 오히려 그의 "가장 내밀한 곳"까지 침투할 수 있고 그의 "진짜 성격"을 만날 수 있다.[5] 왜냐하면 인간과 주변 환경은 지속적으로 서로 영향을 미치면서 서로를 변화시키기 때문이다. 즉 "의상과 소지품" 같은 것들이 모여 만들어내는 인간의 '외적 상'은 결국 각 개인의 '성격'과 '내적 특성'에 대해 유용한 판단을 가능하게 해준다.

그다음으로, 앞에서 살펴보았던 20세기 초반의 '애니미즘'적 사고와 '원시주의'적 사고도 발라즈의 상 논의에 분명한 영향을 미친다. 실제로 영화가 죽은 것과 살아 있는 것의 경계를 허물면서 만물에 신비로운 무엇, 즉 영혼과 생명을 부여할 수 있다고 보는 발라즈의 사고는, "모든 자연현상에 영혼을 부여하고 마법적 실천으로 그 현상들을 활성화시키고자 하는"[6] 애니미즘적 사고의 한 유형이라 볼 수 있다. 또 외적이며 물리적인 형상과 내적이며 정신적인 성질이 서로 불가분의 관계에 있다는 발라즈의 상 개념은 원시주의의 '미분적' 사고의 영향을 나타낸다고 할 수 있다. 아울러, 게르투르드 코흐는 모든 사물에 영혼이 있다고 믿고 모든 미시적 세부에서 거대한 주제를 찾아내려는 발라즈의 사고가 '독일 낭만주의'의 유산이라고 주장하기도 한다. 즉 발라즈는 "모래알에서 우주를 발견"하고자 했던 블레이크와 마찬가지로 클로즈업으로 "미시적 상"을 발견하고자 했으며, 또 "모

---

5. *L'homme visible et l'esprit du cinéma*, 47~48쪽.
6. Gerhard J. Bellinger, *Encyclopédie des religions*(Paris: Le Livre de Poche, La Pochothèque, 1986), 22쪽.

든 오브제가 영화적 지각과 승화의 대상이 될 만한 가치를 지니고 있다"고 간주하면서 "영화기술이 우리에게 영혼의 실험실을 제공해준다"고 믿었다.[7]

(2) 영화이미지와 상

① 상과 영화적인 것

발라즈의 상 개념은 영화이미지에 대한 그의 독특한 사유와 결합되면서 더욱 심화되고 발전된다. 발라즈는 '영화이미지'가 인간 얼굴의 상뿐 아니라 만물의 상을 표현하는 데 가장 적합한 수단이라고 강조한다. 일견, 영화이미지는 철저하게 가시적인 요소들로 이루어져 있고 대상의 외적 양상들만 드러내는 것처럼 보이며, 따라서 단지 "순수한 외재성과 장식적 공허함"으로만 구성되는 것처럼 간주되기도 한다.[8] 그러나 발라즈는, 이처럼 단순한 외재성이나 장식적 공허함은 영화의 것이 아니며, 영화는 그와 반대로 항상 대상의 비가시적이고 내적인 특질들을 드러낼 수 있다고 주장한다. "영화에서는 모든 내재성이 하나의 순수한 외양 속에서 포착되며, 모든 외양은 또한 내재성을 포착하도록 주어진다"는 것이다. "영화에서 얼굴 윤곽선의 아름다움은 일종의 상의 표현으로서 기능"하며 "주인공이 아름다운 외모를 갖는 것은 그가 내적으로도 아름답기 때문이다"고 말한다.[9]

따라서 발라즈는 "영화만큼 '사물의 얼굴'을 나타내는 임무를 부여

---

7. Gertrud Koch, "Béla Balázs: The Physiognomy of Things"(trans. by M. Hasen), in *New German Critique*, No. 40, Winter, 1987, 176~177쪽.
8. *L'homme visible et l'esprit du cinéma*, 48쪽.
9. 같은 책, 49쪽.

받은 예술은 없다"고 강조한다. 실제로 조형예술에서 "사물들의 잠재적인 상을 되살아나게 하고 그것을 강조하고 모두가 감지할 수 있는 게 만드는 것"을 '표현주의'라 부르는데, 발라즈에 따르면 영화는 표현주의를 실천하기에 매우 합당한 예술인 것이다.[10] 또한 영화는 "말보다 훨씬 더 개성적인 얼굴 표정"을 사용하고 "관념보다 훨씬 더 구체적이고 특징적인 상"을 사용해, "가장 진정성 있고 가장 심층적인 시"를 만들어낼 수 있다.[11] 요컨대, 발라즈에게 영화란 "인간, 생물, 무생물에 나타나는 상의 특질에 시각적 형태를 부여하는" 매체이자 "역사 이래 그러한 상의 특질을 표현할 수 있는 최초의 매체"라 할 수 있다.[12] 나아가, 발라즈에 따르면 영화에서 상은 비가시적이고 내적이고 정신적인 특질을 나타낼 뿐 아니라 이미지 안에서 '이미지를 초과하는 것' 혹은 '초과 이미지das Überbildiches'를 나타내기도 하다.[13] 발라즈는 이처럼 '이미지를 초과하는 것으로서의 상'을 '영화적인 것das filmische'이라고 부르기도 한다.[14] 이미지를 초과하는 것으로서의 상은 약호화된 규칙이나 의미의 논리를 벗어나는 것이지만 그렇다고 무의미한 감각자료는 아니며, 서사작용으로부터 파생된 것이 아니라 서사작용 자체를 가능하게 하는, 서사작용의 단초로서의 '잉여'라 할 수 있기 때문이다.

그런데 '상'을 영화이미지를 초과하는 특질로 보고 의미의 논리나 서사작용으로부터 벗어나지만 오히려 의미의 생산을 가능하게 하는 것으로 보는 발라즈의 입장은, 영화이미지에 대한 엡슈타인의 관점과

---

10. 같은 책, 75쪽.
11. 같은 책, 54쪽.
12. Gertrud Koch, "Béla Balázs: The Physiognomy of Things," 168쪽.
13. Béla Balázs, *Der Film: Werden und Wesen einer neuen kunst*(Wien: Globus Verlag, 1972), 163쪽; 박성수, 『들뢰즈와 영화』(문화과학사, 1998), 201쪽에서 재인용.
14. 박성수, 『들뢰즈와 영화』, 199쪽.

상당히 유사하다. 앞 장에서 살펴본 것처럼, 엡슈타인 역시 '포토제니'를 이미지에 덧붙여지는 특질로 보고 명확히 규정할 수 없지만 영화이미지에 어떤 특별한 의미를 부여하는 것으로 보기 때문이다. 또 상이 만물의 내적 특질과 영혼을 드러낼 수 있다고 보는 발라즈의 관점과 포토제니가 만물의 정신과 영혼을 표현할 수 있다고 보는 엡슈타인의 관점도 매우 유사하다. 아울러, 두 사람에게 상과 포토제니는 각각 '영화적인 것' 그 자체를, 즉 영화라는 매체의 본질을 의미하기도 한다.[15] 요컨대, 상과 포토제니 개념에서 알 수 있듯이, 영화이미지에 나타나는 불특정한 특질에 관심을 갖고 정확히 설명할 수 없는 그것을 정신적인 것 내지는 영혼에 관계되는 것으로 보는 엡슈타인과 발라즈의 입장은 1920년대 무성영화인들이 공유하던 하나의 특징적 경향이라고 유추해볼 수 있다.

② 사물의 상과 '풍경'의 상, 그리고 범상징주의

앞서 언급한 것처럼, 영화는 인간 외에도 현실 세계를 이루는 모든 존재(사물, 환경, 풍경 등)의 상을 드러내는 데 매우 탁월한 능력을 발휘하는 매체다. 상은 물론 인간의 얼굴에서 뚜렷하게 드러나지만, '사물'과 '풍경' 등에서도 마찬가지로 강렬한 형상으로 드러날 수 있다. 발라즈에 따르면, "각각의 사물은 고유한 영혼과 얼굴을 소유하는 자율적이고 살아 있는 존재"이며, 따라서 각자 자신만의 상을 소유하고

---

15. 오몽은 엡슈타인의 '포토제니' 개념과 발라즈의 '상' 개념 사이의 차이와 공통점에 대해 주목한다. 일단 오몽에 따르면, 포토제니와 상 사이에는 다수의 미묘한 차이가 존재하는데, 특히 '역동성' 혹은 '움직임'에 대해 두 개념은 매우 다른 양상을 나타낸다. 반면, 포토제니와 상 사이에는 여러 공통점이 존재하는데, 그중에서도 영화가 현실의 감춰진 진실을 드러낼 수 있는 '마술적 드러내기' 능력을 지니고 있다고 보는 관점은 가장 중요한 공통점이다. "포토제니가 영화가 지닌 이 마술적 능력의 다른 이름이라면, 상은 드러난 진실의 감성적이고 감각적인 구현, 즉 진리의 형상화"라 할 수 있다.(자크 오몽, 『영화 속의 얼굴』, 171~172쪽 참조)

있다.[16]

『가시적 인간 혹은 영화의 문화』에서 발라즈는 여러 분석 사례를 들어 사물과 풍경의 상이 무엇인지에 대해 잘 설명하고 있다. 예를 들면, '사물의 상'의 경우 칼 그루네Karl Grune의 영화 〈폭발Schlagende Wetter〉(1923)에서 잘 나타나는데, 탄광의 기계들과 우물들을 비롯한 모든 사물은 공포스러운 힘으로 영화의 주인공과 같은 역할을 수행한다. 특히 노동자들을 심연으로 실어나르는 '거대한 엘리베이터'는 영화 내내 불길한 기운을 드러내면서 인간의 삶을 지배하는 대체 불가능한 운명을 구현하는데, 발라즈는 이 엘리베이터가 그 자체로 사물이 지닐 수 있는 일종의 "악마적인 상"을 표현해냈다고 주장한다.[17] 또 로베르트 비네Robert Wiene의 〈칼리가리 박사의 밀실Das Cabinet des Dr. Caligari〉(1920)의 경우 "사물들의 표정 연기는 너무나 악마적이어서 (사물들이 속한) '죽은 자연'의 영역을 넘어 인간들이 속한 '살아 있는 자연'의 영역에 이를"[18] 정도이며, 사물들은 영화 내내 그 자체만으로 내적 공포와 불안을 담은 하나의 특별한 상을 만들어낸다. 마찬가지로, 발라즈에 따르면 영화이미지는 '풍경의 상' 또한 구체적으로 표현해낼 수 있는데, "자연의 불분명한 이미지로부터 풍경의 상을 끄집어내고, 그것을 틀에 끼워 그것을 부각시키는 것이야말로 예술적 스타일화 작업의 임무"[19]라고 강조한다. 무르나우F. W. Murnau의 영화 〈노스페라투Nosferatu〉(1922)는 특히 이러한 풍경의 상을 탁월하게 구현해낸 작품으로, "불길한 산의 풍경들과 요동치는 바다의 풍경들을 보여주는 일련의 이미지들"은 오한, 악몽, 밤의 그림자들, 죽음의 전

---

16. *L'homme visible et l'esprit du cinéma*, 74~75쪽.
17. 같은 책, 88쪽.
18. 같은 책, 76쪽.
19. 같은 책, 86쪽.

조, 광기, 유령 등을 보여주면서 자연을 넘어서는 어떤 "초자연적인 직감"의 힘까지 경험하게 해준다.[20]

이처럼, 사물과 환경에는 모두 각자의 상이 있다는 발라즈의 주장은, 한편으로는 앞서 보았듯 애니미즘적 사고와 연결되지만, 다른 한편으로는 사물들의 상이 궁극적으로 '상징'의 역할을 수행한다는 '범상징주의pan-symbolism'적 사고와 연관된다. 발라즈에 따르면 "영화에서 모든 사물은 상징적 의미를 깃는데"[21] 그에게 '상징적이다'라는 사실은 '하나의 의미를 가지면서 동시에 그 고유한 의미를 넘어 또다른 의미를 지시하는 것'을 뜻한다. 즉 영화 속 사물들은 그들의 고유한 실재성을 가지면서 동시에 또다른 의미작용을 수행하는 것이다. 말하자면, 동일한 하나의 방은 수줍은 행복이 감도는 비밀의 은신처를 의미할 수 있지만, 동시에 악독한 증오 때문에 황량하고 텅 빈 장소가 될 수도 있다. 이때 중요한 것은, 영화이미지가 상징적인 것이 아니라 "모든 것이 (영화의) 가시적 이미지 위에 제시되면서 하나의 상징적 기호가 된다"[22]는 사실이다. 다시 말해, 영화이미지를 통해 묘사되는 모든 사물은 그것들이 만들어내는 '상의 효과'에 의해 '예외 없이' 그리고 '필연적으로' 일종의 상징성을 지니게 된다. 요컨대, 발라즈가 보기에 영화에서 모든 현상은 상의 개념에 관계되고 상의 개념을 통해 파악되어야만 한다. 시간과 공간이 우리의 지각의 (기본) 범주인 것처럼, 상 또한 "우리의 지각의 필연적인 범주"라 할 수 있는 것이다.[23]

---

20. 같은 책, 95쪽.
21. 같은 책, 90쪽.
22. 같은 책, 92쪽.
23. 같은 책, 90쪽.

2. 얼굴과 클로즈업

발라즈에 따르면, 영화는 '클로즈업'을 통해 인간 내면의 깊은 곳에 자리잡은 영혼을 끌어내보이면서 가장 강렬한 방식으로 얼굴의 상을 나타나게 할 수 있다. 그뿐만 아니라, 영화는 클로즈업을 통해 얼굴이 지니는 본질적 특성들을, 즉 얼굴의 이중성과 역동성과 다성성을 탁월한 방식으로 구현할 수 있으며, 통일적 실체이자 자율적 전체로서 얼굴 이미지 또한 강렬한 방식으로 제시할 수 있다. 즉 발라즈에게 "얼굴은 그 자체로 클로즈업이며 클로즈업 또한 그 자체로 얼굴"[24]인 것이다.

(1) 영화 속 얼굴: 이중적, 다성적 언어

발라즈에게 얼굴은 항상 '이중적' 가치를 지니며, 나아가 복합적 특성들이 동시에 표현되는 다성적 언어로 간주된다. 영화 속에서 얼굴은 항상 인물의 얼굴이자 배우의 얼굴이며, 가시적 얼굴이자 비가시적 얼굴이고, 개인의 얼굴이자 유형의 얼굴이다. 또한 언제나 운동과 변화를 내포하고 있는 역동적 실체이며, 다양한 감정들이 동시에 여러 목소리를 낼 수 있는 언어의 프리즘이기도 하다.

① 영화 속 얼굴의 이중성
― 인물의 얼굴/배우의 얼굴

영화적 얼굴의 이중성은 우선 그것이 '인물의 얼굴'이자 '배우의 얼굴'이라는 사실에서 출발한다. 영화에서 배우의 얼굴은 연극에서

---

24. 이것은 들뢰즈의 표현이다: "얼굴은 그 자체로 클로즈업이며, 클로즈업 또한 그 자체로 얼굴이다."(Gilles Deleuze, *Cinéma 1. L'image-mouvement*, 126쪽)

보다 더 중요한 기능을 수행하는데, 항상 하나의 외양으로 '인물'과 '배우'를 동시에 재현해야 하는 임무가 있기 때문이다. 따라서 영화적 얼굴의 이중성은 연극에서의 얼굴과 영화에서의 얼굴을 구별해주는 중요한 기준이 된다. "연극배우의 얼굴은 수많은 가면들을 위한 잠재적 재료로서 사실상 특별한 특징을 가지고 있지 않지만, 영화배우의 얼굴은 하나의 가면(인물)과 하나의 얼굴(배우)만을 표현하기 때문에 눈에 띄게 두드러진 특징을 지니고 있어야만"[25] 하는 것이다. 영화에서는 분장이 배우의 본래 얼굴을 망가뜨려서는 안 되며, 감독의 역할은 "배우가 명료한 방식으로 자신의 한계 안에서 연기하도록 만드는"[26] 데 있다. 물론, 위에서 살펴본 것처럼 영화적 얼굴의 외양은 단순한 장식적 외양이 아니라 내재성을 압축하고 있는 상적인 외양이다. 한편, "연극에서는 등장인물들이 스스로 자신을 정의하고 대화를 통해 서로를 정의"하지만, "영화에서는 등장인물들의 외양이 첫 순간부터 그들의 성격을 결정한다."[27] 영화배우는 자신의 형상들의 유일한 창조자이며, 자신의 외적인 개성과 스타일을 통해 등장인물의 성격과 개성까지 구현해내는 것이다. "영화감독은 배우들을 선택하면서부터 이미 그의 '시詩'를 구성하고 등장인물들에게 그들의 실체의 가장 본질적이고 결정적인 몫을 부여한다."[28] 영화에서 우리는 배우라는 한 인간의 얼굴과 외양을 보고 등장인물의 개인적 성격과 집단적 성격을 파악할 수 있으며, 나아가 그 인물의 세계관과 가치관까지 엿볼 수 있다.[29]

25. Georg-Otto Stindt, *Das Lichtspiel als Kunstform* (Atlantis Vlg., Bremer-haven, 1924); 자크 오몽, 『영화 속의 얼굴』, 137쪽에서 재인용.
26. 자크 오몽, 같은 책, 137쪽.
27. *L'homme visible et l'esprit du cinéma*, 44쪽.
28. 같은 곳.
29. 같은 책, 45~47쪽.

— 가시적 얼굴/비가시적 얼굴

한편, 발라즈에 따르면 영화 속 얼굴은 항상 '가시적 얼굴'과 '비가
시적 얼굴'을 동시에 지닌다.[30] 즉 영화의 스크린에 드러나는 가시적
(일차적) 얼굴은 "항상 좀더 깊은, '그러므로' 좀더 진실한 다른 한 얼
굴에 일종의 투명한 가면을 씌우고"[31] 있다. 진정한 영화배우의 얼굴
은 이 비가시적인 얼굴 역시 가시적인 것으로 만들어낼 수 있어야 하
며, 드러나지 않은 것을 표현할 수 있어야 하고, 윤곽선들 사이에서
보이지 않는 것을 나타낼 수 있어야 한다. 또한 이와 같이 가시적 얼
굴을 통해 비가시적 얼굴을 드러내는 것은 '영혼'의 모습을 드러내는
것과 마찬가지이며, 얼굴 아래에 숨어 있는 영혼을 얼굴 표면 위에서
가시적인 것으로 바꾸어놓는 것과 마찬가지다. 그런데 얼굴이 영혼을
담고 있다는 발라즈의 이러한 입장은, 짐멜의 얼굴의 미학으로부터
깊은 영향을 받은 것이라 할 수 있다. 짐멜은 인간의 "영혼이 명백하
고 궁극적인 계시의 확고한 현상으로 결정화되는 곳은 오로지 얼굴"
뿐이라고 강조한다.[32] 물론 손의 움직임이나 발의 움직임, 걸음걸이
등 다양한 몸짓이 경우에 따라 내적 정서를 표현할 수 있지만, 그러한
동작들은 개인의 내적 정서를 어떤 지속적인 형식으로 결정화結晶化
시키지 못한다. 반면, 얼굴에서는 증오, 불안, 욕망 등 개인의 내적 정
서가 어떤 지속적인 흔적을 남기며 나아가 하나의 외적 현상으로 결
정화된다. 즉 얼굴만이 유일하게 "인간의 내적 인격을 직관할 수 있

---

30. 여기서, '가시적 얼굴'과 '비가시적 얼굴'의 관계는 '가시적 얼굴'과 '가독적 얼
굴'의 관계를 의미하는 것이 아니다. 가시적 얼굴 아래에서 개인의 내면과 영혼을
표현하는 '비가시적 얼굴'과 서사적 맥락이나 발신하는 대사 등에 비추어 충분히 독
해 가능한 '가독적 얼굴'은 전혀 다른 개념이라 할 수 있다. 이 관계에 대해서는 뒤
에서 다시 자세히 살펴볼 것이다.
31. 자크 오몽, 같은 책, 138쪽.
32. 게오르그 짐멜, 「얼굴의 미학적 의미」, 『짐멜의 모더니티 읽기』, 김덕영 옮김(새
물결, 2005), 111쪽.

는 기하학적 장소"가 되는 것이다.[33] 발라즈에 따르면, 영화는 그 어느 매체보다 가시적 얼굴 아래 숨은 비가시적 얼굴을 드러내는 데 있어 탁월한 능력을 갖춘 매체이며, 특히 클로즈업의 기능은 얼굴 아래에 숨어 있는 영혼을 얼굴의 표면 위로 떠오르게 해준다. "영화의 독립적인 클로즈업에서 우리는 가장 예민한 대화 상대자도 파악할 수 없는 얼굴 근육의 작은 움직임을 통해 영혼 깊숙한 곳까지 들여다볼 수 있는" 것이다.[34]

한편, 발라즈는 가시적 얼굴과 비가시적 얼굴의 공존을 보여준 대표적인 무성영화 배우들로 아스타 닐슨Asta Nielson, 폴라 네그리Pola Negri, 마리아 팔코네티Maria Falconetti 등을 꼽는다. 예를 들면, 닐슨은 가시적 얼굴을 통해 그녀의 내적 영혼이 새겨진 비가시적 얼굴을 보여주었을 뿐 아니라, 현재의 얼굴에 '이전의 얼굴'의 흔적과 '이후의 얼굴'의 예감까지 담아내는 놀라운 능력을 보여주었다. 다음과 같은 발라즈의 설명을 보라.

시각적 연속성의 '레가토legato' 속에서, 현 순간의 표현은 이전 순간의 표현을 여전히 담고 있고 다음 순간의 표현 또한 거기에 이미 그려져 있다. 우리는 (아스타 닐슨의 연기에서) 단지 각기 다른 영혼의 상태들만을 보는 것이 아니라 영혼의 상태들이 스스로 연결되는 신비로운 과정을 지켜보게 된다.[35]

또한 아스타 닐슨은 "가장하는 것을 가장하면서" 이중의 비가시적

---

33. 같은 곳.
34. 벨라 발라즈, 『영화의 이론』, 이형식 옮김(동문선, 2003), 72쪽. 이후, 이 책의 인용은 제목과 쪽수로만 표기한다.
35. *L'homme visible et l'esprit du cinéma*, 55쪽.

얼굴을 보여주기도 하는데, "처음에는 사랑을 가장하다가, 진정으로 사랑을 표현하고, 진정으로 사랑에 빠지면 안 되는 것을 알고 또다시 사랑의 가장을 드러낸다."[36] 그녀는 두 개의 다른 가면을 쓴 얼굴로 연기했지만, 결국 두 개의 비가시적 얼굴이 차례로 가시적 얼굴 위에 나타나게 하는 데 성공했다. 한편, 팔코네티는 칼 드레이어Carl Dreyer가 감독한 영화 〈잔다르크의 수난La Passion de Jeanne d'Arc〉(1928)의 유명한 클로즈업 장면들에서 자신의 내면에서 벌어지는 열정, 생각, 감정들의 격렬한 투쟁을 보여주었고 관객을 "얼굴 표정의 영적인 차원"[37]으로까지 끌고 들어갔다.

— 개인의 얼굴/유형의 얼굴

발라즈는 인간의 얼굴이 항상 '개인individualité'에게서 유래한 것과 '유형type'에서 유래한 것으로 결합되어 있다고 주장한다. "우리의 얼굴은 '전체가 온전하게' 우리의 것으로 속해 있지 않으며," 우리는 "우리의 얼굴 윤곽선들 중 가족, 인종, 사회계층으로부터 온 공통의 것을 결코 단번에 구별해낼 수 없다."[38] 발라즈에 따르면, 인간의 얼굴은 본질상 '개별적이고 성격적이며 인격적인' 측면과 '일반적이며 인종적이고 종족적인' 측면으로 이루어져 있다. 이는 다시 말하면 인간의 얼굴이 "영혼과 운명 사이의 투쟁"을 나타낸다는 사실을 뜻한다. 즉 인간의 얼굴은 "유형과 인격, 선천적인 것과 후천적인 것, 운명과 개인의 의지, '이드id'와 '자아ego' 사이의 투쟁"이 부단히 이루어지고 있는 장소다.[39] 그런데 영화는 미세표정표현법과 클로즈업 같은

---

36. 『영화의 이론』, 73~74쪽.
37. 같은 책, 85쪽.
38. L'homme visible et l'esprit du cinéma, 49~50쪽.
39. 같은 책, 51쪽.

다양한 기법을 통해 인간 얼굴의 이러한 이중성을 그 어느 매체보다도 선명하게 나타낼 수 있다. 요컨대, 영화는 "'미세한 표정표현법'을 통해 우리 얼굴의 얼마만큼이 우리 자신의 것이며 얼마만큼이 우리 가족, 국가, 혹은 계층의 몫인지…… 가장 정확한 말보다 더 미묘하고 정확하게" 보여줄 수 있다.[40] 즉 "우리가 통제할 수 있는 얼굴 뒤에 이미 우리의 몸속에 굳어진, 우리의 영향 밖에 있는 다른 얼굴을" 보여주는 것이다.[41] 또 클로즈업은 개인의 싱격이나 인격 같은 세세한 개별적 특징뿐 아니라 "외부적이고 관습적인 특징 뒤에 숨어 있는 개개인의 비개성적인 계층적 특징"을, "종종 국가적이거나 민족적인 특성보다 더 분명한" 특성을 드러낼 수 있다.[42]

② 영화 속 얼굴: 역동적 통일체이자 다성적 언어

근본적으로, 발라즈에게서 얼굴은 단순한 하나의 조각이나 단편이라기보다는, 변화중이고 운동중인 다양한 요소로 구성되는 하나의 통일적 구성체다. 발라즈는 얼굴의 각 부분이 끊임없이 전체와 관계를 맺는다고 보았으며, 상호종속적이고 유기적인 통일성을 지향한다고 보았다. 이러한 발라즈의 입장 역시 '얼굴의 미학적 통일성'에 관한 짐멜의 논의로부터 영향받았다고 할 수 있다. 짐멜에 따르면, 인간의 몸 가운데서 '미학적' 혹은 '조형적 통일성'을 가장 잘 보여주는 것은 바로 얼굴이다. 이는 "얼굴을 구성하는 단 하나의 요소만 변화해도 즉각 얼굴 전체의 성격과 표현이 변하는" 사실에서 알 수 있으며,[43] 실제로 우리는 몸에서 이와 유사한 성격을 갖는 다른 요소를 발견할

---

40. 『영화의 이론』, 96쪽.
41. 같은 책, 97쪽.
42. 같은 책, 94쪽.
43. 게오르그 짐멜, 「얼굴의 미학적 의미」, 108쪽.

수 없다. 즉 얼굴에서는 개별적인 요소들이 완벽한 통일성으로 통합되며, 각 개별 요소들은 수시로 상호작용하고 상호의존한다. "얼굴만큼 다양한 형태와 외양들을 절대적으로 통일적인 의미로 융합시키는 현상은 없으며"[44] 따라서 얼굴은 독자적인 개별 요소들의 유기적 결합이라는, 즉 다양성을 통일성으로 종합하는 일종의 미학적 이상을 실현해낸 것이다.[45]

그런데 발라즈에게 얼굴에 내재된 통일성은 다른 한편으로 '운동성'을 가리킨다. 이 또한 짐멜의 영향이라 할 수 있는데, 짐멜에게 얼굴은 하나의 통일적 실체일 뿐 아니라 '변화'와 '움직임'을 창조하는 구현물이기 때문이다. 위에서 언급한 것처럼, 얼굴은 개별 요소의 작은 변화만으로 전체의 변화를 가져올 수 있는 곳으로 내적 감정의 변화와 외적 표면의 움직임에 지속적으로 노출되어 있다. 짐멜의 표현처럼, "얼굴의 비할 데 없는 운동성"은 얼굴로 하여금 "개별 요소들의 최소한의 변화를 통해서 전체적인 상의 최대 변화를 가져오는 과제"를 완벽하게 수행하도록 해준다.[46] 짐멜은 '운동성'이야말로 육체와 영혼의 유일한 동일 형식이라고 주장하기도 했는데,[47] 인간의 육체 중에서도 얼굴은 육체와 영혼의 가장 미세한 운동을 동시에 보여주는 영역이라 할 수 있다. 같은 맥락에서, 발라즈는 얼굴에 내재된 근

---

44. 같은 글, 109쪽.
45. 개별 요소와 전체의 유기적 관계 외에도, 짐멜은 얼굴의 조형적(혹은 미학적) 통일성을 이루어내는 또다른 요인으로 '대칭구조'를 언급한다. 상이한 윤곽과 명암으로 인해 양쪽이 완벽하게 일치하는 얼굴은 원칙적으로 존재하지 않으며, 따라서 이 같은 '비대칭의 대칭'은 얼굴로 하여금 그 내부에서 '동일성'과 '차이'라는 두 표현 양식을 종합해 더 높은 수준의 미학적 통일성을 다양하게 구축하도록 해준다.(같은 글, 112~113쪽 참조)
46. 같은 글, 113~114쪽.
47. 게오르그 짐멜, 「로댕의 예술과 조각에서의 운동 모티프」, 『예술가들이 주조한 근대와 현대』, 김덕영 옮김(길, 2007), 176쪽.

본적인 '운동성'과 '가변성'을 강조한다. 짐멜과 마찬가지로, 그는 얼굴이 단순하고 미세한 외적 형태의 변화를 통해 감정의 변화나 정신의 변화 등 다양한 내적 변화의 가능성을 보여주는 장소라고 주장한다. 그에 따르면 "평범한 얼굴의 상조차도 매 순간마다 표정의 움직임을 통해 순간적으로 변화하는 경향을 보이며, 그러한 표정의 움직임은 평범한 한 사람으로부터 특별한 성격을 끌어낸다. 하지만 의복의 상이나 주변 환경의 상은 그 정도의 유동성을 갖고 있지 못하다."[48] 즉 발라즈의 사유에서 얼굴은 항상 "영속적인—혹은 적어도 잠재적인—움직임" 속에 있으며, 움직임이 멈춘 "정지상태에서조차도 얼굴의 좌우 면들은 그 자체로 서로와의 관계 속에서 작용하며 같으면서도 다른 유사성을 만들어낸다."[49] 근본적으로 좌우비대칭인 인간의 얼굴은 그 자체로 '유동성'을 내포하며 따라서 항상 내재적 유동성을 수반하는 역동적 공간이라 할 수 있는 것이다.

나아가 얼굴에 내재된 이러한 통일성과 역동성은 얼굴 자체를 일종의 '다성적 언어,' 즉 폴리포니polyphony로 만들어준다. 발라즈는 다음과 같이 설명한다.

일반적으로, 얼굴 표현은 언어보다 더 '다성적'이다. 소리들의 연속처럼 단어들의 연속이 하나의 멜로디를 형성하는 반면, 얼굴 위에서는 매우 다양한 내용들이 음악적 화음에서처럼 '동시에' 나타날 수 있다. 그리고 이 상이한 요소들 사이의 관계는 지극히 풍요로운 하모니와 변조를 만들어낸다. 이것은 감정적 화성이라 할 수 있는데, 그것의 본질 자체는 바로 동시성이다. 그런데 이 동시성은 언어로는 형성될 수 없

48. *L'homme visible et l'esprit du cinéma*, 48쪽.
49. 자크 오몽, 같은 책, 169쪽

는 것이다.[50]

또한 앞서 언급한 것처럼, 눈, 코, 입술, 눈썹 등 각기 다른 형상과 기능을 갖는 얼굴의 개별 요소들은 항상 상호영향관계 및 전체와의 유기적 종속관계에 놓여 있지만, 작은 변화와 움직임만으로도 다른 모든 요소에 영향을 미치고 얼굴 전체의 변화를 이끌어낼 수 있다. 즉 얼굴은 '미분적未分的, individuel'인 동시에 '분화적dividuel'인 이중성을 갖고 있으며,[51] 이러한 이중성은 곧 하나의 표면으로 다수의 감정들을 표현해낼 수 있는 얼굴만의 고유한 '다성성'의 근간이 된다. 특정한 공간과 시간 속에 놓이는 얼굴은 다수의 표현선을 통해 여러 감정의 화음을 만들어내면서 일종의 '시각적 폴리포니'를 실행할 수 있다. 특히 영화는 그 어느 매체보다 "얼굴 표정의 다성적 유희"를 선명하게 보여줄 수 있는 매체다. 영화에서는 "얼굴이 만들어내는 일종의 화음 속에서 다양한 감정, 열정, 생각이 인간 영혼의 다양성의 적절한 표현으로서 얼굴 표정에 통합된다."[52] 요컨대 발라즈에게 영화는, 얼굴의 클로즈업을 통해 "특정한 감정들의 불안정성labilité을 실재의 시간으로 표현"해낼 수 있는, 즉 "감정들의 폴리포니"를 탁월하게 재현해낼 수 있는 매체다.[53] 오몽의 표현처럼, 실제로 "몽타주를 제외하면, 영화에서 폴리포니는 얼굴 위에서 연기되는 표현들의 폴리포니가 전부"[54]라 할 수 있다. 따라서 이러한 얼굴의 다의성, 즉 상을 바탕으로 하는 얼굴 표현의 다성적 특성은 영화를 다른 매체와 구별시켜주는 하나

---

50. *L'homme visible et l'esprit du cinéma*, 56쪽.
51. 자크 오몽, 같은 책, 140쪽.
52. 『영화의 이론』, 73쪽.
53. 자크 오몽, 같은 책, 141쪽.
54. 같은 책, 140쪽.

의 중요한 변별적 특징이라 할 수 있다.

(2) 클로즈업 및 클로즈업된 얼굴: 부분이자 전체, 자율적 전체

① 클로즈업: 부분이자 전체
― 클로즈업: 확대 그리고 크기의 문제

클로즈업을 주로 거리상의 '가까움'으로 파악한 미국의 무성영화인들과 달리, 유럽의 무성영화인들은 클로즈업의 공간적 (그리고 시간적) '확대' 가능성에 주목했다. 예를 들어, 영어의 'close-up'에 해당하는 불어 'grossissement'이 '확대' 혹은 '증폭'을 뜻하고, 러시아어 'крупный план'이 '커다란 숏large shot'을 뜻하는 것만 봐도 알 수 있다. 물론 클로즈업이 당대 모든 무성영화인에게 "지각적이고 심리적인 근접성의 주요 요소"[55]로 작용한 것이 사실이지만, 미국식 클로즈업 개념이 대상에 가까이 다가가는 '거리'의 문제로부터 비롯되었다면, 유럽식 클로즈업 개념은 대상을 확대시키는 '규모(크기)'의 문제로부터 출발했다.[56] 발라즈 역시 동시대 유럽 영화인들과 마찬가지로 확대이자 증폭으로서의 클로즈업의 의미에 천착한다. 발라즈는 다음과 같이 언급한다.

(거대한) 크기가 유발하는 감동은 어떤 예술도 영화와 동일한 정도로 생산해낼 수 없는 효과이다. 거친 물결의 바다, 구름들 사이로 솟아 있는 빙하, 폭풍우가 몰아치는 숲, 혹은 거대한 사막이 일으키는 고통

---

55. 같은 책, 166쪽.
56. Mary Ann Doane, "The Close-up: Scale and Detail in the Cinema," in *difference: A journal of Feminist Cultural Studies*, volume 14, No. 3, Fall 2003, 104~110쪽 참조.

의 느낌: 이 모든 이미지 앞에서 우리는 우주를 마주보게 된다.[57]

즉 영화는 클로즈업을 통해 그전까지 그 어떤 예술도 보여줄 수 없었던 거대한 크기의 이미지를 보여주면서, 그 어떤 예술도 만들어내지 못했던 감동의 효과를 산출할 수 있었다. 물론 회화가 경우에 따라 거대한 작품을 만들어낼 수 있지만, 그것은 어디까지나 단 하나의 시점에서 바라본 정면의 이미지이자 고정된 이미지일 뿐이다. 또 연극도 종종 거대한 무대로 꾸며질 수 있지만, 그 무대 배경은 단지 그림으로 그려진 인위적 장식일 뿐이며 전경에 서 있는 배우들을 위한 보조적 후경에 불과하다. 하지만 영화는 다양한 시점과 거리에서 포착된 거대한 이미지들을 보여주고 특히 클로즈업을 통해 그 거대한 이미지들의 표면과 실체를 확대해 제시함으로써, 진정한 의미의 '크기의 감동'을 만들어낼 수 있다. 영화만이 "대지의 얼굴"을 보여줄 수 있고 "우주의 떨림"을 느끼게 해줄 수 있는 것이다. 영화가 만들어내는 "이 우주적 힘들의 불가사의한 동요 속에서 영원의 리듬과 맥박이 나타나며, 그 동요를 마주하고 있는 인간의 심장은 뒤집혀 사라질 수밖에 없다." 요컨대 영화만이 유일하게 세계의 "숭고한 크기들"을 있는 그대로 재현해낼 수 있는 것이다.[58]

—클로즈업: 부분이자 전체, 통일적 실체

그런데 유럽의 무성영화이론가들이 주장했던 '확대'로서의 클로즈업은 영화에서의 공간적 점유 혹은 기하학적 위상의 문제와 관련해 일종의 구조적인 이중성을 내포한다. 클로즈업은 작은 '부분'이자 동

---

57. *L'homme visible et l'esprit du cinéma*, 66쪽.
58. 같은 책, 66~67쪽.

시에 공간 '전체'이기 때문이다. 클로즈업은 영화 속 허구 세계 안에서 언제나 작은 '세부detail'인 반면, 관객이 직면하고 있는 스크린이라는 공간 위에서는 언제나 '전체totality'가 된다. 발라즈의 언급처럼, "클로즈업이 사물이나 사물의 어느 부분을 주변으로부터 돋보이게 하더라도 우리는 여전히 공간 속에 존재하는 것으로 그것을 보게 된다." 즉 우리는 어떤 사물의 일부가 클로즈업을 통해 화면 전체를 채우고 있다 하더라도, 결국 그것이 사물의 일부이자 공간의 일부라는 사실을 항상 인지하고 있는 것이다. 따라서 클로즈업은 공간적 차원에서 단편성과 전체성을 모두 지시하며, 도앤의 언급처럼 "항상 어떤 차원에서 하나의 자율적 독립체이자 파편이며, 단독체for-itself"[59]로서 구현된다.

클로즈업의 이러한 이중성은 당대 무성영화인들 사이에서도 상반된 관점을 낳는다. 실제로 당시 다수의 유럽 영화인들은 클로즈업을 세계로부터 이미지를 분절시키는, 혹은 이미지로부터 이미지를 분리시키는 분절의 도구 또는 "해체의 도구"[60]로 보았다. 예를 들면, 예이젠시테인에게 클로즈업은 이미지의 분절을 통해 "영화의 담론을 분절시키는" 도구였으며, 영화를 "모호한 독백주의에 빠지지 않게 해주는" 도구였다.[61] 또 그가 보기에, 클로즈업은 아무리 자율적 전체로 기능할 수 있다 해도 그것은 결코 독자적으로 행해질 수 없는 것이었으며, 반드시 일정한 논리적 관계나 결합 체계 안에 삽입되어 있어야만 비로소 온전한 의미를 얻을 수 있었다.

반면, 발라즈에게 클로즈업은 무엇보다 '통일적 실체'를 낳는 도구였다. 발라즈는 총체적 시각이자 통일적 실체라는 조건이 전제되어야

59. Mary Ann Doane, "The Close-up: Scale and Detail in the Cinema," 90쪽.
60. 자크 오몽, 같은 책, 166쪽.
61. 같은 책, 167쪽.

만 클로즈업이 진정한 하나의 자율적 전체로 기능할 수 있다고 간주
했다.[62] 우선, 이것은 발라즈가 그의 독특한 상이론을 통해 '클로즈업'
을 '얼굴'과 동일한 개념으로 보았기 때문이다. 즉 그에게 얼굴과 클
로즈업은 상호교환 가능한 동질적 실체이며, 따라서 얼굴이 하나의
미학적, 조형적 통일체인 이상 클로즈업 역시 그 자체로 하나의 조형
적, 미학적 통일체로 고려된다. 즉 얼굴과 마찬가지로, 클로즈업은 분
절된 하나의 조각이나 파편이라기보다는 특별한 내적 정서를 담고
있고 다양한 요소들로 구성되는 하나의 통일적 구성체다. 예컨대, 발
라즈는 연극에서의 얼굴과 영화에서의 클로즈업된 얼굴을 비교하며
다음과 같이 설명한다. "연극에서는 대단히 중요한 의미를 담고 있는
얼굴조차도 극 전체의 전개과정상 다른 요소 사이에 끼어 있는 하나
의 '요소'일 뿐이다. 반면, 영화에서는 어떤 얼굴이 클로즈업을 통해
스크린의 표면 전체에 펼쳐질 경우, 그 얼굴은 비록 짧은 순간 동안이

---

62. 클로즈업을 '세부'로 바라보는 것과 '총체'로 바라보는 것의 차이는, 클로즈업된
얼굴을 '가독적legible 얼굴'로 제시하는 것과 '자율적autonomous 얼굴'로 제시하
는 것의 차이로 이어진다. 즉 세부로서의 클로즈업은 가독적 얼굴을, 총체로서의 클
로즈업은 자율적 얼굴을 만들어낸다. 도앤은 이와 관련해 세 편의 영화를 사례로 들
어 설명하는데, 세실 B. 데밀Cecil B. De Mille의 〈사기꾼The Cheat〉(1915)에서의
세슈 하야가와Sessue Hayakawa의 얼굴, 루벤 마물리안Rouben Mamoulian의 〈크
리스티나 여왕Queen Christina〉(1933)에서의 그레타 가르보Greta Garbo의 얼굴,
알프레드 히치콕Alfred Hitchcock의 〈사보타주Sabotage〉(1936)에서의 오드리 헵번
Audrey Hepburn의 얼굴이 그것이다. 이 세 얼굴의 클로즈업들에서 '가독성'과 '자
족성'의 관계는 반비례하는데, 가독성이 가장 큰 클로즈업은 〈사보타주〉에서의 오
드리 헵번의 얼굴 클로즈업이며, 자족성이 가장 큰 클로즈업은 〈크리스티나 여왕〉
에서의 그레타 가르보의 얼굴 클로즈업이다. 즉 전자가 영화의 정교한 서사적 좌표
에서 완벽하게 자신의 자리를 차지하며 관객에게 그것이 지시하는 의미의 폭과 깊
이를 정확히 전달하는 얼굴이라면, 후자는 그야말로 모든 서사의 압박으로부터 벗
어난 "영도의 표정"이자 일종의 추상 혹은 관념으로서의 얼굴인 것이다. 바르트가
이미 『신화론』에서 상세히 설명했듯, 가르보의 얼굴은 모든 내포connotation의 차
원이 완벽하게 제거된 '순수 외연dénotation'의 차원이라 할 수 있다.(Mary Ann
Doane, "The Close-up: Scale and Detail in the Cinema," 97~104쪽; Roland
Barthes, *Mythologies*, Paris: Seuil, 1957, 77~79쪽 참조)

지만 전체 드라마를 함축하는 '총체'가 된다."[63]

한편, 발라즈는 클로즈업을 영화의 '기술적 조건'이자 '예술적 조건'으로 간주할 뿐 아니라, 더 나아가 사물과 세계를 바라보는 '시각의 방식'으로 간주했다. 클로즈업을 통해 사물을 확대해 제시하는 것뿐 아니라, 클로즈업을 통해 사물을 바라보는 것 또한 중요하다고 주장한다. 발라즈에게 클로즈업은 "스크린 표면에 대한 전체적 시각, 즉 총체적 시각을 의미"하는데, 이때 클로즈업을 통해 스크린 위에 제시되는 이미지는 짧은 순간이지만 "하나의 총체 혹은 하나의 실체"로 작용하게 된다.[64] 아울러, 발라즈가 말하는 통일적 전체 혹은 총체적 시각으로서의 클로즈업은 단순한 하나의 '고정적 실체'나 '닫힌 집합'을 의미하지 않는다. 얼굴과 마찬가지로, 클로즈업으로 제시되는 모든 이미지는 그 자체로 하나의 역동적 실체이자 다성적 언어가 되며, 세계에 대한 압축일 뿐 아니라 세계로의 열림을 내포하고 있는 일종의 열린 집합이 된다. 따라서 발라즈에게는 "몽타주 과정에 얼굴을 포함시키기 위해 얼굴에서 단지 그것의 고정적 이미지만을 취하여 역동성을 축소시키는 것은 용납될 수 없는 일"[65]이다. 클로즈업은 영화의 담론을 분절시키는 도구가 아니라 영화의 담론을 수렴하고 통합하는 도구이며, 그것의 내적 역동성과 다성성을 기반으로 하나의 표면 위에서 다양한 의미들을 표현하고 내적인 변화까지 표현하는 특별한 순간인 것이다. 즉 역동적이고 통일적인 실체이자 다성적 언어로서 얼굴-클로즈업은 무한한 '수축'과 '열림'의 공간이라 할 수 있다.

---

63. *L'homme visible et l'esprit du cinéma*, 61쪽.
64. 자크 오몽, 같은 책, 161쪽.
65. 같은 책, 170쪽.

② 클로즈업 및 클로즈업된 얼굴: 자율적 전체

그런데 이처럼 발라즈가 부분으로서의 클로즈업보다는 통일적 실체로서의 클로즈업에 더 의미를 두었다고 해서 클로즈업에 내재된 '분절'이라는 행위의 의미를 경시한 것은 아니다. 전체 이미지로부터 하나의 세부를 절단해내는 분절작업은 클로즈업이라는 양식의 기본적인 선행 조건이기 때문이다. 당대 영화인들과 마찬가지로 발라즈는 분절작업의 중요성을 간파했으며, 분리 혹은 분절의 작업을 거쳐야만 비로소 클로즈업이 '통일적' 실체일 뿐 아니라 '자율적' 전체로서의 의미를 얻을 수 있다고 보았다. 이를테면, 그와 많은 영화적 사유를 공유하는 엡슈타인은 영화 속에 삽입된 다양한 얼굴 클로즈업들을 연구하면서, 특히 눈썹, 입술, 근육 등 얼굴을 이루는 각 요소들이 거칠고 낯선 대상들로 '분절'되는 것에 주목했다. 그리고 짧은 순간적 숏들로 분절된 그 요소들이 더욱더 강렬한 포토제니를 발산하는 것을 파악하면서, 클로즈업을 위해서는 보다 "세밀한 이미지의 절단"이 필요함을 강조했다.[66] 즉 엡슈타인은 클로즈업에 담긴 인물의 얼굴과 그 세부 요소들이 영화의 내러티브로부터 분리되고 심지어 인물의 몸으로부터도 분리되어, 낯설고 기형적이지만 '자율적인' 하나의 실체를 이루어낸다고 본 것이다.[67]

---

66. Jean Epstein, "Grossissement"(1921), in *Écrits sur le cinéma*, 94쪽.
67. 한편, 클로즈업된 영화이미지가 얻게 되는 '자율성'은 필연적으로 클로즈업이 수반하는 '표면성'의 문제와 연결된다. 클로즈업의 표면성은 영화이미지의 의미론적 깊이의 문제와 관련해 고려되어야 하는데, 도앤에 따르면, "모든 숏 중에서 클로즈업이 표면으로서의 스크린과, 즉 깊이에 대한 감각을 제거한 스크린의 표면과 가장 깊게 관련된다."(Mary Ann Doane, "The Close-up: Scale and Detail in the Cinema," 91쪽) 클로즈업된 영화이미지는 세계로 나아가는 문턱이 아니라 '이미지 자체'가 되며, 세계는 클로즈업되는 얼굴 혹은 대상으로 환원되는 것이다. 요컨대, 영화이미지는 클로즈업을 통해 공간적으로 그리고 시간적으로 확대되면서 모든 의미론적 깊이가 제거된 '표면' 그 자체가 되고, 나아가 오로지 그 자체로만 존재하는 '전체'가 된다.

마찬가지로, 발라즈는 클로즈업이 항상 세부와 전체를 동시에 지시하는 것임에도 불구하고, 그리피스D. W. Griffith와 같은 일부 감독들의 경우 그것을 전체 공간으로부터 완전히 분리시켜 하나의 독립된 차원의 자율적 이미지로 만들어내는 것에 주목했다. 이 경우, 클로즈업 이미지는 "그 자체로 완전하고 이해 가능한 것이기 때문에 우리는 시공간상으로 그것을 연결해서 생각할 필요가 없"으며, 완전히 절단된 얼굴의 클로즈업이라 할지라도 그 "얼굴의 표현과 의미는 공간과 아무런 관련성이 없"고, "공간에 대한 우리의 의식은 단절"되며, 우리는 우리 자신이 "얼굴 표정의 차원"이라는 전혀 다른 차원에 있음을 알게 된다.[68] 즉 우리는 클로즈업된 얼굴 이미지에서 얼굴의 공간적 위상과 물리적 상태 대신 얼굴의 "표정, 즉 감정, 분위기, 의도, 생각 등을 보게" 되고, 따라서 얼굴의 공간적 의미는 우리의 눈앞에서 자연스럽게 소멸된다.[69] 또한 클로즈업을 통해 형성되는 자율적 이미지는 우리를 '미세한 표정의 세계'와 '영혼의 영역'으로 이끌어간다. 클로즈업에 의해 주변으로부터 독립된 얼굴 이미지는 미세한 표정을 통해 우리에게 말로 표현할 수 없는 심오한 정서적 경험을 전해주고, 그럼으로써 우리를 영혼의 영역으로 끌고 들어간다. 앞서 언급했던 것처럼 영화 〈잔다르크의 수난〉의 클로즈업 장면들은 우리에게 얼굴 표정의 영적인 차원을 보여주는데, 그것은 팔코네티의 미세한 표정을 담은 클로즈업 이미지들이 주변(전체)으로부터 완전히 독립했기 때문에 가능할 수 있었다. 즉 우리는 팔코네티 얼굴의 클로즈업을 바라보면서 "그 장면이 실제로 연출되는 전체적 공간을 보지도 느끼지도 못하는"[70] 것이다.

---

68. 『영화의 이론』, 69쪽.
69. 같은 책, 70쪽.
70. 같은 책, 85쪽.

(3) 클로즈업: 시각적 무의식성 및 미세표정법

① 클로즈업과 시각적 무의식성

발라즈는 영화가 클로즈업을 통해 우리에게 처음으로 우리의 '시각적 무의식 지대'를 보여주었다고 강조한다. 이러한 시각적 무의식성은 특히 유성영화보다 무성영화에서 더 두드러지게 나타나는데, "무성영화 시대의 카메라는 클로즈업을 통해 우리가 이미 너무나 잘 알고 있다고 생각한 삶의 숨겨진 원동력을 보여주었다."[71] 발라즈에 따르면, "보통 우리는 우리를 둘러싸고 있는 모든 것에 대해 반쯤 흐릿한 시각을 갖고 있고 인습적인 일반화와 도식적인 개념화의 안개 너머로 바라볼"[72] 뿐, 사물 자체에는 거의 주목하지 않는다. 즉 우리는 습관적인 시선으로 주변에 산재하는 사물들의 존재만을 확인할 뿐, 사물의 진정한 형상은 제대로 보지 못한 채 지나간다. 하지만 영화는 다양한 카메라 앵글과 클로즈업으로 사물을 둘러싸고 있는 안개를 뚫고 들어가며 그 속에 숨겨져 있는 사물의 진정한 얼굴을 보여준다. 특히, 클로즈업의 현미경적 확대 효과는 "우리를 생명의 조직을 이루는 세포들에 가까이 다가가게 하고 우리로 하여금 구체적인 생명의 질료와 본체를 다시 지각할 수 있도록"[73] 해주었다. 그리하여 클로즈업은 "가까운 거리에서만 보일 수 있는 작은 사물의 세계, 작은 것들의 숨겨진 삶"을 지각할 수 있도록 해줌으로써 우리에게 "일반적인 것이 특수한 것으로 변화되는 순간을 보여주었고," 나아가 "우리 삶의 시야를 확장했을 뿐 아니라 심화"시켰다.[74]

---

71. 같은 책, 61쪽.
72. *L'homme visible et l'esprit du cinéma*, 98쪽.
73. 같은 책, 61쪽.
74. 『영화의 이론』, 61~62쪽.

클로즈업은 전에 손이 무엇인가를 쓰다듬거나 칠 때 우리가 보지 못했던 제스처의 성질을 보여줄 수 있으며, 이것은 손의 어떤 모양보다도 더 표현력이 강하다. 클로즈업은 우리가 평생 보아왔지만 알지 못했던 벽에 비친 그림자를 보여준다. 클로즈업은 방 안에 놓여 있어서 당신과 운명을 같이하는 말 없는 물체들의 운명과 그것의 얼굴을 보여준다…… 클로즈업이 있는 훌륭한 영화는 우리의 다성적 삶에서 가장 은밀한 부분을 보여주고, 우리가 관현악 악보를 읽듯이 삶의 섬세한 시각적 세부를 보도록 한다.[75]

이처럼 발라즈는 클로즈업이 "영화만의 특별한 영역"이며, 영화라는 새로운 예술에 '사물들의 작은 삶'이라는 "새로운 대지를 열어준" 장본인이라고 평가한다.[76] 클로즈업이 우리의 시각적 무의식 지대를 보여주고 일상적 사물에 대한 우리의 지각을 확대하며 나아가 우리의 시야를 확장하고 심화시켜준다는 발라즈의 이러한 주장은, 이 책의 제2장에서 살펴보았던 크라카우어와 벤야민의 시각적 무의식성 개념과 매우 유사하다. 벤야민 역시 영화가 '클로즈업'을 통해 일상에 숨어 있던 미세한 세부를 보여주고 우리의 의식적 지각으로부터 벗어나 있는 '시각적 무의식 지대'를 보여준다고 주장했기 때문이다. 또한 벤야민은 클로즈업이 시각적 무의식 지대와 일상의 무의식 지대를 보여주면서 '일상에 대한 우리의 통찰의 심화'를 가능하게 해준다고 강조했다. 다시 말해, 특별한 인용을 찾아보기 힘들지만, 클로즈업과 시각적 무의식성에 대한 발라즈의 사유는 벤야민과 크라카우어의 사유에 지대한 영향을 미쳤다고 볼 수 있다.[77]

---

75. 같은 곳.
76. *L'homme visible et l'esprit du cinéma*, 61쪽.
77. 코흐에 따르면, 벤야민과 크라카우어가 별다른 언급을 하지 않고 있음에도 불구

② 클로즈업과 미세표정법

하지만 벤야민이 클로즈업의 시각적 무의식성을 철저하게 물질적인 관점에서 기술한 것에 비해, 발라즈는 클로즈업을 결국 물질적이면서도 정서적인 관점으로, 즉 이중적인 관점으로 바라본다. 우선, 발라즈에 따르면 클로즈업은 단지 우리의 일상적 지각에서 비껴나는 사물의 미세한 세부만을 보여주는 것이 아니라, 그러한 사물의 표면 아래서 생성되고 있고 변화하고 있는 사물의 '내적 특질'을 표현한다. 앞서 언급한 것처럼 영화 자체가 사물의 상을 구현하는 데 매우 탁월한 매체인데, 특히 클로즈업은 사물의 상을 드러내고 강조하는 데 가장 중요한 영화적 기법이라 할 수 있다. 그런데 발라즈에게 클로즈업은 단지 사물의 상만을 표현하는 것이 아니라, 거기에 더해지는 '인간의 감정과 정신'도 함께 표현한다. 즉 클로즈업은 단지 "세부에 대한 자연주의적 집착"만을 의미하는 것이 아니라, "숨겨진 것에 대한 배려, 섬세한 고독, 작은 삶의 친밀함에 대한 다정한 마음, 따스한 감성" 등 사물을 바라보는 이의 인간적 태도를 함께 의미한다. 즉 클로즈업은 서정적이며 시적인 양식이라 할 수 있는데, 그것은 클로즈업이 "사물의 표면과 그 위에 나타난 표정"을 보여주기 때문이며, 그 표정은 바로 "우리의 무의식적인 감정을 반영하는 표현"이기 때문이다.[78]

한편, 클로즈업은 사물의 상과 표정뿐 아니라 인간의 상과 표정도

하고 이들의 사유에 미친 발라즈의 영향은 명백하다. 특히 발라즈의 '시각적 무의식성optical unconscious' 개념은 벤야민과 크라카우어에게서 거의 그대로 재사용된다고 볼 수 있다.(Gertrud Koch, "Béla Balázs: The Physiognomy of Things," 171~173쪽 참조)

78. 『영화의 이론』, 63쪽. 이처럼, 클로즈업과 관련해 발라즈는 이중적인 입장을 취한다. 클로즈업이 '사물의 상과 표정'뿐 아니라, 거기에 더해지는 '인간의 감정'을 드러낸다는 것이다. 그러나 이는 '상' 개념 자체에 대한 발라즈의 관점이라고 보기 어려우며, 그에게 상은 기본적으로 사물의 외양이 드러내는 '사물의 내적 특질'과 관련된다.

탁월하게 드러내고 강조한다. 발라즈는 클로즈업을 통해 내면의 감정과 영혼을 드러내는 표정양식을 특별히 '미세표정표현법'이라고 부른다. 그에 따르면 일련의 무성영화들은 일반적인 드라마보다 "'미세한 표정표현법'의 클로즈업이 보여주는 내적인 드라마를 표현하는 데 영화의 더 많은 시간과 공간을 소요"했는데, 그런 영화들에서 우리는 종종 "서로의 말보다 서로의 얼굴의 움직임을 더 잘 이해하고, 말로 표현하기에는 아주 미묘한 뉘앙스까지도 감지할 수 있는 두 인간이 얼굴 표정을 통해 서로 대화하는 것"을 발견할 수 있다.[79] 또한 미세표정표현법은 클로즈업을 통해 얼굴의 미세한 부분들을 보여주면서, 우리의 얼굴에는 우리가 통제할 수 없는 부분이 있다는 걸 드러낸다. 다시 말해 "그것의 표현은 고의적이거나 의식적이 될 수도 없으며, 나머지 얼굴에 나타나는 전반적인 표현과 반대되는 감정을 드러낼 수도 있음을 알게" 해줄 뿐만 아니라, "얼굴에 드러나게 쓰여진 것보다 더 많은 것을 읽을 수 있음을 보여주었고…… 얼굴에서도 '행간을 읽는' 것이 가능"하다는 사실을 깨닫게 했다.[80]

바로 이 점에서, 발라즈는 클로즈업이 "표정표현법 예술의 기술적 조건이며, 그러므로 한마디로 위대한 영화예술의 기술적 조건"이라고 주장한다.[81] 하나의 얼굴이 의미하는 것을 제대로 해독하기 위해서는 그것에 아주 가까이 다가가 있어야 하고, 우리의 시선을 돌리게 만들 수 있는 모든 주변 환경으로부터 그것을 떼어놓아야 하며, 가능한 그것을 오랫동안 바라보며 머물 수 있어야 하기 때문이다. 클로즈업은 이 모든 조건을 충족시켜줄 수 있는 가장 확실한 영화적 기법이다. 클로즈업 덕분에 영화는 배우에게 아주 섬세하고 정확한 표정표현법

---

79. 『영화의 이론』, 84쪽.
80. 같은 책, 85~87쪽.
81. *L'homme visible et l'esprit du cinéma*, 60쪽.

을 요구할 수 있게 되었으며, 그로부터 그 어느 예술도 보여주지 못한 표정의 세계, 즉 꿈틀거리는 미세근육과 흔들리는 섬세한 얼굴선들을 통해 우리의 내적 감정과 영혼이 드러나는 얼굴의 세계를 보여줄 수 있게 되었다. 즉 클로즈업 덕택에, "얼굴의 작은 주름 각각이 (인물의) 결정적이고 중요한 성격의 흔적을 표시하고, 근육의 순간적인 떨림 각각이 매우 강렬한 감정 표현을 통해 중요한 내적 사건들을 외시外示하는" 것이 가능해진 것이다.[82]

3. 가시적 언어 및 신체언어로서의 영화이미지

(1) 가시적 언어로서의 영화이미지

① 가독적 언어와 가시적 언어

발라즈는 영화의 탄생과 함께 인류의 문화가 '가독적 문화'에서 다시 '가시적 문화'로 발전하게 되었다고 주장한다. 발라즈에 따르면, 인류 문화의 원류는 가시적 문화다. 인류는 본래 표정과 몸짓 같은 가시적 신체언어들을 통해 소통하기 시작했고, 다양한 이미지를 동원해 소통의 폭과 깊이를 더해갔다. 신체언어나 이미지 같은 가시적 언어들은 개념과 규칙들로부터 자유로웠고 따라서 의미의 논리를 바탕으로 해독하는 행위가 아닌, 순수하게 바라보는 행위를 요구했다. 그런데 인쇄술의 발명이 가져온 '활자문화'의 발달은 문자언어의 대중화를 이끌어냈고, 이는 인류 문화를 가시적 언어의 문화에서 가독적 언어의 문화로 바꾼 결정적인 계기가 된다. 즉 활자문화의 발달은 인류

---

82. 같은 곳. 괄호는 인용자.

의 문화를 구성하던 다양한 이미지와 시각적 소통수단을 이해 불가능한 것으로 만들어갔으며, 가장 대표적인 시각적 소통수단이라 할 수 있는 인간의 몸짓과 "인간의 얼굴을 읽을 수 없게 만들어"[83] 갔다. 성당을 채우던 수많은 상징들과 이미지들 대신 '책'이 인간 정신의 전달자가 되어갔으며, 인간의 몸짓이나 표정 대신 '종이'가 의미를 전달하는 수단이 되어간 것이다. 요컨대, 인쇄술의 발명과 함께 "가시적 정신은 가독적 정신으로 변해갔고, 가시적 문화는 개념적 문화로 변해갔으며"[84] 바라보는 행위 대신 읽고 해석하는 행위가 주를 이루게 된다.

② 가시적 언어와 영화

그런데 발라즈는 뤼미에르의 시네마토그래프 발명과 영화매체의 발달이 인간의 관심을 다시 가독적 문화에서 가시적 문화로 돌려놓았다고 주장한다. 그리고 인류의 공용어 또한 다시 가독적 언어에서 가시적 언어로 바뀌게 되었다고 강조한다. 문자언어의 지배 속에서 오랫동안 억압되었던 다양한 이미지와 시각적 소통수단이 영화의 탄생과 함께 다시 보편적인 소통수단으로 부각되기 시작한 것이다. 인류 역사를 거치며 소멸되거나 쇠락했던 시각기호들이 영화 탄생 이후 부활하기 시작하며, 특히 몸짓과 표정 같은 가시적 신체언어들이 다시 중요한 소통수단으로 간주된다. 가시적 언어와 영화의 관계를 강조하는 발라즈의 이러한 주장은, 당대 무성영화인들의 입장을 대변하는 것이기도 하다. 이들은 무엇보다 가독적 문화에 의해 억압되어오던 가시적 문화의 중요성을 새롭게 의식하면서 그것의 의미를 밝

---

83. 같은 책, 17쪽.
84. 같은 곳.

히고자 했기 때문이다. 이들은 가시적 세계를 "지각행위가 요구하는 사유의 범주를 벗어나는, 단지 순수한 외양들이 지배하는 '무력하고 非-구조적인 영역'"이 아니라, 우리의 "사유와 의식의 바깥"이자 "의미 너머의 세계"라고 보았다.[85] 즉 일군의 무성영화인들은 가시적 세계를 우리의 시선 이전부터 존재해온 세계이자 우리의 시선 바깥에 존재하는 세계로 간주하면서, 영화를 통해 그것의 실재성을 보여주고 의미론적 관계나 인과론적 관계가 아닌 또다른 관계 속에서 그것을 바라보고자 했다. 오몽의 언급처럼, 이 시기에 아방가르드 예술가들이나 무성영화인들이 시도했던 "'해독하지 않고 바라만 보는' 행위는 의미작용의 부재로 향하는 퇴행이 아니라," 의미의 논리에서 벗어나 "사물의 중심부를 향해 나아가는 일종의 전진"이었다.[86]

그런데 발라즈에 따르면, 영화는 다양한 시각적 소통수단 중에서도 특히 '신체언어'의 역할을 복권시키며 가시적 문화의 부활과 확산을 가져온다. 신체언어는 영화를 통해 일반 문자언어가 표현할 수 없는 인간의 깊은 내적 정서와 영혼의 상태를 그 어떤 시각적 수단보다 생생하게 표현할 수 있었기 때문이다. 영화매체의 괄목할 만한 발전과 함께, 관객은 배우의 표정과 몸짓으로 전달하는 가시적 언어를 제대로 '볼' 수 있게 되었을 뿐 아니라 그 가시적 언어의 내적 의미와 복합적 지시대상들까지 제대로 '읽을' 수 있게 되었다.[87] 그리하여 영화에서 배우의 '몸'은 시선, 표정, 제스처, 움직임 등 다양한 '시각기호들의 집합체'이자 시각적 자극물로 기능하게 된다. 영화는 새롭고 복합적인 방식으로 인간의 얼굴과 몸을 보여주면서, 시각예술의 황금기에 회화가 그랬던 것처럼 "영혼의 신체적 육화"에 성공하게 된다. 그 옛

---

85. 자크 오몽, 『영화 속의 얼굴』, 133쪽.
86. 같은 곳.
87. *L'homme visible et l'esprit du cinéma*, 18쪽.

날 "예술가들이 '문학으로 표현하지' 않아도 충분히 영혼과 정신을 그릴 수 있었던" 것처럼, 영화 역시 말의 도움을 빌리지 않고도 수많은 관객으로 하여금 "시각을 통해 어떤 인간적인 경험을, 즉 모든 종류의 운명, 성격, 감정, 분위기를 공유할 수 있게"[88] 해준 것이다. 영화를 통해, 인류는 "잊혔던 몸짓과 표정 그리고 제스처의 화려한 언어를 다시 배우게 되었으며" 이로부터 "인류는 다시 가시적으로 되어갔다."[89]

(2) 신체언어로서의 영화이미지

① 내적 언어로서의 신체언어: 직접성과 주관성

위에서 살펴본 것처럼, 발라즈는 영화가 표정, 몸짓과 같은 신체언어를 통해 인간의 내면과 영혼을 표현하는 데 성공했으며 이를 통해 가시적 언어의 부활과 확산을 이끌어간다고 주장했다. 그런데 인간의 몸과 신체언어는 단지 영화매체만의 전유물은 아니었다. 영화 탄생 전후, 현대 예술의 여러 분야에서 인간의 '몸'은 다시 중요한 탐구 대상이자 표현수단으로 부상한다. 근대 이후 인간의 '정신'에 대한 믿음이 지나치게 확고해지고 '이성중심주의logo-centralism'가 사회 전체를 지배하는 원리로 작동하게 되자, 그에 대한 반발이 '몸'의 표현을 중심으로 본격적으로 제기된다. 20세기에 들어서면서부터 오랫동안 억압받고 폄하되어온 몸에 대한 인식이 새롭게 바뀌어가며, 연극, 영화, 회화 등 여러 분야에서 "몸은 이미 언어적인 것, 물질적인 것, 시각적인 것의 융합이 벌어지는 중요한 장소로 기능"[90]한다. 또한 부조리 연

---

88. 같은 곳.
89. 같은 책, 19쪽
90. 조윤경, 『초현실주의와 몸의 상상력』, 문학과지성사, 2008, 33쪽.

극, 팝아트, 포스트모던 예술 등 다양한 현대 예술운동에서도 몸의 상상력과 "몸이 보여주는 은유적인 확장성"[91]은 즉물적이고 현상학적인 몸의 퍼포먼스와 합류하면서 창작의 중요한 원천이 된다.

　물론, 몸에 대한 탐구는 영화에서도 매우 활발하게 이루어진다. 영화는 몸에 대한 현대 예술의 다양한 상상력을 수용하면서, 동시에 몸을 통해 '가시성'과 '보편성'이라는 영화매체만의 또다른 특성들을 강하게 부각시킨다. 영화사 초기부터 인간의 몸은 영화매체만의 가장 중요한 표현기법 중 하나로 간주되며, 표정과 몸짓 등 인간의 신체언어를 활용하는 것은 무성영화의 가장 중요한 표현기법 중 하나로 간주된다.[92] 또 다수의 영화인들과 영화이론가들이 영화에 나타나는 '신체언어'의 형식적 특징과 미학적 의미에 주목하는데, 그중에서도 발라즈는 가장 강력하게 신체언의의 중요성을 강조한 인물이라 할 수 있다. 발라즈에 따르면, '가시적 언어'로서 신체언어의 특징은 역설적으로 인간의 '내적 정서'와 '감각적 상태'를 있는 그대로 표현해낼 수 있다는 데 있다. 몸짓과 표정 등과 같은 신체언어들은 결코 개념을 가리키는 것이 아니라, 직접적인 방식으로 인간의 비이성적인 부분들을 가리킨다. 즉 "인간의 얼굴 위에서 그리고 그의 제스처들에서 표현되는 것은 말로는 도저히 접근할 수 없는 심리적 층위로부터 발산되는"[93] 것들이다. 신체언어는 일반 문자언어로는 결코 표현할 수 없는 감정적 상태들을, 단어로는 도저히 접근할 수 없는 가장 내밀하고도 직접적인 영혼의 차원을 표현해낸다. 요컨대, 영화에서 신체언어는 그 자체로 가시적 언어이자 동시에 '내적 언어'가 될 수 있다. 이러한 특성은 근본적으로 신체언어 및 영화이미지가 지닌 '직접성'과 '주관

---

91. 같은 책, 7쪽.
92. Michel Marie, *Le cinéma muet* (Paris: Les petits Cahiers, 2005), 10~11쪽.
93. *L'homme visible et l'esprit du cinéma*, 18쪽.

성'에 기인한 것이다.

먼저, 발라즈는 영화적 표현기법으로서 신체언어의 특징이 무엇보다 그것의 '직접성'에 있다는 점에 주목한다. 그에 따르면, 신체언어는 관객에게 대상에 대한 구체적이고 비-관념적이며 직접적인 체험을 가능하게 해주며, 그럼으로써 합리주의 문명의 지배하에서 추상적이고 관념적이며 간접적인 체험에 억눌려왔던 관객의 욕망을 일시적으로나마 풀어준다. 말하자면, 얼굴의 표면에서 일어나는 미세한 변화들이나 몸이 여러 부분과 관계하며 만들어내는 섬세한 몸짓들은 인간의 내면에서 일어나는 다양한 변화들을 관념의 단계를 거치지 않고 직접 보여줄 수 있다. 즉 표정과 제스처들을 통해, "영혼은 단어의 도움 없이 직접적으로 가시적인 실체를 얻을"[94] 수 있는 것이다.

또한, 신체언어는 일반 문자언어와 달리 정확한 규칙과 개념 목록을 갖추지 못한 '주관적' 언어다. 몸짓과 표정 같은 신체언어는 "아직 서툴고 원시적이며, 세분화된 근대 언어예술에 다가가기에는 상당히 뒤쳐져 있"는 데다, "우리가 학교에서부터 엄격한 규칙으로 인해 배워야만 했던, 강제적인 문법의 규칙들을 갖고 있지 않다."[95] 그러나 바로 그러한 비규칙성과 비합리성 덕분에, 신체언어는 "언어예술가들이 놓치는 것"을 표현할 수 있으며 '인간의 내면'에서 일어나는 수많은 감정의 움직임들을 표면으로 끌어내보일 수 있다. 즉 이성, 관념, 사유 등을 드러내는 데는 한계를 보이지만, 대신 인간의 '내적 감정,' '본능,' '욕망' 등을 표현하는 데는 일반 언어보다 훨씬 더 탁월한 기능을 발휘하게 된다. 발라즈는 이러한 신체언어의 주관성이 '영화 이미지' 자체가 지니는 주관성과 결합되면서 더욱 증폭된다고 본다.

---

94. 같은 곳.
95. 같은 책, 20쪽과 24쪽.

이를테면 언어와 이미지를 비교해볼 때, 언어가 '단어'와 '문법'이라는 전승된 일반 규칙을 준수하는 것에 반해, 이미지는 일정한 습득과정과 별개로 어떤 약호화된 규칙도 따르지 않는다.[96] 즉 신체언어와 마찬가지로 이미지 역시 정해진 규칙과 목록을 갖지 않는 주관적 표현수단이라 할 수 있으며, '신체언어'를 바탕으로 하는 '이미지' 예술인 영화는 따라서 그 어느 매체보다 주관적인 매체라 할 수 있다. 이러한 주관성을 바탕으로, 영화는 인간의 내적 정서와 감정을 표현하는 데 가장 탁월한 기능을 발휘하는 매체가 될 수 있다.

　② 보편언어로서의 영화
　한편, 신체언어 혹은 가시적 언어로서의 영화매체에 대한 발라즈의 고찰은 영화매체의 보편성에 대한 사유로 발전한다. 발라즈는 영화가 신체언어의 위상을 복권시키고 부각시켰을 뿐 아니라 더 나아가 보편언어로서, 즉 "진정한 인류의 모국어"[97]로서의 신체언어의 특성도 되살려냈다고 강조한다.
　실제로, 표정과 몸짓 같은 신체언어는 선사시대부터 인류의 보편적인 소통수단이었다. 마르셀 모스에 따르면 "인간에게 가장 최초의, 가장 자연스러운 테크닉의 대상이자 동시에 가장 최초의, 가장 자연스러운 테크닉 수단은 바로 자신의 몸"[98]이다. 또 인간의 사유는 자신의 육체에 대한 사유와 더불어 시작된다.[99] 하지만 문자를 근간으로 하는 일반 언어가 인류의 상호소통에 가장 중요한 수단이 되면서 몸

---

96. *Der Film: Werden und Wesen einer neuen kunst*, 52쪽; 박성수, 『들뢰즈와 영화』, 198~199쪽에서 재인용.
97. *L'homme visible et l'esprit du cinéma*, 20쪽.
98. Marcel Mauss, *Sociologie et anthropologie* (Paris: PUF, 1950), 18쪽.
99. Marcel Jousse, *L'anthropologie du geste* (Paris: Resma, 1969), 203쪽.

과 얼굴을 통한 표현들이 점점 감소되어갔고, 미세한 신체적 표현들은 간과되거나 무시되어갔다. 인간의 영적 교류의 교량 역할을 인쇄기가 담당하면서부터 인간의 몸이 제공하는 섬세하고 정교한 표현수단들은 더이상 필요 없게 되었으며, 인간의 몸은 점점 그 매체적 기능을 상실하면서 퇴보해갔다.[100] 즉 문자언어 중심의 문화는 인간의 몸을 단순한 생물학적 기관으로 평가절하하면서 점점 더 탈-물질적이고 탈-육체적인 문화로 발전하게 된다. 발라즈는 영화가 이처럼 소외되고 전락한 인간의 신체언어를 다시 인류 본래의 모국어이자 보편언어로 복귀시키면서 전 세계적으로 영향력을 행사하는 보편적 매체가 되어간다고 전망했다.

그런데 영화를 전 인류의 보편언어로 간주하고 전망하는 사고는 무성영화 초기부터 여러 영화인에 의해 공유되어온 것이라 할 수 있다. 이 책에서 살펴본 카누도, 엡슈타인, 베르토프, 벤야민 등도 '보편언어'로서의 영화가 지닌 가능성에 대해 자주 강조한 이들이다. 예를 들면, 카누도는 영화가 "새로운 예술"일 뿐 아니라 "인류가 전 세계에 걸쳐 서로를 더 잘 이해하기 위해 증기기관차의 발명 이후 오랫동안 기다려온 보편언어"라고 강조한다.[101] 특히 영화는 특별한 설명 없이도 민족들 간의 내밀한 이해와 소통을 가능하게 해주는데, 예를 들어 극단적인 기쁨의 표정이나 고통의 표정은 인종과 지역을 넘어 모두에게 공통된 것이며 모두에게 물리적이고 직접적인 느낌을 전달해줄 수 있다. 즉 영화는 그것만의 고유한 이미지를 통해 "여지껏 오로지 회화와 조각만이 간직해온 표현의 인간적 의미를 더욱 증대시키면서

---

100. *L'homme visible et l'esprit du cinéma*, 18쪽.
101. Ricciotto Canudo, "Musique et cinéma. Langages universels"(1921), in *L'Usine aux images*, établie par Jean-Paul Morel(Paris: Séguier et Arte éditions, 1995), 74쪽.

의심할 여지 없는 성격의 진정한 보편적 언어를 형성하게" 된 것이다.[102] 또다른 영화인들은 "무성영화가 국가 간의 경계들로부터 벗어나고 무수한 언어들의 다양성을 극복하게 해줄 뿐 아니라, 그와 함께 계층 간의 장벽과 대중의 문화적 전제조건들을 제거해줄" 것이라고 믿었다.[103] 예를 들어 뱅자맹 퐁단Benjamin Fondane에 따르면, "영화이미지의 고유한 '다의성polysémie'은 그 이미지를 중심으로 매우 이질적인 사회적 계층의 대중이 모이게 만드는, 일종의 '건설적인 오해'를 낳을 수 있다."[104] 한편 베르토프는 위의 두 가지 입장을 결합해 좀더 정치적 의미의 보편언어론을 주장한다. 실제로 그가 추구했던 키노-아이 운동 자체가 "전 세계의 노동자들 간의 시각적인 결속을 구축하는"[105] 목표를 갖고 있으며, 따라서 "전 세계의 프롤레타리아 혁명"을 위한 "국제적인 운동"[106]을 지향했다. 즉 삶을 있는 그대로 기록하고 해석하는 키노-아이가 제대로 교육받지 못한 노동자들에게 세계를 이해할 수 있는 중요한 도구로 활용될 수 있다고 보았고, 전 세계 노동자들이 영화라는 보편언어를 통해 서로 소통하면서 민족과 국가를 넘어 "시각적(키노-아이)이고 청각적(라디오-아이)인 계급의 동맹을 구축"[107]할 수 있다고 보았다.

이 같은 당대 인식 속에서, 발라즈는 좀더 구체적으로 무성영화의

---

102. Ricciotto Canudo, "Du langage cinématographique"(1922), in *L'Usine aux images*, 125쪽.
103. Michel Marie, *Le cinéma muet*, 14쪽.
104. 같은 곳.
105. 지가 베르토프, 「'키노 프라우다'와 '라디오 프라우다'」(1925), 『KINO-EYE. 영화의 혁명가 지가 베르토프』, 김영란 옮김(이매진, 2006), 122쪽.
106. 지가 베르토프, 「키노-아이의 본질」(1925), 『KINO-EYE. 영화의 혁명가 지가 베르토프』, 118쪽.
107. 지가 베르토프, 「키노-아이」(1925), 『KINO-EYE. 영화의 혁명가 지가 베르토프』, 140쪽.

216 | 영화이미지학

보편언어적 역할에 대해 강조한다. 발라즈는 영화가 이미 "최초의 국제 언어"이자 "전 세계에 통용되는 유일하고 통합적인 언어"[108]가 되었다고 보았으며, 국가 간, 민족 간의 배타주의의 장벽을 넘어 국제적이고 보편적인 매체가 되고 있다고 주장했다. 문자를 바탕으로 하는 기존의 활자문화가 민족문학 등을 내세우며 타문화에 대한 배타주의를 낳을 가능성을 내포하고 있는 것과 달리, 영화는 신체언어를 바탕으로 인류 모두의 보편언어가 될 수 있다고 본 것이다. 발라즈는 "가시적 인간을 모든 사람에게 똑같이 가시적으로 만드는 영화는 인종과 국가 간의 육체적 차이를 없애는 데 큰 도움을" 줄 수 있으며, "사람들이 육체적으로 서로에게 익숙해지는 것을 도우면서" 일종의 "국제적인 인간형"을 혹은 "국제적이고 보편적인 인간성"을 창조해낼 수 있다고 주장한다.[109] 나아가, "영화야말로 구체적이고 살아 있는(생기 넘치는) 국제주의를 창조하는 기계"[110]라고 강조하면서 영화를 포함한 "영상문화의 우주적 보편성"을 전망하기도 한다.[111]

아울러, 보편언어로서의 영화이미지가 지닌 가능성과 관련해, 발라즈는 두 가지 근거를 제시한다. 첫째, 발라즈는 신체언어로서의 영화이미지의 보편성이 기본적으로 '경제적 요인'에 기인한다고 보면서 "영화 시장의 법칙은 모든 사람이 모든 세부를 이해할 수 있는 단 하나의 통합적 몸짓언어만을 허용한다"고 말한다.[112] 이는 마르크스주의적 유물론자로서의 발라즈의 면목을 보여주는 대목인데, 그 주장의 논리는 다소 순진하고 단순하다. 즉 영화 제작에는 막대한 투자비가

---

108. 같은 글, 25쪽.
109. 『영화의 이론』, 49쪽.
110. L'homme visible et l'esprit du cinéma, 26쪽.
111. Werner Faulstich, Medientheorien(Gottingen, 1991), 24쪽; 이상면, 「발라즈와 크라카우어의 20년대 영화문화 비평」, 『독일언어문학』, 19집, 2003, 312쪽 재인용.
112. L'homme visible et l'esprit du cinéma, 25쪽.

소요되기 때문에 투자비를 회수하기 위해서는 국제적인 인기를 얻어야 하고, 국제적 인기를 얻기 위해서는 표정과 몸짓 같은 만국 공통어를 사용해야 한다는 것이다. 다시 말하면, 영화는 누구나 쉽게 이해할 수 있는 신체언어를 핵심 수단으로 사용해야 국제적이고 보편적인 인기를 얻을 수 있고, 그런 인기를 통해서 대중매체로서의 생명력을 유지해갈 수 있다고 보았다. 이러한 발라즈의 주장은 영화를 기본적으로 산업 논리에 묶어둠으로써 막대한 투자비를 보상받을 수 있을 만큼 커다란 인기를 누려야 하는 대중매체로 한정지어, 경제 논리와 무관한 영화의 모든 미학적 탐구에는 침묵할 수밖에 없게 하는 모순이 있다. 둘째, 발라즈는 누구나 이해할 수 있는 수단이 될 수 있는 신체언어는 무엇보다 주관적 언어이자 원시적 언어이기 때문이라고 주장한다. 즉 신체언어는 일정한 규칙과 개념 목록을 학습하지 않더라도 본능적인 감정에 따라 누구든 쉽게 이해하고 소통할 수 있는 언어라고 간주한다. 그러나 이러한 관점은 반대로 신체언어의 세분화와 특수화를 제한하는 것으로, "제스처학의 보편화는 불가피하다"는 전제를 내세우는 것과 마찬가지다. 실제로 인종들, 민족들 간의 차이는 다양한 얼굴의 표현들과 몸짓 표현들의 차이로 더욱 두드러질 수 있는데, 영화는 이러한 차이들을 '단순화'시키면서 '재가공'해야만 모두가 이해할 수 있는 보편적 언어로 기능할 수 있게 되는 것이다.[113] 요컨대 발라즈의 논리를 따르다보면, 신체언어로서의 영화는 인류 모두가 본능적인 감정을 나누며 소통할 수 있는 매체가 될 수 있지만, 각 개인의 복잡다단한 감정과 정신세계를 표현하기에는 한계가 뚜렷한 매체라는 결론에 이를 수밖에 없다.

---

113. 같은 책, 26쪽.

결절結節

지금까지 살펴본 것처럼, 발라즈의 영화적 사유는 서로 이질적이라 할 만큼 다양한 경향을 내포하고 있다. 발라즈의 영화적 사유의 원천 또한 그만큼 다채로운데, 상, 클로즈업, 신체언어 등과 관련된 그의 논의들에서 우리는 근대 유럽의 인상학, 독일 낭만주의, 19세기 상징주의와 자연주의, 20세기 아방가르드 예술의 애니미즘과 원시주의 등의 영향을 발견할 수 있다. 또한 그의 영화적 사유는 각기 다른 차원에서 동시대 주요 영화이론가들과의 교점을 형성한다. 요컨대, 여러 차례 강조한 것처럼 그의 상 개념은 엡슈타인의 포토제니 개념과 많은 부분을 공유하며, 그가 보여준 영화이미지의 정신적 측면에 대한 강조는 1920년대 유럽의 무성영화인들이 천착했던 중요한 논제 중 하나였다. 그리고 보편언어로서의 영화에 대한 그의 주장은 카누도에서부터 베르토프에 이르기까지 20세기 전반 유럽의 영화인들 사이에서 회자되던 일종의 유토피아적 담론이라 할 수 있다.

나아가 그의 다양한 영화적 개념들과 논의들은 후대 영화이론가들에게도 깊은 영향을 미친다. 예를 들어, 영화의 클로즈업이 시각적 무의식 지대를 제시하면서 우리의 지각을 심화시켜주고 확대해준다는 그의 주장은, 벤야민과 크라카우어에 의해 그대로 답습된다. 또 신체언어는 서툴고 원시적이며 강제적인 문법과 규칙이 없다는 그의 주장과, 그러한 신체언어에 기반을 둔 매체인 영화는 주관적이고 정서적인 매체가 될 수밖에 없다는 그의 사유는, 훗날 파솔리니의 논의들에서 유사한 방식으로 재론된다. 특히, 이미지가 언어와 달리 어떤 약호화된 규칙을 갖고 있지 않은 표현수단이라는 그의 주장은, 파솔리니의 이미지기호론에서 핵심 주제로 재활용된다.[114] 아울러, 클로즈업

---

114. 이 책 제9장의 「2-(1) 이미지기호란 무엇인가」 참조.

과 얼굴 이미지의 상관성에 대한 그의 미학적 통찰은 오몽과 들뢰즈의 영화이론에 중요한 기반이 된다.

요컨대, 일견 모순되어 보이고 비체계적으로 보이는 발라즈의 영화적 사유는 실제로는 영화사 초기부터 현대에 이르기까지 다양한 갈래의 논의를 아우르는 매우 폭넓은 비전의 사유라 할 수 있다. 그의 사유는 동시대의 주요 영화적 논제들과 긴밀한 연관을 맺고 있으며, 영화 탄생 이전의 사유를 영화적 사유로 전환시키는 동시에 후대의 영화적 관점들을 미리 전망하기도 한다. 특히 얼굴과 클로즈업 및 미세표현표정법을 연결하는 그의 영화적 사유는, 그 이전에도 그리고 그 이후에도 발견하기 힘든 매우 독창적인 사유라 할 수 있으며, 영화에 숭고한 예술성을 부여하려 했던 당대 영화인들의 소망을 구체적이면서도 강렬한 방식으로 집약시킨 것이라 할 수 있다.

제6장

|

영화이미지의 이중성과 초현실성: 모랭

영화학자이자 유럽을 대표하는 인류학자, 사회학자인 에드가 모랭 (Edgar Morin, 1921~)은 체계적이고 통합적인 관점을 바탕으로 영화 이미지의 본질과 구조에 대한 통찰을 시도했다. 인류학 분야에서 그 는 원시 문화, 애니미즘, 신인동형론神人同形論, 연금술 등을 연구했고, 사회심리학 분야에서는 소외이론, 통합적 사회론, 미래주의, 정신분 석학 등에 관심을 가졌다. 장 루슈Jean Rouch와 함께 시네마 베리테 cinéma vérité 계열의 영화[1]도 제작한 바 있는 모랭은, 사르트르의 이미 지론과 초현실주의론, 인류학적 사고 등을 영화이론에 접목시키면서 그만의 고유한 영화적 사유를 제시한다.

---

1. 모랭은 장 루슈와 함께 영화 〈어느 여름의 연대기Chronique d'un été〉(1961)를 공동 제작한 바 있다. 모랭은 이미 1959년부터 장 루슈와 함께 이 영화를 구상하고 준비했으며, 1961년 '시네마 베리테의 체험'이라는 부제와 함께 이를 발표한다. 그해 칸 영화제에서 '비평가상'을 수상한 이 작품은 시네마 베리테라는 장르를 규정하고 그 성격을 알린 최초의 시네마 베리테 영화로 간주된다.(이기중, 「〈어느 여름의 기 록〉을 통해서 본 '시네마 베리테'의 의미」, 『현대영화연구』, 12호, 2011, 297~324쪽 참조)

영화이미지에 대한 모랭의 기본적인 입장은 '영화이미지의 이중성'에 대한 분명한 인식을 바탕으로 하는데, 모랭은 주저『영화 혹은 상상적 인간Le cinéma ou l'homme imaginaire』(1956)을 통해 영화이미지가 근본적으로 물질성과 정신성, 객관성과 주관성, 현실성과 비현실성 등을 동시에 지니는 양가적 특성의 이미지라고 주장한다. 또한 영화는 꿈과 현실, 실재계와 상상계, 재현되는 세계와 재현하는 세계가 끊임없이 서로 소통하고 순환하는 세계라고 강조한다. 즉 모랭에게 영화는 사물의 실재가 구체적으로 재현되는 장소이자 그에 대한 관객의 정신적 체험 및 무의식적 욕망이 개입되는 장소이며, 현실 세계가 객관적으로 재현되는 장소이자 그 재현된 세계에 대한 관객의 주관적 상상이 자유롭게 펼쳐지는 장소다.

그런데 영화이미지의 이중성에 대한 이러한 모랭의 관점은, 사실상 그가 영향받은 초기 영화이론가들의 사유에서 벗어나 있다.『영화 혹은 상상적 인간』이 발표되기 전까지, 모랭은 영화이미지의 이중성보다는 주로 영화이미지의 정신성과 주관성에 더 천착한다. 카누도에서 발라즈에 이르는 초기 영화이론가들은 기계매체로서의 영화적 지각의 특별한 지각능력을 인정하고 그것에 주목했지만, 그보다는 그러한 기계복제 이미지로서의 영화이미지가 발현하는 '규정할 수 없는 정신적 특질'을 강조하고 그 의미를 탐색하는 데 더 몰두했다. 영화사 초기부터 유성영화의 정착기까지, 영화를 예술로 간주하는 이들은 대부분 물질성보다는 정신성을 영화이미지의 진정한 본성이라고 간주한 것이다.

하지만 모랭은 이러한 정신적 이미지로서의 영화이미지가 지닌 가치를 충분히 밝히고 부각시키면서도, 영화이미지의 핵심은 정신성 자체보다는 물질성과 정신성, 객관성과 주관성, 존재와 분신, 현실과 꿈 등이 공존하며 융합하는 이중성에 있다고 주장한다. 그의 표현 그대로, 영화는 그 안에 몽환적 세계, 마법적 세계, 초현실적 세계를 구축할 수 있는 최적의 매체이지만, 그러한 세계들의 최종적 의미는 물질적이고 객관적이며 현실적인 세계와의 상호작용을 통해서만 구축되는 것이다. 엄밀한 의미로 보자면 모랭은 영화학자라기보다는 인문사회학의 전 분야를 가로지르며 사유하는 통섭의 학자였지만, 이처럼 영화이미지의 이중성을 강조하면서 영화사 초기의 영화적 사유들을 이후의 사유들과 연결시켜주는 중요한 매개자였다.

1. 영화이미지의 이중성

(1) 물질적 이미지이자 정신적 이미지

① "이미지는 의식이다": 사르트르

모랭은 사진이미지로부터 시작되는 영화이미지가 '물질적 특성'과 '정신적 특성'을 동시에 지니는 점에 주목한다. 영화이미지가 단지 눈으로 지각할 수 있는 물질적 이미지(가시적 이미지)의 성질뿐 아니라, 우리의 의식 세계에서 작동하는 정신적 이미지(비가시적 이미지)의 성질도 내포하고 있다고 간주한다. 일단 이러한 모랭의 관점은 가까이로는 이미지 자체를 정신의 산물이자 의식행위로 바라본 사르트르, 좀더 멀리로는 영화이미지의 정신성과 주관성을 강조했던 초기 영화이론가들의 영향이라 할 수 있다.

사르트르는 '이미지의 정신성'에 관한 논의, 그리고 '상상계'에 대한 논의를 통해 모랭의 영화적 사유에 지대한 영향을 미친다. 우선, 그는 그의 두 저서 『상상력L'imagination』(1936)과 『상상계L'imaginaire』(1940)를 발표하면서 이미지는 물질의 산물이 아니라 '정신의 산물'

이며 '의식의 한 유형'이자 하나의 '의식행위'라는 새로운 이미지론을 전개한다. 한편으로 그는 데카르트에서부터 베르그손에 이르기까지 이미지의 근본을 물질로 간주해온 서구의 주된 철학적 입장에 반대하며, 다른 한편으로는 이미지와 이미지의 대상 모두를 의식 안에 존재하는 것으로 간주한 또다른 철학적 입장에도 반대한다.[2] 즉 그에게 이미지란 하나의 사물이 아니라 "하나의 행위"이며, 의식 속이 아니라 의식 밖에 존재하는 대상에 대한 "의식의 어느 한 유형"이다.[3] 한마디로, 이미지는 어떤 것에 대한 '의식'인 것이다. 이러한 사르트르의 이미지론은 특히 베르그손의 이미지론과 대조를 이룬다. 두 사람모두 '이미지는 어떤 것에 대한 의식이다'라는 후설의 동일한 테제에서 출발했지만, 앞서 제1장에서처럼 베르그손이 '이미지는 어떤 것이다'라는 이미지-물질론으로 귀결한 반면, 사르트르는 '이미지는 의식이다'라는 이미지-정신론을 내세웠기 때문이다.[4]

요컨대, 사르트르에 따르면 이미지는 "의식이 대상과 맺는 관계"를 뜻하며, 다시 말해 "대상이 의식에 나타나는 어떤 방식 혹은 의식이 스스로에게 대상을 부여하는 방식"을 뜻한다.[5] 이를 축약하면, 이미

---

2. 이를테면, 사르트르는 '사물에 대한 관념'과 '관념 안에서의 사물'을 동일한 것으로 간주하는 흄의 입장을 '내재성의 환상illusion d'immanence'이라고 간주하며, 그로부터 벗어날 것을 주장한다.(장 폴 사르트르, 『사르트르의 상상계』, 윤정임 옮김, 에크리, 2010, 23~25쪽)

3. 장 폴 사르트르, 『사르트르의 상상력』, 지영래 옮김(에크리, 2008), 228쪽.

4. 그러나 베르그손에게서 '물질'은 그 자체로 빛이자 '의식'을 뜻한다. 따라서 '이미지는 어떤 것이다'라는 그의 주장에는 '이미지는 물질이자 의식이다'라는 의미가 전제되어 있다. 베르그손이 빛과 의식은 물질에 내재해 있다고 강조하면서 물질 중심의 이미지론을 전개한 것은 사실이지만, 그것은 어디까지나 물질과 의식의 동일성을 전제로 한 것이다. 이 때문에, 들뢰즈는 사르트르가 물질과 의식에 관한 베르그손의 사유에 주목했음에도 불구하고 베르그손의 사유의 폭을 너무 좁혀서 생각했고 따라서 그의 혁신적 사유의 핵심을 제대로 파악하지 못했다고 지적한다.(Gilles Deleuze, *Cinéma 1. L'image-mouvement*, Paris: Les Editions de Minuit, 1983, 90쪽 참조)

지는 하나의 '관계'일 뿐 다른 무엇도 아니다. 이 때문에, 사르트르는 전통적 의미의 이미지와 자신이 말하는 이미지를 구별하기 위해, 이미지 대신 '상상하는 의식conscience imageante'이라는 용어를 사용한다. 즉 회화이미지나 사진이미지처럼 전통적 의미의 이미지는 '이미지'이며, 개인이 어떤 대상에 대해 자신의 의식 속에 떠올리는 이미지는 '상상하는 의식'인 것이다.

사르트르는 이러한 '의식의 한 유형이자 의식행위'으로서의 이미지 개념을 더 멀리 밀고나가, 상상하는 의식이 형상화하는 '정신적 이미지'와 그 형상화의 재료이자 조건이 되는 '물질적 이미지'를 구분하고 양자 사이의 상관성에 대해 설명한다. 사르트르에 따르면, 우리의 상상하는 의식이 그것의 실제 대상을 정신적 이미지로 형상화할 수 있는 것은 그 대상의 물질적 이미지 덕분이다. 사르트르는 전통적 의미의 이미지인 이 물질적 이미지를 "아날로곤analogon"이라고 부른다. 아날로곤이란 한마디로, 우리가 우리 앞에 존재하지 않는 본래의 대상에 다양한 의미를 부여할 수 있게 해주고, 특히 상상하는 의식이 자신이 겨냥하는 대상에 직관적 내용을 채울 수 있게 도와주는 '유사 물질matière analogique' 혹은 '유사 표상물représentation analogique'이라 할 수 있다.[6] 그런데 사르트에 따르면, 상상하는 의식이 만들어내는 '정신적 이미지'와 현실 세계에 물리적으로 존재하는 '물질적 이미지'(아날로곤)는 분명히 서로 다른 영역에 속하는 것이지만, 어느 관점에서 볼 때는 양자 모두 동일한 하나의 계보에 속하는 것이기도 하다. 하나의 영화이미지(물질적 이미지)를 구성하는 물질적 조건들(스크린, 형태, 색상 등)은 의식의 바깥에 있고 그 영화이미지를 보며 떠올리는

---

5. 장 폴 사르트르, 『사르트르의 상상계』, 27~28쪽.
6. 같은 책, 46~53쪽 설명 참조.

이미지(정신적 이미지)는 우리 의식 속에 있지만, 양자 모두 동일한 하나의 대상에 관계되고 동일한 하나의 기능, 즉 '상상하는 기능'에 연관되기 때문이다.

② 물질적 이미지이자 정신적 이미지로서의 영화이미지: 모랭

모랭은 이미지의 정신성을 강조한 사르트르의 이미지론에서 깊은 영향을 받았으나, 사진이미지와 영화이미지를 포함한 모든 예술작품의 이미지를 아날로곤으로만 간주한 사르트르의 입장에는 전적으로 동의하지 않는다. 물론 모랭이 보기에도, 원칙적으로 영화이미지는 물질적 이미지인 아날로곤에 해당한다. 영화를 보면서 관객은 그 순간 부재하는 무엇인가를, 즉 각 숏의 이미지가 불러일으키는 어떤 대상을 끊임없이 상상하게 되기 때문이다. 모랭은 사진이미지나 영화이미지뿐 아니라 움직이는 제스처나 꿈 등도 현재 이 장소에 부재하는 무엇인가를 상상하게 만든다는 점에서, 일종의 아날로곤에 해당한다고 주장하기도 한다. 그러나 모랭에 따르면, 사진이미지나 영화이미지는 정신적 이미지가 형성될 때 소용되는 물질적 조건, 즉 물질적 이미지로서의 '아날로곤'일 뿐 아니라, 우리의 상상하는 의식이 설명할 수 없는 무언가를 덧붙여 재생산하는 또다른 차원의 '정신적 이미지'다. "사진에 속하는 것처럼 보이는 특성들은 사진에 부착되는, 그리고 사진이 우리에게 다시 반사하는 우리 정신의 특성들"[7]인 것이다. 사진에서 "모든 것은 물질적 이미지가 정신적 특질을 지니고 있는 것처럼 이루어지며"[8] 따라서 사진이미지와 영화이미지는 그 자체로 물질적 이미지(아날로곤)이자 동시에 정신적 이미지다.

---

7. Edgar Morin, *Le cinéma ou l'homme imaginaire* (Paris: Les Editions de Minuits 1956), 30쪽. 이후, 이 책의 인용은 제목과 쪽수로만 표기한다.
8. 같은 책, 31쪽.

이러한 모랭의 주장은 다음과 같은 그의 논증으로 더 강화된다. 일단, 사진이미지와 영화이미지에는 절대적 객관성과 현실성을 보장해주는 '실제 대상(즉 실재)'이 '부재'한다. 하지만 사진이미지와 영화이미지의 고유한 특성은 바로 부재하는 대상의 부인할 수 없는 현전성, 즉 "부재하는 사람이나 사물의 현전성"[9]에 있다. 특히 그 대상이 사람이나 사물일 경우, 부재하는 대상의 '존재성'은 더욱 증대된다. 모랭이 인용하는 사르트르의 표현에 따르면, 가장 객관적이고 가장 기계적인 사진이라 할 수 있는 즉석사진조차도 마치 "사진의 본래 대상이 이미지 속에 육화된 것처럼"[10] 그 나름의 방식으로 우리에게 특별한 감정을 불러일으킨다. 마치 사진이라는 물질적 이미지와 기억이라는 정신적 이미지가 서로 연결되어 있는 것처럼, 사진 속에는 인간의 정신, 감정, 영혼 등이 자연스럽게 스며들어 있는 것이다. "사진과 기억이라는 두 단어는 서로 연결되어 있으며, 심지어 서로 교환 가능"[11] 하기도 하다.

이처럼 모랭이 볼 때, 사진과 영화의 물질적 이미지는 그 안에 이미 정신적 특성을 보유하고 있다. 이러한 모랭의 관점은 사르트르와 달리, '지각' 행위와 '상상' 행위를 동시(발생)적 행위이자 상호간섭적 행위로 보기 때문에 가능하다. 사르트르는 의식의 주체가 '지각' 행위와 '상상' 행위 중 하나의 행위밖에 할 수 없기 때문에 두 행위는 공존이 불가능하다고 주장했다.[12] 지각과 상상은 "대상의 유무에 관계없이 대상에 관여하는 관련 방법"이라는 점에서는 동일하나, 지각이 물

---

9. 같은 책, 25쪽.
10. 같은 곳.
11. 같은 책, 26쪽.
12. 사르트르는 다음과 같이 설명한다: "……상상하는 의식의 형성은 지각하는 의식의 소멸을 동반하며 그 역도 마찬가지이다."(장 폴 사르트르, 『사르트르의 상상계』, 220쪽)

리적 이미지에 관계되고 상상이 정신적 이미지에 관계된다는 점에서 서로 상이한 영역의 행위이자 동시에 실행될 수 없는 행위라는 것이다.[13] 사르트르에게 "실재하는 것과 상상적인 것은 본질적으로 공존할 수 없는" 것이며, 그것은 "전적으로 환원 불가능한 두 개의 서로 다른 감정들 및 행위들의 문제"다.[14] 그러나 모랭은 지각과 상상은 동시에 이루어질 수 있는 행위이며, 서로 겹쳐지고 상호영향을 미치는 행위라고 간주한다. '기억이 배어 있지 않은 지각은 없다'라는 베르그손의 언급을 인용하면서,[15] 모랭은 지각행위에 기억, 감정, 상상 등 모든 정신적 작용이 개입된다고 주장하며 순수 지각은 이론적으로만 가능할 뿐 실제 현실에서는 불가능한 것이라고 설명한다. 모랭에 따르면, 영화이미지는 물리적으로 눈앞에 현전하는 지각의 대상이자 관객의 상상과 기억 등 다양한 정신적 행위가 작용하는 상상의 대상이며, 그 두 가지 행위는 동시에 일어나고 상호영향을 미친다. 즉 영화이미지는 본질적으로 물질적 이미지이자 정신적 이미지이며, 영화이미지에 내재된 물질성과 정신성은 항상 상호영향을 미치면서 서로 뒤섞이고 혼합된다.

요컨대, 모랭은 사르트르의 이미지론의 영향을 받지만 거기에 그만의 견해를 덧붙여 독자적인 영화이미지론을 제시한다. 그에 따르면, 영화이미지는 지각의 대상이자 상상의 대상이며 물질적 이미지이자 정신적 이미지다. 이런 맥락에서, 모랭은 사르트르가 말한 정신적 이미지의 '현전-부재présence-absence'론을 영화의 특수성에 맞게 변형해

13. 오카다 스스무, 『영상학 서설』, 강상욱·이호은 옮김(커뮤니케이션북스, 2006), 88~89쪽.
14. 장 폴 사르트르, 같은 책, 266쪽.
15. 지각과 기억에 관한 베르그손의 사유에 관해서는 이 책 제1장 「2. 이미지와 지각」 부분을 참조할 것.

영화이미지의 '현전-부재'론으로 제시한다. 즉 "정신적 이미지의 본질적 특징은 하나의 대상이 그것의 현전 한가운데서조차 부재하는 특정한 방식"이라는 사르트르의 주장을 빌려와,[16] 영화이미지의 본질적 특징은 역으로 하나의 대상이 "그것의 부재 한가운데서조차 현전하는 방식"이라고 주장한다. 따라서 서정신적 이미지와 마찬가지로 영화이미지 역시 "경험하는 현전이자 실제적인 부재, 즉 현전-부재"에 해당한다.[17] 모랭에 따르면, 바로 이러한 '현전-부재'의 속성으로 인해 영화이미지에서는 가장 객관적인 대상이 주관적 감정을 불러일으킬 수 있고 엄정하게 물질적인 이미지가 정신적 특성을 나타낼 수 있다.

(2) 객관적 이미지이자 주관적 이미지

모랭은 영화이미지가 물질성과 정신성이라는 이중성 외에도 객관성과 주관성이라는 또다른 이중성을 갖는다고 말한다. 일단, 모랭은 영화이미지가 현실에 대한 절대적 유사성을 통해 근본적으로 확고한 '객관성'을 획득한 사실을 인정한다. 즉 가시적 현실 세계의 이미지들이 기계적 복제과정을 통해 있는 그대로 영화이미지 위에 새겨지고, 그러한 재현의 객관성은 영화이미지에 일종의 '현실성'을 부여한다는 것에 동의한다. 또한 모랭은 영화이미지만의 고유한 특성인 '운동성'이 영화이미지에 더욱더 확고한 객관성을 부여하는 것에도 주목한다. 영화이미지에서는, "움직임의 현실성과 형태들의 겉모습이 결합해 구체적인 삶의 감정을 불러일으키며" 관객으로 하여금 "객관적으로 현실을 지각한다는 느낌을 갖게" 만드는 것이다.[18] 즉 운동성은 영화이미지의 현실성과 객관성을 만들어내는 데 있어 중요한 역할을

---

16. 장 폴 사르트르, 같은 책, 144쪽.
17. *Le cinéma ou l'homme imaginaire*, 31쪽.
18. 같은 책, 123쪽.

담당한다.

그러나 모랭은 다른 한편으로, 영화이미지의 근간이 되는 사진이미지가 현실의 단순한 기계적 재현을 넘어 관람자에게 '설명할 수 없는 무엇'을 상기시키고 경험하게 해준다는 사실에 주목한다. 사진은 "마치 부적이나 주물呪物이라 할 정도로, 우리가 경험했던 것을 매우 강렬한 방식으로 상기시키고, 우리가 아직 만나지 않은 것을 너무나 친숙하게 만들며, 더이상 우리 곁에 없는 것을 아주 가까운 것으로 만들어줄 수 있다"고 본 것이다.[19] 앞서 잠시 언급한 것처럼, 모랭은 사진이미지가 만들어낸 의미에는 근본적으로 '관객'의 개입이 행해진다고 주장한다. 사진의 본성은 재현되는 대상(사람이나 사물)이나 기술적 효과에만 국한되지 않고 반드시 관객의 '체험, 감성, 상상력' 등을 포함한다. 다시 말해, 사진이 객관적으로 복제하는 현실의 이미지에는 반드시 '주관성'이 개입한다. "사진은 존재하는 것에 대한 단순한 응답 이상의 것"이며, "연장된 현존, 대체물, 감동의 근원, 숭배의 대상"[20] 등이 될 수 있다. "사진의 풍요로움은 사실상 그 내부에 있지 않은 모든 것"으로부터 오며, "우리가 사진 속에 투사하고 고정시키는 것"으로부터 발생한다.[21]

요컨대, 영화이미지와 관련된 관객의 정신적, 정서적 참여는 자연스럽게 지각 대상과 지각 주체의 융합 및 객관성과 주관성의 융합을 이끌어낸다. 그리고 그것은 객관과 주관의 혼합뿐 아니라, 현실과 비현실의 혼합, 재현되는 것과 재현하는 것의 혼합으로 이어진다. 그런데 이러한 모든 대립되는 것은 영화이미지 안에서 "서로 뒤섞이기보

---

19. Francesco Casetti, *Les Théories du cinéma depuis 1945* (Paris: Nathan, 1999), 54쪽.
20. 같은 곳.
21. *Le cinéma ou l'homme imaginaire*, 30쪽.

다는 진정한 순환을 창출해낸다."[22] 객관적이고 기계적으로 재현(복제)된 이미지는 관객의 정신적, 정서적 참여를 유발하며, 관객의 주관적 참여는 거꾸로 재현된 이미지에 더욱 강한 현실성과 객관성을 부여한다. 영화의 기계적 복제가 보장해주는 "객관적 진실은 연민, 두려움 등 실제 삶과 연결되는 어떤 정서적 일체화 감정을 일깨울 수 있고…… 거꾸로 이러한 일체화 감정은 객관적 진실을 공고히하고 증진시킬 수 있는"[23] 것이다. 아울러, 관객의 참여는 재현된 현실에 또 다른 차원의 현실을 부가하면서 재현된 현실의 범위를 넓혀주고, 이렇게 확장된 현실은 더욱 다채로운 층위에서 다시 관객의 정신적 참여 및 정서적 동일화를 이끌어낸다. 모랭의 언급처럼, 영화이미지 안에서 "주관성과 객관성은 중첩될 뿐 아니라 끊임없이 서로로부터 재탄생"하고, 그로부터 "객관적인 주관성, 주관적인 객관성의 부단한 순환"이 이어진다.[24] 결국, 영화이미지의 진정한 의미는 기계와 기술을 통한 정확한 복제와 관객의 정신적이고 주관적인 참여의 상호작용으로부터 최종적으로 산출된다. 영화에서 "객관적 이미지는 주관성의 거울"[25]과 다름없는 것이다.

(3) 분신으로서의 영화이미지

한편, 모랭은 인류학자답게 '분신le double' 개념으로 영화이미지의 이중성을 설명한다. 분신이라는 용어는 분석심리학 등에서 보통 '영혼' 내지는 '원형'을 뜻하지만, 모랭은 그보다는 인류학적 관점과 정신분석학적 관점을 융합해 '존재와 그 분신l'être et son double'이라는

---

22. Francesco Casetti, 같은 책, 56쪽.
23. *Le cinéma ou l'homme imaginaire*, 123쪽.
24. 같은 책, 162쪽.
25. 같은 곳.

개념으로 접근한다. 즉 원시 문화의 '분신' 개념에 정신분석학적 개념 인 '전이transfert'와 '투사projection,' '소외aliénation' 등을 더해, '분신으 로서의 영화이미지' 개념을 새롭게 창출해낸다.

실제로, 고대 인류 문화에서 '이미지'는 자주 '분신'으로 간주되었 다. 그리스 신화와 이집트 고대 예술에서 무수한 분신의 모티브를 발 견할 수 있으며, 수많은 기념물과 사원 각각은 천상의 존재의 이미지 이자 분신이었다. 또한 개개의 인간이 각자의 분신을 소유하고 있다 는 믿음도 널리 퍼져 있었다.[26] 즉 분신은 고대 인류 문화에서 널리 시도되었던 '인간에 의한 인간 형성의 밑그림'이었는데, 모랭에 따르 면 고대인들은 자신의 분신의 실존을 "거울 속 모습이나 수면에 비친 모습, 그림자" 등을 통해 체험했고 혹은 "꿈"속에서 확인하기도 했 다.[27] 요컨대, 고대 인류에게 분신은 보편적인 개념이었으며 "전 인류 공통의 유일하고 거대한 신화"[28]였다.

또한 모랭은 고대인들처럼 문명 초기 단계에 있는 사람들뿐 아니 라 어린아이들 같이 인격 형성의 초기 단계에 있는 사람들에게서 나 타나는 '분신 현상'에도 주목했다. 모랭이 보기에, "이들은 대상의 부 재를 의식하지 않고 꿈의 현실성도 믿기 때문이다."[29] 즉 고대인들이 나 어린아이들은 대상의 '이미지'를 '대상'처럼 믿으면서 일종의 대상 의 '분신'으로 인식했고, 꿈 속 이미지를 또다른 현실의 이미지나 현

---

26. Étienne Souriau, *Vocabulaire d'esthétique*, 611쪽.
27. *Le cinéma ou l'homme imaginaire*, 33쪽. 그리스의 '나르키소스Narkissos 신 화'도 '분신'이라는 주제를 내포하고 있다. 오비디우스의 『변신이야기』를 통해 널리 알려진 나르키소스 신화는 '분신,' '변용,' '합일' 등을 향한 꿈을 주제로 삼고 있는 데, 20세기 들어 앙드레 지드는 나르키소스 신화에서 이미지, 분신, 예술가 등의 상 징을 찾아내기도 한다.(René Martin, *Dictionnaire culturel de la mythologie greco-romaine*, Paris: Nathan, 1998, 170쪽 참조)
28. *Le cinéma ou l'homme imaginaire*, 33쪽.
29. 같은 책, 31쪽.

실의 분신으로 인식했다. 이들에게 대상과 대상의 이미지 사이의 "유사성은 아주 완벽해 보였고," 따라서 이들은 대상의 이미지에서 "실재 대상 앞에 마주하고 있는 것보다 더욱 강렬한 현실감"을 느꼈다.[30]

모랭은 이 같은 연구를 통해 "대상에 대한 주관적 욕구가 강할수록 그 욕구가 고정시키는 대상의 이미지는 더 강렬하게 투사되고, 소외되고(분리되고), 객관화된다"는 사실을 파악한다.[31] 나아가 이처럼 객관화되는 이미지가 종국에는 환각을 일으키고 물신화되기까지 한다는 사실을 발견한다. 다시 말해, 분신으로서의 대상의 이미지는 외견상 객관적임에도 불구하고, 오히려 객관적이기 때문에 일종의 초현실성을 획득할 수 있을 정도로 더욱더 강한 주관적 욕구를 담아낼 수 있는 것이다. 모랭은 연구 결과, "극도의 소외와 극도의 욕구가 부딪치는 지점에 혹은 극단적 주관성과 극단적 객관성이 만나는 지점에 '분신' 또는 '환각적 이미지'가 존재함"[32]을 발견한다. 이는 반대로, 분신이나 환각적 이미지가 나타나는 곳에는 극도의 소외와 극도의 욕구가 부딪치고 있고 극단적 주관성과 극단적 객관성이 만나고 있음을 의미하기도 한다.

이처럼, 인류의 본원적 이미지라 할 수 있는 분신은 고대로부터 현대에 이르기까지 다양한 모습으로 존재해왔다. 고대인들에게 분신은 거울이나 수면에 반사된 모습 혹은 그림자로 인식되었고, 어떤 경우에는 꿈이나 환각 속 이미지들로 나타나기도 했다. 좀더 문화가 발달하면서, 분신은 그림이나 조각으로 재현되기 시작했고 따라서 예술가는 분신의 창조자로 간주되기도 했다.[33] 모랭에 따르면, 분신은 근대

---

30. 같은 곳.
31. 같은 책, 32쪽.
32. 같은 책, 33쪽.
33. Étienne Souriau, 같은 책, 611쪽.

에 들어와 일련의 물질적 이미지들에도, 즉 사진이미지와 영화이미지에도 투사된다. "실제로 스크린 위에서 우리의 눈앞에 나타나는 것은 지금 탄생중인 분신"이며, 그것은 "아이가 거울에서 발견하거나 혹은 고대인이 수면에 비친 모습에서 발견하는 분신," 즉 "낯설면서도 친숙하고 상냥하고 옹호적이며, 약간 과장되어 있지만 그렇다고 초월적이지는 않은 분신"과 유사하다.[34] 영화이미지는 물질성과 정신성 혹은 객관성과 주관성을 모두 담아내면서 현대인들에게 일종의 분신처럼 받아들여진 것이다.

그런데 모랭에 따르면, '분신으로서의 영화이미지'는 좀더 복합적인 의미를 갖는다. 우선, 분신으로서의 영화이미지는 다른 분신들과 마찬가지로 두 개의 이미지가 결합된 복합적 이미지다. 즉 분신으로서의 이미지는 단순히 실재 대상의 외적 이미지만을 가리키는 것이 아니라 그 외적 이미지에 나의 정신이 더해진 것을 말하는데, 영화이미지의 경우도 그와 마찬가지다. 영화이미지 역시 단지 대상의 외적 이미지만을 재현한 것이 아니라 그 대상의 이미지에 대한 나의 정신이 더해져 생성된다. 모랭의 언급처럼, 사진이미지와 영화이미지는 "물리적 이미지이지만, 가장 풍부한 정신적 특질을 지닌 물질적 이미지"[35]라 할 수 있다.

혹은 좀더 적극적인 관점에서 볼 때, 나의 눈앞에 현전하는 분신으로서의 영화이미지는 대상의 외적 이미지에 대한 나의 정신적 이미지가 새롭게 '대상화된 것,' 즉 '물질화된 것'을 의미하기도 한다. 물리적 현전성을 갖는 영화이미지는 단순히 정신적 특질이 더해진 어느 대상의 이미지가 아니라, 나의 정신적 이미지가 투사과정에서 그

---

34. *Le cinéma ou l'homme imaginaire*, 47쪽.
35. 같은 책, 38~39쪽.

'스스로를 대상화'하여 형상화시킨 물질적 실체이기도 하다. 이 경우, 영화이미지는 결국 정신적 이미지가 스스로를 대상화한 것이므로 원칙적으로 정신적 이미지와 동질의 것이라고 할 수 있다. 그리고 바로 이 동질성에서 영화이미지와 관객 사이에 "일체화" 현상이 발생할 수 있으며, 그 일체화 현상과 함께 영화의 "마법적 특성"이 가능해진다.[36] 다만, 이때 정신적 이미지와 영화이미지의 성격이 비록 같다고 할지라도 '내재'와 '외재'의 관계를 이룬다고 보아야 한다. 영화이미지가 외적인 빛의 운동을 통해 정신적 이미지를 낳는 상상적 의식을 강화하는 것이라면, 정신적 이미지는 상상적 의식 안에서의 자기 형성과정을 외적인 영화이미지에 투사하면서 영화이미지를 분신화하는 것이기 때문이다.[37]

요컨대, 모랭의 분신 개념은 경험하는 현전이자 현실적인 부재, 즉 '현전-부재'로서의 영화이미지의 특성을 잘 설명해준다. 또 객관적인 대상이 주관적 감정을 불러일으키고 물질적 이미지가 정신적 특성을 나타내는 영화이미지의 이중성을 명징하게 드러내준다. 이러한 모랭의 '분신으로서의 영화이미지' 개념은 이후 '마법적 매혹' 논의와 연관되면서 영화이미지의 정신적 특질을 설명하는 데 다시 이용된다.

2. 영화이미지의 몽환성, 마법성, 초현실성

모랭에게 분신은 객관성과 주관성 혹은 물질성과 정신성이라는 영화이미지의 이중성을 밝혀주는 개념이지만, 한편으로는 영화이미지

---

36. 오카다 스스무, 『영상학 서설』, 95쪽.
37. 같은 곳.

에 내재된 몽환적 특성, 마법적 특성, 초현실적 특성을 암시하는 개념이기도 하다. 분신이 기본적으로 지니는 비현실적이고 주술적인 성격은 꿈과 마법 그리고 초현실에 대한 모랭의 관심을 잘 드러내준다. 모랭은 특히 초기 영화이론가들에 대한 연구를 통해 영화의 몽환적 성격과 초현실적 성격에 주의를 기울이게 되며, 그의 영화적 관점 역시 영화이미지의 이중성과 통합성을 근간으로 하면서도 영화이미지만의 고유한 초현실성을 강조하는 방향으로 나아가게 된다.

(1) 몽환적 세계 또는 마법적 세계

① 영화: 객관적 세계이자 몽환적 세계

모랭이 보기에, 초기 영화이론가들에게 영화란 한마디로 주관성의 예술이자 감정의 예술이었고, 나아가 '꿈'과 '마법'을 보여주는 장치였다. 그에 따르면, 영화사 초기부터 다수의 영화이론가들은 영화를 '꿈을 구현하는 예술'이라고 간주했다. 미셸 다르Michel Dard, 테오 바를레Théo Varlet, 모리스 앙리Maurice Henry 등은 영화를 '꿈'의 예술이라고 강조했으며, 장 테데스코Jean Tédesco는 "영화의 움직이는 이미지들이 인간의 꿈을 시각화하기 위해 특별히 고안된 것처럼 여겨진다"고 했다.[38] 또한 이들은 사진이미지와 영화이미지가 기계적 이미지임에도 불구하고 절대 유사라는 조건이 강제하는 객관성을 넘어 어떤 '마법적 효과' 혹은 '초자연적 힘'을 느끼게 해준다고 강조했다.

꿈에 대한 이러한 초기 영화인들의 입장은, 20세기 초반 현대 예술과 미학에서 표명되었던 꿈에 대한 다양한 입장들 중 '적극적 긍정'의 입장에 가깝다.[39] 즉 초기 영화인들에게 꿈은 중요한 예술적 창조

---

38. *Le cinéma ou l'homme imaginaire*, 15~16쪽.

의 원천 중 하나였으며 나아가 또다른 현실이었다. 그들은 초현실주의자들과 마찬가지로 프로이트의 '꿈의 해석'을 적극적으로 받아들였고, '꿈'을 인간과 세계에 대한 또하나의 '인식방법'으로 인정했다. 또 의식적 사고와 몽환적 사고에 동등한 가치를 부여했으며, 꿈을 현실과 맞물려 있는 '또하나의 현실'로 인식했다. 특히 초기 영화인들은 영화를 "삶의 잠재된 내용을 꿈으로 보여주는 표현수단"으로 간주하는데, 영화는 "뼈와 살이 있는 인물들을 보여줄 뿐만 아니라 그 인물들의 꿈에도 뼈와 살을 붙여 보여주는" 예술이라고 주장했다.[40]

이러한 초기 영화와 꿈에 대한 연구를 바탕으로, 모랭 역시 영화란 몽환적 세계와 객관적 세계가 중첩되어 있는 세계라는 관점을 얻는다. 우선, 그는 초기 영화인들과 마찬가지로 인간의 욕망, 불안, 공포, 잠재의식 등이 그 자체의 논리에 따라 신화, 종교, 예술을 형성하고 아울러 '꿈'의 세계도 형성한다고 간주한다. 그리고 그러한 인간의 감정과 정신은 신화와 종교의 이미지들뿐 아니라 꿈의 이미지들을 통해서도 우리를 '상상계'로 이끈다고 주장한다. 즉 "상상계는 꿈꾸는 정신의 자발적이고 마법적인 실천"[41]이라 할 수 있다. 모랭에 따르면, 상상력의 예

---

39. 20세기 초 현대 예술과 미학에서 '꿈'에 대한 주된 입장은 크게 세 가지로 나뉜다. 첫번째는 위에서 언급한 적극적 긍정의 입장이다. 이는 꿈이 영감, 열광, 엑스터시와 함께 예술적 창조의 원천이 될 수 있다고 믿는 입장인데, 이를테면 작품이 꿈 속에서 형성되고 작가는 그것을 전사(轉寫)할 뿐이라고 생각하는 몽환 문학이나 일부 초현실주의 예술가들의 경향이 이에 해당한다. 두번째는 부정적 입장으로, 꿈은 아무것도 창조할 수 없는 허황된 것이라는 관점을 바탕으로 한다. 이 입장을 대표하는 인물로 베르그손과 로댕을 들 수 있는데, 특히 로댕은 "(꿈과) 영감을 믿지 말라. 오로지 예술가의 능력만이, 즉 예지와 의지와 집중력만이 중요하다"라고 강조한 바 있다. 세번째는 종합적 입장으로, 꿈의 세계와 예술의 세계 사이에는 상당한 유사성이 있다는 관점을 토대로 한다. 이를 대표하는 인물은 발레리인데, 그는 예술적 창조를 오직 수동적 상상력 혹은 꿈으로만 축약시킬 수 없다고 주장하면서도 '꿈의 상태'는 마치 '시적 상태'처럼 외부세계와 내면세계가 교감하는 경이로운 변모를 보여준다고 강조한다.(Étienne Souriau, 같은 책, 1227쪽)

40. Ado Kyrou, *Le Surréalisme au cinéma*(Paris: Le Terrain vague, 1963), 12쪽.

술인 영화는 '꿈의 세계'를 받아들여 초현실적 세계나 마법의 세계와 같은 층위에 위치시킨다. 그리고 객관적 이미지들과 꿈의 이미지들을 결합시키면서 객관적인 세계와 몽환적 세계가 공존하는 새로운 세계를 만들어낸다. 이 같은 공생관계는 영화이미지의 심층적 이중성을 파괴하지 않고 오히려 강화시키는데, 이는 무엇보다 영화가 실천적 지각과 몽환적 인식이 공동으로 작용하는 영역이기 때문이다.[42]

② 영화: 변형체들로 이루어진 마법적 세계

사르트르에 따르면, '상상하는 의식'은 한 개인이 자신이 욕망하는 어떤 대상을 소유하기 위해 의식 속에 나타나게 하는 일종의 '마법적 의식conscience magique'이라 할 수 있다. 즉 "상상행위는 마법적 행위"이며, "사유의 대상, 욕망의 대상을 나타나게 하여 소유할 수 있게 해주는 주술incantation" 행위다.[43] 모랭은 이러한 사르트르의 견해를 수용하면서, 영화에서도 역시 상상이라는 '마법'이 작동해 관객으로 하여금 욕망하는 대상을 소유할 수 있게 해주고 영화 자체를 현실과 꿈의 복합체로 만들어준다고 말한다.

— 영화와 관객의 일체화

그런데 모랭에 따르면, 영화적 마법이 작동하기 위해서는 무엇보다 '영화와 관객 사이의 일체화participation'가 전제되어야 한다.[44] 또

---

41. *Le cinéma ou l'homme imaginaire*, 83쪽.
42. 이와 관련해 레몽 벨루Raymond Bellour는, 모랭이 추구한 영화란 그 스스로 여러 번 언급한 것처럼 일종의 "최면상태hypnose"와 같은 것이라고 주장한다. 즉 모랭이 보기에, 영화는 "꿈과 깨어 있음과 졸음 사이에 형성되는 정묘한 매개상태"와 같은 것이다.(Raymond Bellour, *Le corps du cinéma*, Paris: P.O.L., 2009, 304쪽 참조)
43. 장 폴 사르트르, 『사르트르의 상상계』, 227쪽.
44. 프랑스어 'participation'은 일차적으로 참여, 관여, 분담 등의 뜻을 지니지만, 여기서는 '일체화'라는 인류학적 용어로 번역해 사용한다. 모랭은 영화와 관객 사이에

영화와 관객 사이의 일체화가 이루어지기 위해서는 '마법으로의 이행 과정'과 '마법에 형태를 부여하는 과정'이 실행되어야 한다. 우선, 아래 〈표 1〉에서 보듯, '마법으로의 이행'은 다음의 세 단계를 거친다. 첫번째는 투사-동일화를 통한 '정서적 일체화' 단계이고, 두번째는 인류-우주적 비전을 통한 '혼종 영역으로의 이행' 단계이며, 세번째는 분열과 (연금술적) 변환을 통한 '마법의 영역으로의 진입' 단계다.

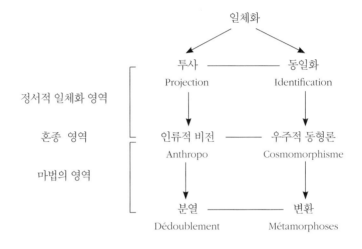

〈표 1〉 일체화에서 마법으로의 이행과정

서 이루어지는 'participation'을 일종의 인류학적 관점에서 고찰하기 때문이다. 인류학자 해리슨이 원시 제의의 참여자들에게서 일체화의 감정을 발견한 것처럼, 모랭은 영화 스크린 앞에서 관객이 느끼는 감정 역시 단순한 교감을 넘어 '일체화'이자 '합일화'에 가깝다고 주장한다.(Jane Ellen Harrison, *Ancien Art and Ritual*, London: Oxford University Press, 1948, 46~48쪽 참조) 또한 프랑스 사전에는 'Participation' 이 "동일 공동체의 구성원들을 감정적이고 원초적 친근성으로 묶어주는 유대감"이라고 설명되어 있다.(*Lexis, Larousse de la langue française*, Paris: Librairie Larousse, 1979, 1342쪽)

'마법으로의 이행과정'이 이루어진 다음, 마법에는 본질도 생명도 없기 때문에 '마법에 형태를 부여'하는 과정이 필요하다. 이 과정 역시 세 단계로 진행된다. 첫번째는 마법으로의 이행과정에서와 마찬가지로 '투사-동일화' 단계이고, 두번째는 '정서적 개입' 단계이며, 세번째는 '미학적 상상과 일체화' 단계다.[45]

영화는 이러한 두 차원의 마법적 과정을 거친 후 '영혼의 단계'로 이행한다. 그리고 이 영혼의 단계에서 영화의 리듬은 관객의 정서와 호흡을 맞추는 심리적 리듬으로 변화하고, 마침내 '영화와 관객 사이의 완전한 일체화' 현상이 발생한다. 즉 영화cinéma는 "영화작품film의 흐름 속에 관객을 통합시키는 하나의 체계"이자 동시에 "관객의 심리적 흐름 속에 영화작품의 흐름을 통합시키는 하나의 체계"[46]가 되는 것이다. 영화에서 이 두 체계는 항상 상호작용하는 공생관계를 이루며, 따라서 영화작품과 관객도 언제나 공생관계에 놓이게 된다.

— 영화: 변형된 시간과 공간들의 세계 또는 살아 있는 오브제들의 세계

또한 영화적 마법의 세계가 형성되기 위해서는 영화와 관객의 일체화 과정뿐 아니라, '시간과 공간의 변형'도 전제되어야 한다. 모랭에 따르면, 영화에서 시간과 공간은 일종의 연금술적 변환의 재료가 된다. 우선, 영화는 연대기를 제거하고 시간을 잘게 나눈 다음, "행동의 리듬이 아니라 행동의 이미지들의 리듬인 특별한 리듬에 따라 시간적 단편들을 결합하고 장면을 연결한다."[47] 이 행동의 이미지들이라는 특별한 리듬은 '유동적 시간'이라는 새로운 시간을 재구축하는

---

45. *Le cinéma ou l'homme imaginaire*, 91~104쪽 설명 참조.
46. 같은 책, 107쪽.
47. 같은 책, 64쪽.

데, 그에 따라 영화이미지는 "어떤 다른 예술도 할 수 없었던 것," 즉 "과거를 현실화"하고 과거와 미래를 현재와 동등한 것이자 동시적인 것으로 만드는 것을 실현할 수 있게 된다.[48] 또한 영화는 다양한 카메라 움직임과 카메라들의 기하학적 배치 등 기술적 방법을 이용해, 공간을 해체하고 분산시키며 재편성할 수 있다. 즉 영화는 "카메라를 움직임의 상태로 만들고 카메라를 동시에 도처에 편재하게 하면서 공간의 변형"을 이루어낼 수 있다. 요컨대, 영화는 다양한 기술적 작업과 편집을 거치면서, "관객을 시간과 공간의 어느 지점으로든 옮겨 놓을 수 있는 통합적 편재성의 체계"[49]가 된다. 영화는 일종의 연금술적 과정을 통해, '유동적 세계'이자 '변형된 시간과 공간들의 세계'인 '마법적 세계'로 옮아간다. 다시 말해, 영화는 "변형체들로 이루어진 마법적 세계"[50]가 될 수 있다.

그런데, 영화를 마법의 매체로 바라보는 모랭의 시각은 종국에는 영화이미지에 '생명력'을 부여하는 단계로까지 발전한다. 이러한 모랭의 입장은 애니미즘적 시각으로 영화이미지를 바라보았던 초기 영화이론가들의 입장을 이어가는 것이기도 하다. 제4장과 제5장에서 살펴봤다시피, 엡슈타인과 발라즈를 비롯한 일군의 초기 영화이론가들은 영화가 평범한 사물들에 생명을 불어넣을 수 있는 특별한 능력을 갖춘 매체라고 간주했다. 같은 맥락에서, 모랭도 영화 탄생 이후 발명된 다종다양한 기법들이 영화이미지를 통해 재현되는 사물들에 일종의 생명을 부여할 수 있게 되었다고 말한다. 영화이미지는 단지 주관적이고 정신적인 특성을 가질 뿐 아니라, 다양한 영화 기법들과 효과들에 힘입어 그 자체만의 고유한 '생명력'을 얻을 수 있다고 본

---

48. 같은 책, 67쪽.
49. 같은 책, 70쪽.
50. 같은 책, 71쪽.

것이다. 멜리에스G. Méliès 이후 카메라 이동, 무대장치, 조명, 몽타주 등 다양한 기법과 효과들이 발명되었는데, 이는 당초에는 '상상력의 세계'를 좀더 명확히 표현하는 것이 목적이었으나, 시간이 지날수록 마치 고대 세계의 주술처럼 죽어 있는 사물들에게 새로운 '생명'을 부여하는 능력을 갖추게 된다. 영화에서 "오브제들의 생명은 당연히 실제적인 것이 아니고 주관적인 것"이지만, 영화의 기술과 기법의 발전과 더불어 "어떤 비인간적인 힘이 작동해 영혼의 현상을 물활론적 현상으로 발전시키고 표출시킴"으로써, 영화 속 "오브제들은 생명을 얻고, 움직이고, 말하고, 행동하기 시작"한 것이다.[51]

요컨대 모랭에 따르면, 영화는 이질적인 상황들 및 사건들을 이어 붙인 단순한 활동사진이 아니라 그 나름대로의 새롭고 고유한 '시공간적' 특성을 지닌 '살아 있는 오브제들objets vivants'의 세계이다. 영화에서 "오브제들은 놀라운 현전성으로 빛을 발하며," 다시 말해 "주관적 풍요로움이자 감동적 힘이며 자율적 삶이자 특별한 영혼인 '마나mana'로서 빛을 발한다."[52] 즉 영화는 그 오브제들에게 일종의 '신력' 혹은 '초자연력' 같은 힘을 부여할 수 있으며, 그럼으로써 오브제들 속에 잠재되어 있던 생명력을 깨어나게 할 수 있다.

---

51. 같은 책, 74쪽.
52. 같은 책, 76쪽. 인류학적 용어인 '마나'는 멜라네시아 일대의 원시종교에서 말하는 '신력神力' 혹은 폴리네시아인 문화의 근원을 이루는 비인격적 '초자연력'을 가리킨다. 즉 신력 혹은 초자연력에 해당하는 마나는 하천, 암석, 나무 등 자연물뿐 아니라 사람(예를 들면, 샤먼)과 인공물 등에도 침투할 수 있으며, 오브제에서 오브제로 언제든 전이될 수 있다. 마나는 19세기 말 영국의 민족학자 고드링턴R. H. Codrington에 의해 서양에 소개되었고, 이후 20세기 전반 유럽의 아방가르드 및 초현실주의 예술가들의 주목을 받으며 '모든 오브제와 형태 속에 잠자고 있는 생명력 내지는 초자연적 마력'의 의미로 전파된다.(Gerhard J. Bellinger, *Encyclopédie des religions*, Pairs: La Pochothèque, 2004, 611~614쪽; 니니안 스마트, 『종교와 세계관』, 김윤성 옮김, 이학사, 2012, 73쪽 참조)

(2) 영화이미지의 초현실성

① 초현실주의 미학과 모랭의 영화미학

주지하다시피, 20세기 전반 유럽의 거의 모든 예술 영역에서 초현실주의적 비전은 강력한 영향력을 행사한다. 특히, 초기 영화인들이나 영화에 비상한 관심을 나타냈던 아방가르드 예술가들은 이른 시기부터 영화의 초현실적 특성에 대해 주목한다. 모랭에 따르면 아폴리네르G. Apollinaire는 이미 1909년에 "영화는 초현실적 삶의 창조자"라고 선언했고, 엡슈타인은 영화가 "초현실적 눈"의 예술이자 "정령의 예술"이 될 것이라고 언급했다.[53] 또 앙리 아젤Henri Agel은 영화카메라가 사물들을 존재의 절정으로까지 끌어올리면서 그것에 "초현실적인 힘"을 부여할 수 있다고 믿었으며, 알베르 발랑탱Albert Valentin은 영화가 카메라 렌즈에 포착되는 모든 것에 어떤 "전설적 분위기"와 "현실 외적인" 특성을 부여한다고 주장했다.[54] 이러한 초기 영화인들의 초현실적 특성에 대한 관심은 1920~1930년대에 초현실주의 영화운동이 본격적으로 발전하는 데 있어 중요한 기반이 된다. 그렇다면 모랭이 생각하는 영화의 초현실주의적 특성은 어떤 것인가?

일단, 사회과학자로서의 모랭은 일정한 거리를 유지하면서 초현실주의 예술을 탐색하는데, 두 차례의 「초현실주의 선언문」(1924, 1929)에 나타난 초현실주의의 이상과 미학에서 자신의 영화적 사고와 일치하는 부분들을 발견한다. 초현실주의 선언문에 따르면, '초현실'이란 무엇보다 "겉으로는 상치되는 꿈과 현실이라고 하는 두 상태"가 융합해 만들어내는 일종의 "절대적 현실성"[55]이다. 또한 초현실주의

---

53. 같은 책, 15쪽.
54. 같은 책, 24쪽.
55. 앙드레 브르통, 『초현실주의 선언』, 황현산 옮김(미메시스, 2012), 75~76쪽.

미학은 유년기, 환상, 꿈, 무의식, 리비도, 마법 등을 인정하고 지지할 뿐 아니라, '상상력'을 정신의 가장 위대한 자유이자 예술창작의 원동력으로 보고 상상계와 실재계의 융합에서 비롯되는 '경이'를 미美의 핵심으로 간주한다. 에티엔 수리오의 언급처럼, 초현실은 "가능한 모든 모순이 멈춘 정신의 한 지점"이며 "꿈과 현실의 상승 혼합 지점이자 시적으로만 체험되는 지점"이다.[56] 이처럼 꿈과 현실, 상상계와 실재계 등 대립되는 요소들의 융합을 강조하는 초현실주의 미학은 모랭이 추구해온 영화적 사유의 방향과 일치한다. 앞서 살펴봤듯, 모랭은 영화를 무엇보다 객관성과 주관성, 존재와 분신, 현실과 꿈, 물질성과 정신성의 복합체라고 간주하기 때문이다. 모랭이 생각하는 영화의 초현실성 역시 다양한 층위의 모순적 요소들을 융합하는 영화이미지의 이중성과 통합성을 바탕으로 한다.

아울러, '이미지'에 대한 초현실주의자들의 입장도 '영화이미지'에 대한 모랭의 입장과 유사하다. 초현실주의자들이 바라보는 "초현실적 이미지는 정신과 물질, 의식과 무의식, 추상적인 것과 구체적인 것, 현실 원칙과 쾌락 원칙, 그 모든 것 사이에 '파괴할 수 없는 유추적 관계'를 확립하는 수단이자 개인의 내면적 자아와 외부 세계를 연결하는 '매체'"[57]이기 때문이다. 모랭에게도 영화이미지란, 주관성과 객관성을 결합하고 추상적인 사고로부터 구체적인 형태로의 전환을 가능하게 하는 이미지다. 특히, 그가 보기에 '초현실적 영화이미지'는 극단적인 주관성과 극단적인 객관성이 만나는 지점에서 발생한다. 즉 초현실적 이미지는 "이미지의 주관적 가치와 객관적 가치를 증가시켜 극단적인 객관성-주관성 혹은 환각의 상태까지 이르게" 할 수 있

---

56. Étienne Souriau, *Vocabulaire d'esthétique*, 1326쪽.
57. 오생근, 『프랑스어 문학과 현대성의 인식』(문학과지성사, 2007), 65~66쪽 참조.

으며, 이를 통해 영화는 "현실보다 더 강렬하거나 더 깊은 어떤 삶에 의해, 심지어는 환각의 경계에 이르면 초현실적인 어떤 삶에 의해 생명을 얻을 수 있게 된다."[58]

한편, 1920년대 후반부터 만개하기 시작한 '초현실주의 영화' 역시 이중적이고 통합적인 성격을 잘 보여준다. 부뉴엘L. Buñuel의 〈안달루시아의 개Un Chien Andalou〉(1928)와 〈황금시대L'Age d'or〉(1930) 등으로 대표되는 이 시기의 초현실주의 영화들은 한편으로는 몽환, 망상, 환상의 세계를 탐구하면서 무의식, 광기, 리비도적 욕망 등에 의해 지배되는 혼돈상태를 보여주지만, 다른 한편으로는 현실에 대한 냉정한 이성적 사유를 바탕으로 현실의 모든 문제에 대해 강한 비판의식을 보여주기 때문이다.[59] 즉 초현실주의 영화는 당대 정치사회적 금기사항들에 대한 고발 및 전복의 시도와 연결되어 있으며, 정신착란적 영화세계에서 이루어지는 다양한 탐구들은 단지 "교묘한 기술에 한정"되는 것이 아니라 현실에 대한 숙고와 "현실에 대한 저항"을 담고 있다.[60] 이러한 현실 인식은 모랭이 지향하는 영화의 성격과 다르지 않다. 모랭은 기본적으로 무한한 가능성을 지닌 인간 정신이 '상상적 개화'를 통해 '세계'에 침투해야 한다고 보며, 그럼으로써 '세계'와 '인간 정신' 사이에 상호소통이 이루어져야 한다고 본다. 영화는 그와 같은 세계와 인간 정신의 상호소통이 실질적으로 구현되는 통합적 세계가 될 수 있으며, 특히 극단적인 객관성과 극단적인 주관성의 융합을 통해 잠들어 있는 인간의 정신을 깨워 세계를 바라보게 해줄 수 있다.

---

58. *Le cinéma ou l'homme imaginaire*, 32쪽.
59. 김호영, 「1920년대 프랑스의 영화예술 운동: 아방가르드, 초현실주의, 인상주의 영화」, 『유럽 영화 예술』(한울아카데미, 2003), 16~18쪽 참조.
60. 뱅상 피넬 외, 『프랑스 영화』, 김호영 옮김(창해, 2000), 102쪽.

덧붙여, '꿈의 세계'에 대한 초현실주의 영화인들의 집요한 탐구도 영화를 꿈의 예술로 보고 꿈의 표현매체로 보았던 모랭의 사유와 중요한 공통점이 있다. 초현실주의 영화인들이 보여주었던 "이미지들의 연상, 풍부한 장식들과 소품들과 움직임들, 비현실적인 속도와 변형과 구조들, 비현실적인 인물들" 등은 항상 "꿈을 닮은" 어떤 것을 지시하기 때문이다.[61] 즉 "영화의 힘은 현대 세계가 무의식, 시, 꿈의 매혹적이면서도 눈부시게 어두운 수면 속으로 뛰어드는 데 있어 최상의 도약판이 될 수 있다"는 사실에 있으며, 그러므로 "영화는 본질상 초현실주의적인"[62] 것이다.

② 초현실주의와 영화: 욕망과 재현의 관계 맺기

이처럼, 초현실주의 미학의 전체적인 관점은 영화에 대한 모랭의 관점과 크게 다르지 않다. 물론, 초현실주의에서 상상력은 끊임없이 주어진 현실적 조건을 깨트리고 그 조건을 넘어서고자 하며, 그로부터 현실과 동등한 자격을 부여받을 수 있는 어떤 금지된 영역을 환기시키고자 한다. 하지만 그러한 상상력이 구축하고자 하는 '초현실'은 그 자체로 자족하는 기호가 아니라, 항상 '현실'과의 유기적 관계를 통해 의미를 생성하는 기호로 나타난다. 초현실은 현실적인 것에 대해 발언하려는 '욕망'과 비현실적인 것을 표현하려는 '재현' 사이의 '관계 맺기'와 다름없다. 페르디낭 알키에가 정의한 것처럼, "초현실은 그 자체로는 존재의 기호로 나타나지 않으며, 항상 인간의 여러 경계 안에서 욕망과 재현의 관계 맺기mise en raport의 결과로 발생한

---

61. *Dictionnaire de la pensée du cinéma*, sous la direction de Antoine de Baecque et Philippe Chevallier(Paris: PUF, 2012), 670쪽.
62. Ado Kyrou, *Le Surréalisme au cinéma*, 9쪽.

다."[63] 즉 초현실주의는 욕망과 재현의 갈등을 극대화시켜 강렬한 인간 본질의 드라마를 구성하기보다는, 욕망과 재현을 화해시키고 양자 사이의 갈등을 종식시키는 것을 최종적인 목표로 삼는다. 그리고 그러한 화해는 궁극적으로 현실을 지향하면서, 다시 말해 "이쪽l'en-deçà으로의 회귀"를 지향하면서 이루어진다. "초현실주의는 인간을 상상하는 존재로 정의하는 것을 받아들이며 상상력 안에서 우리의 자유의 가장 명백한 기호를 발견하지만, 그와 동시에 욕망과의 단절에 의해서만 구성되었던 이미지 집합을 다시 욕망의 힘을 따르도록 만드는"[64] 것이다.

모랭 역시 '영화'란 궁극적으로 세계와의 효과적인 '교섭행위'라고 간주한다. 영화의 핵심은 '상상적 투사-동일화'라는 일체화 과정을 통해 관객이 상상적으로나마 그 경계를 넘나들 수 있는 어떤 미지의 지대를 드러내보여주는 것에 있지만, 그러한 일체화 과정 자체는 어디까지나 '현실 세계' 안에서 이루어지기 때문이다. 모랭에 따르면, 일체화란 "세계 안에서 인간의 구체적 현존, 즉 인간의 삶 자체다."[65] 모랭은 영화이미지를 통해 실제 대상에 투사된 "우리의 꿈들이 시각화"될 수 있기를 희망했고, "인간의 현실성 안에서 상상계를 복원할 수 있기를 꿈꾸었다."[66] 이 때문에, 모랭은 영화의 미학적 본질이 어떤 초월적 존재와 연관되기보다는 '마법'과 연관되는 것이라고 주장한다. 그가 보기에, 마법이야말로 '상상적 일체화'와 '세계와의 능동적 교섭'을 동시에 열어줄 수 있는 통로이기 때문이다. 그에게 "영화는 마법과

---

63. Ferdinand Alquié, *Philosophie du surréalisme* (Paris: Flammarion, 1955), 167쪽.
64. 같은 곳.
65. *Le cinéma ou l'homme imaginaire*, 210쪽.
66. 같은 책, 221쪽.

영혼이 구현되는 바로 그 일체화 체계로부터 하나의 '이성'이 탄생하는 것을 우리에게 보여줄 수 있는"[67] 유일한 매체인 것이다.

요컨대, 모랭에게 영화란 본질적으로 초현실을 구현하는 매체이며 영화이미지 역시 그 자체로 초현실적인 이미지이다. 영화는 무엇보다 객관과 주관, 존재와 분신, 현실과 꿈, 물질과 정신 등 모든 대립적인 것이 융합되는 통합적 세계인데, 이는 브르통A. Breton이 희망했던 "삶과 죽음이, 현실계와 상상계가, 과거와 미래가, 소통 가능한 것과 소통 불가능한 것이, 높은 것과 낮은 것이 모순적으로 감지되기를 그치는 어떤 정신의 한 지점"[68]으로서 초현실주의적 세계와 다르지 않다. 따라서 모랭이 말하는 융합적 세계로서의 영화는 본성상 초현실적 세계다. 말하자면 몽환적 세계와 객관적 세계가 중첩되는 모랭의 영화 세계는 '꿈과 현실이 융합하는 절대적 현실'로서의 초현실 세계와 유사하다. 특히, 꿈을 또하나의 현실로 간주하고 영화가 그러한 꿈의 세계를 드러내는 데 있어 최적의 매체라고 보는 관점은, 초현실주의자들과 모랭이 공유하는 하나의 공통분모다. 아울러, 상상력의 매체인 영화의 궁극적 목적이 세계와의 교섭행위에 있다고 보고 또 영화를 통해 현실계 안에서 상상계를 복원할 수 있다고 믿는 모랭의 입장은, "현실계와 상상계의 총체적 융합"[69]을 이상으로 제시했던 초현실주의자들의 입장과 일치한다. 초현실주의가 추구하는 '초현실'은 결국 현실을 벗어난 어느 미지의 영역을 가리키는 것이 아니라, 현실적 욕망과 초현실적 재현의 융화를 통해 구축되는 '새로운 현실'을 가리키기 때문이다.

---

67. 같은 책, 177쪽.
68. 앙드레 브르통, 같은 책, 130쪽.
69. Ferdinand Alquié, 같은 책, 131쪽.

결절結節

모랭의 영화적 사유는 그의 저서 『영화 혹은 상상적 인간』의 탐구 대상이었던 초기 영화이론가들의 이론으로부터 가장 큰 영향을 받는다. 카누도, 델뤽, 엡슈타인, 발라즈 등 초기 영화이론가들의 사유는 영화이미지가 지니는 정신성과 주관성의 의미에 대해 설명해주었고, 특히 엡슈타인의 포토제니 개념은 영화이미지의 본질이 그것에 덧붙여지는 비결정적 특질에 있다는 것을 알려주었다. 또한 이들의 사유는 그 어느 매체보다 객관적 현실을 재현하기에 적합한 매체인 영화가 실상은 현실 세계보다 더 강렬한 꿈의 세계와 마법의 세계를 구축해낼 수 있다는 사실을 밝혀주었다. 아울러, 영화이미지의 초현실성에 대한 초기 영화이론가들의 논의는 영화가 구현하는 이러한 꿈과 마법의 세계가 꿈, 무의식, 욕망, 광기 등으로 가득찬 초현실적 세계와 다름없다는 사실도 깨닫게 해주었다.

한편, 모랭은 사르트르의 이미지론으로부터도 깊은 영향을 받는다. 이미지를 물질로 간주하는 기존의 철학적 관점을 뒤집어 '이미지는 의식이다'라고 주장한 사르트르의 사고는, 초기 영화이론가들이 강조했던 영화이미지의 정신적 특성에 대해 더욱 숙고하게 만들었다. 물론 사르트르의 논의에서 영화이미지는 정신적 이미지의 재료이자 조건인 물질적 이미지(아날로곤)에 해당하지만, 모랭은 사르트르의 사유의 핵심을 파악하고 영화이미지에서 물질적 측면만큼이나 정신적 측면도 중요하다는 관점을 얻는다. 또한 모랭은, 상상행위란 욕망하는 대상을 이미지로 나타나게 하고 소유하게 만들어주는 마법적 행위라는 사르트르의 논의를 이어받아, 상상의 예술이자 이미지의 예술인 영화야말로 인간의 욕망을 가장 완벽한 방식으로 실현시켜주는 마법적 매체라고 주장한다. 이처럼, 모랭은 초기 영화이론가들의 사유, 초현실주의 미학, 사르트르의 이미지론 등으로부터 폭넓은 영향을 받아, 영화이미지의 핵심이 그것의 정신성과 주관성에 있고, 마법적인 매혹을 갖는 비-물질적 특질에 있다는 사실을 강조하게 된다.

하지만 이러한 강조에도 불구하고, 모랭은 영화이미지가 근본적으로 물질성과 정신성, 객관성과 주관성, 현실성과 비현실성 등을 모두 내포하는 이중적 성격의 이미지라는 관점을 그의 영화적 사유의 궁극적 틀로 삼는다. 통합적 세계관을 강조한 인문학자답게, 영화매체의 가장 큰 특징인 이중성을 통해, 즉 현실/꿈, 물질/정신, 객관/주관, 상상/실재 등 모든 대립적인 것의 융합과 상호작용을 통해 진정한 의미를 생산해낼 수 있다고 본 것이다. 특히 모랭은 일견 무의식의 탐구와 비현실적 재현만을 추구하는 것처럼 보이는 초현실주의 미학이 실상은 꿈과 현실, 상상계와 실재계, 의식과 무의식, 정신과 물질, 추상과 구상 등 '외견상 모순적으로 보이는' 것들의 융합을 추구한다는 사실을 상기시키면서, 현실의 재현 매체이자 초현실의 구현 매체인 영화 역시 양립 불가능해 보이는 것들을 융합하는 매체가 되어야 한다고 강조한다.

요컨대, 영화이미지의 '정신성'과 '주관성'을 영화만의 고유한 특징으로 강조하면서도 영화이미지의 궁극적 본성이 대립적이거나 모순적인 것들을 융합하는 '이중성'에 있다고 주장하는 모랭의 사유는, 영화사 초기부터 20세기 중반까지 제기되었던 모든 영화적 사유를 종합하고 일단락짓는 것이라 할 수 있다. 모랭은 초기 영화이론가들이 천착했던 영화이미지의 정신적이고 주관적이고 초현실적인 측면을 최대한 부각시키면서도, 물질적이고 객관적이고 현실적인 영화이미지의 또다른 측면을 강조하는 것을 잊지 않는다. 이러한 모랭의 이중적 혹은 통합적 관점은 후대 영화이론가들에게도 커다란 영향을 미친다.[70] 장 미트리는 모랭과 유사한 관점에서 영화이미지가 지각과 정신, 실재와 형태, 재현된 것과 재현, 실존과 본질 등 다양한 대립적 요소들을 포괄하는 이중적 성격을 지닌다고 주장하며, 그러한 이중성을 영화이미지의 핵심적 특성으로 내세운다. 또한 들뢰즈는 이미지는 단지 물질로 귀결되는 것이 아니라 '물질'이자 '의식'으로 사유된다는 베르그손의 관점을 더 분명히 밝히면서, 영화이미지 역시 물질성과 정신성이 중첩되고 지각과 정감 및 지각과 기억이 중첩되는 이중적 성격의 이미지라고 강조한다. 벤야민과 마찬가지로, 모랭은 영화 밖에서 영화를 사유한 인문학자이지만 영화이론 전반에 대한 심도 있는 연구를 통해 그 어느 영화이론가보다 예리하게 영화이미지의 본질을 꿰뚫어 보았으며, 특히 초기 영화이론가들의 논의에 내재되어 있던 선구적 사고를 발견하면서 초기 영화적 사유의 현대성을 밝히고 드러낸 장본인이라 할 수 있다.

---

70. 영화이미지의 본성에 대한 모랭의 이중적 혹은 통합적 관점은 사회학자로서 그가 일관되게 견지해온 통합적 세계관과 무관하지 않다. '공동-구성주의 Co-constructivisme'를 바탕으로 하는 그의 사회학적 관점은, 국가를 없애지 않은 채 세계연방Confédération mondiale'을 수립해 국가가 연방과 관련해 상대적으로 존재하는 단계로까지 발전하기도 한다.(Edgar Morin, *Pour sortir du XXe siècle*, Paris: Nathan, Nouvelle edition, 1981 참조)

제7장

|

지각이자 정신, 실재이자 형상으로서의
영화이미지: 미트리

흔히 고전 영화이론을 종합하고 종결지었다는 평가를 받는 장 미
트리(Jean Mitry, 1907~1988)는 영화 외에도 철학, 심리학, 음악학 등
다양한 분야에 걸쳐 광범위한 지식을 쌓은 인물로 유명하다. 또한 영
화이론가이기 이전에 영화사학자이기도 한 그는, 약 20여 년 동안 영
화사 초창기부터 20세기 후반까지의 감독, 배우, 작품, 자료들을 집대
성한 끝에 『세계 영화작품 목록Filmographie universelle』(1963~1973)이
라는 총 35권의 기념비적 저서를 완성한 인물이기도 하다. 아울러, 그
는 1938년 현대영화의 산실인 시네마테크 프랑세즈Cinémathèque
Française를 창설한 장본인이며, 〈드뷔시를 위한 이미지Images pour
Debussy〉(1952)와 〈기계적 심포니Symphonie mécanique〉(1955) 등을 발
표한 단편영화감독이기도 하다.

미트리 영화이론의 기본적 토대는 바로 철학과 심리학이다. 그는 자
신의 주저 『영화의 미학과 심리학Esthétique et Psychologie du cinéma I, II』
(1963, 1965)에서 과학적 논리를 위해 철학적 사유를 배제하는 당대의
학문 경향을 비판하면서, 영화에서의 지각 심리와 의식의 현상들에

대한 철학적 성찰이 얼마나 절실한 문제인가를 강변한다. 또한 그는 모든 이분법적 사고와 방법론을 거부하면서, 종합적 관점을 바탕으로 영화이미지에 접근할 것을 주장한다. 잘 알려진 것처럼, 그는 당대에 첨예하게 대립하던 형식주의적 입장과 리얼리즘적 입장을 통합하려 노력했으며, 영화이미지의 본질 자체가 지각이자 정신이고 실존이자 본질이며 실재이자 형상인 '이중성'에 있다고 강조한다. 특히, 미트리는 초기 영화이론의 화두였던 지각, 정신성, 이중성 등의 개념들을 새롭게 논점화하면서 자신만의 독자적 사유로 발전시키는데, 이러한 그의 사유는 훗날 들뢰즈를 비롯한 여러 학자의 영화이미지 연구에 중요한 영향을 미친다. 아울러, 영화이미지가 단순한 재현의 기호를 넘어 의미작용의 기호로 기능할 수 있고 따라서 일종의 언어기호로 간주될 수 있다는 그의 주장은, 뒤이어 나오는 메츠의 영화기호학 연구에 밑거름이 된다.

1. 지각이미지, 실재이미지, 정신이미지

(1) 이미지란 무엇인가?

영화이미지에 대한 미트리의 사유는 기본적으로 베르그손의 이미지론을 바탕으로 한다. 이 책의 제1장에서 살펴본 것처럼, 베르그손은 이미지란 본질적으로 '물질'이자 동시에 '의식'이라고 간주했다. 미트리 역시 베르그손의 사유를 계승하면서, 이미지는 근본적으로 '사물'과 '의식'에 동시에 관계되는 것이라고 주장한다. 물질이자 의식인 이미지가 사물의 '실재'를 나타내면서 동시에 그것에 대한 우리의 '의식'을, 다시 말해 '정신작용'을 나타낸다고 본 것이다. 또한 그에 따르면, 사물의 실재이자 우리의 의식(정신작용)인 이미지는 '지각되는 것'이자 동시에 '정신화되는 것'이라 할 수 있으며, 다시 말해 '지각의 대상'이자 동시에 '정신의 대상'이라고 할 수 있다.

우선, 미트리의 논의에서 사물의 '이미지'란 '지각'과 '정신'의 합을 의미한다. 하나의 사물에 대한 지각과 정신(사유이든 기억이든 상상이든)은 동시에 일어나며 상호간섭하기 때문이다. 우리는 하나의 사물을 지각하면서 동시에 사유하고, 지각하면서 동시에 기억하며, 지각하면서 동시에 상상한다. 미트리가 예로 드는 베르그손의 언급처럼 "기억이 섞이지 않은 지각이란 없는" 것이다. 미트리에 따르면, "본다는 것은 실제로 재인한다reconnaître는 것을 뜻하며, 적어도 어떤 체험된 경험을 바탕으로 재인한다는 것을 의미한다."[1] 즉 지각은 언제나 '과거'의 지수를 내포하고 있고 그것으로부터 영향을 받으며, 사물에 대한 모든 지각은 결과적으로 사물에 대한 '판단'과 다름없다.

그런데 이러한 미트리의 관점은 근본적으로 사물의 이미지가 사물의 실재와 동일한 것이 아니라는 사실을 함축한다. 이에 대해, 미트리는 "모든 이미지의 속성은 어떤 것에 '대한' 이미지가 되는 것에 있다"[2]라는 명제를 제시하면서 설명을 덧붙인다. 일단 우리는 이 책의 제1장과 제6장에서, '이미지는 어떤 것에 대한 의식이다'라는 후설의 한 명제로부터, 베르그손과 사르트르가 각각 '이미지는 어떤 것이다'와 '이미지는 의식이다'라는 상반된 명제를 이끌어낸 것을 살펴보았다. 그런데 미트리는 또다른 관점에서 '이미지는 어떤 것에 대한 이미지다'라는 명제를 제시한다. 이미지가 그것이 지시하는 대상과 다른 어떤 것을 가리키지는 않지만 그렇다고 해서 그 대상과 동일한 것은 아니라는 사실을 강조하기 위해서다. 그에 따르면, "어떤 의자의 이미

---

1. Jean Mitry, *Esthétique et psychologie du cinéma* (Paris: Editions du Cerf, 2001), 56쪽. 이후, 이 책의 인용은 제목과 쪽수로만 표기한다.
2. 같은 책, 54쪽.

지는 '다른' 의자를 지시하지는 않지만," 그 의자 자체는 아니며 그 의자와는 필연적으로 다른 것이다.[3]

　이처럼 이미지가 지각과 정신에 동시에 관계된다는 주장과 이미지가 사물의 실재를 가리키지만 사물의 실재와 동일한 것은 아니다라는 주장은, 필연적으로 '이미지', '사물의 실재', '사유' 간의 관계에 대한 논의로 이어진다. 미트리는 다음과 같은 중요한 관점을 제시한다. 우선, 이미지가 사유의 '수단'이라면 사물의 실재는 사유가 겨냥하는 목표, 즉 사유의 '대상'이다. 즉 사물은 우리의 의식 안에 존재하지 않지만 의식의 재료가 되고, 의식을 이끌어내는 지각에 관계된다. 우리는 어떤 사물에 대해 사유할 때, 분명히 '사물-이미지'를 대상으로 하는 것이 아니라, "이미지로 주어진 실재" 또는 '부재하는 것으로 인지되는 사물' 자체를 대상으로 한다.[4] 즉 사유의 수단은 '사물-이미지'이지만, 사유의 대상은 '사물-실재' 자체다. 또한, 이미지가 우리의 사유와 관계되면서 동시에 사물의 실재와 관계된다는 미트리의 관점은, 이미지가 우리의 의식과 관련되면서 동시에 물질의 실재에 관련된다는 베르그손의 이미지론과 유사하다.[5] 베르그손 역시 이미지는 사유와 사물에, 즉 의식과 물질에 동시에 관계한다고 보았으며 주관적이면서 동시에 객관적인 성격을 갖는다고 간주했기 때문이다. 베르그손은 우주를 이미지들의 총체로 보았는데, 이 이미지들의 우주는 "현실적인 표면에서는 물질의 경향을, 잠재적인 심층에서는 정신의 경향을 지니며," 이때 표면과 심층의 관계는 궁극적으로 일원적이다.[6]

---

3. 같은 곳.
4. 같은 책, 61쪽.
5. 이와 관련된 자세한 설명은 이 책 제1장 「2. 이미지와 지각」 부분을 참조할 것.
6. 이지영, 「시네마에서 운동-이미지 개념에 대한 연구」, 서울대학교 대학원 철학과 박사학위논문, 2007, 73쪽.

요컨대, 사물의 이미지는 사물에 대한 지각과 의식이 동시에 형성되면서 서로 상호작용하여 얻어지는 결과다. 이미지는 사물의 '물리적 실재'를 지시하면서 동시에 '상상된 실재,' 즉 '형상'을 지시한다. 또한 이미지는 어떤 대상을 가리키면서 동시에 그 대상과 다른 무엇, 우리의 정신작용을 통해 소환되는 다른 무엇을 가리킨다. 다시 말해, 이미지란 본질적으로 어떤 대상의 이미지인 '지각이미지image perceptive'이자, 동시에 그 대상과 다른 무엇, 필연적으로 다른 무엇을 포함하는 이미지인 '정신적 이미지image mentale'인 것이다. 이를 토대로 지각이미지이자 정신적 이미지인 이미지의 속성에 대해 좀더 자세히 살펴보자.

(2) 지각이미지와 정신이미지

베르그손의 이미지론을 바탕으로 하는 미트리의 이미지 논의는 사물이자 의식, 물리적 실재이자 상상된 실재, 지각이자 정신으로서 이미지의 의미를 설명하며 이미지의 근본적인 이중성을 강조하는 방향으로 나아간다. 그런데 미트리는 여기에 '상상하는 의식으로서의 이미지'에 관한 사르트르의 논의를 끌어들여, 상상된 실재 혹은 정신으로서의 이미지에 대해 좀더 정치하고 구체적인 논의를 전개해간다. 그 이유는 영화이미지가 '지각이미지'보다는 '정신적 이미지'에 더 가깝다고 보기 때문이다. 일단 미트리는 지각이미지와 정신적 이미지를 세밀히 비교하면서, 정신적 이미지의 다양한 특성들을 밝힌다.

먼저, 미트리는 우리가 사물을 바라보며 지각하는 순간 얻는 '지각이미지'와 사유, 기억, 상상 등 우리의 정신 안에서의 재현을 통해 얻는 '정신적 이미지'의 차이를 강조한다. 이를 위해, 그는 '지각'이라는 행위와 '정신적 재현'이라는 행위의 차이에 대해 설명한다. 그에 따르면, 지각에서는 '사물'이 '실재'로서 의식에 주어지고, 정신적 재현에서는 그 사물에 대한 '사유'가 '이미지'로서 의식에 주어진다.[7] 즉 정신적 재현에서 이미지는 실재가 아니라 '실재의 부재'를 가리킨다. 또한 지각은 주체의 의도나 욕망과 무관하지만, 정신적 재현에는 주체의 의도나 욕망이 개입된다.[8] 즉 지각은 의지적 행위나 의도적 선택이라기보다는 주체의 의식이 추후 증명하게 될 '감각들의 소여所與'이며, 단지 우리의 감각기관을 통해 다가오는 것들을 붙잡는 행위라 할 수 있다. 반면, 정신을 통해 재현되는 이미지에는 주체의 의도, 의지, 욕망이 포함되며, 정신적 이미지란 부재한다는 사실을 알고 있는 어떤 사물을 향한 주체의 욕망과 의지의 결과물이다.

따라서 지각이미지는 지각의 대상이 되는 사물로부터 전혀 독립적이지 못하다. 지각이미지는 바라보고 있는 사물과 동일한 것이며, 혹은 '사물 그 자체'다. 그런데 하나의 사물이 지각의 대상이 될 때, 그 사물은 '복합적이고 관계적인 감각들로 이루어진 합'이라 할 수 있다. 다시 말해 사물-대상은 '지각을 통해 대상화된 감각들의 합'이며, 지각 전체가 합쳐진 이상적인 내용이다. 따라서 미트리에 따르면, 지각이미지란 "대상화된 지각"이자 '대상 그 자체'이며, 혹은 "지각된 실재" 자체를 의미한다.[9] 이에 비해 사유, 기억, 상상 등을 통해 나타나는 정신적 이미지는 사물로부터 독립적이고 자율적이다. 정신적 이미지는 사물 그 자체도 아니며, 대상 그 자체도 아니다. 그것은 우리의 의식의 지향 범위 안에 존재하지만 어디까지나 실재의 '부재'를 나타낸다. 즉 '비실재적'이며 실체가 없다. 다음과 같은 미트리의 설명을 보라.

---

7. *Esthétique et psychologie du cinéma*, 60쪽.
8. 같은 책, 62~63쪽.
9. 같은 책, 56쪽

정신적 이미지는 '대상'으로 나타나는 것이 아니라 '실재의 부재'로 나타난다. 그것은 감지할 수 있는 내용을 갖고 있지 않으며, 어떤 감각적 내용에 대한 표현도 아니다. 그렇다고 해서 정신적 이미지는 그것을 야기하고 그것을 창조하는 지향성志向性의 외부에 존재하는 것도 아니다. 일반적으로 구체적인 실재에 적용되는 '현전'과 '부재' 같은 용어들은 정신적 이미지 안에서 그 모든 의미를 상실한다. 정신적 이미지는 비실재적이며, 비실체적이다. 정신적 이미지는 어떤 것의 현전이 아니라, '스스로 나타나는 무엇,' 상상적인 무엇의 현전이다. 다시말해, 그것은 '형상forme'이다.[10]

하지만 정신적 이미지가 비실재적이고 비실체적이라고 해서 '무無'를 의미하는 것은 아니다. 미트리는 상상행위(즉 정신적 작용)가 무를 지향하고 이 행위로 산출되는 정신적 이미지는 무에 해당한다는 사르트르의 논의에 동의하지 않는다. 미트리에 따르면, 정신적 이미지는 어떤 것에 대한 의식일 뿐 아니라 그 스스로 하나의 형상인데, 그 형상은 실체를 갖지 않지만 그렇다고 해서 '순수한 무'도 아니다. "왜냐하면 무는 나타나지 않기 때문이다."[11] 정신적 이미지는 스스로 나타나는 것이며, 따라서 존재하는 것이다. 즉 '존재함의 양식'이지, 존재하지 않음의 양식이 아니다. 물론 정신적 이미지는 하나의 구체적 실재가 아니라는 점에서 '비존재'로 간주될 수도 있다. 그러나 실재에 대한 판단으로서의 정신적 이미지는 하나의 '잠재적 소여'에 해당하며, 텅 비어 있지만 형상으로 현전하다는 점에서 하나의 '존재'라 할 수 있다.

---

10. 같은 책, 60쪽.
11. 같은 책, 61쪽.

이 같은 관점을 좀더 부연하면서, 미트리는 사르트르의 주장에 대해 한번 더 반박한다. 사르트르는 『상상계』에서 다음과 같이 주장했다. "내가 피에르에 대해 가지는 상상하는 의식은 피에르의 이미지에 대한 의식이 아니다. 피에르는 (내 의식에) 직접 도달되고, 내 관심은 하나의 이미지에 따라서가 아니라 하나의 대상에 따라 이끌어진다."[12] 여기서 사르트르가 말한 '상상하는 의식'은 미트리가 말하는 '정신적 이미지'에 상응하는 것인데, 미트리는 이러한 사르트르의 주장에서 중요한 결여가 발생한다고 본다. 왜냐하면 내가 피에르에 대한 '기억'이 없고 그 기억의 중개가 없다면, 나의 의식은 '지금 여기에 없는' 피에르와 '직접' 관계할 수 없기 때문이다. 정신적 이미지란 순수한 무를 바탕으로 하는 순수 의식의 산물이 아니라, 반드시 기억이 개입되고 기억의 영향을 받는 일반 의식의 산물이다. 즉 우리가 현실에서 행하는 일반 의식은 결코 순수한 무를 겨냥할 수 없는 것이다.

내가 어떤 의자에 대해 생각할 때, 나는 내 기억작용mémoire이 간직하고 있을지도 모르는 '의자-이미지'를 겨냥하지는 않는다. 나는 그 의자 자체, 그 '의자-실재'를 겨냥한다. 그런데 그러한 겨냥은 바로 '내가 간직하고 있는 의자에 대한 기억souvenir을 통해서' 이루어진다…… 나는 이미지로 주어진 실재, 다시 말해 부재하는 것으로 인지되는 실제 의자를 겨냥하는 것이다.[13]

---

12. 장 폴 사르트르, 『사르트르의 상상계』, 윤정임 옮김(에크리, 2010), 28쪽. 괄호는 인용자.
13. *Esthétique et psychologie du cinéma*, 61쪽. 이와 같은 미트리의 '의자' 예증은 사르트르가 『상상계』에서 제시했던 의자 예증에 대해 이론을 제기하는 것이라 할 수 있다. 사르트르는 다음과 같이 말했다: "내가 하나의 의자를 지각할 때, 그 의자가 나의 지각작용 안에 있다고 말하는 것은 터무니없을 것이다. 나의 지각은, 우리가 채택한 용어에 따르면, 하나의 의식이며 그 의자는 이 의식의 대상이다. 이제 나는 눈을 감고 좀 전에 내가 지각한 그 의자의 이미지를 만든다. 이제 그 의자는 이미

따라서 지각이미지가 대상(사물의 실재) 자체이자 복합적이고 관계적인 감각들의 합인 반면, 정신적 이미지는 대상과 필연적으로 다른 무엇을 포함하며 감각들의 합 이상이다. 즉 우리의 의식 속에는 하나의 대상에 대한 다양한 감각의 경험들이 존재하며, 기억작용은 정신적 재현과정에서 그 경험들을 최초의 지각이미지에 덧붙인다. 다시 말해, 미트리에게 '의식'이란 그 자체로 '기억작용'을 의미하며, 의식을 통해 구현되는 정신적 이미지에서는 '구상'이 '추상'을, '객관'이 '주관'을 불러내게 된다.

(3) 실재이미지와 정신이미지

그런데 미트리는 하나의 대상(사물의 실재)과 관련해 지각이미지와 정신적 이미지 외에도 '실재이미지image réelle'라는 또하나의 이미지가 존재한다고 주장한다. 이를 위해 미트리는 후설의 '질료Hyle' 개념을 이용하는데, 이는 노에시스Noesis, 노에마Noema와 함께 순수 의식의 대상을 이루는 요소들 중 하나를 말하는 것으로, 우리 의식에 주어지는 여러 감각의 여건들, 즉 '내실적內實的 요소들'을 가리킨다.[14] 또한 노에시스는 이 질료에 의미를 부여함으로써 지향적 대상을 성립케 하는 '대상 형성작용'을 말하고, 노에마는 노에시스의 대상 형성작용에 의해 성립된 '대상 그 자체'를 말한다. 미트리는 '의식에 주어진 소여들' 혹은 '내실적 요소'로서의 질료 개념을 자신의 이미지론에 적용해, 그것의 등가 개념으로 '실재이미지'를 제시한다. 미트리에 따르면, 실재이미지는 지각이미지와 구별되는 이미지이자 동시에 정신적

지로 주어지므로 이전처럼 의식 안에 들어설 수 없다. 의자의 이미지는 의자가 아니며, 의자가 될 수 없다."(장 폴 사르트르, 같은 책, 27쪽)

14. 에드문트 후설, 『순수현상학과 현상학적 철학의 이념들 1』, 이종훈 옮김(한길사, 2009), 280~286쪽 참조.

이미지와도 구별되는 이미지이다. 다시 말해, 하나의 대상(사물의 실재)과 관련해 '지각이미지'가 있고 '실재이미지'가 있고 '정신적 이미지'가 있는 것이다.

그런데 실재이미지는 지각이미지 및 정신적 이미지와 구별될 때, "하나의 즉자적 존재로서 구별되는 것이 아니라, 지각된 실재의 즉각적 재현으로서 구별된다."[15] 즉 미트리가 말하는 실재이미지는 하나의 독립된 이미지가 아니라, 사물의 실새 및 시각과의 관계 속에서만 존재 가능한 이미지다. 이러한 '가능한 존재'로서의 실재이미지의 속성 역시 질료의 속성에서 나온 것이다. 후설의 '질료' 개념은 본래 그리스어 '힐레hýlē'를 번역한 것으로 아리스토텔레스의 '질료형상론 hylomorphism'에 근원을 두는데, 아리스토텔레스에 따르면 질료와 형상eidos은 서로 결합해서만 존재할 수 있고 운동할 수 있다.[16] 즉 질료는 그 자체로서는 단지 '존재 가능성'에 불과하며, 오로지 형상과의 결합을 통해서만 실체로서 존재할 수 있다.[17] 따라서 질료로서의 '실재이미지'는 우리가 사유 속에서 실제 대상을 겨냥할 때 사용하는 이미지, 즉 실체로부터 떨어져나왔지만 우리가 그 실체를 겨냥할 때 사용하는 수단이라 할 수 있다. 즉 '실재이미지'는 우리가 의식 속에서 사물의 실재를 겨냥해 사유할 때 이용하는 사물의 이미지이며, '정신적 이미지'는 바로 그러한 실재이미지를 이용해 실제 대상을 사유한

---

15. *Esthétique et psychologie du cinéma*, 61쪽.

16. 스털링 P. 램프레히트, 『서양 철학사』, 김태길·윤명로·최명관 옮김(을유문화사, 2000), 107쪽. 그러나 아리스토텔레스의 논의에서 질료와 형상은 어디까지나 형이상학적 원리의 개념들로, 물리적 질료나 물리적 형상과 전적으로 동일시해서는 안 된다.

17. 실제로, 아리스토텔레스의 논의에서 '형상'은 존재하는 실체의 본질이고 '질료'는 실체가 가지는 형상 이외의 어떤 것에 해당한다. 아리스토텔레스는 질료가 아니라 형상이 실체에 가깝다고 보았으며, 질료는 형상을 얻어야 비로소 현실의 것이 될 수 있다고 주장했다. 즉 질료가 가능태可能態, dynamis라면 형상은 이에 대한 현실태 現實態, energeia라 할 수 있으며, 형상은 질료가 실현하는 목적인 셈이다.

결과 산출되는 이미지다.

그런데 질료, 즉 실재이미지는 지각으로부터 분리되는 순간 하나의 "기억 사실," "자발적 행위" 또는 "실재에 대해 내려진 일종의 판단" 등이 된다. 정신적 이미지와 마찬가지로, 실재이미지 역시 순수 지각이 아니므로 기억 그 자체가 아니더라도 실재에 대한 최소한의 의도나 판단을 내포하게 되는 것이다. 실재이미지는 이처럼 어떤 의도나 판단을 내포한 채 '기억 사실,' 즉 기억 재료가 되고, 정신적 이미지는 우리가 실재이미지라는 기억 재료를 바탕으로 실재 대상을 사유할 때 발생한다. 즉 정신적 이미지는 항상 "하나의 기억 사실"을 필요로 한다.

요컨대 실재이미지(질료)와 정신적 이미지는 둘 다 지각으로부터 구별되고 기억작용, 의도, 실재에 대한 판단 등에 관계된다는 점에서 공통점을 갖는다. 하지만 다음과 같은 차이가 존재한다. 즉 "질료가 '지금 여기에' 현전하는 어떤 실재에 대한 이미지로 인지되는 반면, 정신적 이미지는 실존하지 않는 어떤 것(혹은 현전하지 않는 어떤 것)에 대한 하나의 의사로 인지된다."[18] 다시 말해, 하나의 사물의 실재에 대한 실재이미지와 정신적 이미지 사이에는 최소한의 '시간'이 개입되며, 그에 따라 최소한의 기억작용이 행해지는 것이다.

2. 실존-본질, 실재-형상으로서의 영화이미지

지금까지 살펴본 것처럼, 미트리는 '이미지'를 지각이자 동시에 정신으로 간주하며 사물을 지시하는 물리적 실재이자 동시에 형상을

---

18. *Esthétique et psychologie du cinéma*, 61쪽.

나타내는 상상된 실재로 여긴다. 미트리는 이러한 자신의 관점을 '영화이미지'에 그대로 적용시키면서 좀더 구체화하고 세분화한다.

(1) 실존이자 본질로서의 영화이미지

미트리에 따르면, 한편의 영화작품 속에서 영화이미지를 통해 재현되는 사물은 단순한 '실존' 이상의 의미를 얻는다. 즉 영화와 관련해 사물은 그것의 실존의 차원뿐 아니라 '본질'의 차원과도 연루되며, 영화이미지를 통해 하나의 '순수한 잠재태'로 제시된다. 이는 영화이미지를 통해 재현되는 사물이 절대적 객관성을 지니는 '즉자적 존재'여서가 아니라, 단지 영화 속에 등장하는 순간 우리의 지각 대상이 되기 때문이다. 이미지를 통한 사물의 지각과정에는 반드시 정신작용이 개입되기 마련이며, 무한한 상상, 추론, 회상, 재구성이 가능한 정신작용은 사물의 실존을 넘어 본질의 차원까지 의미작용의 영역을 확대해갈 수 있다. 사물들의 이미지를 통해, "사물들 자체를 넘어" 사물이 품고 있는 본질을 발견하는 것은 영화카메라가 아니라 어디까지나 우리의 정신인 것이다.

미트리는 영화이미지의 의미작용이 사물의 실존의 차원을 넘어 본질의 차원으로 확대되는 과정에서 특히 '드라마'가 담당하는 역할에 대해 설명한다. 일차적으로, 영화이미지의 의미 영역의 확대는 드라마적 필요성에 의해, 즉 "사건적 현실"에 의해 일어난다.[19] 실제로, 영화에서 '재현된 사물'은 현실에서와 다른, 그리고 현실에서보다 더 분명한 의미를 얻고 발신한다. 현실에서 사물들이 관여될 수 있는 가능한 사건들의 수는 무한대이지만, 영화에서 사물들은 그와 반대로 "시작과 끝이 있는, 즉 분명한 목적이 있는 하나의 사건적 현실에만 관여

---

19. 같은 책, 72쪽.

되기" 때문이다.[20] 영화 속 사물들은 어떤 사건적 현실에 참여하면서 분명한 하나의 목표를 지니고 분명한 하나의 의미를 표명하게 된다. 즉 사물들이 스스로 발신하는 의미는 단순한 실존적 차원의 의미를 넘어 암암리에 어떤 드라마적 의미로 바뀌어가는데, 이는 영화 속 사물들이 무엇보다 "드라마 '안에' 있고 드라마의 일부를 이루기"[21] 때문이다.

그리하여 미트리에 따르면, 영화에서 모든 사물은 일차적으로 드라마와 관련된 어떤 정신적인 것을 지시한다. 사물뿐 아니라 인물, 장식 등 모든 영화 속 오브제는 어떤 정해진 현실 안에 있으며, 드라마를 포함하거나 반영하고, 행위, 공간, 시간 등을 통해 분명한 의미를 나타낸다. 즉 영화에서 이미지는 "자신이 보여주는 것과의 유사성에도 불구하고 그것에 '항상' 무언가를 덧붙이는"[22] 것이다. 영화 속 사물의 이미지는 항상 무엇인가 '덧씌워진 것'으로 나타나는데, 덧씌워진 무엇은 영화적 현실, 즉 극적 구조에 의해 형성된 의미라 할 수 있다.

그러나 이차적으로, 드라마적 현실이라는 그 인위적인 혹은 의도적인 "실존의 필연성"은 오히려 사물의 개념과 '본질'에 대해 숙고하게 해준다.[23] 영화에서 극적 구조나 사건에 연루되어 나타나는 것은 사물 전체의 의미가 아니라, 사물의 한 측면의 의미일 뿐이기 때문이다. 작품의 극적 구조에 종속되는 영화이미지는 재현하는 대상의 모든 것을 나타내지 못하며 단지 필요한 지시사항들만을 나타내는 부분적 재현에 해당한다. 그런데 역설적으로, 영화이미지는 이처럼 사물의 일부만 보여주고 사물의 일부에 대한 사유만 이끌어냄에도 불구하고,

---

20. 같은 곳.
21. 같은 곳.
22. 같은 책, 72쪽.
23. *Esthétique et psychologie du cinéma*, 73~74쪽.

오히려 그 의도적인 고정성과 제한성으로 인해 사물의 '사물성'과 '본질'을 지시하게 된다. 사물과 관련해 기본적으로 주어진 의미 이상의 어떤 지평을 열어보이는 것이다. 즉 영화이미지는 사물의 한 측면만 보여주지만, 항상 그것이 보여주는 것보다 더 많은 것을 추론하고 상상하게 만들면서 어떤 보편성을 지시한다. "재현된 것을 재현 안에 한정시키기는커녕, 그 재현된 것을 넘어, 그러나 전적으로 그 재현된 것에서 출발해, 하나의 거대한 지평을 열어보이는 것이다."[24] 따라서 영화이미지는 실재와 상상 사이보다, '실존'과 '본질' 사이에 있다. 다음과 같은 미트리의 설명을 보라.

> 의자의 이미지는 이미지로 지각되는 동시에, 실재 사물로 겨냥되고 이해된다. 그것은 '이미지로 주어진' 의자다. 다시 말해, 영화이미지는 실재와 상상 사이보다는 실존과 본질 사이에 위치한다. 영화이미지는 어떤 부재를 통해 그 부재의 현전을 상기시키는 것과 마찬가지로, 어떤 구체적인 실존을 통해 그 실존의 본질을 상기시킨다. 영화에서 실재는 실제로 재현되기 때문에 현전하며, '단지' 재현되기 때문에 부재한다.[25]

영화에서 이미지로 주어지는 모든 사물은 현실에서 얻지 못하는 의미를, 즉 실제 현전에서 얻지 못하는 의미를 얻을 수 있다. 하나의 사물은 영화이미지 안에서 자신의 일부만 드러냄에도 불구하고 오히려 무한한 잠재적 의미의 가능성을 내포할 수 있다. 요컨대, 영화에 등장하는 모든 구체적 '사물'은 재현되는 자신의 실존적 의미뿐 아니

---

24. 같은 책, 74쪽.
25. 같은 곳.

라 자신의 본질적 지평에 자리한 '개념' 또는 '관념idée'도 지시한다. 영화에서 각각의 사물은 그것의 실존뿐 아니라 '본질'에 의해서도 영화의 사건적 현실에 참여하는 것이다.[26]

(2) 실재이자 형상으로서의 영화이미지

① 영화이미지: 재현된 것이자 재현

미트리는 영화이미지란 실존이자 본질일 뿐 아니라, '재현된 것'이자 동시에 '재현'이라고 주장한다. 영화이미지는 항상 대상의 보여주기를 통해 제시되는 '실재이미지'이자 동시에 주체의 정신작용을 통해 형성되는 '정신적 이미지'인데, 전자가 '재현된 것'에 해당한다면 후자는 '재현'에 해당한다는 것이다.

미트리는 우리가 스크린 위에 영사되는 영화이미지를 바라볼 때, 한편으로는 "빛들이 창을 통해 포착된 실제 공간처럼" 그것을 인식하고, 다른 한편으로는 "평평한 표면에 영사된, 즉 프레임 안에 이미 구성되어 있거나 프레임에 맞춰 구성되고 있는 이미지"처럼 그것을 인식한다고 설명한다.[27] 영화이미지는 "한편으로는 그것 안의 '재현된 것'(작은 창문을 통해 바라본 세계의 일부) 속에서 소멸되는 경향을 보이며, 다른 한편으로는 하나의 '재현'(재현된 세계로부터 분리시켜주는 프레임 안에 갇힌 또다른 공간)으로 나타난다."[28] 일단, 영화 스크린은 세상을 향해 열린 하나의 창문처럼 여겨지며, 그것이 한정해 보여주는 풍경은 창문이라는 경계를 넘어 세상의 여기저기로 무한히 펼쳐져 있는 것처럼 인식된다. 그리고 이러한 인식은 "스크린을 통해 어떤 풍

---

26. 같은 책, 73쪽.
27. 같은 책, 113쪽.
28. Francesco Casetti, 같은 책, 79쪽.

경을 한정해 보여주는 이미지 다음에 같은 풍경의 다른 측면을 보여주는 또다른 이미지가 이어질 때,"[29] 즉 화면 밖 영역hors champ에 있는 다른 이미지들이 연속해 나타날 때 더욱 공고해진다. 다시 말해, 영화이미지는 광대한 세상 풍경의 일부만을 한정해 재현하며, 그것의 경계인 프레임은 스크린에 펼쳐질 영화이미지를 만들어내는 동시에 세상의 나머지 풍경을 숨기는 역할을 수행한다. 그러나 스크린이라는 창문을 통해 나타나는 이미지는 이처럼 '재현된 것'일 뿐 아니라, '재현'에 속하는 것이기도 하다. 프레임을 통해 스크린 위에 재현된 사물들은 우리의 정신작용과 상상하는 의식을 위해 준비된 재료들과 마찬가지이며, 다시 말해 '재현'을 위한 요소들이다. 즉 "'재현된 것으로서'의 영화이미지들은 의식에 주어지는 '직접적인 이미지들'과 유사한 것으로 나타나지만, '재현으로서'의 영화이미지들은 미학적으로 구조화된 형상들"로서, "스크린의 경계는 재현된 실재를 위해서는 단지 '가리개cache' 역할에 머물지만, 재현을 위해서는 하나의 '프레임cadre'이 되는" 것이다.[30]

이러한 미트리의 주장은 당시 지배적인 영화이론으로 부각되던 바쟁의 리얼리즘적 관점에 이의를 제기하는 것으로 받아들여지기도 했다. 프레임을 세상을 향해 난 작은 창문이자 세상의 대부분을 가리는 가리개로만 간주하고 영화이미지의 의미를 오로지 '재현된 것'에서 찾는 바쟁의 이론[31]에 반대해, '재현'으로서의 영화이미지 특성을 강조

---

29. *Esthétique et psychologie du cinéma*, 110쪽.
30. 같은 책, 113쪽.
31. 가리개로서의 영화 프레임에 대한 바쟁의 설명을 간추리면 다음과 같다. 바쟁은 '회화 프레임'과 '영화 프레임' 간의 차이를 구분하면서 영화 프레임만의 고유한 특징을 강조한다. 그에 따르면, 회화 프레임이 그림 내부의 공간을 현실의 공간과 확실하게 구분해주는 '물리적 틀'의 역할을 수행하는 반면, 영화 프레임은 스크린을 통해 현실 세계의 일부를 보여주고 나머지는 가리는 '가리개'의 역할을 수행한다. 회화 프레임이 그림에서 표현되는 소우주와 그림이 속해 있는 자연이라는 대우주

한 것으로 여겨졌다. 하지만 엄밀히 말해, 미트리의 논의의 목적은 바쟁의 논의에 대한 반대라기보다는 '재현된 것'이자 '재현'으로서의 영화이미지 본성을 강조하면서 당시 치열하게 대립하고 있던 리얼리즘적 입장과 형식주의적 입장을 통합하는 데 있었다. 더들리 앤드루 Dudley Andrew가 언급한 것처럼, "미트리는 리얼리즘과 형식주의라는 영화이론의 고전적인 두 입장을 요령 있게 절충"하고 융합했는데, 한편으로는 "영화를 회화나 문학 같은 순전히 관습적인 여타의 예술체계들과 구분하기 위해 리얼리즘의 논의를 이용"했고, 다른 한편으로는 "영화를 단순한 재생산이라는 복종적인 임무로부터 구해내기 위해…… 형식주의의 논의를 이용"했다.[32] 즉 미트리가 말하는 '재현된 것'으로서의 영화이미지는 영화에 대한 리얼리즘적 관점을 옹호하기 위한 개념이고, '재현'으로서의 영화이미지는 형식주의적 입장을 옹호하기 위한 개념이었다.

역으로, 미트리는 영화이미지가 이미 이미지화된 대상을 구조화하고 그것을 다른 이미지들과 연계하면서 특정한 의미를 획득하는 "'재현'으로서의 현실"이자, 동시에 바로 그 "이미지화된 대상이 실재이미지인 이상, '재현된 것'으로서의 현실"이라고 주장하기도 한다.[33] 즉 영화에서 의미는 사물들을 보여주고 구성하고 맥락화하는 형식에 있

사이의 '이질성'을 강조하는 것에 반해, 영화 프레임은 스크린 내의 세계가 스크린 밖의 외부 세계로 무한히 연장되면서 하나의 '동질적 공간'을 형성하도록 도와주는 임의적 경계의 역할을 하는 것이다. 즉 회화 프레임이 그림의 안쪽으로만 열려 있는 "구심적centripète" 속성의 경계라면, 영화 프레임은 스크린 밖의 우주로 무한히 연장되는 "원심적centrifuge" 속성의 경계라 할 수 있다. 이런 이유로, 바쟁은 회화이미지의 경계는 '틀'이라는 의미의 '프레임cadre'으로 명명할 수 있지만, 영화이미지의 경계는 '현실의 가리개'라는 의미의 '가리개cache'로 부르는 것이 더 타당하다고 주장한다.(André Bazin, *Qu'est-ce que le cinéma?*, Paris: Les éditions du cerf, 1985, 188쪽 참조)
32. 더들리 앤드류, 『영화이론의 개념들』, 김시무 외 옮김(시각과언어, 1995), 37쪽.
33. *Esthétique et psychologie du cinéma*, 178쪽.

을 뿐 아니라, 부재하는 이미지로 주어지는 사물의 실재성을 지시하고 그것의 실존과 본질을 끊임없이 상기시키는 것에도 있다고 강조한다. 미트리가 볼 때, "영화에서 이미지를 통해 주어지는 대상들에 가치를 부여하는 형식적 성질들은 이 대상들이 현실의 명백한 힘, 언제나 그 자체로 감동적인 힘을 갖는 것을 결코 방해하지 않는다."[34] 미트리는 다음과 같은 결론을 제시한다.

영화적 구성은 필연적으로 두 개의 측면을 가정하고 내포한다. 하나는 공간 안에서(또한 당연히 지속 안에서) 조직되는 '극적 구성'(혹은 재현된 '실재'에 대한 구성)이며, 다른 하나는 어떤 화면을 구상하든 간에 그러한 공간을 프레임의 경계 안에서 조직하는 '미학적 혹은 조형적 구성'이다.[35]

② 영화이미지: 실재이자 구성

따라서 재현된 것이자 재현으로서의 영화이미지에 대한 미트리의 논의는 '실재'이자 '구성'으로서의 영화이미지에 대한 논의로 발전한다. 이를 위해, 미트리는 먼저 회화와 영화에서 대상과 이미지의 관계의 차이를 예로 들며 설명한다.[36] 회화에서 '재현되는 대상'은 궁극적으로 '재현'의 뒤로 사라진다. 재현이미지는 재현되는 대상과 형태적으로나 물질적으로 전혀 다른 새로운 것이며, 새롭고 독자적인 하나의 창조물이다. 즉 재현과 재현되는 대상은 엄격히 다르다. 반면, 영화에서 대상과 이미지의 관계는 이중적인 성격을 지닌다. 한편으로,

---

34. 안상원, 「영화이미지의 투명성을 둘러싼 논쟁: 장 미트리를 중심으로」, 『미학』, 제64집, 2010, 57쪽.
35. *Esthétique et psychologie du cinéma*, 113쪽.
36. 같은 책, 76~79쪽 참조.

영화에서 재현은 재현되는 대상 자체다. 재현이미지는 모든 시각적 유사점을 통해 재현의 대상이 된 사물의 실재를 가리킨다. 특히 대상의 이미지는 '연속적인 이미지들의 합'으로 나타날 때 공간과 볼륨 및 시간성을 얻으면서 실제 대상과 동일한 성질을 부여받는다. 어떤 대상에 대한 영화적 재현은 우리의 의식에 의해 포착되고 파악되는 그 대상의 재현과 유사하다. 다른 한편으로, 영화에서 재현은 재현되는 대상이 아니다. 재현이미지에는 반드시 '의도'가 개입되기 때문이다. 영화에서 대상은 오로지 재현이라는 작업을 통해 지각되며, 이때 "재현은 필연적으로 그것을 변형시킨다."[37] 즉 영화이미지에는 미장센, 프레임, 카메라 이동 등 다양한 장치들에 의해 형식적인 혹은 미학적인 의도가 새겨진다. 따라서 영화에서 재현은 실재와 다른 "형상forme" 혹은 "구성적 총체tout organique"라 할 수 있으며, 우리가 지각하는 영화이미지는 '구조화된 실재' 혹은 '형상'으로서의 이미지를 가리킨다.[38] 결국, 영화이미지에서 대상은 '실재'로 인식되는 동시에 '구성적 총체'로 인식되며, 영화이미지는 그것이 재현하는 것의 구체적인 기호가 되는 동시에 재현되는 실재의 모든 잠재성을 내포하는 일종의 아날로곤이 된다.

더들리 앤드루는 이처럼 영화이미지를 실재이자 구성으로 간주하는 미트리의 관점이 관객의 경험을 '지각'의 경험이자 '구성'의 경험으로 보는 그의 '종합Synthesis' 논의와 관련된다고 설명한다. 지각과 구성은 각각 리얼리즘과 형식주의에 상응하는데, 이 둘의 종합을 시도했던 미트리는 관객이 수행하는 '지각' 행위와 '구성' 행위의 상호작용으로부터 실재이자 구성이라는 영화이미지의 특수성을 유추해

---

37. 같은 책, 239쪽.
38. 같은 책, 78쪽.

내고자 한 것이다.[39] 한마디로, 영화이미지는 지각과 구성, 다시 말해 그것에 내재한 '실재'의 특성들과 '추상'의 특성들 간의 긴장과 상호 작용을 통해 다른 이미지들과 구별되는 독자적 변별성을 획득할 수 있다. 또한 영화이미지는 한편으로 그 어느 예술과도 비교할 수 없는, 거의 완벽한 "유사지각적인 지각"을 기초로 형성되며, 다른 한편으로는 그러한 유사지각에 영향을 미치는 인간의 정신작용과 인간 눈의 구성적 기능으로 인해 표준지각과는 다른 어떤 '일탈적인 지각'을 유발시킨다.[40] 즉 실재이자 구성, 실재이자 추상의 이중성이 영화이미지의 근본적인 속성인 것처럼, 유사자연적이면서도 일탈적인 지각은 영화적 지각의 본질적인 특징이라 할 수 있다. 따라서 이처럼 근본적으로 이중적인 속성을 갖는 영화이미지 및 영화적 지각과 관련해 리얼리즘적 입장과 형식주의적 입장의 대립은 무의미할 수밖에 없다.

그런데 앤드루와 달리 도미니크 샤토는, 영화이미지를 실재이자 구성으로 보는 미트리의 이 관점이 리얼리즘과 형식주의를 통합하기 위한 의도에서 비롯한다기보다는, 그의 영화미학 자체의 기저에 깔린 근본적인 모순에서 비롯한다고 주장한다. 즉 미트리의 주저 『영화의 미학과 심리학』의 구성 자체가 커다란 모순을 보이는데, "제1권이 영화가 실재와 다른 하나의 현실을 구축한다는 사실을 보여주려 애쓰는 반면, 제2권은 거의 정반대로 영화의 지각이 실재에 대한 우리의 이해방식과 다르지 않다는 사실을 보여주려 애쓰기" 때문이다.[41] 샤토는 이러한 미트리의 모순적 관점이 '특수한 언어'로서의 영화이미지에 대한 연구를 통해 비로소 해결책을 찾는다고 주장한다. 이에 관

---

39. 더들리 앤드루, 『영화이론의 개념들』, 29쪽.
40. 같은 책, 37~38쪽.
41. Dominique Chateau, *Cinéma et philosophie* (Paris: Nathan, 2003), 88쪽.

해 더 살펴본다.

3. 언어기호로서의 영화이미지

(1) 언어기호로서의 영화이미지

미트리에 따르면, 영화에서 모든 이미지는 기본적으로 재현된 사물의 의미작용을 따른다. 영화이미지는 일단 재현되는 사물과의 절대적 유사성을 바탕으로 사물을 있는 그대로 보여주는 기능을 수행하기 때문이다. 그런데 미트리는 영화이미지가 이러한 '보여주기'의 기능을 넘어 '의미하기'의 기능을 갖는다고 주장한다. 즉 영화이미지는 '의미작용-signification'의 기능을 수행하는데, 이 점에서 영화이미지는 명백하게 하나의 '언어기호'에 해당한다. 미트리가 이처럼 영화이미지를 하나의 언어기호로 간주하는 까닭은, 무엇보다 영화이미지의 실제 의미작용이 특정한 한 이미지가 아닌 복수의 '이미지들의 관계' 속에서, 다시 말하면 어떤 "함의" 속에서 이루어지기 때문이다.[42] "영화 속에서 이미지들은 결코 고립되지 않으며 유사성과 대조에 의해, 혹은 단순하게 연쇄 그 자체에 의해 서로 연결된다."[43] 영화이미지는

---

42. *Esthétique et psychologie du cinéma*, 66쪽. 그런데 이처럼 영화이미지가 '이미지들의 관계와 함의를 통해 의미작용을 수행한다'는 미트리의 주장은, 오로지 언어기호로서의 영화이미지 특성을 강조하는 것에만 목적을 두지는 않는다. 사실상 몽타주 효과에 해당하는 위의 주장을 미트리는 '언어로서의 영화이미지'의 기본 조건으로 내세우면서, 당시 바쟁을 비롯한 미장센 옹호론자들에 의해 공격당하던 몽타주를 "영화경험의 기본적이고 결정적인 조건"으로 부각시킨다. 나아가, 바쟁이 강조했던 포커스, 움직이는 카메라, 롱테이크 고정 화면 등을 '몽타주 효과의 변조'라고 설명하면서, 궁극적으로 몽타주와 미장센의 조화를 도모한다.(*Esthétique et psychologie du cinéma*, 247~249쪽; 주진숙, 「장 미트리: 전통이론과 현대이론의 가교」, 80~81쪽의 설명 참조)
43. Francesco Casetti, 같은 책, 78쪽.

그 자체가 아니라 다른 이미지와 연결될 때 그것의 진정한 의미를 얻으며, 이러한 '연계성'은 언어기호로서의 영화이미지가 수행하는 의미작용의 첫번째 조건이다.

요컨대, 미트리가 예로 드는 것처럼, '영화 속 재떨이' 이미지는 단순한 한 '사물로서의 재떨이' 이미지와 동일하다고 할 수 없다. 왜냐하면 이 이미지는 하나의 숏 안에 존재하면서 '시간'의 흐름 및 '공간'의 속성을 암시하고,[44] 나아가 앞뒤의 다른 숏들과 연계되면서 다양한 함의를 내포하기 때문이다. 즉 영화이미지는 공간과 시간의 자유로운 이동, 시점의 다변화, 시간의 지속, 선후 이미지들과의 연계 등을 통해 그것이 보여주는 것과 전혀 다른 것을 의미할 수 있다. 영화이미지의 "의미작용은 하나의 이미지에 종속되는 것이 아니라," 영화의 전개를 따라 "서로 작용하고 반작용하는 이미지들의 합에 종속된다."[45] 그리하여 영화이미지는 이미지들의 연쇄와 조합을 통해 언어기호 혹은 사유기호가 된다. 한 편의 영화작품 내에서 이것들은 이미지들에 대한 일종의 문맥화를 유발하며, 그 덕분에 영화이미지는 그 대상이 현실에서 갖지 못하는 어떤 의미를 획득하게 된다.[46]

(2) 영화 언어체계와 일반 언어체계의 차이

이처럼, 미트리는 영화이미지를 하나의 언어기호로 간주했지만, 그렇다고 해서 일반 언어체계와 영화 언어체계를 동일한 것으로 규정한 것은 아니다. 미트리가 보기에, 영화이미지는 '통사(연사), 동사, 접

---

44. 파타르에 따르면, 미트리는 영화이미지가 시간과 공간 안에서 전개된다는 사실을 "영화적 방식demarches filmiques"의 가장 중요한 특성으로 간주한다.(Benoit Patar, "1963~1989: Jean Mitry: un géant," *CinémAction, histoire des théories du cinéma*, n. 60, Paris: Cinémaction-Corlet, 1991, 135~136쪽)
45. Francesco Casetti, 같은 책, 78쪽.
46. Dominique Chateau, 같은 책, 91쪽.

속사, 문법구조' 등으로 이루어지는 언어적 형식으로 결코 환원될 수 없기 때문이다. 일반 문자언어가 "연상시키고 논증하는" 기능을 수행하는 반면, 영화는 이미지들의 조합을 통해 "어떤 의도를 환기시키는" 기능을 수행한다.[47] 나아가 일반 언어가 추상적 요소들의 조합으로 이루어진 하나의 상징기호인 반면, 영화는 원칙적으로 "추상적이고 상징적인 기호들을" 기본 수단으로 사용하지 않는다.[48] 영화이미지는 "대상을 보여줄 뿐, 명명하지 않기" 때문이다.[49] 다시 말해, "영화이미지는 (무엇인가를) 보여주지만, (그 자체로는) 아무것도 의미하지 않으며," "자신이 연루되어 있는 '사건들'의 집합과의 관계에 의해서만 어떤 의미를, 즉 '의미할 수 있는 가능성'을 얻게 된다."[50]

그러나 이러한 차이들에도 불구하고 영화이미지는 대상의 보여주기와 이미지들의 연계성을 통해 일반 언어처럼 "사고를 전달하는 수단"으로 기능할 수 있으며, 그 점에서 여전히 "언어langage"에 해당한다고 할 수 있다.[51] 물론 메츠를 비롯한 일군의 기호학자들이 주장하는 것처럼, 영화 안에는 일반 언어적verbales 형식에서 나오고 언어적 형식으로 분류될 수도 있는 수사학적 형식들이 존재한다고 볼 수도 있다.[52] 하지만 미트리는 그러한 수사학적 형식들 혹은 구조들이 기실 모든 언어적 형식의 기저에 존재하는 '사유의 구조'에 대한 '모사'와 다름없다고 명시한다. 즉 언어는 우리의 "사유의 고유한 속성인 관념형성작용idéation 양식을 '창조'한 것이 아니라," 단지 그것을 "'표현의

---

47. Benoit Patar, 같은 글, 134쪽.
48. Dominique Chateau, 같은 책, 89쪽.
49. *Esthétique et psychologie du cinéma*, 31쪽.
50. 같은 책, 67쪽. 괄호는 인용자.
51. 같은 책, 31쪽.
52. Dominique Chateau, 같은 책, 89쪽.

형식'으로 완성시킨" 것뿐이다.[53] 언어와 마찬가지로, 영화 역시 자신만의 방식으로 그러한 '관념형성작용 양식'을 하나의 표현형식으로 발전시켰다. 따라서 이러한 관념형성작용 양식을 이유로 영화를 언어라고 간주할 수는 없다. 요컨대, 영화는 일반 언어와 유사한 표현체계를 갖고 있지 않지만, 이미지들의 연쇄와 조합을 통해 의미작용을 수행하고 관념을 표현하며 우리의 사유구조를 반영하는 나름의 특수한 표현형식을 갖추었다. 바로 이 점에서, 미트리는 영화가 적어도 "철학적 의미의 언어"[54]로 간주될 수 있다고 주장한다.

(3) 재현의 기호에서 의미작용의 기호로

위와 같은 맥락에서, 미트리는 영화가 하나의 예술이기 이전에 하나의 "표현수단"이라고 주장한다.[55] 나아가, 영화는 다른 예술들처럼 감동을 표현하지만 그와 동시에 언어처럼 '사고'를 표현한다고 강조한다. 즉 영화는 "'이미지'를 표현수단으로 사용할 뿐만 아니라 하나의 언어로 구성하는 일종의 미학적 형식"[56]이다. 이는 영화의 가장 본질적 속성인 '운동'과 관련해서도 마찬가지다. 영화는 애초에 실재의 기록수단이자 재현수단이었다. 특히 영화는 탄생 초기부터 '움직이는 사진'을 통해 실제 운동을 기록하고 재현함으로써 커다란 주목을 받는다. 다른 예술이 운동을 '의미하는' 것에 머문 것과 달리, 영화는 있는 그대로 운동을 '재현하는' 데 성공한 것이다. 미트리는 다음과 같이 설명한다.

---

53. *Esthétique et psychologie du cinéma*, 34쪽.
54. Benoit Patar, 같은 글, 135쪽.
55. *Esthétique et psychologie du cinéma*, 91쪽.
56. Dominique Chateau, 같은 책, 89쪽.

전통 예술은 운동을 표현할 때, 그것을 나타내기보다는 '의미한다.' 다른 이유가 아니라 운동을 소유하고 있지 않다는 바로 그 이유 때문에, 전통 예술은 운동을 의미한다. 영화는 정반대로 운동을 의미하지 않는다. 영화는 운동을 '재현한다.' 영화가 운동을 표현한다면, 그것은 운동과 '함께,' 운동을 '이용해' 표현하는 것이다.[57]

이처럼 영화는 그와 같은 운동의 재현에 머물지 않고 운동을 스스로 기능하게 만들면서, 자신만의 고유한 의미작용을 수행한다. 즉 운동을 재현하는 이미지이자 스스로 운동하는 이미지인 영화이미지는, 그것의 운동성으로 인해 필연적으로 이미지들의 '계열성séquentialité'을 동반하고, 이러한 계열성은 이미지들의 다양한 조합을 가능하게 하면서 결과적으로 무한한 의미를 산출할 수 있게 된 것이다. 본래 영화기호는 '재현의 기호'였지만, 재현을 의미작용의 계획에, 즉 이미지들의 조합에 적용시키면서 '의미작용의 기호'로 발전해간다.[58] 미트리에 따르면, 문학이 항상 추상에서 구상으로 가는 것과 반대로 영화는 "항상 구상에서 추상으로 간다고 할 수 있다."[59] 문학이 관례적 기호 집합의 중개를 통해 독자의 정신 안에 하나의 '재현'을 낳는다면, 영화는 어떤 중개도 거치지 않고 '세계와 사물들의 구체적인 재현'을 독자의 눈앞에 직접 제공한다. 언어라는 문학의 '소여'는 결코 직접적이지 않고 항상 균일하게 '간접적'이지만, 영화는 이미지라는 "자신의 직접적인 소여들을 매개수단으로 사용한다."[60]

영화는 이처럼 사물의 세계를 직접 보여주는 재현의 체계에서, 그

---

57. *Esthétique et psychologie du cinéma*, 36쪽.
58. Dominique Chateau, 같은 책, 90쪽.
59. *Esthétique et psychologie du cinéma*, 91쪽.
60. 같은 곳.

재현된 이미지들을 사유의 수단으로 사용하는 사유의 체계이자 언어의 체계로 발전해간다. 미트리에 따르면, 영화는 단순히 이미지를 통해서가 아니라 이미지들의 연쇄와 조합을 통해 이미지들 '안에서,' 혹은 이미지들의 생성과 '함께' 사유하는 체계다. 따라서 '생성중인 사유'를 표현하는 데 있어, 영화는 일반 언어보다 훨씬 더 뛰어난 언어가 될 수 있다.

결절結節

미트리의 영화이미지론은 베르그손의 이미지론에서 출발한다. 이미지가 사물의 실재와 동시에 우리의 정신을 나타낸다고 보는 그의 사유는, 이미지의 본질을 물질이자 동시에 의식인 이중성으로 간주한 베르그손의 사유에 근간을 둔다. 미트리의 사유에서 이미지는 사물의 물리적 실재를 가리키는 동시에 그것의 상상된 실재를 가리키며, 따라서 어떤 대상을 있는 그대로 나타내는 지각이미지이자 동시에 대상과 다른 무엇을 포함하는 정신적 이미지이다.

그런데 미트리는 여기에 사르트르의 이미지론과 후설의 질료 개념을 더해, 이미지에 대한 사유를 좀더 확장시킨다. 사르트르가 사진이미지를 포함한 예술작품의 이미지라고 설명한 아날로곤(물질적 이미지) 개념을 빌려와, 이미지의 속성을 둘이 아닌 셋으로 나눴다. 즉 미트리의 논의에서 하나의 대상(사물의 실재)에 대한 이미지는 '지각이미지'와 '실재이미지' 그리고 '정신적 이미지'로 나뉜다. 지각이미지는 베르그손이 말한 순수 지각에 상응하는 것으로 사물 자체와 동일한 것이라 할 수 있고, 실재이미지는 사르트르의 아날로곤과 후설의 질료 개념에 상응하는 것으로 지각된 실재의 즉각적 재현을 가리킨다. 실재이미지는 사물의 실재와 지각이라는 조건이 성립되어야만 존재 가능하며, 우리가 사유 속에서 사물의 실재를 겨냥할 때 사용하는 재료라 할 수 있다. 그리고 정신적 이미지는 우리가 바로 그러한 실재이미지를 이용해 실재 대상을 사유할 때 산출되는 이미지에 해당한다.

베르그손의 이미지론으로부터 출발한 미트리의 영화적 사유가 흔히 베르그손과 반대되는 입장으로 알려진 사르트르의 이미지론을 취하는 이유는 사실 자명하다. 영화이미지의 속성을 보다 분명하게 드러내기 위해서다. 미트리가 보기에 영화이미지는 분명 물질(사물)과 의식에 동시에 관계되는 이중적 이미지이지만, 그러한 이중성은 영화이미지가 지각이미지이자 정신적 이미지라는 사실로는 설명되지 않는다. 그의 관점에서 볼 때, 영화이미지는 엄밀히 말해 지각이미지와 정신적 이미지의 합이 아니라 실재이미지와 정신적 이미지의 합이기 때문이다. 영화이미지는 어디까지나 '재현이미지'이므로, 대상과 일체를 이루고 대상 그 자체를 의미하는 지각이미지와는 사실 본성상 다르다. 즉 재현된 실재의 즉각적 재현에 해당하는 영화이미지는, 형성되는 순간 이미 지각으로부터 구별되는 실재이미지가 되는 것이다. 그와 동시에, 영화이미지는 지각 주체의 상상하는 의식과 정신작용이 더해져 형성되는 이미지이므로, 일종의 정신적 이미지이기도 하다. 한편으로 영화이미지는 주체의 정신작용을 위해 준비되는 직접적인 재료들이지만, 다른 한편으로는 우리의 사유를 통해 형성되고 재구성되는 미학적 형상들인 것이다.

여하튼, 미트리의 영화적 사유는 철저하게 영화이미지의 '이중성' 개념을 바탕으로 진행된다. 조금 앞선 시기에 모랭이 영화이미지의 이중성을 사유의 틀로 삼으면서도 영화이미지가 발현하는 몽환성, 마법성, 초현실성에 더 몰두했던 것과 달리, 미트리는 시종일관 영화이미지의 이중성을 강조하면서 다양한 각도에서 그것을 논증하려 한다. 간추려보면 다음과 같다. 먼저, 영화이미지는 사물의 의미작용을 따르는 일차적 의미작용 외에도, 복수의 이미지들의 관계에 종속되면서 영화의 드라마적 필요성을 따르는 이차적 의미작용을 수행한다. 또한 영화이미지는 사물의 물리적 실재를 가리키는 지각이미지 혹은 실재이미지이자, 우리의 정신작용에 따라 형성되는 정신적 이미지이다. 일반 이미지와 마찬가지로, 영화이미지 역시 하나의 대상을 가리키면서 동시에 그 대상과 다른 무엇, 즉 우리의 정신작용을 통해 구현되는 무엇을 가리킨다. 아울러, 영화이미지는 사물의 구체적인 실존을 통해 그것의 본질을 상기시키고, 사물의 현전을 통해 그것의 부재를 상기시킨다. 그리고 재현으로서의 영화이미지에는 재현되는 사물에 대한 형식적 의도들이 새겨지는데, 따라서 영화이미지는 사물의 실재를 지시하는 동시에 실재와 다른 어떤 형상, 다시 말해 어떤 구성적 총체를 지시한다.

요컨대, 사물성에서 정신성으로, 다시 정신성에서 사물성으로 부단히 오가는 영화이미지의 이러한 이중성 혹은 '이중적 함의'야말로 미트리가 말하는 영화이미지의 가장 큰 매혹이다. 끝없는 대립과 공존을 통해, 사물의 실재이미지와 정신이미지를, 사물의 실존적 의미와 본질적 의미를, 사물의 현전과 부재를, 사물의 실재와 형상을, 다시 말해 '사물의 개체성과 무한한 잠재성'을 동시에 나타낼 수 있는 능력이야말로 영화이미지를 가장 매력적으로 만들어주는 특성인 것이다. 미트리는 다음과 같이 언급한다.

영화이미지의 가장 신비한 특징 중 하나는, 사물의 개체성과…… 그 사물이 상정하고 암시하는 무수한 '잠재성들' 간의 지속적인 길항작용을 매력적으로 반사하고 있다는 사실에 있다. 존재하는 것과 나타나는 것, 구체적인 것과 추상적인 것, 내재적인 것과 초월적인 것 사이의 이 같은 이원성을, 그리고 그러한 대립적인 것들이 이미지라는 하나의 형

식적 개체 안에서 서로를 보충하고 서로를 변화시키며 서로를 정당화
하는 양상을, 영화만큼 감각적으로 나타내는 것은 어디에도 없다.[61]

---

61. 같은 책, 78~79쪽.

제3부 이미지–기호

메츠 & 파솔리니 & 바르트

제8장

|

언어기호로서의 영화: 메츠

크리스티앙 메츠(Christian Metz, 1931~1993)는 흔히 영화기호학의 창시자로 알려져 있다. 1964년, 「영화: 랑그인가 랑가주인가?」[1]라는 글을 통해 처음으로 '영화가 언어(언어기호)로 기능할 수 있는가?'라는 질문을 제기했기 때문이다. 그후, 그는 여러 지면에 기호학과 관련된 논문들을 발표하면서 영화기호학 연구의 리더 역할을 자처한다. 그는 특히 소쉬르의 언어학적 기호학(혹은 구조주의적 기호학)에서 차용한 여러 개념을 영화에 적용하면서 영화기호학의 이론적 토대와 방법론을

---

1. Christian Metz, "Le cinéma: langue ou langage?," *Communications*, n° 4(Paris: Seuil, 1964), 52~90쪽. 이 장에서는 언어학 논의들을 바탕으로 프랑스어 'langue'를 '랑그'로, 'langage'를 '랑가주'로 번역했다. 'langage'의 경우 아직까지 국내에 통용되고 있는 번역어가 없으며, 학자에 따라 '랑가주, 언어행위, 언어체' 등 상이한 번역어를 사용하고 있다. 또 'langue'의 경우 '언어'로 번역해 사용하는 경우가 더 일반적이지만, 이 장의 후반에서 다룰 '파롤parole'과의 구분을 위해 일단 '랑그'로 통일해 사용하기로 한다. 이 용어들에 관한 설명은 다음을 참조할 것.(전성기, 「언어기호 개념의 재고」, 『기호학 연구』, 제6집, 1999, 136~137쪽; 서정철 외, 『현대 프랑스 언어학』, 문학과지성사, 1985, 341쪽; 움베르트 에코, 『기호학 이론』, 서우석 옮김, 문학과지성사, 1985, 12~19쪽; Domonique Maingueneau, *Initiation aux méthodes de l'analyse du discours*, Paris: Hachette Universite, 1979, 5~6쪽 및 13쪽 등 참조)

구축하려 했고, 이를 통해 이전의 주제 중심적인 영화분석이나 주관적이고 인상주의적인 영화비평에서 벗어나 영화 연구에 과학적인 엄정성을 부여하고자 했다. 메츠는 『영화의 의미작용에 관한 에세이 I, II』(1968, 1972)와 『랑가주와 영화』(1971) 등의 저서를 출간하면서 더욱더 구체적이고 심화된 영화기호학 연구를 보여주었으며, 1970년대 중반 이후로는 서사학과 정신분석학을 영화기호학 연구에 도입하면서 영화기호학의 영역을 확장하고 보다 유연한 기호학적 방법론을 모색했다.

하지만 주지하다시피, 메츠는 그의 연구 시작부터 수많은 비평과 반론에 시달린다. 영화 연구에 언어학적 모델을 적용시키려 했던 그의 시도들이 이론의 체계화와 구조화를 넘어 종종 도식주의적인 일면을 드러냈기 때문이다. 당시까지 체계적인 연구가 전무하다시피 했던 영화학계에 갑작스럽게 등장한 형식주의적 영화 연구는 처음부터 거센 저항에 부딪힐 위험을 안고 있었다. 메츠는 끊임없는 자기 수정과 심지어 자기 부정을 마다하지 않으며 영화기호학 논의를 보완하고 발전시켰지만, 그를 따라다니던 집요한 비판들로부터 상대적으로 자유로워진 것은 정신분석학과 영화기호학을 접목시킨 『상상적 기표—영화, 정신분석, 기호학』(1977)을 발표하고서부터이다. 다시 말해, 언어기호학적 틀 안에서의 영화기호학을 포기하고 언어학이 아닌 다른 학문의 방법론을 빌리고 나서야 비로소 반론보다 이해와 동의를 더 많이 얻게 된 것이다. 이는 결국 그가 제시한 구체적인 개념들과 논의들 자체에 반복되는 결함이 있었다기보다, 그가 고수하고 의지했던 언어학적 기호학 모델과 영화매체의 특성 사이에 근본적인 괴리가 있었다는 것을 의미한다고 볼 수 있다.

그러나 영화기호학이 메츠의 연구와 학문의 전부를 의미하는 것은 아니다. 오히려 그보다는, 영화 연구에 과학적, 분석적 방법론을 도입하면서 진정한 영화이론의 시대를 연 영화학의 선구자로 그를 바라보는 것이 더 타당할 것이다. 이 책의 논의는 그의 영화기호학 연구에 한정되겠지만, 실제로 그의 연구들은 기호학을 넘어 영화서사학과 정신분석학적 영화 연구 분야에서도 매우 중요한 성과들을 남겼다. 특히, 모랭과 미트리의 논의가 고전 영화이론들을 종합하면서 결과적으로 구상에서 추상으로의 이행을 지향한 것과 달리, 메츠의 논의들은 그들의 이론을 바탕으로 하면서도 궁극적으로 영화 연구의 방향을 추상에서 구상으로 혹은 추상과 구상의 병행으로 정향시켜놓았다. 이 책에서는 언어학적 기호학의 모델을 바탕으로 하는 메츠의 영화기호학 논의들을 집중적으로 살펴보면서, 치열했던 그의 이론화 작업을 따라가볼 것이다.

1. 랑가주로서의 영화

(1) 메츠 영화기호학의 전개과정

먼저, 메츠의 영화기호학 연구의 전개과정을 간단히 살펴보자. 그의 연구과정이 영화기호학 연구 전체의 전개과정을 압축적으로 보여주기 때문이다. 메츠의 영화기호학 연구를 단계별로 혹은 시기별로 구분하는 관점은 학자마다 다르지만,[2] 이 책에서는 여러 관점을 종합

---

2. 예를 들어, 오몽과 미셸 마리Michel Marie는 정확한 연도보다 주요 저서들을 중심으로 메츠의 영화기호학 여정을 다음과 같이 세 단계로 구분한다. 첫번째 단계는 「영화: 랑그인가 랑가주인가?」(1964)가 발표된 시기부터 『상상적 기표―영화, 정신분석, 기호학』(1977)의 집필을 시작하기 전까지의 시기를 가리키며, 이 시기의 메츠의 핵심 논제는 '랑그 없는 랑가주로서의 영화'와 '약호들의 체계로서의 영화'다. 두번째 단계는『상상적 기표―영화, 정신분석, 기호학』을 전후로 하는 시기로, 메츠는 정신분석학을 도입해 관객-주체와 이미지-대상 사이의 관계를 탐구함으로써 이전까지 그가 의거했던 소쉬르의 언어학적 모델의 경직성으로부터 벗어난다. 세번째

해 다음과 같이 세 단계로 나누어 검토해본다.

제1단계는, 영화기호학 논의의 촉발제가 된 논문 「영화: 랑그인가 랑가주인가?」가 발표된 시기부터 메츠의 영화기호학 관련 논문들을 모은 저서 『영화의 의미작용에 관한 에세이 I』가 발표되기 전까지의 기간을 가리킨다. 이 시기에, 메츠는 영화기호학이라는 새로운 방법론을 창안해 과학적이고 객관적인 영화 연구를 실천하고자 했으며, 소쉬르의 언어학에서 빌려온 여러 개념과 구조를 영화에 직접 적용

단계는 1980년대 중반부터 『비인칭적 언술행위 혹은 영화의 장소 *L'Énonciation impersonnelle ou le site du film*』(1991)가 발표되는 시점까지를 가리키는데, 이 시기에 메츠는 영화적 언술행위에 대한 분석을 중심으로 언어학적 기호학과 정신분석학적 기호학을 통합하는 새로운 학문적 방법론을 제시한다.

한편, 기 보렐리Guy Borreli는 메츠의 영화기호학 연구를 총 네 단계로 구분한다. 첫번째 단계는 「영화: 랑그인가 랑가주인가?」(1964)가 발표된 시점부터 그의 첫번째 영화기호학 저서 『영화의 의미작용에 관한 에세이 I』(1968)가 발표된 시점까지를 가리키며, 이 시기에 메츠는 소쉬르의 언어학적 기호학 모델을 영화에 적용하면서 영화기호학의 이론적 토대를 구축한다. 두번째 단계는 1968년 이후부터 『상상적 기표—영화, 정신분석, 기호학』을 집필하기 전까지 시기에 해당하며, 이 시기에 메츠는 끊임없는 자기수정과 보완 끝에 종전의 자신의 입장을 뒤엎고 영화가 약호들의 분류와 체계화를 통해 하나의 약속된 체계로, 즉 랑그로 기능할 수 있다는 결론을 내놓는다. 세번째 단계는 『상상적 기표—영화, 정신분석, 기호학』을 집필하는 시점부터 1980년대 초반까지의 시기를 가리키며, 이 시기에 메츠는 전술한 것처럼 정신분석학의 방법론을 도입해 영화기호학의 지평을 확장해간다. 네번째 단계는 정신분석학적 영화기호학 이후부터 메츠의 사망까지의 시기를 가리키는데, 이 시기에 메츠는 서사학과 수용미학 등 여러 인문학과 연계해 영화기호학의 지평을 넓히려 시도한다.

그밖에도 더들리 앤드루를 비롯한 영미권 학자들은 대부분 메츠의 영화기호학을 세 단계로 구분하는데, 각 단계의 기간은 위의 기 보렐리가 분류한 네 단계 중 앞의 세 단계의 기간과 일치한다. 즉 보렐리가 말한 네번째 단계는 이들의 논의에서 메츠의 영화기호학 연구 단계로 간주되지 않는다.

이러한 분류들에 관해서는 각각 다음을 참조할 것.(Jacques Aumont & Michel Marie, *Dictionnaire théorique et critique du cinéma*, Paris: Armand Colin, 2008, 126쪽; Guy Borreli, "La genèse et les générations," in *Cinémaction. 25 ans de sémiologie*, réuni par André Gardies, *Corlet-télérama*, n° 58, 1991, 14~18쪽; *Dictionnaire de la pensée du cinéma*, sous la direction de Antoine de Baecque et Philippe Chevallier, Paris: PUF, 2012, 437~439쪽)

하면서 영화 제반 요소들의 형식화 가능성들을 탐색했다. 또한 그는 영화의 '거대 통합체grande syntagmatique' 개념을 제시하고 이를 적용한 분석 사례들을 발표하는데, 이 때문에 그는 영화학계 안팎에서 거센 찬반논쟁에 휩싸인다. 메츠의 초기 영화기호학의 핵심 테제는 한마디로 '랑그 없는 랑가주로서의 영화'다. 이 테제를 바탕으로 하는 그의 구조주의 언어학적 시도들은 도식화와 형식화에 지나치게 치우친다는 비판에 시달렸지만, 다른 입장에서는 영화의 특수성을 고려하면서 체계적인 영화적 구조를 수립하는 데 크게 기여했다는 평가를 받기도 한다. 즉 그의 연구는 한편으로는 "언어학적 모델의 효율성"을 입증하려는 의도를 내포하고 있었지만, 다른 한편으로는 "영화의 특수한 속성들"을 존중하면서 그 모델을 영화에 맞게 긴밀하게 전환시키려는 의도도 있었다.[3]

제2단계는, 『영화의 의미작용에 관한 에세이 I』의 발표 전후 시점부터 메츠가 본격적으로 정신분석학과 영화기호학의 접목을 시도하기 시작하는 1975년 이전까지의 기간을 가리킨다. 이 시기에 그는 역시 주요 학술지에 발표했던 그의 논문들을 모아 저서『랑가주와 영화』,『영화의 의미작용에 관한 에세이 II』를 발표한다. 메츠는 이 기간 동안 새로운 영화기호학 개념들을 제시할 뿐 아니라 자신의 초기 논의들을 상당 부분 수정하고 보완한다. 우선, 그는 영화매체만의 고유한 특성들을 고려하면서 영화에서의 의미작용, 외연과 내포, 편집과 약호, 도상성과 시각적 언술행위 등의 문제를 탐구한다. 또한 그는 영화이미지가 '파롤'로 기능할 수 있다는 새로운 주장을 내놓으며, 그에 따라 영화이미지라는 파롤을 갖춘 영화 역시 보다 풍부한 의미작용의 가능성을 지닌 랑가주로서 간주될 수 있다고 강조한다. 아울러, 메

---

3. *Dictionnaire de la pensée du cinéma*, 437쪽.

츠는 약호들의 분류와 체계화를 통해 영화에도 계열체적 구조와 통합체적 구조가 공존하고 있다는 사실을 입증하려 하는데, 그러한 시도들을 통해 궁극적으로 영화가 이중분절 체계를 갖는 하나의 약속된 체계, 즉 '랑그'라는 주장을 제기한다. 요컨대, 메츠의 영화기호학적 논의는 '랑가주로서의 영화' 개념으로 시작해 '파롤로서의 영화이미지' 개념을 거치며 종국에는 '랑그로서의 영화'라는 개념에 도달하게 된다.

제3단계는, 메츠가 정신분석학을 비롯한 여러 인문학과 연계해 영화기호학의 지평을 확장해가기 시작한 1975년부터 그의 생애 마지막까지의 기간을 가리킨다. 이 시기에도 메츠는 자신이 제기했던 여러 기호학적 개념과 논의를 부분적으로 수정, 보완하면서 보다 심층적인 영화기호학 연구를 진행하며, 특히 프로이트와 라캉의 정신분석학을 통해 영화의 내재적 메커니즘을 작동시키는 힘 혹은 추동력을 좀더 체계적으로 파악하고자 한다. 즉 시나리오, 텍스트 체계, 영화-기표 등 다양한 영화 개념 및 형식에 대한 정신분석학적 연구를 시도하고, 『상상적 기표—영화, 정신분석, 기호학』을 통해 그 결과를 종합한다. 또한 정신분석학적 방법론의 적용은 그에게 "관객 주체와 이미지 스펙터클 간의 상상적 관계"에 대한 기호학적 접근을 가능하게 해주며, 이를 통해 메츠는 "관객의 위치에 대한 '메타심리학적' 연구"를 진행하게 된다.[4] 아울러, 이러한 관객 주체 연구는 영화 관객을 '꿈꾸는 자' 혹은 '환각에 빠진 자'와 비교하도록 이끄는데, 이에 따라 메츠는 초기 영화이론가들에서부터 모랭으로 이어져온 '영화와 꿈' 혹은 '영화와 환각(마법)'의 관계에 대한 연구를 더욱 체계적인 방식으로 수행하게 된다. 한편, 이 시기에 메츠는 인문 예술 전반에 나타난 탈구조

___
4. Jacques Aumont & Michel Marie, 같은 책, 126쪽.

주의적 경향과 수용미학적 경향으로부터도 영향을 받는데, 이로 인해 그의 영화기호학적 관심은 영화작품의 의미생산 과정과 관객의 수용 과정으로까지 확장된다.

이 장에서 우리는 메츠의 영화기호학 연구의 제1단계와 제2단계에 대한 검토에 초점을 맞출 것이다. 정신분석학적 방법론을 도입한 제 3단계 영화기호학 연구도 물론 분명한 학문적 중요성을 지니지만, 메 츠가 영화기호학 자체에 전적으로 몰두했던 시기는 제1단계와 제2단 계라 할 수 있기 때문이다. 여기서는, 언어학적 혹은 구조주의적 영화 기호학을 그 한계까지 밀고나갔던 그의 기호학적 연구들을 차례로 따라 가보는 데 중점을 둔다.

(2) 영화: 랑그 없는 랑가주

① 영화는 랑그가 아니다

메츠의 전기 영화기호학 논의는 철저하게 언어학적 기호학의 입장 에 기반을 두고 진행된다. 먼저, 메츠는 「영화: 랑그인가 랑가주인 가?」라는 글을 통한 문제제기에서 출발한다. 그리고 자신이 던진 질 문에 대한 답을 소쉬르가 제시한 '랑그langue/파롤parole/랑가주 langage'의 삼분법적 개념과 '랑가주'에 대한 정의에서 구한다. 소쉬르 에 따르면, 랑그는 "관념들을 표현하는 기호체계"이고 그 자체로 사 회적 약호이며, 파롤은 그 약호를 사용하는 개인적 행위이자 상황적 실현이다.[5] 또한 랑가주는 "잘 조직된 체계인 언어와 다양한 파롤 행 위들이 내적으로 재편성되는 현상들의 거대 집합이다."[6] 소쉬르는

---

5. Ferdinand de Saussure, *Cours de linguistique générale*(Paris: Payot, 1916), 30쪽.
6. Christian Metz, *Essais sur la signification au cinéma II*(1972), Klincksieck, 2003, 196쪽. 이후, 이 책의 인용은 제목과 쪽수로만 표기한다.

한편으로는 "다형적이고 혼합적"인 집합인 '랑가주'와 하나의 규약이자 체계인 '랑그'를 대조하고, 다른 한편으로는 "의지와 지성에 의한 개인적 행위"인 '파롤'과 '랑가주'를 대조한다.[7]

메츠는 이러한 소쉬르의 언어학적 기호학의 개념과 정의들을 영화에 적용하는데, 우선 그는 "영화가 인간의 음성언어에서 사용되는 낱말 배열과는 다른 다양한 법칙의 배열들로 의미 요소들을 배치한다"는 사실에 주목한다.[8] 즉 메츠는 이미지의 연속으로 이루어지는 영화에서 랑그의 절들과 유사한 단위들, 더 나아가 한 문장의 단어들과 유사한 의미 있는 단위들을 찾아내기가 매우 어렵다는 사실을 깨닫는다. 또한 그는 영화에서 "고정불변의 안정된 구조를 포함하고 있는 집합들"을 발견하지 못하며, 대신 "반복되는 배열 방식, 약호화된 구도, 다양한 유형의 '패턴'들"이 그런 집합들을 대체한다는 사실을 발견한다.[9] 아울러 메츠가 보기에 특히 중요한 점은, 언어학자들이 '랑그'의 절대 조건으로 규정하는 '이중분절'이 영화에 부재한다는 사실이었다. 기본적으로 모든 랑그는 한편으로는 최소 단위 소리인 '음소'들로, 다른 한편으로는 의미 있는 단위들인 '형태소'들로 분절되며, 음소들의 합은 '계열체'적 구조를, 형태소들의 합은 '통합체'적 구조를 이룬다. 그런데 영화에는 음소와 형태소에 상응하는 요소들이 없으며, 따라서 이중분절 자체가 불가능하다. 결국, 메츠는 이 같은 영화의 속성을 고려해 영화가 일단 하나의 규약이자 체계인 '랑그'로는 고려될 수 없다고 결론짓는다.

---

7. Guy Borreli, "La genèse et les générations," 16쪽.
8. Christian Metz, *Essais sur la signification au cinéma I*(1968), Paris: Klincksieck, 2003, 108쪽. 이후, 이 책의 인용은 제목과 쪽수로만 표기한다.
9. *Essais sur la signification au cinéma II*, 196쪽.

② 영화는 랑가주다

크리스티앙 메츠는 랑그가 아닌 '랑가주'로서의 영화 기능에 주목한다. 무엇보다도 영화에는 하나의 독자적인 '통합체적(연사적) syntagmatique' 구조가 있기 때문이다. 메츠가 보기에, 영화적 계열체 paradigmatique cinématographique는 매우 불안정하고 불확실하며 사실상 성립 불가능한 구조인 반면, 영화적 통합체는 적어도 영화의 서사성 층위에서 충분히 성립될 수 있고 효과적으로 기능할 수 있는 것이다. 즉 영화는 서사성과 연계해서 풍부하고 체계적인 '통합체적 구조'를 보유할 수 있으며, 하나의 담론으로 기능할 수 있다. 영화는 랑그는 아니지만 랑가주로 고려될 수 있으며, 작품film의 서사성 층위에서 보자면 "랑그 없는 랑가주"일 수 있다.[10]

메츠는 이러한 자신의 영화적 통합체 주장을 뒷받침하기 위해 '거대 통합체'라는 보다 구체적인 분석의 틀을 제시한다. 그는 영화 텍스트 안에 존재하는 다양한 이미지 배열들을 '통합체'라는 언어학적 개념으로 분석하면서, 일반적인 서사 영화에 나타나는 거대 통합체를 다음과 같은 여덟 가지 유형으로 구분해 설명한다: ① 자율 숏plan autonome ② 평행 통합체syntagme parallèle ③ 포괄적 통합체syntagme en accolade ④ 묘사 통합체syntagme descriptif ⑤ 교체 통합체syntagme alterné ⑥ 신scène ⑦ 에피소드 시퀀스séquence par épisodes ⑧ 일반 시퀀스séquence ordinaire.(〈표 2〉 참조)

간략히 설명하면, '자율 숏'은 하나의 숏으로 이루어진 분절체 segment를 가리키며, 시퀀스숏이나 자막이 삽입된 인서트 컷 등이 이에 해당한다. '평행 통합체'는 시공간적 관계가 없는 두 개의 모티브가 교차하며 형성하는 통합체를 말하며, 〈대부 2The Godfather Part II〉

---

10. Christian Metz, "Le cinéma: langue ou langage?," 61쪽, 73~79쪽 참조.

(1974)에서 로버트 드니로Robert De Niro의 과거와 알 파치노Al Pacino
의 현재가 교차되는 부분이 이에 해당하는 사례라 할 수 있다. '포괄
적 통합체'는 시공간적 관계도 없고 모티브도 교차하지 않는 관념적
인 몽타주를 가리키는 것으로, 고다르J-L. Godard의 〈결혼한 여자Une
femme mariée〉(1964)에 나타나는 몽타주 등이 이에 해당한다. '묘사 통
합체'는 주로 공간의 동일성이나 인접성을 나타내기 위해 연속적으
로 나타나는 숏들의 합을 일컫는 것으로, 예를 들면 〈쉘 위 댄스Shall
We Dance?〉(1996)에 등장하는 다양한 각도의 무도회장 숏들이다. '교
체 통합체'는 시간의 동시성을 나타내는 편집을 가리키는 것으로 서
부영화나 액션영화의 추적 신에서 사용되는 '평행 몽타주' 양식이 그
예라 할 수 있고, '신'은 시공간적 연속성을 기본으로 하는 장면으로
특히 여러 개의 숏으로 구성된 두 사람의 대화 장면 등이 그 예가 된
다. '일반 시퀀스'는 중요하지 않은 시공간의 변화를 생략한 영화의
일반적인 시퀀스를 가리키며, '에피소드 시퀀스'는 연대기적으로 전
개되었다고 상정된 여러 단계를 상징적으로 요약한 시퀀스로서 〈시
민 케인Citizen Kane〉(1941)에서의 케인과 부인이 나누는 '아침식사 시
퀀스'가 이에 해당한다.[11]

게다가 메츠는 여덟 개의 통합체 유형들을 다시 체계화한다. 우선,
이들은 영화에서 각각 '자율적 분절체' 역할을 한다. 이중 일종의 독
립적 분절체에 해당하는 자율 숏을 제외한 나머지 일곱 개 유형은
'통합체'라는 범주에 속하며, 그중 평행 통합체와 포괄적 통합체는
'비연대기적 통합체'에, 나머지 다섯 개는 '연대기적 통합체'에 속한
다. 그다음으로, 이 다섯 중 묘사 통합체를 제외한 네 개는 '서술적 통

---

11. 거대 통합체의 여덟 가지 유형에 관한 더 자세한 설명은 다음을 참조할 것: *Essais
sur la signification au cinéma I*, 121~145쪽.

합체'에 속하며, 이 네 개 중 교체 통합체를 제외한 세 개는 '선형적 서술 통합체'에 속한다.(〈표 2〉 참조)

한편, 메츠는 자크 로지에의 영화 〈아듀 필리핀Adieu Philippine〉 (1962)에 이러한 거대 통합체 공식을 적용해 구체적인 내러티브 분석을 시도한다.[12] 메츠는 위의 통합체 유형들이 개별 영화작품에 따라 그 사용 빈도수가 다를 수 있다는 점을 밝히는데, 실제로 〈아듀 필리핀〉에서는 '신scène'이 가장 많이 사용되었고 '포괄적 통합체'가 가장 적게 사용되었으며 '평행 통합체'는 아예 나타나지 않았다.[13] 여하튼, 이러한 실제 작품 분석을 통해 메츠는 거대 통합체가 영화에서 하나의 중요한 약호가 될 수 있음을 시사하며, 따라서 영화는 자신만의 고유한 통합체적 체계를 보유하는 랑가주로 고려될 수 있다고 주장한다.

그런데 여기서 고려해야 할 점은, 영화가 랑그인가 랑가주인가의 문제보다 '영화이미지'가 메츠의 영화기호학 논의에서 전적으로 배제되었다는 사실이다. 이미지가 내러티브, 사운드와 함께 영화작품을 이루는 주요 요소임을 분명하게 인식하고 있었음에도 불구하고, 메츠는 그의 영화기호학 연구에서 처음부터 영화이미지를 철저하게 제외시킨다. 그가 보기에, 영화이미지는 언어 혹은 언어기호의 주요 특성들을 갖추지 못했기 때문이다. 특히, 초기에 메츠는 영화에서 내러티

---

12. 영화 〈아듀 필리핀〉에 관한 메츠의 상세한 분석은 다음의 글들에 나와 있다: Christian Metz, "Tableau des ≪segments autonomes≫ du film *Adieu Philippine*, de Jacques Rozier" et "Etudes syntagmatique du film *Adieu Philippine*, de Jacques Rozier," *Image et Son*, n° 201, 1967, 81~94쪽과 95~98쪽. 메츠의 거대 통합체에 관해서는, 위의 글들 외에도 다음을 볼 것: Christian Metz, "La grande syntagmatique du film narratif," *Communications*, n° 8, 1966, 120~124쪽 참조.

13. *Essais sur la signification au cinéma I*, 179쪽. 참고로, 메츠는 〈아듀 필리핀〉에 나타난 통합체 유형들을 다음과 같이 가장 높은 빈도수에서 가장 낮은 빈도수까지 차례로 분류하기도 했다: ① 신 ② 일반 시퀀스 ③ 자율 숏 ④ 에피소드 시퀀스 ⑤ 교체 통합체 ⑥ 묘사 통합체 ⑦ 포괄적 통합체.(같은 곳)

브의 약호화는 가능하다고 보았지만 이미지의 약호화에 대해서는 회의적이었다. 즉 초기 영화기호학 연구 당시, 그의 논리에서는 영화이미지가 언어로 고려될 수 없었으며 따라서 기호로도 고려될 수 없었다. 이는 결국 지나치게 소쉬르의 언어학적 기호학 모델에 의존해 영화를 분석하려 했던 것에서 비롯된다 할 수 있다. 당시 그가 말하는 기호학이란 '언어학적 기호학' 내지는 구조주의적 기호학과 동의어였고, 그가 주장한 '영화기호학'은 언어학적 방법론을 영화이론에 적용시킨 '영화언어학'과 크게 다를 바 없었다. 요컨대, 영화기호학 연구 초기에 메츠는 어떤 기호이든 언어기호의 기본적 속성들(기표-기의의 결합관계, 결합관계의 자의성, 이중분절 등)을 만족시켜야만 비로소 기호로 성립될 수 있다는 관점에서 크게 벗어나 있지 못했다.

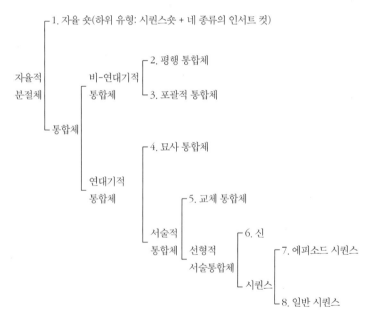

〈표 2〉 거대 통합체 일람표

2. 영화이미지의 복합적 의미작용

거대 통합체를 바탕으로 하는 영화-랑가주론을 주장한 후 얼마 지나지 않아, 메츠는 영화기호학에 관한 자신의 기존 논의를 상당부분 수정하고 보완한 새로운 이론을 내놓는다. 내러티브 분석과 통합체론에 치중했던 그의 이론이 복합 매체로서의 영화적 특성을 외면했다는 이유로 영화학계 안팎에서 무수한 비판과 반론에 부딪혔기 때문이다. 1960년대 후반부터 메츠의 영화기호학 연구는 초기의 철저한 언어기호학적 입장에서 벗어나 좀더 유연하고 개방적인 관점으로 변모해간다. 즉 영화매체만의 고유한 특성과 의미생산 과정의 다층성, 관객의 수용성 등을 고려하면서 영화적 외연과 내포, 파롤로서의 영화이미지, 영화이미지의 도상성과 탈도상성 등에 관한 심층적 연구를 시도한 것이다. 특히, 이 시기의 메츠의 영화기호학 연구의 핵심은 '영화이미지'를 영화기호학의 구체적인 연구 대상으로 삼았다는 데 있다. 영화이미지는 메츠의 논의에서 독자적이고 풍부한 의미작용을 수행하는 기호로 부각되며, 영화이미지에 대한 연구를 바탕으로 메츠는 자신의 영화기호학의 영역을 보다 설득력 있게 확장해간다.

(1) 영화에서의 외연과 내포

메츠가 영화기호학을 주장한 당시, 언어학에서는 덴마크의 옐름슬레우L. Hjelmslev가 '외연dénotation'과 '내포connotation'라는 개념을 내놓으며 상당한 주목을 받는다. 옐름슬레우의 정의에 따르면, 외연은 모든 표현체계와 의사소통체계의 '일차적 의미 단위,' 즉 '기표와 기의의 결합관계'를 말하고, 내포는 이러한 일차적 의미 단위가 다시 기표가 되어 그와 관련되는 기의와 결합해 생성해내는 '사회적, 문화적, 역사적 혹은 미학적 체계의 의미 단위'를 가리킨다.[14] 잘 알려진 것처럼, 바르트는 옐름슬레우의 논의를 좀더 유연하게 다듬는다. 언어적 기호 단계인 제1차 기호체계에서 기표와 기의가 결합해 '외연의 의미'인 1차 기호를 만든다면, 신화적 기호 단계인 제2차 기호체계에서는 그 1차 기호가 다시 기표가 되고 그와 관련되는 기의와 결합해 '내포의 의미'인 2차 기호를 형성한다는 것이다.[15]

메츠는 영화의 의미작용이 거의 항상 유연관계類緣關係에 있다는 점을 고려하면서, 영화에서의 외연과 내포 문제를 검토한다. 그에 따르면, 영화에서 '외연'은 영화이미지가 직접적으로 산출하는 장면의 의미 혹은 영화적 음향이 재생하는 소리의 '직접적이고 감각적인 의미'에 연관된다. 반면, 영화에서 '내포'는 기표 차원에서는 외연적으로 지시하고 있는 기호학적 재료 전체를 가리키며, 기의 차원에서는 장르, 상징, 시적 분위기, 문체 등을 가리킨다. 따라서 영화 텍스트에서 시각적 유사성 '이전의 약호들'은 도상성iconicité이라는 액면 그대로의 의미를 가지는 반면, 시각적 유사성 '이후의 약호들'은 상징, 이차적 의미, 숨은 의미 등 다양한 의미의 층위를 가진다. 이 두 그룹의 약호 집합은 언어학에서 옐름슬레우가 주장한 '외연 대 내포'의 대립항에 일차적으로 일치한다.[16]

그런데 얼마 후, 메츠는 영화의 특성상 하나의 숏에 이미 '외연-내포적 의미작용'의 관계가 구조화되어 있다는 좀더 발전된 주장을 내놓는다. 영화에서 '외연의 기표'는 대상을 촬영한 방식이고 '외연의 기의'는 촬영된 대상인데, 외연의 기표인 촬영 방식에는 이미 '내포의

14. Marc Angenot, *Glossaire*, *Pratique de la critique contemporaine*(Paris: Hurtubise, 1979), 51쪽: 베르나르 투생, 『기호학이란 무엇인가』, 윤학로 옮김(청하, 1987), 72쪽 참조.

15. Roland Barthes, *Mythologies*(Paris: Seuil, 1957), 221~222쪽.

16. *Essais sur la signification au cinéma II*, 163쪽.

구조(즉 내포의 기표)'가 포함되어 있다는 것이다. 내포의 기표를 구체적으로 어떻게 연출할 것인가의 문제, 즉 특정한 분위기를 만들기 위해 어떤 조명을 쓰고, 어떻게 조리개를 조정하고, 어떻게 카메라 앵글을 잡을 것인가 등의 문제가 이미 외포 기표인 촬영 단계부터 개입한다. 즉 영화에서는 내포의 기표 혹은 그 일부분이 외연의 기표와 일치하는 일이 발생한다. 따라서 메츠에 따르면, 영화에서 모든 '외연-내포 시스템'은 항상 동시에 두 방향으로, 즉 직접적으로 사물을 지시하고 규정하는 방향과 간접적으로 그 사물을 해석하는 방향으로 진행된다.[17]

이와 관련해, 메츠는 예이젠시테인의 영화 〈멕시코 만세¡Que viva Mexico/Да здравствует Мексика!〉(1932)[18]에 등장하는 유명한 이미지 하나를 예로 제시한다. 이 영화에서 한 숏은 살해당한 세 사람의 얼굴을 삼각형의 균형 잡힌 구도로 보여준다. 이 숏 이전에는, 머리만 땅 위에 내놓고 묻힌 세 명의 농부가 머리 위로 달리는 말발굽에 의해 살해당하는 충격적인 장면이 있었다. 문제의 숏에서 '세 농부의 고통스러운 죽음'이라는 '외연의 의미작용'은 세 사람의 '얼굴'(기표)과 세 사람의 '고통' 혹은 '죽음'(기의)이 결합해 이루어진다. 하지만 이와 동시에, 영화의 '프레이밍'이 창출하는 독특한 공간 구성과 시각적 형태 등은 고통을 아름답게 보이게 하고 숭고한 것으로 승화시키는 조형적 구도를 만들어낸다. 그리고 이러한 조형적 구도가 중첩되는 '외연의 기표' 층위는 그대로 '내포의 기표'가 되어 '멕시코 민중의 순교와 승리'라는 '내포의 기의'를 가져온다. 즉 위의 숏이 보여주는 세 사

---

17. 같은 책, 200쪽과 207쪽 참조.
18. 이 영화는 1930년에 촬영을 시작해 1932년에 마쳤지만, 완성된 편집본은 1979년에서야 발표된다. 멕시코 역사의 비극을 다룬 이 영화를 전문배우와 무대장치 없이 촬영하려 한 예이젠시테인의 일화로 유명하다.

람의 죽음의 이미지는 '세 농부의 고통스러운 죽음'이란 외표적 의미 작용 외에도, '멕시코 국민의 숭고한 승리'라는 내포적 의미작용을 함께 수행한다. 따라서 메츠는 프레이밍, 카메라 각도, 카메라 이동, 데 쿠파주, 조명효과 등과 같은 영화의 기술적 양식들이 영화이미지의 외연적 기능을 내포적 내용으로 바꿀 수 있다고 주장한다.[19] 메츠에 따르면, 촬영된 광경은 이미 그 자체의 고유의 표현력을 지니고 있으며, 그것은 결국 영화 속에서 '의미를 지니는 세계의 단편'이다. 그리하여 재현과 표현의 일체화, 재현되는 것과 표현되는 것의 상호관계를 통해 영화이미지는 하나의 숏에서 외연이자 동시에 내포로 작용할 수 있게 되는 것이다.

요컨대, 메츠는 '외연'과 '내포'라는 언어학적 개념을 영화에 적용시키면서, 오히려 언어학적 차원을 넘어 내러티브 분석이나 통합체적 관점으로는 해석할 수 없는, 영화만의 고유한 의미작용의 차원이 존재한다는 것을 암시해주고 있다. 처음에 그는 언어학적 구조인 '외연 대 내포'의 대립구조가 영화에도 그대로 적용 가능한 것이라고 보았지만, 얼마 후 관점을 바꿔 영화에서는 외연적 의미작용과 내포적 의미작용이 동시에 일어나고, 각각의 숏은 이미 그 안에 '외연적이면서 내포적인 의미작용'의 관계를 구조화하고 있다고 주장한 것이다. 그러면서, 실제 작품 분석에서도 알 수 있듯이, 이러한 외연-내포적 의미작용이 무엇보다 영화이미지만의 고유한 특성에서 비롯된다는 점을 밝힌다. 이러한 논의를 통해 메츠는 영화이미지만의 독자적 역할을 강조하면서 마침내 영화이미지를 기호학적 연구의 중요한 대상으로 부각시켰다.

---

19. *Essais sur la signification au cinéma I*, 83~85쪽 참조.

(2) 파롤로서의 영화이미지

주지하다시피, 영화 제작의 첫번째 질료는 이미지다. 좀더 구체적으로 말하면, 이미 의미를 내포하고 있는 현실의 외양을 기계의 힘을 빌려 사진적 방식으로 복제한 이미지다. 메츠에 따르면, 영화에서 이러한 이미지들이 명료하게 이해될 수 있도록 배열하는 방법은 '데쿠파주'와 '몽타주'이며, 두 방법이야말로 영화기호학의 핵심 개념들이다. 이는 다시 말하면, 언어를 구성하는 기본 구조인 통합체와 계열체 중 통합체가 영화이미지를 대상으로 하는 기호학에서 핵심적인 연구 대상임을 뜻한다. 또한 영화의 외연적 의미작용과의 관계를 고려할 경우에도 계열체보다 통합체에 대한 연구가 훨씬 더 분명한 의미들을 얻어낼 수 있다.[20] 메츠가 볼 때, 영화에서 이미지들의 계열체는 "불안정하고, 막연하며, 처음부터 실패할 확률이 높고, 쉽게 수정될 수 있으며, 항상 변형될 수 있"는 것으로, 계열체에서 "각 분절체는 오로지 연쇄의 동일한 지점에 나타날 수도 있는 다른 분절체들과의 관계 속에서 의미를 얻을 수 있는데, 그럴 가능성은 매우 희박하다."[21] 왜냐하면 언어와 달리, 영화에서는 연쇄의 어느 한 지점에 위치할 수 있는 이미지들의 수가 '무한대'이기 때문이다. 그리고 실제로 하나의 영화이미지 안에 공존하고 있는 의미작용의 단위들 혹은 요소들이 너무 많으며, 또한 연속적이다.[22]

하지만 그럼에도 불구하고, 메츠는 영화이미지가 영화기호학의 대상이 될 수 있고 그 근간이 되는 언어학적 기호학의 대상도 될 수 있다고 주장한다. 왜냐하면 영화이미지는 그 자체로 하나의 언어로 기능할 수 있기 때문인데, 이때 메츠가 말하는 언어란 '파롤paroles'을 가

---

20. 같은 책, 104쪽.
21. Christian Metz, "Le cinéma: langue ou langage?," 77쪽.
22. 같은 글, 73~76쪽 참조.

리킨다. 즉 메츠는 영화이미지의 풍부한 의미작용의 가능성, 체계적
으로 불충분하고 불명확하지만 오히려 그 불충분함과 불명확함으로
인해 다양한 의미를 내포할 수 있는 가능성을 고려하면서, 영화이미
지를 새롭게 '파롤'에 비유한다. 메츠에 따르면, "빈약한 약호로 만들
어진 풍요로운 메시지이자 빈약한 체계로 만들어진 풍요로운 텍스트
인 영화이미지는 무엇보다 파롤이다. 영화이미지에는 랑그의 단위인
'낱말'은 없지만, 파롤의 단위인 '문장'이 있어 탁월한 기능을 수행한
다."[23]

앞서 언급한 것처럼, 언어학에서 '랑그'는 한 언어집단의 구성원에
의해 고정된 추상적 약속 체계이며, 개인은 그 체계에 수동적으로 개
입되어 있다. 그에 비해, '파롤'은 개인적이고 실천적인 현실태라 할 수
있다. 즉 개인이 각자의 의도와 지성을 갖고 참여하는 언어적 행위다.
랑그가 규약이고 특정한 사회제도이자 기억작용인데 반해, 파롤은 창
조적 행위이자 지적 행위이며 랑그라는 주어진 규약을 사용하는 개
인적 방식이라 할 수 있다. 특히 파롤 행위는 항상 '화자와 청자'라는
한 쌍을 전제하는데,[24] 따라서 영화이미지를 '파롤'로 간주한 메츠의
논의는 영화의 의미생성 과정에서 이미지의 역동적 창조성과 관객의
수용성까지 아우르려는 의도를 내포한다고 볼 수 있다.

이처럼 메츠는 언어학적 정의를 바탕으로 영화이미지를 랑그가 아
닌 '파롤'로 지칭한다. '파롤로서의 영화이미지'란 추상적, 집단적 약
속 체계인 랑그 대신 개인적 행위이자 창조적, 지적 행위인 파롤의 기
능을 지니고 있는 이미지를 뜻한다. 다시 말해, 초기에 메츠가 제시한
'랑그 없는 랑가주로서의 영화' 개념이 랑그도 없지만 파롤도 없는

---

23. *Essais sur la signification au cinéma I*, 74쪽.
24. 이정민, 배영남, 『언어학 사전』(한신문화사, 1982), 543~546쪽; Emile Benveniste, *Problèmes de linguistique générale I*(Paris: Gallimard, 1966),242쪽 참조.

랑가주를 가리키는 것이라면, 중기의 '파롤로서의 영화이미지' 개념은 랑그는 아니지만 파롤로 기능할 수 있는 영화이미지 특성을 가리킨다. 즉 '랑그 없는 랑가주로서의 영화 개념'이 영화 자체를 통합체적 구조만을 갖는 다소 막연한 의미의 랑가주로서의 영화를 지시한다면, '파롤로서의 영화이미지 개념'은 랑그는 갖고 있지 않지만 영화이미지라는 파롤을 갖춘 랑가주로서, 즉 풍부한 의미작용의 가능성과 다의적 기호의 내포 가능성을 지닌 랑가주로서의 영화를 지시하는 것이다.

(3) 이미지기호: 도상적 유사성을 넘어 일반 기호로

초기 영화기호학 연구에서, 메츠는 '이미지'와 '단어'를 뚜렷하게 구분해주는 차이점들에 주목했다. 즉 그는 유비적類比的 특성과 도상성에 근거한 영화이미지의 의미작용이 다른 기호의 의미작용, 특히 언어기호의 의미작용과 어떻게 다른지를 입증하고자 했다. 메츠는 여타 시각매체의 이미지들과 마찬가지로 모든 영화이미지도 윤곽선, 기하학적 형태, 색상 등 도상적 차원에서 '실재'와 무엇인가 닮았다고 판단했고, 그러한 도상적 유사성이 영화이미지의 의미작용과 언어의 의미작용을 근본적으로 구별시키는 주된 요인이라고 보았다.

그러나 1970년을 전후로, 메츠는 보다 심화된 연구를 통해 '이미지'에서 부분적으로 '언어'를 발견하게 된다. 즉 이미지를 둘러싼 이야기, 이미지와 함께 시각적으로 나타나는 텍스트, 이미지가 전달하려는 메시지 등에서 이미지와 언어의 공존 가능성을 발견한 것이다. 1970년에 발표한 논문 「이미지, 유사성 너머로Au-delà de l'analogie, l'image」에서, 메츠는 자신이 초기에 주장했던 내용을 수정하면서 "이미지기호학이 언어를 대상으로 하는 기호학과 나란히 공존할 수 있음"[25]을 밝힌다. 즉 언어구조가 이미지 속에 은밀하게 내재되어 있는 경우, 혹은 시각적 형태를 통해 언어구조가 더욱 선명하게 드러나는 경우가 그에 해당한다. 또한 메츠는 메시지가 혼종적일 경우 이미지 기호학과 언어기호학이 서로 교차 지점을 공유하기도 한다고 설명한다.

더 나아가, 메츠는 영화에서 이미지는 이미지가 아닌 다른 요소들로부터 고립된 채 단독으로 자율적 의미작용을 수행할 수 없다고 강조한다. 말하지면 영화이미지는 영화작품의 의미생성 과정에서 반드시 언어적 요소를 포함한 다른 구성요소들과 관계를 맺으며 의미작용을 수행하기 마련이고, 또 영화작품의 전체적인 약호체계와 지속적으로 연결되면서 의미작용을 수행해나가기 마련이라는 것이다. 실제로, 다양한 분야의 기호학이 공유하는 명제 중 하나가 바로 '어떤 기호도 다른 기호들과의 관계 및 조직망 밖에서 이해될 수 없다'라는 명제다.[26] 그리고 이 조직망은 그 자체로 끊임없는 자기형성 과정, 즉 의미생성 과정을 지시한다. 이를테면 기호학적 관점에서 볼 때, 영화이미지 역시 작품 안에서 다양한 유형의 기호들과 관계를 맺으며 의미작용을 수행하는 기호 중 하나다. 또한 다른 기호들과 마찬가지로, 영화이미지도 작품 밖의 사회적, 문화적 맥락과 지속적인 관계를 맺으며 다층적인 의미작용을 수행한다. 즉 영화이미지는 도상적 텍스트와 서사적 텍스트뿐 아니라 문화적 텍스트와 사회적 텍스트를 내포하는 복합적 성격의 기호이며, 하나의 담화처럼 작용하는 기호라 할 수 있다.

한편 메츠에 따르면, 이미지 속에 존재하는 것이 모두 도상적이지는 않으며, 반대로 이미지 외에 다른 기호들에도 도상적인 것은 존재

---

25. *Essais sur la signification au cinéma II*, 152~154쪽.
26. Dominique Maingueneau, 같은 책, 56~63쪽 참조.

한다. 또한 유사성은 약호를 담아 전달하는 여러 방법 중 하나일 뿐이므로, '유비관계에 놓인 것'과 '약호화된 것'을 단순하게 대립시킬 수는 없다. 따라서 메츠는 초기의 기호학적 입장에서 완전히 벗어나 "일반 기호학에 속하는 개념들, 즉 통합체, 계열체, 파생, 생성, 표현 영역, 내용 영역, 형식, 실질, 의미작용 단위, 변별적 단위 등이 이미지에도 그대로 적용될 수 있는 보편적 개념들"이라고 주장한다. "이미지와 언어를 대립시키는 것을 삼간다"는 새로운 입장을 표명하면서 이미지기호학을 일반 기호학 영역에, 나아가 다양한 종류의 "담화 현상들" 가운데 위치시키는 것이다.[27]

덧붙여, 이러한 성찰과 연구를 통해 메츠는 이미지기호학에서 흔히 거론되는 '유사성' 개념과 관련해 새로운 열 가지 관점을 제시한다.[28] 이 관점들은 영화이미지에 대한 메츠의 변화된 입장을 명징하게 보여주는데, 간략히 정리하면 다음과 같다. 첫째, 시각메시지는 유비관계(유사성)에 근거하지 않을 수 있다. 둘째, 시각적 유사성은 양적 변주가 가능하다. 즉 다양한 수준에서의 양식화, 도식화가 가능하다. 셋째, 시각적 유사성은 질적 변주도 가능하다. 문화마다 '닮음'에 관한 기준이 다르기 때문이다. 넷째, 시각메시지는 전체적인 외형에서 매우 강력한 수준의 도상성을 제시하지만, 동시에 어느 정도 체계화된 논리적 관계를 포함하고 있다. 다섯째, 일반적으로 '시각적'이라고 부르는 메시지의 상당수가 실제로는 혼합적 텍스트의 메시지, 즉 혼합적 성격의 메시지다. 여섯째, 내용의 차원에서는 혼합적이지 않은 시각메시지도 구조의 차원에서는 혼합적일 수 있다. 즉 하나의 이미지 안에서 일어나는 다양한 유형의 약호들의 중첩을 고려해야 하며,

---

27. *Essais sur la signification au cinéma II*, 154쪽과 157쪽.
28. 같은 책, 160~162쪽.

이미지의 사회-문화적 계층성 문제 등도 검토해야 한다. 일곱째, '시각적인 것'과 '언어적인 것'을 엄격하게 구분하는 일은 단순한 사유일 수 있다. 원칙적으로, 모든 의미작용은 온전히 언어적이지도 않고 온전히 시각적이지도 않다. 여덟째, 커뮤니케이션, 정보 전달 등과 관련된 도상 연구에는 몇몇 언어학적 개념과 방법론들을 유연하게 적용시킬 수 있다. 아홉째, 이미지에 관한 사유는 대부분 이미지를 생산하지 않고 난어를 생산한다. 여기서 메타언어로 사용되는 언어는 언어학이 아닌 다른 분야의 언어를 지칭할 수 있다. 열째, 이미지의 가장 두드러진 특성인 도상적 유사성은 이미지 연구의 출발점이지만, 그 유사성을 넘어야만 진정한 이미지기호학 연구가 시작된다. 유사성에 부가적으로 덧붙여지는 약호가 있고 유사성을 가능하게 하는 약호가 있음을 고려할 때, 시각기호학의 연구작업은 유사성이란 개념을 이해하고 넘어서야만 본격적으로 진행될 수 있다.

요컨대, 메츠는 풍요로운 의미작용 수행체로서의 영화이미지 개념을 강조하면서 이미지를 자연스럽게 기호학적 연구 대상으로 부각시킨다. 그리고 이를 바탕으로 영화이미지의 기호적 성격도 새롭게 규명한다. 메츠는 이미지에 언어구조가 내재되어 있을 수 있다고 언급하면서 이미지와 언어의 공존가능성을 시사하고, 특히 이미지기호의 특성인 '도상적 유사성'과 언어기호의 특성인 '약호화'가 서로 대립되는 것이 아니라는 점을 강조한다. 메츠가 주장하는 이미지와 언어의 이 같은 공존가능성은 여전히 이미지를 언어기호학적 관점에서 해석하려는 의도로 해석될 수 있으나, 그보다는 이미지가 다른 기호들과 맺는 상관성을 강조하고 이미지가 복합적 특성을 지닌 기호라는 점을 부각시키려는 의도로 보는 것이 더 타당할 것이다. 즉 메츠의 논의의 목적은 영화이미지가 도상적 유사성이나 약호화 같은 어느 하나의 특성만으로는 파악할 수 없는 복합적 특성의 기호라는 사실을 강조하는 데 있다. 그에 따르면, 영화이미지 연구는 단순한 도상기호학적 접근이나 기존의 언어기호학적 접근만으로는 온전하게 수행될 수 없으며, 광범위한 일반 기호학의 틀 안에서 다양한 기호들의 상호작용을 고려해야 하는 연구라 할 수 있다.

3. 영화에서의 약호화, 그리고 랑그로서의 영화

영화기호학 연구의 제2단계에서, 메츠는 보다 통합적인 관점으로 영화를 바라보려 노력한다. 물론 그의 통합적 관점은 어디까지나 엄정한 기호학적(혹은 언어기호학적) 사유를 근간으로 하는 관점이다. 그는 기호학적 틀 안에서 최대한 넓은 시각으로 영화를 사유하려 하며, 영화가 궁극적으로 가장 넓은 의미의 언어, 즉 '랑그와 파롤을 모두 갖춘 랑가주'로서 언어에 해당하는 것이라는 점을 보여주기 위해 고민한다. 특히 이 시기에 메츠는 영화기호학을 정신분석학과 수용미학 등 인접 학문과 접목시키면서 영화기호학의 외연을 확장할 것을 구상하는데, 그러기 위해 더욱더 영화에 대한 일관되고 통합적인 관점이 요구되었다. 따라서 그는 새로운 논의들을 통해 영화가 '파롤뿐 아니라 랑그도 갖는 랑가주'라는 사실을, 즉 어느 예술 못지않게 '풍부한 의미생산 가능성'과 '공고한 내적 체계'를 동시에 갖춘 언어라는 사실을 입증하고자 한다.

랑그로서의 영화를 논증하기 위해 메츠가 시도한 가장 대표적 방법은 바로 '영화에서의 약호화'다. 메츠는 영화적 약호화를 두 가지 방향에서 진행한다. 하나는, 영화가 다양한 의미작용 체계들의 복합체라는 사실을 보여주면서 영화에 등장하는 무수한 약호들을 다섯 개의 '약호화 층위들'로 분류하는 약호화 작업이다. 다른 하나는, 영화의 약호들을 '특수한 약호들'과 '일반적 약호들' 그리고 '영화적 약호들'과 '영화적 하위약호들'로 분류한 후, 특수한 약호들과 일반적 약호들 사이에서는 '조합'이라는 통합체적 관계가 성립되고 영화적 약호들과 영화적 하위약호들 사이에서는 '선택'과 '대체'라는 계열체적 관계가 성립된다는 사실을 논증하는 작업이다. 후자의 작업은 시기적으로 영화기호학 연구의 제2단계와 제3단계에 걸쳐 진행된 것으로, 영화에도 계열체적 체계와 통합체적 체계가 동시에 존재한다는 사실을 밝혀주면서 영화가 하나의 랑그로 간주될 수 있다는 그의 새로운 주장을 뒷받침해준다.

(1) 약호화 층위들

먼저, 메츠는 '총체로서의 영화'는 여러 종류의 '의미작용 체계들'이 서로 병치되거나 조합되면서 생산되는 것이라고 주장한다. 예를 들어, 내러티브를 바탕으로 형성되는 서술적 통합체는 그러한 의미작용 체계들 중 하나에 해당한다. 즉 영화작품 안에서 서술적 통합체는 결코 홀로 고립되지 않으며 "항상 여타 다양한 의미작용 체계들, 이를테면 문화적, 사회적, 문체론적, 지각적 체계 등과 섞여 있다."[29] 마찬가지로 메츠에 따르면, 총체로서의 영화는 여러 종류의 '약호화 층위들'이 서로 중첩되거나 결합되면서 형성되는 것이기도 하다. 즉 한 편의 영화에는 서로 다른 무수한 약호들이 산재해 있으며, 그 약호들은 각각의 특성에 따라 여러 유형의 약호화 층위로 분류될 수 있다. 메츠는 "영화의 생산성은 전제된 약호들에 의해 구체화된다"[30]고 주장하면서, 영화작품의 총체적 메시지에 개입하는 약호들을 크게 다섯

---

29. *Essais sur la signification au cinéma I*, 67쪽.
30. *Essais sur la signification au cinéma II*, 199쪽.

개의 '약호화 층위들'로 분류해 제시한다. 물론, 영화의 실제 제작과정에서 상이한 약호화 층위들에 속하는 약호들의 결합이나 약호화 층위 자체의 파기가 일어날 수 있는데, 그것은 전적으로 창작행위에 속한다.

메츠가 말한 다섯 개의 '약호화 층위들'은 다음과 같다.[31] 첫번째, '지각'의 층위다. 공간, '형태들,' '배경들' 등을 구성하는 체계들과 관련된 약호들을 포함한다. 이 층위는 확실하고 명료한 체계를 구성하지만, '문화'에 따라 변화할 수 있다. 두번째, '인지'와 '동일화'의 층위다. 스크린에 나타나는 시각적 혹은 청각적 오브제들에 대한 인지 및 동일화와 관련된 약호들을 포함한다. 다시 말해, 이 층위는 영화적 외연에 의해 나타난 재료들을 정확하게 다루는 능력과 관계된다. 물론, 이 능력 또한 문화적이며 후천적이다. 세번째, '상징체계들'과 '내포들'의 집합 층위다. 영화작품 밖에 존재하는, 즉 문화적 차원에 존재하는 오브제들과 관련된(혹은 오브제들의 관계와 관련된) 다양한 질서들을 상징하고 내포하는 약호들을 포함한다. 네번째, '거대 서사구조들'[32]의 집합 층위다. 이는 각 문화의 한가운데서 작동하고 있는 거대 서사구조들과 관련된 약호들을 아우른다. 이 거대 서사구조들은 영화작품 외부와 내부 모두에 존재한다. 다섯번째, '고유하게 영화적인 체계들'의 집합 층위다. 위의 네 가지 층위들에 의해 관객에게 제공된 다양한 요소들을 하나의 특수한 유형의 담화로 구성하는 체계들과 관련된 약호들을 포함한다.

---

31. *Essais sur la signification au cinéma I*, 67~68쪽. 원서에 실린 메츠의 설명이 생략적이고 함축적이어서, 이 책에서는 다소 풀어서 번역하고 정리했다.
32. 메츠가 말하는 '거대 서사구조'란 기호학자 클로드 브레몽Claude Bremond이 제시한 '서사구조structure narrative' 개념을 바탕으로 한다.(같은 책, 68쪽)

(2) 영화적 약호들의 분류

메츠는 랑그로서의 영화를 설명하기 위해, 영화에 관련된 모든 약호를 또다른 방식으로 분류한다. 우선, 영화의 약호들을 '특수 약호들'과 '일반 약호들'로 나눈 후 다시 '영화적 약호들'과 '영화적 하위 약호들'[33]로 분류하는데, 이를 통해 영화 안에 계열체적 구조와 통합체적 구조가 서로 교차하며 공존하고 있음을 입증하고자 한다.

먼저, 영화에서 '특수 약호'들이란 영화매체만의 고유한 약호들을 가리키는 것으로, 편집의 약호, 프레이밍의 약호, 조명의 약호, 흑백 및 색의 약호, 음향의 약호, 화면구성의 약호 등이 이에 해당한다. 이에 비해, '일반 약호'들이란 영화매체에만 종속되지 않는 일반적인 성격의 약호들과 문화적 약호들을 가리키는 것으로, 의상, 제스처, 동선, 대화, 캐릭터, 표정 등의 약호들 내지는 규칙들이 이에 해당한다. 영화 안에는 이러한 특수 약호들과 일반 약호들이 항상 공존하고 있으며 서로 상호작용하면서 결합된다. 즉 "각각의 영화작품은 영화에 고유한 특수 약호들과 일반 약호들(어느 특정한 문화적 상황 안에서 다양한 랑가주들에 공통되는 약호들)이 서로 조우하고 관계 맺는 일종의 혼합의 장소"[34]인 것이다.

또한, '영화적 약호'들이란 모든 영화에 공통되는 실제 요소들을 가리키는 것으로, 편집, 조명, 프레이밍, 미장센 등이 이에 해당한다. 이에 비해, '영화적 하위약호'들은 어떤 특정한 영화적 약호 내에서 실행되는 구체적인 선택을 가리키는 것으로, 특별한 영화 장르나 영화적 경향을 가리키기 위해 실행되는 로우 키 조명이나 하이 키 조명

---

33. Christian Metz, *Language et Cinéma*(1971), Paris: Albatros, 1977, 97~98쪽과 103~107쪽 참조.
34. Christian Metz, *Le signifiant imaginaire-Psychanalyse et cinéma*(Paris: Union Générale d'Editions, 1977), 76쪽.

등이 이에 해당한다. 메츠에 따르면, 영화적 하위약호의 선택은 감독의 특성을 나타내는 중요한 수단이며, 영화적 약호와 영화적 하위약호들의 관계 설정은 각 감독의 고유한 '영화언어'를 만들어내는 중요한 과정이라 할 수 있다. 이 논리를 다소 비약한다면, "영화의 역사는 하위약호들의 경쟁, 결합 그리고 배제의 역사"가 되는 것이다.[35]

그런데 실제로 이러한 메츠의 주장은 일종의 아이디어 차원에 머문다. 무엇보다 영화적 특수 약호들과 일반 약호들, 영화적 약호들과 영화적 하위약호들 사이의 관계 설정에만 치우치면서, 분류의 엄정성과 타당성을 충분히 확인하지 못했기 때문이다. 이를테면, 배우의 '제스처'나 '동선'의 경우 영화를 넘어 연극 등에서도 찾아볼 수 있는 '일반 약호'들이지만, 실제로 이 요소들은 연극적 '무대화mettre en scène' 작업과는 또다른 성격의 영화적 '프레임화mettre en cadre' 작업 규칙들에 종속되는 것으로서 영화매체만의 고유한 '특수 약호'가 될 수 있다.[36] 즉 근본적으로 특수 약호들(영화적 약호들)과 일반 약호들(비영화적 약호들)의 분류 기준 자체가 엄정하지 못하고 모호했으며, 마찬가지로 영화적 약호들과 영화적 하위약호들의 분류 기준도 자의적이고 불분명했다. 또 그러한 약호들의 분류가 적절하게 적용되는 실제 사례 작품도 제대로 제시하지 못했다. 오히려, 메츠는 자신의 영화적 약호화 논의 말미에서 '텍스트는 흔히 약호에 대항해 작용한다'는 점을 강조하면서 논란을 자초한다. 즉 "하나의 텍스트적 요소가 비록 엄격하게 약호화되어 있다 해도 그것의 의미작용을 원하는 대로 종

---

35. 로버트 스탬, 로버트 버고인, 샌디-플리터먼 루이스, 『어휘로 풀어 읽는 영상기호학』, 이수길 외 옮김(시각과언어, 2003), 96쪽 참조.
36. Jean Bessalel, "Lexique: Onze concepts clés," *Cinémaction. 25 ans de semiologie,* réuni par André Gardies(Paris: Corlet-télérama, n° 58, 1991), 159~160쪽 참조.

결할 수 있는 유일한 요소인 맥락 안에서 항상 재배치해야 한다는 점을 강조"[37]하면서, 더 큰 비판을 유발한 것이다.

그럼에도 불구하고 이러한 메츠의 분류에서 중요한 것은, 영화적 특수 약호들과 일반 약호들 사이에 '조합'이라는 통합체적 관계가 성립될 수 있고, 영화적 약호들과 영화적 하위약호들 사이에 '선택'과 '대체'라는 계열체적 관계가 성립될 수 있다는 사실이다.[38] 즉 메츠는 위의 분류를 통해 영화에도 계열체적 체계와 통합체적 체계가 동시에 존재할 수 있다는 가능성을 밝히며, 따라서 영화가 하나의 랑그로 간주될 수 있다는 주장을 제시한다. 요컨대, 메츠는 영화가 이중분절을 갖고 있지 않아 랑그가 될 수 없다는 초기의 입장에서 완전히 탈피해, 영화가 통합체적 관계와 계열체적 관계로 이루어진 이중분절 체계(혹은 유사 이중분절 체계)를 내포하고 있으며, 따라서 랑그 내지는 유사 랑그로 충분히 기능할 수 있다는 입장을 표명한다. 이와 함께, "생산중인 기표"의 기능[39] 및 약호의 발신자/수신자 간의 공통적 맥락에 관심을 기울이면서, 영화작품과 관객 사이의 소통과정을 탐구하는 정신분석학적 영화기호학 연구로 나아가기 시작한다.

결절結節

메츠의 영화기호학은 당대 서구 인문학을 휩쓸던 구조주의의 열풍 속에서 탄생했다. 메츠는 주네트G. Genette, 그레마스A. J. Greimas, 가

---

37. Guy Borreli, "La genèse et les générations," 25쪽.

38. 로버트 랩슬리, 마이클 웨스틀레이크, 『현대 영화이론의 이해』, 이영재·김소연 옮김(시각과언어, 1995), 66쪽.

39. Julia Kristeva, *Séméiotikê: recherches pour une sémanalyse* (Paris: Seuil, 1969), 217~218쪽 참조.

로니E. Garroni, 바르트 등의 구조주의적 사유로부터 영향받았지만, 특히 소쉬르의 구조주의적 언어학에 크게 경도되어 그 개념들과 모델들을 과감히 영화 연구에 적용한다. 물론 메츠 이전에 미트리가 이미 언어기호로서의 영화이미지의 가능성을 보여주었는데, 영화이미지가 복수 이미지들의 관계를 통해, 즉 어떤 '함의'를 통해 언어와 같은 의미작용을 수행한다는 그의 주장은 메츠의 영화기호학적 사고가 형성되는 데 커다란 영향을 미친다.[40] 또한 메츠가 「영화: 랑그인가 랑가주인가?」를 발표하자마자 쏟아져나온 무수한 이론과 비판들, 그중에서도 에코의 도상기호론과 파솔리니의 이미지기호론 등은 메츠가 자신의 주장을 되돌아보며 빠르게 수정하고 보완하는 데 중요한 역할을 담당한다.

종합해보면, 메츠는 영화기호학이라는 학문을 시작했을 뿐 아니라 다양한 관점과 방법론을 동원해 영화기호학의 영역을 최대한 심화시키고 확장시켰다. 물론 어느 관점에서는, 그의 영화기호학 연구가 처음부터 끝까지 언어학적 기호학(혹은 구조주의적 기호학)의 틀을 벗어나지 못했다고 볼 수도 있다. 정신분석학적 방법론을 도입하고 서사학과 연계하는 그의 후기 연구에서조차도, 그의 모든 논의는 궁극적으로 언어기호의 조건을 일반 기호의 조건과 동일한 것으로 혹은 그것에 선행하는 것으로 간주한다. 하지만 그럼에도 불구하고, 그가 남긴 학문적 성과들은 결코 간과할 수 없고 과소평가되어서도 안 된다. 메츠는, 그의 주장들에 대한 숱한 반론들을 수렴하고 끊임없는 자기 수정과 보완을 이어가면서 법칙과 약호에 근거하는 언어기호학적 영화기호학을 최대한 유연하고 효율적인 방법론이 되도록 만든 장본인

---

40. '언어기호로서의 영화이미지' 개념을 포함한 미트리의 영화이론 전반에 대한 메츠의 논평은 다음을 참조할 것: *Essais sur la signification au cinéma* II, 13~86쪽.

이기 때문이다. 그가 영화기호학 자체를 완성했다고 볼 수는 없지만, 적어도 1960~1970년대를 풍미했던 언어학적 혹은 구조주의적 영화기호학은 그로부터 시작되어 그에 의해 종결된다.

그러나 물론 여기서 끝나서는 안 된다. 메츠의 영화기호학에 대한 완전한 이해를 위해서는 정신분석학과 기호학을 접목시킨, 혹은 정신분석학적 기호학과 언어학적 기호학을 접목시킨 그의 후기 영화기호학 연구들을 반드시 살펴보아야 한다. 이 남은 과제는 마지막까지 영화기호학의 영역을 넓히고 공고히 하려고 했던 그의 노력을 보여줄 뿐 아니라, 진정한 시네필로서 그가 품어왔던 영화에 대한 무한한 애정을, 즉 "영화와 꿈의 관계"라는 그 "모순적 환각"[41]에 대한 그의 집요한 탐색을 보여줄 것이다. 한편, '또다른 관점의 영화기호학들'에 대한 탐구도 우리의 과제로 남아 있다. 이것은 메츠의 영화기호학에 대해 제기되었던 즉각적인 반론들을 일컫는 것이 아니다. 메츠가 그 무수한 반박들과 대면하면서 가능한 한 최대로 수용하고 반영했던 점을 고려해, 이 책에서는 몇몇을 제외하고는 이 입장들에 대해 따로 언급하지 않을 것이다. 이후로, 우리는 메츠에 대한 찬반의 입장을 떠나 영화기호학 자체에 대해 메츠와 전혀 다른 관점에서 사유했던 세 학자의 논의들에 대해 더 살펴볼 것이다. 바로 파솔리니와 바르트와 들뢰즈가 그들이다.

---

41. *Dictionnaire de la pensée du cinéma*, 439쪽.

제9장

|

영화, 이미지기호로 이루어진 시적 언어: 파솔리니

피에르 파올로 파솔리니(Pier Paolo Pasolini, 1922~1975)는 한 사람의 영화인이기 이전에 평생 동안 투철하게 신념을 지킨 좌파 문예이론가이자 예술가였으며, 현대사회의 온갖 집단적 폭력에 온몸으로 맞섰던 한 시대의 상징과도 같은 인물이었다.[1] 영화에서만큼 문학에서도 탁월한 성과를 이룬 그는 1960년대 초 문학에서 영화로 이행하면서 자신의 정치적 입장과 철학적, 사회적 문제의식을 영화의 형식과 내용에 모두 담아내고자 노력한다. 실제로 파솔리니는 엡슈타인, 베르토프 등과 더불어 영화의 창작과 이론이라는 상이한 두 분야에서 뚜렷한 족적을 남긴 드문 영화인 중 한 사람이다. 이들 모두 감독과 이론가로서 동시대 영화인들과 비교할 수 없는 각자만의 고유한 영화적 사유를 남겼지만, 파솔리니의 이론은 베르토프보다 더 다층적이라 할 수 있고, 그의 작품들은 엡슈타인의 작품들보다 더 많은 충격과

---

1. 파솔리니의 예술과 삶에 관한 전반적인 설명은 다음을 참조할 것: 박명욱, 『너무 낡은 시대에 너무 젊게 이 세상에 오다』(그린비, 2004), 17~34쪽.

313

유산을 남겼다고 볼 수 있다. 아마도 파솔리니는 전 세계 영화사를 통틀어 창작과 이론 두 분야 모두에서 선구적인 성과와 첨예한 화두를 남긴 거의 유일한 영화인이라 평가받을 수도 있을 것이다.

영화감독으로서 그는 안토니오니M. Antonioni, 펠리니F. Fellini, 로셀리니R. Rossellini 등과 더불어 현대영화가 이룬 미학적 성취의 마지막 단계에 이른 감독 중 하나로 꼽힌다. 여타 감독의 작품들에 비해 기술적 완성도도 떨어지고 조형적, 서사적 구성도 투박하기 짝이 없었지만, 그가 발표한 일련의 작품들은 영화사에서 유례를 찾아보기 힘들만큼 강렬한 독창성을 보여주었다. 파솔리니는 자신이 주창했던 '원시 영화' 혹은 '시적 영화'의 한 유형을 완벽하게 구현해냈다.

영화이론가로서 파솔리니의 활동은 감독으로서의 활동에 비해 양적으로 부족하다고 할 수 있지만, 그 질적 성과는 창작 성과에 비해 결코 뒤지지 않는다. 파솔리니는 미트리와 메츠가 제시했던 영화언어 논의들에 반론을 제기하면서, '현실로 쓰인 언어'라는 전혀 다른 관점의 영화언어 개념을 제시한다. 또한 언어기호를 바탕으로 하는 메츠의 구조주의적 영화기호학에 반대하면서 '이미지기호'를 바탕으로 하는 새로운 영화기호학을 제안하는데, 파솔리니는 언어기호와 달리 문법과 사전이 없는 이미지기호의 특성을 명확히 설명하면서 언어학적 구조주의의 틀 안에 갇혀 있던 기존의 영화기호학적 사고에서 과감히 벗어나고자 한다. 아울러, 그는 영화에도 문학의 자유간접화법에 상응하는 '자유간접주관적 시점subjectivité indirecte libre'이 존재한다고 주장하면서 영화에서의 양식화 작업의 중요성을 강조하며, 내러티브 체계에 근거하는 일반 영화(산문영화)와 대립되는 '시적 영화cinéma de poésie' 개념을 통해 현대영화가 추구해야 할 궁극적인 방향을 주장하기도 했다.

요컨대, 파솔리니는 그전까지 볼 수 없었고 그후로도 만나기 힘든 새로운 영화적 개념들을 제안하면서 영화창작에서만큼이나 영화이론에서도 독창적인 성과들을 남긴다. 그의 영화적 사유는 '현실로서의 영화'와 '언어로서의 영화'라는 두 축을 기반으로 발전되지만, 영화를 현실 자체로 보고 나아가 무한히 지속되는 즉자적 사물들의 세계로 보는 그의 사고는 궁극적으로 베르토프에서 들뢰즈로 이어지는 일련의 영화적 사유와 맞닿는다. 즉 파솔리니는 '시네마'와 '필름'의 의미를 새롭게 조명하면서 '무한 시퀀스숏plan-séquence infini/piano-sequenza으로서의 시네마' 개념을 제시하는데, 이는 베르토프의 '물질적 우주로서의 영화' 개념이나 들뢰즈의 '내재성의 평면으로서의 영화' 개념과 상통한다.

1. 영화언어

(1) 영화와 이중분절

제8장에서 언급한 것처럼, 메츠가 「영화: 랑그인가 랑가주인가?」에서 영화언어에 대한 논의를 전개하자, 파솔리니는 「현실로 쓰인 언어」(1966)[2]라는 글을 통해 이러한 메츠의 주장에 대해 즉각적으로 반론을 제기한다. 파솔리니의 반론은 다양한 차원에서 이루어지며, 일견 그의 주장들은 서로 모순되어 보이기도 한다. 기본적으로 파솔리

---

2. Pier Paolo Pasolini, "La lingua scritta dell'azione," discorso pronunciato durante la "II° Mostra internazionale del nuovo cinema" Pesaro 1966, pubblicato per la prima volta in "Nuovi argomenti" nuova serie, n° 2, Aprile/Giugno 1966(ora con il titolo "La lingua scritta della realtà," in Pier Paolo Pasolini, *Empirismo Eretico*, Milano: Garzanti, 1972). 여기서는 프랑스어 번역본을 참조했다.(Pier Paolo Pasolini, "La langue écrite de la réalité"(1966), *L'expérience hérétique*, traduit par Marianne di Veltimo, Paris: Ramsay, 1989)

니는 영화가 "엄격한 의미에서의 랑그 없는 랑가주"라는 메츠의 사고에는 동의하지만,[3] 다른 한편으로 '영화는 랑그 그 자체'라고 주장한다. 얼핏 모순되어 보이는 이런 주장은 그가 말하는 랑그, 즉 언어[4]의 개념이 일반적으로 통용되는 언어의 개념과 전혀 다르다는 사실을 인지해야만 이해 가능하다.

우선 메츠와 마찬가지로 파솔리니도 영화가 일반적 의미의 언어, 즉 언어학적 의미의 언어가 될 수 없다고 보는데, 하지만 그 이유는 메츠가 제시하는 이유와 전혀 다르다. 파솔리니는 영화가 일반 언어와 다른 이유를 크게 세 가지로 제시한다. 첫째, 영화는 한 사회나 한 국가에 속하는 것이 아니라, 국경을 넘어 모두에게 소통될 수 있는 '보편적 언어'다. 즉 파솔리니는 '보편언어로서의 영화'에 대한 초기 영화인들의 사고를 따라, 영화가 민족과 국가의 경계를 넘어 만국의 공통 언어가 될 수 있다고 보며 따라서 일반 언어와는 분명히 다른 성격의 언어라고 주장한다. 둘째, 영화(언어)에는 '사전'이 없다. 즉 어휘 목록lexique에 상응할 만한 '이미지 목록'이 존재하지 않는다. 셋째, 영화에는 "잘 구성된 언술을 얻게 해주는 규칙과 규정의 체계"[5]라는 의미에서의 '문법grammaire'도 없다.[6] 이 세 가지 이유는 모두 영화가

---

3. Jacques Aumont, *Les théories des cinéastes*(Paris: Nathan, 2002), 20쪽.
4. 파솔리니의 논의와 관련해서, 이탈리아어 'lingua' 즉 프랑스어 'langue'를 '랑그' 대신 '언어'라고 번역했다. 메츠와 달리, 파솔리니는 랑그와 랑가주의 구별에 대해 특별한 의미를 두지 않고 랑그를 일반적 의미의 언어로 상정해 논의를 전개하기 때문이다. 다만, 이 장의 「1-(3) 시네마와 필름, 무한 시퀀스숏과 몽타주」 부분에서는 시네마와 필름의 차이에 랑그와 파롤의 차이를 대입시키는 파솔리니의 논의를 보다 명료하게 이해하기 위해 '랑그'로 옮겼다.
5. Jacques Aumont, 같은 책, 20쪽.
6. 사실, 파솔리니가 제시한 이 세 가지 이유는 모두 언어와 이미지 차이에 대한, 혹은 표현수단으로서의 영화이미지 특성에 대한 발라즈의 사유를 그대로 계승한 것이라 할 수 있다. 이 책의 제5장에서 살펴본 것처럼, 발라즈는 '보편언어'로서의 영화이미지 가능성에 대해 주장한 대표적인 무성영화이론가들 중 한 사람이다. 또 언어와 이미지를 비교하면서, 언어가 '단어'와 '문법'이라는 전승된 일반 규칙을 준수하

'언어기호'가 아닌 '이미지기호'로 형성된다는 사실에서 비롯되며, 이러한 이미지기호의 특성은 영화매체의 주관성을 만들어내는 데 결정적인 역할을 한다.

파솔리니가 보기에 메츠가 주장한 '이중분절 체계의 부재'는 영화가 일반적 의미의 언어가 될 수 없는 이유와 무관하다. 오히려 파솔리니는 영화가 나름의 고유한 이중분절 체계를 갖고 있다고 주장한다. 먼저, 파솔리니에 따르면 영화에는 영화만의 고유한 '통합체적 체계'(첫번째 분절)가 존재한다. 하지만 메츠가 통합체의 최소 단위를 '숏'으로 본 것과 달리, 파솔리니는 각 숏의 이미지를 구성하는 "영상소cinème"[7]들이 영화적 통합체의 최소 단위라고 간주한다. 영상소란 숏의 구성요소이자 영화를 통해 복제되어도 변화하지 않는 '현실의 사물, 행위, 사건' 등을 가리키는 것으로, 약호적 의미 이전에 그 자체의 고유한 '자연적 의미'를 지니고 있는 요소들을 말한다. 또한, 파솔리니는 영상소가 일반 언어의 최소 단위인 '음소phonème'에 해당하며 숏은 일반 언어의 '단위소monème'와 유사하다고 주장한다.[8] 이는 곧 영화가 언어와 마찬가지로 현실 세계에 존재하는 영상소들 중 어떤 것을 '선택'해 하나의 숏으로 '조합'할 수 있는 일종의 '계열체적 체계'(두번째 분절)를 내포한다는 것을 의미한다. 요컨대, 파솔리니의 논의에 따르면, 영화에는 통합체적 관계와 계열체적 관계를 모두 포함하는 하나의 이중분절 체계가 존재한다.[9]

는 것에 반해, 이미지는 그것에 대한 일정한 습득과정과 별개로 어떤 약호화된 규칙도 따르지 않는다고 강조했다. 아울러, 발라즈는 이러한 이미지의 특징이 영화매체의 근본적인 주관성을 낳는 주요 요인이 된다고 진단하기도 했다.

7. Pier Paolo Pasolini, "La langue écrite de la réalité," 52쪽.

8. 같은 글, 47쪽.

9. 들뢰즈는 영화가 이중분절 체계를 가진 언어라는 파솔리니의 주장에 전적으로 동의하지는 않지만, 이 논의를 변형해 '분화différenciation'와 '특수화spécification'라는 영화이미지만의 고유한 이중분절 논의로 발전시킨다.

그런데 메츠의 영화언어 논의가 그랬듯이, 파솔리니의 이러한 영화언어 논의도 곧바로 많은 논란과 찬반양론을 낳는다. 예를 들면, 에코는 파솔리니의 주장이 '영화'와 '현실'을 혼동하는 매우 순진한 관점이라고 비판한다. 그가 보기에, 현실의 사물, 행위, 사건들에 해당하는 영상소는 숏의 구성요소가 되는 순간 이미 자연 언어가 아니며 실질적으로 '약호화' 혹은 '관습체계' 아래에 놓이기 때문이다. 또한 에코는 관습화의 결과인 영상소와 비관습화의 결과인 음소는 서로 전혀 다른 것이며,[10] 숏은 단위소보다는 '언술énoncé'에 더 가깝다고 설명한다.[11] 반면, 들뢰즈는 에코가 파솔리니의 논의를 비판한 것과 똑같은 맥락에서 오히려 파솔리니의 입장을 옹호한다. 파솔리니와 마찬가

---

10. 하지만 파솔리니 역시 음소와 영상소 사이에는 분명한 차이가 존재한다고 강조한 바 있다. 그에 따르면, 일반 언어에서 음소의 수가 '유한'한 것과 달리 영화에서 영상소는 '무한'하며, 음소가 언어마다 다른 것에 비해 영상소는 모든 국가, 모든 사람한테 공통될 수 있다.(같은 글, 52~53쪽 참조)

11. Umberto Eco, *La structure absente. Introduction à la recherche sémiotique*, traduit par Uccio Esposito-Torrigiani(Paris: Mercure de France, 1972), 225쪽. 에코는 메츠와 파솔리니가 집착했던 '이중분절 논의에서 벗어나 '삼중분절'이라는 새로운 개념을 제시하기도 한다. 그에 따르면 영화는 언어와 달리 복수 분절이 가능한 매체이며, 특히 영화의 핵심 표현수단인 이미지는 '의미소sème,' '기호signe,' '형상figure'이라는 삼중 분절의 구조로 이루어져 있다. '의미소'(혹은 도상적 의미소 sèmes iconiques)란 스크린에 나타나는 '금발의 키 큰 남자'처럼 그 자체로 인지 가능하고 의미를 지닌 단위를 뜻하는 것으로, 하나의 도상적 언술 혹은 시각기호에 해당한다. '기호'(혹은 도상기호signes iconiques)는 금발 남자의 '코'나 '눈'처럼 의미소를 이루는 하위 요소들을 가리키는 것으로, 시각적 연속체의 일부이면서 서로 연결되어 있기 때문에 한 언술의 문맥에 삽입되어야만 무엇인가를 외시할 수 있고 또 의미를 얻을 수 있다. '형상' 혹은 시각적 형상figures visuelles은 코의 '선'이나 '각도'처럼 각 도상기호들을 이루는 '앵글, 곡선, 질감, 빛, 그림자' 등을 가리키는 것으로, 기호를 구성하지만 자신만의 독자적 기의는 갖지 않는 요소들을 말한다. 즉 언어의 음소처럼 그 자체로는 전혀 의미를 지니지 않고, 오로지 변별적이고 대립적인 조건에서만 의미가 규정될 수 있는 요소들이다. 요컨대, '금발의 키 큰 남자'라는 하나의 영화이미지는 의미를 갖는 단위들(의미소, 기호)과 순수 지시기능의 단위들(형상)로 분절될 수 있다.(로버트 랩슬리, 마이클 웨스틀레이크, 『현대 영화이론의 이해』, 70쪽 참조)

지로, 들뢰즈 역시 영화이미지와 실재 대상의 구분은 불가능한 것이며 영화와 현실 또한 구분 불가능한 것이라고 보기 때문이다. 파솔리니가 영화에 나타나는 현실의 '대상'을 단순한 '지시체'가 아니라 '영화이미지들의 요소이자 단위'라고 간주한 것처럼, 들뢰즈는 '영화이미지'를 현실의 대상들을 통해 말하는 '현실' 그 자체로 간주한다. 파솔리니와 마찬가지로 들뢰즈에게도 영화란 세계 자체이자 현실 자체이며, 영화이미지는 현실의 대상들로 이루어지는 일종의 '현실 언어 체계'인 것이다. 파솔리니와 들뢰즈의 공통된 입장에 대해서는 이 책의 제12장에서 다시 자세히 살펴볼 것이다.

(2) 영화: 현실로 쓰인 언어, 현실이라는 '말'에 대한 '글'

① 영화: 현실로 쓰인 언어

위에서 언급한 것처럼 파솔리니는 영화에도 고유한 이중분절 체계가 존재한다고 주장했지만,[12] 그러한 이중분절 체계가 영화의 언어적 성격을 규정한다고 보지는 않는다. 파솔리니는 이중분절이 아닌, 전혀 다른 이유에서 영화를 '언어'라고 간주한다. 메츠가 이중분절 대신 '거대 통합체'라는 보편적 구조를 통해 영화의 유사 언어적인 특성을 제시한 것과 달리, 파솔리니는 그러한 보편적 구조를 떠나 좀더 가변적이고 역사적인 특성을 통해 그 성격을 제시하려 한 것이다. 파솔리니가 볼 때 영화가 언어가 될 수 있는 이유는 한마디로 '영화가 현실 그 자체'이기 때문이며, '현실은 스스로 의미를 전달하는 하나의 언

---

12. 파솔리니의 영화적 이중분절 체계 논의는 결국 다시 메츠의 영화기호학 논의에 영향을 미친다. 제8장에서 살펴봤듯, 메츠는 자신의 초기 입장을 수정해, 영화에도 통합체적 체계와 계열체적 체계에 상응하는 약호들의 체계가 존재한다는 주장을 내놓기 때문이다.(Christian Metz, *Language et Cinéma*, Paris: Albatros, 1977, 97~107쪽 참조)

어'이기 때문이다. 즉 파솔리니가 간주하는 언어의 성립 기준은 무엇보다 '어떤 의미를 전달할 수 있는가'의 문제다. 여기에는 좀더 자세한 설명이 필요하다.

우선, 파솔리니에 따르면 '현실'은 그 자체로 하나의 '언어'다. 앞서 영상소 개념과 관련해 언급한 것처럼, 현실을 이루는 모든 사물, 행위, 사건, 즉 '시각적 존재'들은 언어(랑그)로 약호화되기 전에 이미 그 자체의 고유한 자연적 의미를 갖고 있다. 즉 현실을 구성하는 모든 시각적 존재는 그 스스로 의미작용을 하는 '세계의 기호'들이며, 이 세계의 기호들이 바로 "하나의 진정한 언어"를, 즉 "인간의 근원적 언어"를 구성한다.[13] 말하자면, 우리는 상대방의 언어를 '듣기' 이전에 상대방의 얼굴, 신체, 행동, 습관 등 시각적 특징들을 '보면서' 상대방에 대한 최초의 정보를 얻는다. 특히, 이러한 시각적 요소들 중에서도 "행위는 그 자체로 타인과의 그리고 물리적 현실과의 상호적 표현 관계라 할 수 있고, 따라서 인간의 주된 언어이자 최초의 언어로 간주될 수 있다."[14] 다음, '영화'는 '현실' 그 자체다. 영화는 현실과의 관계에서 어떤 '중계'[15]를 필요로 하지 않는다. 영상소 개념에서도 암시된 것처럼, 영화에서 사용되는 기호란 관습적인 것도 상징적인 것도 아니며

---

13. Francesco Casetti, Les Théories du cinéma depuis 1945(Paris: Nathan, 1999), 154쪽.

14. Pier Paolo Pasolini, "La langue écrite de la réalité," 48쪽.

15. 파솔리니는 여기서 바르트의 '중계relais' 개념을 인용하지만, 바르트와는 분명 견해가 다르다. 주지하다시피, 바르트에 따르면 중계는 '정박ancrage'과 함께 영상 매체에서 언어학적 메시지가 지니는 중요한 두 기능 중 하나다. 이를테면, 영화 속 '대사'처럼, 이미지가 미처 표현하지 못하는 정보나 메시지를 전달함으로써 이미지에 대한 보충적 역할을 수행하고 나아가 전체 텍스트의 의미를 더 풍요롭게 만들어주는 역할을 하는 경우가 이에 해당한다.(Roland Barthes, "Rhétorique de l'image," *Communications*, n° 4, 1964, in Roland Barthes, *Œuvres complètes. Tome I*, Paris: Seuil, 1993, 1420~1423쪽 참조)

단지 현실에서 그대로 가져온 것이다.[16] 즉 영화는 "현실을 통해 현실을 표현하는 언어"일 뿐이다.[17] 다시 말해, 영화와 현실 사이에 차이란 존재하지 않으며, 영화가 제시하는 것은 현실의 외양이나 대체물이 아니라 '현실 그 자체,' 온전하고 충만한 현실 그 자체라 할 수 있다. 또한 영화가 현실 자체, 즉 삶 자체이므로, 역으로 "삶 전체도 일련의 행위들을 통해 하나의 자연스럽고 살아 있는 영화cinéma naturel et vivant "[18]가 될 수 있다.

이처럼 파솔리니에게 현실이 언어이고 영화가 현실인 이상, 영화는 자연스럽게 '언어'가 된다. 즉 영화는 '현실이라는 언어'이며, 혹은 '현실인 영화'는 그 자체로 언어다. 그의 표현을 빌려 말하자면, "현실은 본질상 영화"이며 이 "현실이라는 본질상 영화는 실제로 언어이다."[19] 따라서 하나의 문장이 종이 위에 단어들을 고정시키는 것처럼, 파솔리니에게 영화란 필름 위에 행위를 포함한 현실의 구체적인 시각적 존재들을 고정시키는 것을 말한다. 영화는 '행위들로 쓰인 언어'

---

16. Alain Naze, "Pasolini, une archéologie corporelle de la réalité," *Multitudes*, n° 18, 2004, 150쪽.

17. Pier Paolo Pasolini, cité in Nico Naldini, *Pier Paolo Pasolini*(Paris: Gallimard, 1991), 235~236쪽.

18. Pier Paolo Pasolini, "La langue écrite de la réalité," 55쪽. 이처럼 영화를 현실 그 자체로 보는 파솔리니는 정작 그의 영화작품들에서 일반적 의미의 리얼리즘을 추구하지 않는다. 그가 추구하는 리얼리즘은 현실을 있는 그대로 보여주는 리얼리즘이 아니라, "진정한 현실Réalité을 발견하기" 위해 수많은 인공적 "현실réalité의 장막을 찢는 것"을 목적으로 하는 리얼리즘이기 때문이다. 영화감독으로서 그가 찾았던 현실은 소비 사회와 기계 문명에 의해 침식되고 오염되기 이전의 현실, 즉 원시적이고 순수하며 진실한 상태의 현실이다. 이 진짜 현실에 다가가기 위해, 즉 인공적 현실 안에 아직 남아 있는 진짜 현실의 흔적들을 찾아 기록하기 위해, 파솔리니는 비현실적이고 비합리적이며 비상식적인 이미지들을 나열하고 모은다.(Luciano de Giusti, "Le Cinéma de la réalité," *Pasolini Cinéaste*, Editions de l'Etoile, Paris: Hors serie des Cahiers du cinéma, 1981, 93~94쪽 참조)

19. Pier Paolo Pasolini, "Sur le cinéma"(1966~1967), *L'expérience hérétique*, traduit par Marianne di Veltimo(Paris: Ramsay, 1989), 79쪽.

이자 세계의 '시각적 존재들에 바탕을 두는 언어'이며, 다시 말해 '현실로 쓰인 언어' 혹은 현실이라는 '말'을 기록한 '글'을 가리킨다. 이 때문에 파솔리니는 영화의 발명이 문자의 발명과 마찬가지로 대단히 혁명적인 것이라 강조한다. 문자의 발명이 우리에게 말이 무엇인지 드러내주고 인류로 하여금 말에 대한 의식을 갖게 해준 것처럼, 영화의 발명은 우리에게 현실이 무엇인지 드러내주고 인류로 하여금 현실에 대한 의식을 갖게 해주었기 때문이다.[20]

파솔리니의 논리에 따르면, 영화는 처음에 '시각적 현실의 단순한 재현'으로 간주되었지만 곧이어 현실이라는 말을 기록한 글, 즉 '현실로 쓰인 언어'로 고려되었다. 나아가 현실을 기록한 글인 이상, 영화는 궁극적으로는 현실의 의미에 대한 깊은 성찰로, 즉 '현실의 기호학 sémiologie de la réalité'으로 간주될 수 있다.[21] 그러나 "우리가 현실을 바라보는 방식에 의미를 부여하기 전에 현실에 이미 의미가 내재해 있기" 때문에, 현실의 기호학으로서의 영화는 "문화적 구조들 대신 삶의 자발성spontanéité에 접근해야 한다."[22] 즉 영화는 특정한 역사적 상황 속에 존재하다가 "소멸해버리는 언술들에 대한 기호화 방식"이라 할 수 있으며, 따라서 영화기호학은 "물리적 실재의 언어이자 행위의

---

20. 이승수, 「파솔리니의 문학과 영화이론」, 『이탈리아어문학』, 제11집, 2002, 137쪽.
21. Jacques Aumont, 같은 책, 21쪽.
22. Francesco Casetti, 같은 책, 155쪽. 이 점에서 파솔리니는 당대 이탈리아의 주류 영화기호학과 분명한 차별성을 드러낸다. 파솔리니가 영화적 사유를 본격적으로 전개하던 시기(1960년대 중반~1970년대 중반)에 이탈리아 영화기호학은 파솔리니의 입장과는 거리가 먼 두 개의 커다란 경향이 지배하고 있었기 때문이다. 하나는 에코와 베테티니Gianfranco Bettetini 등을 중심으로 하는 도상기호학(혹은 시각기호학)이고, 다른 하나는 영화와 주변 상황들 혹은 영화 텍스트와 외적 맥락들 사이의 관계를 탐구하는 화용론적 영화기호학이다.(Augusto Sainati, "Voyage en Italie," *Cinémaction. 25 ans de sémiologie*, réuni par André Gardies, Corlet-télérama, n° 58, 1991, 44~45쪽 참조)

언어인 현실에 대한 기호학"이어야 하는 것이다.[23]

② 영화라는 구어: 현실이란 '말'에 대한 '글'

한편, 파솔리니는 '영화는 현실로 쓰인 언어'라는 자신의 명제와 관련해 좀더 섬세한 언어학적 구별이 필요함을 강조한다. 그에 따르면, 현실과 영화는 엄밀히 말해 '말'과 '글'의 관계와 유사하다. '현실'이 '말語'이라면, '영화'는 그것을 기록한 '글文'에 해당한다. 일반적으로 인간의 입을 통해 발화되는 말은 종이 위에 기록되고 고정되면서 글이 되는데, 현실이 자연스럽고 실존적인 언어, 즉 입을 통해 발화되고 귀를 통해 지각되는 말이라면, 그러한 현실을 필름 위에 기록하고 고정시키는 영화는 현실에 대한 일종의 글에 해당한다.

따라서 '말과 글'의 관계인 현실과 영화를 '구어와 문어'의 관계로 혼동해서는 안 된다. 원칙적으로, 구어란 '문장에서만 쓰는 특별한 말이 아닌, 일상적 대화에서 쓰는 말'을 가리키며, 문어란 '일상적인 대화에서 쓰는 말이 아닌, 문장에서만 쓰는 말'을 가리키기 때문이다. 특히 파솔리니는 영화를 문어로 혼동하는 시선에 대해 각별한 주의를 요구한다. 영화인이기 이전에 문학인이었던 그는 문어체 언어의 관습적인 상징적 체계가 갖는 한계점을 인식했고 그것으로부터 영화를 최대한 멀리 떨어뜨려놓으려 했다. 그에게 삶이란 현실 그 자체에 해당하는 독백의 순간인데, 문어적 표현과 현실 사이에는 일종의 "상징적 칸막이" 또는 "단어들의 스크린"이 있어 현실에 대한 직접적인 접근이 차단되고 오직 '은유적' 접근만이 허용되기 때문이다.[24] 파솔리니에 따르면, 영화에서 현실은 언어학의 상징적 여과장치와는 무관하

---

23. Jacques Aumont, 같은 책, 21쪽.
24. Youcef Boudjémaï, "Retour à Pasolini(deuxième partie), *Les nouvelles d'Archimède*, n° 57, 2011, 32쪽.

게 그 자체에 의해, 그 자체로 표현될 수 있다. 영화의 직접적이고 즉각적인 표현들 속에서 '있는 그대로의 현실'이 얼마든지 드러날 수 있는 것이다.

결국 파솔리니에게 현실은 일상의 삶을 있는 그대로 생생히 드러내줄 수 있는 '말' 혹은 '구어'에 해당하며, 영화는 단지 그러한 말 혹은 구어를 있는 그대로 기록한 '글' 혹은 '또하나의 구어'에 해당한다. 영화는 현실이라는 구어를 필름 위에 고정시켜놓은 것뿐이며, 따라서 영화는 문장에서만 쓰이는 문어가 아니라 일상적 대화에서 쓰이는 구어, 즉 일상의 말들을 생생하게 드러내주는 또하나의 구어이다. 현실, 즉 "삶은 언어학적으로 볼 때 자연적 혹은 생물학적 순간 속에 나타나는 구술언어(말)와 등가의 가치"를 지니며, 영화는 "현실의 행동양식이라는 자연스럽고 총체적인 언어가 '쓰인' 순간," 즉 "글langue écrite"에 해당한다.[25]

이처럼 영화를 '현실로 쓰인 언어'이자 '현실이라는 구어에 대한 또하나의 구어'로 보는 파솔리니의 관점은, 그의 정치적 입장 및 사회의식과도 무관하지 않다. 영화의 시청각적 기호들을 통해 자신의 정치적, 사회적 입장을 발언하고자 했던 파솔리니는 그의 영화작품들에서 부르주아계급의 공식어, 즉 생기 없는 가식의 언어에 대항할 수 있는 생생하고 솔직한 영화언어를 구현하고자 노력했다. 이 과정에서 그가 발견한 것이 바로 유년시절 그가 체험하기도 했던 특정한 악센트의 사투리 프리울란friulan[26]이며, 아울러 이탈리아 하층 무산계급의

---

25. Pier Paolo Pasolini, "La langue écrite de la réalité," 55~56쪽.
26. '프리울란'(언어학에서는 '프리울리어')은 5-9세기의 레토-로망어들 중 가장 널리 퍼진 언어다. 프리울란은 20세기에 들어서도 이탈리아 동북쪽 코네Conne 지역과 아드리아해에 인접한 프리울리-베네치아-줄리아Friuli-Venezia-Giulia 지역에서 일종의 사투리처럼 사용되었다. 파솔리니의 어머니는 프리울리 지역의 농부 출신이며, 파솔리니 또한 어린 시절의 일부와 제2차세계대전중의 피난 시절을 프리울

숱한 비어들과 다양한 몸짓 표현들이다. 파솔리니는 무산계급 기층민이 사용하는 비어들이 몸의 일부분과 거의 유사한 표현 효과를 내면서 실제 현실의 무게를 담고 있음을 파악했고, 특히 사투리 및 비어들의 독특한 발음과 억양이 그 나름의 고유한 지역성과 계층성을 드러내는 것을 발견했다. 따라서 그는 그의 영화들에서 화려한 수사학으로 장식된 부르주아 상류층의 공식어에 이러한 하층계급의 구어들을 자주 충돌시켰고, 현대 산업주의의 상징적 질서에 편입되지 못하고 추방된 민중들을 위한 언어적 계급투쟁을 시도했다.

요컨대 파솔리니에 따르면, '현실로 쓰인 언어'인 영화는 이 같은 하층 무산계급의 언어들을 있는 그대로 생생하게 기록해만 한다. 그 기록의 과정에서 어떤 문어적 양식화도 이루어져서는 안 되며, 문어의 관습적인 상징적 체계나 언어학적 여과장치가 결코 작동되어서는 안 된다. 현실의 언어, 즉 '현실'이자 '언어'인 영화는 하층 무산계급의 폭력적이고 빈곤한 삶의 구어들을 있는 그대로 필름 위에 고정시켜야만 한다. 파솔리니는 '현실이라는 구어에 대한 또하나의 구어'인 영화가 지배집단 및 상류층 유산계급의 공식적이고 문어체적인 양식으로 편입되지 않은, 하층 무산계급의 구어들을 그 어느 매체보다 선명하고 생기 있게 제시할 수 있는 매체라는 것을 강조한다.

(3) 시네마와 필름, 무한 시퀀스숏과 몽타주

파솔리니는 소쉬르의 '랑그'와 '파롤' 개념을 빌려 시네마와 필름을 구별한다. 앞 장에서 보았듯, 소쉬르의 언어학에서 랑그는 한 언어

리 지역에서 보낸 적이 있다. 전쟁 후 그는 프리울란으로 쓴 소설, 시, 시나리오 등을 발표하며 몇몇 청년들과 함께 프리울란의 사용을 주장하는 문학 동아리를 결성하기도 한다. 파솔리니에게 프리울란이란 한마디로 순박한 농부, 가난, 전前-자본주의, 어머니 등을 나타내는 일종의 메타포라고 할 수 있다.

집단의 구성원에 의해 고정된 추상적 약속 체계를 가리키며, 파롤은 개인이 의도와 지성을 갖고 참여하는 실천적 언어적 행위를 의미한다. 그런데 파솔리니에 따르면 실제로 우리는 무수한 파롤들을 알고 있지만 랑그가 무엇인지 정확히 알지 못하며 다양한 파롤들의 실제적 경험이나 추론을 통해서만 랑그를 이해할 뿐이다. 마찬가지로, 우리는 무수한 필름들을 알고 있지만 시네마가 무엇인지는 정확히 알지 못하며 다양한 필름들의 실제적 경험이나 추론을 통해서만 시네마를 이해할 뿐이다. 따라서 파솔리니는 시네마를 파롤인 필름으로부터 연역과정을 거쳐 추론되고 정의되는 랑그라고 간주한다.

같은 맥락에서, 파솔리니는 시네마를 "연속적이고 무한한 시퀀스숏"으로 보며 여기에 몽타주가 개입해 얻어진 결과물을 필름으로 본다. "현실의 재생으로서의 시네마는 보이지 않는 상상의 카메라가 재생해내는 무한히 계속되는 시퀀스숏"이나 마찬가지인 셈이다.[27] 따라서 현실은 자연 그대로의 시네마라 할 수 있다. 감독은 이처럼 무한히 계속되고 있는 시네마에 몽타주를 통해 개입하며, 현실 그 자체인 시네마의 일부를 절단하고 재구성해 한 편의 필름을 만들어낸다. 즉 시네마가 "지각처럼, 세계에의 존재être-au-monde처럼 잠재적이고 무한한 것"이라면, 필름은 "하나의 유한한 작품으로 사물을 보여주고 고정시키며 해석한다."[28] 오몽에 따르면, 이러한 파솔리니의 '무한한 시퀀스숏' 개념은 "기계로서의 영화의 잠재적 이상"이라 할 수 있다.[29] 또한 "전적으로 시네마토그래프적"이지만, 동시에 필름이 일종의 조직화라는 점을 고려할 때 "반-필름적"이라고도 할 수 있다. 여하튼 파솔리니의 논의에서 시퀀스숏으로서 시네마의 무한성과 연속성은

---

27. Pier Paolo Pasolini, "Sur le cinéma," 80쪽.
28. Jacques Aumont, 같은 책, 22~23쪽.
29. 같은 책, 80쪽.

몽타주로서의 필름의 유한성과 분절성과 서로 대립되는데, 이는 "시네마가 무한하고 연속적인 시퀀스숏의 선형성線形性을 가지는 것에 반해, 필름은 잠재적으로 무한하고 연속적이지만 (실제로는) 종합적인 선형성을 가지기"[30] 때문이다. 즉 필름에서 실행되는 몽타주는 시퀀스숏의 무한한 선적 성질을 부분들로 절단하고 축소한 후 재구성을 통해 종합한다. 시네마의 무한한 선형성이 필름의 종합적이고 분절적인, 즉 유한한 선형성으로 대체되는 것이다.

이 점에서 파솔리니는 '영화는 환유적métonymique이다'라고 주장한다. 파솔리니는 바르트가 제시한 영화적 환유론으로부터 영향받는데, 바르트에 따르면 영화는 야콥슨이 분류한 두 개의 수사학 모델들인 은유와 환유 중 환유에 더 적합한 매체다.[31] 은유가 유사성을 바탕으로 상호대체 가능한 기호들의 관계에 의거한 수사법이라면, 환유는 기호들의 '인접성'과 '연쇄관계'를 바탕으로 무한한 의미확장과 상상력의 추동을 유도하는 수사법이기 때문이다. 바르트가 보기에 영화는 몽타주에 기반을 두는 예술이고, 몽타주는 이미지의 '인접'과 '연쇄'의 원리로 작동하는 기법이며, 따라서 영화는 수사학적으로 은유보다 환유에 더 적합하다. 환유적 예술로서의 영화는 기표들(이미지들)의 인접과 연쇄를 통해 잠재상태에 있는 포괄적이고 다양한 기의들을 지시하고 환기할 수 있으며, 그로부터 무한한 의미의 확장을 유도해낼 수 있는 것이다. 파솔리니는 이러한 바르트의 논의를 바탕으로 하면서도, 영화의 환유성은 필름을 넘어 '시네마'와 '현실'로까지 확장된다

30. Pier Paolo Pasolini, 같은 글, 81~82쪽. 괄호는 인용자.
31. Roland Barthes, "Sur le cinéma"(entretien avec M. Delahaye et J. Rivette, *Cahiers du cinéma*, n. 147, septembre 1963), in Roland Barthes, *Œuvres complètes. Tome I*, 1156~1157쪽. 바르트의 영화적 환유론에 관해서는 이 책의 제10장을 참조하길 바란다.

는 좀더 발전된 주장을 제시한다. 즉 인접과 연속을 전제로 하는 몽타주는 기표들의 배열과 조합만으로도 필름의 명시적인 기의들을 넘어 잠재적이고 포괄적이며 확산적인 기의들을, 즉 시네마의 거대한 의미의 기층을 환기할 수 있고, 나아가 시네마의 원천인 현실을 직접 환기할 수 있다는 것이다. 다시 말해, 필름의 기표들은 필름이 아닌 시네마에서 그 진정한 기의들을 부여받으며, 시네마는 다시 현실에서 의미의 최종적 자원을 발견한다.

아울러, 파솔리니는 시네마와 필름을 삶과 죽음의 관계로 설명하기도 한다. 시네마는 "우리 삶이 끝날 때 함께 끝날 무한한 시퀀스숏"이며, 이 시퀀스숏은 바로 "현실 언어의 재생"이자 "현재의 재생"이다.[32] 그런데 몽타주가 시네마에 개입하는 순간, 즉 시네마에서 필름으로 이행하는 순간, 현재는 과거가 되고 삶은 죽음이 된다. "죽음은 우리의 삶에 대한 섬광 같은 몽타주를 수행"하는데, 다시 말해 영화에서의 몽타주가 곧 삶에 있어서의 죽음인 것이다.[33] 죽음은 우리의 삶에서 가장 의미 있는 순간들을 골라 그것들을 조각조각 이어 붙이며, "무한정하고 불안정하며 불확실한, 즉 언어학적으로는 기술記述할 수 없는 우리의 현재로부터 분명하고 안정적이며 확실한, 즉 언어학적으로 기술 가능한 하나의 과거를 만들어낸다."[34] 우리의 삶은 살아 있는 동안 언제나 불확실하고 불확정적이며 결코 정의될 수 없는 상태이지만, 죽음은 설명할 수 없는 삶의 현재 순간들을 설명 가능한

---

32. Pier Paolo Pasolini, "Observations sur le plan-séquence"(1967), L'expérience hérétique, traduit par Marianne di Veltimo(Paris: Ramsay, 1989), 91쪽.
33. 같은 글, 92쪽. 이 지점에서 파솔리니는 영화(시네마 및 필름)에 대한 형이상학적 사유의 단계로 넘어간다. 특히 그의 독특한 몽타주 개념은 시네마와 필름의 관계를 통해 죽음과 삶의 관계를 유추하는 형이상학적 사유의 전개과정에서 중요한 역할을 담당한다.(Dictionnaire de la pensée du cinéma, 526쪽 참조)
34. Pier Paolo Pasolini, 같은 글, 92쪽.

과거로 만들고 삶에 대한 최종적인 정의를 내린다. 마찬가지로, 시네마는 불확실하고 불명료하며 결코 정의내릴 수 없는 비결정적인 상태의 세계이지만, 필름은 설명할 수 없는 시네마의 순간들을 설명 가능한 것으로 만들고 그것들에 어떤 의미를 부여한다.

2. 이미지기호와 시적 영화

(1) 이미지기호란 무엇인가?

파솔리니는 영화가 복합매체이기 이전에 시각매체라는 사실을 강조하면서 '영화이미지'가 갖는 기호적 특성의 본질을 밝히려 했다. 한마디로, 파솔리니는 영화이미지가 유사 언어기호 내지는 유사 언어구성체가 될 수 없으며, 그보다는 하나의 '이미지기호'로서 독자적인 특성을 수행한다고 보았다. 그는 음성기호나 이미지기호 등을 언어기호적인 것으로 치환하거나 언어기호의 부수적인 것으로 간주하는 기존의 영화기호학에 대해 반대하면서, 언어기호와 이미지기호를 분리해 사고할 것을 주장한다. 특히 「시적 영화」(1965)라는 글을 통해 '언어기호lin-segni'와 '이미지기호im-segni'의 차이를 제시하면서 그러한 주장을 더욱 명확히 밝힌다.[35]

우선, 파솔리니는 이미지기호에 내재된 이중적 특성을 강조한다. 이미지기호는 크게 '객관적 원형'과 '주관적 원형'으로 나뉘는데, 이중 객관적 원형은 말에 동반되는 '제스처,' '현실 속의 수많은 기호 표식들,' '타인과의 커뮤니케이션에 소용되는 다양한 이미지' 등을 가리

---

35. Pier Paolo Pasolini, "Le Cinéma de poésie"(1965), *L'expérience hérétique*, traduit par Marianne di Veltimo(Paris: Ramsay, 1989), 15~21쪽.(파솔리니의 이 글은 본래 *Cahiers du cinéma*, n. 171, oct. 1965에 실렸다)

킨다. 한마디로, 우리가 현실 속에서 눈을 통해 지각하는 '가시적 이미지들'이라 할 수 있다. 반면, 주관적 원형은 이미지를 통해 표현하는 사람의 '기억,' '꿈의 세계,' '자기 자신과의 커뮤니케이션에 나타나는 이미지' 등을 가리킨다. 즉 우리의 정신 속에서 형성되고 가시적인 현실 이미지들의 밑바탕이 되는 '비가시적 이미지들'이 이에 해당한다. 파솔리니에 따르면, 이 두 개의 원형 중에서 더 중요한 것은 주관적 원형이다. 이미지기호는 물론 객관적 원형과 주관적 원형의 합으로 이루어지지만, 실제로 "이미지기호들에 '주관성'의 직접적인 토대를 제공해주고" 따라서 이미지기호를 "원칙적으로 시적 세계에 속하게 해주는 것"[36]은 바로 주관적 원형이기 때문이다.

다음으로, 파솔리니는 '언어기호'와 '이미지기호'의 차이를 보다 분명하게 설명한다. 일단 그는, 언어기호가 오랜 역사를 거치며 세밀하고 정교하게 구축된 기호인 반면, 이미지기호는 현대까지도 여전히 "아주 원시적이고 거의 야생적"이며 '문법 이전의pré-grammaticaux 그리고 형태론 이전의pré-morphologiques 비합리적인 유형의 것'으로 남아 있는 기호라고 주장한다.[37] 언어기호가 이미 일정 수준 이상의 객관성을 바탕으로 하는 하나의 규칙인 반면, 이미지기호는 여전히 원시적이고 주관적인 표현수단에 가깝다는 것이다. 일례로, 모든 언어에는 일종의 규칙이자 체계라 할 수 있는 '문법'과 다양한 요소들의 선택과 조합을 가능하게 하는 '사전'(즉 어휘 목록)이 존재하지만, 이미지와 관련해서는 아직까지도 이렇다 할 문법이나 사전(이미지 목록)이 존재하지 않는다. 따라서 파솔리니는 이미지를 가장 중요한 수단이자 제재로 삼는 영화 역시 본질적으로 지극히 '원시적'이고 '주관

---

36. 같은 글, 21쪽.
37. 같은 글, 17~18쪽.

적'인 매체가 될 수밖에 없다고 강조한다. 영화의 특성은 어디까지나 원시적이고 주관적이며 시적인 표현성에 있는 것이다.

또한 이 때문에 파솔리니는 영화작가의 작업이 '이중적'일 수밖에 없다고 말한다. 글쓰기 작가는 사전과 문법으로 구축된 언어기호 체계가 있으므로 그에 따라 머릿속 사전에서 단어들을 꺼내어 의미를 재형성하면 되지만, 그런 게 없는 영화작가는 혼돈 속에서 이미지를 꺼내어 마치 이미지 사전이 있는 양 제시한 다음 의미형성 작업과 미학적 작업을 수행해야 한다는 것이다. 글쓰기 작가의 작업은 그 자체로 미학적인 반면, 영화작가의 작업은 먼저 언어적 작업을 이행해야 비로소 미학적 작업으로 이어질 수 있다.[38] 그리고 바로 이때, 즉 영화작가가 공동의 제도화된 사전이 없는 이미지기호를 마치 사전 속의 어휘처럼 선택하는 언어적 작업을 수행할 때, 이 과정에서는 현실에 대한 작가의 주관적인 비전이 개입될 수밖에 없다. 즉 이미지기호의 성향은 주관적이며, 그 표현 방식 역시 주관적인 것이다. 파솔리니의 표현처럼, 이미지기호는 궁극적으로 "서정적-주관성lyrico-subjectif의 질서"에 속한다고 할 수 있다.[39]

참고로, 파솔리니는 영화에 나타나는 이미지기호들 중 가장 강력한 기호는 '몸기호'라고 강조한다. 모든 영화이미지 중에서 '몸이미지'가 이미지기호의 본성인 원시적이고 비합리적이며 주관적인 특성을 가장 잘 드러낼 수 있기 때문이다. 실제로 파솔리니는 그의 작품들에서 다양한 몸이미지들을 적극적으로 활용하는데, 그의 영화에서 몸은 '원시성'의 기호이자 '제의'의 기호[40]이며, 비합리성을 지시하는

---

38. 같은 글, 18~19쪽 설명 참조.
39. Jacques Aumont, 같은 책, 81쪽.
40. 파솔리니가 추구하는 '원시 기호로서의 몸'은 일련의 현대 예술에서처럼 현대 사회의 물질주의적이고 합리주의적인 세계관에 대한 강한 거부감에서 나왔다고 할

'본능'의 기호이자 '욕망'의 기호이고, '생명'의 기호이자 '물질성'의 기호[41]이며, 분명한 억압과 저항을 상징하는 '정치성'의 기호[42]로도 기능한다. 즉 "파솔리니의 모든 영화작품은 몸의 기능과 그것에 대한 찬양"이라 할 수 있으며, 그의 작품에서 몸은 어떤 경우이건 단순한 오브제가 아니라 강렬한 방식으로 의미를 전달하는 하나의 "이미지 기호"다.[43]

수 있다. 뒤랑G. Durand이 지적했듯, 현대 예술에서의 원시성 추구 경향은 "하나의 문명이 지나치게 정교화, 세련화되었을 때 인간들에게서 나타나는 퇴행의 열망 혹은 원시상태로의 열망"이기 때문이다.(질베르 뒤랑, 『신화비평과 신화분석』, 유평근 옮김, 살림, 1998. 174쪽). 아울러, 파솔리니의 독특한 '비교주의秘教主義'적 성향은 잘 알려져 있다. 그는 그의 여러 영화에서 전-자본주의적이고 전-문명적인 신비주의적 요소들에 대한 강한 동경을 드러냈으며, 이를 통해 인민주의와 신비주의가 결합된 독특한 사고를 보여주었다. 이러한 그의 비교주의적 성향으로 인해 그의 영화에는 '제의적 요소'들이 자주 등장하는데, 특히 '몸'(주로 농부의 몸, 노동자의 몸, 무산계급의 몸 등)은 제의를 위한 일종의 희생양처럼 봉헌된다. 예를 들면, 〈테오레마 Teorema〉(1968)에서 스스로를 흙에 매장하며 자신의 몸을 봉헌하는 무산계급 하녀, 〈돼지우리Porcile〉(1969)에서 배고픈 돼지들에게 자신의 몸을 바치는 대자본가의 아들, 〈백색 치즈La Ricotta〉(1963)에서 십자가에 못박혀 죽어가는 빈민 스트라치 등은 모두 자신의 몸을 봉헌해 세상의 죄를 씻기를 바라는 인물들이다.(전양준 편, 『세계영화작가론 I』, 이론과 실천, 1992, 296~300쪽 참조)

41. 파솔리니는 몸이미지들이 이미지기호들로 구성된 영화언어의 비물질성을 보완해주고, 영화이미지 자체의 실재감을 더 강화해준다고 보았다. 즉 몸은 영화의 한 구성요소로 출현하지만, 그것의 강한 실재감과 물질성을 통해 언어와 이미지 안에 침투하고 언어와 이미지의 비물질성을 뒷받침해줄 수 있다고 본 것이다.(Alain Naze, "Le cinema, de Walter Benjamin a Pier Paolo Pasolini," *Revue Appareil*, novembre 2009, URL: http://revues.mshparisnord.org/appareil/pdf/875.pdf, 3쪽 참조)

42. 파솔리니의 영화에서 몸기호는 명백하게 '정치성'을 내포한다. 그의 영화에 등장하는 몸이미지들은 자주 현대 산업자본주의 사회의 폭력적 억압을 고발하는 '억압의 기호'이자 부르주아 지배계층에 대한 하층 무산계급의 저항 정신을 담고 있는 '저항의 기호'로 기능한다. 그의 영화에서 몸은 푸코가 말하는 '생명관리 정치biopolitique' 와 유사한 "몸의 정치"가 확인되고 표현되는 장소이며, 자본주의 지배계층의 폭력적 억압과 하층 무산계급의 비폭력적 저항이 동시에 이루어지는 장소다.(René Schérer, "Pasolini, sensualité et mystique," *Revue Silène*, URL: http://www.revue-silene. comf/images/30/extrait_40.pdf, 3쪽)

43. René Schérer, 같은 글, 1쪽.

(2) 자유간접주관적 시점

파솔리니는 '영화에서 시적 언어가 가능한가?'라는 질문을 위해 먼저 '영화에서 자유간접화법은 가능한가?'라는 질문을 제기한다. 그가보기에 '자유간접화법'이야말로 시적 언어의 기본 조건에 해당하기 때문이다. 파솔리니에 따르면, 문학에서 자유간접화법이란 "작가가자신의 등장인물의 정신 안으로 침투해 들어가 그 인물의 심리뿐 아니라 언어까지 채택하는 것"[44]을 말한다. 즉 작가가 서술자의 개입 없이 인물의 심리와 사고를 직접 전달하는 화법을 가리킨다. 파솔리니는 이탈리아 문학에 나타난 몇몇 사례들을 예로 드는데, 단테는 그 선구자 격에 해당한다. 단테는 그의 작품에서 그가 사용하리라고는 상상할 수도 없었던 말들을, 즉 다양한 사회집단에 속하는 등장인물들의 말들을 자유자재로 사용했기 때문이다. 이처럼 자유간접화법을 위해 작가는 인물의 심리뿐 아니라 인물의 '언어 사용'을 보여주어야하는데, 이를 위해서는 결국 사회와 계급에 대한 작가의 예리한 의식이 필요하다. 왜냐하면, 결국 "등장인물의 사회적 조건이 그의 언어(전문용어, 은어, 사투리, 방언 등)를 결정하기"[45] 때문이다. 작가가 자유간접화법을 사용한다는 것은 그가 다양한 사회계급에 대한 의식이있음을 의미하며, 역으로 작가는 다양한 사회적 조건이나 계급에 대한 자신의 의식을 드러내기 위해 의도적으로 자유간접화법을 이용할수 있다.[46] 나아가, 작가는 사회의식뿐 아니라 "세계에 대한 자신만의

44. Pier Paolo Pasolini, "Le Cinéma de poésie," 24쪽.
45. 같은 곳.
46. 사회의식을 바탕으로 자유간접화법을 설명하는 파솔리니의 관점은 어디까지나하나의 제한적 관점이다. 문학에서 '자유간접화법'은 다양한 관점에서 지속적으로연구되어왔을 뿐 아니라 오늘날까지도 자주 논의의 대상이다. 즉 연구자에 따라 자유간접화법에 부여하는 의미가 상이하다. 예를 들면, 프란츠 슈탄첼Franz K. Stanzel이 자유간접화법을 서술자와 인물의 화법 및 생각을 통합시켜주는 기법으로 본 반면, 채트먼S. B. Chatman은 자유간접화법이 언술 주체의 모호성을 낳으면서 오히려

고유한 해석을 표현하기 위해" 자유간접화법을 사용하기도 한다.[47] 이를테면, 계급의식이 없는 부르주아 문학 등에서 작가는 그가 고안한 특별한 언어를 말하는 인물들을 통해 자신만의 독특한 세계관을 드러낼 수 있다.

그런데 파솔리니는 문학의 화법과 영화의 시점을 비교한 후, 영화에도 문학의 자유간접화법에 해당하는 "자유-간접주관적 시점"이 존재한다고 주장한다.[48] 먼저, 파솔리니는 문학의 '직접화법'이 영화의 '주관적 시점(즉 시점숏)'에 상응한다면, 문학의 '자유간접화법'은 영화의 '자유간접주관적 시점'에 해당한다고 주장한다. 물론, '자유간접주관적 시점'은 파솔리니가 창안한 조어다. 들뢰즈는 이를 좀더 보충해 설명한다. 문학의 직접화법에는 영화의 '주관적 지각-이미지'가 상응하며, '등장인물이 바라보고 있는 대상의 이미지'가 이에 해당된다. 또 문학의 간접화법에는 영화의 '객관적 지각-이미지'가 상응하는데, '무엇인가를 바라보고 있는 인물을 보여주는 이미지'가 그것이다. 객관적 지각-이미지에서 영화카메라는 "등장인물이 보고 있다고 여겨지는 것이 무엇인지 조만간 진술할 수 있는 방식"[49]으로 인물을 보여준다. 그리고 문학의 자유간접화법에는 바로 파솔리니가 명명한 '자유간접주관적 시점의 이미지'가 상응하는데, "카메라가 등장인물과 그의 세계를 바라보면서 등장인물의 시점을 사유하고 반영하고

서술자와의 권위를 더욱 신뢰하게 만들어준다고 보았다. 또한 오늘날에는 자유간접화법을 서술자와 허구적 인물이라는 두 시점 간의 경쟁적 현상이라기보다는 병행과 공존에 중점을 두는 방식으로, 다시 말해 서술 자아와 경험 자아(인물)의 동등성을 지향하고 두 자아의 의식을 동시에 표현하는 방식으로 간주하기도 한다.(이희원, 「보편서사구조와 행위의 특수화―영화 〈시베리아의 이발사〉의 인물구조를 통한 행위소 모델의 영상화 분석」, 『기호학 연구』, 15권, 2004, 427~428쪽을 참조)

47. Pier Paolo Pasolini, 같은 글, 25쪽.
48. 같은 글, 25~27쪽 설명 참조.
49. Gilles Deleuze, *Cinéma 1. L'image-mouvement* (Paris: Minuit, 1983), 106쪽.

변형해"[50] 제시하는 이미지들이 이에 해당한다고 할 수 있다. 즉 자유간접주관적 시점 이미지란 '등장인물의 심리나 감정이 투영되어 왜곡 또는 변형의 형태로 나타난 이미지'다. 요컨대, 문학 작가가 자유간접화법을 통해 등장인물의 '언어' 속으로 들어가 인물의 심리와 사고를 표현하듯이, 영화감독은 자유간접주관적 시점을 통해 등장인물의 '시선' 속으로 들어가 이를 표현할 수 있다. 아울러, 문학에서 작가가 자유간접화법으로 세계에 대한 자신의 독자적 해석을 드러낼 수 있듯이, 영화감독 역시 자유간접주관적 시점으로 이것이 가능하다.

하지만 문학작가가 자유간접화법을 사용할 때 다양한 사회조건들의 언어를 되살리면서, 즉 방언, 은어, 속어 등 특별한 용어들을 이용하면서 창작할 수 있는 것과 달리, 영화작가가 이미지를 통해 자유간접화법을 만들어내는 일은 매우 어렵다. 위에서 언급한 것처럼, 영화의 주된 표현수단인 이미지기호에는 체계적인 사전과 규칙이 없기 때문이다. 감독이 이미지기호를 통해 등장인물들의 사회적 조건이나 심리를 표현하기 위해서는, 마치 이미지기호 사전과 이미지기호 문법이 이미 존재하고 있는 것처럼 고도의 언어적 작업이 선행되어야 한다. 그러나 주지하다시피, 이미지기호와 관련된 공동의 시각적 자산은 존재하지만 이미지기호 사전과 규칙은 없거나 무한하다. 즉 이미지에 대한 언어적 작업은 사실상 불가능하며, 언어적 작업을 기초로 하는 이미지의 자유간접화법적 사용 역시 거의 불가능하다.

다시 말해 감독이 자신과 사회적 조건이 다른 인물의 심리와 세계관을 '이미지'로 모방하는 일은 소설가가 '언어'로 모방하는 일보다 훨씬 어렵다. 따라서 방법은 이미지에 대한 '형식적 작업'을 통해 자신과 인물의 시점을 부합시키는 것뿐이다. 이때 형식적 작업이란 한

---

50. 같은 책, 108쪽.

마디로 '양식style'의 구축을 의미한다. 영화는 본질적으로 관념적 작업이 아니라 구체적인 시선의 작업이기 때문에, 언어가 아닌 이미지상의 양식화 작업을 통해 인물의 심리와 사회적 조건을 표현해야 하는 것이다.[51] 파솔리니의 분석대로, 안토니오니, 베르톨루치B. Bertolucci, 고다르 등은 그러한 양식화 작업을 통해 자유간접주관적 시점을 실행하는 데 성공한, 즉 이미지의 형식화 작업을 수행하면서 인물의 심리와 사회적 조건을 표현하는 데 성공한 대표적인 감독들이다. 예를 들어, 안토니오니는 그의 첫번째 컬러영화인 〈붉은 사막Il Deserto Rosso〉 (1964)에서 양식화 작업을 바탕으로 하는 자유간접주관적 시점의 사용을 적극적으로 시도한다. 화면을 메우는 빛, 색, 소리, 형상 등 모든 물질적 요소는 통상적인 객관적 리얼리티를 유보시키고, 대신 그 이미지를 바라보는 시점 주체(등장인물, 그리고 감독)의 심리적 갈등이나 감정의 파장을 주관적으로 표현해낸다.[52] 즉 안토니오니 감독은 "신경증에 걸린 그의 여주인공에게 스스로를 동화시키고 그 여주인공의 '시선'을 통해 사실들을 되살려내면서 세상을 바라보는" 것은 물론, "신경증에 걸린 여인이 세상을 바라보는 시각을 그의 광적인 유미주의적 시각으로 통째로 대체하면서, 결국엔 그의 눈으로 바라본 세상을 표현해낼 수 있었다."[53] 한편, 베르톨루치는 〈혁명전야Prima della

---

51. Pier Paolo Pasolini, 같은 글, 27쪽.
52. 영화 〈붉은 사막〉에서는 특히 '색色'이 인물의 심리적 갈등이나 감정의 파장을 드러내는 주요 도구로, 즉 자유간접주관적 시점의 주요 도구로 사용된다. 안토니오니의 이전 흑백영화들(〈정사L'Avventura, 1959〉, 〈밤La Notte, 1961〉, 〈태양은 외로워L'éclipse, 1962〉 등)에서는 "마음상태로서의 풍경"을 나타내기 위해 주로 '공간'과 '건축물'에 대한 묘사가 이용되었지만, 〈붉은 사막〉에서는 "생각의 색깔들"을 표현하기 위해 색채의 사용을 적극적으로 시도한다. 영화 내내 이어지는 다채롭고 강렬한 색들은 주인공의 정신상태와 욕망을 나타내는 핵심적인 수단이다.(전양준 편, 『세계영화작가론 I』, 281~283쪽 참조).
53. Pier Paolo Pasolini, 같은 글, 29쪽.

Rivoluzione〉(1965)와 〈거미의 계략Strategia del Ragno〉(1967) 등에서 신경증 혹은 강박관념에 빠진 주인공들이 세상을 보는 시각과 감독 자신이 세상을 보는 시각을 혼합해 표현해냈다. 안토니오니의 영화에서 감독의 열의에 찬 형식주의적 시각이 환자의 시각을 전부 대체했다면, 베루톨로치의 영화에서는 그러한 대체 대신 신경증 환자의 시각과 감독의 시각이 서로 구분될 수 없을 만큼 유사한 양태로 뒤섞이는 양상을 보여준다.[54]

이러한 감독들은 카메라와 렌즈 같은 기계적 도구들이 인물들의 감정이나 심리상태 혹은 작가의 주관적 세계관 등을 나타낼 수 있는 훌륭한 도구가 될 수 있음을 입증해보였다. 나아가, 실질적으로는 대상의 표면에만 머무를 수밖에 없는 영화의 시선이 이미지에 대한 부단한 형식적 작업을 통해 대상의 내면세계까지 묘사하고 표현해낼 수 있음을 보여주었다. 로브그리예A. Robbe-Grillet가 언급한 것처럼, 이들의 영화에서 중요한 것은 카메라의 객관성이 아니라 카메라의 '주관성,' 즉 "주관적인 것, 상상적인 것의 영역에 있어서 카메라의 가능성"이다.[55] 그런데 들뢰즈에 따르면, 파솔리니의 자유간접주관적 시점이 궁극적으로 추구한 것은 주관적인 것과 객관적인 것의 전도顚倒도, 혹은 그것들의 통합도 아니다. 그가 중시한 것은, "주관적인 것과

---

54. 같은 글, 29~30쪽.
55. 알랭 로브그리예, 『누보로망을 위하여』, 김치수 옮김(문학과지성사, 1981), 106~107쪽: "영화에 있어서 창작이 많은 누보로망 작가들에게 확실한 매력을 느끼게 만든다면 그것은 다른 데서 찾아져야 한다. 누보로망의 작가들을 열광시키고 있는 것은 카메라의 객관성이 아니라, 주관적인 것, 상상적인 것의 영역에 있어서 카메라의 가능성인 것이다. 그들은 영화를 표현의 한 수단으로 생각하는 것이 아니라, 탐구의 한 수단으로 생각한다…… 결국 음향에 있어서나 마찬가지로 영상에 있어서도 이러한 가능성이란 외견상 가장 이의를 달 수 없는 객관성을 가지고서 꿈이나 추억에 지나지 않는 것을, 한마디로 말해서 상상력에 지나지 않는 것을 제시할 수 있다는 가능성이다."

객관적인 것 그 자체를 넘어서는 것"이고, 이미지의 내용을 이미지 고유의 자율적 시각으로 형성할 수 있는 "하나의 순수한 '형태'로 나아가는 것"이다.[56] 즉 자유간접주관적 시점의 영화가 추구하는 목표는 주관성과 객관성의 차이 또는 대립을 넘어 영화만의 고유한 시각으로 의미를 형성하고 전달하는 데 있으며, 그를 통해 영화이미지에 "어떤 새로운 지위"를, "어떤 특별한 지위"를 부여하는 데 있다.[57]

결국 파솔리니가 말하는 "자유간접주관적 시점의 근본적인 특징은 언어학적인 것이 아니라 양식적인 것"[58]에 있으며, 자유간접주관적 시점은 다양한 방식으로 분절되고 결합될 수 있는 양식상의 가능성이다. 이로써 원시적이고 주관적이며 꿈의 성질에 가까운 특성들을 영화이미지에 부여할 수 있으며, 이를 바탕으로 전통적인 내러티브 관습이 억압했던 영화 고유의 광대한 표현 가능성을 해방시킨다. 이로부터 영화에 일종의 시적 언어의 전통을 세우는 일도 가능해진다.

(3) 시적 영화

파솔리니는 영화에는 두 개의 상이한 언어형식이, 즉 두 개의 상이한 제작방식이 존재한다고 주장한다. '산문 언어형식'과 '시적 언어형식'이다. 산문 언어형식과 시적 언어형식은 각각 '산문영화cinéma de prose'와 '시적 영화'를 낳는다.[59]

---

56. Gilles Deleuze, *Cinéma 1. L'image-mouvement*, 108쪽.
57. 같은 책, 110쪽.
58. Pier Paolo Pasolini, 같은 글, 27쪽.
59. 파솔리니의 '시적 영화cinéma de poésie' 개념은 아르토의 '시적 영화cinéma poétique' 개념으로부터 상당한 영향을 받았다고 볼 수 있다. 아르토는 이미 1920년대에 발표한 영화 관련 글들에서, 언어적 사고에 기반을 두고 서사 전개에 충실한 영화를 '극영화'로, 언어적 사고로부터 벗어나 순수한 시각적 표현수단을 통해 꿈의 세계와 인간의 욕망을 표현하는 영화를 '시적 영화'로 정의한 바 있다. 또한 아르토가 구별한 '문자언어'와 '시각언어'의 차이점들은 파솔리니가 제시한 '언어기호'와 '이

먼저, 파솔리니에게 산문영화란, 영화의 스토리를 이끌어가는 내러티브 체계에 근거하면서 영화언어를 문학언어와 유사한 것으로 간주하는 영화를 말한다. 이러한 산문영화에서는 영화언어의 객관성이 전제되며, 영화언어는 마치 문학언어처럼 일정한 문법과 사전을 따르는 것처럼 간주된다. 그러나 앞선 파솔리니의 언급처럼, 영화사를 거치며 형성된 영화사전은 일견 객관성을 보장받는 '공통의 시각적 자산'처럼 보이지만, 실제로는 영화작가의 작업에 따라 실제 작품들에서 전혀 다른 상징이나 기호로 해석될 수 있다. 공통의 시각적 자산처럼 전해지는 영화적 관례들은 영화작가의 개인적인 세계관 및 가치관에 따라 각기 다른 의미로 해석되고 전달될 수 있는 것이다. 다시 말해, 산문언어가 주장하는 객관성은 반복되는 내러티브에 의해 주입되고 강요되는 환영일 수 있다.

반면, 시적 영화는 "주관성이 자유간접주관적 시점의 사용에 의해 보장되고," "양식이 진정한 주인공"인 서정적인 작품[60]을 말한다. 그런데 시적 영화와 관련해 먼저 주의해야 할 점이 있다. 파솔리니가 말하는 시적 영화는 내러티브 체계 자체를 부정하는 영화를 의미하는 것이 아니라는 사실이다. 그의 시적 영화 개념은 20세기 초 아방가르드 영화나 실험 영화에서 언급되었던 시적 영화와 분명히 구별된다. 무엇보다, 파솔리니의 시적 영화에는 비록 느슨하고 불완전한 고리로 연결되어 있지만 일련의 '사건들'이 있고 또 '서사구조'가 있다. 파솔리니가 보기에, 한편의 영화는 산문영화든 시적 영화든 무엇인가를

미지기호'의 차이점들과 유사하며, 시적 영화를 추구하면서도 삶과 동떨어진 추상 영화를 거부한 점 역시 아르토와 파솔리니의 공통점이다. Antonin Artaud, Œuvres compelètes III (Paris: Gallimard, 1978)에 실린 다음의 글들을 참조할 것: "Réponse à une enquête"(1923), "Cinéma et réalité"(1923), "Sorcellerie et Cinéma(1927)."
60. Pier Paolo Pasolini, 같은 글, 34쪽.

말하지 않을 수 없으며 따라서 서술적이지 않은 영화란 존재할 수 없다. 그에 따르면, 모든 형태의 예술은 현실을 환기하는 것이고 현실에서는 항상 무엇인가가 일어나고 있다. 이 때문에, 그는 마치 누보로망 작가들처럼 영화를 통해 "아무것도 일어나지 않는 현실"을 보여주려 애쓰던 당대 일군의 영화감독들의 시도를 정면으로 반박하기도 한다.

파솔리니는 시적 영화가 산문영화와 달리 '주관성'을 확보하고 '양식'을 주인공으로 내세우기 위해서는 다음과 같은 두 개의 조건을 충족시켜야 한다고 주장한다. 먼저, 그에 따르면 시적 영화에서는 이야기 구조 층위와 이미지 구조 층위 모두에서 반드시 '충돌'이 일어나야 한다. 그에게 시적 영화란, 한마디로 '이야기와 충돌 사이에서 영화가 어떤 특정한 관계를 유지할 수 있는가?'라는 질문에 대한 대답과도 같기 때문이다. 즉 파솔리니는 모든 영화에 서사 영역이 존재한다 해도 각 영화의 특수성은 도발상태로 구성되는 어떤 특정한 '충격' 혹은 '충돌'의 유형으로부터 비롯된다고 본다. 그리고 시적 영화는 그러한 충돌의 특수성이 서사구조의 안정성을 뒤흔들고 끊임없이 도발하는 영화라고 설명한다. 시적 영화에서 '충돌'은 기본적으로 시간적 연속체 속에 삽입된 '단절'에 의해, 혹은 이미지 구성과정에서 실천되는 "변증법적 중지"에 의해 발생할 수 있다.[61]

다음, 시적 영화에 주관성을 부여하고 고유한 양식을 만들어주는 보다 확실한 방법은 다양하고 '독창적인 카메라' 사용에 있다. 특히, 시적 영화에서는 '카메라를 느끼게 하지 말라'는 고전영화(산문영화)의 법칙보다 "카메라를 느끼게 하라"[62]는 법칙이 더 중요한 강령이 된다. 영화에서 카메라를 느끼지 못한다는 것은 영화이미지들이 내러

61. Alain Naze, "Le cinema, de Walter Benjamin à Pier Paolo Pasolini," 1쪽.
62. Pier Paolo Pasolini, 같은 글, 33쪽.

티브 체계의 의미작용에 철저히 종속된다는 것을 의미하기 때문이다. 파솔리니가 직접 예로 드는 것처럼, 동일한 대상을 상이한 초점의 렌즈로 번갈아 촬영하거나, 과도하게 줌을 사용하거나, 역광을 통해 고의로 눈부신 화면을 만들어 내거나, 핸드헬드 및 이동촬영을 빈번히 이용하거나, 불연속 편집, 점프 컷, 롱테이크 고정촬영 등을 시도하는 것은 관객에게 의도적으로 카메라의 존재를 주지시켜주는 방법이 될 수 있다. 아울러, 관객으로 하여금 천편일률적인 내러티브 구조로부터 벗어나 이미지들이 지시하는 수많은 의미들을 인지하고 탐색하도록 이끌 수 있다. 즉 시적 영화의 다양한 카메라 형식과 기법들은 기존 영화형식이나 관례적 기법들에 대한 일탈이자 파괴일 뿐 아니라, 그 자체로 새로운 영화 전통, 즉 시적 영화 전통의 "법령"이 될 수 있다. 다시 말해, "세계 모든 영화에 동시에 관련되는 언어적이고 운율적인 자산"이 될 수 있다.[63]

요컨대, 시적 영화란 특수한 시적 언어체를 사용하지 않더라도 관습적인 산문영화와는 다른, 새로운 정서와 양식을 창출해내는 영화를 말한다. 내러티브의 논리적인 전개로부터 자유롭고, 은유와 환유를 활용해 자유롭게 시공간을 넘나들며, 인습에 마비된 수동적 정신을 일깨우고, 편협한 논리를 전복시키며, 언어(이야기)보다 이미지들이 주축이 되는 영화다. 그리고 침묵과 행동이 언어를 대신하는 영화이며, 따라서 이미지와 몸의 영화이기도 하다. 파솔리니는 이러한 시적 영화의 전복적 힘을 통해 부르주아사회의 허위의식과 억압적 질서를 파괴하고 새로운 사회를 건설해야 한다고 주장한다.

하지만 이러한 혁신적이고 전복적인 의지에도 불구하고, 시적 영화에 대한 파솔리니의 논의는 다소 허망한 전망으로 끝을 맺는다. 시

---

63. 같은 글, 34쪽.

적 영화가 이미지기호라는 인류의 원초적 소통수단으로 이루어지고 영화의 본질적 속성인 주관성과 원시성을 보장해주는 것이긴 하지만, 이런 시적 영화마저 종국에는 자본주의 거대한 체제 안에 포획될 것이라는 전망이다. 시적 영화를 특징짓는 양식화 작업과 형식주의는 어떤 부르주아적 감독이 자신의 가치관을 표현하기 위해 등장인물들의 시점을 차용할 때 매우 교묘하고 효과적인 수단이 될 수 있다. 그리고 작가가 자신의 문화적, 사회적 영역 안에서 선택할 수밖에 없는 인물들은 이러한 형식주의의 구실 역할을 하는 "부르주아의 세련된 꽃들"[64]이 될 수 있다. 즉 파솔리니는 합리주의를 표방하는 자본주의가 객관적, 논리적 내러티브를 수동적이고 관습적인 방식으로 따라가는 산문영화들뿐 아니라 이처럼 주관적, 비논리적 이미지의 세계를 표현하는 시적 영화까지 포용함으로써 결국에는 더욱더 거대한 '합리주의적' 체제를 꾸려갈 것이라고 바라본 것이다.

결절結節

파솔리니는 1960년대 초 문학에서 영화로 이행하면서 영화창작과 함께 영화에 대한 이론적 성찰을 병행한다. 당대 기호학과 언어학이 유럽을 휩쓸고 있는 상황에서 파솔리니 또한 '영화가 언어로 고려될 수 있는가'라는 문제에 대해 숙고하는데, 숙고 끝에 그는 대부분의 영화학자들과 전혀 다른 관점에서 영화를 언어라고 결론짓는다. 그가 볼 때 무엇보다 영화는 '현실'이라는 하나의 언어를 기록한 또하나의 언어이기 때문이다. 즉 영화는 현실이라는 '말'을 필름 위에 고정시키고 기록한 일종의 '글'이라 할 수 있으며, 따라서 '현실이라는 언어에

---

64. 같은 글, 35쪽.

대한 언어' 혹은 '현실로 쓰인 언어'라 할 수 있다. 이러한 파솔리니의 관점은 철저하게 언어기호학적 관점에서 영화의 언어 가능성을 사유했던 메츠의 관점과 근본적으로 다른 것이고, 구조주의적 혹은 언어학적 기호학을 바탕으로 영화언어의 의미를 탐구하던 당대 프랑스 및 이탈리아 영화기호학자들의 관점과도 분명한 차이를 보인다. 당대 대부분의 영화학자들이 기표와 기의의 관계, 이중분절 체계, 약호의 분류와 체계화 등 언어학적 기호학의 시각에서 영화의 언어적 가능성에 접근한 반면, 파솔리니는 그러한 시각으로부터 벗어나 전혀 다른 관점에서 영화의 언어적 가능성을 사유한 것이다.

그렇다고 해서 파솔리니의 관점을 탈구조주의적이거나 비기호학적인 것이라고 규정지을 수도 없다. 파솔리니의 영화언어 논의는 구조주의와 탈구조주의 틀을 넘어, 그리고 언어학적 기호학과 비언어학적 기호학의 틀을 넘어 아예 새로운 시각에서 전개되기 때문이다. 우선, 그는 영화가 언어기호의 예술이 아니라 이미지기호의 예술이라고 주장한다. 물론 이때 그가 말하는 이미지기호로서의 영화이미지는 에코가 말한 도상기호로서의 영화이미지와 전혀 다른 개념이다. 영화이미지에 대한 에코의 도상기호학적 논의는 영화이미지를 언어기호가 아닌 시각기호(도상기호)로 다루고 있지만, 근본적으로 약호화와 관습화를 중요시하는 언어학적 기호학 내지는 구조주의적 기호학에 바탕을 두고 있기 때문이다. 파솔리니는 언어와 이미지의 차이에 대한 발라즈의 관점을 계승하면서, 이미지기호는 언어기호와 달리 규칙(문법)과 목록(사전)이 없으며 따라서 근본적으로 구조주의적 방법론 혹은 언어학적 방법론의 대상이 될 수 없다고 주장한다. 즉 파솔리니에 따르면 규칙과 목록이 없는 이미지기호는 주관적, 비체계적, 비합리적 특성의 기호일 수밖에 없는데, 이는 당시 학자들이 기호에 대해 바라던 객관적, 체계적, 합리적 특성과 정면으로 대치되는 관점이다.

주관적, 비체계적, 비합리적인 이미지기호들로 구성되는 영화는 따라서 그 자체로 주관적이고 원시적인 예술일 수밖에 없다. 객관적이고 합리적인 세계를 그려내기보다는 주관적이고 비논리적인 세계, 말하자면 꿈의 세계나 상상의 세계 등을 그려내는 데 더 적합한 예술인 것이다. 이와 같이, 이미지기호를 바탕으로 하는 파솔리니의 영화기호학 논의는 언어학적 입장이나 구조주의적 입장에서 벗어나는 새로운 관점들을 제시하면서 영화기호학의 지평 자체를 확장시킨다.

한편 위에서 언급한 것처럼, 파솔리니에게 영화가 언어인 이유는 영화가 현실이라는 언어를 그대로 기록한 것이기 때문이다. 이러한 주장은 '영화'를 '현실' 그 자체로 보는 그의 또다른 입장이 전제되기 때문에 가능하다. 즉 파솔리니에게 영화는 현실인데, 현실이 언어이므로 영화도 언어가 되는 것이다. 이처럼 영화를 현실 그 자체로 보는 그의 관점 또한 영화와 관련된 기존의 논의들에서 거의 찾아볼 수 없었던 것으로, 그전까지의 영화적 사유의 틀에서 한 발 더 멀리 나아간 것이라 할 수 있다.

그런데 파솔리니가 '현실' 그 자체라고 간주하는 영화는 한 편의 영화작품인 필름이 아니라 영화 전체인 '시네마'를 가리킨다. 현실 그 자체인 시네마는 끊임없이 지속되고 있는 '무한 시퀀스숏'과 같고, 필름은 그중 일부를 절단해 구성한 일시적 결과물과 같다. 이러한 무한 시퀀스숏으로서의 시네마 개념은 궁극적으로 베르토프가 구상했던 '물질적 우주'로서의 영화 개념과 상통한다. 또한 베르그손이 말한 물질적 이미지의 합으로서 '객관적 이미지 체계' 개념이나, 들뢰즈가 언급한 운동-이미지의 총합 혹은 '내재성의 평면'으로서의 영화 개념과도 멀지 않다. 즉 파솔리니의 영화적 사유는 그가 직접 언급하거나 인용하지는 않았지만, 베르그손에서부터 들뢰즈에 이르는 하나의 일관된 영화적 사유와 조우하고 있다. 그것은 '무한한 우주'로서의 영화이자 '움직이는 이미지들의 총합'으로서의 영화이며, 나아가 '또하나의 현실'로서의 영화다. 즉 우리가 살고 있는 현실과 동시에 혹은 서로 다른 시간대에 진행되면서 무한히 접촉하고 교차하는 '또하나의 현실,' 달리 말하면 각각의 사물들과 이미지들이 각자의 고유한 법칙에 따라 운동하고 있고 생성과 소멸을 거듭하고 있는 '무한대의 우주'라 할 수 있다.

제10장

|

영화이미지와 기호적/탈−기호적 요소들—
무딘 의미에서 환유적 확장성으로: 바르트

롤랑 바르트(Roland G. Barthes, 1915~1980)는 우리에게 기호학자로 잘 알려져 있지만, 실제로는 기호학의 좁은 범주를 넘어 현대 인문, 예술의 거의 모든 분야를 편력하며 사유했던 학자라 할 수 있다. 또한 그는 변화와 전복을 거듭했던 1960년대와 1970년대 서구 지성의 흐름을 온몸으로 보여주는 인물이기도 하다.

초기에, 바르트는 구조주의 기호학과 마르크스주의 시각을 바탕으로 현대 소비사회의 여러 양상을 분석하면서 영화, 만화, 사진, 패션, 광고 등 현대를 상징하는 다양한 분야에 대해 소위 '기호학적 읽기'를 시도한다. 벤야민의 사유로부터 영감을 받아 완성한 저서 『신화론 *Mythologies*』(1957)은 현대인의 일상에 뿌리내린 자본주의 신화가 이데올로기와 권력의 지배 도구로 이용되며 진실을 은폐하는 양상을 '구조주의'적 시각으로 분석해 보여준 대표적 사례다. 하지만 1960년대 말부터 바르트는 구조주의의 도식적 사고로부터 벗어나 '탈구조주의'적 사고를 지향하며, 서구 합리주의의 이분법적 사유구조로부터 일탈하는 '제3의 항'의 중요성에 주목한다. 1970년대에 들어서는 '독

자'와 '관객'을 능동적인 의미 생산자로 부각시키면서 자율적 체계이
자 열린 체계로서 '텍스트'의 의미를 강조하고, 말기에는 정신분석학
적 방법론을 도입해 예술작품 수용자의 '환유적 사유' 능력에 대해
탐구하기도 한다. 요컨대, 바르트는 평생 동안 자신의 인문학적, 미학
적 사유를 부단히 갱신하고 확장하려 노력했으며, 새로운 논의와 관
점에 가장 먼저 주의를 기울이면서 앞장서 첨예한 논쟁들에 뛰어들
었다. 문화와 예술의 거의 전 분야를 가로지르며 기호, 구조주의, 탈
구조주의, 텍스트, 이미지 등의 개념으로 이어지는 그의 사유의 특징
을 한마디로 정의한다면, 아마도 '사상적 정주定住에 대한 거부'라 할
수 있을 것이다.

영화이미지에 대한 바르트의 사유도 이러한 '반-정주' 혹은 '탈주'
의 특징을 잘 보여준다. 사진이미지에서부터 출발하는 그의 초기 논
의는 구조주의적 기호학의 시각을 바탕으로 사진이미지 및 영화이미
지에 구축되는 약호들에 집중했다. 한편으로 사진에는 아무런 약호도
개입되지 않은 '순수 외연적 메시지'가 존재한다는 것을 인지했지만,
기본적으로 이미지의 의미는 역사적, 문화적 함의를 포함하는 다양한
층위의 '내포적 메시지들'에 있다고 보았다. 하지만 이후 그의 인문학
적 사고 자체가 탈구조주의적인 것으로 바뀌면서, 영화이미지에 대한
그의 관점도 변화한다. 예이젠시테인의 영화를 분석한 「제3의 의미」
(1970)라는 글을 통해, 그는 영화이미지의 핵심이 정보적 층위인 '의
사소통'의 층위나 상징적 층위인 '의미작용'의 층위에 있는 것이 아니
라, 시니피앙스의 층위이자 기표의 영역인 '제3의 층위'에 있다고 주
장한다. 바르트에 따르면, 영화이미지의 진정한 핵심은 의도적, 상징적
요소들과 관련되고 일반적, 공통적 개념을 내포하는 '자연스러운 의
미'에 있는 것이 아니라, 의미의 구조망에서 빠져나가고 문화, 지식, 정
보의 체계 바깥에서 펼쳐지며 언어체의 무한함을 향해 열려 있는 '무

딘 의미'에 있다. 한편, 이러한 탈구조주의적 사고 이후 바르트는 당대 많은 인문학자들과 마찬가지로 정신분석학적 사고에 매료되며, 영화에 대한 그의 사유 역시 응시자인 관객의 정신작용을 중요하게 부각시키는 방향으로 나아가게 된다. 말년에 그가 제시한 영화이미지에 대한 사유는 사진이미지에 대한 그의 사유에 비해 명료하지는 못하지만, 영화이미지 역시 관객의 상상적 의식행위와 환유적 확장능력을 통해 무한한 의미를 산출할 수 있고 그 자체로 거대한 상상 세계에 속해 있다는 사실을 강조한다는 점에서 그 의의를 찾을 수 있다.

1. 내포 및 순수 외연으로서의 이미지

(1) 내포적 메시지로서의 사진이미지

기호로서의 영화이미지에 대한 바르트의 사유는, 근본적으로 사진이미지에 대한 그의 기호학적 분석과 연구에 바탕을 두고 있다. 즉 영화이미지에 대한 그의 기호학적 사유를 이해하기 위해서는 먼저 사진이미지에 대한 그의 관점을 이해해야 한다. 우선 바르트의 초기 연구를 살펴보면, 그는 「사진의 메시지」와 「이미지의 수사학」[1] 등의 글을 통해, 모든 사진이미지는 하나의 '구조적'이고 '체계적'인 기호라고 주장한다. 특히 바르트는 사진이미지가 지니는 역설적 구조에 대해 강조하는데, 그에 따르면 사진이미지는 기본적으로 '약호 없는 메시지'이자 동시에 문화적, 역사적 의미가 새겨지는 '약호 지닌 메시

---

1. Roland Barthes, "Le message photographique"(*Communications*, n° 1, 1961), in Roland Barthes, *Œuvres complètes. Tome I*, 938~952쪽; "Rhétorique de l'image"(*Communications*, n° 4, 1964), in Roland Barthes, *Œuvres complètes. Tome I*, 1417~1429쪽.

지'다. 즉 한편으로 사진이미지는 원칙적으로 "대상과 이미지 사이에 중계행위가 필요 없고," "약호를 배치하는 일이 전혀 필요 없는" 약호 없는 메시지고,[2] 다른 한편으로는 복제reproduction의 스타일과 보충적 메시지가 뒤따르는 약호화된 메시지다. 요컨대, 사진을 포함한 모든 시각매체 이미지는 그 자체로서 '외연적 메시지message dénoté'와 사회적, 문화적 의미를 나타내는 '내포적 메시지message connoté'를 동시에 내포하는 이중성을 지닌다.

사진이미지에 대한 바르트의 초기 기호학의 관심은 둘 중 '내포'적 메시지에, 즉 약호 지닌 메시지에 더 집중된다. 내포적 메시지의 약호가 역사적이고 문화적 함의를 포함하는 시대의 수사학에 의해 구성된다는 사실에 주목했기 때문이다. 바르트는 사진에서 일어나는 내포 connotation 방식들을 다양한 유형으로 분류한다. 그러면서 내포의 '약호'가 자연적이거나 인위적인 것이 아니라 '역사적'이고 '문화적'인 것이라는 점을, 나아가 사진의 약호를 해석하는 일은 사진의 모든 역사적 요소를 독자의 지식과 문화적 상황에 의존해 찾아내는 일이라는 점을 강조한다. 즉 이미지의 가시성보다 '가독성'을 더 문제삼는다. 바르트는 특히 「이미지의 수사학」에서 이러한 내포적 메시지의 내포과정에 대해 정치하고 체계적인 분석을 보여준다.[3] 바르트에 따르면, 내포적 메시지들의 체계는 '신화적 의미작용'을 만들어내는 '2차 기호체계'에 해당하고, 외연적 메시지의 체계는 현실의 완벽한 유사물처럼 제시되면서 그러한 잠재적 신화화 및 현실 효과에 기여하는 '1차 기

---

2. Roland Barthes, "Le message photographique," 939~941쪽.
3. 바르트는 「이미지의 수사학」에서 사진이미지의 일종인 광고이미지 분석을 통해 사진이미지가 '언어학적 메시지,' '비-약호화된 도상적 메시지(외연적 메시지),' '약호화된 도상적 메시지(내포적 메시지)'로 구성되고 있음을 밝히는데, 그의 논의는 무엇보다 약호화된 도상적 메시지인 내포적 메시지를 분석하고 탐구하는 데 집중된다.(Roland Barthes, "Rhétorique de l'image," 1425~1429쪽 참조)

호체계'에 해당한다.[4]

(2) 순수 외연적 메시지로서의 사진이미지

그런데 여기서 우리가 주목해야 할 것은, 바르트가 그의 초기 기호학 연구에서부터 약호화된 도상적 메시지뿐 아니라 '비-약호화된 도상적 메시지'에 대해서도 각별한 관심을 가졌다는 사실이다. 「사진의 메시지」에서 바르트는 사진의 이중적 의미구조와 약호 지닌 메시지의 내포 방식에 대해 장황하게 설명하지만, 그와 동시에 사진이미지가 일종의 '순수 외연pure dénotation'이자 '약호 없는 메시지'로 기능할 수 있다는 사실도 분명하게 강조한다. 바르트는 사진이미지가 원칙적으로는 현실의 직접적인 자국이자 지시대상의 '낙인empreinte'일 뿐이며 엄밀한 의미의 언어도, 텍스트도 될 수 없다는 사실을 인지하고 있었다. 같은 맥락에서, 바르트는 사진의 다양한 내포 층위들을 분류하고 설명하면서도, 그와 동시에 사진에는 언제나 "순수 외연"의 층위가 존재한다는 사실을 명시한다. 이때, 내포의 층위들이 언어작용의 개념을 바탕으로 설정된 영역을 가리킨다면, 순수 외연의 층위는 언어작용과는 무관한 "언어체의 이편en deça du language"을 즉 단순히 무의미하거나 중립적 층위가 아닌 글자 그대로 "외상적 이미지들images traumatiques"의 층위를, 언어체를 정지시키고 의미화 작용을 막는 어떤 특별한 층위를 지시한다.[5] 바르트에 따르면, '외상적 사진'은 '사진사가 거기에 있었다'라는 확실성에 의거하는 사진이자 동시에 그것에 관해 그 이상 아무런 할 말이 없는 사진이기 때문이다. 따라서 "외상이 직접적일수록 내포는 더욱 어려워지며," "사진의 '신화

---

4. 내포적 이미지의 이러한 역사적, 문화적 함의과정은 이미 『신화론』에서 유사한 방식으로 제시된 바 있다.(Roland Barthes, *Mythologies*, 217~224쪽 참조)
5. Roland Barthes, "Le message photographique," 947~948쪽.

적' 효과는 외상의 직접적 효과에 반비례하게" 된다.[6]

바르트는 「이미지의 수사학」에서, 사진의 외연적 메시지가 자신의 내포를 완벽하게 제거할 경우, 사진이미지 그 자체는 본질적으로 객관적인 것이자 순수한 것으로 남을 수 있다고 주장한다.[7] 그리고 모든 이미지 중에서 오직 사진이미지만이 어떤 불연속적 기호들이나 변형 작업의 도움 없이 그 자체만으로 정보를 전달하는 힘을 가질 수 있다고 강조한다. 이를 위해 바르트는 회화이미지와 사진이미지의 차이를 사례로 든다. 회화에는 비-약호화된 도상적 메시지가 존재하지 않고 오로지 '약호화된 도상적 메시지'만이 존재하는 반면,[8] 사진에는 문화적 메시지인 '약호'의 층위와 자연적 메시지인 '비-약호'의 층위가 항상 대립하며 공존하는 것에 주목한 것이다. 특히 사진의 비-약호 층위에서 대상과 이미지의 관계는 전환이 아닌 '기록' 관계가 된다. 또 약호의 부재가 사진적인 자연스러움의 신화를 보강하면서 사진의 대상은 인간의 개입 없이 기계적으로 포획된 것으로, 즉 처음부터 "거기에 있었던 것cela a été"[9]으로 인식된다.

따라서 사진에서는 "'여기'와 '그때' 사이의 비논리적 결합"[10]이, 즉

---

6. 같은 글, 948쪽
7. Roland Barthes, "Rhétorique de l'image," 1423쪽.
8. 바르트는 회화에서의 약호화 과정을 다음과 같이 세 층위로 나눈다: 어떤 대상이나 장면의 재생산 과정에서 일련의 '조절된 전환transpositions réglées'을 강요하는 층위, 약호화 과정에서 의미 있는 것과 무의미한 것 사이의 '분배partage'를 강요하는 층위, 관객의 '학습apprentissage'을 요구하는 층위가 그것이다.(같은 글, 1424쪽 참조)
9. 같은 글, 1425쪽.
10. 같은 글, 1424쪽. 바르트와 달리, 뒤부아P. Dubois는 사진이 '여기'와 '그때'의 결합이 아니라 '거기'와 '그때'의 결합이라고 주장하기도 한다. 사진이미지와 지시 대상 사이에는 물리적으로 그리고 존재론적으로 '시간적 간격'뿐 아니라 '공간적 간격'이 존재하기 때문이다. 뒤부아에 따르면, 모든 사진은 "신호로서의 '여기'와 지시 대상으로서의 '거기'가 서로 분명히 구별되어 있다는 사실을 함축하며," "사진 효과를 만드는 모든 것은 '여기'에서 '거기'로 가는 '운동'에 있다."(필립 뒤봐, 『사진적 행위』, 이경률 옮김, 사진마실, 2005, 121쪽)

'공간적 현재성'(여기)과 '시간적 선행성'(그때)의 비논리적 결합이 일어날 수 있다. 이러한 비논리적 결합이 이루어지는 곳은 물론 순수 외연의 층위, 즉 비-약호화된 메시지의 층위이며, 이 비논리적 결합은 '여기의 비현실성'이라는 사진 특유의 비현실성을 낳는다. 그런데 이 시기의 바르트에 따르면, 영화에서는 사진의 이러한 "거기-있었음 l'avoir-été-là"의 조건이 "거기-있음l'être-là"의 조건으로 대체되며[11] 그 점에서 영화와 사진은 단순한 차이를 넘어 근본적인 대립을 보인다. 바르트가 볼 때, '거기-있었음'의 불가능성은 순수 외연 층위의 부재를 의미하며, 따라서 영화에는 내포적 메시지로부터 자유로운 순수 외연의 층위가 부재할 수밖에 없는 것이다. 이 시기의 바르트에게, 순수 외연 층위의 부재는 곧 '언어체의 정지'의 불가능 혹은 '의미화 작용의 중단'의 불가능을 의미한다. 그리고 (뒤에 다시 언급하겠지만) 이는 바르트가 영화이미지에서 환유적 확장의 가능성을 강력하게 주장하기 어려운 이유 중 하나다. 일단, 이러한 바르트의 관점은 영화에서는 모든 이미지가 의미화 작용의 지배를 받는다는 잠정적인 결론으로 귀결된다.

2. 무딘 의미와 영화적인 것

(1) 제3의 의미 또는 무딘 의미

바르트는 1960년대 중반 이후 구조주의적 시각에서 벗어나 좀더 유연하고 자유로운 시각으로 예술작품들을 바라보게 되며, 그러한 변화는 사진이미지와 영화이미지에 대한 논의들에서도 유사하게 나타

---

11. Roland Barthes, 같은 글, 1424~1425쪽.

난다. 특히, 예이젠시테인의 〈폭군 이반van Grozny〉(1958)을 분석한 「제3의 의미」[12]는 「사진의 메시지」와 「이미지의 수사학」을 거치며 이어져온 그의 기호학적 입장이 영화이미지와 관련해서도 중대한 변화를 겪었음을 분명하게 드러내준다. 무엇보다, 바르트는 사진이미지 및 영화이미지 모두에 비-약호화된 도상적 메시지(외연적 메시지)와 약호화된 도상적 메시지(내포적 메시지) 외에도 또다른 층위의 메시지가 존재한다고 주장한다.

바르트는 〈폭군 이반〉의 한 스틸 컷을 예로 들면서, 거기에는 최소한 세 가지의 서로 다른 메시지 층위가 존재한다고 설명한다. 무대장치, 의상, 인물들 등으로 이루어지는 '정보적 층위,' 여러 상징체계(지시적 상징체계, 이야기적 상징체계, 예이젠시테인적 상징체계, 역사적 상징체계 등)의 중층구조로 이루어지는 '상징적 층위,' 명백하지만 고정되지 않고 완만한 의미를 갖는 '제3의 층위'가 그것이다.[13] 그에 따르면, 첫번째 층위인 정보적 층위는 '의사소통'의 층위에 해당하고, 두번째 층위인 '상징적 층위'는 '의미작용'의 층위에 해당하며, 세번째 층위인 제3의 층위는 '시니피앙스'의 층위에 해당한다.[14]

시니피앙스signifiance라는 용어는 크리스테바로부터 빌린 것으로, "기표를 대체하는 무한하고 복수적인 생산적 텍스트성"을 가리킨다.[15]

---

12. Roland Barthes, "Le troisième sens"(*Cahiers du cinéma*, n° 222, juillet 1970), repris dans Roland Barthes, *Œuvres complètes. Tome II*(Paris: Seuil, 1994), 867~884쪽.

13. 같은 책, 867~868쪽.

14. 바르트의 '제3의 층위'와 '제3의 의미' 개념은 당시 바타유G. Bataille가 제시했던 '제3항의 개념'의 영향이라 할 수 있다. 바타이유는 서구의 지배적인 이분법적 사고를 극복하기 위해 고귀함/비천함이라는 대립항에 '저속함'이라는 제3항을 추가하는데, 이러한 그의 사고는 바르트의 제3의 의미 논의에 많은 영향을 미친다.(김인식, 「바르트의 후기 기호학─롤랑 바르트의 기호학적 모험 3」, 『기호학 연구』, 3권, 1997, 385~388쪽 참조)

15. Julia Kristeva, *Séméiotikè: recherches pour une sémanalyse*(Paris: Seuil, 1969),

그리고 시니피앙스의 층위인 제3의 층위는 의미작용의 영역이 아닌 '기표의 영역'에 관계한다. 또한 이미지의 제3의 층위에, 즉 시니피앙스의 층위에 존재하는 '제3의 의미'는 기의가 무엇인지 모르는 의미를 뜻하며, 따라서 기표에 대한 의문적 독해를 요구하는 의미라 할 수 있다. 아울러, 이러한 시니피앙스의 층위는 '응시regard'의 영역이기도 하다. 바르트에 따르면, 응시는 "기호는 아니지만 그럼에도 불구하고 무엇인가를 의미하는" 것이기 때문이다. 즉 응시는 "(불연속적) 기호가 아니라 시니피앙스가 그 단위인 의미작용"의 영역에 속한다. 하지만 이때 시니피앙스는 하나의 고유한 "의미론적 핵"을 지니는데, 그 핵은 "어떤 후광에 의해, 즉 의미가 자신의 느낌을 간직한 채 넘쳐흐르고 퍼져나가는 무한한 확산의 장"에 의해 둘러쌓여 있다. 다시 말해, 시니피앙스를 단위로 하는 응시는 일반적 의미의 기호가 아닌, "항상 무엇인가를, 누군가를 찾는 불안한 기호"이며, 바로 범람하고 확산되는 힘에 의해 지배되는 기호이다.[16]

바르트는 위의 세 층위 중 '상징적 층위'의 의미와 '제3의 층위'의 의미를 비교, 분석하면서 그의 논의를 더욱 발전시킨다. 먼저, 그는 상징적 층위에서 작용하는 의미와 제3의 층위에서 작용하는 의미를 각각 "자연스러운 의미sens obvie"와 "무딘 의미sens obtus"라고 명명한다.[17] 자연스러운 의미는 라틴어 'obvius'에 근거를 두는 것으로, 의도적 요소들이나 상징적 요소들과 관련을 맺으면서 일반적이고 공통적인 어휘 속에서 추출되는 의미를 뜻한다. 이 의미는 그 스스로 메시지

303쪽. 크리스테바는 시니피앙스를 "텍스트 내에서 생성중인 기표signifiant-se-produisant en texte"라고 설명하기도 한다.(같은 책, 217~218쪽 참조)

16. Roland Barthes, "Droit dans les yeux," *L'obvie et l'obtus. Essais critiques III* (Paris: Seuil, 1982), 279쪽.

17. Roland Barthes, "Le troisième sens," 868쪽.

의 수취인을 찾아오는 의미이고, 아주 자연스럽게 머리에 떠오르는 의미다. 반면, 제3의 의미인 무딘 의미는 라틴어 'obtūsus'에 근거를 두는 것으로, 추가물이나 여분으로 드러나는 의미 혹은 의미의 구조망에서 빠져나가는 하찮은 의미 등을 가리킨다. 이 의미는 문화, 지식, 정보의 체계 바깥에서 펼쳐지는 의미이며, 언어체의 무한함을 향해 열려 있는 의미다. 바르트에 따르면, '무딤'은 '의미의 둔화' 또는 '의미의 표류'를 뜻하기 때문이다.

제3의 의미라는 다른 의미에 대해 말하자면, 그것은 "초과상태로" 나타나는 것으로 나의 지성이 제대로 흡수하지 못하는 하나의 보충물, 즉 완고하면서도 빠르게 흘러가버리고 매끄러우면서도 달아나버리는 보충물 같은 것이다. 나는 이 제3의 의미를 무딘 의미sens obtus라고 부르고자 한다…… 제3의 의미는 의미의 영역을 전적으로, 다시 말해 무한히 여는 것처럼 보인다. 나는 이 무딘 의미의 대해서는 그것의 경멸적인 내포적 의미까지도 받아들인다. 무딘 의미는 마치 문화, 지식, 정보의 바깥에서 펼쳐지는 것처럼 보인다.[18]

(2) 잉여 또는 일탈로서의 무딘 의미

'제3의 층위'와 '제3의 의미'를 통해 드러나는 바르트의 이 같은 입장 변화는 동시대 인문학적 사고의 변화로부터 직, 간접적인 영향을 받은 것이라 할 수 있다. 바르트가 말하는 무딘 의미는 한마디로 "규범을 벗어나는 어떤 것, 즉 과도한 어떤 것 내지는 잉여의 어떤 것"[19]을 가리키는데, 이러한 무딘 의미 개념은 특히 탈구조주의적 혹은 탈

18. 같은 글, 868~869쪽.
19. Francesco Casetti, 같은 책, 232쪽.

구조주의적 사고의 핵심과 맞닿기 때문이다. 구조주의자이자 기호학자였던 바르트는 탈구조주의라는 새로운 틀로 테두리지을 수 있는 다양한 개념과 논의들을 자신의 이론 안에 수용하면서, 그의 기호학적 사유 자체를 새롭게 변모시킨다.

이를테면, 무딘 의미는 도처에 있는 것이 아니라 "그 어딘가에" 있으며 언어 속에 존재하지 않고 "구조적으로 위치해 있지 않다"라는 그의 주장은, 탈구조주의적 사고의 충실한 반영이라 할 수 있다. 또한 "무딘 의미는 기의 없는 기표"라는 주장이나 "무딘 의미는 일정 부분 비어 있음의 상태를 유지하지만 동시에 그것의 기표는 완전히 비워지지 않은 채 영속적인 흥분과 이동의 상태를 이어간다"는 그의 주장 역시 탈구조주의적 사고와 맥을 같이한다.[20] 예를 들어 들뢰즈는 『의미의 논리』(1967)에서 기표의 계열에는 "주인 없는 빈자리"가, 기의의 계열에는 "자리 없이 항상 이동중인 요소"가 반드시 존재하기 마련이라고 강조하면서, 그러한 모순적 요소들이 유발해내는 '초과'와 '결여' 상태가 기표의 계열과 기의의 계열이 합쳐져 만들어지는 하나의 '의미 계열'(즉 구조)에 역동성과 독자성을 부여한다고 주장했다.[21] 또 그와 유사하게, 데리다는 기호의 의미작용 과정에는 기표의 운동에 의해 덧붙여지는 무엇인가가 발생하고 그러한 '부가addition'가 곧바로 기의 영역의 '결여manque'를 보충하게 된다고 했다. 즉 기표의 과잉과 그것의 보충적 성격은 기의의 결여상태와 관계하게 되고 기호의 의미는 그런 식으로 끊임없이 유보되고 연기되면서 영원한 진행상태에 놓이게 된다는 것이다.[22]

---

20. Roland Barthes, "Le troisième sens," 878쪽.
21. Gilles Deleuze, *Logique du sens*(Paris: Les Éditions de Minuit, 1969), 50~56쪽 과 63~66쪽 참조.

또한 바르트는 이러한 무딘 의미가 단순한 초과나 결여를 넘어 전체의 의미구조를 혼란시키고 언어적 통합체를 혼란시키는 '일탈'적 요소라고 강조한다. 무딘 의미는 본질상 불연속적이고, 이야기 및 자연스러운 의미와 무관하며, 지시대상에 대해서는 항상 거리두기의 효과를 야기하기 때문이다. 아울러, 무딘 의미는 그 자체로 '강조'의 기능도 수행하는데, 바르트의 표현에 따르면 무딘 의미는 "정보와 의미작용의 둔중한 면으로 표시된 융기émergence이자 주름pli"이며, 다시 말해 "의미(의 욕구)로 흠집을 낸 일종의 흉터balafre"다.[23] 즉 과장된 요소이자 동시에 생략된 요소인 무딘 의미는 그 자체로 강조의 기능을 하며, 이러한 강조는 의미를 지향하지는 않지만 그렇다고 다른 곳을 가리키지도 않는다. 무딘 의미는, 의미를 좌절시키고 의미의 실천 전체를 전복시키면서 새로운 의미의 생성을 기다리는 일종의 행위이다. 이 때문에, 바르트는 무딘 의미가 "(분절적) 언어체의 바깥에" 있지만 그와 동시에 "대화의 내부에" 있는 무엇이라고 강조하기도 한다.[24] 이 같은 '의미구조 안의 일탈적 요소'로서의 무딘 의미 개념 역시 동시대 여러 탈구조주의적 논의에서 발견된다. 이를테면, 들뢰즈는 예술작품의 창작과정에서 정신에 직접적으로 도달하는 일탈이나 도약 등을 창출해내는 것은 필수불가결하다고 강조하며,[25] 그로부터 비롯되는 '변주variation,' '이동déplacement,' '편차décalage'들만이 각각의 예술작품에 독자성을 부여하고 나아가 또다른 작품들과 연결시켜줄 수 있다고 말한다.[26] 또한 푸코는 작가의 글쓰기 과정에는 규칙과

---

22. Jacques Derrida, "La structure, le signe et le jeu dans le discours des sciences humaines," *L'écriture et la différence* (Paris: Seuil, 1967), 423쪽과 425쪽.

23. Roland Barthes, "Le troisième sens," 880쪽.

24. 같은 글, 878쪽.

25. G. Deleuze, *Différence et répétition*(Paris: P.U.F., 1968), 16쪽.

26. G. Deleuze, *Logique du sens*, 54쪽.

체계에서 벗어나는 일종의 '홈(혹은 걸림쇠)accroc' 같은 요소들이 존재하며, 바로 그러한 요소들이 다양한 차이와 반복을 만들어내면서 글쓰기의 구성적 원리를 형성한다고 설명한다. 그리고 그러한 요소들이야말로 모든 창작행위가 스스로에게 부여하는 '매혹의 원리'임을 강조한다.[27]

(3) 무딘 의미와 영화적인 것

바르트는 이러한 제3의 의미 혹은 무딘 의미가 영화film라는 하나의 논리적, 시간적 체계 안에서 중요한 기능을 한다고 강조한다. 우선, 바르트가 보기에 무딘 의미는 기본적으로 "반-서술체contre-récit 자체"다.[28] 무딘 의미는 "연쇄되는 사건들 바깥에 위치하고, 휴지休止의 순간을 구성하며, 새로운 리듬을 창조하면서," 그 자체로 하나의 "반-서술적antinarratif 순간"을 만들어낸다.[29] 하지만 그렇다고 해서 무딘 의미가 영화의 서사를 완전히 파괴하거나 영화 자체를 소멸시키는 것은 아니다. 그보다는 영화 안에 머물면서 일반적 서사와는 '다른' 서사를 구성한다. 즉 무딘 의미는 하나의 영화작품 안에 "숏, 시퀀스, (기술적 혹은 서술적) 통합체로 이루어지는 데쿠파주와는 완전히 다른 데쿠파주, 다시 말해 상식을 넘어서고 반-논리적이지만 '진실한' 하나의 데쿠파주"[30]를 구성한다.

다시 말해, 무딘 의미는 '반-이야기' 자체이지만 동시에 영화라는 전체 안에 산재하고 있으며, 이야기적이지도 환상적이지도 않은 어떤 영화, 즉 또다른 시간성을 지니는 '또하나의 영화'를 만들어낸다. 나

---

27. Michel Foucault, *Raymond Roussel* (Paris: Gallimard, 1963), 35~36쪽.
28. Roland Barthes, "Le troisième sens," 880쪽.
29. Francesco Casetti, 같은 책, 233쪽.
30. Roland Barthes, 같은 글, 881쪽.

타나고 사라지기를 반복하면서 끊임없이 이동하는 무딘 의미는 영화 내내 현전이자 부재의 상태로 활동을 이어가고, 이러한 무딘 의미의 이중적 활동은 의미의 실체인 영화를 다면체적인 장소로 변모시킨다. 또한 무딘 의미는 영화의 이야기 심도를 전반적으로 재정비하는데, 이야기는 한편으로는 단순한 체계이지만 다른 한편으로는 무딘 의미로 인해 관객의 수직적 독해를 요구하는 심층적 영역이 될 수 있다. 이처럼 영화의 서사를 파괴하지 않으면서도 '다르게 구조화'할 수 있고 더 폭넓고 깊이 있는 영역으로 변모시킬 수 있는 무딘 의미는, 따라서 일종의 '대항 서사' 혹은 '허위의 서사'를 만들어낸다. 대항 서사란 모든 기표가 "산포되어 있고 가역적이며 자신만의 고유한 지속성에 연결되어 있는" 서사, 즉 "모든 논리적 연결로부터 자유로운" 서사를 말한다.[31] 또 '허위의 서사'란 이야기의 "허위적 경계가 기표의 치환적 유희를 증식시키는" 느슨한 서사를 말하며, 그 허위적 질서가 "'내부로부터 이탈하는' 구조화를 이룰 수 있게 해주는" 서사다.[32]

그런데 바르트에 따르면, 이러한 대항 서사 또는 허위의 서사를 이끌어내는 무딘 의미의 층위에서 바로 '영화적인 것le filmique'이 나타난다. 우선, 바르트는 영화적인 것을 "영화 속에 있으면서도 묘사될 수 없는 것, 혹은 재현될 수 없는 재현"이라고 정의하며, 영화적인 것

---

31. 같은 글, 880~881쪽.
32. 같은 글, 881쪽. 바르트의 '허위의 서사' 개념은 훗날 들뢰즈가 주장하는 '거짓의 서사narration falsifiante' 개념에 일정 부분 모태가 된다. 들뢰즈가 말하는 거짓의 서사 역시 진실의 위기를 "거짓의 역량"으로 대체하려는 서사이자, 참의 형식을 거짓의 형식으로 대체하면서 참과 거짓 사이의 결정을 불가능한 것으로 만들려는 서사이며, 따라서 모든 판단을 유보하는 것을 목적으로 하는 서사이기 때문이다. 들뢰즈는 감각-운동 도식과 시공간 좌표에 따라 일관되게 스스로의 진실을 주장하는 운동-이미지의 서사를 '진실의 서사'라 규정하고, 그와 반대로 인위적인 도식과 규칙들에서 벗어나 진실의 강요 대신 거짓의 역량으로 모든 관계를 새롭게 설정하려는 시간-이미지의 서사를 "거짓의 서사"라고 규정한다. 이에 관해서는 이 책의 제13장 「3-(4)-② 거짓의 역량, 거짓의 서사」에서 다시 자세히 살펴볼 것이다.

은 언어체와 분절적 메타언어체가 끝나는 곳에서 시작된다고 주장한다.[33] 왜냐하면 무딘 의미를 제외하면 영화에서 '말할 수 있는 모든 것'은 결국 글로 쓰인 텍스트가 될 수 있기 때문이다. 따라서 바르트의 논의에서 '영화적인 것'이란 '비-언어적인 것' 혹은 '탈-언어적인 것'을 뜻하며, 마찬가지로 무딘 의미 또한 '비-언어적인' 무엇 혹은 '비-구조적인' 무엇을 뜻한다. 무딘 의미는 영화 안에 있지만 '분절적 언어체가 제대로 파악하지 못하는 그곳'을 가리키며 '또다른 언어체가 시작되는 그곳'을 가리키는 것이다. 다시 말해, 무딘 의미는 '언어적 서술체'에서 '시니피앙스'로 옮겨가는 부단한 이동이라 할 수 있으며, 그 이동의 결과는 영화적인 것 자체의 창출로 나타난다고 할 수 있다.

또한 바르트에게 영화적인 것은 그 자체로 '움직임,' '유동성,' '가변성' 등을 의미하기도 한다. "영화의 성스러운 본질"은 "이미지들의 움직임"에 있으며, 그 움직임이란 "활기, 흐름, 유동성, 삶" 등을 지시하는데, 그가 보기에 "영화적인 것은 매우 역설적으로 '상황 안에서,' '움직임 속에서,' '자연스러운 상태에서' 포착될 수 없고 오로지 포토그램photogramme이라는 중요한 인공물 속에서만 포착될 수 있는" 것이다.[34] 즉 바르트는 영화의 본질인 '움직임'이 정작 영화 자체에서는 구현되지 않고, 따로 떼어낸 한 장의 포토그램 속에서만 구현될 수 있다고 본다. 일반 영화들은 '활기,' '흐름,' '유동성' 같은 참된 움직임을 구현하는 것이 아니라, 실재의 움직임을 분할한 후 재구성한 일종의 '기계적 움직임'만을 보여준다고 간주한 것이다. 그에 따르면, 진정으로 영화적인 것은 흐르는 움직임이라는 '분절 불가능한 제3의 의미' 속에 있는데, 일반 영화가 보여주는 움직임은 얼마든지 분절과 재구

---

33. 같은 글, 882쪽.
34. 같은 글, 882~883쪽

성이 가능한 인공적인 움직임에 불과하다.[35]

바르트는 이러한 '영화적인 것의 역설'이 영화의 근본 속성인 '계열성séquentialité' 혹은 '연속성continuité'으로부터 비롯된다고 간주한다. 영화는 본질상 연속적 성질을 갖는 기표들의 연속체 혹은 "이미지들의 연속체"로 이루어지는데, 영화에 내재된 이러한 연속성은 재현과 서사를 강제하는 핵심 원인이자 응시자의 단상을, 즉 응시자의 정신작용과 상상행위를 막는 요인이라는 것이다.[36] 보니체에 따르면, 이러한 '연속성'은 미장센, 몽타주, 서사 등 영화의 모든 차원을 지배하는 가장 강력한 영화적 속성의 하나다. 또 영화가 영화이미지의 본래 특징인 비정상성, 일탈, 파편성 등을 스스로 해결해나가는 데 긴요하게 사용되는 중요한 수단이기도 하다. 영화는 탄생 후 얼마 지나지 않아 자유로운 카메라 위치와 클로즈업 등을 어느 매체보다 먼저 '낯선 각도,' '파편화되거나 확대된 신체의 일부,' '텅 빈 화면' 등과 같은 이미지들로 보여주었지만, 연속성의 원리를 통해 스스로 그 모든 지엽적인 일탈의 시도를 포괄하고 정상화시키는 속성 또한 보여준다.[37] 이를테면, '탈프레임화décadrage'의 경우만 보더라도, 회화나 사진에서는 탈프레임화된 이미지들(과감한 각도, 대상의 생략, 신체의 절단 등)이 만들어낸 미스터리나 불안이 관객에게 끝까지 하나의 '긴장'을 남기는 것에 반해, 영화에서는 그러한 이미지들의 불안이나 미스터리가 거의 대부분 영화가 종료되기 전에 해소되거나 사라져버린다. 단 하

---

35. 영화적 운동에 대한 이러한 바르트의 관점은, 영화의 움직임을 분할과 재구성의 과정을 거쳐 탄생한 기계적 움직임으로 간주했던 영화사 초기의 일부 관점들과 다르지 않다. 이 책의 제1장과 제2장에서 살펴보았던 베르그손이나 벤야민의 '거짓 운동으로서의 영화운동' 논의와 유사하다.

36. Roland Barthes, *Roland Barthes par Roland Barthes* (Paris: Seuil, 1975), 59쪽.

37. Pascal Bonitzer, *Décadrages: peinture et cinéma* (Paris: Les Editions Cahiers du cinéma, 1985), 80~81쪽.

나의 고정된 이미지로 구성되는 회화나 사진에서는 탈프레임화된 이미지가 끝까지 긴장으로 남아 있을 수 있지만, 영화에서는 후행 이미지들에서 행해지는 '재프레임화recadrage,' '숏-역숏' 편집, 카메라의 '팬 이동' 등의 기법들로 선행 이미지에서의 긴장을 해소시키고 그 원인을 설명해버리기 때문이다.[38]

따라서 바르트가 보기에 영화 안에서 영화적인 것의 출현은 기본적으로 불가능하다. 다만, 정지된 이미지인 '포토그램'이 영화적인 것을 구현할 수 있을 뿐이다. 즉 포토그램만이 그 고유한 확장의 힘을 통해 우리에게 단편의 '내부dedans'와 그 속의 어떤 '틈새'를 보여주면서, 삶의 흐름과 시간의 깊이를 우리 스스로 재구성하도록 해줄 수 있다는 것이다. 바르트는 예이젠시테인 영화의 포토그램을 다시 예로

---

38. 오몽은 보니체의 연속성 개념에 상응하는 개념으로 '계열성'을 제시하는데, 그에 따르면 영화의 계열성은 비정상적이거나 탈중심화된 이미지들을 재중심화시키고 싶어하는 영화 관객의 "정상화normalisation" 경향과 긴밀한 연관을 맺고 있다. 회화든 사진이든 영화든, 시각매체의 관객에게는 기본적으로 비정상적인 이미지들을 다시 정상화시키고 싶어하는 "정상화" 경향이 내재되어 있다. 그런데 실제로 사진이나 회화 같은 '고정된 이미지' 앞에서는 관객이 쉽게 정상화 의지를 포기하고 이미지 내의 일탈과 비정상적 요소들을 작가의 형식적 특징으로 받아들이는 반면, 영화와 같은 '움직이는 이미지' 앞에서는 카메라의 이동이나 후행 이미지의 출현을 기대하며 그러한 비정상적 요소들이 정상적인 양태로 복귀되기를 바라는 정상화 의지를 계속 유지하게 된다. 즉 영화의 고유한 속성이라 할 수 있는 '계열성'이 이미지들의 일탈이나 비정상적 양태에 대한 관객의 정상화 경향을 더욱 부추기는 역할을 하는 셈이다.(Jacques Aumont, *L'oeil interminable*, Paris: Séguier, 1989, 126~129쪽 참조)
한편, 보니체의 '연속성' 개념과 오몽의 '계열성' 개념은 장피에르 우다르가 주장했던 영화에서의 '봉합suture'의 개념과도 일정 부분 연관성을 갖는다. 우다르는 영화가 '숏-역숏'이라는 기본 양식을 통해 카메라 시선의 불완전성과 자의성을 '봉합'하고 관객으로 하여금 '허구적 연속성' 안에 빠져들게 만든다고 분석했다. 즉 영화 관람의 첫 단계에서 관객은 첫번째 숏에 나타난 공간의 선택이 자의적이고 부분적이라는 것을 의심하지만, 두번째 숏에 등장하는 시선의 허구적 소유자(등장인물)를 통해 첫번째 숏의 자의성을 잊어버리고 곧바로 영화라는 허구적 연속성을 따라가게 된다는 것이다.(Jean-Pierre Oudart, "La suture," in *Cahiers du cinéma*, n°211, avril 1969 et n°212, mai 1969; Daniel Dayan, "The Tutor Code of Classical Cinema," in *Film Quartely*, vol. 28, n°1, 1974 참조)

드는데, 말하자면 예이젠시테인은 숏들 사이의 몽타주를 실행할 뿐 아니라 그와 동시에 하나의 숏 안에서도 일종의 '시청각적 몽타주'를 실현한다고 설명한다. 시청각적 몽타주란 "근본적인 중력의 중심이 '단편의 내부로,' '이미지 자체 속에 포함된 요소들 속으로' 이동하는" 몽타주이자 숏들 사이에서가 아니라 '숏 내부의 요소들' 사이의 충돌 이 문제가 되는 몽타주로서, 이러한 포토그램은 영화적 '시간'의 속박 을 벗어나 이미지에 대한 "순간적인 동시에 수직적인 독해"를 가능하 게 해준다.[39] 이를 통해 관객은 조작적 시간에 불과한 영화의 논리적 시간에서 벗어날 수 있게 된다. 즉 포토그램은 분절할 수 있고 재구성 할 수 있는 조작된 운동이 아니라, 우리의 정신 영역에서 일어나는 분 절할 수 없고 유동적인 운동을, 다시 말해 진정한 의미의 '영화적인 것'을 구현해낼 수 있다.

하지만 이러한 주장 때문에 바르트가 영화 안에서 영화적인 것의 구현 가능성을 전적으로 부정했다고 결론지을 수는 없다. 『밝은 방』 (1980)의 서두에서 밝힌 것처럼, 그는 "영화가 '아니라' 사진을 좋아 한다고 단언했지만 끝내 사진을 영화로부터 분리시키는 데 이르지 못했기" 때문이다.[40] 물론 그가 파악한 것처럼, 대부분의 영화들은 관 습적인 서사구조와 문화적, 역사적 약호를 담고 있는 2차 기호들의 의미작용으로부터 자유롭지 못하다. 하지만 바르트는 그의 기호학적 사유의 초기부터 일반적 관습에서 벗어나는 일련의 영화들이 나름의 고유한 방식으로 영화적인 것을 구현하고 관객의 무한한 정신작용과 상상행위를 추동시키는 것을 분명하게 인지하고 있었다. 애초에 그로 하여금 '영화적인 것'에 대한 사유를 갖게 만든 것은 어디까지나 사

---

39. Roland Barthes, "Le troisième sens," 881쪽.
40. Roland Barthes, *La chambre claire. Note sur la photographie* (Paris: Cahiers du cinéma, 1980), 13쪽.

진이 아니라 '영화(들)'이었다. 비록 영화의 구조적 한계를 깊이 인식하고 있었지만, 바르트는 영화이미지 역시 사진이미지이나 포토그램과 마찬가지로 '영화적인 것'을 구현할 수 있고 나아가 '사유의 환유적 확장'을 가능하게 할 수 있다고 지속적으로 믿어왔다. 그에 대해, 좀더 자세히 살펴본다.

3. 영화와 환유적 확장성

(1) 사진이미지와 환유적 확장성: 푼크툼과 절대 유사성

① 푼크툼과 상상하는 의식

바르트는 그의 기호학적 연구 말기에 『밝은 방』이라는 저서를 발표하면서, 제3의 의미 혹은 무딘 의미에 대한 논의를 더욱 발전시키고 확장시킨다. 그는 '스투디움studium'과 '푼크툼functum'이라는 두 개념의 대조를 통해 사진이미지가 갖는 이중적 속성을 명료하게 설명한다. 아울러 푼크툼을 중심으로 하는 그의 논의 범위를 응시자(관객)의 의식에서 발생하는 정신적 이미지와 그러한 정신적 이미지를 낳는 이미지의 환유적 특성으로까지 확대하면서 이미지기호에 대한 그의 사유를 더욱 풍부하게 만들어간다.

먼저, '스투디움'은 한마디로 '문화적 약호'를 뜻하는 것으로, 바르트가 이전에 언급했던 '약호 지닌 메시지' 개념과 '상징적 층위'(의미작용의 층위) 개념이 그대로 전승된 것이라 할 수 있다. 스투디움은 유통되는 앎의 체계, 지배 이데올로기, 내포태 등과 관련되며, 사진을 보는 순간 응시자의 앎의 영역 또는 문화적 영역에서 즉각적으로 번역되고 해석되는 함축적 의미를 가리킨다.

반면, '푼크툼'은 문화적 영역 밖에 존재하고 어떤 구체적 의미나 명칭을 가질 수 없는 요소를 가리키는 것으로, 기본적으로 '제3의 의미,' 즉 '무딘 의미' 개념을 이어가는 것이라 할 수 있다. 사진이미지에서 푼크툼은 대개 문화적 약호인 스투디움으로 은폐되는데, 그럼에도 불구하고 어느 순간 스투디움을 파괴하고 장면을 떠나 화살처럼 나(관객)를 관통한다. "찌름, 작은 구멍, 작은 반점, 작은 상처, 주사위 던지기" 등의 사전적 의미가 있는 푼크툼은 말 그대로 한순간 "나를 찌르는 (상처 입히고 심금을 울리는) 우연성"이라 할 수 있다.[41] 그런데, 푼크툼은 엄밀히 말해 사진 속의 물리적 대상(실제 얼룩, 상처 등)이나 관념적 대상(허무, 절망 등)을 가리키는 것이 아니라, 우리(관객)의 기분에 따라 변모하고 출몰하는 무엇, 가변적이고 설명할 수 없는 무엇을 가리킨다. 즉 지극히 '개인적이고 정서적인 무엇'을 가리키며, 즉각적으로 출현하는 미묘한 '감성의 색조tonalité'를 가리키는 것으로, 기호학적 관점에서 볼 때 "스투디움은 언제나 기호화되지만 푼크툼은 끝내 '기호화되지 않고' 명명할 수 없는 것으로 남는다."[42] 요컨대 푼크툼은 '사진적 시니피앙스'라고 할 수 있으며, 기호화되지 않는 탈-기호적 요소이지만 사진의 의미를 감소시키지 않고 오히려 증대시킨다. 또한 사진의 구조화된 내부로부터 일탈한 비논리적인 것들을 다시 길어올리는 역할도 수행한다. 다시 말해, 푼크툼은 이미지라는 하나의 기호 안에서 끊임없이 일탈하고 벗어나는 탈-기호적 요소이자, 동시에 그러한 일탈을 통해 이미지의 의미를 더 풍요롭고 역동적으로 만드는 생산적 요소다.

한편, 『밝은 방』의 헌사(「사르트르의 『상상계』를 기리며」)에서도 드러

---

41. 같은 책, 31~32쪽.
42. 같은 책, 74쪽과 57쪽 참조.

나듯, 바르트의 사진이미지 개념과 푼크툼 개념은 사르트르의 이미지론으로부터 깊은 영향을 받았다. 이 책의 제6장에서 살펴본 것처럼, 사르트르에게 이미지란 물질적 산물이 아니라 '정신적 산물'이며 또한 하나의 '의식행위'다. 즉 이미지는 우리의 정신작용을 통해 대상이 의식에 나타나는 방식이거나, 의식이 스스로에게 대상을 부여하는 방식이다. 사르트르는 자신의 주장을 더 분명하게 설명하기 위해, 전통적 의미의 이미지를 '아날로곤'으로, 개인이 자신의 의식 속에 떠올리는 이미지를 '상상하는 의식'으로 구별해 명명하기도 한다. 회화이미지와 사진이미지 등 우리의 눈으로 지각할 수 있는 이미지들은 '물리적 이미지'로, 그 물리적 이미지를 바탕으로 우리가 본래 대상에 대해 머릿속에 떠올리는 이미지는 '정신적 이미지'로 구분한 것이다. 특히 사르트르는 아날로곤이 상상하는 의식의 형상화 과정을 위한 재료이자 수단이 된다는 점에서, 그것을 '유사 물질' 또는 '유사 표상물'이라고 부르기도 한다.

바르트에게서도 '사진이미지'는 일단 유사 물질, 즉 '아날로곤'에 해당한다. 바르트는 사르트르처럼 우리의 상상하는 의식(정신작용)의 산물을 정신적 이미지라 부르면서 그것을 사진이미지라는 물리적 이미지와 대조해 사고하지는 않지만, 사진이미지의 최종적 의미는 그것에 대한 우리의 상상하는 의식을 거쳐야만 비로소 완성될 수 있다고 본 것이다. 그가 볼 때, 사진이미지에 대한 우리의 상상하는 의식의 깊이와 폭은 무한대로 증폭될 수 있으며, 따라서 사진이미지의 최종적 의미 역시 그것이 전달하는 도상적 메시지의 총합을 넘어 무한대로 확장될 수 있다.

또한 바르트는 '푼크툼' 역시 사진-대상이 아닌 응시자-주체로부터 발생하는 것이라고 주장하며, 대상 자체에서 발생되는 '물리적 현상'이 아니라 그 대상으로부터 감화되어 응시자의 정신에서 발생하는 일종의 '정신적 현상'이라고 강조한다. 즉 푼크툼은 사진이미지 속의 어떤 물리적 요소를 가리키는 것이 아니라, 그 요소가 우리의 의식 속에 일으키는 특별한 정신적 현상을 가리킨다. 특히, 푼크툼은 사진의 모든 요소 중에서도 가장 강렬한 정신작용을 유발하는 요소라 할 수 있다. 바르트에 따르면, 푼크툼은 사진이라는 고정된 이미지를 움직이게 하고, 사진이라는 정지된 한 순간에 이야기를 덧붙이며, 사진이라는 비활성적 이미지에 생명을 불어넣는다. 사르트르에게 상상하는 의식이 그 자체로 일종의 '마법적 행위'였다면, 바르트에게는 그러한 상상하는 의식을 일으키는 푼크툼이 그 자체로 하나의 마법적 순간이자 사건이다. 사르트르는 사진이 진정한 이미지가 되기 위해서는 '영혼의 보충'과 '아니마anima'가 필요하며, 다시 말해 '활성화되는 것'이 필요하다고 주장했다. 그리고 관객의 '상상하는 의식'이 바로 사진을 활성화하고 사진에 생명을 빌려주는 의식을 작동시킨다고 설명했다. 마찬가지로 바르트 역시 사르트르의 사유를 이어받아 "사진 자체는 전혀 활성화되어 있지 않다"고 주장하면서, "모든 뜻밖의 일aventure"의 출현이 사진을 활성화시키고 사진에 생명을 불어넣을 수 있다고 설명한다.[43] 그 뜻밖의 일이란 바로 푼크툼을 가리킨다. 즉 바르트에게, 사진의 영혼을 보충하고 사진을 활성화시키는 것은 바로 사진 속 어느 요소로부터 발생되는 가변적이고 우연적이며 정서적인 무엇, 기호화되지 않고 명명할 수도 없는 무엇인 '푼크툼'이다.

② 절대 유사성에서 환유적 확장성으로
한편, 바르트는 푼크툼 외에도 지표기호index로서 사진이 갖는 '절대 유사성'이 그 자체로 관객의 정신작용을 작동시키면서 일종의 '환

---

43. 같은 책, 39쪽.

유적 확장의 힘'을 갖는다고 주장한다. 즉 푼크툼이 물질적 이미지인 사진이미지에 영혼과 생명을 부여할 수 있을 만큼 강력한 정신작용을 이끌어내는 것이 사실이지만, 그 이전에 사진이미지가 내포하는 '절대 유사성'이 이미 관객의 정신작용에 작용하는 능력이 있다고 본 것이다. 이 지점에서 사진이미지에 대한 바르트의 사유는 사르트르의 그것과 차이를 보인다. 즉 바르트는 '사진이미지란 관객의 상상하는 의식을 위해 소용되는 매개물(아날로곤)'이라는 사르트르의 주장을 계승하면서도, 사진이미지가 그러한 '매개물'이기 위해서는 먼저 대상과의 '유사물(아날로그)'이라는 본래 역할을 충실히 수행해야 한다고 강조한다. 관객의 상상적 의식행위는 사진의 대상이 실제로 "존재했다ça a été"라는 사실에 대한 절대적 믿음에서 출발하기 때문이다. 바르트가 볼 때, 아날로곤으로서 사진이미지의 가장 본질적인 역할은 매개 물질이기 이전에 절대적 유사물이라는 그것의 특성에 기반을 둔다. 즉 '절대 유사'라는 조건이 충족되어야만 경험적 연상에 기반을 둔 응시자의 상상적 의식행위가 작동할 수 있으며, 사진이미지의 의미작용은 대상이 존재했다라는 '사실'과 응시자의 '인지효과effet de reconnaissance'가 통합되어야만 비로소 시작될 수 있는 것이다.[44]

이러한 바르트의 관점은 결과적으로 사진이미지에 대한 그의 최초

---

44. 사진에 내재된 메시지보다 관객의 정신작용과 상상행위에 의해 형성되는 세계의 의미를 더 중요시하는 바르트의 입장은 '텍스트texte'라는 개념에 대한 그의 인문학적 입장에 뿌리를 두고 있다. 실제로, 바르트는 「저자의 죽음」 등의 글을 통해 기존의 텍스트 개념을 뒤집으면서 텍스트의 완성에 있어서 '독자의 역할'을 중요시했다. 그에 따르면, 독자 혹 관객은 단순한 텍스트 수용자가 아니라 텍스트의 의미 생성 과정에 참여하고 그 과정을 종결짓는 능동적 주체다. 하나의 텍스트는 수많은 문화에서 온 복합적인 글쓰기들로 이루어지며, 그러한 텍스트의 다양성이 집결되는 장소는 저자가 아니라 '독자'인 것이다. 즉 "텍스트의 통일성은 그 기원에 있는 것이 아니라 그 목적지에 있으며," 모든 기억과 상상력을 동원해 텍스트의 의미를 최종적으로 완성시키는 이는 바로 독자다.(Roland Barthes, "La mort de l'auteur" (1968), in Roland Barthes, Œuvres complètes. Tome II, 494~495쪽 참조)

의 사유들과 다시 연결된다. 앞서 살펴본 것처럼, 바르트는 약호 지닌 메시지들의 내포적 층위들을 논하기에 앞서, 사진이 원칙적으로 '탈 약호화'된 메시지이며 대상과 이미지 사이에 중계행위가 전혀 필요 치 않는 메시지라는 사실에 주목했기 때문이다. 즉 바르트는 그의 기 호학 연구의 초기 단계부터, 사진이 어떤 문화적 약호도 부여되지 않 은 '순수 외연'이자 의미론적으로 텅 비어 있는, 따라서 모든 의미를 수용할 수 있는 '지시대상의 낙인'임을 인지하고 있었다. 『밝은 방』이 보여주는 것처럼, 기호학 연구 말기에 바르트는 그러한 초기 사유로 돌아가 거기에 약간의 설명만 덧붙인다. 즉 사진은 대상에 대한 완벽 한 닮음을 전제로 하는 절대 유사물이며, 그러한 '절대 유사'라는 사 진의 조건은 역설적으로 사진이 단지 무엇을 가리키는 지시물일 뿐 아니라 "모든 내용물을 비운, 지칭하는 순수한 힘"이 될 수 있다는 사 실을 의미한다는 것이다.[45] 절대 유사물이자 순수 외연이라는 사진의 기본 조건은 사진을 의미론적으로 텅 빈 공간으로, 즉 영도의 지대로 만들어준다. 그리고 그러한 영도의 지대로서 사진은 자신의 텅 빈 공 간을 관객의 경험적 내용물로 채우게 된다. 바르트의 주장처럼, 사진 은 의미를 발신하는 발신기호라기보다는 관객의 의미를 받아들이는 '수신기호'에 더 가깝다 할 수 있다.

이처럼 바르트는 대상의 낙인으로서의 사진, 즉 지표기호로서의 사진이 물리적 인접성과 지시성을 넘어 절대적 유사성을 지닌다고 보 며, 그 절대적 유사성 덕분에 사진은 관객의 상상하는 의식행위(정신작 용)를 거쳐 일종의 '환유적 확장의 힘force d'expansion metonymique'[46]을 얻게 된다고 주장한다. 바르트가 말하는 절대 유사성이란 대상이 실

45. 뒤부아 역시 바르트의 입장을 이어가면서, "사진은 의미적으로 비어 있거나 아 무것도 쓰여 있지 않은 신호들"이라고 주장한다.(필립 뒤봐, 『사진적 행위』, 114쪽)
46. Roland Barthes, *La chambre claire. Note sur la photographie*, 74쪽.

제로 '존재했던 것'을 알려주는 일종의 '증명성'이라 할 수 있는데,[47] 이러한 증명성이 사진에 의미 확장의 잠재성을, 즉 '환유적 확장성'을 부여하는 것이다. 지표로서의 사진이 갖게 되는 증명성이 사진의 유사성 때문인지 혹은 순수 지시성 그 자체 때문인지에 관해서는 이론의 여지가 있지만,[48] 여하튼 사진의 환유적 확장성은 이미지라는 절대 유사의 매개물을 통해 관객의 정신 속에서 일어나는 '환유적 충동 pulsion métonymique'으로부터 비롯된다. 그리고 그러한 충동은 대개 관객에게 내재된 '억압, 콤플렉스, 욕구' 등의 영향을 받는다. 즉 모든 의미화가 배제된 순수 외연으로서의 사진 앞에서 관객은 자신의 억압, 콤플렉스, 욕구 등과 연결된 환유적 충동을 느끼며, 그러한 환유적 충동은 프레임이라는 한정된 공간을 벗어나 무시간적이고 무의식적이며 임의적이고 잠재적인 '상상의 세계'로 뻗어나가게 한다. 사진이라는 실제 공간은 닫힌 공간이지만, 관객이 상상으로 재구성하는 공간은 비록 잠재적이라 할지라도 무한대로 열린 공간이다. 또한 고정 이미지 매체만이 가질 수 있는 시간과 운동으로부터의 자유가 관

---

47. 이와 관련해 바르트는 다음과 같이 말한다. "사진은 (그것의) '편향적인' 본성상 사물의 의미에 대해서는 거짓말을 할 수 있지만, 사물의 실존existence에 대해서는 결코 거짓말을 할 수 없다.(Roland Barthes, 같은 책, 135쪽)

48. 필립 뒤부아는 사진의 '지표성'이 환유적 확장성을 갖는다는 바르트의 주장에 동의하면서도, 지표로서의 사진, 즉 "사진-낙인이 반드시 닮음의 개념을 함축하지는 않는다"고 주장한다. 이를테면, 사진사 초기부터 등장한 일련의 포토그램 기법 사진들(탤벗W. H. F. Talbot의 포토제닉 드로잉 등)은 실제 지시대상과의 유비 관계를 결코 입증해줄 수 없으며, 단지 그것이 "접촉에 의한 빛의 자국"이라는 사실만 나타내기 때문이다. 다시 말해 사진의 지표성은 그것이 "지시대상과 실제적이고 물리적인 인접성에 의한 빛의 자국"이라는 사실만을 보장해줄 뿐이다. 하지만 뒤부아는 사진이 이와 같은 '절대 유사'의 불확실성에도 불구하고, 그것의 '특이성,' '증명성,' '지시성'만으로도 충분히 환유적 확장성을 갖는다고 설명한다. 특히 '대상이 무엇을 의미한다'보다 '대상이 거기에 존재한다'를 알려주는 사진의 '지시성'은 그 자체로 무한한 의미의 확장성을 내포할 수 있다고 본다.(필립 뒤봐, 『사진적 행위』, 86~101쪽 참조)

객의 상상작용을 더욱 활성화시키면서 사진에 더욱더 강력한 환유적 확장성을 부여하게 된다.

바르트에 따르면, 이처럼 환유적 확장을 유도하는 '푼크툼'과 '절대 유사성'은 원칙적으로 사진만이 지닌 특성 혹은 요소다. 그가 보기에, 영화에서는 계열성 또는 연속성이라는 매체적 조건 때문에 이 두 요소가 제대로 기능하는 것이 근본적으로 불가능하다. 영화에서는 환유적 확장의 첫번째 조건이라 할 수 있는 '단상'이 이미지들의 연쇄에 의해 방해받고 중단될 수밖에 없기 때문이다. 그런데 바르트는 영화에서의 환유적 확장 자체가 전적으로 불가능한 것은 아니며, 그것은 이 두 요소가 아닌 다른 두 요소들에 의해 실현될 수 있다고 주장한다. 바로 영화의 가장 기본적이면서도 핵심적인 형식이라 할 수 있는 '몽타주'와 '프레임'이다. 푼크툼과 절대 유사성을 기반으로 하는 환유성에 비해 상대적으로 덜 언급되었지만, 바르트가 그의 기호학적 연구의 초기부터 견지해온 이 또다른 환유성에 대해, 엄밀히 말하면 진정한 의미의 '영화적 환유성'에 대해 주목할 필요가 있다.

(2) 영화이미지와 환유적 확장성: 몽타주와 프레임

우선 구체적인 논의에 앞서, 바르트가 그의 기호학적 탐구의 초기부터 사진이미지와 마찬가지로 영화이미지에서도 '순수 외연'이 발생할 수 있다는 가능성을 배제하지 않았다는 사실에 주목해야 한다. 기본적으로 바르트는 이미지들의 연속체인 영화이미지가 고정 이미지인 사진에 비해 순수 외연적 메시지를 전달하기가 훨씬 더 어렵다고 보았다. 하지만 그는 영화에도 종종 의미의 좌표를 벗어나고 의미의 약호화 작용으로부터 자유로운, 순수 외연적 메시지가 존재한다는 것을 인지하고 있었다. 예를 들어 『신화론』(1957)에서, 그는 당대 모든 신화적 의미작용의 집결체라 할 수 있는 그레타 가르보의 얼굴에서 역설적으로 모든 의미가 중지된 일종의 '영도degré zéro의 상태'가 나타나는 것에 주목했다. 가르보의 얼굴은 그 자체로 "일종의 육신의 절대상태, 즉 다다를 수도 단념할 수도 없는 상태를 구성"하고 모든 서사의 압박으로부터 벗어나 얼굴의 본질 자체를 보여주는 일종의 "개념" 혹은 "관념"으로서의 얼굴이라고 주장한다.[49] 바르트는, 비록 이미지들의 연속체 안에 위치하고 있고 시간의 지속을 내포하고 있지만, 그녀의 얼굴이야말로 모든 내포의 차원이 제거된 '순수 외연'의 차원이자 일종의 '통일적 실체'라고 강조한다.[50]

① 탈계열적 몽타주와 환유적 확장성

같은 맥락에서, 바르트는 사진에서뿐 아니라 영화에서도 의미의 중지나 의미의 유보를 통한 환유적 확장이 가능하다는 사고를 지속해왔다. 우선, 그는 영화의 가장 중요한 작업이자 형식인 '몽타주' 차원에서 일어나는 환유적 확장에 대해 주목한다. 앞 장에서 얘기했듯, 바르트에 따르면, 영화는 일단 야콥슨R. Jakobson이 분류한 두 개의 수사학 모델들인 은유와 환유 중 '환유'에 더 적합한 매체다. 바르트는 다음과 같이 설명한다.

> 은유란, 유사성을 통해 서로가 서로를 대체할 수 있는 모든 기호의 원형이다. 반면 환유는, 인접 관계 안에 포함됨으로써, 말하자면 전염 관계 안에 들어감으로써 그 의미를 재생산할 수 있는 모든 기호의 원형이다. 예를 들어, 달력에서 종이가 떨어져나가는 것은 은유다. 하지

---

49. Roland Barthes, *Mythologies*, 77쪽과 79쪽.
50. 우리는 이 책의 제5장에서 '통일적 실체로서의 가르보의 얼굴'에 대해 상세히 언급한 바 있다. 제5장의 「2-(2) 클로즈업 및 클로즈업된 얼굴: 통일적 실체, 자율적 전체」 부분을 볼 것.

만 영화에서 모든 몽타주는, 다시 말해 모든 기표적 인접성은 환유다.[51]

바르트는 영화가 몽타주에 근간을 두는 매체라고 보았고, 따라서 몽타주의 핵심 원리인 '인접'과 '연쇄'에 의해 작동되는 매체라고 보았다. 그리고 그 점에서 영화는 단어들의 인접 또는 근접에 따라 의미를 확장하는 수사학적 기법인 '환유'에 더 적합한 매체라고 주장한다. 바르트는 영화가 일반적 의미의 언어, 즉 분절적 언어와는 근본적으로 다른 것이라 간주하며, 분절적 언어가 '비유사적'이고 '불연속적'인 기호들의 체계인 것에 비해 영화는 현실과 '유사한' 표현으로 주어지고 이미지들의 '연쇄'를 바탕으로 이루어지는 체계임을 강조한다. 영화적 표현은 일정한 질서에 따라 '연쇄되는 기표들'에 의해 형성되는데, 이 기표들은 분절 언어의 독립적이고 명시적이며 불연속적인 기의들과는 성격이 다른, 즉 "포괄적이고 확산적이며 잠재적인 기의들"에 상응한다.[52] 즉 몽타주에 근간을 두는 영화는 기표들의 인접과 연쇄를 통해 잠재상태에 있는 다양한 기의들을 지시하고 환기할 수 있으며, 그로부터 의미의 확대적 재생산을 유도하는 환유적 기능을 수행할 수 있다.[53] 따라서 영화는 기본적으로 "환유적 예술art métonymique"[54]이

---

51. Roland Barthes, "Sur le cinéma"(entretien avec M. Delahaye et J. Rivette, *Cahiers du cinéma*, n. 147, septembre, 1963), in Roland Barthes, *Œuvres complètes. Tome I*, 1157쪽.
52. 같은 글, 1156쪽.
53. 여기서, 바르트가 말하는 환유는 언어학적 관점의 환유보다 정신분석학적 관점의 환유에 더 가깝다. 라캉에 따르면 환유란 "의미의 연쇄 속에서 멀리 떨어져 있는 하나의 시니피앙을 가리키는 시니피앙의 태도"이고, 은유가 "상징적 범주의 구성"에 관계되는 것에 반해 환유는 "상상적 관계의 변주"에 관계되기 때문이다.(정과리, 「정신분석에서의 은유와 환유」, 『기호학 연구』, 5권, 1999, 20~21쪽 참조)
54. Roland Barthes, "Sur le cinéma," 1157쪽.

라 할 수 있다.

그러나 몽타주가 지니는 이러한 환유적 특성은 전술한 것처럼 영화의 모든 영역을 지배하는 연속성 또는 계열성에 의해 곧바로 방해를 받고 그 기능의 수행 자체가 중단된다. 기표들의 인접을 통해 의미를 확대, 재생산하는 몽타주의 환유적 기능은 빠른 속도로 이어지는 이미지들의 계열로 인해 의미의 확대에 필요한 단상의 시간을, 즉 사유를 실천할 기회를 상실하게 되기 때문이다. 따라서 몽타주 본연의 특성인 환유적 확장성을 실천하기 위해서는 영화의 기본 조건으로 간주되는 연속성 또는 계열성을 무력화시켜야 한다. 이미지들의 연쇄가 단지 이미지들의 인접성, 근접성만을 의미할 수 있도록, 연속적인 의미의 계열을 해체시키고 탈구시켜야 하는 것이다. '계열'이라는 형식이 어쩔 수 없는 영화의 조건이자 몽타주의 조건이라면, 그 계열의 속성 자체를 불균형적이고 이질적인 것으로 만들어야 한다. 즉 일반적으로 영화에서의 의미의 계열이 기표들의 계열과 기의들의 계열의 쌍으로 이루어진다면, "두 계열은 서로 균형을 이루지 못하고 서로 만나지 않으며 서로에게 귀속되지도 않는" 일종의 "불균형의 계열"[55]이어야 한다. 이러한 '계열의 탈계열화' 혹은 '탈계열적 계열화'가 이루어질 경우, 그리고 그에 따라 몽타주가 단지 '기표들의 연쇄'로만 작용하게 될 경우, 몽타주는 다시 그것의 고유한 환유적 확장성을 실천할 수 있게 된다. 이미지-기표들이 미리 정해놓은 기의들에 안착되지 못하고 끊임없이 미끄러지며 이탈할 경우, 그러한 기표들의 연쇄는 본래의 몽타주 원리에 충실하게 독립적이고 명시적인 의미가 아닌 '확산적이며 잠재적인 기의'들을 지시하게 된다.[56]

---

55. Gilles Deleuze, *Logique du sens*, 83쪽.
56. 이 관점 역시 정신분석학에서의 환유 개념을 반영한 것이라 할 수 있다. 정신분석학에서 은유는 "의미화"를 가리키고, 환유는 "의미화의 실패" 혹은 "비의미 속에

바르트는 이러한 탈계열적 몽타주를 잘 보여주는 예로 루이스 부뉴엘의 〈절멸의 천사El Angel Exterminador〉(1962)를 든다. 아래 인용 단락에서 보다시피, 이 영화야말로 의미들의 탈계열화를 탁월하게 실천한 영화이며 그를 바탕으로 '의미의 중지'와 '의미의 유보'를 충실히 이행한 영화라고 주장한다. 바르트에 따르면, 이 영화에서 이미지들은 고정된 의미의 계열을 형성하지 못하고 비가역적인 지속만을 이행하며, 각 이미지-기표들은 기의들에서 끊임없이 미끄러지면서 특정한 의미의 생산을 거부한다. 이 영화는 의미 대신 '시니피앙스'들로 가득차 있으며, 영화의 모든 이미지는 '의미작용signification'에서 '시니피앙스signifiance'로 끊임없이 이동하고 있다. 바르트는 다음과 같이 설명한다.

> (〈절멸의 천사〉에서) 우리는 어떻게 매 순간 의미가 중지suspendu되는가를 목도할 수 있다. 그러나 그것은 결코 어떤 비-의미un non-sens를 가리키지 않는다. 이 영화는 부조리 영화가 전혀 아니며 오히려 의미들로 가득찬 영화, 라캉이 '시니피앙스'라고 불렀던 것들로 가득찬 영화다. 즉 이 영화는 시니피앙스로 가득차 있지만, 결코 '하나의' 의미를 지니지 않으며 작은 의미들의 계열로 이루어진 것도 아니다.[57]

따라서 〈절멸의 천사〉처럼 의미가 중지되거나 유보된 영화의 이미지들은 관습적인 서사구조로부터 벗어나 자유롭고 독자적인 시니피앙스를 추구할 수 있으며, 그로부터 무한한 환유적 확장의 가능성까지 내포할 수 있게 된다. 고정된 의미들의 계열 대신 끊임없이 기의들

머무르는 것"을 가리킨다.(정과리, 같은 글, 21쪽)
57. Roland Barthes, 같은 글, 1161쪽.

로부터 일탈하는 기표들로 채워진 영화는 부단히 생성중이고 갱신중인 시니피앙스들로 더욱 풍요로워질 수 있다. 바르트의 표현을 빌리자면, 이와 같은 영화들에서 몽타주는 일종의 "배치dispatching"와 같다고 할 수 있다. 몽타주는 적절한 의미 생산을 위한 기표들의 효율적 조합보다는 기표들의 자유로운 병치와 배열에 목적을 두는, 탈계열적이면서도 "영속적인 배치"를 향해 진행되는 것이다. 〈절멸의 천사〉에서 "우리의 의지와 상관없이 매 순간 생성되는 의미는 대단히 역동적이고, 대단히 지성적인 배치 속에서 파악되며, 결코 정의되지 않는 그 다음의 의미를 향해 나아간다."[58]

② 프레임과 환유적 확장성

한편, 바르트는 몽타주뿐 아니라 영화의 '프레임' 차원에서도 환유적 확장의 가능성에 대해 언급한다. 이러한 그의 관점은 그의 기호학적 연구 말기에 보다 분명하게 표명되는데, 이는 달리 말하면 그가 영화에 관심을 가진 이후로 줄곧 영화이미지의 환유적 특성에 대해 숙고했었다는 것을 의미하기도 한다. 바르트는 사진이미지와 영화이미지를 비교하는 『밝은 방』의 한 단상에서 프레임의 바깥과 화면 밖 영역에 대해 다음과 같이 언급한다.

영화는 일견 사진이 갖고 있지 않은 힘을 지니고 있다. (바쟁이 말한 것처럼) 영화의 스크린은 하나의 프레임cadre이 아니라 가리개cache다. 영화의 스크린에서 빠져나가는 인물은 계속해서 살아 있다. 즉 영화의 '보이지 않는 화면champ aveugle'은 (우리의) 부분적인 시각을 끊임없이 이중화시킨다. 그런데 좋은 '스투디움'을 가진 사진을 포함하여 수

---

58. 같은 곳.

많은 사진들 앞에서, 나는 보이지 않는 화면을 전혀 느끼지 못한다. 사진의 프레임에서 일어나는 모든 것은 그 프레임을 벗어나자마자 반드시 죽어버리는 것이다. 사람들이 사진을 부동의 이미지라고 정의할 때, 그것은 단지 사진에 재현된 인물들이 움직이지 않는다는 사실만을 의미하는 게 아니다. 그것은 인물들이 프레임 밖으로 '빠져나가지' 못한다는 사실도 의미한다. 그들은 (사진 안에) 마치 나비들처럼 마취당한 채 꽂혀 있는 것이다.[59]

바르트에 따르면, 영화이미지의 바깥, 즉 "보이지 않는 화면"은 영화와 함께 항상 살아 있는 영역이다. '화면 밖 영역hors-champ'이라고도 불리는 그 영역은 단지 보이지 않을 뿐, 이미 프레임 안의 보이는 화면 영역과 함께 거대한 상상의 세계를 형성하고 있다. 실제로 영화는 오래전부터 다양한 기법과 양식을 통해 인물들이 보이는 화면뿐 아니라 보이지 않는 화면에서도 움직이고 있음을, 즉 화면 안에 존재하고 있지만 화면 밖에서도 존재하고 있음을 환기시켜왔다. 바르트가 언급한 바쟁의 표현처럼, 영화의 프레임은 이미지를 가두는 틀이 아니라 영화에 소용될 이미지의 일부를 위해 나머지를 가리는 '가리개'다. 가리개로서의 프레임은 관객을 가려져 있는 그 거대한 세계에 대한 상상과 추론으로 끊임없이 이끈다. 그리고 바로 이러한 프레임의 기능 덕분에, 영화의 관객은 사진의 관객과 마찬가지로 관람 내내 부단한 정신작용을 수행하는 능동적인 텍스트 생산자가 될 수 있다. 사진에서는 "푼크툼이 존재하는 순간부터 보이지 않는 화면이 창조"[60] 되기 시작하지만, 영화에서는 '프레임'의 존재 자체가 처음부터 보이

---

59. Roland Barthes, *La chambre claire. Note sur la photographie*, 90쪽.
60. 같은 곳.

지 않는 화면의 현존을 환기시켜주는 것이다. 즉 끊임없이 이미지의 '바깥'을 지시하는 프레임의 기능이야말로 "사진이 갖고 있지 않은 영화의 힘"이라 할 수 있으며, 영화 관객으로 하여금 지속적으로 상상적 의식행위와 환유적 사유를 수행할 수 있게 해주는 원천이라 할 수 있다.

나아가, 바르트에게 '이미지 바깥'은 보이지 않는 상상의 세계 혹은 거대한 영화의 영역을 가리키기도 하지만, 글자 그대로 이미지 바깥인 '물질적 바깥,' 즉 '영화관 내부'를 의미하기도 한다. 「영화관을 나오면서」(1975)에서 바르트는 이러한 프레임의 바깥, 즉 이미지의 물질적 바깥의 의미에 대해 언급하는데, 영화관 안에서 영화를 관람하는 그는 어느 순간 '미끼'처럼 그를 붙잡아두고 그를 매혹시키고 포획하는 영화이미지로부터 벗어나고자 한다. 영화관 안에서 유일한 현실처럼 제시되고 그럴듯한 최면상태로 그를 마취시키는 영화라는 거울의 세계 혹은 '상상계'로부터 '이륙décoller'하고자 하는 것이다. 그런데 그러한 생각은 영화에 대한 부정보다는, 오히려 그 스스로 밝히듯이 영화에 대한 깊은 애정에서 비롯된다. 영화를 더 잘 보기 위해, 영화의 이미지들이 제시하는 것들을 더 잘 이해하기 위해 일종의 브레히트적인 '거리두기' 태도를 취하려는 것이다. 이미지의 물질적 바깥에 대한 주시를 통해, 바르트는 일방적인 서사체계와 이미지들의 연쇄가 이끄는 최면상태에 빠지지 않으려 애쓴다. 바르트는 스스로 다음과 같은 방법을 제시한다.

영화관에 가는 또다른 방식이 있다. 그 방식은 마치 내가 동시에 두 개의 몸을 갖고 있는 것처럼, 이미지와 그 주변에 의해 '두 번' 매혹되도록 스스로를 내버려두는 것이다. 한 몸은 가까운 거울 안에서 길을 잃어버린 채 무언가를 응시하는 자아도취적인 몸이며, 다른 한 몸은 이미지가 아니라 그것을 넘어서는 것들을, 즉 소리의 결, 상영실, 어둠, 다수의 어두운 다른 몸들, 빛줄기, 입구, 출구를 물신화할 준비가 되어 있는 비뚤어진 몸이다.[61]

다시 말해, 영화이미지로부터 "거리를 두기 위해, 이륙하기 위해, 나(그)는 '상황'을 통해 '관계'를 복잡하게 만든다."[62] 그리고 그러한 거리두기는 곧 물질로서의 필름, '물질'로서의 '영화이미지'에 대한 응시로 이어진다. 위에서 언급한 것처럼, 바르트는 하나의 몸으로는 영화이미지에 매혹된 채 그 상상계 안에 머무르지만, 또하나의 몸으로는 이미지 밖의 영화 상영실, 어둠, 다른 몸들, 빛살, 입구, 출구와 같은 것들을 응시한다. 이러한 응시는 이미지 바깥의 물질들에, 즉 물리적 세계에 관심을 두려는 것이며, 또한 영화이미지를 단순한 물질적 이미지로 바라보려는 의지의 표명이라고도 할 수 있다. 이처럼 영화이미지를 바라볼 경우, 관객은 서사를 위해 준비된 영화이미지의 정보적 층위 요소들과 의미작용의 요소들 대신, 그러한 이중의 좌표로부터 빠져나가는 제3의 요소들을, 즉 시니피앙스의 요소들을 발견할 수 있기 때문이다. 즉 관객은 영화라는 상상계 안에 존재하면서도 그 세계의 의미망으로부터 빠져나가고 추가물이나 여분처럼 표류하는 무딘 의미들을 찾아낼 수 있다. 요컨대, 바르트가 제시한 두 개의 몸을 통한 거리두기는 영화이미지를 영화라는 상상계에 속하는 이미지이자 영화관이라는 실재계에 속하는 이미지로 동시에 지각할 수

---

61. Roland Barthes, "En sortant du cinéma," *Communications*, nº 23, 1975, 106쪽.
62. 바르트는 이러한 그의 방식을 '비판적 거리'가 아니라 "애정을 품은 거리 distance amoureuse"라고 표현한다. 영화를 더 잘 보기 위해, 즉 영화이미지의 일차적인 최면의 미끼에 걸려들지 않고 그것의 본질적 의미들을 파악하고 사고하기 위해 취하는 거리인 것이다.(같은 글, 107쪽)

있게 해준다.

결국 이 같은 바르트의 이중적 태도는 벤야민이 '정지상태의 변증법'을 통해 시도하려 했던 이중적 태도와도 유사하다고 할 수 있다. 제2장에서 살펴본 것처럼, 벤야민은 파편화된 채 병치되는 이미지들에 대해 '몰입'과 '거리두기'의 이중적 태도 혹은 '꿈에의 침잠'과 '깨어남'의 이중적 태도를 유지해, 마침내 진정한 각성의 단계에 이르고자 했기 때문이다. 벤야민은 이러한 이중적 태도를 역사와 세계에 대한 지각양식이자 사유양식으로 간주했고, 마찬가지로 영화에 대한 지각양식이자 사유양식으로 간주했다. 바르트 역시 영화이미지에 대한 지각양식으로 몰입과 거리두기의 이중적 태도를 취한다. 그리고 벤야민과 마찬가지로 바르트의 이러한 이중적 태도는, 궁극적으로 진정한 사유의 단계에 이르기 위한 것이라 할 수 있다. 즉 프레임과 프레임 바깥에 대한 이중적 응시, 상상계의 이미지이자 실재계의 이미지로서의 영화이미지 인식 등은 단지 분산적 지각상태에 머물기 위한 것이 아니라, 오히려 고정된 의미로부터의 일탈과 의미의 유보를 통해 관객 자신의 사유를 가동시키기 위한 것이라 할 수 있다.

따라서 바르트의 이중적 태도는 이미지의 연속체와 영화의 서사가 일방적으로 강요하는 의미의 수용을 거부하고, 이미지들에 대해 몰입과 거리두기의 태도를 유지하면서 그(관객) 스스로 의미를 만들고 확장시키도록 하려는 의도를 내포한다고 할 수 있다. 이 점에서, 프레임을 통한 환유적 확장성의 추구는 몽타주를 통한 환유적 확장성의 추구와 다시 만난다. 벤야민의 정지상태의 변증법이 결국 한 축은 '몰입'과 '거리두기'의 이중적 태도에 두고 있고 다른 한 축은 파편화된 이미지들의 병치라는 '몽타주' 양식에 두고 있는 것처럼, 바르트의 영화적 환유성 역시 한편으로는 프레임 차원에서의 '몰입'과 '거리두기'에 기반을 두고 다른 한편으로는 몽타주 차원에서의 이미지-기표들의 탈계열적 배치에 기반을 두는 것이다.

결국 바르트에 따르면, 영화는 그것의 가장 기본적인 형식이라 할 수 있는 몽타주와 프레임을 통해 지속적이고 무한한 환유적 확장의 힘을 얻는다. 일견, 그의 논의에서 영화는 이미지들의 연속성과 계열성으로 인해 관객의 상상행위와 환유적 사유를 추동시키기 힘든 것으로 나타나기도 한다. 그러나 영화는 몽타주라는 형식을 실천함으로써, 이미지라는 기표들의 인접과 연속을 통해 잠재상태에 있는 다양한 기의들을 지시하고 의미를 확대 재생산하는 환유적 힘을 얻을 수 있다. 특히 탈계열적 몽타주일 경우, 영화는 고정된 의미를 생산하는 대신 기표들의 끊임없는 일탈을 통해 무한한 의미 생산과 사유의 단계로 진입할 수 있다. 또한 영화는 프레임이라는 형식을 사용함으로써, 끊임없이 이미지의 바깥을 환기시키며 관객의 지속적인 상상행위와 환유적 사유를 이끌어낼 수 있다. 이때 프레임은 이중적 차원의 기능을 갖는데, 하나는 프레임에 의해 가려져 있는 거대한 영화세계에 대한 상상으로 유도하는 기능이며, 다른 하나는 프레임 바깥의 물질적 세계에 대한 환기를 통해 상상의 이미지이자 물질적 이미지로서의 영화이미지에 대한 사유로 이끄는 기능이다.

결절 結節

영화이미지에 대한 바르트의 사유는 인문, 예술 전반에 대한 그의 사유의 변화과정을 충실히 반영한다. 구조주의적 사고에서 탈구조주의적 사고로, 그리고 정신분석학과 수용미학의 사유로 옮겨가는 그의 변화무쌍한 사유의 궤적이 영화이미지에 대한 그의 사유에서도 그대로 드러난다. 그의 논의들에서 영화이미지의 기호적 특성은 다층의 내포적 차원을 갖는 '의미작용의 기호'에서 비-언어적 의미작용을 수행하는 '시니피앙스의 기호'로 변모해가며, 다시 관객의 정신작용을 나타내는 '정신적 기호'이자 무한한 상상의 세계로 연결되는 '환유적 기호'로 제시된다.

그런데 영화이미지에 대한 바르트의 사유는 위와는 다른 '또하나의 사유' 궤적을 내포하고 있다. 바르트의 초기 논의에서 후기 논의까지 나타나는 영화적 담론들은 단순한 인문학적 사유의 반영이 아닌, 즉 당대의 사상적 흐름을 명민하게 적용한 주장들이 아닌, 또다른 차원의 사고를 지니고 있는 것이다. 그 사고는 처음부터 끝까지 단 하나의 관점에 의해 지배된다. 그것은 바로 영화이미지가 무한한 '의미 확장의 가능성'을, 즉 '환유적 확장의 힘'을 내포하고 있다는 관점이다. 바르트의 논의를 더 세밀하게 다른 각도에서 살펴보면, 그가 처음부터 영화이미지에 내재된 무한한 환유적 확장성에 대해 주목하고 있었다는 사실을 알 수 있다.

이 장의 초반에 언급한 것처럼, 기호학적 연구 초기에 그는 사진과 영화이미지에 수반되는 약호화와 다양한 내포적 기능에 대해 강조하면서도, 그와 동시에 약호화와 언어작용으로부터 벗어나는 '순수 외연의 층위'에 대해서도 주시했다. 언어체를 정지시키고 의미화 작용을 막는 '외상적 층위'들이 그 의미 없음으로 인해, 즉 의미론적으로 텅 빈 그 순수상태로 인해, 오히려 무한한 의미들을 수용할 수 있고 나아가 창출해낼 수 있다는 사실을 인지하고 있었던 것이다. 실제로, 바르트는 기호학적 논의들에 관심을 갖기 전부터 이미 이런 사고를 표명했다. 예를 들어, 「영도의 글쓰기」(1953)에서 그가 제시한 "백과사전적 단어mot encyclopédique"라는 개념은 '중성적이고 순수한 특성으로 인해 모든 의미를 수용할 수 있고 모든 담론과 연결될 수 있는 단어'를 가리키는 개념이다. 즉 백과사전적 단어는, 의미론적으로 텅 비어 있고 일종의 '영도의 상태'에 머물러 있지만 그와 동시에 "과거와 현재의 모든 정의定義를 내포"할 수 있는 단어를 뜻하는 것이다.[63] 다시 말해, 바르트는 백과사전적 단어에 대해 말할 때부터, 그리고 사진이미지의 순수 외연 층위에 대해 말할 때부터, 이미 의미론적으로 텅 빈 중성의 기호들이 갖는 무한한 의미 확장의 가능성에 주목했다. 이러한 그의 관점은 기호학적 논의의 초기를 지나 중기에도 이어지는데, 이를테면 『기호의 제국』(1970)에서 바르트는 모든 의미가 비워져 있는 "순수한 형태forme pure"야말로 그 현실적인 빈 상태 덕분에 모든 종류의 '잠재성'과 모든 '창조적 가능성'을 내포할 수 있다고 강조하기도 한다.[64]

바르트는 문학과 사진에서 발견한 이 '텅 빈 기호들'을 영화에서도 발견한다. 그는 문학에서의 '백과사전적 단어'와 사진에서의 '순수 외연 층위'에 상응하는 것으로서 영화에서의 '무딘 의미'를 제시한다. 물론, 무딘 의미 개념에는 규칙과 체계로부터의 일탈이라는 탈구조적 특성이 강하게 내재되어 있지만, 무딘 의미는 탈구조적 요소이기 이전에 의미론적으로 비워지고 기호적으로 무력화된 영역을 뜻한다. 무딘 의미는 오로지 기표들에만 관계하면서 의미작용의 층위가 아닌 시니피앙스의 층위에 위치하며, 기의를 영원한 질문으로 남겨둔 채단지 기표에 대한 의미론적 독해만을 요구한다. 즉 무딘 의미는 의미의 구조망에서 빠져나갈 뿐 아니라, 언어체의 무한함을 향해, 의미의 무한한 생성을 향해 열려 있는 '텅 빈 기호' 또는 '기의 없는 기표'라 할 수 있다.[65]

63. Roland Barthes, *Le Degré zéro de l'écriture*(1953), suivi de *Nouveau essais critiques*(Paris: Seuil, 1972), 38쪽.
64. Roland Barthes, *L'Empire des signes*(1970), Paris: Flammarion, 1980, 61~62쪽.
65. 바르트의 이러한 '무딘 의미' 개념에는 영화이미지에 대한 선행 연구자들의 사유가 복합적으로 새겨져 있다. 예를 들어 의미 체계 안에 좌표화되지 않고 끊임없이 빠져나가는 무딘 의미의 특성은 에이헨바움이 말하는 영화이미지의 '자움'적 특성

따라서 바르트가 푼크툼을 통해 주장한 사진이미지의 환유적 확장성은 영화이미지에 내재된 환유적 확장성을 암시하는 것이라 할 수 있다. 바르트가 말하는 사진이미지나 영화이미지의 환유적 확장성은 근본적으로 관객의 상상적 의식행위와 정신적 참여를 기반으로 하는 개념들이기 때문이다. 그런데 사진이미지의 환유적 확장성이 시간적 확장을 향해 정향되는 것이라면, 영화이미지의 환유적 확장성은 시간적 확장과 공간적 확장 모두를 향해 정향된다. 지속(시간)으로부터의 절단인 사진이미지가 지속으로의 복귀를 꿈꾸는 것처럼, 지속(시간)과 세계(공간) 모두로부터의 절단인 영화이미지는 지속과 세계로의 복귀를, 혹은 달리 말하면 '지속중인 세계'로의 복귀를 꿈꾸는 것이다. 시간의 일부인 사진이 그것의 환유적 확장성을 통해 끊임없이 전후의 시간을 환기시키듯, 시공간의 일부인 영화는 그것의 환유적 확장성을 통해 끊임없이 전후의 시간과 프레임 바깥이라는 공간을 환기시킨다. 따라서 영화가 가리키고 향하는 곳은 결국 지속이자 바깥인 '전체'로서의 세계, 즉 우리의 상상하는 의식을 통해 생성될 수 있는 무한한 우주다. 이 지점에서, 바르트가 말하는 '환유적 예술로서의 영화' 개념은 파솔리니가 말하는 '환유적 현실로서의 영화' 개념과 긴밀한 상호연관을 맺는다. 그리고 바로 이 점에서, 영화의 환유적 확장을 통해 형성되는 무한한 '지속과 바깥의 세계'는, 파솔리니가 말하는 '시네마,' 베르토프가 말하는 '물질적 우주로서의 영화,' 들뢰즈가 말하는 '내재성의 평면으로서의 영화'와 공명하고 있다.

을 환기시키고, 의미의 무한한 생성을 향해 열려 있고 이미지 바깥의 거대한 세계와의 접속 가능성을 내포하고 있는 그것의 특성은 베르토프의 '간격' 개념을 상기시킨다.(이 책의 제3장과 제4장을 참조할 것)

제4부 이미지-운동 그리고 시간

들뢰즈

제11장

|

물질이자 의식, 그리고 운동으로서의 영화이미지: 들뢰즈

질 들뢰즈(Gilles Deleuze, 1925~1995)는 현대 프랑스 철학을 대표하는 철학자 중 한 사람이다. 1960년대부터 본격적으로 주요 논저를 발표하면서 철학, 문학, 영화, 회화 등에 대해 독창적이면서도 심도 깊은 사유를 보여주었다. 특히 영화와 관련해 발표한 두 권의 저서—『시네마 1. 운동-이미지』(1983)와 『시네마 2. 시간-이미지』(1985)—는 영화라는 매체의 본질을 철학적 사유로 풀어낸 기념비적 저작이라 할 수 있으며, 영화이미지를 영화학의 가장 중요한 연구 대상으로 부각시켰다.

우선, 들뢰즈는 영화이미지가 현실의 운동을 재현할 뿐 아니라 그 자체로 끊임없이 운동중인 '운동-이미지'라고 주장했다. 즉 영화이미지는 운동의 재현일 뿐 아니라 '운동' 그 자체라는 사실을 다양한 논증을 통해 밝히고자 했다. 이러한 운동-이미지론을 전개하기 위해 그의 사유는 무엇보다 베르그손의 이미지론에 근간을 둔다. 베르그손이 이미지의 가장 핵심적인 속성을 '물질'로 본다면, 들뢰즈는 그것을 '운동'으로 간주한다. 그러나 근본적으로 이미지를 물질이자 운동으로 보고 빛이자 의식으로 본다는 점에서 그들의 사유는 일맥상통한다. 들뢰즈가 베르그손의 논의를 바탕으로 '영화이미지'와 '운동'의 동일성을 논증해가는 과정은 다음과 같다. 우선, 들뢰즈는 '이미지'와 '운동'의 동일성을 증명하고자 하며, 이를 위해 이미지와 운동을 양립 불가능한 것으로 보았던 '관념론'과 '실재론'의 대립적 관점을 극복하고자 한다. 그리고 이 대립을 극복하기 위해, '이미지'와 '물질'의 대립 및 '의식'과 '물질'의 대립을 넘어서고자 한다. 그 과정에서 들뢰즈는 이미지, 물질, 의식에 모두 관여하는 '빛'의 개념을 이용하며, 그 결과 이미지는 '물질'이자 '의식'이자 '운동'이라는 결론을 얻게 된다. 요컨대, 들뢰즈는 관념론과 실재론의 대립을 극복하고자 했던 베르그손의 입장을 이어받아 통상적으로 서로 대립되는 것으로 인식되어오던 이미지와 운동, 이미지와 물질, 의식과 물질의 관계를 재검토하며, 그로부터 '운동'과 '이미지'와 '물질'이 서로 대립되는 것이 아니라 동일한 성질의 것이고 서로 분리될 수 없는 것이라는 결론에 다다른다.

이처럼 들뢰즈는 이미지와 물질, 이미지와 운동에 관한 베르그손의 사유를 계승하고 재해석하면서, 그것에 기반을 두고 자신만의 고유한 영화이미지론을 발전시켜간다. 우선, 그는 베르그손의 평면 개념을 바탕으로 '내재성의 평면'라는 개념을 제시하는데, '시간과 공간의 유동적 단면'이자 동시에 '이미지의 무한집합'을 가리키는 이 개념을 통해 인간적 지각과 다른 영화적 지각만의 고유한 특징을 밝힌다. 또한 그는 운동에 관한 베르그손의 여러 테제를 재해석하면서 영화이미지의 운동성에 대해 더욱 구체적으로 논하는데, 특히 '평범한 순간'과 '특별한 순간'을 동시에 나타내고 부분들 사이의 '전이운동'과 전체의 '변화운동'을 동시에 나타내는 영화이미지의 이중적 성격에 대해 강조한다. '숏'은 들뢰즈가 말하는 영화이미지의 이러한 이중적 특성을 명증하게 보여주는 구체적인 영화형식 중 하나다. 숏은 그 자체로 지속과 운동을 담고 있는 유동적 단면이며, 매 순간 부분들 사이의 전이운동과 영화 전체의 질적 변화를 동시에 드러내주는 기능을 수행하기 때문이다.

영화이미지의 본질이 궁극적으로 운동성에 있다는 들뢰즈의 주장은, 그것에 대한 동의 여부와 관계없이 영화이미지 자체에 대한 근본적인 관심을 증대시키는 데 크게 기여한다. 운동-이미지로서의 영화이미지에 대한 들뢰즈의 논의들은 간혹 지나치게 자의적이거나 관념적인 방향으로 나아가기도 하지만, 그럼에도 불구하고 영화매체의 본성과 영화이미지의 본성을 가장 근본적인 관점에서 사유하고 논증한다는 점에서 지금까지도 영화 연구 전반에 매우 중요한 영향을 미치고 있다.

1. 이미지: 운동, 물질, 빛, 의식

(1) 운동이자 물질로서의 이미지

들뢰즈는 베르그손의 사유를 계승하면서 무엇보다 '운동'과 '이미지'의 대립, 즉 유물론(또는 실재론)과 관념론의 대립부터 극복해야 한다고 했다. 운동이 우리의 의식 안에 하나의 이미지를 생산해내는 사실과 이미지가 현실에서 다양한 운동을 생산해내는 사실을 고려한다면, 운동은 이미 '잠재적인 이미지image virtuelle'가 될 수 있고 이미지는 적어도 '가능한 운동mouvement possible'이 될 수 있다는 것이다.[1] 이처럼 들뢰즈는 오랫동안 서구 형이상학이 갈라놓은 운동과 이미지,

---

1. Gilles Deleuze, *Cinéma 1. L'image-mouvement* (Paris: Les Editions de Minuit, 1983), 83쪽. 이후, 이 책의 인용은 제목과 쪽수로만 표시한다.

물질(사물)과 의식의 관계를 회복해야 한다고 주장하면서 유물론과 관념론의 대립으로부터 비롯되는 모든 이원론적 관점에서 벗어날 것을 강조한다. "모든 의식은 어떤 것(사물)의 의식이다"라는 후설의 명제에 대한 베르그손적 해석("모든 의식은 어떤 것(사물)이다")에 입각해,[2] 순수한 물질적 운동으로 의식의 질서를 재구성할 수 있고 또 의식 속 이미지들로 물리적 우주의 질서를 재구성할 수 있다고 간주한 것이다.

또한 들뢰즈는 베르그손과 마찬가지로, 이미지는 그것의 '작용'과 '반작용'으로부터 구별될 수 없다고 주장한다. 기본적으로 우주의 모든 이미지는 자신의 모든 부분에서, 그리고 자신의 모든 요소를 통해 서로 작용하고 반작용하기 때문이다.[3] 하나의 '이미지'는 작용들과 반작용들의 총합, 즉 '물질적 운동' 그 자체라 할 수 있다. 그리고 이는 곧 이미지가 운동 그 자체일 뿐 아니라, '물질' 그 자체라는 것을 의미한다. 역으로, 물질이 이미지 그 자체이자 운동 그 자체로 간주될 수도 있다. 즉 베르그손과 들뢰즈의 '물질적 운동'으로서의 이미지 개념은, 이미지와 물질과 운동이 궁극적으로 모두 동일한 것이라는 사고를 함축하고 있다.

'운동이자 물질로서의 이미지' 개념을 보다 분명하게 설명하기 위해, 베르그손은 특권적 이미지-물질로서 나의 '신체'를 예로 든다. 그에 따르면, 하나의 물질적 실체인 나의 '신체'는 그 자체로 하나의 '이미지'라 할 수 있으며 나아가 일련의 작용들과 반작용들의 합, 즉 '물질적 운동'이라 할 수 있다. 또 나의 '눈'과 나의 '두뇌'도 신체라는 이미지의 일부인 이상, 이와 마찬가지다. 즉 나의 신체와 나의 뇌는 이

---

2. 위의 후설의 명제에 대한 베르그손과 사르트르의 상이한 입장에 대해서는 이 책의 제1장과 제6장을 참조할 것.
3. 앙리 베르그손, 『물질과 기억』, 박종원 옮김(아카넷, 2005), 69쪽.

미지이자 물질적 운동(작용과 반작용의 합)이며 나아가 '물질' 그 자체다. 다만, 들뢰즈는 나의 신체가 고체적 상태가 아니라 일종의 '기체적 상태'의 물질이며, 부단히 갱신되는 '분자들과 원자들의 총합'으로서의 물질이라고 강조한다. 나의 신체는 고체적 물체라고 하기엔 너무 뜨거운 물질적 상태, 즉 기체적 상태에 있으며, 그 자체로 "축들도, 중심도, 왼쪽도, 오른쪽도, 높은 곳도, 낮은 곳도 존재하지 않는" 하나의 세계, "보편적 변주, 보편적 파동, 보편적 물결로 이루어지는 하나의 세계"를 구성해낸다.[4] 요컨대, 나의 신체는 작용과 반작용의 합으로서의 '이미지'이자 '물질적 운동'이며, 고체상태라기보다는 '기체상태'에 있는 물질, 특정한 중심 없이 부단히 운동중이고 갱신중인 물질이라 할 수 있다.

그런데 들뢰즈에 따르면, 이미지는 단순한 "운동-물질의 흐름"이아니라 "특이성과 표현의 특질을 지닌 채 지속적으로 변주중인 물질의 흐름"인데, 이는 운동-물질 혹은 흐름-물질로서의 이미지가 "질료적이고 모호한, 즉 유동적이고 불명확한" 특성에도 불구하고 항상그 자신만의 고유한 "본질의 영역"을 갖고 있기 때문이다.[5] 따라서 물질적 운동이자 이미지 그 자체인 나의 '신체' 역시 이와 같이 고유한 본질의 영역을 갖는 특별한 '운동-물질의 흐름'이라 할 수 있다. 나의 신체는 한편으로는 특정한 중심 없이 부단히 운동중이고 갱신중인 물질이지만, 다른 한편으로는 '특이성과 표현의 특질을 지닌 채 지속적으로 변주중인 물질의 흐름'이다. 이처럼 독자적이고 특별한 내적 영역을 지니는 나의 신체-이미지 개념은 베르그손과 들뢰즈의 사유에서 핵심을 이룬다. 제1장에서 살펴본 것처럼, 바로 이 같은 나의 신

---

4. *Cinéma 1. L'image-mouvement*, 86쪽.
5. G. Deleuze, *Mille plateaux* (Paris: Les Editions de Minuit, 1980), 506~507쪽.

체-이미지를 중심으로, 거대한 객관적 이미지 체계인 물질적 우주 안에서 하나의 '주관적 이미지 체계'가 형성된다. 다만, 들뢰즈는 이 나의 신체-이미지 자리에 영화이미지를 대입시키면서, 인간적 지각이 아닌 영화적 지각을 위해 좀더 특별한 논의들을 생산해낸다.

(2) 빛이자 의식으로서의 운동-이미지

그런데 위와 같은 베르그손과 들뢰즈의 사유에 대해 다음과 같은 질문 내지는 반론이 제기될 수 있다. 물질 혹은 물질적 운동일 뿐인 나의 신체(두뇌)가 어떻게 그 안에 의식을 담을 수 있는가? 혹은 여러 이미지 중 하나일 뿐인 나의 신체-이미지(두뇌-이미지)가 어떻게 다른 이미지들을 지각할 수 있는가? 이에 대해 들뢰즈는 다시 한번 베르그손에게 기댄다. 특히 '물질,' '이미지'(혹은 운동-이미지), '빛'의 상관관계에 대한 베르그손의 논의에 주목한다. 우선 제1장에서 이미 살펴본 것처럼, 베르그손은 물질을 원자들과 같이 견고한 윤곽의 입자로만 환원하는 당대 자연과학의 입장에 반대했으며, '물질'은 그 자체로 끊임없이 운동중인 '에너지'이자 '힘'이며 따라서 궁극적으로 '빛의 합'과 동일하다고 주장했다.[6] 빛은 물질의 총합인 사물에 하나의 명확한 형상을 부과하고 그 형상에 자신의 조건들을 부과하며, 따라서 '사물의 형상'은 곧 '빛의 형상'이 된다는 것이다. 마찬가지로, 들뢰즈에게도 '물질'은 '이미지'이자 '운동'이며 또한 '빛' 그 자체를 의미한다.[7]

---

6. 이에 관해서는 제1장 「2-(2) 이미지의 두 체계와 신체 이미지」 참조.
7. 보그는 베르그손보다 들뢰즈에게서 '물질'과 '빛'의 동일성이 더 분명하게 드러난다고 주장한다. 베르그손이 "『물질과 기억』의 어느 곳에서도 물질과 빛을 명시적으로 균등화하지 않은" 반면, 들뢰즈는 물질과 빛의 절대적 동일성을 주장하면서, "시각적 이미지 분석에 대한 베르그손의 지각이론의 관련성을 전면에 부각시키고, 시네마적 시각이미지와 물질적 세계 사이의 관계에 대한 관념화"의 가능성을 드러내고 있다.(로널드 보그, 『들뢰즈와 시네마』, 동문선, 2003, 55~56쪽 참조)

특히, 들뢰즈가 볼 때 이미지와 운동의 동일성은 물질과 빛의 동일성에 근거를 두는데, 한마디로 "물질이 빛이듯 이미지는 운동"이라 할 수 있다.[8] 또한 물질이 빛인 이상 물질을 구성하는 '운동-이미지'도 그 자체로 '빛'이다. 즉 운동-이미지에는 물체들의 견고한 (윤곽)선들이나 명확한 형상 대신, 빛의 선들 혹은 빛의 형상들만이 존재한다.

이처럼 물질 자체, 즉 사물 자체가 빛을 발하고 있으므로, 그 빛은 다른 사물에 의해 가로막히거나 어떤 시선에 의해 반사되지 않는다면 무한히 퍼져나갈 수 있다. '사물'이 그러는 것처럼, 빛의 총체인 '사물의 이미지'도 누군가 볼 때만 존재하는 것이 아니라 보는 눈이 나타나기 전에 이미 자기 '스스로 빛나며' 존재한다. 즉 사물과 사물의 이미지는 바라보는 주체 이전에 권리상 즉자적으로 존재하고 있으며, 비춰지는 무엇이 아니라 '그 자체로 빛나는 무엇'이다.[9]

따라서 베르그손은 '빛'을 '의식' 또는 '정신'으로 보고 '물질'(즉 사물)을 의식에 의해, 즉 빛에 의해 비추어져야 하는 것으로 보는 전통적 형이상학의 이원론적 입장에 반대한다. 베르그손이 보기에 물질, 즉 사물은 자신을 비추는 어떤 것 없이 스스로 '빛'나는 어떤 것이며, '빛'인 '의식'은 사물들 속에 이미 내재해 있다. 또한 사물이 빛이자 의식이므로, '의식'은 '사물'로부터 그리고 '빛'의 총합인 사물의 '이미지'로부터 구별될 수 없다. 마찬가지로, 들뢰즈 역시 '의식'을 단순한 빛이 아니라 '사물들 속에 이미 내재하는 빛'이라고 보며, 의식을 '빛의 집합'이자 '이미지들의 집합'이라고 본다. 들뢰즈에 따르면, 의식을 야기하는 "눈은 사물들 속에, 빛을 발하는 이미지들 그 자체 속에" 이미 존재하고 있다.[10] 즉 물질이 곧 의식이자 의식이 곧 물질이

8. *Cinéma 1. L'image-mouvement*, 88쪽.
9. 이지영, 「시네마에서 운동-이미지 개념에 대한 연구」, 서울대학교 대학원 철학과 박사학위논문, 2007, 72쪽.

므로, 혹은 물질이 이미지이자 빛이고 빛이 곧 의식이므로, '물질로서의 신체(두뇌)'는 자연스럽게 그 안에 의식을 내포하게 된다. 또한 '이미지로서의 신체(두뇌)' 역시 처음부터 그 안에 의식을 내포하고 있으며, 그 의식을 통해 마찬가지로 물질이자 의식인 우주의 다른 모든 이미지를, 즉 다른 모든 사물(물질)을 지각할 수 있다.

그런데 우주 속에서 하나의 의식이 구성된다는 것은, 즉 우주 속에서 하나의 지각이 이루어진다는 것은, 어떤 특정한 사물(혹은 물질)이 다른 사물들로부터 오는 빛을 정지시키거나 반사시킨다는 것을 의미한다. 베르그손이 말한 것처럼, 의식 또는 지각은 "방해받은 굴절 réfraction empêchée로부터 나오는 반사현상들"과 유사한 것이며 일종의 "신기루 효과effet de mirage" 같은 것이기 때문이다.[11] 이것은, 스스로 빛을 발하는 즉자적 존재인 사물이 우주 속에서 누군가에 의해 가로막히거나 반사되어 자신의 이미지를 형성하는 것과 마찬가지의 원리다. 다시 말해, 의식은 그 의식의 주체인 어떤 특정 존재가 사물의 빛을 막고 반사할 때 형성되는 빛의 총합이자 이미지의 총합이며, 따라서 물질의 총합, 즉 사물 그 자체라 할 수 있다.

2. 내재성의 평면과 영화

(1) 베르그손의 평면과 들뢰즈의 내재성의 평면

위에서 살펴본 것처럼, 베르그손과 들뢰즈의 논의에서는 이미지와

---

10. *Cinéma 1. L'image-mouvement*, 89쪽. 같은 맥락에서, 베르그손은 "사진이 있다고 한다면, 그것은 사물들의 내부 자체에서 그리고 공간의 모든 점에 대해서 이미 찍혀지고, 이미 현상된" 것이라고 말한 바 있다.(앙리 베르그손, 같은 책, 72쪽)
11. 앙리 베르그손, 같은 책, 70~71쪽 참조.

운동이 동일하고 이미지와 물질이 동일하므로, '운동-이미지'는 곧 '물질'이 된다. 또 이미지는 물질의 운동이자 물질 그 자체이므로, 운동-이미지는 곧 "흐름-물질matière-écoulement"[12]과 동일한 것이라 할 수 있다. 그런데 이러한 '흐름-물질'로서의 운동-이미지와 관련해, 들뢰즈는 영화에서의 '내재성의 평면plan d'immanence'이라는 또하나의 중요한 개념을 제시한다. 내재성의 평면은 베르그손의 '평면plan' 개념에 기초를 두고 형성된 것이지만, 양자 사이에는 분명한 차이가 존재한다. 들뢰즈는 내재성의 평면이라는 개념을 통해 베르그손의 이미지 개념과 구별되는 그만의 고유한 '운동-이미지' 개념, 즉 '영화이미지' 개념을 구체화시킨다.

먼저, 베르그손의 '평면'이란 "우주라는 흐르는 유동체 속에서 우리의 지각이 실행하는 거의 순간적인 절단에 의해 구성"[13]되는 면을 말하는 것으로, 우주적 생성의 매 순간을 구성하는 "하나의 횡단면"[14]이라 할 수 있다. 이 절단면 혹은 횡단면으로서의 평면은, 우리의 신체를 중심으로 정향되며 물질적 우주 속에서 우리의 신체를 구성하고, 그에 따라 "우리의 신체는 물질적 세계의 중심을 점한다."[15] 그런데 베르그손의 평면이 거의 '순간적인 절단'에 의해 구성되는 횡단면이기는 하지만, 그렇다고 해서 그 개념에 운동성과 시간성이 전적으로 배제되어 있는 것은 아니다. 베르그손의 논의에서 평면을 형성하는 지각은 권리상으로만 존재하는 순수 지각을 가리키는 것이 아니라, 최소한의 내적 지속을 갖는 우리의 '일반 지각'을 가리키기 때문이다. 즉 우주라는 물질적 총체에서 우리의 일반 지각에 의해 형성되

---

12. *Cinéma 1. L'image-mouvement*, 87쪽.
13. 앙리 베르그손, 같은 책, 239쪽.
14. 같은 책, 259쪽.
15. 같은 책, 239쪽.

는 단면인 평면 역시 최소한의 '지속'(시간)을 내포하며, 시간의 함수로서의 '운동성' 또한 내포하게 된다. 베르그손의 설명처럼, 평면은 지속되지 않고, 고정된 부동의 단면이라기보다는 "우주에 대한 나의 표상의 움직이는 평면"[16]이라 할 수 있다.

한편, 들뢰즈의 '내재성의 평면'은 베르그손의 평면과 마찬가지로 우주라는 흐름-물질의 총체 속에서 우리의 지각에 의해 절단돼 형성되는 면을 가리키는데, 특히 생성 속에서 무한한 '변화들'과 '운동들'이 끊임없이 이어지는 하나의 '유동적 단면coupe mobile'을 의미한다. 내재성의 평면은 자연스럽게 운동의 함수로 시간성을 내포하게 되며, 따라서 일종의 '시간적 단면' 혹은 '시-공간적 블록'[17]이라 할 수 있다. 그런데 베르그손의 평면에서는 나의 신체라는 비결정적이지만 분명한 지각 주체가 중심을 차지하는 반면, 들뢰즈의 내재성의 평면에서는 중심에 어떤 것도 위치하지 않으며 아예 중심 자체가 존재하지 않는다. 즉 베르그손의 평면이 나의 신체라는 비결정적 중심을 둘러싸고 형성되는 유한한 이미지의 총체라면, 들뢰즈의 내재성의 평면은 어떤 중심도 없고 단지 즉자적인 이미지들만이 운동하고 있는 '운동-이미지들의 무한집합'인 것이다.

요컨대, 베르그손의 평면이나 들뢰즈의 내재성의 평면 모두 이미지의 총체이자 물질의 총체인 우주에서 우리의 지각에 의해 절단되고 구성되는 면이라 할 수 있으며, 하나의 즉자적이고 물질적인 이미지들의 세계라 할 수 있다. 또한 유동적 단면으로서 내재성의 평면이 운동성을 더욱 강조하고 있기는 하지만, 평면과 내재성의 평면 모두 논리상 운동성과 시간성을 내포한다. 하지만 양자 사이에는 분명한

---

16. 같은 책, 260쪽.
17. *Cinéma 1, L'image-mouvement*, 87쪽.

차이가 존재하다. 평면이 나의 신체를 중심으로 형성되는 '유한한 이미지의 횡단면'을 가리키는 반면, 내재성의 평면은 어떤 중심도 없이 즉자적인 이미지들의 운동만이 존재하는 '무한한 이미지들의 집합으로서 동적 단면'을 가리킨다. 두 개념은 지각 주체의 유무, 중심화와 탈중심화, 이미지의 유한집합과 무한집합 등에서 분명한 차이들을 드러낸다.

(2) 내재성의 평면: 유동적 단면이자 이미지들의 무한집합

들뢰즈의 논의에 따르면, 평면과 내재성의 평면 사이의 이 같은 차이들을 만들어내는 결정적 원인은 결국 '인간적 지각'과 '영화적 지각'의 차이에 있다. 평면과 내재성의 평면 모두 내부의 간격을 통해 새로운 운동을 실천하는 '살아 있는 이미지'의 지각을 전제로 삼고 있지만, 베르그손에게서 살아 있는 이미지의 지각이 '자기중심적이고 유기적인 인간의 지각'을 전제한다면, 들뢰즈에게서 살아 있는 이미지의 지각은 '비인간적 지각,' 즉 '탈중심적이고 비유기적인 영화적 지각'[18]을 전제하기 때문이다. 인간의 지각이 나의 신체라는 제한적이고 감각-운동적sensori-moteur인 지각 주체를 중심으로 '고정된 시점'과 '유한한 시각장'을 갖는 반면, 비인간적 지각인 영화의 지각은

---

18. 들뢰즈가 말하는 '탈중심적이고 비유기적인' 영화적 지각 개념은 초기 영화이론가들이 말하는 '비인간적 지각' 혹은 '기계적 지각'으로서의 영화적 지각 개념에 뿌리를 두고 있다. 이 책의 제3장에서 살펴봤듯, '기계-눈'으로서의 영화카메라의 특별한 지각능력에 대한 경도敬慕는 1920년대 무성 영화인들 및 이론가들에게서 뚜렷하게 나타나는 특징 중 하나다. 델락, 엡슈타인, 크라카우어, 발라즈 등 당대 영화이론가들은 인간의 시지각능력을 훨씬 넘어서는 영화카메라의 기계적 지각능력에 비상한 관심을 표명했다. 특히 베르토프는, 인간 중심의 시점에서 해방된 비인간적이고 기계적인 영화의 지각이 단지 우리에게 거대한 시각적 무의식 지대를 보여주는 것을 넘어, 영화 자체를 스스로 지각하고 운동하는 물질들로 구성되는 하나의 물질적 우주로 만들어줄 것이라고 믿었다.(이 책 제3장 「1-(1) 키노-아이: 기계적 지각, 기계적 구성」 부분 참조할 것)

(적어도 이론적으로는) 자유롭고 유동적인 카메라를 따라 상시 '가변적인 시점'과 '무한한 시각장'을 갖는다. 비록 둘 다 흐르는 유동체인 물질의 세계에서 절단된 면들이라 해도, 인간의 지각에 의해 절단된 '평면'은 인간의 시점을 중심으로 형성되는 유기적이고 유한한 이미지의 횡단면이 되며, 영화카메라의 지각에 의해 절단된 '내재성의 평면'은 비유기적이고 탈중심화된 유동적 단면이자 즉자적 이미지들만이 운동하고 있는 운동-이미지들의 무한집합이 된다.

이처럼 내재성의 평면은 탈중심화되고 유동적인 카메라의 지각을 바탕으로 형성되는 일종의 '영화적 지각의 장'인데, 들뢰즈는 이러한 영화적 지각장으로서 내재성의 평면이 갖는 이중적 국면에 대해 좀 더 상세한 설명을 덧붙인다. 그는 "개별적인 카메라인지 혹은 집합적인 의미의 카메라인지에 따라"[19] 내재성의 평면이 두 개의 서로 다른 층위를 갖는 것에 주목한다.

먼저, 이미지의 총체이자 물질의 총체인 우주에 대한 '유동적 절단면'으로서의 내재성의 평면은 '개별 카메라'에 의해 구성되는 '숏'을 가리킨다. 유동적 절단면, 즉 내재성의 평면으로서의 숏은 그 자체로 하나의 '운동' 혹은 '운동의 면face du mouvement'이라 할 수 있는데,[20] 운동으로서 숏은 "각 체계의 부분들 사이에서 성립되고 체계와 체계 사이에서 성립되며 체계들과 부분들 모두를 가로지르고 휘저으면서 또 각 체계들이 닫히는 것을 방해"[21]하는 역할을 수행한다. 이러한 유동적 절단면 혹은 운동의 일면으로서의 숏은 그 자체로 내적인 지속시간을 갖는 하나의 '시간적 단면'이기도 하다. 즉 내재성의 평면으로서의 숏은 탈중심화된 채 움직이는 유동적 단면이자 동시에 그 자체

19. 이지영, 같은 글, 78쪽.
20. *Cinéma 1. L'image-mouvement*, 87쪽.
21. 같은 곳.

의 지속을 갖는 시간적 단면이다. 이처럼 자신만의 고유한 내적 운동
과 시간을 갖는 숏들의 연속은 그 자체로 "시-공간 블록들 혹은 움직
이는 단면들의 무한한 계열"을 만들어내고, 그러한 계열들은 "우주의
운동들의 연속"에 상응한다. 그리고 궁극적으로 이러한 숏들의 합은
"운동-이미지들의 기계적 배열," 즉 "물질적 우주"[22]가 된다.

한편, '이미지의 무한집합'이자 '운동-이미지의 총체'로서의 내재
성의 평면은 궁극적으로 '집합적 카메라'가 만들어내는 매체로서의
영화, 즉 "영화 그 자체로서의 우주인 메타시네마métacinéma"[23]다. 어
떤 중심도 갖지 않고 단지 즉자적 운동-이미지들로만 구성되는 이 매
체로서의 영화는, 결국 '빛'이자 '물질'인 운동-이미지들로 구성되는
하나의 '물질적 우주'다. 즉 운동-이미지의 총체로서, 영화는 "저항
없이 그리고 손실 없이 확산하는" '빛의 총합'이자 "운동들의 집합,
작용과 반작용의 집합"이라 할 수 있다.[24] 앞서 살펴본 것처럼, 물질
이 빛이고 이미지인 이상 운동-이미지는 스스로 빛나는 물질이라 할
수 있으며, 따라서 운동-이미지들의 무한집합인 영화, 즉 내재성의
평면은 그 자체로 '빛의 총합'이자 '물질적 우주'가 될 수 있다. 또한
이러한 내재성의 평면으로서의 영화(메타시네마)는 모든 이미지-물질
이 스스로 운동하고 있는 '이미지-물질의 무한집합'이기도 하다. 내
재성의 평면 위에서 각 이미지는 "즉자적으로 존재"하고, "이미지의
즉자, 그것은 곧 물질"을 가리키기 때문이다. 요컨대, 내재성의 평면
으로서의 영화는 모든 이미지-물질이 즉자적인 운동을 부단히 반복
하고 있는 운동-이미지들의 무한집합이자 물질적 우주라 할 수 있다.
그것은 어떤 중심도 존재하지 않는 탈중심화된 세계이자 비유기적

---

22. 같은 책, 87~88쪽.
23. 같은 책, 88쪽.
24. 같은 곳.

세계이며, 어떤 선택이나 배제 없이 즉자적인 운동-이미지들만이 보편적으로 변이하고 진동하는 세계다.

3. 영화적 운동의 이중성

(1) 운동-이미지: 범용한 순간이자 특권적 순간

들뢰즈는 운동에 관한 베르그손의 두번째 테제[25]에 대한 해석에서도 영화이미지의 본질을 추출해낸다. 베르그손은 특권화된 순간과 무규정적인 범용한 순간에 관한 자신의 두번째 테제를 위해 운동에 관한 두 개의 환상에 대해, 즉 '고대적 환상'과 '근대적 환상'에 대해 논한 바 있다.

먼저, '고대적 환상'은 운동이 지성으로써 파악할 수 있는 요소들로 이루어진다고 보며, 운동을 '움직일 수 없는 형식들' 내지는 '이데아들'에 준거하는 것으로 간주한다. 즉 고대적 환상에서 운동은 한 형식에서 다른 형식으로의 '규제된 이행'을 뜻하며, '특권화된 순간'들과 '특권화된 포즈'들의 순서를 의미한다. 운동은 특정한 형식들에 대한 변증법적 종합이자 이상적 종합이며, 운동의 최종적인 항이나 정점은 어떤 본질과 정수를 표현한다. 반면, '근대적 환상'은 운동을 특권화된 순간들이 아닌, '범용한 모든 순간'에 관계시킨다. 운동은 일련의 범용한 순간들의 합으로 재구성되지만, "어떤 형식적인 선험적 요소들(포즈들)이 아니라 내재적인 물질적 요소들(단면들)로부터 재구성되는 것"으로서, 근대적 환상은 운동에 대한 "관념적 종합synthese intelligible"이

---

25. 운동에 관한 베르그손의 첫번째 테제는 '운동과 순간'에 대한 그의 논의들을 가리킨다. 운동은 순간들로 분할할 수 없고 지속 그 자체라는 것이 그 논의의 핵심이다.(이 책 제1장 「1. 근대 기계주의적 지각과 영화적 환영」 부분을 참조할 것)

아닌 일종의 "감각적 분석analyse sensible"을 시도한다.[26] 한마디로, "고대 학문은 대상의 특권적 순간들에 주목함으로써 그것을 인식한다고 믿은 반면, 근대 과학은 대상을 임의의 순간에서 고찰한"[27] 것이다.

따라서 운동에 관한 근대적 환상에서는 '범용한 순간들의 기계적 연속'이 '특권화된 포즈들의 변증법적 질서'를 대체한다. 그런데 베르그손의 언급처럼, 이러한 근대적 환상에는 시간마저 독립변수로 삼으려는 근대 과학의 열망이 잘 드러난다. "본질적이고 특정한 순간들에 멈추었던 고대 과학과 달리 근대 과학은 임의의 순간을 무차별적으로 다루지만," 근대 과학의 고려 대상은 언제나 '순간들, 잠재적 정지들, 부동성들'에 한정된다.[28] 즉 "흐름으로서 고려된 실재적 시간," "존재의 운동성 자체로 고려된 실재적 시간"은 근대의 과학적 인식의 범위를 벗어난다. 또한 들뢰즈에 따르면, 이러한 관점은 근대 과학뿐 아니라 베르그손이 살았던 시대의 예술 장르들, 즉 근대 예술 장르들에서 흔히 찾아볼 수 있는 것이기도 하다. 회화, 춤, 발레, 마임 등 근대 예술은 고전 예술의 특권적 형상이나 포즈들을 버리고 운동을 사건의 각 단계들로의 배분에 반응할 수 있는 행동으로 변형시켰으며, 그를 통해 운동을 그것의 내재적 요소들로 분해하고 재구성하려 했다. 물론 베르그손이 주장한 것처럼, 영화 역시 이러한 근대 과학적 사유 혹은 근대적 환상의 계보를 이어갔으며, 다양한 형식과 기술을 통해 특권화된 포즈들의 변증법적 질서를 범용한 순간들의 기계적 연속으로 대체하고자 했다. 말하자면 초창기 영화가 "범용한 순간들moments quelconques" 간의 관계를 통해, 즉 연속성의 인상을 창조하기 위해 선택되는 "등거리 순간들instants équidistants"

---

26. *Cinéma 1, L'image-mouvement*, 13쪽.
27. 앙리 베르그손, 『창조적 진화』, 황수영 옮김(아카넷, 2005), 485쪽.
28. 같은 책, 494쪽.

간의 관계를 통해 운동을 재생산하는 체계 수준에 머물러 있었기 때문이다.[29]

그런데 들뢰즈에 따르면, 초기 영화인들 중 예이젠시테인은 영화가 고대적 의미의 '특권화된 순간들'을 창출해낼 수 있다고 주장한 예외적 감독 중 한 사람이다. 예이젠시테인은 영화가 운동의 전개를 통해 어떤 특별한 순간들을, 즉 어떤 위기의 계기나 어떤 정서적인 것을 추출해낼 수 있으며, 어떤 정점을 찾거나 만들어낼 수 있고, 혹은 다양한 장면들을 절정으로 밀어붙여 서로 충돌하게 할 수 있다고 믿었다. 그러나 들뢰즈는 예이젠시테인이 말하는 특권화된 순간들도 결국은 범용한 순간들에 해당한다고 본다.[30] 예이젠시테인의 특권화된 순간들은 '특이하거나 비범하게 된 범용한 순간들'일 뿐, 고대 예술에서처럼 어떤 선험적 형식들을 현재화한 것이 아니기 때문이다. 예이젠시테인은 그의 영화에서 운동에 내재된 범용한 순간들 중 비범하거나 특이한 점을 가진 순간들을 찾아내어 드러냈다. 즉 선험적 형식들의 질서를 하나의 운동 속에서 현동화하는 낡은 변증법 대신, 운동에 내재된 평범하고 범용한 것들의 축적을 통해 특이점들point singulier을 생산하는 '현대적 변증법'을 따랐다. 특히, 예이젠시테인이 특별한 순간들이라고 말하는 '정서적인 것'이나 '위기의 계기'는 항상 '범용한 순간들의 조직화된 집합'인 유기적 체제를 전제로 하고 있었다.

결국, 들뢰즈는 진정한 의미의 운동은 고대적 환상과 근대적 환상에서 모두 벗어나는 운동이며, 특권화된 순간과 무규정적인 범용한 순간을 모두 내포하고 있는 운동이라고 주장한다. 이를테면, 운동을 범용한 순간과 관련지을 경우에도 운동은 모든 개별적 순간에서 새로운

---

29. *Cinéma 1. L'image-mouvement*, 14쪽.
30. 같은 책, 14~15쪽 참조.

것, 비범한 것, 특이한 것을 생산해낼 수 있다. 즉 모든 '범용한' 순간은 언제든 '특이한' 순간이 될 수 있으며, 반대로 모든 '특이한' 순간은 어떤 특별한 형식이나 실재로서 운동에 선재하는 것이 아니라 운동의 매 순간마다 '범용한' 상태로 잠재되어 있다는 말이다. 들뢰즈는 이것이 운동의 본질일 뿐 아니라 영화의 본질이며, 결국 영화적 운동의, 즉 운동-이미지의 본질이라고 주장한다. 다시 말해, 영화적 운동은 매 순간 '범용하면서도 특권화될 수 있는 실재'를 만들어내는 운동이며, 운동-이미지는 그러한 '이중적 실재의 나타남apparaître' 그 자체다.[31] 들뢰즈에 따르면, 영화는 근대의 과학적 사유를 쫓아 거짓 운동을 만들어내는 환상적 장치가 아니라, 자신만의 독자적인 사유구조를 통해 운동에 대한 새로운 사유와 사고방식의 생산에 기여하는, 진정한 의미의 현대적 기계장치다. 들뢰즈는 다음과 같이 베르그손의 두번째 테제의 의미를 밝히고 있다.

비록 도중에 멈춘다 해도, 베르그손의 두번째 테제는 영화에 대한 또다른 관점을 가능하게 만든다. 즉 영화는 가장 오래된 환상을 위해 완성된 기구가 아니라 새로운 실재를 완성하기 위한 기관일지도 모른다는 것이다.[32]

---

31. 이러한 들뢰즈의 관점은 영화이미지가 매 순간 '평범한 실재'와 '특별한 실재'를 나타낸다고 보는 모랭의 관점과 유사하다. 모랭에 따르면, 영화이미지에는 현전/부재, 객관/주관, 물질/정신, 현실/초현실이 끊임없이 대립하며 운동하고 있는데, 그러한 이중적 운동으로 인해 영화이미지는 매 순간 '평범한 실재'와 '특별한 실재'를, 즉 '실재'와 '실재보다 더 강렬하고 깊은 실재'를 동시에 나타낼 수 있다.(Edgar Morin, *Le cinéma ou l'homme imaginaire*, Paris: Les Editions de Minuit, 1956, 31~32쪽)

32. *Cinéma 1. L'image-mouvement*, 17쪽.

(2) 전이운동과 질적 변화

베르그손의 세번째 테제는 '운동'과 '변화'에 관계된다. 운동과 순간에 대한 첫번째 테제에서와 마찬가지로, 여기서도 '구체적인 지속'으로서의 운동에 대한 이해가 전제되어야 한다. 베르그손에 따르면, '순간'은 '운동'의 부동적 단면이 아니라 움직일 수 있는 단면(유동적 단면)이며, 마찬가지로 '지속' 혹은 '전체'의 움직일 수 있는 단면이다. 이에 따라 운동은 지속 또는 전체 속에서 일어나는 '변화'를 표현할 수 있으며, 더 근본적으로 지속은 그 자체로 변화라 할 수 있다. 즉 운동은 구체적인 지속이자 변화이고, 이 모두는 움직일 수 있는 단면인 순간들로 이루어져 있다.

이러한 베르그손의 논의를 근간으로, 들뢰즈는 운동이란 기본적으로 "공간 속에서의 부분들의 전이"이자 동시에 "전체 속에서의 질적 변화"라고 정의한다.[33] 혹은 부분들의 '전이운동'은 그 자체로 전체 속에서의 '질적 변화'를 나타낸다고 주장한다. 이를 위해, 들뢰즈는 몇 가지 사례를 든다. 예를 들면, '원자운동'은 실제로 모든 부분 또는 요소 간의 상호작용을 뜻하지만 동시에 전체 속에서의 에너지의 가감, 교환, 변동 등을 의미한다. 또 베르그손도 예시한 바 있는 '설탕물'의 경우, 설탕 입자들이 서로 떨어져나와 물속을 떠도는 것은 부분들의 전이운동에 해당하지만, 동시에 이 전이운동은 전체 속에서의 변화, 즉 유리컵에 담긴 내용물의 변화를 가리킨다. 다시 말해, '설탕 덩어리를 포함하고 있는 물'에서 '설탕물'로의 질적 이행이 이루어진 것이다. 요컨대 베르그손이 유비로 제시했듯, 움직일 수 없는 단면들의 합으로 이루어지는 운동은 '환상'을 나타내지만, 움직일 수 있는 단면들로 이루어지는 운동은 질적 변화와 동시에 '실재'를 나타낸다.

---

33. 같은 책, 18쪽.

이와 같이 하나의 '전체'는 끊임없는 내적 전이운동과 질적인 변화를 동시에 내포하고 있으며, 따라서 언제나 열려 있는 것이자 본성이 항상 변화하는 것이고 나아가 새로운 무언가를 발생시키는 것이다. 즉 열림이자 변화로서의 전체는 그 자체로 '지속하는 어떤 것'인데, 이를테면 하나의 생명체나 우주도 닫힌 전체가 아니라 이 같은 열린 전체에 해당한다고 할 수 있다. 따라서 들뢰즈의 논의에서 '전체tout'는 '집합ensemble'과 본질적으로 다르다. 집합은 인위적으로 닫혀 있고 각각의 부분들 및 단계들로 이루어져 있지만, 전체는 항상 열려 있고 분할의 매 단계마다 질적인 변화를 겪는다. 전체는 특별한 경우를 제외하고는 부분들로 나눠지지 않으며, 진정한 전체란 분할할 수 없는 연속성에 가깝다.[34] 또 집합이 '공간' 속에 존재하는 반면, 전체는 '지속' 속에 존재한다. 달리 말하면 전체는 변화하기를 멈추지 않는, 스스로를 부단히 창조하는 지속 그 자체라 할 수 있다. 요컨대 실제 운동은 움직일 수 있는 단면들로 이루어지는 것이자, 구체적으로 지속하는 것이며, 지속 그 자체를 통해 전체의 열림을 지향한다.

아울러 들뢰즈에 따르면, 전체는 항상 '관계relation'를 통해서 변형되거나 질적으로 변화한다. 전체는 부분들의 단순 집합과는 다르며, 부분들의 합에 다양한 층위의 관계들(부분들 사이의 관계, 부분과 전체 사이의 관계 등)이 더해진 무엇이라고 할 수 있다. 즉 관계는 부분들이 아니라 전체에 속하며, 부분들의 속성이 아니라 전체의 속성이다. 또

---

34. 여기서, '전체'와 '지속'의 미세한 차이에 대한 주의가 필요하다. 들뢰즈에 따르면, 베르그손은 전체와 마찬가지로 지속을 종종 편의상 '나누어질 수 없는' 것이라고 표현했지만, 실제로 그의 논의에서 지속은 나누어질 수 있고, 실제로 '끊임없이 나누어지는' 개념이기 때문이다. 다만, 지속은 본성상의 변화 없이는 나누어지지 않고, 나누어질 경우 반드시 본성상의 변화를 겪는다. 즉 베르그손에게서 지속은 비-수량적인 다양성, 즉 '질적 다양성'에 해당하는 개념이라고 볼 수 있다.(질 들뢰즈, 『베르그송주의』, 김재인 옮김, 문학과지성사, 1996, 54~55쪽 참조)

한 전체와 마찬가지로, '지속'과 '시간'도 결국 관계들로 이루어진 "관계들의 전체"라고 할 수 있다.[35] 한마디로 전체는 관계에 의해 정의되는 것이며, 이 점에서 들뢰즈는 전체를 일종의 '정신적 실재'로 간주하기도 한다.

결론적으로, 들뢰즈는 이 같은 논의 끝에 운동과 변화라는 베르그손의 세번째 테제와 관련해 세 가지 수준을 제시한다. 첫번째 수준은, 판별 가능한 오브제들 또는 구분 가능한 부분들로 이루어지는 '집합'들 또는 '닫힌 체계'들의 수준이다. 두번째 수준은, 사물들 혹은 부분들 사이에서 일어나면서 각각의 위치를 변경시키는 '전이운동'의 수준이다. 세번째 수준은, 자신의 내적 관계 양상에 따라 부단히 변화하는 정신적 실재로서 '전체' 또는 '지속'의 수준이다. 이러한 세 가지 수준을 바탕으로 들뢰즈는 다시 운동의 두 가지 국면을 유추해낸다. 하나는 부분들 혹은 사물들 사이에서 일어나는 운동이며, 다른 하나는 지속 혹은 전체를 나타내는 운동이다. 이 두 운동은 서로 상호작용하며 동시에 진행된다. 즉 운동은 닫힌 체계의 부분들을 열린 지속 또는 변화하는 전체에 관계시키는 역할을 수행하는데, 운동을 통해 전체는 부분들로 분할되고 부분들은 전체 속으로 재통합되며 그 과정에서 전체는 부단히 변화한다. 사실, 닫힌 체계로서 집합의 부분들 또는 사물들은 그 자체로는 움직이지 않는 단면들이다. 그러나 운동이 이 단면들 사이에서 이루어지면서 각각의 부분들 또는 사물들을 전체의 지속에 관계시킨다. 즉 운동은 부분들 사이의 관계 및 부분과 전체 사이의 관계를 변화시키고, 이는 결국 전체의 변화를 나타내게 된다. 이러한 운동의 과정에서 집합의 '움직이지 않는 단면들'은 전체 혹은 지속의 '움직이는 단면들'로 변화한다.

---

35. *Cinéma 1, L'image-mouvement*, 20~22쪽 참조.

한편, 사물들 혹은 부분들 사이에서 일어나는 '전이운동'이자 동시에 지속 혹은 전체를 나타내는 '질적 변화'라는 운동의 이중적 속성은 '영화이미지'에도 그대로 적용된다. 운동-이미지, 즉 유동적 단면으로서의 영화이미지는 그것을 이루는 다양한 부분들 혹은 요소들 사이의 상호작용이나 위치 변화 같은 전이운동을 나타내고, 동시에 그것이 속한 전체 이미지, 즉 영화 전체의 질적 변화를 나타내기 때문이다. 이와 같은 영화이미지의 부분적 전이운동과 전체적 변화운동을 가장 잘 보여주는 영화형식은 바로 '숏plan'이다. 숏은 영화매체의 가장 기본적인 형식이면서, 동시에 영화이미지의 운동적 특질을 가장 잘 나타내는 영화형식이다. 이에 대해 좀더 자세히 알아본다.

(3) 운동−이미지의 한 형식: 숏

① 숏: 부분과 전체 사이의 매개운동

들뢰즈에 따르면, "데쿠파주découpage는 숏에 대한 한정이며, 숏은 닫힌 체계 안에서, 즉 집합의 요소들이나 부분들 사이에서 일어나는 운동에 대한 한정이다."[36] 그런데 들뢰즈는 이처럼 숏을 '운동의 한정'으로 정의하면서도, 숏이 근본적으로 운동의 두 측면과 모두 관련된다고 주장한다. 숏은 그 자체로 집합 내 부분들 사이의 위치 변화 같은 상대적 변화(전이운동)를 드러내지만, 그와 동시에 끊임없이 전체를 지시하는 움직이는 단면으로서 지속하고 있는 전체의 변화를 나타내게 된다. 즉 숏은 부분의 측면에서는 상대적 변화운동을 표현하고 전체의 측면에서는 절대적 변화운동을 표현하는 것으로, 그 운동은 "부분들 사이의 관계"와 "전체의 감응affection du tout"을 동시에

---

36. 같은 책, 32쪽.

아우른다고 할 수 있다.[37]

이처럼 숏은 '닫힌 집합'과 '열린 전체'라는 분리될 수 없는 운동의 두 측면과 모두 관련된다. 그리고 바로 이 점에서 들뢰즈는 숏이 닫힌 집합으로서의 '프레임'과 열린 전체로서의 '몽타주'를 매개하는 역할을 담당한다고 말한다. 때로는 프레이밍이라는 극을 지향하고 때로는 몽타주라는 극을 지향하는 숏은, 그러므로 언제나 이중적 측면에서 고려되어야 할 '운동'이다. 즉 숏은 프레임이라는 닫힌 집합과 몽타주라는 열린 전체 사이를 끊임없이 오가는 운동을 이행하면서, 지속을 부분들로 분할하고 부분들을 지속으로 재통합하는 작업을 수행한다.

그런데 들뢰즈는 집합과 전체 사이, 부분들과 전체 사이를 오가며 분배와 재통합 운동을 반복적으로 수행하는 숏의 기능을, 인간의 '의식'과 유사한 기능으로 간주한다. 의식의 근본 기능은, 보편적이고 물질적인 우주로부터 '선택'과 '분리'를 수행하고 그 선택되고 분리된 것들에 대해 '분배'와 '재통합'을 수행하는 데 있기 때문이다. 그런데 앞서 내재성의 평면에 관한 논의에서 살펴보았던 것처럼, '인간의 의식'이 자신의 신체를 중심으로 보편적 생성의 우주에서 움직이는 한 단면을 분리하고 형성해내는 것에 반해, '영화의 의식'인 '숏'은 부단히 이동할 수 있는 카메라 덕분에 고정된 중심을 갖지 않은 채 우주로부터 즉자적인 운동의 단면을 분리하고 형성해낸다. 즉 나의 신체라는 고정된 한 점을 축으로 형성되는 '인간의 의식'이 중심화되고 유기적인 의식인 반면, 카메라라는 비고정적이고 비인간적인 눈을 중심으로 형성되는 '영화적 의식'은 탈중심화되고 비-유기적이며 유동적인 의식이다.[38] 따라서 숏, 즉 영화적 의식은 사물들을 부단히 하나의 전체로 재

---

37. 같은 곳.
38. 이지영, 같은 글, 88쪽.

통합하고 전체를 부단히 사물들 사이에 분할하는 운동이자,[39] 나아가 탈중심화되고 비-유기적인 운동 그 자체라 할 수 있다.

덧붙여, 들뢰즈에 따르면 분배와 재통합을 오가는 영화적 의식, 즉 숏은 일종의 "공통분할적dividuel"적 특성을 갖는다. '공통분할적 특성'이란 들뢰즈가 프레임의 내적 구성방식과 관련해 언급한 용어로, 그는 프레임 내부의 부분들이 명확하게 분리되지 않는 '역학적 구성방식'의 경우 일종의 공통분할적인 특성을 갖는다고 주장한다.[40] 그런데 이때 중요한 점은, 공통분할적인 것이 '분할할 수 있는 것le divisible'을 가리키는 것도 아니고 '분할할 수 없는 것l'indivisible'을 가리키는 것도 아니라는 사실이다. 즉 공통분할적인 특성이란, 개별적인 내적 요소들로 명확하게 분할할 수는 없지만 그렇다고 해서 동질적인 하나의 덩어리(집합)를 이루지도 않는 개체적 특성을 가리킨다.[41] 들뢰즈는, 사실상 역학적 구성의 프레임을 비롯해 모든 유형의 프레임이 근본적으로 이러한 공통분할적 특성을 지니며 아예 영화이미지 자체가 본질적으로 공통분할적 특성을 지닌다고 주장하기도 한다. 왜냐하면 영화에서는 '프레임들의 프레임'인 '스크린'이, 상이한 특질을 지니고 상이한 거리, 빛, 입체감 등을 지니는 모든 부분에 궁극적으로 '공통의 측정기준'을 제공하기 때문이다. 들뢰즈에 따르면, 프레임뿐만 아니라 시간성과 운동성을 모두 갖춘 '숏'에도 역시 기본

---

39. Cinéma 1. L'image-mouvement, 34쪽.
40. 들뢰즈는 프레임 내부의 요소들 배치 및 결합 방식과 관련해, '기하학적' 구성방식과 '역학적(물리적)' 구성방식을 구분한다. 기하학적 구성방식은 프레임의 내적 요소들이 명확한 기하학적 선들(수직선, 수평선, 대칭선 등)이나 분명한 명암으로 구분되는 구성방식을 말하고, 역학적 구성방식은 프레임의 내적 요소들이 농도의 차이 등으로 모호하게 구분되거나 아예 뒤섞여 있는 구성방식을 말한다. 들뢰즈는 전자가 '분할할 수 있는divisible' 특성을 지니는 반면, 후자는 '공통분할적dividuel' 적 특성을 지닌다고 설명한다.(같은 책, 26~27쪽 참조)
41. 박성수, 『들뢰즈와 영화』(문화과학사, 1998), 19쪽.

적으로 공통분할적인 특성이 내재되어 있다. 숏의 경우, 한편으로는 끊임없이 지속이라는 전체로 재통합되기 때문에 동질적인 하나의 집합을 이룰 수 없고, 다른 한편으로는 전체의 변화를 내부의 요소들로 완벽하게 분할할 수 없기 때문에 명확한 내적 분할도 수행할 수 없다. 이러한 숏의 공통분할적 특성은 숏이 '시간(지속)과 운동의 유동적 단면'이라는 사실을 고려할 때 더 분명하게 나타난다.

② 숏: 지속과 운동의 유동적 단면

들뢰즈는 숏을 고정된 공간의 한정이나 카메라로 절단한 공간 조각 등으로 보는 기존 영화이론가들의 입장에 반대한다. 그에게 숏은 공간에 대한 한정일 뿐 아니라, '시간'에 대한 한정이며, 나아가 '운동'에 대한 한정이기 때문이다.[42] 그런데 들뢰즈는 여기서 더 나아가, 숏이 시간(지속)과 운동에 대한 단순한 한정이 아니라, 양자 모두의 '가변적이고 유동적인 단면'이라는 주장을 내놓는다. 즉 "지속의 유동적인 단면"이자 "운동의 유동적인 단면"이라는 것이다.[43]

이러한 들뢰즈의 논의는, 일단 '시간'을 절대적이고 불가역적이며 불변하는 것이 아니라 '상대적이고 가변적인 것'으로 보는 그의 관점을 바탕으로 한다. 들뢰즈는 영화가 이러한 상대적이고 가변적인 시

---

42. 들뢰즈는 숏이란 '운동' 및 '지속'의 통일성에 따라 규정되어야 할 개념이라고 정의하면서, 각기 다른 네 가지 양식의 숏이 존재한다고 말한다. 첫째, 다양한 각도나 시점의 변화가 발생하더라도 카메라가 하나의 연속적 운동을 수행하는 경우. 예를 들면, 트래킹 숏의 경우를 포함한 다양한 이동 숏들이 여기에 해당된다. 둘째, 물리적으로 분리된다 해도, 즉 카메라의 조리개가 두 번 이상 열고 닫음을 수행했다 하더라도, 숏의 연결이 완벽한 연속성을 지니는 경우. 셋째, 딥포커스를 갖는 고정 시퀀스숏이나 혹은 카메라의 전후 운동만이 있는 이동 숏의 경우. 넷째, 수평운동이나 수직운동 등 평면적 이동을 하는 시퀀스숏의 경우다.(*Cinéma 1. L'image-mouvement*, 41~43쪽 참조)
43. 같은 책, 36~38쪽.

간을 나타내는 데 있어 매우 탁월한 매체라고 간주하며, 시간에 대한 물리적 한정처럼 제시되는 숏 역시 실제로는 절대적이고 불가역적인 시간이 아니라, 상대적이고 가변적인 시간을 나타내는 형식이라고 주장한다. 즉 몽타주의 도움 없이도, 숏은 가속과 감속 등 다양한 영화적 기법을 이용해 그 자체로 시간의 비절대성과 가변성을 충실히 나타낼 수 있기 때문이다. 영화이미지가 '시간적 원근법'을 표현할 수 있다고 주장했던 엡슈타인처럼, 들뢰즈 역시 영화가 숏을 통해 공간뿐 아니라 시간의 차원에서도 '입체감relief' 혹은 '원근법'을 만들어낼 수 있다고 한다.[44] 요컨대, 숏은 상대적이고 가변적인 시간인 지속에서 절단한 또하나의 상대적이고 가변적인 시간 블록이며, 따라서 지속의 가변적이고 유동적인 단면이라 할 수 있다.

또한 들뢰즈에 따르면, 숏은 '운동'에 대한 가변적이고 유동적인 단면이기도 하다. 이는 앞서 살펴보았던 것처럼, 운동을 규칙적으로 분할할 수 있고 재구성할 수 있는 것이 아니라 분할할 수 없는 지속이자 변화로 봄으로써, 이를 움직일 수 있는 단면들의 합으로 보는 그의 관점에 바탕을 둔 것이다. 즉 숏은 가변적이고 유동적인 운동-이미지의 총체에서 절단한 또하나의 가변적이고 유동적인 운동이라 할 수 있다. 이 역시, 숏이 몽타주의 도움 없이도 카메라 이동이나 프레이밍 변형 등 다양한 영화적 기법과 형식을 이용해 그 자체로 가변성과 유동성이라는 운동의 특성을 충실해 나타낼 수 있기 때문이다. 요컨대, 숏은 끊임없이 변화하고 운동중인 물질적 우주라는 운동-이미지의 총체에서 절단한 가변적이고 유동적인 운동의 단면이다.

이와 같이 지속의 유동적인 단면이자 운동의 유동적인 단면으로서의 숏 개념은 들뢰즈 자신이 제시한 '변조modulation' 개념으로 더욱

---

44. 같은 책, 37쪽.

구체화할 수 있다. 들뢰즈는 이를 위해 사진이미지와 영화이미지의 차이에 관한 바쟁의 논의로부터 출발한다.

사진작가는 렌즈의 중개를 통해 진정한 빛의 본을, 즉 주조를 뜬다. 그렇게 해서, 그는 (대상에 대한) 유사성을 넘어 '일종의 동일성'을 획득한다('신분증'은 사진의 시대가 되어서야 비로소 상상할 수 있었던 것이다). 하지만 사진은 그것의 순간성이 단지 절단된 시간만을 포착하게 만든다는 점에서 하나의 불구의 기술일 수밖에 없다. 반면, 영화는 대상이 놓인 시간을 그대로 본뜨면서 나아가 그 대상의 지속까지 본뜨는 놀라운 역설을 실현한다.[45]

들뢰즈는 바쟁이 언급한 '주조moulage'로서의 사진이미지 개념과 대립되는 것으로 '변조'로서의 영화이미지 개념을 제시한다. 운동-이미지 자체인 숏은 물론 주조가 아닌 '변조'에 해당한다. 즉 변조로서의 숏은 끊임없이 운동하면서 주형moule을 변화시키며 매 순간 '가변적이고 상대적이고 유동적인 주형'을 구성해낸다. 들뢰즈는 다음과 같이 설명한다.

사진은 일종의 주조다. 주형은 사물의 내적인 힘들이 어떤 특정한 순간에 균형상태에 도달하게 하는 방식으로 그 힘들을 조직한다(부동적 단면). 그러나 변조는 균형에 도달할 때 중지하지 않으며, 주형을 부단히 변형시키면서 가변적이고 연속적이고 시간적인 주형을 구성해낸다.[46]

---

45. André Bazin, *Qu'est-ce que le cinema?*(1975), Paris: Les Editions du Cerf, 1985, 151쪽.
46. *Cinéma 1. L'image-mouvement*, 39쪽.

다시 말해, 숏은 '변조'이자 동시에 '가변적이고 연속적이고 시간적인 주형'이라 할 수 있으며, 따라서 그 자체로 시간(지속)과 운동을 표현하는 가변적이고 유동적인 단면이다. 덧붙여, 지속과 운동의 '유동적 단면'이자 '가변적 주형'으로서의 숏 개념은 파스칼 보니체가 제시하는 "부유하는 프레이밍cadrage nomade" 개념과 유사하다.[47] 보니체는 영화에서 공간적 한정으로서의 '프레임'보다, 순간적이고 임시적인 이미지 포착으로서의 '프레이밍'이 더 유효한 개념이라고 주장한다. 보니체는 사진에서와 마찬가지로 영화에서도 프레임의 영토적 한정 기능이 프레이밍의 탈영토화 기능 또는 공간해체 기능으로 대체된다고 보는데, 끊임없이 변화하고 운동중인 현실의 한 순간을 포착하는 영화이미지의 특징을 설명하기 위해서는 프레임보다 '일시적이고 임의적이며, 동시에 지속하고 변화하는 프레이밍'이, 즉 '부유하는 프레이밍'이 더 적합한 개념이라고 강조하고 있다.[48] 이와 같은 보니체의 논의의 목적은 기본적으로 프레임과 프레이밍의 차이를 설명하는 데 있지만, 영화이미지의 속성을 '상시 운동중이고 변화중인 이미지'라고 보는 점에서는 들뢰즈와 같다. 영화이미지의 운동성과 가변성을 설명하기 위해 들뢰즈는 숏을 예로 들며 '유동적 단면' 또는 '가변적 주형'이라는 개념을 제시했고, 같은 맥락에서 보니체는 프레임

---

47. Pascal Bonitzer, *Décadrages: peinture et cinéma* (Paris: Ed. Cahiers du cinéma, 1985), 66쪽.

48. 같은 곳. 한편, 에스크나지는 보니체와 다른 관점에서 '프레이밍'과 '지속'의 관계에 대해 강조한다. 그에 따르면, 영화의 프레이밍에는 공간과 시간이 모두 규정되어 있고 특히 '지속'이라는 요소가 포함되어 있어, 프레이밍은 결국 영화이미지를 이중적으로 한계짓는다. 즉 공간적 한계만을 뜻하는 '프레임'은 결코 영화이미지의 운동성을 설명할 수 없으며, 공간적 한계이자 시간적 한계를 뜻하는 '프레이밍'이 영화이미지의 본성을 가리킬 수 있는 적절한 개념이라 할 수 있다.(Jean Pierre Esquenazi, *Film, Perception et Mémoire*, Paris: L'Harmattan, 1994, 99~100쪽; "Du cadre au cadrage," *Penser, cadrer: le projet du cadre*, Paris: L'Harmattan, 1999, 182~186쪽 참조)

을 예로 들며 '부유하는 프레이밍'이라는 개념을 제시하고 있다. 이러한 관점에서 보니체가 말하는 프레이밍과 들뢰즈가 말하는 숏은, 공간과 운동과 시간(지속)에 대한 가변적이고 유동적인 한정, 즉 끊임없이 부유하고 변화하는 '유동적이고 가변적이며 일시적인 틀'을 의미한다는 점에서, 결국 둘 다 동일한 개념을 지시한다고 볼 수 있다.

결절結節

들뢰즈의 논의에서는 '이미지'와 '운동'이 동일하고 '이미지'와 '물질'도 동일하며 따라서 '운동-이미지' 역시 '물질'과 동일하다. 같은 맥락에서, 운동-이미지 자체인 '영화이미지' 또한 '물질'과 동일하며, 결과적으로 영화이미지는 특정한 중심 없이 부단히 운동중인 물질 혹은 '물질적 운동'으로 간주될 수 있다. 나아가, 들뢰즈는 '물질'을 이미지이자 운동일 뿐 아니라 '빛'으로 간주하는데, 이는 물질을 원자들과 같이 견고한 입자들의 합이 아니라, 끊임없이 운동중인 에너지의 합이자 빛의 합이라고 주장한 베르그손의 이론에 기반을 두고 있는 사유다. 물질이 빛인 이상 물질을 구성하는 운동-이미지도 빛이며, 따라서 운동-이미지인 '영화이미지'도 그 자체로 '빛' 혹은 '빛의 총합'이라 부를 수 있다.

이처럼 영화이미지의 성질을 운동, 물질, 빛으로 파악하는 들뢰즈의 사유는 특히 영화이미지의 운동성에 대한 정치한 사유로 발전한다. 들뢰즈는 운동에 관한 베르그손의 테제들로부터 출발해 영화이미지만의 고유한 운동성을 밝히고자 하는데, 다만 그는 영화가 추상적 운동과 부동의 이미지들의 결합으로 이루어진다는 베르그손의 주장과는 입장을 달리한다. 영화는 움직이지 않는 단면들이 아니라 움직일 수 있는 단면들로 이루어지며, 영화이미지는 '지속중이고 운동중인 유동적 단면,' 즉 운동-이미지 자체라고 강조하는 것이다. '내재성의 평면'이라는 개념으로도 설명될 수 있는 이러한 유동적 단면은, 특정한 중심을 갖지 않고 단지 즉자적인 이미지들로만 구성되어 있어 그 자체로 운동-이미지의 총체인 물질적 우주를 지시하기도 한다. 또한 유동적 단면으로서의 영화이미지는 언제나 부분과 전체, 순간과 지속을 동시에 나타낼 수 있는 이중성을 지니는데, 이에 따라 영화이미지는 부분들 혹은 사물들 사이에서 일어나는 '전이운동'과 지속 혹은 전체의 차원에서 일어나는 '질적 변화' 운동을 동시에 나타낼 수 있다.

들뢰즈에 따르면, 영화이미지의 부분적인 전이운동과 전체적인 변화운동을 가장 잘 보여주는 영화형식은 바로 '숏'이다. 숏은 영화이미지의 부분들과 전체 사이를 끊임없이 오가면서 분배와 재통합 운동을 통해 닫힌 집합으로서의 프레임과 열린 전체로서의 몽타주를 매개한다. 또한 숏은 지속의 유동적 단면이자, 운동의 유동적 단면일 뿐 아니라, 나아가 '가변적이고 지속적이며 일시적인 주형'이다. 이 같은 그의 개념들은 운동-이미지로서의 숏이 단지 공간의 단면일 뿐 아니라 시간의 단면이자 나아가 운동의 단면임을 강조한다. 숏에 대한 들뢰즈의 이러한 관점은, 멀리로는 영화이미지의 운동성을 '시간적 원근법'이라는 개념으로 설명했던 엡슈타인의 관점과 유사하며, 가까이로는 영화이미지의 운동성과 가변성을 '부유하는 프레이밍'이라는 개념으로 제시했던 보니체의 관점과도 유사하다.

결론적으로, 운동-이미지로서의 영화이미지가 지닌 속성을 설명하기 위해 들뢰즈는 '물질이자, 빛, 흐름으로서의 이미지'의 특질들을 살펴보았고 또 순간과 지속, 부분과 전체에 동시에 관계하는 '유동적 단면으로서의 영화이미지'의 특성에 대해서도 살펴보았다. 여기에는 물론 운동과 이미지, 물질과 이미지, 물질과 의식을 동일한 것으로 보면서 실재론과 관념론의 오랜 대립을 극복하고자 하는 베르그손의 사유가 바탕이 되고 있고, 다른 한편으로는 서구의 전통적인 이분법적 사고로부터 벗어나 모든 대립적 요소에 내재된 잠재성과 전도가능성을 탐구하고자 하는 들뢰즈 특유의 시각도 반영되어 있다. 그러나 들뢰즈의 이러한 모든 논의는, 궁극적으로 영화이미지가 '운동' 자체이며 영화이미지의 속성이 무엇보다 그것의 '운동성'과 '가변성'에 있다는 것을 밝히려는 데 목적을 두고 있다. 들뢰즈의 언급처럼, "영화적 운동-이미지의 속성은 이동하는 것들이나 움직이는 것들에서 그것들의 공통된 본질인 운동을 추출해내는 데 있거나 혹은 그러한 운동들로부터 그것의 본질인 운동성을 추출해내는 데 있기" 때문이다.[49] 요컨대, '운동의 재현'일 뿐 아니라 '운동' 자체인 영화이미지의 본성은 탄생 초기부터 지금까지 영화를 다른 매체와 구별시켜주는 가장 중요한 특성이자 가장 커다란 매혹이었다. 하지만 들뢰즈가 강조하는 것처럼, 운동의 재현이자 운동 자체라는 영화이미지의 특성은 시간의 재현이자 시간 자체라는 영화이미지의 또다른 특성과 합쳐져야만 비로소 그것의 온전한 의미를 얻을 수 있다. '시간'으로서의 영화이미지에 대한 논의는 이 책의 제13장에서 다시 상세히 다룰 것이다.

---

49. *Cinéma 1, L'image-mouvement*, 37쪽.

제12장

운동-이미지의 변이, 간격과 기호들: 들뢰즈

앞장에서 살펴본 것처럼, 들뢰즈의 사유에서 이미지는 물질이자 운동이며 빛이자 의식이다. 따라서 운동으로서의 이미지, 즉 운동-이미지는 그 자체로 물질이자 빛(의식)이며, 그러한 운동-이미지의 총합은 물질적 우주가 된다. 들뢰즈는 이처럼 물질적 우주를 구성하는 운동-이미지가 실제 개별 영화작품film에서 어떻게 변이되어 나타나는지에 대해 설명하고자 한다. 그에 따르면, 운동-이미지는 우주 안에서 내적 간격을 갖는 '살아 있는 이미지'를 통해 지각되고 절단되어 영화라는 하나의 체계로 구체화된다. 영화이미지는 물론 이 살아 있는 이미지에 해당한다. 즉 살아 있는 이미지로서의 영화이미지는 자신 안의 '간격'을 통해 우주의 모든 이미지에 대해 작용하고 반작용하며, 그러한 작용과 반작용의 과정을 통해 다양한 유형의 이미지들을 산출해낸다. 들뢰즈는 이 다양한 유형의 이미지들 역시 '운동-이미지'라 부른다. 요컨대, 들뢰즈의 영화이미지 논의에서 운동-이미지는 크게 두 가지 국면을 갖는다. 첫째, 물질이자 운동이며 빛 자체인 절대적 운동-이미지 국면이다. 둘째, 그러한 절대적 운동-이미지가 영화이미지라는 살아 있는 이미지의 내적 간격을 거쳐 특수하고 구체적인 형태로 변이될 때 나타나는 상대적 운동-이미지의 경우가 그것이다.

따라서 절대적 운동-이미지에서 상대적 운동-이미지로의 변이과 정을 이해하기 위해서는, 먼저 살아 있는 이미지가 내포하고 있는 '간 격'에 대한 이해가 선행되어야 한다. 주지하다시피, 들뢰즈는 그의 영 화이미지 논의를 위해 베르그손과 베르토프의 '간격' 개념을 근간으 로 그만의 고유한 '간격' 개념을 발전시킨다. 우선, 들뢰즈는 지각을 '신체를 통한 이미지들의 선택'으로 보고 순수한 인식이 아닌 '신체의 물리적 운동'으로 간주하는 베르그손의 사유로부터 깊은 영향을 받 는다. 특히, 지각을 외부의 자극에 대한 신경계의 작용과 반작용의 단 순한 합으로 보지 않고, 즉 단순한 물리적 운동으로 보지 않고, 내부 에 어떤 '비결정의 영역'(즉 간격)을 포함하는 복합적 작용으로 보는 베르그손의 논의에 주목한다. 들뢰즈는 거기에 베르토프가 제시한 영 화이미지에서의 간격 개념을 더해, 그만의 운동-이미지 개념으로 발 전시킨다. 즉 간격 개념을 중심으로, 이미지에 대한 베르그손의 사유 와 유물론적 영화에 대한 베르토프의 사유를 합쳐, 운동과 이미지에 관한 그의 사유의 중요한 근거를 마련하는 것이다. 들뢰즈는 이를 토 대로 실제 영화작품에서 발생하는 운동-이미지의 세 가지 변이체들 을 유추해내는데, 이것이 바로 '지각-이미지,' '행동-이미지,' '정감-이미지'다.

한편, 들뢰즈가 말하는 운동-이미지의 영화적 변이 양상을 이해하 기 위해서는 영화이미지의 기호적 성격에 대한 그의 논의도 살펴보 아야 한다. 일단, 들뢰즈에게 운동-이미지로서의 영화이미지는 본질 적으로 운동 자체이자 물질 자체이며, 따라서 무엇을 대신해 나타나 는 기호(퍼스적 입장)라기보다는 그 스스로 '무엇인가를 표시하는 물질,' 즉 '발신하는 물질'[1]이라 할 수 있다. 그런데 다른 한편으로, 운동이자 물질로서의 영화이미지가 영화작품의 각 단계에서 여러 유형의 특수한 운동-이미지들로 변이되고 구체화될 경우, 각각의 특수한 운동-이미지들은 다양한 기호들을 수반하고 산출할 수 있다는 점에서, 일종의 '기호적 물질'로 고려될 수도 있다. 즉 본질적으로 영화이미지는 기호화 단계 이전에 작용하는 발신하는 물질에 해당하지만, 영화 내의 구체적 상황에 따라 기호적 물질로 기능할 수도 있다. 따라서 들뢰즈에게, 기호란 영화이미지 자체이기보다는 영화이미지에 새겨져 있는 '내적 특질'이라 할 수 있으며 혹은 구체화된 운동-이미지를 특징짓는 '표현적 특질'이라 할 수 있다.

1. 간격과 운동-이미지

(1) 간격과 작용-반작용

베르그손 및 베르토프와 마찬가지로, 들뢰즈는 모든 이미지(혹은 사물)가 다른 모든 이미지(혹은 사물)에 대해 작용-반작용 하는 중심 없는 우주에서, 그 작용과 반작용 사이에 '간격'이 발생하는 것에 주

---

1. 들뢰즈의 용어 'matière signalétique'는 국내에서 '기호적 물질'로 번역돼 사용되고 있다. 그러나 우리는 그것을 기술하는 내용에 따라 '발신하는 물질'과 '기호적 물질'로 나누어 사용할 것이다. 본래, 프랑스 형용사 'signalétique'는 '신호의,' '신호하는,' '인상새 기록의' 정도의 뜻을 갖는 단어이며 기호 개념은 전혀 내포하고 있지 않다. 들뢰즈는 물질이자 운동 자체인 근본적 의미의 운동-이미지를 가리킬 때는 이 용어를 글자 그대로 '신호하는 물질' 혹은 '발신하는 물질' 정도의 뜻으로 사용하며, 영화작품 내에서 상대화되고 특수화되는 운동-이미지를 가리킬 때는 기호의 성질을 품고 있다는 점에서 '기호적 물질'에 더 가까운 뜻으로 사용한다. 따라서 이 책에서는 들뢰즈의 양의적 사용의 의도를 고려해 '발신하는 물질' 또는 '기호적 물질'로 구분해 사용할 것이다.

목한다. 간격이란 한마디로 이미지가 행하는 "작용과 반작용 사이의 간극"을 말하며, 우주의 어느 지점에서든, 내재성의 평면의 어느 지점에서든 일어날 수 있지만, 그 우주와 "물질의 평면이 시간을 포함하는 한에서만 가능"하다.[2] 말하자면 간격은 기본적으로 작용과 반작용이 이루어지는 '시간'을 필요로 하는 셈이다. 이는 베르그손이 그의 간격 개념과 관련해 언급한 것과 유사한 관점으로, 하나의 지각은 아무리 그것이 순간적이라 해도 '지속'의 어떤 두께를 점유하며 우리의 지각이 '순간적인 실재'라 파악하는 것에도 이미 지속이, 즉 우리의 '기억' 내지는 우리의 '의식'이 들어 있다.[3]

그런데 실제로 간격은 우주에 존재하는 모든 이미지가 만들어낼 수 있는 것이 아니다. 그것의 발생은 오직 특별한 유형의 한 이미지, 즉 "살아 있는 이미지 또는 물질들"[4]에 의해서만 가능하다. 들뢰즈는 베르그손이 '나의 신체'라고 부른 이미지를, 즉 이미지들의 총체인 우주 속에서 다른 모든 이미지와 뚜렷이 구별되고 특권적 위치를 점하는 하나의 이미지를 '살아 있는 이미지image vivante'라는 개념으로 대체한다. 자신의 모든 면과 부분을 통해 작용-반작용 하는 우주의 일반 이미지들과 달리, 살아 있는 이미지는 자신의 어느 '특정한' 면이나 부분을 통해서만 작용(운동)하고 또다른 '특정한' 면이나 부분을 통해서만 반작용한다. 들뢰즈의 표현처럼, 살아 있는 이미지들은 마치 "사분된 이미지들images écartelées"[5]과도 같은 것이다.

살아 있는 이미지들의 특정한 면이나 부분, 즉 특화된 부분은 우주 안에서 운동하고 있는 모든 이미지로부터 어떤 '특정 이미지들'을 '고

---

2. Gilles Deleuze, *Cinéma 1. L'image-mouvement*, 90~91쪽.
3. 이 책 제1장 「2-(3) 지각과 정감」, 「2-(4) 지각과 기억」 부분을 참조할 것.
4. *Cinéma 1. L'image-mouvement*, 91쪽.
5. 같은 곳.

립'시키는데, 이때 이 특화된 부분의 '작용'이 바로 '지각perceptions'에 해당한다. 즉 살아 있는 이미지가 행하는 작용이란 우주로부터 특정 이미지를 고립시켜 하나의 '닫힌 체계'를 구성하는 것을 뜻하는데, 그 것은 영화가 프레이밍을 통해 세계로부터 특정 이미지를 고립시키고 하나의 닫힌 체계를 만들어내는 것과 유사하다. 다시 말해 살아 있는 이미지들의 작용이란 경험되는 특정 이미지의 운동들이 프레임에 의 해 고립되고 지각되는 것을 뜻하며, 일종의 '수용된 운동'에 상응한다고 할 수 있다.

한편, 살아 있는 이미지들은 이처럼 수용된 운동에 대해 자신의 특화된 부분들을 통해 '반작용'하는데, 들뢰즈는 그 반작용을 '행동action'이라고 부른다. 하지만 위에서 언급한 것처럼, 작용과 반작용 사이, 즉 수용된 운동과 실행되는 운동 사이에는 반드시 '간격'이 존재한다. 그리고 그 간격으로 인해 실행되는 운동, 즉 반작용은 새로운 성격을 얻게 된다. 즉 실행되는 반작용은 '간격의 존재로 인해' 더이상 경험된 작용들과 직접 연결되지 않고, '간격의 효력으로 인해' 자신만의 요소들을 선별하고 조직하고 통합할 수 있게 되는 것이다. 따라서 살아 있는 이미지들이 실행하는 운동인 반작용은 일종의 '연기된 반작용'이며, 새로운 어떤 것을 제시하는 행동이다. 살아 있는 이미지들은 수용된 운동에 관해서는 분석의 주체로, 실행되는 운동에 관해서는 선별의 주체로 기능하며, 그러한 특권은 두 운동 사이에 존재하는 '간격'에 의해 가능하다.

(2) 살아 있는 이미지와 사물의 지각

위에서 살펴본 것처럼, 살아 있는 이미지들은 그 작용과 반작용 사이에 간격을 내포하고 있으며, 그에 따라 수용된 운동(지각)에서 실행되는 운동(행동)으로 넘어가는 과정에서 어떤 '차이' 혹은 '새로움'을 생산한다. 따라서 운동-이미지들의 총체인 중심 없는 우주에서 살아 있는 이미지들은 그 내부에 간격을 갖고 연기된 반작용을 통해 새로운 행동을 제시하는 일종의 "비결정의 중심들centres d'indétermination"[6]로 고려될 수 있다. 그런데 물질의 총체이자 빛의 총체이며 이미지의 총체인 우주에서, 살아 있는 이미지는 일종의 '검은 스크린'을 제공한다. 즉 빛의 선들이나 이미지들이 저항이나 감소 없이 모든 방향으로 빛을 발하고 증식하는 우주에서, 살아 있는 이미지는 하나의 '장애물'을 만들어낸다. 다시 말해, 빛의 선이나 이미지를 반사하는 일종의 '불투명한 막'을 형성한다. 그러므로 살아 있는 이미지는 검은 스크린을 제공하는 비결정의 중심이자, 지각의 중심 역할을 수행하는 하나의 특별한 이미지라 할 수 있다.

한편, 살아 있는 이미지는 베르그손이 제시한 이미지의 두 체계를 상기시킨다. 바로 제1장에서 살펴보았던 '객관적 이미지 체계'와 '주관적 이미지 체계'다. 객관적 이미지 체계는 각각의 이미지가 스스로 변화하고 모든 이미지가 모든 부분에 의해 서로 작용-반작용 하는 체계를 말하며, 주관적 이미지 체계는 모든 이미지가 하나의 이미지에 대해 변화하고 그 하나의 이미지가 자신의 어떤 면이나 부분을 통해 다른 이미지들의 작용을 수용하고 그것에 반작용하는 체계를 가리킨다. 전자가 이미지의 총체이자 물질의 총체인 '우주'를 가리킨다면, 후자는 무언가를(사물 혹은 이미지) 지각하고 있는 인간의 '뇌'를 가리킨다. 들뢰즈가 말하는 살아 있는 이미지는 이중 후자인 주관적 이미지 체계에 해당한다. 객관적 이미지 체계 안에 존재하지만, 자신 안의 내적 간격을 통해 새로운 운동을 제시하고 일종의 비결정적 중심으

---

6. 같은 책, 92쪽. 들뢰즈가 말하는 '비결정의 중심' 역시 베르그손에게서 가져온 개념이다. 자세한 설명은 제1장의 「2-(3) 지각과 정감」 부분과 「2-(4) 지각과 기억」 부분을 참조할 것.

로 기능하며 그에 따라 자신만의 주관적 이미지 체계를 구축하기 때문이다. 인간의 뇌, 즉 살아 있는 이미지는 우주라는 이미지 체계를 통제하는 이미지들의 객관적 중심은 아니지만, 다른 이미지들을 지각하면서 자신만의 주관적 이미지 체계를 형성해나가는 하나의 특별한 이미지, 즉 비결정의 중심이다.

따라서 우리는 이러한 비결정의 중심이자 지각의 중심이라는 살아 있는 이미지의 속성을 통해 '사물'과 '사물의 지각' 관계를 유추해볼 수 있다. 들뢰즈에 따르면, 사물과 사물의 지각은 본래 동일한 것이고 동일한 이미지를 구성하지만, 엄밀히 말해 그 속성은 다르다. 사물은 "그 자체로 존재하는 있는 그대로의 이미지"이며, "자신이 전적으로 작용을 수용하고 또 직접적으로 반작용을 가하는 다른 모든 이미지와의 관계에 따라 정의되는 이미지"인 반면, 사물의 지각은 사물과 동일한 이미지를 가리키나 "사물을 프레임화하고, 사물로부터 부분적인 작용만 취하며, 사물에 간접적으로만 반작용하는 또다른 특별한 이미지에만 관계되는 동일한 이미지"[7]를 말한다. 즉 사물은 각각의 이미지가 스스로 변화하고 모든 이미지가 모든 부분을 통해 서로 작용-반작용 하는 객관적 이미지 체계와 연관된다면, 사물의 지각은 하나의 이미지가 자신의 어떤 면이나 부분을 통해 다른 이미지들의 작용들 중 일부를 수용하고 그것에 반작용하는 주관적 이미지 체계와 연관된다. 이를 다시 지각의 관점에서 살펴보면, 사물은 그 자체로 본래 완전하고 직접적이고 확산적인 지각, 즉 순수 지각 또는 '객관적 지각'에 해당하며, 사물의 지각은 사물의 모든 면과 부분 중 우리의 관심을 끌지 못하는 부분들을 버리고 나머지 일부를 택하는 '주관적 지각'에 해당한다. 사물의 지각은, "대상을 조명하는 것이 아니라 반

---

7. 같은 책, 93쪽.

대로 대상의 어떤 측면들을 모호하게 하고 대상의 가장 커다란 부분을 감소하게 해서"[8] 대상의 선명한 부분만 발췌해내는 것을 뜻한다. 우리가 사물을 지각한다는 것은, 수용된 운동으로부터, 혹은 작용의 함수인 사물로부터 일정한 선들과 점들을 선택한다는 말이다. 즉 사물의 지각에는 반드시 사물보다 더 적은 것이 존재하기 마련이며, 따라서 사물의 지각은 항상 '감축적soustractive'이다. 사물의 지각이란 "사물에게서 자신의 관심을 끌지 못하는 것을 (모두) 감"하는 것으로, 사물과 사물의 지각을 둘 다 들뢰즈의 용어대로 '포착들préhensions'이라고 부른다면, 사물은 "총체적이고 객관적인 포착들"이라 할 수 있고, 사물의 지각은 "부분적이고 편파적이며 주관적인 포착들"[9]이라 할 수 있다.

(3) 영화적 지각과 운동-이미지의 세 가지 변이들

다시 정리하면, 운동-이미지의 총체이자 객관적 이미지 체계인 우주에서 비결정적 중심으로서 살아 있는 이미지가 행하는 지각은, 그 대상(사물)으로부터 무언가를 덜어내는 뺄셈적 지각이다. 즉 그 자체로 완전하고 총체적이며 객관적인 지각이라 할 수 있는 사물에 대해 행해지는 불완전하고 부분적이며 주관적인 지각이다. 들뢰즈는 '영화적 지각'이 실제 작품을 통해 이처럼 불완전하고 주관적인 지각을 실행함에도 불구하고, 근본적으로는 사물의 지각 혹은 자연의 지각을 지향한다고 주장한다. 영화는 본래 "시각적 중심들의 운동성과 프레이밍의 가변성 등을 통해 탈중심화되고 탈프레임화된 거대한 지역을 복구"[10]하려 했고, 그를 통해 운동-이미지의 첫번째 체계인 객관적

---

8. 앙리 베르그손, 『물질과 기억』, 68쪽.
9. *Cinéma 1, L'image-mouvement*, 93~94쪽.
10. 같은 책, 94쪽.

이미지 체계를 구축하려 했던 것이다. 앞장에서 언급한 것처럼, 이러한 들뢰즈의 주장은 기본적으로 영화적 지각의 무한한 시점 변경 가능성, 탈중심성, 비유기성 등을 강조했던 초기 영화이론가들의 관점을 계승하는 것이라 할 수 있다. 초기 영화이론가들과 마찬가지로, 들뢰즈 역시 영화가 인간 중심의 지각으로부터 벗어나 인간의 지각을 훨씬 넘어서는 특별한 기계적 지각을 수행할 수 있고, 그로부터 탈중심적이고 비유기적인 광대한 시각적 장을, 즉 이미지들의 무한집합인 객관적 이미지 체계를 구현할 수 있다고 보았다. 그에 따르면, 영화적 지각은 그것의 궁극적인 본성으로서 보편적 변주의 세계 및 총체적이고 객관적이며 확산적인 지각으로 귀환하려는 경향을 지니고 있다.

① 지각-이미지

그럼에도 불구하고, 영화는 거의 모든 작품에서 불완전하고 주관적이며 단일 중심적인 지각을 보여왔다. 영화적 지각은 사물 혹은 자연과 구분할 수 없는 총체적이고 객관적인 지각으로부터 단순한 제거나 뺄셈을 통해 사물과 스스로 구별되는 주관적 지각으로 나아간다. 영화는 스크린의 뺄셈 작용을 통해, 우주라는 객관적 혹은 절대적 이미지 체계를 주관적이고 상대적 이미지 체계로 전환시켜 왔다. 그런데 이 경우도, '물질적 우주'와 '영화film'는 본질적으로 동일한 세계라는 전제가 수반된다. 즉 들뢰즈가 '메타시네마'라고 부르는 물질적 우주와 영화는 동질적인 실재의 영역을 이루고 있으며, 둘 사이에는 단지 "현실성의 정도degrés de réalité 차이," 즉 "실재의 정도degrés du réel 차이"[11]만이 존재한다.

---

11. Maurizio Grande, "Les images non-dérivées," *Le cinéma selon Deleuze*, édité par Olivier Fahle & Lorenz Engell(Paris: Presse de La Sorbonne Nouvelle, 1997), 286쪽.

따라서 들뢰즈는 '뺄셈'을 영화이미지가 갖는 '주관성'의 첫번째 질료적 계기로 본다. 일반적 의미의 영화적 지각이란 이 단일 중심적이고 주관적인 지각을 가리키며, 들뢰즈는 이 지각을 운동-이미지의 첫번째 변이체인 '지각-이미지image-perception'라고 명명한다. 지각-이미지란 살아 있는 이미지로서 영화카메라가 일종의 비결정의 중심으로 기능하면서 이미지의 총체이자 물질의 총체인 우주로부터 절단해 형성해내는 이미지를 가리킨다. 영화카메라는 운동-이미지들의 총합인 우주에서 지각을 행하면서 하나의 중심화되고 유기적인 주관적 이미지 체계를 형성하며, 우주는 영화카메라라는 한 특별한 이미지와 관련될 때 그것을 중심으로 "만곡되고 그것을 둘러싸면서 조직된다."[12]

참고로, '물질적 우주'(즉 메타시네마)와 '영화'에 대한 들뢰즈의 관점은 '시네마'와 '필름'에 대한 파솔리니의 관점을 강하게 반영하면서도, 동시에 미세한 차이를 드러낸다. 파솔리니는 '시네마'와 '현실'을 동일한 것으로 보고 '필름'을 몽타주를 통해 절단한 '시네마의 일부'로 본다.[13] 그에 따르면, 시네마는 보이지 않는 상상의 카메라가 재생해내는 무한지속의 '시퀀스숏'이자 '현실' 그 자체이며, 필름은 이처럼 무한한 시퀀스숏이자 현실 그 자체인 시네마를 몽타주를 통해 절단하고 재구성해낸 결과물이자 그 역시 현실의 일부이다. 즉 파솔리니에게 시네마와 필름은 모두 현실의 연장이자 현실 그 자체이며, 둘 사이에는 단지 '규모의 차이' 혹은 '범위의 차이'만 존재한다. 들뢰즈 역시 파솔리니와 마찬가지로 영화를 근본적으로 현실과 동일한 것으로 보지만, 파솔리니의 시네마에 해당하는 '메타시네마'와 실제 '영화' 사이에

---

12. *Cinéma 1, L'image-mouvement*, 94쪽.
13. 이 책에 관해서는 제9장 「1-(3) 시네마와 필름, 무한 시퀀스숏과 몽타주」 부분을 참조할 것.

는 규모의 차이가 아니라 '현실성의 정도 차이' 혹은 '실재의 정도 차이'가 존재한다고 주장한다. 메타시네마, 즉 이미지들의 무한집합인 물질적 우주의 모든 이미지는 '잠재적virtuel' 상태로 존재하는데, 그중 일부가 영화에 의해 지각되고 걸러지면서 '현실적actuel' 상태로 전환된다는 것이다. 들뢰즈에 따르면, 객관적 이미지 체계에서 주관적 이미지 체계로 이행하는 것은 잠재성의 단계에서 현실성(현재성)의 단계로 이행하는 것을 의미한다.[14] 들뢰즈의 사유에서 '잠재적인 것'은 근본적으로 '가능적인 것le possible'이 아니라 '실재적인 것le réel'을 의미하며, 따라서 영화는 그것의 지각을 통해 물질적 우주에 머물러 있는, 이미 실재 그 자체인 잠재적인 것들을 '현실화actualisation'시킨 것이라 할 수 있다.[15] 따라서 객관적 이미지 체계인 물질적 우주(메타시네마)와 주관적 이미지 체계인 영화 사이에는 현실성의 정도 차이 내지는 현실화의 유무 차이가 있다.

② 행동-이미지

한편, 운동-이미지로서의 영화이미지는 이러한 '지각-작용' 외에도 또다른 국면들을 내포하고 있다. 기본적으로, 운동-이미지들의 총합인 우주가 특별한 한 이미지와 관련될 때 우주는 그 이미지를 중심으로 만곡되고 그 이미지를 둘러싸도록 조직된다. 운동-이미지 그 자체인 영화이미지의 경우도 이와 마찬가지다. 우주가 어떤 영화이미지와 관련될 때, 우주는 그 영화이미지를 중심으로 만곡되고 조직된다. 그에 따라 영화이미지는 객관적 이미지 체계인 우주 안에서 비결정적 중심이자 살아 있는 이미지로 기능하게 되며 '작용'과 함께 '반작

---

14. 박성수, 「운동-이미지: 베르그송과 들뢰즈」, 『필름 컬처』, 제6호, 한나래, 2000, 66쪽.
15. 쉬잔 엠 드 라코트, 『들뢰즈 철학과 영화』, 이지영 옮김(열화당, 2004), 88~89쪽.

용'을 실행하게 된다. 그런데 앞서 살펴본 것처럼, 작용과 반작용 사이에는 간격이 존재하고 그 간격의 양극에 지각과 행동이 위치한다. 즉 운동-이미지인 영화이미지는 우주의 이미지들에 대한 작용으로서 지각-이미지를 형성하지만, 그와 동시에 그에 대한 '반작용'으로서 '행동-이미지'를 만들어낸다. 비결정적 중심으로서의 영화이미지는 이미 자신의 특권화된 한 면을 통해 자극을 수용했기 때문에, 그에 대한 반작용으로 행동을 실행해야 하는 것이다. 이것이 들뢰즈가 말하는 운동-이미지의 두번째 변이체인 '행동-이미지image-action'다.[16]

이때, 물론 행동은 단순한 반작용이 아니라 '간격'으로 인해 작용과 일정한 거리(즉 시간)를 갖는 일종의 '연기된 반작용'이다. 즉 운동-이미지는 작용에서 반작용으로 혹은 지각에서 행동으로 곧바로 넘어가는 것이 아니라, 양자 사이의 간격이라는 미세한 '거리'를 건너 넘어간다. 그런데 이 거리는 우주가 영화-이미지라는 특별한 이미지를 중심으로 만곡될 때 형성되는 거리이기도 하다. 다시 말해, 그것은 주변과 중심 사이에, 사물(지각 대상)과 나(지각 주체) 사이에 생겨나는 관계 혹은 거리의 반영이다. 지각 주체, 즉 영화이미지는 이 거리를 증가시키거나 감소시키면서, 사물들이 자신에게 가할 수 있는 '잠재적 행동'과 자신이 사물들에 가할 수 있는 '가능적 행동'을 파악한다. 따라서 행동-이미지에서는 더이상 선별이나 프레이밍이 문제되지 않으며, '뺄셈' 또한 문제되지 않는다. 대신, 사물들의 '잠재적 행동'과 지각 주체의 '가능적 행동'을 야기시키는 '우주의 만곡incurvation de l'univers'이 문제되는데, "지각이 운동을 '물체들'(명사들)에, 즉 움직이는 것이나 움직여지는 것이 될 단단한 오브제들에 관계시킨다면, 행동은 운동을 가상의 결말이나 결과의 도면이 될 '행위들'(동사들)에

---

16. *Cinéma 1. L'image-mouvement*, 95쪽.

관계시킨다." 말하자면, 들뢰즈는 이 '만곡'을 영화이미지가 갖는 '주관성'의 두번째 질료적 계기로 본다.[17]

③ 정감-이미지

그런데 간격의 두 양극 사이에는, 즉 지각적 측면과 행동적 측면 사이에는 하나의 중개자가 존재한다. 바로 '정감affection'이다. 들뢰즈의 표현에 따르면, 정감은 간격을 채우거나 메우는 것이 아니라 '점령하는occuper' 것이며, 간격의 한 극인 지각을 교란시키고 다른 한 극인 행동을 주저하게 만든다. 정감은 비결정의 중심인 주체 내의 간격에 존재하면서 교란적인 지각과 주저하는 행동 사이에서 요동한다. 따라서 정감은 주체가 스스로를 '지각'하고 스스로를 '경험'하고 스스로를 '안'으로부터 느끼는 방법이며 '경험되는 상태'로서, '질(형용사)'에 운동을 결부시킴으로써 "순수한 질 속에서 주체와 대상의 (우연적) 일치를 표시하는" 방식이다.[18] 즉 정감은 비결정의 중심인 우리(혹은 영화이미지)가 우주의 운동들 중 일부를 수용하고 반사하는 대신 '흡수'하고 '굴절'시키는 것에 관계되며, 스스로를 지각의 대상으로도 행동의 주체로도 변형시키지 않는 것에 관계된다. 이것이 바로 운동-이미지의 세번째 변이체인 '정감-이미지image-affection'다.

살아 있는 이미지이자 비결정의 중심인 우리는 작용기관과 반작용기관을, 즉 지각기관과 행동기관을 특화시켜왔다. 그런데 정감으로 인해 우리의 고정된 수용(지각)기관이 운동을 수용한 후 그것을 다시 반사(행동)하는 대신 '흡수'할 때, 행동은 일시적으로 불가능해진다. 즉 운동이 행동으로 외화되지 않고 간격 안에 정체되며, 나아가 일정

---

17. 같은 곳.
18. 같은 책, 96쪽.

한 '무능력'마저 나타내게 된다.[19] 이처럼 정감에 의해 일시적으로 불가능해진 행동은 하나의 '경향tendance' 혹은 '내력內力, effort'으로 대체된다.[20] 정감은 일종의 '감각신경상의 운동 경향'을, 즉 고정된 수용판 위에서의 '운동 내력'을 나타낸다. 따라서 정감으로 인해, 간격으로부터 발생되는 운동의 성격 자체가 변화한다. 이전까지 간격과 연관되는 운동은 일종의 '전이운동'이었다. 한편으로는 지각을 통해 '수용된 운동'에 관계했고, 다른 한편으로는 행동을 통해 '실행되는 운동'에 관계했다. 즉 지각과 행동 사이에 간격이 존재했지만, 그것은 단절이 아니라 자연스러운 연결과 이동을 의미했다. 그런데 둘 사이의 간격을 '정감'이 점령하면서, 둘 사이의 운동의 성격도 재정립된다. 정감을 통해, 운동은 단순한 전이운동을 넘어 일종의 '표현운동'으로 바뀐다. 정감으로 인해 운동은 '질,' 즉 '움직이지 않는 요소들을 휘젓는 경향'이 되는데, 들뢰즈에 따르면 우리의 신체 중 그러한 표현운동을 가장 잘 드러내는 기관이 바로 얼굴이라 할 수 있다.

요컨대, 우주를 이루고 있는 물질이자 빛으로서의 운동-이미지는 비결정의 중심이라는 하나의 특별한 이미지에 관계될 때 지각-이미지, 행동-이미지, 정감-이미지라는 세 유형의 이미지들로 나뉘고 특수화된다. 살아 있는 이미지로서의 각 개인은 이미지들의 총체이자 객관적 이미지 체계인 우주 속에 존재하는 하나의 '특별한 이미지'이자 '우연한 중심'이며, 다시 말해 지각-이미지, 행동-이미지, 정감-이미지로 이루어진 하나의 '조합agencement'이자 '유착물consolidé'에 해당한다.[21] 마찬가지로, 영화이미지도 운동-이미지의 총체이자 물질의 총체인 우주 속에 존재하는 하나의 특별한 이미지이자 비결정의 중

---

19. 박성수, 같은 글, 71쪽.
20. *Cinéma 1, L'image-mouvement*, 96쪽.
21. 같은 책, 97쪽.

심이며, 지각-이미지, 행동-이미지, 정감-이미지로 이루어진 '조합'
이자 '유착물'에 해당한다고 볼 수 있다.

2. 발신하는 물질 및 기호적 물질로서의 영화이미지

(1) 발신하는 물질로서의 영화이미지

① 대상 및 대상의 변조로서의 영화이미지

들뢰즈는 메츠의 영화기호학을 비판하면서 영화이미지와 관련된
자신의 기호론적 논의를 시작한다. 우선, 들뢰즈는 메츠의 영화기호
학의 가장 큰 문제점이 '이미지image'와 '언술énoncé'[22]의 동일시에
있다고 지적한다. 메츠가 영화 '이미지'를 '언술'로 대체함으로써 랑
그langue에는 속하지 않지만 랑가주language에는 속하는 일련의 '언어
적 결정인들'을 이미지에 적용시켰다고 보는 것이다.[23] 제8장에서 살
펴본 것처럼, 메츠는 「영화: 랑그인가 랑가주인가?」라는 글을 통해,
영화가 랑그는 아니지만 랑가주일 수 있다는 주장을 내놓는다. 영화
는 다양한 이유로 랑그가 될 수 없는 대신, 서사성과 연계해 하나의
독자적인 '통합체적 구조'를 가짐으로써 랑가주와 유사한 하나의 언
어기호적 체계가 될 수 있고, 이로써 하나의 담론으로도 기능할 수 있
다는 것이다. 이후, 메츠는 일련의 연구들을 통해 '영화적 약호들'과

---

22. 프랑스어 'énoncé'는 국내에서 '언표, 언술, 발화' 등 다양한 용어로 번역되었지
만, 이 책에서는 다음과 같이 옮긴다. 즉 'énoncé: 언술,' 'énonçable: 언술 가능한
것,' 'énonciation: 언술행위.'(정재영, 홍재성 편저, 『프라임 불한사전』, 두산동아,
1999; 이휘영, 『엣센스 불한사전』, 민중서관, 2011 참조)
23. Gilles Deleuze, *Cinéma 2. L'image-temps* (Paris: Les Editions de Minuit, 1985),
38~39쪽. 이후, 이 책의 인용은 제목과 쪽수로만 표기한다.

'영화적 하위약호들'이라는 또다른 분류를 설정하면서, 양자 사이에는 '선택'과 '대체'라는 일종의 '계열체적' 관계도 성립할 수 있음을 보여준다. 이 같은 논증은 영화가 통합체적 구조뿐 아니라 계열체적 구조도 내포한다는 것을 설명하기 위한 것으로, 영화를 랑가주이자 동시에 랑그로 고려하려는 의도를 담고 있다. 하지만 들뢰즈는 영화를 랑가주로 보든 랑그로 보든, 메츠의 논의가 항상 이미지와 언술의 동일시로부터 출발하는 것 자체가 오류라고 지적한다. 언술에 적용되는 '언어적 특징들(통합체와 계열체)'을 영화이미지에 그대로 적용시킴으로써, 영화기호학 자체가 이미지에 '언어적' 모델을, 특히 '통사적' 모델을 적용시키는 협소한 학문이 되어버렸다고 주장하는 것이다. 들뢰즈에 따르면, 영화이미지에 관한 메츠의 기호학 연구에서는 '이미지가 언술과 동일하다'라는 전제하에 정작 주요 연구 대상이어야 할 '이미지'가 배제되었고, 그 자리를 '언술'과 '거대 통합체'가 대체했다. 결국, 메츠의 주장은 "서로 다른 표현 질료를 보편적 구조, 즉 언어학적 기호체계로 환원하면서 질료의 물질성을 간과"하는 구조주의적 한계를 드러낸다.[24]

한편, 메츠는 위와 유사한 맥락에서 '서사narration'를 영화이미지의 분명한 '전제조건'으로 간주했다. 그의 이론에서 서사는 언어적 결정인이라 할 수 있는 몇 개의 기본 약호들로 환원되며, 이 약호들을 통해 일종의 명시적 전제조건으로서 이미지 내부에 들어와 새겨진다.[25] 그러나 들뢰즈는 서사와 이미지의 관계에 대한 메츠의 구조주의적이고 환원주의적인 관점이야말로 그의 영화기호학 논의의 중대한 난점을 이루는 가설이라고 비판한다.[26] 들뢰즈가 볼 때, "서사는 그 자체

---

24. 데이비드 노먼 로도윅, 『질 들뢰즈의 시간기계』, 김지훈 옮김(그린비, 2005), 93쪽.
25. 홍성남, 「이미지와 기호: 들뢰즈와 영화기호학에 대하여」, 『필름 컬처』, 제6호, 한나래, 2000, 77~78쪽.

로 명시적인 이미지들의 결과이자 그 이미지들의 직접적인 조합의 결과이지, 결코 그 이미지의 전제조건이 아니"기 때문이다.[27] 즉 서사는 이미지에 선재하는 어떤 외재적 구조나 힘이 아니며, 단지 이미지에 내재되어 있고 이미지로부터 연역되어 형성되는 결과물일 뿐이다. 이는 고전영화나 현대영화의 서사에서 모두 마찬가지인데, 고전적 서사는 '운동-이미지'가 지각-이미지, 정감-이미지, 행동-이미지로 '특수화'되는 과정에서 직접적으로 발생하고, 현대적 서사는 '시간-이미지'의 구성과 유형화 과정에서 직접 발생한다.

그런데 이처럼 이미지와 언술을 동일시하고 서사를 이미지의 전제조건으로 간주하는 메츠의 영화기호학에서는 필연적으로 이중적인 변형작업이 요구된다. 기본적으로 서사적 언술이란 '유사ressemblance' 또는 '유비analogie'에 의해 작동되는 것인데, 서사를 이미지의 전제조건으로 삼는 메츠의 이론에서는 영화이미지 또한 자연스럽게 하나의 '유비적 기호'로 환원되기 때문이다. 즉 메츠는 영화이미지를 언술과 동일한 속성의 '유비적 기호'로 환원시키고 그 기호들을 다시 언술의 기저에 존재하는 언어적 구조를 위해 '약호화'시키는 '이중적 변형작업'을 선작업으로 수행한다. 그러나 들뢰즈는 이러한 이중적 변형작업이야말로 영화이미지에 잘못된 속성을 부여하고 영화이미지의 고

---

26. 같은 맥락에서, 클레어 콜브룩Claire Colebrook은 들뢰즈의 관점이 영화의 기호들을 주체의 기호들 혹은 소통의 기호들로 '환원'하는 라캉의 구조주의적이고 환원론적인 관점과 대조를 이룬다고 주장한다. 라캉의 이론을 계승한 영화기호학에서는 '눈'과 '이미지'의 관계 대신 '의미작용, 주체화, 종속' 등이 문제시되며, '이미지가 무엇을 재현하고, 무엇을 대신하며, 무엇을 배제하는지'가 핵심 논제가 되기 때문이다. 이러한 라캉식의 기호학적 관점에서, 이미지는 '외부'로부터 비롯되는 외상을 표현하는 기호가 되며, 의미작용은 비차이화된 실재들을 차이화하고 기표들을 강제하게 된다. 즉 이미지를 그 자체로, 사물을 그 자체로 파악하는 것이 불가능해지는 것이다.(클레어 콜브룩, 『이미지와 생명, 들뢰즈의 예술 철학』, 정유경 옮김, 그린비, 2008, 80~82쪽 참조)

27. *Cinéma 2, L'image-temps*, 40쪽.

유한 특성인 '운동'을 박탈하는 가장 중요한 요인이라고 지적한다. 그가 볼 때, 영화이미지란 결코 유사 또는 유비로 환원되거나 설명될 수 있는 기호가 아니기 때문이다.

들뢰즈에 따르면, 근본적으로 운동-이미지로서의 영화이미지는 표현하는 대상(즉 사물)과 유사한 것이 아니라 '대상 그 자체'다. 베르그손와 마찬가지로 들뢰즈에게서도, '이미지'와 '대상'은 동일한 것이자 구별 불가능한 것이며, 둘 사이의 구별은 오로지 대상의 부동화를 통해서만 가능하다. 다시 말해, 운동-이미지는 "연속적으로 기능하는 운동의 한 중간에서 포착된 사물 그 자체"이며 혹은 "대상 자체의 변조modulation"로서, 이 변조는 "이미지와 대상의 동일성을 구성하고 또 끊임없이 재구성한다는 점에서 '실재réel'의 작용"이라 할 수 있다.[28] 앞 장에서 살펴봤듯, 들뢰즈는 사진이미지와 영화이미지에 관한 바쟁의 논의를 계승하면서 사진의 '주조' 개념과 대조해 '변조' 개념을 설명하기도 한다. 즉 변조는 매 순간 진행되고 있는 '주형(moule 혹은 module)의 변형작용'을 가리키며, 이미지와 대상의 동일성이 전제되는 이상 결코 유비적 기호나 약호로 환원될 수 없다. 그리고 대상의 변조 자체이자 부단한 운동 자체인 영화이미지 또한 유사나 유비로 작동되는 유비적 기호로 결코 환원될 수 없다. 따라서 메츠의 논의처럼 이미지를 본질적으로 비시간적이고 정태적인 언어구조로 환원시키는 작업은 결국 이미지로부터 '운동성'과 '시간성'을 제거하는 근본적인 오류를 범하게 된다. "이미지를 언술로 대체하는 순간, 이미지가 갖는 가장 고유한 명시적 특성인 운동을 빼앗고 영화이미지에 그릇된 외양을 줄 수 있는"[29] 것이다.

---

28. 같은 책, 41~42쪽.
29. 같은 책, 42쪽.

② 현실 및 현실의 언어로서의 영화

이처럼 변조 개념을 통해 영화이미지와 대상의 동일성을 주장하는 들뢰즈의 관점은 파솔리니의 영화기호학적 입장에 대한 그의 설명과 옹호에서도 잘 드러난다. 우리는 이미 제9장에서 메츠의 영화기호학 논의들에 대한 파솔리니의 반론과 그만의 새로운 영화기호학적 관점들에 대해 살펴보았다. 간략히 말해, 파솔리니에게 영화의 최소 단위는 숏이 아니라 숏을 구성하는 '현실의 대상들'이며, 동시에 영화는 '랑가주'일 뿐 아니라 그 나름의 고유한 이중분절 체계를 갖는 '랑그'이다.[30] 파솔리니는 영화의 최소 단위인 현실의 대상들을 '영상소'라고 불렀는데, 촬영을 통해 영화이미지 안에 존재하게 되는 현실의 모든 사물, 행위, 사건 등이 영상소에 해당한다. 현실의 대상들인 영상소는 약호적 의미 이전에 이미 그 자체의 고유한 자연적 의미를 지니며, 영화란 영상소라는 현실의 대상들이 그대로 새겨진 언어, 즉 '현실로 쓰인 언어'일 뿐이다. 요컨대, 영화와 현실 사이에 차이란 존재하지 않으며, 영화이미지는 현실의 유비적 기호나 약호가 아니라 '현실 그 자체'다. 영화에서 사용되는 기호는 관습적이거나 상징적인 것이 아니라 단지 현실에서 그대로 가져온 것이며, 영화는 '현실에 의해 현실을 표현하는 언어'일 뿐이다.

에코는 이러한 파솔리니의 논의가 영화와 실재의 구별을 무시한다고 비판했지만, 같은 이유로 들뢰즈는 파솔리니의 기호학적 입장을 옹호한다. 위에서 언급한 것처럼, 들뢰즈에게서도 영화이미지와 실재(대상)의 구분은 불가능하며, 영화와 현실 또한 그 자체로 구분 불가능하기 때문이다. 즉 파솔리니와 들뢰즈의 공통된 영화기호학적 입장

---

30. 이 책 제9장 「1-(1) 영화와 이중분절」 부분 참조; Pier Paolo Pasolini, "La langue écrite de la réalité"(1966), *L'expérience hérétique*, traduit par Marianne di Veltimo(Paris: Ramsay, 1989), 47~76쪽 참조.

은 무엇보다 영화를 '현실의 연장'이라고 보는 것에서 출발한다. 파솔리니는 영화가 구현하는 현실의 대상(사물)을 단순한 지시체가 아니라 영화이미지들의 요소이자 단위라고 간주한다. 영화이미지는 현실의 대상들을 통해 말하는 현실 그 자체인 것이다. 들뢰즈 역시 "현실의 대상들은 이미지의 단위가 되고, 동시에 운동-이미지는 대상들을 통해 말하는 현실이 된다"[31]고 주장한다. 들뢰즈에게서도 영화란 세계 자체이자 현실 자체이며, 영화이미지는 현실의 대상들로 이루어지는 일종의 '현실의 언어체계'다.

③ 발신하는 물질 및 언술 가능한 것으로서의 영화이미지

한편, 파솔리니는 영화가 그 나름의 고유한 이중분절 체계를 갖는 언어(랑그)라는 점을 설명하기 위해, 현실의 대상들인 '영상소'가 일반 언어의 최소 단위인 '음소'에 해당하고, '숏'은 일반 언어의 '형태소'와 유사하다는 주장을 제시한다. 언어와 마찬가지로, 영화도 현실 세계에 존재하는 영상소들 중 어떤 것을 '선택'해 하나의 숏 및 신으로 '조합'할 수 있는, 즉 계열체적 체계와 통합체적 체계를 모두 내포하는 '이중분절 체계의 언어'라는 것이다. 들뢰즈는 영화가 이중분절 체계를 가진 언어라는 파솔리니의 주장에 전적으로 동의하지는 않지만, 파솔리니의 언어적 '이중분절' 논의를 변형한 '분화différenciation'와 '특수화spécification' 개념을 통해 영화이미지만의 고유한 특성을 설명한다.[32] 들뢰즈에 따르면, 운동-이미지로서의 영화이미지는 언어의 이중분절에 상응하는 두 과정을 포함하고 있는데, 변화하는 전체와 부분들 사이에서 이행되는 '분화' 과정과 각각의 이미지들이 서로

---

31. *Cinéma 2. L'image-temps*, 42쪽.
32. 같은 책, 43쪽.

구별되는 '특수화' 과정이 그것이다. 먼저, 운동-이미지로서의 영화이미지는 변화하는 전체가 끊임없이 부분들(즉 이미지를 구성하는 요소들)로 분리되고 그 부분들이 다시 전체로 재통합되는 '분화' 과정을 겪는다. 그리고 그와 동시에, 이미지들 사이의 간격으로 인해 각각의 이미지가 서로 구별되고 서로에 대해 기호로 기능하게 되는 '특수화 과정'을 겪는다. 이 두 과정은 언어에서의 계열체 및 통합체 과정과는 무관하지만 나름의 고유한 수직적, 수평적 분절과정을 수행으로써, 운동-이미지에 언어적 특성을, 혹은 적어도 기호적 특성을 부여할 수 있다.

그러나 중요한 것은, 이러한 분화와 특수화 과정에도 불구하고 들뢰즈에게 영화이미지는 '결코' 언어가 아니라는 사실이다. 그리고 바로 이 지점에서, 파솔리니와 들뢰즈의 영화기호학적 관점의 방향이 분명하게 갈라진다. 들뢰즈에 따르면, 영화이미지는 분화와 특수화라는 내부의 언어적 요소에도 불구하고, 랑가주도 랑그도 아니다. 즉 영화이미지는 결코 언어적으로 형성될 수 없는 "비언어적 물질"이며, 일종의 "조형적 덩어리"이자 "탈-기표적이고 탈-통사적인 물질"이다.[33] 나아가 근본적 관점에서 볼 때, 영화이미지는 '기호'도 아니다. 영화이미지는 작품 내에서 운동-이미지의 다양한 변이체들로 특수화될 경우 매 순간 기호들을 발생시키지만, 그 자체로는 어떤 다른 이미지들을 가리키는 이미지가 아니라 단지 현실의 대상들로 이루어진 물질이자 끊임없이 운동중인 물질일 뿐이다. 베르그손의 입장을 계승한 들뢰즈에게, 이미지란 근본적으로 작용과 반작용의 총합인 물질적 '운동'이자 중심 없이 부단히 갱신하며 운동중인 '물질'이다. 요컨대, 본질적으로 운동-이미지 자체인 영화이미지는 단지 "모든 종류─감각적

---

33. 같은 책, 44~45쪽.

(시각적, 음향적), 운동적, 강도적, 정감적, 리듬적, 조성적, 그리고 언어적인 것까지 이르는—의 변조의 특성을 포함하는 발신하는 물질"일 뿐이며, "언술 가능한 것énonçable"이지만 결코 "언술행위énonciation"도, "언술énoncé"도 아니다.[34] 영화이미지는 그 자체로 하나의 조건으로서 그것이 조건짓는 것보다 권리상 선행한다. 즉 영화이미지는 무언가를 표시하지만 의미하지 않고, 아예 의미작용 자체에 선행하는 물질인 것이다.

그런데 지금까지 살펴본 들뢰즈의 '영화이미지'와 '기호' 논의는 물질이자 빛으로서의 운동-이미지에, 즉 운동-이미지의 본질적 국면에 관련된 것이다. 객관적 이미지 체계인 물질적 우주에서 자신의 모든 부분을 통해 다른 이미지와 작용-반작용하고 있는 각각의 운동-이미지에, 다시 말해 즉자적 운동만을 되풀이하며 지속하고 있는 물질이자 빛으로서의 운동-이미지에 관계된다. 궁극적으로 들뢰즈의 사유에서 영화는 하나의 물질적 우주와 같으며, 영화이미지의 본질은 이 같은 물질이자 빛이자 운동으로서 운동-이미지의 본질과 같다. 하지만 영화이미지를 운동-이미지의 또다른 국면에서 고려할 경우, 이미지와 기호에 관한 들뢰즈의 논의 내용은 달라진다. 여기서 또다른 국면이란, 내적 간격을 갖는 비결정의 중심으로서의 살아 있는 이미지(영화이미지)가 물질적 우주의 어느 지점에서 즉자적 운동을 지속하고 있는 운동-이미지와 만나 구체적이고 특수한 운동-이미지를 발생시키는 경우를 가리킨다. 이때, 물질이자 운동 자체였던 운동-이미지는 비결정의 중심인 영화이미지를 통해 지각-이미지, 행동-이미지, 정감-이미지라는 특수한 유형의 운동-이미지들로 변이되며, 이 특수한 운동-이미지들은 각자 다양한 기호들을 동반하거나 발생시킨다.

---

34. *Cinéma 2. L'image-temps*, 43~44쪽.

그리고 기호를 산출하는 순간, 각각의 특수한 운동-이미지는 그 기호를 내포한 질료가 되는 동시에 그 자신도 하나의 기호로 기능하게 된다. 즉 이 경우 영화이미지는 비록 일시적이라 해도 단순한 '발신하는 물질'을 넘어 일종의 '기호적 물질'로 기능하게 된다. 들뢰즈는 퍼스 C. S. Peirce의 기호론에서 특수한 운동-이미지와 기호에 관련된 사유의 근거를 발견한다. 이에 관해 좀더 자세히 알아본다.

(2) 기호적 물질로서의 운동-이미지와 다양한 파생 기호들

① 이미지 분류: 퍼스와 들뢰즈의 운동-이미지

들뢰즈의 영화기호론[35]은 언어구조를 바탕으로 기호를 정의한 소쉬르의 기호학보다 '이미지'와 '이미지의 결합'에 근거해 기호를 사고한 퍼스의 기호론에 더 근거를 둔다. 한마디로, 퍼스의 이론에서 기호란 "누군가에게 어떤 면에서, 또는 어떤 명목 아래 다른 무엇을 지시하는 것"이다.[36] 퍼스의 이론에서 기호는 '표상체representamen,' '대상체object,' '해석체interpretant'의 결합으로 이루어지는데, 이들 각각은 하나의 이미지이며, 하나가 다른 하나를 대신해 나타낼 때 그것의 기호가 될 수 있다. 즉 이 기본 관계에서 표상체는 대상체를 나타내므로 하나의 기호가 되며, 해석체는 그렇게 형성된 기호에 의해 호출되고 그 기호의 의미를 나타내므로 또하나의 기호가 된다. 들뢰즈의 언급처

---

35. 이 책에서는 영화이미지와 기호에 관한 들뢰즈의 논의를 '영화기호론'이라고 지칭한다. 일반적으로 국내에서 소쉬르의 이론에 기반을 두는 'semiology'는 '기호학'으로, 퍼스의 기호이론을 가리키는 'semiotics'는 '기호론'으로 번역되지만, 두 용어가 뒤바뀌거나 혼용되어 사용되는 경우도 자주 있다. 이 책에서도 기호에 관한 모든 논의를 편의상 기호학으로 통일해 사용할 수 있지만, 들뢰즈의 이미지기호 논의가 소쉬르적인 언어기호학적 접근을 거부하고 퍼스의 기호이론으로부터 지대한 영향을 받았다는 점을 고려해 '영화기호론'이라는 명칭을 사용한다.
36. 찰스 샌더스 퍼스, 『퍼스의 기호사상』, 김성도 편역(민음사, 2006), 136쪽.

럼, 퍼스에게서 "기호란 하나의 이미지(자신의 대상체)에 대해 가치 있는 또다른 이미지로서 자신의 해석체를 구성하는 세번째 이미지와 관계하며, 이 해석체는 다시 하나의 기호가 되어 그와 같이 무한히 이어지는 것"이다.[37] 주지하다시피, 퍼스는 이 과정을 '세미오시스semiosis,' 즉 '기호작용'이라고 부른다.[38]

들뢰즈는 이러한 퍼스의 기호 개념에 바탕을 두면서, 퍼스가 제시한 '이미지의 세 양식'(혹은 의식의 세 범주)—일차성, 이차성, 삼차성—에 근거해 '운동-이미지의 세 유형'—정감-이미지, 행동-이미지, 관계-이미지—을 설정한다.[39] 먼저, 퍼스가 제시한 이미지의 '일차성'은 '자기 자신으로만 환원되는 것,' 즉 '단지 그 자체만을 지시하는 것'을 가리키는 것으로, 일종의 '(특)질'에 해당한다. 또한 퍼스는 일차성을 '느낌' 또는 '정감'이라고도 간주했는데, 느낌이나 정감은 매개되지

---

37. 그런데 들뢰즈는, 이처럼 이미지의 결합 관계에 바탕을 두는 퍼스의 기호론도 궁극적으로는 '언어적 기호'에 특권을 부여한다고 지적한다. 퍼스의 논의에서 이미지에 대한 기호의 기능은 무엇보다 '인지적 기능'에 집중되기 때문이다. 즉 그의 논의에서 기호는 수용자로 하여금 표상체를 통해 대상체를 인식하게 하기보다는 그 관계의 의미를 밝혀주는 '해석체'에 주목하게 만드는데, "언어적 기호들만이 순수 인식을 구성하는 유일한 기호들"(Cinéma 2. L'image-temps, 46쪽)이라는 점을 상기한다면 결국 기호 자체에 이미 언어적 특권이 함축되어 있다고 볼 수 있다. 하지만 보그는 퍼스의 논의에서 기호가 반드시 언어적 인지를 수반하는지는 정확히 알 수 없다고 반박하면서, 퍼스에 대한 들뢰즈의 독해도 일정한 한계를 갖고 있다고 주장한다. 또한 로도윅D. N. Rodowick은 이미지와 관련된 기호의 기능이 인지적이며 부가적인 것은 사실이지만, 이는 기호가 대상에 대해 알려준다는 것을 뜻하는 것이 아니라, 기호가 해석소라는 다른 기호를 통해 대상에 대한 지식을 상정하고 아울러 그 새로운 지식 요소를 오히려 해석소의 기능으로 부가한다는 것을 뜻한다고 주장한다. 들뢰즈와 달리, 퍼스의 논의에서 일어나는 "세미오시스는 환원적인 것이 아니라 확장적"인 것이라고 본 것이다.(로널드 보그, 같은 책, 103~105쪽; 데이비드 노먼 로도윅, 같은 책, 112쪽 참조)
38. 찰스 샌더스 퍼스,『퍼스의 기호사상』, 11쪽(김성도의 설명)과 142~153쪽 참조.
39. 퍼스의 일차성, 이차성, 삼차성에 대한 자세한 설명은 다음의 자료를 참고할 것: 찰스 샌더스 퍼스, 같은 책, 77~134쪽; Cinéma 2. L'image-temps, 45~46쪽; 데이비드 노먼 로도윅, 같은 책, 118~119쪽; 로널드 보그, 같은 책, 104~105쪽.

않은 순수 지각이기 때문에 의식일 수는 없으며 그보다는 다가올 행동, 관계, 해석의 '순수한 가능성'이라 할 수 있다. '이차성'은 '다른 것을 통해서만 자기 자신을 지시하는 것,' 즉 '어떤 사물에 상대적으로 의존하는 개념'을 가리키는 것으로, 일종의 '관계'에 해당한다. 이차성은 '존재나 사실, 특이성'의 범주에 해당하며, 일차성을 결정된 것 또는 존재하는 것으로 범주화시킨다. 또한 이차성은 사물들의 '작용과 반작용, 노력과 저항'에 대한 의식에 해당하기도 한다. '삼차성'은 '어떤 것을 또다른 것과 관계를 맺어줌으로써만 그 자신으로 환원되는 것,' 즉 '일차성과 이차성을 비교하고 관계를 맺어줌으로써 자신을 지칭하는 것'으로, 일종의 '종합(적 법칙)'에 해당한다. 삼차성은 '미래의 행동에 대한 관계로서 사유 혹은 종합'에 해당하며, 무언가를 규정할 뿐 재현하거나 가리키지는 않는다.[40]

들뢰즈는 퍼스의 이러한 이미지의 세 양식을 바탕으로 그에 상응하는 운동-이미지의 세 유형을 상정하고 그 개념을 설명한다.[41] 먼저, '정감-이미지'는 '특정 공간 혹은 구체적인 사물 내에서 현실화되지 않은 순수한 질 혹은 힘의 표현'을 가리킨다. 정감-이미지는 그 자체로 어떤 '잠재성'을 나타내며, 퍼스의 이미지의 일차성에 해당한다. 그다음으로, '행동-이미지'는 '정감-이미지의 잠재적인 힘이 개별화된 구체적 공간에서 특정한 힘으로 현실화된 것'을 가리킨다. 행동-이미지는 '환경과 행동양식 사이의 작용-반작용 관계 및 그 관계의 모든 변이태'를 나타내며, 퍼스의 이미지의 이차성에 해당한다. 끝으

---

40. 잘 알려진 것처럼, 퍼스는 이러한 이미지의 세 가지 양식(일차성, 이차성, 삼차성)과 위에서 살펴본 기호의 세 가지 차원(표상체, 대상체, 해석체)을 결합해 열 개의 주요 기호 유형을 분류해낸다.(찰스 샌더스 퍼스,『퍼스의 기호사상』, 185~189쪽 참조)

41. 정감-이미지, 행동-이미지, 관계-이미지에 대한 자세한 설명은『시네마 1. 운동-이미지』의 7, 9, 10, 12장을 참조할 것.

로, '관계-이미지'는 '논리적 법칙성을 함축한 행위 혹은 상황'을 가리키는 것으로, 이때 행위란 '단발적인 행동action이 아니라 논리적인 관계성을 함축한 행위acte'를 말한다. 관계-이미지는 퍼스의 이미지의 삼차성에 해당한다. 정리하면, 정감-이미지와 일차성은 "둘 다 특질들과 관련된다는 점에서" 서로 상응하고, 행동-이미지와 이차성은 "둘 다 작용-반작용과 관련된다는 점에서" 서로 상응하며, 관계-이미지와 삼차성은 "둘 다 관계 및 논리적 법칙과 관련된다"는 점에서 서로 상응한다.[42]

② 이미지의 영도성과 지각-이미지

하지만 퍼스의 유형화와 들뢰즈의 유형화 사이에도 차이는 존재한다. 퍼스가 언급하는 세 유형의 이미지들은 처음부터 "하나의 사실로서 주어진 것"이지만, 들뢰즈가 말하는 세 유형의 운동-이미지들은 모두 "물질로서의 운동-이미지에 운동의 간격을 연결시키는 순간, 그 운동-이미지로부터 연역되어 발생한"[43] 것이기 때문이다. 여기서, 세 유형의 운동-이미지들이란 "감각-운동적 상황의 특수한 이미지들"[44] 즉 영화작품을 통해 구현되는 운동-이미지들을 가리키며, 물질로서의 운동-이미지는 물질이자 빛이자 의식으로서의 운동-이미지, 즉 본질적 차원의 운동-이미지를 가리킨다. 아울러, 들뢰즈의 논의에서 이러한 물질로서의 운동-이미지는 '물질 그 자체인 지각,' 즉 지속 및 변화와 동일한 '순수 지각'을 의미하며, 세 유형의 운동-이미지는 물질의 어떤 상태와 관련된 지각, 즉 물질에 대한 지각이자 (순수) 지각에 대한 지각인 구체적 지각을 의미한다.

---

42. 로널드 보그, 같은 책, 106쪽.
43. *Cinéma 2. L'image-temps*, 47쪽.
44. 데이비드 노먼 로도윅, 같은 책, 120쪽.

바로 이 점에서, 들뢰즈는 세 유형의 운동-이미지를 연역하기 위해서는 먼저 '지각-이미지'가 전제되어야 한다고 강조한다. 비결정의 중심인 간격에 의해 발생되는 '구체적 지각'과 그 '이미지'는, 물질이자 순수 지각인 절대적 운동-이미지로부터 특수하고 상대적인 운동-이미지들을 이끌어낼 수 있기 때문이다. 들뢰즈에 따르면, 세 운동-이미지 각각에는 '수용된 운동'과 '실행된 운동'이 내포되어 있고 그 사이에 '간격'이 존재하는데, 그 간격에 위치하면서 각 이미지가 수용한 운동(자극)을 지각하는 것이 바로 '지각-이미지'다. 세 이미지 각각에서, 지각-이미지는 수용된 운동과 실행된 운동의 관계 및 이 두 운동 각각이 간격과 맺는 관계를 표현하는 기능을 수행하며, 그에 따라 세 이미지와 관련해 일종의 '영도성zéroïté'을 지니게 된다. 여기서 다시 한번, 퍼스의 기호론과 들뢰즈의 기호론 사이에 차이가 있음이 드러난다.[45] 들뢰즈는 물질로서의 운동-이미지를 '간격'에 결부시킴으로써, 정감-이미지, 행동-이미지, 관계-이미지라는 세 이미지뿐 아니라 그것들 모두에 선재하며 그 모두에 관계하는 '지각-이미지'까지 연역해 얻어내기 때문이다. 요컨대, 들뢰즈의 논의에서 '운동'(작용으로서 운동)을 수용하는 지각-이미지가 영도성에, 즉 영차성에 상응한다면, 작용과 반작용 사이의 간격을 점유하는 정감-이미지

---

45. 퍼스에게도 이미지(기호)의 '영도성' 혹은 '영차성'에 대한 인식이 있었다. 물론 그는 일차성이나 이차성처럼 영차성을 기호의 한 양식으로 범주화시키지는 않았지만, "일차성에 앞서는 어떤 것"이 존재함을 분명하게 인식했다. 즉 그는 모든 일차적인 것에 선행하는 '순수한 영'을 기호에 의해 사용될 '무한하고 순수한 질료'로 간주했고, 전체 우주가 포함되어 있는 '맹아적 무無'이자 '무한한 자유' 혹은 '비규정적이고 무제한적인 가능성'이라고 설명했다.(Charles Sanders Peirce, "Objective Logic," *Collected Papers*, vol. 6, ed. Charles Hartshorne & Paul Weiss, Cambridge, MA: Harvard University Press. 1985, 148쪽 참조; 로라 U. 마크스, 「시간의 기호들―들뢰즈, 퍼스, 다큐멘터리 이미지」, 『뇌는 스크린이다. 들뢰즈와 영화 철학』, 그레고리 플렉스먼 엮음, 박성수 옮김, 이소출판사, 2003, 288~289쪽에서 재인용.)

는 기호의 일차성에 상응하고, 작용과 반작용을 통해 '운동'(반작용으로서 운동)을 실행하는 행동-이미지는 기호의 이차성에 상응하며, 간격의 모든 양상 속에서 운동 전체를 재구성하는 관계-이미지는 기호의 삼차성에 상응한다. 그리고 바로 이러한 영차성으로부터 삼차성으로의 이행과정을 통해, 즉 지각-이미지로부터 관계-이미지에 이르는 일련의 과정을 통해, "운동-이미지는 감각-운동적 집합을 발생시키고, 감각-운동적 집합은 이미지 안에 서사를 구축하게" 된다.[46]

그런데 들뢰즈는 지각-이미지의 경우 다른 세 이미지 내부에 직접 연결되는 것이기 때문에 어떤 매개를 필요로 하지 않지만, 세 이미지들 사이에는 이행을 가능하게 해주는 또다른 매개 이미지가 필요하다고 설명한다. 즉 정감-이미지와 행동-이미지 사이에는 '충동-이미지image-pulsion'가, 행동-이미지와 관계-이미지 사이에는 '반성-이미지image-réflexion'가 발생한다는 것이다. 들뢰즈에 따르면, 이 여섯 유형의 특수한 운동-이미지들은 각각 두 개의 '구성기호signe de composition'와 한 개의 '발생기호signe de genèse'를 수반한다. 다시 말해, 물질이자 빛 자체인 운동-이미지로부터 출발한 영화이미지는 여섯 유형의 특수한 운동-이미지들을 거치며 총 열여덟 개의 기호들을 산출하게 된다. 일례로, 지각-이미지는 그 구성기호로서 '발화기호dicisigne'와 '유상체reume'를 가지며, 발생기호로서 '엔그램(기억흔적)engramme'을 유발한다. 발화기호란 무언가를 바라보는 인물을 카메라가 바라볼 경우 생성되는 기호이며, 인물을 담는 견고한 프레임을 수반하기 때문에 일종의 '고체적 지각'을 형성한다. 이에 비해 유상체는 인물의 주관적 의식과 욕망 등을 나타내는 것으로, "끊임없이 프레임을 통과하며 지나가는 유동적 지각"[47] 즉 '액체적 지각'을 형성한다. 한편, 엔그램이

---

46. *Cinéma 2. L'image-temps*, 47쪽.

란 "지각의 발생적 요소이며, 시네마토그래프적 언표행위의 일차적 기호 또는 기본적 분절"[48]에 해당하는 것으로, "가능한 모든 지각의 발생적 요소를, 즉 스스로 변화하는 동시에 지각을 변화시키는 지점"[49]을 제공한다. 엔그램은 위의 "두 구성기호가 전제하고 있는 분자적 지각"[50]에 해당하며, 따라서 일종의 '기체적 지각'을 형성한다.

③ 기호적 물질로서의 영화이미지

그런데 들뢰즈가 『시네마 1. 운동-이미지』에서 이처럼 장황하게 설명하며 분류하는 기호들의 수는 사실 정확하지 않다. 로널드 보그 Ronald Bogue가 분석한 것처럼, 분류하기에 따라 적게는 열네 개일 수 있고 많게는 스물세 개일 수도 있다.[51] 영화이미지와 관련된 들뢰즈의 기호 분류와 개념화는 지나칠 정도로 복잡다단하고 무엇보다 모호한데, 이는 기호와 이미지에 대한 들뢰즈의 근본적인 입장에 대한 인지가 있어야 이해 가능하다. 들뢰즈의 영화기호론적 연구의 진정한 목적은 영화이미지와 기호들에 대한 엄정한 분류와 개념화에 있기보다는, 영화이미지의 본질과 특수성에 대한 보다 폭넓고 체계적인 사유의 시도에 있기 때문이다. 그럼에도 불구하고 이미지와 기호들에 대한 그의 분류와 개념화에는 중요한 의미가 있다. 비록 미세한 용어적 구분이 이루어지지 않았다 해도, 그가 설정한 기호 개념들과 그것들의 형성 논리는 영화를 통해 나타나는 무수한 유형의 이미지들과 기호들의 상관관계를 다양한 각도와 측면에서 분절해 보여줄 수 있기 때문이다.

---

47. 같은 책, 48쪽.
48. 데이비드 노먼 로도윅, 같은 책, 126쪽.
49. *Cinéma 1. L'image-mouvement*, 120쪽.
50. *Cinéma 2. L'image-temps*, 48쪽.
51. 로널드 보그, 같은 책, 159~160쪽 참조.

즉 "그의 분류법은 새로운 보기의 방식에 대해 말하는 새로운 용어들을 창안하기 위한 생성적인 장치"[52]에 해당한다 할 수 있다.

들뢰즈에게 영화이미지, 즉 운동-이미지는 본질적으로는 운동이자 물질 그 자체다. "비록 기호론적으로 형성되고 기호론의 일차적 차원을 구성한다 할지라도 운동-이미지는 비-언어학적으로 형성된 물질"[53]이다. 하지만 간격을 통해 절대적 운동-이미지로부터 파생된 '여섯 유형의 상대적 운동-이미지들'은 기호나 재현소를 산출한다는 점에서 분명히 '기호적 물질'이라 할 수 있다. 다시 말해, 영화이미지는 한편으로는 '운동중인 물질'이지만, 다른 한편으로는 앞장(제11장)에서 언급한 것처럼 '특이성과 표현의 특질을 지닌 채 지속적으로 변주중인 운동-물질의 흐름'이다. 한편으로는 '질료적이고 모호한, 즉 유동적이고 비정확한' 특성을 지니고 있지만, 다른 한편으로는 그 안에 항상 자신만의 고유한 '특이성'과 '표현의 특질'을 지니고 있다. 따라서 영화이미지가 곧 기호는 아니지만, 기호는 영화이미지라는 물질에 새겨지고 내재된다. 영화에서 기호는 "어떤 형식이나 조합을 취하든 결국 이미지에서 출현하거나 연역되는"[54] 것이다. 특히 구체적인 영화작품들에서 특수하고 상대적인 운동-이미지들과 관련될 경우, 기호는 "이미지들을 조직하고 조합하며 재창조하는 표현적 특질들"[55]이 된다. 이 점에서, 들뢰즈의 영화기호론적 입장은 근본적으로 이미지라는 표현 질료에 기호가 내재해 있다고 보는 퍼스의 기호론적 입장을 계승한 것이라 할 수 있다.

---

52. 같은 책, 160쪽.
53. *Cinéma 2, L'image-temps*, 49쪽.
54. 데이비드 노먼 로도윅, 같은 책, 98쪽.
55. *Cinéma 2, L'image-temps*, 50쪽.

결절結節

우리는 이미 이 책의 제3부에서 영화이미지와 기호에 관한 다양한 논의들을 살펴보았다. 영화이미지의 기호적 성격에 대한 들뢰즈의 관점은, 일단 영화이미지의 본성이 언어기호보다 '이미지기호'에 있다고 보고 그 이미지기호의 특성이 '주관성'과 '물질성'에 있다고 간주하는 점에서, 파솔리니의 관점과 맥을 같이 한다. 또한 영화이미지를 무엇을 대신해 나타내는 것으로 보기보다 그 자체로 '현실의 연장'이라고 보는 입장 역시 파솔리니와 유사하다. 한편, 영화이미지의 본성이 사실상 기호적 성격보다 탈-기호적 성격에 있고 그러한 탈-기호적 특성으로 인해 무한한 의미 생산과 확장이 가능하다고 보는 점에서는 바르트의 주장과도 연계된다.

그러나 들뢰즈의 영화기호론적 사유는 영화이미지의 '운동성'에 대한 논의에서부터 시작한다는 점에서, 이 모든 영화기호학적 혹은 영화기호론적 사유와 구별된다. 들뢰즈가 논하는 영화이미지의 특성은 무엇보다 '운동-이미지'로서의 영화이미지의 기호적 특성에 관한 것이며, 다시 말해 물질이자 운동이자 빛이며 의식인 이미지의 기호적 특성에 관한 것이다. 들뢰즈에 따르면, 일종의 '절대적 운동-이미지'라 할 수 있는 이러한 영화이미지는 끊임없이 운동중이고 변화중인 이미지-물질일 뿐, 결코 언어나 언어체가 아니다. 나아가, 엄밀히 말해 어떤 다른 대상을 가리키거나 대신해 나타내는 기호도 아니다. 영화이미지는 단지 언어적으로 형성되지 않는 '비언어적 물질'이며 현실의 대상들로 이루어진 '조형적 덩어리'일 뿐이다. 하지만 절대적 운동-이미지로서의 영화이미지에도 내적 특이성과 특질로 인해 무언가를 발신할 수 있는 가능성이 내포되어 있다. 즉 영화이미지는 본질상 언어도, 기호도 아니지만, 다양한 종류의 내적 변조의 특질들을 통해 일종의 '언술 가능한 물질' 혹은 '발신하는 물질'로 기능할 수 있다는 것이다.

한편, 들뢰즈는 본질적 의미의 절대적 운동-이미지뿐 아니라 영화적 지각을 통해 개별 영화작품 안에서 특수한 유형들로 변이되어 나타나는 '상대적 운동-이미지'들에 대해서도 기호론적 고찰을 시도한다. 들뢰즈는 상대적 운동-이미지의 기호론을 위해 퍼스의 기호론에서 그 이론적 틀을 빌린다. 그는 퍼스의 이미지 분류 양식을 바탕으로 상대적 운동-이미지를 지각-이미지에서부터 관계-이미지에 이르기까지 여섯 유형으로 나누고, 각각의 이미지에 한 개의 발생기호와 두 개의 구성기호를 부여한다. 여기서 중요한 것은, 들뢰즈가 언급한 기호들의 정확한 분류와 숫자보다, 상대적 운동-이미지들이 영화의 매 순간마다 다양한 기호들을 발생시킨다는 사실이다. 즉 절대적 운동-이미지로부터 파생된 상대적 운동-이미지들은 그 자체로는 기호라 할 수 없지만, 영화 내의 구체적 상황에 따라 기호를 수반하고 발생시킨다는 점에서 일종의 '기호적 물질'이 될 수 있다. 즉 영화이미지는 본질상 언어나 기호가 될 수 없고 단지 내적 변조의 특질들을 통해 무언가를 발신할 수 있다. 그러나 구체적인 작품 내에서 간격을 통해 여러 유형의 상대적 운동-이미지로 구체화될 경우 다양한 기호를 발생시키는 기호적 물질로 기능할 수 있다.

그런데 들뢰즈는 현대영화[56]에서는 상대적 운동-이미지들로부터 파생되는 이 기호들 외에 '또다른 기호들'이 발생하기 시작한다고 주장한다. 운동-이미지와 그것의 감각-운동적 관계가 지배하는 고전영화에서는 영화의 모든 논리가 운동-이미지의 마지막 단계(퍼스의 삼

---

56. '현대영화,' 즉 '모던 시네마'라는 용어의 사용 기준은 이론가 및 비평가에 따라 다르며, 실제로 매우 모호하게 사용되고 있다. 기본적으로 들뢰즈는 고전영화들 Classical Movies의 논리적이고 개연성 있는 서사 구축과 감각-운동 법칙들의 이행으로부터 벗어나는 영화들을 현대영화라고 부르며, 이탈리아 네오리얼리즘의 영화들이 그러한 현대영화의 시초가 된다고 간주한다.

차성의 단계)인 관계-이미지의 논리로 귀결되는 양상을 보였지만, 히치콕 이후 그러한 감각-운동적 관계가 와해되기 시작하면서 전혀 새로운 유형의 기호들이 등장하기 시작한 것이다. 즉 현대영화들에서는 "행동-이미지를 부식시키고" 지각과의 관계를 거슬러올라가 "운동-이미지 전체를 새롭게 문제화하는 기호들"[57]이 나타나기 시작한다. 그리고 운동들(작용과 반작용) 사이의 '간격'은 더이상 운동-이미지를 특수화하는 것, 즉 물질 자체로서의 운동-이미지를 지각-이미지나 정감-이미지나 행동-이미지나 관계-이미지로 만드는 것에 머물지 않고, 운동-이미지와는 전혀 다른 어떤 이미지를 출현시키는 데 관여한다. 마찬가지로, '기호' 역시 다양한 표현적 특질을 통해 운동-이미지에 특수한 형태를 부여하는 기능에 머물지 않으며, 또다른 종류의 이미지를 제시하는 기능을 수행하게 된다. 그 새로운 이미지는 바로 '시간-이미지'다. 여기서부터, 들뢰즈의 영화기호론은 퍼스의 기호론적 틀을 벗어나 시간과 이미지와 기호에 관한 그만의 고유한 사유로 나아간다.

---

57. *Cinéma 2, L'image-temps*, 50쪽.

제13장

|

시간–이미지 및 사유–이미지로서의
영화이미지: 들뢰즈

시간-이미지로서의 영화이미지가 지닌 특성을 이해하기 위해서는 현대영화에 등장한 새로운 유형의 이미지에 대한 이해가 먼저 이루어져야 한다. 현대영화에서는 운동-이미지의 특수화를 지배하고 간격까지도 구조화했던 감각-운동 도식이 와해되기 시작하고, 그 와해된 구조의 틈새에서 어떤 논리나 개연성도 없는 '순수 시지각적-음향적 상황들'이 나타나기 시작한다. 그리고 그러한 상황들을 표현하기 위해, 기존의 운동-이미지와는 질적으로 다른 '순수 시지각적-음향적 이미지'가 등장한다. 이 순수 시지각적-음향적 이미지는 운동-이미지의 기호들과는 전혀 다른 새로운 특성의 기호들을 발생시키는데, 바로 순수 '시지각기호'와 '음향기호'다. 운동-이미지와 마찬가지로, 순수 시지각적-음향적 이미지 역시 한편으로는 모든 의미화 작용으로부터 벗어나는 무정형의 비결정적 물질(즉 발신하는 물질)이지만, 다른 한편으로는 시지각기호와 음향기호 같은 기호들을 산출할 수 있는 기호적 물질인 것이다.

이 순수 시지각적-음향적 이미지가 발생시키는 시지각-음향기호는 그 텅 비고 탈연쇄된 상태에도 불구하고 분명한 무엇인가를 지시하는데, 그것은 바로 '시간'이다. 이때, 시간은 물론 운동의 결합이나 공간의 연결을 통해 재현되는 간접적 시간이 아니라, 무너진 감각-운동의 세계를 뚫고 스스로 나타나는 '직접적' 시간을 말한다. 즉 '전체'이자 '열림'으로서의 시간이며, 모든 운동에 선행하는 '절대적' 시간이자 '순수상태'의 시간이다. 요컨대, 순수 시지각-음향기호는 순수 시지각적-음향적 상황과 사물들의 새로운 상태를 표현하는 기호일 뿐 아니라, 절대적이고 순수한 시간을 나타내는 '시간의 기호'다. 이 지점부터, 들뢰즈의 논지는 사실상 이미지와 기호의 관계를 밝히는 것보다 '이미지와 시간'의 관계, 나아가 '이미지와 사유'의 관계를 밝히는 것에 집중된다.

우리가 이 책의 마지막 장에서 주목하는 것도 바로 이미지와 시간, 이미지와 사유에 대한 들뢰즈의 논의들이다. 운동-이미지 논의에서와 같이, 들뢰즈는 시간-이미지 논의를 위해 다시 한번 베르그손의 사유에 의거한다. 들뢰즈는 지각과 기억의 차이, 주의깊은 재인과 기억-이미지의 관계, 현재의 이중성 등에 관한 베르그손의 논의들에 주목하면서, 그로부터 '식별불가능성의 지점point d'indicernabilité'이자 '결정체-이미지image-cristal'로서의 영화이미지라는 그만의 고유한 개념을 이끌어낸다. 또 현재가 지각이자 기억으로, 과거이자 미래로, 지금 일어나는 현재이자 지나가는 과거로 끊임없이 분기된다는 베르그손의 시간관을 바탕으로, '잠재태적 현재'의 세 차원(과거의 현재, 현재의 현재, 미래의 현재)을 유추해내고, '잠재태적 과거'의 세 차원(현재, 과거 일반, 과거의 시트들)에 대해 논한다. 들뢰즈는 이러한 현재의 세 차원과 과거의 세 차원이 모두 영화를 통해 구현될 수 있다고 보는데, 그것을 명증하게 보여주는 사례로 알랭 로브그리예가 쓰고 레네가 감독한 〈지난해 마리앙바드에서〉를 든다. 즉 이러한 시간-이미지의

451

영화들과 함께, 영화가 마침내 스스로에게 부여한 운동이라는 속박으로부터 벗어나 시간을 구현하는 단계로 혹은 시간을 사유하는 단계로 들어섰다고 보는 것이다.

1. 운동의 와해와 시간의 출현: 운동-이미지에서 시간-이미지로

(1) 일탈된 운동과 감각-운동 도식의 와해

들뢰즈에 따르면, 소위 '현대적'이라 불리는 영화들이 등장하면서 운동에 대한 기존의 개념들이 흔들리기 시작한다. 즉 현대영화에서는 비정상적 운동, 일탈된 운동, 탈중심화된 운동 등이 중요한 묘사의 대상이 되기 시작하는데, 영화이미지는 "세계를 재생하는 것이 아니라, 단절과 불균형으로 이루어진, 그리고 모든 중심이 박탈된 어떤 자율적인 세계"[1]를 구성하는 기능을 수행하게 된다. 요컨대, '운동'이 본질상 '일탈적인 것'으로 사유되기 시작한다.

실제로 이러한 일탈된 운동, 탈중심화된 운동의 가능성은 고전영화에서도 이미 인지되었다. 하지만 대부분의 고전영화들에서 이러한 운동의 일탈성은 "항상 보완되고 정상화되고 '편집'되었으며," 결국은 "운동을 규제하고" "시간의 종속을 유지하는" 법칙들로 귀착되었다.[2] 무엇보다 영화이미지의 형식적 특징이라 할 수 있는 '연속성' 혹은 '계열성'이 선행하는 이미지의 일탈과 불균형을 해소할 수 있는 가능성을 보장해주었고, 관객 역시 내적으로 선행 이미지의 일탈과 불균형이 후행 이미지를 통해 해소되기를 기대하는 일종의 '정상화'

---

1. *Cinéma 2. L'image-temps*, 54쪽.
2. 같은 책, 57쪽.

경향을 지니고 있었기 때문이다.[3] 이 연속성으로 인해, '간격' 또한 운동 사이의 차이와 불균형을 유발하는 대신 곧바로 영화적 운동(운동-이미지)의 '중심' 역할을 수행하게 되었고, 운동-이미지는 그러한 간격을 통해 정감-이미지, 행동-이미지, 관계-이미지 등으로 나눠지면서 더욱더 강력한 설득력과 흡인력을 얻게 되었다. 따라서 고전영화의 근본적 구성 원리라 할 수 있는 '감각-운동 도식'은 연속성과 계열성을 근간으로 내적인 불균형을 해소하고 상실한 비례를 회복하면서 더욱더 강력한 결속력으로 영화 전체를 지배하게 되었다.

하지만 현대영화에서는 바로 이 감각-운동 도식 자체가 와해된다. 감각-운동 도식의 핵심인 '감각-운동 고리lien sensori-moteur'가 이완되기 시작했기 때문이다. 감각-운동 고리란 '지각과 행동 사이에 발생하는 일정한 관계'를 의미하는 것으로, 고전영화들의 유기적인 재현과정에서 상황과 행동 사이의 간극을 연결시켜주는 역할을 담당했다. 즉 운동의 법칙과 지각과 행동의 논리적 연결에 기반을 두는 감각-운동 고리는 고전영화를 지배하는 가장 중요한 법칙이었는데, 이 감각-운동 고리의 지배력이 약화되면서 고전영화의 행동이미지들이 위기에 처하게 된 것이다. 아울러, '간격' 또한 더이상 감각-운동 구조의 중심 역할을 수행하지 못하고, 이미지들 사이의 균열이자 틈새로 제시된다. 따라서 새로운 감독들의 새로운 영화들에서는 더이상 "더 아름다운 어떤 것, 더 깊고 더 진실한 어떤 것이 문제가 되는 것이 아니라" 바로 이 감각-운동 도식 자체가 문제가 된다. 감각-운동 도식이 그 내부에서부터 파열되기 시작한 것이다. 들뢰즈는 고전영화

---

3. 우리는 이미 제10장에서 영화이미지의 '연속성'과 '계열성'에 대해 살펴보았다. 이에 관한 더 자세한 설명은 Gilles Deleuze, *Cinéma 1. L'image-movement*, 27~28쪽; Pascal Bonitzer, *Décadrages: peinture et cinéma*, Les Editions Cahiers du cinéma, 1985, 82~83쪽; Jacques Aumont, *L'oeil interminable*, Paris: Séguier, 1989, 126~129쪽; Jacques Aumont, *Image*, Paris: Nathan, 1990, 120~121쪽 참조.

의 말기에 감각-운동 도식이 와해되면서 나타나는 특징적 양상들을 크게 다섯 가지로 정리하는데, "분산적 상황, 의도적으로 미약한 연결, 유람-형식, 클리셰에 대한 인식, 음모에 대한 고발"[4]로 요약될 수 있다. 좀더 자세히 설명하면 다음과 같다.

첫째, 영화이미지는 더이상 포괄적인 상황과 관계하지 않으며, 대신 끊임없이 분산적인 상황을 지시한다. 영화 속 사건들은 분산적이 되어 하나의 이야기로 재구성되지 못하고, 주인공은 단수가 아닌 복수로 제시되며, 집단 내의 일체감도 사라진다. 둘째, 주인공은 전체 상황을 파악하지 못할 뿐 아니라 부분적인 상황도 파악하지 못한다. 영화 속에서 "사건들을 서로 이어주거나 공간의 부분들을 접속시켜주는 '우주의 선'이 깨졌기" 때문이다. 셋째, 인물들은 상황에 대해 행동(작용-반작용)하지 못하고, 대신 떠돌거나 방황한다. 따라서 "산책, 산보, 혹은 연속적인 왕복행위가 감각-운동적 상황이나 행위를 대체한다."[5] 특별한 이유 없는 떠돌기는 행위 이미지의 상실과 감각-운동 고리의 와해를 나타내며, 이는 곧 '새로운 유형'의 로드 무비를 탄생시키기도 한다.[6] 넷째, 세계를 지배하는 '클리셰cliché'에 대한 자각이

---

4. *Cinéma 1. L'image-mouvement*, 283쪽.

5. 이상 순서별 설명 요약은 같은 책, 279~280쪽 참조.

6. 로드 무비의 전신인 웨스턴이나 초기 로드 무비 영화들에서 '길'은 주로 문명(도시)과 야만(황야)을 연결하는 '연결선'의 역할을, 즉 문명의 전파선이자 이데올로기의 주입 통로 역할을 담당했다.(Shari Roberts, "Western meets Eastwood," *The Road Movie Book*, edited by Steve Cohen & Ina Rae Hark, London: Routledge, 1977, 45쪽) 그러나 1950년대 이후 등장한 새로운 유형의 로드 무비들에서 '길'은 종전의 '연결'의 역할에서 벗어나 '탈출'과 '일탈'의 경로 역할을 담당하기 시작한다. 영화 〈이지 라이더Easy Rider〉(1968) 등이 보여주는 것처럼, 길은 지배문화의 거대 담론 유포를 위한 통로로 소용되기보다는, 지배문화에 대한 저항과 거부를 위한 '탈주선'으로 더 자주 부각된다. 또한 새로운 로드 무비들에서 길은 파편화되고 탈의미화된 공간 속에서 정체성과 목적을 상실한 채 방황하는 개인들의 모습을 보여주는 공간이기도 하다. 예를 들면, 빔 벤더스의 영화들에서 길은 "어디에도 이르지 못하고 어디에도 도착하지 못하는" 인물들이 그들의 떠돌기(유랑)를 지속할 수밖에

생기며, 그것을 불신하기 시작한다. 두 차례의 세계대전을 겪으면서 지구인들(서구인들)은 진실의 법칙이나 세계의 총체성에 대한 신뢰를 완전히 상실하고, 그에 따라 세계는 인위적이고 상투적인 익명의 이미지들, 즉 클리셰들로 이루어진다는 인식이 확산된다. 다섯째, 클리셰로 가득찬 세계에서는 모든 이미지의 배후에 어떤 음모가 도사리고 있을 것이라는 생각이 확산된다. 영화는, 이 세계에는 언제나 거대하고 강력한 음모가 있고 음모와 결탁한 방대한 조직이 있으며 그러한 음모와 조직이 클리셰들을 순환하게 하고 인간을 지배한다는 사실을 전해준다.

이처럼 고전영화를 지배하는 감각-운동 고리가 와해되면서, '지각'과 '행동'은 더이상 연쇄되기를 그치고, 그에 따라 지각-이미지와 행동-이미지도 더이상 정감-이미지를 매개로 연결되지 않으며, 각각의 '사건들'은 서로를 연결하는 논리와 개연성을 잃어버린 채 분산된다. 또 영화 속 '공간들'은 서로 유리된 채 의미를 박탈당하며, 극단적으로 물질화된 형태나 텅 빈 상태로 묘사된다. 그리고 이와 같이 이완되고 와해된 정신적, 물리적 환경 속에서, 인물들은 행동의 이유를 잃어버린 채 탈기표화된 공간들 사이를 끊임없이 부유하며 끝없이 방황하게 된다. 현대영화 속에서 인물들은 오로지 "운동의 간격 속에서만 존재"[7]하게 되는 것이다.

(2) 순수 시지각적-음향적 상황의 출현

한편, 현대영화의 또다른 특징 중 하나는 바로 '영화적 시간'에 대

없는 공간으로 나타난다.(Alice Kuzniar, "Wenders's Windshield," *The Cinema of Wim Wenders: Image, Narrative, and the Postmodern Condition*, edited by Roger F. Cook & Gerd Gemünden, Detroit: Wayne State University, 1997, 232쪽)

7. *Cinéma 2. L'image-temps*, 58쪽.

한 재인식이다. 바쟁은 현대영화의 시간 인식이 일종의 "지속의 영화 cinéma de la durée"를 추구한다고 주장했다.[8] 이는 한마디로 드라마의 시간보다 등장인물의 '구체적인 지속의 시간'이 이야기의 진짜 시간이 되는 영화를 말한다. 효과적인 극적 구조의 구축이나 그를 위한 현실의 취사선택에 집착하지 않고, 대신 현실의 사건들을 분할하고 또 분할해서 '미시적 현재'로 만들어 보여주는 영화들이 이에 해당한다. 이러한 지속의 영화들에서는 삶의 각 순간들과 사물들, 언행들이 일종의 "존재론적 평등성égalité ontologique"을 획득하면서 자유롭게 공존한다.[9] 일반 영화에서는 무의미한 것으로 취급돼 배제되던 몸짓들, 시간들, 사물들이 지속의 영화들에서는 나름대로 고유한 존재 이유를 획득한다. 바쟁은 다음과 같이 말한다: "영화 이야기의 요소는 에피소드, 사건, 극적 효과, 주인공의 캐릭터 등이 아니다. 그것은 바로 연속적으로 이어지는 삶의 구체적인 순간들이다. 이 순간들 중 그 어느 것도 다른 순간들보다 더 중요할 수 없다. 즉 순간들의 존재론적 평등성은 그 원칙 자체로 극적 범주를 무너뜨린다."[10]

이를테면 비토리오 데시카Vittorio De Sica의 〈움베르토 DUmberto D〉(1952)는 일반적인 영화의 소재가 될 만한 어떤 이야기도 담고 있지 않다. 극적인 이야기는 어쩌면 이 영화가 시작되기 전에 일어났거나, 이후에 일어날지 모른다. 영화가 시작하기 훨씬 전의 어느 시점에서 주인공 움베르토 D는 전쟁이나 기타 요인으로 가족과 직장을 모두 잃어버렸을 것이다. 혹은 영화가 끝난 후 어느 시점에서 그는 결국 자살로 생을 마감할지도 모른다. 영화는 그야말로 우리의 일상을 이루는 어느 한 부분을 뚝 잘라내어 보여준다. 거기에는, 일반 영화들이

8. André Bazin, *Qu'est-ce que le cinéma* (Paris: Les Editions du Cerf, 1985), 327쪽.
9. 같은 책, 333쪽.
10. 같은 곳.

극적인 이야기 구조를 만들어내기 위해 일상에 대해 가하는 '선택'과 '생략'의 폭력이 없다. 오히려 그런 극적 구조에서 생략됐을 법한 부분들이 이 영화에서는 비로소 정당한 '시간'을 얻고 등장한다. 이 영화에서 삶은 어떤 목적을 위해 취사取捨되지 않고, 대신 세밀하게 '분할'되어 제시된다. 바쟁과 들뢰즈가 주목한 '하녀 시퀀스'는 그처럼 미분되어 제시되는 일상의 극단적인 한 예라 할 수 있다.[11] 이 시퀀스에서, 감독은 아무 일도 일어나지 않고 아무런 극적 맥락이나 이데올로기적, 미학적 암시도 지니지 않는 일상의 한 순간에 대한 점증적 분할을 보여준다.

그런데 바로 이 무너진 감각-운동 구조의 틈새에서, 분할된 일상의 시간들 사이에서, 고전영화에서는 볼 수 없었던 '순수 시지각적-음향적 상황들'이 마침내 등장한다. 들뢰즈는 비스콘티L. Visconti, 로셀리니, 데시카 등이 이끈 '네오리얼리즘'의 영화들이 이러한 감각-운동 구조의 와해와 순수 시지각적-음향적 상황들의 출현을 분명하게 보여준 최초의 영화들이라 간주한다.[12] 이를테면, 서사의 논리에 종속되고 의미로 가득찼던 고전영화의 특별한 공간들은 '범용한 공간들'이나 '텅 빈 공간들'로 대체되며[13](예를 들면, 안토니오니의 "지구물리학적"

---

11. 이 시퀀스에서는 '임신의 확인'이라는 특별한 행동이 기계적이고 권태로운 일상의 행동들 사이에 아무렇지도 않게 끼어들어 있다. 젊은 하녀는 아침에 부엌에 들어가 간단히 청소한 후 물을 쏟아 개미들을 쫓고 커피 가는 기구를 든 채 문을 닫다가 우연히 임신한 자신의 배를 쳐다본다. 그리고 다시 일상의 행동들을 이어간다. 즉 특별한 행동과 일상적 행동이 동등한 중요성과 동등한 지속 시간을 배분받은 채 지극히 평이한 일상적 시퀀스 안에 삽입되어 있는 것이다.(크리스틴 톰슨 & 데이비드 보드웰,『세계영화사 II ─ 음향의 도입에서 새로운 물결들까지 1926~1960s』, 305쪽 참조)
12. 들뢰즈와 유사한 관점에서, 바쟁은 네오리얼리즘 영화들이 이러한 순수 시지각적-음향적 상황을 보여주기 위해 "더이상 배우도 없고 이야기도 없고 연출도 존재하지 않는" 순수 영화cinéma pur'를 지향했다고 주장한다.(André Bazin, Qu'est-ce que le cinéma, 342쪽 참조)
13. 특히, 이 시기의 안토니오니의 영화들에서 특별히 선정된 기존 영화들의 공간과 대립되는 범용하고 텅 빈 공간들을 자주 발견할 수 있다. 예를 들어, 〈정사L'avventura〉

공간들), 또 원인과 목적이 뚜렷했던 행동들은 서사의 개연성에서 빠져나가고 자극과 반응의 도식에서도 벗어나는 '분절적 행동들'로 대체된다. '인물' 또한 여전히 움직이고 뛰어다니고 활동하려 애쓰지만, 그의 모든 운동능력을 넘어서는 상황은 그로 하여금 더이상 대응이나 행위의 논리만으로 합리화할 수 없는 것들을 보고 듣게 만든다. 다시 말해, 네오리얼리즘 영화 속 인물들은 "어떤 행동에 뛰어들기보다는, 어떤 시각에 내맡겨지면서 그 시각을 추구하거나 그것에 의해 떠밀려다니게"[14] 된다. 나아가, 영화 속 '사건'들은 일상의 폐쇄회로 속에 갇히고 영화의 현실 자체는 '일상의 지배'를 받는다. 즉 현실의 모든 사건은 영화적 서사를 위해 취사선택되기보다는, 있는 그대로 영화 안에 옮겨져 균등하게 분할된다. 이 과정에서, 평범한 일상의 한 순간이나 극적인 사건의 한 순간은 모두 동등한 중요성을 부여받으며 일종의 '존재론적 평등성'을 얻게 된다. 혹은 자극과 반응 사이의 균형을 깨는 아주 작은 일상적 사건의 출현 하나가 영화의 서사를 관장하던 자동적인 감각-운동의 도식을 무너뜨리면서, 사건들로 가려져 있던 삶의 조각들을 온전하게 날것으로 드러내기도 한다.[15]

(1960)의 초반에 오랫동안 배경으로 등장하는 '무인도'나 안나가 산드로를 기다리며 오랫동안 서성이는 건물 뒤 '회랑,' 혹은 안나와 산드로가 사랑을 나누는 도시 외곽의 쓸쓸한 벌판 등이 그에 해당한다. 이러한 공간들에 대한 시각적 묘사는 일종의 '마음의 상태로서의 풍경'을 보여준다. 전후 1960년대에 이르기까지 이탈리아 사회를 지배해온 불안정하고 공허한 심리가, 그리고 그 시간을 살아온 이탈리아인들의 권태와 무기력이 이 황량하고 삭막한 공간들을 통해 표현되는 것이다.

14. *Cinéma 2. L'image-temps*, 9쪽.
15. 네오리얼리즘 영화들 외에도 들뢰즈는 일상성의 지배와 순수 시지각적-음향적 상황의 현시를 보여주는 또다른 좋은 예로 오즈 야스지로의 영화들을 든다. 들뢰즈에 따르면, 오즈의 영화에서 순수 시지각적-음향적 상황은 감각-운동 구조에 의존하지 않고 그 스스로 '시간' 및 '사유'와 직접적인 관계를 맺는다.(*Cinéma 2. L'image-temps*, 22~29쪽 참조)

(3) 순수 시지각적-음향적 이미지와 시간의 기호들

새로운 시지각적-음향적 상황들은 따라서 새로운 성격의 영화이미지를 요구하게 된다. 우선 이미지들을 연결하는 "몽타주의 간격이 유리수적인 것에서 무리수적인 것으로 변하"면서, 영화이미지는 작용과 반작용, 원인과 결과의 법칙을 따르는 시공간적 계열에서 벗어나 일종의 '무정형의 집합' 혹은 '탈접속된déconnecté 공간'을 드러낸다.[16] 탈접속된 공간으로서의 이미지는 탈연쇄적이고 총체화가 불가능한 시공간 블록이자 '비결정적 공간'이라 할 수 있으며, '잠재적 접합접속과 우발적 가능성들의 집합'에 해당한다고 볼 수 있다.[17] 나아가 이 새로운 시지각적-음향적 이미지들은 기존의 기호들 대신 새로운 종류의 기호들을 필요로 하게 된다. 이미 기존 운동-이미지의 기호들은 "단일기호들synsignes이 분산되고 지표들indices이 뒤섞이는 사물들의 새로운 상태"[18]를 표현할 수 없게 되었기 때문이다. 들뢰즈는 새로운 기호들을 순수 "시지각기호opsigne"와 "음향기호sonsigne"라고 명명한다.

그런데 순수 시지각-음향기호는 기존의 운동-이미지의 기호들과 차별되는 몇 가지 새로운 특성을 보여준다. 먼저, 이 새로운 기호들은 이분법적 대립을 벗어나 양극의 대립물들이 서로 교통하고 치환되는 "(혼돈의 지점이 아닌) 식별불가능성의 지점을 향한다."[19] 즉 새로운 시지각기호들이 나타내는 영화이미지들은 주관적인 것/객관적인 것, 상상적인 것/실재하는 것, 정신적인 것/물리적인 것 사이의 구별이 불가능한 이미지들이다. 또한, 순수 시지각-음향기호는 "필수적으로

---

16. *Cinéma 1. L'image-mouvement*, 169쪽.
17. 데이비드 노먼 로도윅, 같은 책, 148쪽.
18. *Cinéma 1. L'image-mouvement*, 279쪽.
19. *Cinéma 2. L'image-temps*, 17쪽.

클리셰와 대립"한다. 들뢰즈에 따르면, 클리셰는 '사물의 감각-운동 이미지'인데, 우리는 보통 감각-운동 세계의 사물을 지각하면서 이중적인 태도를 취한다. 한편으로는 그 사물에 대한 우리의 축적된 경험을 통해 그것을 지각하고, 다른 한편으로는 그 사물의 측면들 중 우리의 관심을 끌지 않는 것들을 무시하면서 선택적으로 그것을 지각한다. 하지만 우리가 사물들에 적재된 통례적인 연상들을 제거할 때, 그리고 우리가 습관적으로 무시하던 사물들의 특징을 복원시킬 때,[20] 클리셰의 세계는 견딜 수 없는 것이 되고 그것의 감각-운동적 운동-이미지와 기호들은 그 의미를 상실하게 된다. 즉 "추가된 많은 것을 억압함으로써 이미지를 희박하게 하고" 이미지의 "상실한 부분들을 복원"[21]함으로써, 우리는 새로운 '시지각적-음향적 이미지'를 산출할 수 있게 되고 그것을 나타낼 새로운 '시지각-음향기호들'을 호출할 수 있게 되는 것이다. 나아가, 이 새로운 시지각-음향기호들과 함께 두 가지 '역전' 현상이 일어난다. 우선, 이미지와 기호의 관계가 역전된다. "기호는 더이상 운동으로서의 이미지에서 파생되지 않고," 거꾸로 "시지각기호가 이미지를 산출한다."[22] 즉 현대영화에서는 순수 시지각적-음향적 상황을 지시하는 시지각-음향기호가 이미지의 질료를 순수 시지각적-음향적인 것으로 특수화하고 그에 따라 이미지의 형태가 구성된다. 게다가, 마침내 '운동'과 '시간'의 관계가 역전된다. 현대영화에서는 더이상 시간이 운동에 종속되는 것이 아니라, 운동이 시간에 종속된다. 감각-운동 도식이 무너진 세계에서 운동은 일탈된 것으로 나타나며, 이러한 일탈적 운동은 "수적 관계로부터 빠져나가는 것이기 때문에 운동의 간접적 재현 혹은 운동 수치로서의 시

---

20. 로널드 보그, 같은 책, 168쪽.
21. *Cinéma 2, L'image-temps*, 33쪽.
22. 데이비드 노먼 로도윅, 같은 책, 153쪽.

간의 지위에 의문을 제기"[23]하게 된다. 다시 말해, 시간은 스스로 직접 나타날 수 있는 기회, 즉 운동에의 종속적인 관계를 끊고 그 관계 자체를 전복시킬 수 있는 기회를 얻는다. 들뢰즈의 표현처럼, 현대영화들에서 "시간은 세계 내에서의 행동양식과 세계의 운동이 그에게 할당한 경첩으로부터 빠져나가버린" 것이다.[24]

요컨대, 순수 시지각적-음향적 상황 속에서 시간은 운동과 상관없이 '스스로 직접' 나타난다. 더이상 운동-이미지들을 연결하는 몽타주를 통해, 즉 운동의 체계적인 조합이나 배열을 통해 간접적으로 재현되거나 연역적으로 유추되지 않는다. 시간은 유일하고 절대적이고 순수한 것이며 모든 운동에 선행하기 때문이다. 시간은 그 자체로는 변화하지 않지만, 변화하고 운동하는 모든 것은 시간 속에서, 시간과 함께 이루어진다. 즉 감각-운동 구조의 와해와 일탈된 운동, 그리고 순수 시지각적-음향적 상황의 출현은 "모든 층위의 불균형의 기저, 중심의 이산, 이미지 자신의 불연속적 편집으로부터 직접 나타나는 시간의 선행성을 증언"[25]하는 것과 마찬가지라 할 수 있다. 이를 역으로 정리해보면, 먼저 '유일하고 절대적이고 순수한 시간'이 영화 속에서 '순수 시지각적-음향적 상황'을 이끌어내고, 이 순수 시지각적-음향적 상황을 지시하기 위해 '순수 시지각-음향기호'가 형성되며, 이 시지각-음향기호가 새로운 종류의 이미지들을, 즉 시간을 감지할 수 있게 해주는 '순수 시지각적-음향적 이미지'들을 만들어낸다는 것을 알 수 있다.

결국, 이 새로운 시지각-음향기호의 가장 큰 특징은 바로 시간을 나타내는 데 있다. 순수상태 혹은 절대상태에 있는 시간이 순수 시지

---

23. *Cinéma 2, L'image-temps*, 53쪽.
24. 같은 책, 58쪽.
25. 같은 책, 54쪽.

각적-음향적 상황들과 순수 시지각적-음향적 이미지들을 통해 스스로 나타나는 것이다. 말하자면 순수 시지각기호와 음향기호는 이러한 시간의 직접적인 현시를 나타내는 '시간의 기호들'이라 할 수 있다. 따라서 현대영화에 등장한 새로운 기호들의 기능, 즉 순수 시지각-음향기호들의 가장 중요한 기능은, 이미지와 시간, 이미지와 사유를 직접 연결하는 데 있다. 다시 말해 "시간과 사유를 감지할 수 있는 것으로 만들고, 그 시간과 사유를 시각적이고 청각적인 것으로 만드는 데" 있는 것이다.[26]

2. 결정체-이미지 및 시간-이미지로서의 영화이미지

(1) 기억과 주의깊은 재인: 시간-이미지

① 지각과 기억

우리는 이미 제1장에서 지각과 기억에 대한 베르그손의 논의를 살펴보았다. '지각'과 '기억' 그리고 '재인再認, reconnaissance'에 대한 베르그손의 논의는 들뢰즈의 시간-이미지 논의의 중요한 근간이 된다. 여기서는, 시간-이미지에 대한 보다 명확한 이해를 위해 베르그손의 지각과 기억 논의를 제1장과는 조금 다른 각도에서 간략히 재검토해 본다.

주지하다시피, 베르그손은 지각[27]과 기억이 본성상 명백히 다른 것

---

26. *Cinéma 2. L'image-temps*, 28~29쪽.
27. 여기서 베르그손이 말하는 지각이란 일단 '의식적 지각'이 아닌 '순수 지각'을 가리킨다. 이들의 차이에 관해서는 제1장 「2-(3) 지각과 정감」 부분과 「2-(4) 지각과 기억」 부분을 참조할 것.

이라고 주장한다. 특히, 기존의 관념론적 철학이 지각을 내면화된 주관적 시각이라고 주장하면서 지각과 기억을 강도의 차이만 있을 뿐 서로 유사한 것으로 간주한 것에 반대한다. 베르그손에 따르면 지각은 우주의 보편적 운동에 대한 작용-반작용 및 공간적 연속성에 관계되는 것이고, 기억은 시간의 비연속적이고 탈연대기적인 계열에 관계되는 것이다. 즉 지각에는 '공간성'과 '운동성'에 대한 함의가, 기억에는 '시간성'에 대한 함의가 내포되어 있다.

우선, 베르그손의 논의에서 '지각'은 운동에 반응할 수 있는 주체가 운동을 중단하거나 저지(혹은 반사)할 때에만 이루어진다. 빛 또는 에너지의 전파 같은 보편적 의미의 운동은 지각과 함께 물리적 운동으로 변화한다. 제1장에서 살펴본 것처럼, 보편적 운동에 대한 중단으로서 지각은 일종의 '간격'이라 할 수 있는데, 이 간격은 한편으로는 감각을 향해, 다른 한편으로는 행동을 향해 열린다. 그런데 감각과 행동을 가로지르며 양자 사이에서 일어나는 사건들의 종種과 수數가 복잡하기 때문에, 간격(혹은 간격으로서 지각)은 어느 한 가지 반응으로 결정지을 수 없는 '비결정의 중심'이 된다. 비결정의 중심으로서의 간격, 즉 지각은 '공간' 내에서 서로 떨어져 있는 무수한 지점들이 복잡한 운동적 반응을 통해 서로 연결되는 곳이라 할 수 있다. 다시 말해, 간격으로서의 지각은 "운동을 받고, 멈추게 하고, 전달하는 신경요소들의 사슬이자 비결정의 자리"라 할 수 있으며, 동시에 "생명체의 행동능력, 즉 받아들인 진동을 이어나갈 운동 또는 행동의 비결정성을 표현"하는 행위acte라 할 수 있다.[28] 베르그손은 이처럼 간격이자 비결정의 중심으로서 정의되는 지각을 '순수 지각perception pure'이라고 명명한다. 순수 지각은 모든 동식물이 다 행하는 것으로, "재현이나

---

28. 앙리 베르그손, 『물질과 기억』, 114쪽.

의식 또는 기억의 필요성을 함축하지 않고,"[29] 순수상태에서 "신경요소들 자체의 모든 세부사항을 따르며 그것들의 모든 변화를 표현"[30]하는 직접적인 지각이라 할 수 있다

한편, 베르그손의 논의에서 지각이 공간 내의 간격에 근거하는 것이라면, '기억'은 '시간 내의 전위轉位, dislocation로서의 간격'을 요구한다. 즉 기억 혹은 기억이미지에서 간격은 공간 내의 연속성이 아닌, 시간 내의 '변위들의 계열'에 관계한다. 이때, 변위들의 계열이란 현재와 과거 간의 비선형적이고 탈연대기적인 관계를 내포하는 계열을 말한다. 지각과 달리, 기억은 '시간' 내에 존재하는 복잡하고 무수한 지점들을 여러 이미지를 통해 서로 연계하는 과정이라 할 수 있다. 따라서 지각이 공간의 이미지와 사물의 운동-이미지를 나타낸다면, 기억은 '시간의 이미지'를 나타낸다. "시간의 직접적인 이미지는 그 (기억)과정에 대한 시지각적-음향적 지도 그리기"[31]라고 할 수 있는 것이다. 또한 기억은 '의식'을 표상하기도 하는데, 의식은 기억과 더불어 그리고 기억이 지속을 점유하는 과정에서만 나타날 수 있다. 들뢰즈가 말하는 '시간-이미지'는 바로 이 '기억 이미지'를 뜻하며, 더 정확히는 베르그손적 의미의 '순수 기억-이미지'를 뜻한다.

② 주의깊은 재인과 기억-이미지

한편, 들뢰즈는 영화이미지에 관한 보다 정치한 논의를 위해 이와 같은 지각과 기억 개념 외에도 베르그손의 '재인' 개념에 주목한다. 베르그손에 따르면, 어떤 대상을 재인한다는 것은 한마디로 그것에 대한 과거의 기억을 소생시키고 현재의 대상과 기억 속 대상의 유사

---

29. 데이비드 노먼 로도윅, 같은 책, 167~168쪽.
30. 앙리 베르그손, 같은 곳.
31. 데이비드 노먼 로도윅, 같은 책, 168쪽.

성을 인지한다는 것을 뜻한다. 다시 말해, "우리가 현재 속에서 과거를 재포착하는 구체적인 행위가 바로 재인"[32]이다. 그런데 들뢰즈는 베르그손과 마찬가지로 재인을 "자동적 또는 습관적 재인"과 "주의 깊은 재인reconnaissance attentive"[33]이라는 두 가지 양태로 나누어 고찰하면서, 재인 개념에 내재된 좀더 복잡한 의미에 주목한다.

먼저, 자동적 재인은 "어떤 명확한 기억의 간섭 없이 오직 신체만이 가능한" 재인, "재현이 아니라 행동으로 구성되는"[34] 재인을 가리킨다. 즉 자동적 재인은 "감각-운동적 활동 및 운동의 실용적 결과와 연관"[35]되는 것으로, 지각의 신호에 따라 결과-지향적인 운동을 낳는다. 말하자면 '나는 신호등의 파란불을 보고 길을 건넜다' 등이 이에 해당한다. 자동적 재인은 자극에 대한 반응, 운동에 대한 작용-반작용이라 할 수 있으며, '공간 내의 수평적 운동'으로 형성된다. 반면, 주의깊은 재인은 의식적으로 하나의 대상에 집중하면서 그 대상과 관련해 기억되어 있는 이미지들을 소생시키고 그것들을 대상 위에 중첩시키는 재인을 말한다.[36] 주의깊은 재인은 대상에 대한 복합적인 인식의 경험을 바탕으로 이루어지는 것으로, "시간 속에서의 내적 운동, 즉 사유의 운동"[37]을 낳는다. 즉 대상에 대한 단순한 지각 대신, 재인된 경험들의 다양한 층위를 가로지르며 '시간 속에서의 수직적 운동'을 실행한다. 자동적 재인에서는 감각-운동이미지가 일련의 행위를 시작하고 완수하는 반면, 주의깊은 재인에서는 시지각적-음향적 이미지가 기억의 층을 가로지르면서 일종의 '정신적 묘사'를 시도한다.

---

32. 앙리 베르그손, 같은 책, 157쪽.
33. *Cinéma 2, L'image-temps*, 62쪽.
34. 로널드 보그, 같은 책, 170쪽.
35. 데이비드 노먼 로도윅, 같은 책, 170쪽.
36. 로널드 보그, 같은 책, 170쪽.
37. 데이비드 노먼 로도윅, 같은 책, 170쪽.

들뢰즈는 아래와 같은 베르그손의 다이어그램을 빌려와 '주의깊은 재인'에 대해 보다 상세히 설명한다.

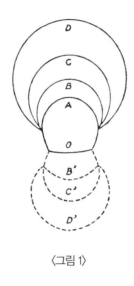

〈그림 1〉

위의 그림에서 베르그손은 주의깊은 재인의 '대상'을 '직선 O'로, 직접적 지각에 가장 가까운 기억-이미지를 '회로 A'로 표기한다.[38] 각각의 기억-이미지는 '전기회로'[39]에서와 같이 하나의 회로를 형성하는데, 따라서 '회로 B, C, D'는 대상 O와 함께 점진적으로 더 커지는

38. 앙리 베르그손, 같은 책, 181~184쪽의 자세한 그림 설명 참조.
39. 베르그손의 설명에서 '전기회로circuit éléctrique'가 갖는 의미는 특별하다. 그에 따르면, 주의깊은 재인을 포함한 모든 '반성적 지각perception réfléchie'은 일정한 방향으로 나아가면서 지각 대상으로부터 점점 멀어지는 '직선ligne droite' 형식이 아니라, 최초의 대상으로 끊임없이 되돌아오는 '순환circuit' 형식을 취한다. 이 순환 과정에서 대상을 포함한 지각의 모든 요소는 마치 '전기회로'처럼 '상호 긴장상태'에 놓이며, 그에 따라 정신의 심층에서는 대상으로부터 시작된 어떤 진동도 도중에 멈출 수 없게 된다.(앙리 베르그손, 같은 책, 181~182쪽 참조)

기억-이미지들을, 다시 말해 더 멀리 떨어져 있는 기억들을 가리킨다. 즉 주의깊은 재인은 '대상'과 함께 여러 층위의 '기억-이미지들'을 소환하며, 우리가 대상에 더 세밀한 주의를 기울일수록 소환되는 기억-이미지의 층위들은 더 복잡해지고 그 영역은 더 넓어진다. 그런데 이때, 기억-이미지 B, C, D는 대상 O로 투사되고 그 투사에 의해 잠재태적 이미지인 B´, C´, D´가 형성된다. 즉 회로 B´, C´, D´는 "대상 뒤에 위치하고 대상 자체와 함께 잠재태적으로 주어지는" 실재의 더 깊은 층위이다.[40] 그 결과, 주의깊은 재인은 단지 지각된 대상뿐만 아니라 추후 그 대상과 결부될, 점점 더 확장되어갈 체계를 새롭게 만들어간다. 즉 "원 B, C, D가 기억의 점점 더 커다란 확장을 나타냄에 따라, 그 반사 영역은 실재의 더 깊은 층인 B´, C´, D´에 도달하게 되는 것이다."[41]

이러한 베르그손의 주의깊은 재인 개념은 들뢰즈의 순수 시지각적 상황에서의 영화이미지 개념 혹은 '순수 시지각기호'로서의 영화이미지 개념의 근간이 된다. 자동적 재인에서와 달리 주의깊은 재인에서 지각은 그에 맞는 단 하나의 운동이나 결과로 이어지지 못하며, 따라서 감각-운동 도식은 이완되고 와해된다. 주의를 기울여 하나의 대상을 재인하는 것은, 그것에 대한 과거의 기억들을 소생시키는 것이고, 대상의 이미지에 복수의 기억-이미지들을 중첩시키는 것이기 때문이다. 즉 내가 어떤 대상 O에 대해 주의깊은 재인을 할 때, 지각-이미지와 기억-이미지들은 즉각적으로 혼합되어 기억-이미지 회로들(B, C, D)을 형성하고, 점증적으로 확장하는 그 기억-이미지 회로들은 다시 대상에 투사되며, 그에 따라 광대한 잠재태적 이미지들(B´, C´

---

40. 같은 책, 115쪽.
41. 같은 곳.

D´)이 더해진 대상 o의 이미지가 주어진다. 이는 들뢰즈가 말하는 순수 시지각기호로서의 영화이미지와 유사하다. 순수 시지각적 상황을 나타내는 영화이미지는 항상 '현실태적 이미지'와 거대한 '잠재태적 이미지'의 식별할 수 없는 혼합으로 이루어지기 때문이다.

나아가 주의깊은 재인은 영화에서의 '결정체-이미지'와 유사하고, 궁극적으로 이는 '시간-이미지'를 가리킨다. 자동적 재인이 '유기적 이미지'를 지향하는 것이라면, 주의깊은 재인은 '비유기적 이미지'를 지향한다 할 수 있다. 일단 자동적 재인의 유기적 이미지는 영화에서의 '유기적 묘사'에 해당한다. 고전영화의 핵심 원리인 유기적 묘사는 "결과-지향적인 연결 속에서 행동 및 행동의 연장과 연결된 내러티브의 산출"[42]을 추구하기 때문이다. 이는 운동-이미지의 본질적 특성이라 할 수 있는 것으로, 영화카메라에 대한 대상의 독립성 및 선재성을 전제한다. 이에 반해, 주의깊은 재인의 비유기적 이미지는 영화에서 '결정체적 묘사'에 해당하는 것으로, 결정체적 묘사는 유기적 묘사와 달리 잠정적이고 우발적이다. 또한 대상의 독립성 및 선재성을 전제하기보다는, 로브그리예의 묘사처럼 '대상을 대신하고 지우고 다시 창조하는 묘사'를 지향하며, 이어지는 또다른 묘사에 의해 지속적으로 대체되는 묘사를 지향한다. 즉 결정체적 묘사에서 "해체되고 증식되는 유일한 대상은 바로 묘사 자체"[43]이며, 이는 곧 시간-이미지로서의 영화이미지의 본질적 특성이라 할 수 있다.

---

42. 데이비드 노먼 로도윅, 같은 책, 170쪽.
43. *Cinéma 2. L'image-temps*, 165쪽.

(2) 식별불가능성의 지점 및 결정체-이미지로서의 영화이미지

① 현재의 이중화

베르그손에 따르면, 현재는 본질적으로 '이중적'이다. 현재는 매 순간마다 두 개의 대칭적 흐름으로 그 자체를 이중화한다. 베르그손과 마찬가지로, 들뢰즈는 다양한 차원에서 둘로 나뉘는 현재의 이중성에 주목한다. 먼저, 현재는 "즉각적인 과거에 대한 지각임과 동시에 즉각적인 미래에 대한 결정"[44]이다. 즉 현재는 지속하는 동시에 매 순간 두 방향으로 나뉘는데, "한 방향은 과거로 정향되고 팽창되며 다른 방향은 미래로 수축된다."[45] 또한 현재는 매 순간 '현실태로서의 현재'와 '잠재태로서의 과거'로 쪼개진다. 왜냐하면 현재는 '지금 일어나는 것'이면서 동시에 '이미 지나가는 것'이기 때문이다. "새로운 현재가 도착하기 위해서 현재는 지나가야 하고, 새로운 현재가 현재가 되는 순간 현재는 현재하면서 동시에 지나가야 한다."[46] 현재가 지금 현재하면서 동시에 이미 지나가는 것이므로, 마찬가지로 과거 또한 그 자신이었던 현재와 공존하는 것이 된다. 즉 현재가 동일한 어느 시간의 '현실태적 이미지'라면, 그것의 동시적인 과거는 '잠재태적 이미지'인 셈이다.[47]

아울러, 현재는 위의 주의깊은 재인에서 살펴본 것처럼 '지각'이자 동시에 '기억'이다. 이와 관련해, 베르그손은 '배우-관객'으로서의 '자

---

44. 앙리 베르그손, 같은 책, 238쪽. 그런데 베르그손에 따르면, 즉각적 과거는 지각되는 한에서 감각이며, 즉각적 미래는 결정되는 한에서 행동 또는 운동이다. "왜냐하면 모든 감각은 요소적 진동들이 매우 길게 이어지는 것을 나타내기 때문이다." 따라서 나의 현재는 감각인 동시에 운동이며, 다시 말해 "본질적으로 감각-운동적 sensori-moteur"이다.(같은 곳)

45. 질 들뢰즈, 『베르그송주의』, 68쪽.

46. *Cinéma 2. L'image-temps*, 106쪽.

47. 같은 곳.

아'를 예로 든다. 즉 오래전에 잊어버렸던 과거 자신의 모습이 불현듯 떠오르는 과정에서 자기 자신을 '기억 속의 나'라는 배역을 수행하는 '배우'와 그 모습을 바라보는 '현재의 나'에 해당하는 '관객'으로 분화해 경험하는 경우가 바로 그것이다. '나'는 이렇게 동일한 한 순간에 '배우로서의 나'(잠재태적 현재)와 '관객으로서의 나'(현실태적 현재)로 이중화되며, 이는 지각과 기억의 동시적 이중화이자 현실태적 현재와 잠재태적 현재의 동시적 이중화와 다름없다. 즉 현재는 "진행중인, 대개 무의식적인, 우리의 감각-운동 행동을 형성하는 지각 속에서, 그리고 정신적이고 반사적인 행동의 구속에서 자유롭지만, 또한 수동적인 기억 속에서"[48] 매 순간 이중화된다. 그런데 베르그손과 들뢰즈의 논의에서 이렇게 잠재태적 현재를 이루는 기억 영역은 그것이 비록 정신적, 반사적이라 할지라도 개인적 영역이나 주체성의 영역이 아니라는 점에 주의해야 한다. 과거는 개인의 기억을 넘어서는 '거대한 기억'이자 '단일 영역'이며, 기억이 개인의 정신 내부에 존재하는 것이 아니라 각각의 정신이 거대한 기억의 바다 내부에 존재하는 것이다. 기억의 바다, 즉 과거는 일종의 잠재태적 영역이자 '비개인적 영역'이고, 시간의 영속적인 흐름 속에 잠재해 있다가 현재의 어느 순간에 분출한다. 요컨대, 현재는 항상 이중적이다. 현재는 매 순간 지각과 기억으로, 물리적 대상과 정신적 반사로, 과거와 미래로, 지금 일어나는 현재이자 지나가는 과거로, 현실태와 잠재태 자체로 분화되면서 공존하고 있다.

② 식별불가능성의 지점으로서의 영화이미지

들뢰즈는 이처럼 다양한 차원의 대립항들이 모여 있는 현재를 일

---

48. 로널드 보그, 같은 책, 179~180쪽.

종의 '식별불가능성의 지점'이라고 부른다. 식별불가능성의 지점이란, '상호적 전제présupposition réciproque'와 '가역성réversibilité'의 관계 하에서 현실태와 잠재태가 서로 구분은 되지만 정확히 어느 것이 현실태이고 잠재태인지 규정할 수 없는 상태로 공존하고 있는 지점을 말한다.[49] 즉 (현실태적) 대상 이미지와 (잠재태적) 반사 이미지가 서로 구분은 되지만 판별할 수 없게 공존하고 있는 어떤 특정한 거울 이미지처럼, 식별불가능성은 단순히 우리 머릿속에 존재하는 어떤 것이 아니라 현실 속에 실재하는 "객관적 환영"을 가리킨다. "실재와 상상, 현재와 과거, 현실태와 잠재태의 식별불가능성은 결코 머리나 정신에서 산출되는 것이 아니라, 본성상 이중적으로 실재하는 어떤 이미지들의 객관적 특성"[50]인 것이다. 들뢰즈는 이러한 식별불가능성의 지점으로서의 현재 개념을 영화이미지에 적용시킨다. '식별불가능성의 지점으로서의 영화이미지'는 현실태적 이미지와 잠재태적 이미지가 규정할 수 없게 서로 유착되어 있는 이중적 이미지다. 마치 잠재태적인 거울 이미지가 독립성을 얻어 현실 속으로 이동하고, 현실 이미지가 거울 속으로 들어가 잠재태적으로 머무는 것과 유사하다. "거울 속 이미지는 거울이 포착한 실재 인물에 대해서는 잠재태적이지만, 인물을 단순한 잠재성만 남긴 채 화면 밖 영역으로 밀어내버리는 거울 속에서는 현실태적"이다.[51]

하지만 들뢰즈가 말하는 식별불가능성의 지점으로서의 영화이미지는 현실태적 대상 이미지와 잠재태적 반사 이미지의 합이라는 거울 이미지의 예만으로는 설명되지 않는다. 들뢰즈가 보기에, 만약 영화이미지에 여전히 거울 이미지적인 속성이 있다면 그것은 '무한한

---

49. *Cinéma 2, L'image-temps*, 94쪽.
50. 같은 곳.
51. 같은 책, 94~95쪽.

반사'라는 속성일 것이다. 즉 대상과 반사의 구별이 더이상 무의미해지고, 최초의 이미지로서의 대상 이미지 개념이 이미 소실되어 있으며, 반사 이미지에 대한 반사 이미지의 계열만이 끝없이 이어지는 무한반사 영역으로서의 거울의 속성을 말한다. 하나의 예로, 우리가 영화 〈택시 드라이버Taxi Driver〉(1976)에서 거울에 반사된 자신의 이미지를 바라보는 트래비스(로버트 드니로)를 보고 있다고 가정해보자. 이때, 드니로가 맡은 인물 트래비스의 이미지는 현실태적 이미지이고, 거울에 반사된 그의 이미지는 잠재태적 이미지일 것이다. 하지만 트래비스라는 인물의 이미지에는 실제 배우 로버트 드니로의 이미지라는 또다른 잠재태적 이미지가 내재되어 있으며, 우리가(혹은 배우 자신이) 트래비스에게서 배우(드니로)의 이미지를 직접적으로 떠올리는 순간 그 인물의 이미지는 곧 배우(드니로)의 이미지라는 현실태적 이미지에 대한 잠재태적 이미지가 된다. 다른 한편, 만약 스크린에 거울 이미지만 나타날 경우, 거울에 반사된 인물의 이미지는 영화 속 인물에 대해서는 잠재태적 이미지이지만, 그것이 영사를 통해 스크린에 다시 투사(반사)된다는 점에서는 현실태적 이미지가 된다. 즉 거울에 반사된 인물의 이미지는 자신을 녹화하고 영사할, 아직은 구현되지 않은 스크린 이미지에 대한 일종의 현실태적 이미지가 되는 것이다. 더 분명한 예로는, 〈시민 케인〉의 말미에서 노년의 케인이 인생의 상실에 대한 분노와 회한을 삭이며 천천히 복도를 통과해 지나가는 복도의 '양면 거울 신'을 들 수 있다. 저택 복도의 양면에 세워진 커다란 두 거울 사이를 지나는 케인의 모습은 양쪽에서 반사되는 거울 이미지들을 통해 무한히 반복되는데, 관객은 스크린 위에서 일시적으로나마 어느 것이 실제 케인의 이미지이고 어느 것이 거울에 반사된 이미지인지를 구별하기 힘들게 된다. 즉 대상 이미지와 반사 이미지의 식별 및 규정이 불가능해지고 오로지 이미지들의 무한반사만이 존재하는 것이다.

이처럼, 들뢰즈의 사유에서 영화이미지는 그 자체로 대상 이미지
와 반사 이미지가 식별할 수 없게 교합되어 있는 '극단의 지점' 혹은
'첨점pointe'이라 할 수 있다. 혹은, 현실태적 이미지와 잠재태적 이미
지가 구별은 되지만 식별할 수 없게 끊임없이 서로를 교환하고 있는
일종의 '내적 회로circuit intérieur'라고도 할 수 있다.[52]

③ 결정체-이미지

한편, 들뢰즈는 위의 논의를 더 발전시켜 영화이미지가 단순한 거
울 이미지를 넘어 무수한 '다표면의 거울 이미지'에 더 가깝다고 주
장한다. 엄밀히 말해, 영화이미지는 반사 이미지의 무한연쇄가 이루
어지는 (양면) 거울 이미지가 아니라 '다면 거울 이미지'에 해당한다
고 보는 것이다. 이와 관련해, 들뢰즈는 웰스의 〈상하이에서 온 여인
The Lady From Shanghai〉(1947) 말미에 등장하는 '거울의 홀' 신을 예로
든다. 열두 개의 거울들로 둘러싸인 거울의 홀 안에서 주인공 마이클
(오슨 웰스)과 엘자(리타 헤이워드Rita Hayworth)의 이미지는 어느 것이
실제 인물의 이미지이고 반사 이미지인지 구별할 수 없을 정도로 뒤
섞이며 증식한다. 또한 12각형으로 이루어진 홀의 구조 덕분에 관객
은 다양한 각도에서 반사되는 인물의 다양한 면들을 보게 된다. 즉 영
화 속에서 인물의 다양한 측면들을 나타내는 반사 이미지들의 끝없
는 연쇄와 증식이 이루어지는 것이다. 들뢰즈는 일반적인 거울 이미
지보다 다표면을 지닌 '결정체적 거울 이미지'가 영화이미지의 속성
을 더 잘 드러낸다고 주장한다. 영화이미지에는 단 하나의 이미지가
잠재되어 있는 것이 아니라 다양한 이미지들이 잠재되어 있으며, 따

---

52. 같은 책, 95쪽.

라서 우리는 언제든 하나의 영화이미지에서 다수의 잠재태적 이미지들을 발견할 수 있다.

나아가, 들뢰즈에 따르면 영화이미지는 보다 정확히 말해 단순한 다표면의 거울 이미지가 아니라 유리같이 투명한 면들로 이루어진 순수한 '결정체-이미지'라 할 수 있다. 투명한 결정체의 표면은 "빛을 굴절시키거나 반사시킬 수 있고, 빛을 여과하고 착색하고 흐리게 하거나 혹은 차단"할 수 있기 때문이다. 즉 주위 환경이나 조건에 따라 변화하는 결정체의 표면들은 어느 순간에는 투명하게 되고 또 어느 순간에는 불투명하게 되는 특성을 갖는다. 요컨대 우리가 스크린에서 다면의 거울에 반사되고 있는 인물의 이미지를 바라보고 있다고 상정해보자. 만일 어떤 "잠재태적 이미지가 현실태가 될 경우, 그것은 마치 거울에서나 단단하게 완성된 결정체에서처럼 가시적이고 투명한" 것이 되며, 이로써 기존의 "현실태적 이미지는 잠재태적인 것이 되면서 다른 곳으로 밀려나고 마치 흙에서 막 끄집어낸 결정체처럼 비가시적이고 불투명하고 어두운 것이 된다. 즉 "현실태-잠재태 커플은 그것들의 상호교환의 표현이라 할 수 있는 불투명-투명의 커플로 즉각적으로 연장되는" 것이다.[53]

또한 들뢰즈는 '현실태-잠재태 회로'로서의 결정체-이미지가 '불투명-투명 회로'뿐 아니라 '배아-환경'의 회로로도 작용한다고 주장한다. 그에 따르면, 통상적으로 결정체에서 투명한 면이 불투명해지고 불투명한 면이 투명해지는 것은 근본적으로 온도와 같은 일련의 조건들, 즉 주위 '환경'에 달려 있다. 다시 말해, 결정체-이미지는 어떤 경우에서는 환경의 변화에 따라 현실태화되면서 나머지 이미지들의 특성에 영향을 미치는 '배아germe'로 기능할 수 있으며, 또다른 경

---

53. 같은 곳.

우에서는 배아-이미지의 현실태화에 영향을 미치는 일종의 '환경 milieu'으로 기능할 수 있다. 즉 배아-환경 회로 개념은 결정체-이미지에서 잠재태와 현실태 회로의 발생적 차원을 설명해줄 수 있는데, "불투명성과 투명성이 이미지에서 인지가능성의 규모를 한정하는 반면, 배아와 환경은 현실태와 잠재태의 식별불가능성에서 서사를 창조하는 발생적 요소들을 결정한다."[54] 따라서 결정체-이미지는 "정면으로 마주한 두 거울의 외재적 위치가 아니라 환경에 대한 배아의 내재적 배치로 환원"[55]되며, 배아-이미지로서의 결정체-이미지는 일정한 환경에 따라 현실태화되는 점에서 잠재태적인 것이라 할 수 있고, 마찬가지로 환경-이미지로서의 결정체-이미지는 배아의 현실태화에 기여하거나 기여하지 않을 수 있는 잠세적潛勢的 결정화의 영역이라는 점에서 역시 잠재태적인 것으로 고려될 수 있다.[56]

결론적으로, 들뢰즈의 사유에서 영화이미지는 그 자체로는 식별불가능한 무수한 길항들의 내적 교환회로를 통해 구축되는 결정체-이미지이다. 그리고 그 무수한 교환회로들은 궁극적으로 "현실태와 잠재태, 투명과 불투명, 배아와 환경이라는 세 가지 형상을 통해 이동하는 동일한 회로"[57]라 할 수 있다. 이러한 들뢰즈의 결정체-이미지 개념은 현재가 현실태적 현재와 잠재태적 현재의 이중화일 뿐 아니라 '서로 다른 세 현재'의 결정체라는 그의 시간관과도 연관된다. 나아가 현재가 과거의 첨점이라는 그의 또다른 시간관, 즉 현재가 무수한 과거의 시트들이 다층적으로 응집되어 있는 '결정체적 첨점'이라는 시간관과도 연결된다. 영화이미지와 마찬가지로, '현재' 역시 지각/기

---

54. 데이비드 노먼 로도윅, 같은 책, 177쪽.
55. *Cinéma 2. L'image-temps*, 96쪽.
56. 로널드 보그, 같은 책, 186쪽.
57. *Cinéma 2. L'image-temps*, 100쪽.

억, 현실태/잠재태, 미래/과거, 투명/불투명 등 다수의 대립항들이 상호치환의 가능성을 갖고 모여 있는 식별불가능성의 교점이자, 서로 다른 현재들이 공존하고 있고 또 무수한 과거의 층들이 겹쳐져 있는 '다표면의 결정체적 합일점'인 것이다. 영화이미지와 현재에 관한 들뢰즈의 논의에 대해 좀더 검토해본다.

3. 시간-이미지의 서사 및 거짓의 서사

(1) 잠재태적 현재의 세 차원: 과거의 현재, 현재의 현재, 미래의 현재

위에서 살펴본 것처럼, 들뢰즈는 베르그손의 사유를 바탕으로 '현재'가 매 순간 지각과 기억으로, 물리적 대상과 정신적 반사로, 과거와 미래로, 지금 일어나는 현재이자 지나가는 과거로 나누어진다고 주장한다. 다시 말해, 현재는 항상 현실태적 현재와 잠재태적 현재로 분화되고, 두 개의 서로 다른 현재는 현재라는 시점을 공유하면서 공존한다. 들뢰즈에 따르면, '현실태적 현재'는 과거 및 미래와 구분되는 시간선 위의 한 점이라 할 수 있고, '잠재태적 현재'는 "순수하게 시각적이고 수직적이며 혹은 좀더 정확하게는 심층적인 비전"[58]을 갖는 탈현실태화한 현재라 할 수 있다. 그런데 이중 잠재태적 현재에서는, 감각-운동 구조의 현실태적, 수평적, 상식적 시간이 정지될 수 있으며 다양하고 무수한 '잠재태적 사건들'이 발생할 수 있다. 들뢰즈에게는 이미 '사건' 자체가 "에피소드, 계절, 삶, 혹은 심지어 전체로서의 세계 전체를 포함할 수 있는, 변이 가능한 차원들을 지니기" 때문이다.[59] 즉 "현

---

58. 같은 책, 131쪽.
59. 같은 책, 132쪽.

실태적이고 연대기적인 시간의 수평적인 선과 관계없는 비-연대기적이고 수직적인 (잠재태적) 현재"[60] 안에서는 무수한 사건들이, 특히 잠재태적 사건들이 발생할 수 있다.

이러한 잠재태적 사건들의 시간으로서의 현재는 한편으로는 사건의 차원과 범위에 따라 탄력적으로 수축하거나 팽창하는 '단일한 현재'로 간주될 수 있지만, 다른 한편으로는 "미래의 현재, 현재의 현재, 과거의 현재"[61]가 동시에 공존하는 '복수적 현재'로 간주될 수도 있다. 즉 현재의 어느 시점에서 일어나는 현실태적 사건의 내부에는 다수의 잠재태적 사건들이 존재할 수 있으며, 그 잠재태적 사건들은 과거의 현재, 현재의 현재, 미래의 현재 중 어느 하나를 사건의 시간으로 갖게 된다. 서로 다른 시점(과거의 현재, 현재의 현재, 미래의 현재)에서 일어난 잠재태적 사건들은 동일한 하나의 현실태적 사건 안에 봉쇄되고, 세 가지 현재들은 하나의 현재 안에 비-연대기적으로 응축된다. 들뢰즈는 이 세 가지 현재들 각각을 "현재의 첨점pointes de présent"이라 불렀으며, 세 첨점들은 "사건 속에 함축되고 사건 안에 감싸지며 따라서 동시적이고 설명할 수 없는 것"[62]이 된다.

이처럼, 세 가지 잠재태적 현재들의 개념은 세 개의 상호배타적인 사건들이 현실태의 어느 시점에서 동시에 일어날 수 있다는 것을 뜻하며, 따라서 세 개의 사건들 각각은 "하나의 가능한 사태"라고 볼 수 있다.[63] 이 점에서 들뢰즈는 라이프니츠G. W. Leibniz의 사유를 계승하면서도 그것을 넘어서는 그만의 사유를 보여준다. 아래에서 다시 논하겠지만, 라이프니츠는 서로 다른 세계들이 존재하지만 그것들의 동

---

60. 로널드 보그, 같은 책, 206쪽.
61. *Cinéma 2. L'image-temps*, 132쪽.
62. 같은 곳.
63. 로널드 보그, 같은 책, 207쪽.

시적 양립은 불가능하다고 보았으며, 따라서 그 상이한 세계들은 동일한 우주 안에서, 즉 하나의 현재 시점에서 "함께 가능하지 않은 것 incompossibe"[64]이라고 주장했다. 하지만 들뢰즈는 시간을 연대기적이고 수평적인 것이 아니라 탈연대기적이고 수직적이며 거대한 비결정적인 영역이라 보았고, 따라서 시간 안에서 서로 다른 현재들—과거의 현재, 현재의 현재, 미래의 현재—이 얼마든지 뒤섞이거나 공존할 수 있다고 보았다. 그에 따르면, 서로 다른 현재의 사건들은 동일한 한 시점에서 발생할 수 있고, 서로 다른 현재의 세계들 또한 동일한 하나의 현재 안에서 교차하거나 양립할 수 있는 것이다. 들뢰즈는 현실태적 현재의 이면을 이루는 잠재태적 세 현재들이 원칙적으로는 함께 가능하지 않은 것이지만, 비선형적이고 수직적인 시간 속에서는 얼마든지 동시적이고 양립 가능한 것이 된다고 주장한다.

(2) 잠재태적 과거의 세 차원: 현재, 과거 일반, 과거 시트들

한편, 현재가 현실태적 현재와 잠재태적 현재로 나뉠 수 있는 것처럼, 과거도 현실태적 과거와 잠재태적 과거로 나뉠 수 있다. '현실태적 과거'는 시간의 선 위에서 현재보다 앞선 어느 시점을 가리키는 것으로, 적어도 베르그손과 들뢰즈의 논의에서는 현재와 미래에 대한 연대기적이고 수평적인 선행성 외에는 특별한 의미를 갖지 못한다. 반면, '잠재태적 과거'는 과거의 모든 사건이 공존하고 있는 단일한 차원을 가리키는 것으로, 현재의 매 순간 각 현실태적 현재의 잠재태적 분신으로 분출될 수 있다. 들뢰즈는 베르그손의 유명한 '역원뿔 모델'을 바탕으로 잠재태적 과거에 대해 설명한다.[65]

---

64. *Cinéma 2, L'image-temps*, 170~171쪽의 설명 참조.
65. 앙리 베르그손, 『물질과 기억』, 274~286쪽; *Cinéma 2, L'image-temps*, 108쪽 참조.

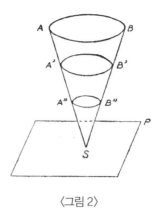

〈그림 2〉

위의 〈그림 2〉 역원뿔 모델에 따르면 잠재태적 과거는 크게 세 차
원으로 구성된다. 과거의 응축된 점으로서의 '현재,' 과거의 어느 시
점의 회상 면들을 가리키는 '과거의 시트들nappes de passé' 그리고 모
든 현재에 선재하는 '과거 일반'이 그것이다. 먼저, 뒤집혀진 원뿔의
꼭지점 S는 '과거의 극단적인 수축'을 나타내는 점이며 '현재,' 즉 현
재의 어느 한 순간을 가리킨다. 꼭지점 S는 한편으로는 "현재와 과거
의 동시간성"[66]을 나타내며, 다른 한편으로는 현재라는 움직이는 한
점으로 응축되는 '과거의 총체성'을 나타낸다. 또한, 원뿔의 각 원형
단면들(AB, A′B′, A″B″)은 '회상의 면' 혹은 '기억의 박판'을 가리
키는 것으로, 과거의 어느 시점을 이루는 기억의 단면들에 해당한다.
들뢰즈는 이러한 잠재태적 과거의 단면들을 "과거의 시트들"이라 부
르며, 또한 과거의 기억을 담고 있다는 의미에서 "지역들régions" 혹
은 "지층들gisements"이라고도 명명한다.[67] 베르그손과 들뢰즈에 따르

66. 질 들뢰즈, 『베르그송주의』, 80쪽.
67. *Cinéma 2. L'image-temps*, 130쪽.

면, "이 과거의 지역들은 각각 자신만의 고유한 특성을, 즉 자신만의 '음색,' '양상,' '특이성,' '빛나는 점,' '주조主調'를 갖는다."[68] 즉 과거의 시트들 각각은 자신만의 고유한 촉발적 '울림'과 다른 기억들보다 도드라지는 '지배적 회상들'을 지니고 있는 것이다. 끝으로, 꼭짓점과 단면들을 포함한 원뿔 전체는 지나가는 현재에 선재하는 모든 과거 영역, 즉 '과거 일반'을 가리킨다.

요컨대, 잠재태적 과거는 이처럼 과거의 선-존재(전체로서 원뿔), 공존하는 과거의 모든 시트(원뿔의 단면), 과거의 극단적인 수축점(꼭지점)으로 구성되면서 현재와 함께 거대한 탈연대기적 시간을 이룬다. 이 상이한 세 차원의 과거는 현실태적 현재에 대해 잠재태적으로 공존하면서, 현재와 공존, 대립, 인접을 거듭하고 나아가 주관적이고 탈연대기적인 시간을 형성하게 된다. 따라서 잠재태적 현재와 마찬가지로, 잠재태적 과거 역시 '시간의 전체성'을 의미한다. 잠재태적 현재가 과거의 현재, 현재의 현재, 미래의 현재의 동시적 공존이라는 점에서 시간의 전체성을 나타낸다면, 잠재태적 과거는 팽창된 과거로서의 과거와 수축된 과거로서의 현재, 투사된 과거로서의 미래를 모두 내포할 수 있다는 점에서 마찬가지로 시간의 모든 차원을, 즉 시간의 전체성을 지시하고 있다.[69] 따라서 들뢰즈는 시간 전체가 크게 두 가지 다른 양태로, 즉 '과거 시트들의 공존'과 '현재 첨점들의 동시성'으로 고려될 수 있다고 강조한다. 즉 두 종류의 "시간기호chronosigne"가 존재한다고 보는데, 하나는 과거의 시트들에 해당하는 "양상들aspects(영역들, 지층들)"이고, 다른 하나는 현재의 첨점들에 해당하는 "강세들accents"이다.[70]

---

68. 같은 곳.
69. 같은 책, 129쪽.
70. 같은 책, 133쪽.

(3) 시간-이미지의 서사: 〈지난해 마리앙바드에서〉

결국 진정한 의미의 시간을 다루는 영화, 즉 시간-이미지의 영화는 현재의 첨점들과 과거의 시트들 사이를 빈번히 오가면서 시간의 전체성에 대해 끊임없이 숙고하는 영화들이라 할 수 있다. 현실태적 시간을 탐구하기보다는, 우리가 일정한 간격으로 분할해 과거부터 미래까지 연대기적으로 재구성하는 수평적 시간과 인위적으로 설정된 모든 연대기적 구분을 넘어서고 그 자체로 하나의 거대한 영역을 이루고 있는 잠재태적 시간을 탐사하는 영화들을 말한다. 즉 탈연대기적이고 수직적이며 심층적인 시간이야말로 시간의 이미지를 구현하고자 하는 영화들의 진정한 탐구 대상이다.

들뢰즈는 시간-이미지를 가장 잘 구현한 사례 중 하나로 알랭 레네Alain Resnais의 영화들을 꼽는다. 특히, 알랭 로브그리예와 레네가 공동 창작한 〈지난해 마리앙바드에서L'année dernière à Marienbad〉(1961)는 들뢰즈가 주장하는 시간-이미지의 탐구를 이상적으로, 그리고 매우 구체적으로 실천한 영화라 할 수 있다. 이 영화에서는 시간의 핵심적인 두 가지 양태가, 즉 '과거의 시트들의 공존'과 '현재의 첨점들의 동시성'이 매우 정교하고 치밀하게 구현되고 있다.

① 과거의 시트들의 탐구 서사

우선, 〈지난해 마리앙바드에서〉는 시간의 두 가지 양태 중 '잠재태적 과거'에 대한, 즉 '과거의 시트들의 공존'에 대한 집요한 탐구를 보여준다.[71] 그리고 영화의 서사는 그러한 잠재태적 과거에 대한 탐구를

---

71. 이 영화는 연출자 레네의 의도대로 각기 다른 현재에 대한 탐구보다는 거대한 과거의 시트들을 탐사하는 데 더 주력한다. 이 때문에 시나리오를 쓴 로브그리예는 그의 저서 『누보로망을 위하여』에서 이 영화의 이미지들이 지나치게 기억과 망각에 관한 것들로만 인식되는 것에 대해 불만을 표명한다.(알랭 로브그리예, 『누보로망을 위하여』, 김치수 옮김, 문학과지성사, 1981, 110~111쪽 참조)

충실히 반영하며 진행된다. 그런데 이 영화에 나타나는 '과거의 시트들의 탐구 서사'는 두 가지 상반된 관점에서 접근할 수 있다.

먼저, 이 영화의 과거 탐구 서사는 '불연속적 도약'에 의해 지배된다고 보는 관점이다. 형식적으로 이 영화는 '불연속적 편집faux raccord'에 의해 지배되고 있다고 할 수 있으며, 공간의 연속성이나 시선 및 동선의 일치 같은 기본적인 편집 원칙들이 영화 내내 거의 지켜지지 않고 있다.[72] 즉 불연속적 편집을 기반으로 영화 내내 과거의 지층들 사이를, 즉 주인공 X와 Y와 M의 기억 단면들 사이를 불규칙적으로 가로지르는 도약이 반복되는데, 로도윅의 언급처럼 이 도약은 결코 "연대기적이지 않으며, 각각의 진실성 또는 시트의 연속에 종합적으로 진정성을 부여할 수 있는 내레이터의 시점으로 통일되지도 않는다."[73] 이 불연속적인 도약은 오히려 과거의 시트들 사이에, 요컨대 인물들의 기억 단면들 사이에 '결정 불가능한 선택지들'을 구축하며, 관객은 영화가 끝날 때까지 그 구축의 주체도, 도약의 기점도 알아낼 수 없다. 요컨대 이 영화에는 '함께 가능하지는 않지만 공존하는' 과거의 시트들—나아가 과거의 시트들과 현재의 첨점들—간의 불연속적인 도약만이 존재하게 된다.

반면, 이 영화의 과거 탐구 서사가 오히려 과거 시트들 사이의 '연속성' 구축을 추구한다고 보는 관점도 가능하다. 들뢰즈는 레네가 함께 가능하지 않은 과거 시트들의 단순한 공존을 제시하는 것이 아니라, 그리고 그 시트들 사이의 불연속적인 도약을 구축하는 것이 아니라, '함께 가능할 수 있는' 다양한 과거 시트들 사이의 연속성을 설정한다고 주장한다. 레네의 영화에서는 과거 시트들에 해당하는 무수한

---

72. 〈지난해 마리앙바드에서〉에서의 '불연속적 편집'에 관한 자세한 설명은 다음을 참조할 것: Sylvette Baudrot, "Alain Resnais," *L'Arc*, n. 31, 1967, 47~52쪽.
73. 데이비드 노먼 로도윅, 같은 책, 189쪽.

수평 단면들이 제시되지만, 동시에 그 수평 단면들을 수직으로 혹은 경사로 가로지는 '횡단면들' 또한 존재하는 것이다. 이 횡단 평면들은 무엇보다 "느낌들(정감들)과 사유의 배합을 통해 형성된다."[74] 실제로 1970년대 프랑스 영화 연구의 한 개척자로 평가받는 프레달에 따르면, 레네는 관객이 그의 영화의 주인공과 동일시되는 것을 원하지 않았고 대신 잠시 동안이라도 주인공의 '감정'과 동일시되기를 희망했다. 즉 레네는 일종의 '최면상태의 홀림'이라는 기법을 사용했는데, 그것은 관객이 인물과 일정한 거리를 유지하면서도 동시에 인물의 내, 외부에서 발생하는 감정 혹은 분위기에 동화될 수 있도록 이끄는 방식을 말한다. 잘 알려져 있듯이, 레네는 그의 여러 영화에서 음악, 색채, 리듬, 보이스-오버, 음향 등의 형식적 수단들을 동원해 '감정적 연속성'을 만들어내는 데 주력했으며, 이는 〈지난해 마리앙바드에서〉에서도 마찬가지다. 주기적으로 반복되는 독특한 음악, 주인공 X의 목소리를 통해 전해지는 일정한 톤과 속도의 보이스-오버, 유사한 리듬과 운동성으로 이어지는 카메라의 트래블링 등이 인물의 파편화된 의식세계와 분산적인 서사를 넘어 영화 전체를 관통하는 잠재적인, 그러나 강렬한 연속성을 구축해내는 것이다. 본질적으로 순수 미학적인 이러한 영화적 기법들은 일종의 최면상태를 형성하며, 이러한 "최면상태는 일화를 탈극화하고 인물들과의 동일화를 방해하면서, 동시에 관객의 관심을 오로지 주인공들에게 생명을 불어넣는 감정들로만 향하도록 이끈다."[75]

다시 말해, 레네는 다양한 미학적, 형식적 수단들을 통해 과거의 시트들 사이를 넘나드는 '감정적 연속성'을 창출해낸다. 들뢰즈의 표현

---

74. 로널드 보그, 같은 책, 218쪽.
75. René Prédal, *Etudes cinématographiques*, 《*Alain Resnais*》, N° 64/68, 1968, 163쪽; *Cinéma 2. L'image-temps*, 163쪽에서 재인용.

에 따르면, 이러한 감정들sentiments이야말로 "정신 극장의 살아 있는 실재들" 또는 "매우 구체적인 지적 유희의 진정한 형상들"[76]이다. 인물들로부터 추출된 감정들이 그 인물들을 대체하면서 과거의 정신적 시공간 속의 주인공으로 자리잡기 때문이다. '사유pensée'는, 바로 이러한 감정들을 접속시키고 상호연관시킴으로써 무수한 과거의 시트들을 가로지르는 횡단면을 형성한다. 즉 다양한 영화적 수단들을 통해 과거의 시트들 사이에 형성되고 과거의 정신적 시공간 속에서 일종의 인물들처럼 기능하는 것은 감정이지만, 그 감정들을 엮어서 무수한 과거의 단면들을 가로지르는 하나의 거대한 횡단면을 만들어내는 것은 바로 사유다. 들뢰즈는 다음과 같이 언급한다.

> 동일한 운동 안에서 레네는 인물들을 넘어 감정들로 향하고, 감정들을 넘어 사유를 향하는데, 사유의 인물들은 바로 감정들이다…… 만약 감정들이 세계의 시기들이라면, 사유는 그것들에 상응하는 비-연대기적 시간이다. 만약 감정들이 과거의 시트들이라면, 사유, 즉 뇌는 그 모든 시트 사이의 국지화할 수 없는 관계들의 집합이다. 마치 풍성한 엽葉들처럼 그 감정들을 감싸고 펼치면서 죽음의 위치로 멈추거나 굳어지는 것을 막는 연속성인 것이다.[77]

② 현재 첨점들의 탐구 서사

한편 또다른 관점에서 볼 때, 〈지난해 마리앙바드에서〉를 과거의 영화가 아니라 '현재의 영화'로 볼 수도 있다. 데이비드 노먼 로도윅은 〈지난해 마리앙바드에서〉가 "과거에 관한 이야기도, 과거의 일관

---

76. *Cinéma 2, L'image-temps*, 163쪽.
77. 같은 책, 163~164쪽.

된 기억에 대한 이야기도 아니라고" 주장하면서, 이 영화는 "현재 시점에서 이루어진, 과거에 대한 가정법적 묘사"의 영화이자 "가능한 과거들과 미래들이 현재 내에서 변형되어 협상을 벌이는 가정법적, 우발적 묘사"의 영화라고 강조한다.[78] 로도윅의 논의를 정교화하면, 이 영화는 가능한 과거에 대한 가정법적 묘사를 통해 '과거의 현재'를 표현하고, 가능한 미래에 대한 가정법적 묘사를 통해 '미래의 현재'를 표현하며, 현재에서 열리는 직접적인 시간의 이미지를 보여주면서 '현재의 현재'를 표현하는 영화로 간주될 수 있다. 들뢰즈에 따르면, 영화의 "서사는 서로 다른 현재들을 다양한 인물들에 분배하는 데 목적을 두며 그 결과 각각의 현재는 그 자체로 있음직하고 가능한 조합을 형성하지만, 이 조합들 모두는 '함께 가능하지 않고' 따라서 설명할 수 없는 어떤 것이 여전히 유지되고 촉발"된다. 즉 이 영화에서는 함께 가능하지 않은 "세 개의 현재들이 끊임없이 서로를 수정하고, 부인하고, 지우고, 대체하고, 재창조하면서 분기되었다가 되돌아오는" 것이다.[79] 들뢰즈의 표현대로, 이것은 바로 강력한 시간-이미지이다.

따라서 〈지난해 마리앙바드에서〉의 서사구조를 살펴보면, 복합적인 것을 넘어 '복수적'이며, 완결되지 않은 채 영원히 열려 있는 구조다. 또 영화의 디제시스diegesis 세계 역시 온전히 구축되지 못한 채 열린 상태로 혹은 불분명한 상태로 남아 있다. 이는 무엇보다 영화 안에서 서로 다른 현재들이 각자 분기와 단절, 연쇄를 반복하면서 서로 다른 서사를 형성하고 있기 때문이다. 어느 현재(의 서사)가 '실재'이고 어느 현재(의 서사)가 '상상'인지를 파악할 수 없는 한,[80] 좀더 정확히

---

78. 데이비드 노먼 로도윅, 같은 책, 191쪽.
79. *Cinéma 2. L'image-temps*, 133쪽.
80. 이 때문에, 이 영화는 '실재'와 '상상'의 관계에 대한 영화로 간주되기도 한다. 미

말해 매 시점마다 각기 다른 현재가 참으로 제시되고 있는 영화의 서사구조상, 명확한 디제시스적 세계를 구축하는 것은 근본적으로 불가능할 수밖에 없다. 그런데 중요한 것은, 이 서로 다른 현재들이 각각의 인물들에 속하는 것이 아니라 인물들 자체가 각각 상이한 현재들에 속한다는 사실이다.[81] 즉 영화 내내 현재가 다양한 가정법적 경우로 분기하는 것은, X와 A라는 두 인물 간의 기억의 불일치 때문이 아니라 처음부터 (어쩌면 영화가 시작하기 전부터) 서로 다른 두 현재가 존재하고 있었기 때문이다. 이 영화에는 각자 고유한 서사와 고유한 디제시스 세계를 갖는 서로 다른 현재들이 있으며, 그 서로 다른 현재에서, 즉 서로 다른 디제시스 세계에서 튀어나온 인물들은 결국 끊임없이 모순되고 부딪힐 수밖에 없다. 이들은 영화film라는 하나의 세계 안에 공존하고 있지만 원칙적으로는 '함께 양립할 수 없는' 존재들이다. 따라서 이 영화의 서사는 철저하게 비-통합적이고 비-디제시스적이며 탈-주체적인 서사라 할 수 있다.

레유 라틸르 단텍은 이 영화가 '사건적인 것'과 '상상적인 것,' '환영'과 '풍경,' '기억'과 '소망' 등을 뒤섞어 놓으면서 실재와 상상이 혼재하는 독특한 정신세계의 '지형도'를 그려낸다고 설명한다.(Mireille Latil-Le Dantec, "Notes sur la fiction et l'imaginaire chez Resnais et Robbe-Griellet," *Alain Resnais et Alain Robbe-Griellet, évolution d'une écriture, Etudes cinématograbpiques*, n° 100~103, 1974, 120~121쪽 참조)

81. 그러나 이것은 X와 A와 M이라는 영화 속 세 인물이 각각 '과거의 현재,' '현재의 현재,' '미래의 현재'에 전적으로 속한다는 것을 의미하는 것은 아니다. 물론 들뢰즈는 "X가 과거의 현재에서 경험한 것을, A는 미래의 현재에서 경험하고, 따라서 그 차이는 현재의 현재(세번째 인물인 남편 M)를 산출하거나 전제한다"(*Cinéma 2. L'image-temps*, 133쪽)고 언급한다. 그러나 세 인물은 각각 세 현재에 전적으로 속하거나 그것을 대표하기보다는 각자 자신만의 현재를, 즉 자신만의 고유한 시간대를 지나고 있다. 각자 자신만의 시간 세계에서 살고 있으면서, 영화의 어느 시점에서 과거, 미래 혹은 현재의 양태로 조우하는 것이다.

③ 음향과 이미지의 불일치, 대사와 공간의 불일치

이러한 상이한 현재들 사이, 상이한 디제시스 세계들 사이의 불일치라는 영화의 서사적 특징은 영화의 다른 형식들에도 그대로 반영된다. 특히, '음향'과 '이미지' 사이의 불일치는 영화의 처음부터 끝까지 매우 정교하게 지속된다. 보이스오버, 대사(대화), 음악 등으로 구성된 영화의 음향은 완벽한 후시녹음으로 처리되며, 영화 내내 스크린 위에 나타나는 이미지와 어긋나거나 분리되거나 교차하면서 지속적인 불일치를 보여준다. 예를 들면, 영화의 시작과 함께 들려오는 '내레이션'은 그 주체가 불분명한데, 목소리는 주인공 X를 맡은 배우 조르조 알베르타치Giorgio Albertazzi의 목소리와 동일하지만 내레이션의 내용상 X의 독백이라는 근거는 어디에도 없다. 그렇다고 감독이나 혹은 전지적 화자가 내레이션의 주체라는 근거도 불분명하다. 화면 밖 목소리인 보이스오버로 처리된 내레이션은 화면 내 이미지의 내용과 일차적으로 일치하지만 그 주체를 알 수 없어, 마치 영화의 디제시스와 무관한 '자율적 지속'처럼 기능한다. 또한 영화의 서사적 흐름상 명백하게 화면 속 등장인물의 것으로 보이는 '대사'에서조차도 그 목소리와 인물의 귀속 관계가 불확실하게 나타난다. 뒤라스M. Duras의 〈인디아 송India Song〉(1975)에서처럼, 마치 복화술을 하듯 입을 다물고 조상彫像들처럼 서 있는 인물들의 모습과 너무나 분명한 후시녹음으로 인해, 목소리와 인물의 귀속 관계가 매우 소원하게 혹은 비-현실적으로 나타나는 것이다. 로도윅의 언급처럼, 이 영화는 "목소리를 단일한 주체의 기원에 귀속하려는 욕망을 끊임없이 거스르면서 유희"한다.[82]

음향과 이미지 사이의 불일치 외에도 '대사'와 '숏' 사이의 불일치

---

82. 데이비드 노먼 로도윅, 같은 책, 194쪽.

역시 서로 다른 현재들 혹은 서로 다른 세계들의 공존을 강하게 암시한다. 예를 들면, 두 주인공 X와 A는 영화의 여러 시퀀스에서 서로 다른 공간에 존재하며 대화를 이어가는데, 이는 단순한 공간의 상이성이나 실재와 상상 간의 판별불가능성을 넘어 '서로 다른 두 현재'의 공존을 지시한다. 두 주인공의 대사는 서로 질문과 대답을 이어가며 일종의 연속성을 지니고 있는 것처럼 보이지만,[83] 실제로 숏의 변화와 그에 따른 공간의 변화들을 살펴보면 인물들은 서로 다른 현재에서 서로에게 응답하고 있다. 즉 질문하는 인물이 존재하는 공간 및 시간(현재)은 대답하는 인물의 공간 및 시간(현재)과 다르며, 따라서 영화 속 시퀀스에서는 함께 가능하지 않은 두 현재가 동일한 시점時點 안에 혹은 동일한 세계 안에 공존하고 있다.

이처럼 영화 내내 음향과 이미지 혹은 대사와 숏은 불일치하며, 양자 사이의 간격은 비결정적이고 우발적이며 혹은 가정법적이다.[84] 음향과 이미지, 대사와 숏은 단일한 서사 내에 혹은 일관된 디제시스 세계 내에 통합되지 못하고, 각자 고유한 서사를 이어가면서 지속된다. 이 영화에서는 서로 다르고 각자 자율적인 '음향의 서사'와 '이미지의

---

83. 따라서 불연속성이 지배하는 이 영화에서는 그나마 '음향'이 '이미지'보다 외관상 더 연속적인 특성을 지닌 것으로 나타난다. 음향에 속하는 '대사들'은 나름의 디제시스적 세계의 조각들을 이루면서 서로 연결되고, 화면 밖 목소리는 주체를 알 수 없지만 끊임없이 상황을 설명하려 하며, 일정한 멜로디와 리듬으로 되풀이되는 반복적인 음향은 영화 안에 일종의 반복과 연속성의 느낌을 만들어내기 때문이다. 들뢰즈가 설명한 것처럼, 과거 탐구의 서사에서는 이러한 음향의 연속성이 과거의 시트들 사이를 가로지르는 느낌, 시트들 사이의 연속성을 만들어내는 느낌에 관계되는 것일 수 있다. 그런데 현재 탐구의 서사에서는, 이러한 음향의 일차적 연속성이 오히려 각각의 현재 이미지들 사이의 불연속성과 차이를 강조하는 역할을 한다고도 볼 수 있다.(데이비드 노먼 로도윅, 같은 책, 200~201쪽; Daniel Rocher, "Le symbolisme du noir et blanc dans L'année dernière à Marienbad," *Alain Resnais et Alain Robbe-Griellet, évolution d'une écriture, Etudes cinématograbpiques*, n° 100~103, 1974, 79~82쪽 참조)
84. 데이비드 노먼 로도윅, 같은 책, 194쪽.

서사'가, 그리고 서로 다르고 각자 자율적인 '대사의 서사'와 '숏의 서사'가 분리와 교차를 반복하며 진행되고 있다. 각각의 서사는 자신의 내부에서 더 작은 단위들로 분기와 변화와 확산을 거듭하며 일종의 '리좀rhizome적인 계열'을 형성해간다.[85] 마찬가지로, 음향과 이미지 혹은 대사와 숏 사이의 근본적인 불연속성은 영화 내내 공존하는, 함께 가능하지 않은 '상이한 현재들'을 가리킨다. 이 상이한 현재들은 각자 고유한 시간을 이어가면서 틈틈이 서로 교차하거나 연결되지만, 결코 하나의 동질적인 디제시스 세계나 하나의 고유한 지속으로 통합되지 않는다. 각각의 현재는 각자 분기와 변화를 거듭하면서 영화 내에 불연속적인 내러티브 조각들만을 산출할 뿐이다.

결국, 영화 〈지난해 마리앙바드에서〉의 서사적 구조와 형식적 구조는 모두 어떤 '특별한 시간-이미지'를 지시하고 있다. 서로 다른 현재와 서로 다른 세계에 속해 있는 인물들이 불규칙적인 교차와 분리를 거듭하며 각자 자율적으로 이어가는 서사적 구조, 그리고 음향과 이미지 혹은 대사와 숏 등이 외관상의 일치에도 불구하고 각자 자율적으로 서로 다른 시간을 진행해가는 형식적 구조는, 이처럼 모두 하나의 특별한 시간-이미지를 나타내고 있다. 그것은 바로 비선형적이고 비-인과적일 뿐 아니라 스스로 끊임없이 분기하면서 리좀적으로 확산해가는 시간의 이미지를 말한다. 즉 매 순간 함께 가능하지 않은 서로 다른 현재들(과거의 현재, 현재의 현재, 미래의 현재)로 '파편화'되면서, 또 무수한 지층들의 거대한 과거와 지나가는 현재로 '분리'되면서 지속을 이어가는 시간의 이미지가 그것이다.

---

85. 같은 책, 194~195쪽 참조.

(4) 함께 가능하지 않은 세계들의 동시성 및 거짓의 서사

① 진리의 위기: 함께 가능하지 않은 세계들의 동시성

위에서 언급한 것처럼, '시간-이미지' 영화의 서사는 현실태와 잠재태, 실재와 상상, 현재와 과거의 식별을 불가능하게 할 뿐 아니라 '진실과 거짓의 식별' 또한 불가능하게 만든다. 전통적인 서사는 감각-운동 도식의 법칙과 논리에 따라 전개되었고, "픽션에서조차도 스스로를 참이라고 주장하는 점에서 일종의 진실주의적인 서사"[86]에 해당했다. 그리고 그러한 "서사의 박진성迫眞性, 즉 진실 유사성은 공간과 시간의 상식적인 좌표들을 엄수하는"[87] 것에 크게 의존했다. 그러나 감각-운동 도식의 붕괴와 함께 나타나는 시간-이미지는 그러한 시공간적 좌표들을 폐기시키면서 영화의 서사를 진행시켰고, 그에 따라 기하학적 공간과 연대기적 시간의 진리는 곧바로 위기를 맞게 된다. 즉 탈-현실태화한 현재의 첨점들 사이에서 혹은 잠재태적 과거의 시트들 사이에서 직접 출현하는 "시간의 형태 혹은 그보다 시간의 순수한 힘이 진리를 위기에 처하게 만든"[88] 것이다.

들뢰즈는 이 같은 진리의 위기에 대한 보충 설명을 "함께 가능하지 않은incompossible" 세계에 관한 라이프니츠의 논증으로부터 출발한다. 라이프니츠는 고대의 스토아학파에서부터 제기되었던 '우발적인 미래들의 역설' 문제를 '함께 가능하지 않음'의 개념으로 풀어낸다. 즉 '해전이 내일 일어날 수 있다'라는 명제가 참인가, 거짓인가라는 논제에 대해 "함께 가능하지 않은" 세계에서 '해전은 내일 일어날 수도 있고 일어나지 않을 수도 있다'고 답하면서, 모든 우발적인 미래는

---

86. *Cinéma 2. L'image-temps*, 167쪽.
87. 로널드 보그, 같은 책, 220쪽.
88. *Cinéma 2. L'image-temps*, 170쪽.

'동일한 세계 내에서가 아니다'라는 조건만 충족된다면 각자 참일 수 있다고 주장한다. 즉 해전은 어떤 한 세계에서는 일어나지만 다른 세계에서는 일어나지 않으며 이 두 세계는 각자 가능하지만 '함께 가능하지는' 않다고 논한다. 두 개의 서로 다른 세계가 존재할 수 있지만, 두 세계가 동시에 공존할 수는 없는 것이다. 즉 어떤 사건이 한 세계에서 발생했다면 다른 세계에서는 발생할 수 없으며, 따라서 두 세계는 함께 가능할 수 없고 비동시적이며 양립할 수 없다.

그러나 들뢰즈는 라이프니츠의 논증이 진리의 위기를 해결해준다기보다는 휴지상태에 머물게 한다고 주장한다. 왜냐하면 우리가 살고 있는 세계, 즉 거대한 시간의 영역이 항상 잠재태로 존재하고 있는 세계에서는 함께 가능하지 않은 것들이 언제든 '동시에' 발생할 수 있기 때문이다. "우리가 함께 가능하지 않은 것들이 동일한 세계에 속하고 함께 가능하지 않은 세계들이 동일한 우주에 속한다는 것을 긍정하지 못할 근거는 어디에도 없다."[89] 서로 다른 현재의 첨점들이 하나의 시점時點에 동시에 나타날 수 있고 무수한 과거의 시트들이 매 순간 잠재상태로 공존하고 있는 것처럼, 시간의 세계에서는 함께 가능하지 않은 것들이 동일한 세계에 속할 수 있고 함께 가능하지 않은 두 세계가 동일한 우주 안에 함께 양립할 수 있다. 들뢰즈는 보르헤스의 유명한 단편소설『끝없이 두 갈래로 갈라지는 길이 있는 정원』의 문구를 인용하면서, 미로처럼 진행되는 시간의 선 역시 "끝없이 두 갈래로 갈라지는 선이며, 매 순간 함께 가능하지 않은 현재들을 지나면서 반드시 참이지는 않은 과거들에 연계되는 선"[90]이라고 강조한다.

---

89. 같은 책, 171쪽.
90. 같은 곳.

② 거짓의 역량, 거짓의 서사

이러한 시간의 세계에서, 그리고 이러한 시간을 구현하는 시간-이미지의 영화에서, 서사는 "진실한 것이기를 멈추고, 즉 스스로 참이라고 주장하는 것을 멈추고, 본질적으로 허위적인 것이 된다."[91] 즉 시간-이미지의 서사는 더이상 상식적인 시간과 공간의 좌표를 따르지 않고, 그것을 전복하며, 그것에 종속된 진실들을 지우고 새로운 것으로 대체한다. 함께 가능하지 않는 현재들의 동시성과 반드시 진리라고는 할 수 없는 과거들의 공존을 전제한다는 점에서, 그리고 참의 형태를 거짓의 형태로 대체하고 실각시킨다는 점에서, 시간-이미지의 서사는 진실의 위기를 일종의 "거짓의 역량puissance du faux"으로 대체하고 극복해간다고 할 수 있다. 거짓의 역량은 "직접적인 시간-이미지의 세계에서 모든 관계를 결정하는 가장 보편적인 원칙"[92]이 된다. 따라서 운동-이미지의 서사가 감각-운동 도식과 시공간 좌표에 따라 일관되게 스스로를 진실이라 주장하는 '진실의 서사'라면, 시간-이미지의 서사는 인위적인 도식과 규칙들에서 벗어나서 진실의 강요 대신 거짓의 역량으로 모든 관계를 새롭게 설정하는 '거짓의 서사narration falsifiante'라 할 수 있다.

이러한 거짓의 서사는 "유기적 체제régime organique"가 아닌 "결정체적 체제régime cristallin"[93]의 속성을 따른다. 통일성과 동일성을 기반으로 형성되는 유기적 체제에서 서사는 보다 공고한 진리의 구축을 위해 항상 "대립 또는 부인으로서의 거짓을 필요로" 하지만, 현실태와 잠재태, 실재와 상상 등의 식별이 불가능한 결정체적 체제에서의 서사는 "참된 것과 거짓된 것의 대립을 없애고 긍정적으로 진리를

---

91. 같은 곳.
92. 같은 책, 172쪽.
93. 같은 책, 165쪽.

창조"할 수 있기 때문이다.[94] 즉 유기적 서사는 일정한 판단 체계에 근거해 스스로 참과 거짓을 판단하고 그 결과를 제시하지만, 결정체적 서사는 참의 형식을 거짓의 형식으로 대체하면서 모든 판단을 유보하고 참과 거짓 사이의 결정을 불가능한 것으로 만든다.

유기적 서사와 결정체적 서사 간의 이 같은 차이는, 근본적으로 양자와 관련된 사유양식의 차이로부터 비롯된다. 유기적 체제의 사유가 "항상-팽창하는 유기적 나선"의 사유이고 "연대기적인 시간의 경과에 따라 하나와 다른 하나가 유리수적으로 연결되면서 조직되는 사유"인 것에 반해, 결정체적 체제의 사유는 "시간 내에서 또는 시간성으로 움직이는" 사유이자 "새롭고 예기치 않은 것을 향해 부단히 움직이는" 사유이기 때문이다.[95] 유기적 체제의 사유가 "자기-동일적 존재를 지향하는 동일성을 발견하는 것, 부인과 반복을 통해 개념들을 발견하는 것"에 목적을 둔다면, 결정체적 체제의 사유는 "지속적으로 열리는 생성 내에서 차이와 비동일성을 통해 개념들을 창조하는 것"에 목적을 둔다.[96] 다시 말해, 결정체적 체제의 사유는 그 자체로 지속적인 '열림'이자 '생성'이라 할 수 있다.

따라서 이러한 거짓의 서사에서는, 동일한 한 세계에 존재하는 서로 다른 현재의 첨점들이나 과거의 시트들이 동시에 모두 진실일 수 없다. 공존하는 첨점들이나 시트들 중 그 어떤 것도 진실일 수 있지만, 대신 어느 하나가 진실이면 다른 것은 거짓일 수밖에 없는 것이다. 또한 함께 가능하지 않은 세계들의 동시성이 전제되는 세계에서는, 그리고 그 세계를 묘사하는 시간-이미지의 영화에서는, 그 누구도 어느 첨점이 진실이고 어느 시트가 거짓인지를 설명할 수 없으며

---

94. 데이비드 노먼 로도윅, 같은 책, 164~165쪽.
95. 같은 곳.
96. 같은 책, 165쪽.

결정할 수도 없다. "진실계와 거짓계는 비록 식별 가능하지만, 현재의 첨점들과 과거의 시트들 속에서 설명 불가능하거나 혹은 결정 불가능한 것으로 제시"[97]되기 때문이다. 들뢰즈에 따르면, '결정체적 묘사'는 실재와 상상의 '식별불가능성'에 도달했고, 그에 상응하는 '거짓의 서사'는 거짓의 역량을 바탕으로 그것에서 한걸음 더 나아간다. 즉 거짓의 서사는 현재와 관련해서는 참과 거짓 사이의 '설명할 수 없는 차이'를, 과거와 관련해서는 참과 거짓 사이의 '결정할 수 없는 양자택일'을 제시한다.[98] 로도윅은 들뢰즈가 제시한, 거짓의 서사에서 근간이 되는 '거짓의 역량'에 대해 다음과 같이 설명한다: "시간의 직접적인 이미지에서 과거는 반드시 참일 필요가 없으며 불가능한 것이 가능한 것에 뒤따를 수도 있다. 거짓을 만들어내는 서사는 실재적인 것과 상상적인 것의 식별불가능성을 넘어서, 현재를 설명 불가능한 차이들 및 참과 거짓을 결정할 수 없는 양자택일의 선택과 대면하게 한다."[99]

요컨대, 라이프니츠와 달리, 들뢰즈는 함께 가능하지 않은 세계들이 동일한 우주에 속해 있고, 따라서 함께 가능하지 않은 것들이 언제든 동시에 일어날 수 있다고 주장한다. 이러한 우주, 이러한 시간의 세계를 다루는 영화의 서사는, 더이상 감각-운동 도식이나 인위적인 시공간 좌표를 따르지 않고 유기적 묘사나 진리언표적인 서사도 추구하지 않는다. 그보다는, 묘사가 스스로의 대상이 되는 결정체적 묘사를 추구하며, 나아가 진실의 역량 대신 거짓의 역량을 바탕으로 시간의 직접적인 나타남을 구현하는 거짓의 서사를 추구한다. 시간의 세계를 묘사하는 시간-이미지의 영화에서 "결정체의 형성, 시간의

---

97. 로널드 보그, 같은 책, 221~222쪽.
98. *Cinéma 2. L'image-temps*, 171~172쪽.
99. 데이비드 노먼 로도윅, 같은 책, 165쪽.

힘, 그리고 거짓의 역량은 철저히 상호보완적이며, 이미지의 새로운 좌표로서 서로를 끊임없이 전제"[100]하고 있다.

결절結節

결국, 들뢰즈의 '시간-이미지로서의 영화이미지' 논의는 영화이미지의 기저에 내재되어 있는 '이중성le double'을 지시하고 강조한다. 지금까지 살펴본 것처럼, 영화이미지는 지각과 기억, 물리적 대상과 정신적 반사, 현재와 과거, 즉각적 과거와 즉각적 미래 등 모든 대립적인 것으로 중첩되어 있으며, 그 모든 대립항은 영화이미지 안에서, 정확히 말하면 시간-이미지로서의 영화이미지 안에서, 매 순간 분기와 수렴을 반복한다. 단 하나의 대립항이 아니라 무수히 많은 대립항들이 군집되어 있고 또 그 모든 대립항이 매 순간 상황에 따라 출현(현실태)과 침잠(잠재태)을 교환한다는 점에서, 영화이미지는 들뢰즈의 표현처럼 '결정체-이미지'라고도 할 수 있다. 그리고 바로 그 점에서 영화이미지의 이중성은 "'하나'의 양분兩分이 아니라 '다른 둘'의 중복"으로, "'동일성'의 재생이 아니라 '차이'의 반복"으로 간주될 수 있을 것이다.[101]

또한 시간-이미지로서의 영화이미지는 영화이미지의 모든 차원을 지배하는 또다른 특성인 '비결정성'을 지시한다. 이 책에 등장하는 다른 여러 영화학자의 논의에서 살펴본 것처럼, 비결정성은 이미 초기 영화이론에서부터 주목했던 영화이미지의 가장 본질적인 특성이다. 들뢰즈에 따르면, 영화이미지는 매 순간 다양한 대립항들로 분기될

---

100. *Cinéma 2. L'image-temps*, 172쪽.
101. Gilles Deleuze, *Foucault* (Paris: Les Editions de Minuit, 1986), 105쪽.

뿐 아니라, 과거 및 미래와 구분되는 시간 선 위의 한 점으로서의 '현실태적 현재'와 그러한 일방향적인 시간의 수평선으로부터 벗어나는 비연대기적이고 수직적인 차원으로서의 '잠재태적 현재'로 나뉜다. 그중 잠재태적 현재는 과거의 현재, 현재의 현재, 미래의 현재가 동시에 공존하고 있는 '복수의 현재'다. 마찬가지로 과거 역시, 시간의 선 위에서 현재보다 앞선 어느 시점을 가리키는 '현실태적 과거'와 과거의 모든 사건이 공존하고 있는 단일한 사건으로서의 '잠재태적 과거'로 나뉜다. 이중 잠재태적 과거는 다시 과거의 응축된 점으로서의 '현재'와 과거의 어느 시점의 회상 단면들을 가리키는 '과거의 시트들,' 그리고 모든 현재에 선재하는 '과거 일반'으로 구성된다. 이러한 잠재태적 현재와 잠재태적 과거는 일차적으로는 모든 연대기적 구분을 넘어서고 그 자체로 탈개인적 영역을 이루는 하나의 거대한 잠재태적 시간을, 즉 '전체로서의 시간'을 가리키지만, 더 나아가서는 그 어떤 것도 참이라 규정할 수 없는 '비결정성'을, 즉 진실의 유보와 연기를 나타낸다. 들뢰즈의 표현처럼, 현재와 관련해서는 참과 거짓 사이의 설명할 수 없는 차이를, 과거와 관련해서는 참과 거짓 사이의 결정할 수 없는 양자택일을 가리키는 것이다.

① 영화이미지와 사유의 무능력

이와 같은 시간-이미지의 이중성과 비결정성은 궁극적으로 우리의 정신작용을 가동시키고 우리의 '사유'를 촉발시킨다. 지각과 기억으로, 현재와 과거로, 현실태와 잠재태로 끊임없이 갈라지는 영화이미지들은 매 순간 우리를 무수한 기억과 상상의 영역으로, 즉 무한한 정신작용과 사유행위로 이끌기 때문이다. 영화는 시간에 대한 이미지 혹은 시간 그 자체인 이미지를 생산하고, 그렇게 생산되는 시간-이미지는 우리의 사유를 자극하면서 우리를 끝없는 사유행위로 이끈다.[102]

그런데 시간-이미지가 곧 사유-이미지로 기능할 수 있는 것은, 단지 전체로서의 시간이 지시하는 기억과 상상 영역 때문만은 아니다. 전체로서의 시간은 우리로 하여금 기억과 상상을 통한 정신작용뿐 아니라 "사유의 무능력impuissance à penser"[103] 또한 경험하게 만든다. 위에서 살펴본 것처럼, 시간-이미지로서의 영화이미지는 그 어떤 것도 참이라 규정할 수 없는 '비결정성'을, 즉 '진실의 유보와 연기'를 가리키고, 이는 곧 현재와 관련해서는 참과 거짓 사이의 '설명할 수 없음'을, 과거와 관련해서는 참과 거짓 사이의 '결정할 수 없음'을 나타내기 때문이다. 즉 전체이자 무한이며 우주 그 자체인 시간을 가리키는 영화이미지 앞에서, 사유는 자신의 한계를 맞닥뜨리게 되며 자신의 무능력과 무기력을 깨닫게 된다. 시간-이미지로서의 영화이미지는 우리에게 "사유되지 않는 것impensé"[104]의 존재를 드러내며, 우리로 하여금 사유 안의 사유되지 않는 것에 대해 혹은 사유의 무능력과 불가능성에 대해 인식하게 만드는 것이다. 그런데 들뢰즈는 시간-이미지가 나타내는 이러한 사유의 무능력과 불가능성이야말로, 결국 우리의 사유를 다시 가동시키고 끊임없는 생성의 과정으로 만들어주는 원천이라고 주장한다. 도대체 사유의 무능력이 사유를 가동시킨다는 것은 무엇을 의미하는가?

들뢰즈에 따르면, 영화에서 사유의 무능력은 이미 감각-운동 도식이 지배하던 운동-이미지의 영화 시기부터, 즉 고전영화 시대부터 감

---

102. 이것은 철학자로서 들뢰즈가 견지해온, 예술과 철학의 관계에 대한 근본적인 관점이기도 하다. 그에 따르면, 예술은 사유를 자극할 수 있는 이미지를 생산하고 철학은 예술이 생산한 이미지(혹은 기호)에서 개념을 창출해내기 때문이다. 따라서 "영화와 철학의 관계는 이미지와 개념의 관계이다. 개념 자체에 이미 이미지와의 어떤 관계가 담겨 있고, 이미지 자체에 개념과의 어떤 관계가 담겨 있다."(Gilles Deleuze, *Pourparlers*, Paris: Les Editions de Minuit, 1990, 91쪽)

103. *Cinéma 2. L'image-temps*, 216쪽.

104. 같은 책, 221쪽.

지되었다. 그것은 마치 우리의 뇌신경 조직에 직접 전달되는 진동처럼 사람들을 동요시켰고 흥분시켰다. 하지만 대다수의 감독들은, 심지어 베르토프, 예이젠시테인, 강스 같은 진보적인 감독들조차도, 그러한 진동과 동요를 만들어내는 원천이 영화이미지에 내재된 운동 혹은 운동성에 있다고 간주했다. 이들은 영화가 다른 예술이나 매체와 달리 그스스로 자동적이고 내재적인 운동을 생산해내는 것에 주목했고, 그러한 운동이 지각을 통해 우리의 뇌신경에 직접적으로 전달될 경우 일종의 진동과 떨림을 유발해낸다고 믿었다. 나아가 이들은 영화이미지가 우리의 뇌신경 조직에 진동을 전달하면서 우리의 사유에 직접적인 '충격'을 전달할 수 있고, 그러한 충격을 통해 우리의 사유를 깨우고 가동시킬 수 있다고 판단했다. 즉 운동 그 자체라 할 수 있는 영화이미지가 그것의 고유한 내재적 운동을 통해 "우리 내부의 사유하는 자"를 일깨우고 우리에게 일종의 "정신쇼크noochoc"를 전달할 수 있다고 여긴 것이다.[105]

　다만 아르토를 비롯한 몇몇 영화인들[106]만이 이 시기에 이미 영화에서의 사유의 무능력에 대해 분명하게 인식하고 있었다. 물론, 아르토도 처음부터 영화와 사유의 관계를 불가능한 것으로 본 것은 아니다. 초기에, 아르토는 영화가 우리를 모든 언어적, 논리적, 이성적 사유로부터 벗어나게 해줄 수 있다고 믿었으며 우리에게 '비언어적non-verbal' 사유 혹은 '시각적 사유'를 가능하게 해준다고 믿었다.[107] 그리

---

105. 같은 책, 204쪽.
106. 들뢰즈가 볼 때, 아르토가 영화에서의 사유의 무능력을 주로 '글'을 통해 설명했다면, 드레이어는 그것을 '영화'를 통해 직접 보여주었다.(같은 책, 221~222쪽 참조)
107. 이때, 아르토가 말하는 영화는 일반 극영화를 가리키는 것이 아니라, "영화의 모든 감각적 행위수단이 활용된 영화," 즉 인간의 지각과 감각에 근본적인 변화를 가져다줄 수 있는 "특정 장르의 영화"를 가리킨다.(Antonin Artaud, "Réponse à une enquête"(1923), Œuvres complètes III, Paris: Gallimard, 1978, 63쪽)

고 그러한 비언어적 사유를 낳은 영화들을 가리켜 '순수 영화cinéma pur' 혹은 '시적 영화cinéma poétique'라고 지칭하기도 했다. 특히 그는 순수 영화가, 관습적인 지각과 감각을 뒤집어엎어 우리의 사유 자체에 대한 전복을 유도해낼 수 있으며, 그럼으로써 우리의 사유를 단지 "삶의 껍질"에 대한 이해만을 추구하는 "명료한 사유"가 아닌, 삶의 "지각할 수 없는 실체"와 "꿈의 세계"에 대한 이해를 지향하는 감각적 사유 혹은 시각적 사유로 이끌 수 있다고 주장했다.[108] 그러나 아르토는 곧 영화를 통해 우리의 뇌에 전달되는 신경생리학적인 진동의 원천이 영화이미지에 내재된 운동성이 아니라, 단지 우리 사유의 무능력 내지는 불가능성임을 깨닫는다. 무성영화의 퇴장 무렵에 발표된 그의 글 「영화의 때이른 노쇠」가 보여주는 것처럼, 영화는 더이상 새로운 사유, 즉 비언어적이면서 감각적인 사유를 가능하게 해주는 매체가 아니라, 단지 사유의 무능력과 불가능성만을 확인시켜주는 매체라고 판단하게 된 것이다.[109] 그가 보기에, 영화는 우리의 사유의 중심에 자리한 사유의 무능을 드러내기에 적합한 매체일 뿐이며, 우리의 뇌 안에 자리한 정신적 자동기계의 불능을 증언해주는 매체일 뿐이다.

② 영화: 사유의 화석화에서 인간의 실재에 대한 믿음으로

결국 아르토의 예견대로, 영화는 감각-운동 도식의 와해를 겪으면

---

108. Antonin Artaud, "Sorcellerie et Cinéma"(1927), Œuvres complètes III, 66쪽.
109. 아르토는 다음과 같이 단언한다: "영화의 세계는 죽은 세계이며 환영적 세계이고 절단된 세계다…… 그 세계는 사물들을 둘러싸고 있지 않으며, 삶의 한가운데로 들어가지도 않는다. 그 세계는 형상들에서 단지 표피만을, 매우 제한적인 시각에 부합되는 것만을 취할 뿐이다. 그뿐 아니라, 영화의 세계는 마법적 행위의 중요한 조건 중 하나인 감각적 고통의 모든 되풀이와 모든 반복을 금지시킨다…… 영원히 고정된 소수의 진동들 안에 새겨지는 살아 있는 파동들은 이제 죽은 파동들일 뿐이다."(Antonin Artaud, "La vieillesse précoce du cinéma"(1933), Œuvres complètes III, 83쪽)

서 인간과 세계의 유기적 결합이 아닌 철저한 단절을 드러내게 되고 그 단절과 마주한 우리의 사유의 무능력을 드러내게 된다. 인위적 논리와 위장된 진실의 허상이 그대로 드러나는 영화들 앞에서 우리의 사유는 더욱더 무력해지고 무능해지며, 크기를 가늠할 수 없는 거대한 시간이 직접적으로 현현하는 영화들 앞에서 우리는 어떤 판단도, 어떤 결정도 내릴 수 없는 완벽한 사유의 무능력을 경험하게 된다. 또한 영화의 시대에, 인간은 이미 모든 불합리와 부당함에도 불구하고 "항구적인 일상적 진부함"[110]의 상태에 빠져버린 세계를 경험하게 되며 그 세계를 참을 수 없게 된다. 그리고 그 참을 수 없는 세계가 주는 충격에 대해 반응할 수도, 사유할 수도 없는 무기력한 상태에 이른다. 즉 감각-운동의 도식이 무너지는 시대에, 인간은 영화뿐 아니라 세계에 대해서도 사유의 무능력상태를 겪게 되며 그 상태를 용인하지도, 견디지도 못한 채 결국 자신의 사유를 응고시키고 화석화시켜간다.

하지만 전술한 것처럼, 들뢰즈는 운동-이미지의 영화에서부터 감지된 이 사유의 무능력이, 그리고 시간-이미지의 영화에서 더 뚜렷한 양태로 드러나는 사유의 이 무능력이, 궁극적으로는 우리의 사유를 다시 가동시키고 생동하게 만들 수 있다고 주장한다. 감각-운동 도식의 붕괴와 함께 등장한 새로운 영화들이 우리의 사유 내 '사유되지 않는 것'과 세계 내 '사유할 수 없는 것'을 그대로 가시화시킬 수 있다면, 다시 말해 운동-이미지의 영화들처럼 세계의 비논리성과 부조리 및 우리의 사유의 무능력과 불가능성을 위장하거나 은폐하지 않는다면, 그것은 곧 새로운 사유의 시작이 될 수 있다고 보는 것이다. 들뢰즈에 따르면, 새로운 현대영화들, 즉 시간-이미지의 영화들은 언어적, 논리적 사고체계에 종속된 이미지들이 아닌 '순수 시청각적 이미

---

110. *Cinéma 2, L'image-temps*, 221쪽.

지들'로서, 우리가 사유할 수 없는 것들과 우리 안의 사유되지 않는 것들을 가시화시킨다. 그리고 그렇게 가시화되는 우리의 사유의 무능력은 그 자체로 다시 사유의 대상이 된다. 사유가 마침내 스스로에 대해 사유하기 시작한 것이다. 사유는 자기 자신에 대해 사유하기 시작함으로써 비로소 자신의 응고와 화석화를 중단시킬 수 있게 되고, 자신의 무능력과 자신 안의 사유되지 않는 것을 자신의 일부로 전환시킬 수 있게 된다. 나아가 사유는 그 자체로 부단한 생성이 되는데, 자신의 화석화를 막기 위해서는 끊임없이 자신에 대해 사유해야 하고 갱신을 거듭해야 하기 때문이다.

들뢰즈는 여기에 한 가지 조건을 덧붙인다. 바로 '인간의 실재'에 대한 "믿음croyance"이다.[111] 세계는 이미 그 실재감을 잃어버렸으며, 인간은 더이상 세계를 믿을 수 없게 되었다. 거대하고 강력한 음모에 의해 상투적 이미지들만이 순환하고 있는 현대 세계는 너무나 비실재적이어서 마치 '영화'처럼, 나쁜 시나리오에 의해 진행되는 나쁜 영화처럼 나타난다. 들뢰즈가 인용하는 고다르의 언급처럼, 실재하는 것은 사람들뿐이며 세계는 따로 떨어져나가 스스로를 "영화"로 만들고 있다.[112] 즉 그 어느 것에 대해서도 진실과 허위를 구별할 수 없는 이 세계에서, 인간만이 진실한 것으로 확인되며 인간만이 실재하는 것으로 확인된다. 그러므로 인간의 실재, 즉 우리의 실재에 대한 믿음이 있어야만, 세계에서 일어나는 모든 것으로부터 우리의 사유가 유리되고 화석화되는 것을 막을 수 있다. 들뢰즈에 따르면, 실재에 대한

---

111. 들뢰즈는 다음과 같이 요구한다: "믿기, 또다른 세계가 아니라 인간과 세계의 관계를, 사랑 혹은 삶을 믿기. 불가능함을 믿듯, 단지 사유될 수만 있을 뿐인 사유할 수 없음을 믿듯, 그 모든 것을 믿기."(같은 곳)

112. Jean Collet, *Jean-Luc Godard* (Paris: Seghers, 1963), 26~27쪽 참조; *Cinéma 2. L'image-temps*, 223쪽에서 재인용.

믿음은 곧 실재의 가장 구체적인 증거라 할 수 있는 우리의 '몸'에 대한 믿음이다. 사유의 화석화를 막고 우리를 세계와 다시 연결시켜주는 것은 궁극적으로 우리의 몸 혹은 '몸의 실재'인 것이다. 여기서, 들뢰즈의 사유는 다시 아르토의 사유와 만난다.[113]

결국, 들뢰즈에게 시간-이미지의 영화란 곧 사유의 영화다. 시간-이미지의 영화는 일시 정지상태에 빠진 우리의 사유를 다시 가동시킬 뿐 아니라, 현대를 겪어내야 하는 우리의 다양한 사유 양태들을 보여주기 때문이다. 시간-이미지의 영화는 감각-운동 도식의 와해와 인간-세계의 단절 앞에서 우리의 사유가 맞닥뜨리는 무기력과 절망을 보여주며, 인위적 시간구조의 붕괴와 진짜 시간의 출현 앞에서 우리의 사유가 경험하는 무능력을 보여주고, 나아가 실재감을 상실한 세계의 충격으로 인해 우리의 사유 안에서 일어나는 응고와 화석화 현상을 보여준다. 또한 시간-이미지의 영화는 우리의 사유가 마침내 스스로에 대한 사유를 통해 자신의 응고와 화석화를 중단시키며 부단한 생성이 되는 것을 보여주며, 사유 안의 사유되지 않는 것과 세계 안의 사유할 수 없는 것을 포괄하면서 사유의 무능력을 사유의 역량으로 바꾸어가는 것을 보여준다.

---

113. 아르토가 영화를 떠나 연극으로 복귀하면서 최종적으로 다다르고자 했던 사유역시, 언어적 사유와 비언어적 사유의 대립을 넘어서는 '몸의 사유'다. 아르토는 몸을 통한 지각과 체험으로 형성되는 몸의 사유만이 진정한 사유라고 간주했으며, "형이상학을 정신에 전달할 수 있는 것은 오직 몸을 통해서"일 뿐이라고 강조했다.(앙토냉 아르토, 『잔혹연극론』, 박형섭 옮김, 현대미학사, 1995, 145쪽 참조)

∞의 영화 사유, 8개의 줄기

지금까지 우리는 영화이미지에 관한 열세 가지 논의들을 네 범주로 나눠 시대순에 따라 살펴보았다. 그런데 이 논의들은 범주와 무관하게 전혀 다른 차원에서, 전혀 다른 맥락에 따라 묶일 수 있다. 본문에서 줄곧 강조했던 것처럼, 이 책에 등장하는 학자들은 각자 고유한 관점을 바탕으로 다른 학자들과 영향을 주고받으며 그들 나름대로의 독자적인 사유의 줄기를 만들어갔기 때문이다. 어쩌면 이들이 만들어간 크고 작은 사유의 줄기들이 진정으로 의미 있는 것인지 모른다. 어쩌면 그것을 말하기 위해 바로 이 책을 썼는지도 모른다. 이 책의 학자들과 여타 학자들이 제시한 사고의 본류와 지류를 찾아가며 줄기로 묶어낸 다면, 그 수는 헤아릴 수 없을 만큼 많을 것이다. 여기서는, 그중 두드러진 여덟 개의 줄기를 솎아서 간략히 설명하는 데 만족한다.

첫번째 줄기: 물질 혹은 물질적 이미지로서의 영화이미지

우리는 베르그손으로부터 뻗어나간 두 갈래 사유의 줄기를 간과할 수 없다. 하나는 영화이미지를 철저히 물질적 이미지로 보는 입장이고, 다른 하나는 그러한 물질적 성질에도 불구하고 영화이미지가 정신적 이미지에 더 가깝다고 보는 입장이다. 정작 베르그손은 이미지를 물질이자 의식이라고 주장했지만, 일군의 후대 영화이론가들은 영화이미지를 그중 어느 하나로 간주하고 싶어했다. 첫번째 줄기는 이들 중 영화이미지를 '물질적 이미지' 또는 '물질' 그 자체로 보려 했던 사유의 흐름을 지칭한다. 베르토프의 사유가 대표적이다. 베르토프에게 영화이미지란 물질적 이미지라기보다는 차라리 물질 그 자체에 가까우며, 그의 영화들은 물질적 우주를 채우고 있는 사물들의 운동과 리듬을 인간적 지각이 아닌 '물질적 지각'의 시점에서 보여주고자 한다. 베르토프보다는 덜 극단적이지만, 발라즈에서 크라카우어, 벤야민으로 이어지는 '시각적 무의식성' 개념도 물질적 이미지로서의 영화이미지 성격을 잘 드러낸다. 이들의 논의는 '기계-눈'으로서 영화카메라의 초-인간적 지각능력에 대한 당대 무성영화인들의 열망을 담고 있는 것이라 할 수 있다. 이들에게 영화카메라가 보여주는 시각적 무의식 지대는 인간의 눈과 의식으로는 지각할 수도, 파악할 수도 없는 세계, 즉 사물들의 고유한 운동과 변화가 이루어지고 있는 철저하게 물질적인 세계이다. 이 같은 초기 영화적 논의들 외에도, 후대에 제기된 파솔리니의 논의나 들뢰즈의 논의도 마찬가지로 영화이미지의 물질적 특성을 강조하는 것이라 볼 수 있다. 영화이미지가 '현실의 대상들'인 영상소들로 이루어진다는 파솔리니의 주장이나, 영화이미지란 단지 무언가를 표시하는 '발신하는 물질'에 해당할 뿐이라는 들뢰즈의 주장은 근본적으로 물질적 이미지로서의 영화이미지 특성에 기반을 둔 것이기 때문이다.

두번째 줄기: 정신적 이미지로서의 영화이미지

위의 베르그손의 사유로부터 파생된 줄기 중 영화이미지를 정신적 이미지로 보는 사유들의 줄기를 가리킨다. 카누도, 강스, 델릭, 엡슈타인, 발라즈 등 자주 거론되는 초기 영화이론가들은 대부분 이러한 경향을 나타냈다. 이는 당시 신생 매체였던 영화를 하루속히 '예술'의 반열에 위치시키고자 했던 갈망과도 연결되는데, 굳이 예술의 조건을 따지지 않더라도 영화는 예술이 되기 위해 일단 그것의 태생적 속성인 기계성과 물질성을 극복해야만 했다. 엡슈타인은 기계복제 이미지이자 물질적 이미지인 영화이미지가 발현하는 정신적 특질의 총합을 '포토제니'라는 개념으로 설명했고, 발라즈는 그것을 '상相'이라는 개념으로 정의했다. 그런데 이들이 말하는 영화이미지의 정신성은 대상의 인격과 영혼까지 재생해내는 영화이미지의 정신성을 가리킨다. 즉 애니미즘과 아방가르드 원시주의 등 당대 주요 미학적 사고들을 배경으로 하는 이들의 논의에서, 영화이미지는 그 자체로 영혼과 생명을 지니는 '애니미즘적 실체'가 된다. 이에 비해, 모랭과 미트리는 초기영화이론가들과 마찬가지로 영화이미지의 정신적 특질에 주목하면서도, 영화이미지가 발현하는 정신성은 우리의 기억, 감정, 상상 등이 이미지에 '덧붙여져' 생성되는 것이라고 강조한다. 영화이미지는 실재를 기록한 물질적 이미지이자, 우리의 기억과 상상이 덧붙여진 정신적 이미지라는 것이다. 이들의 주장은 특히 이미지를 우리의 '정신적 행위' 또는 '상상하는 의식'으로 규정하면서, 이미지의 정신성을 강조한 사르트르의 논의로부터 깊은 영향을 받았다. 이후에 바르트 역시 사르트르의 이미지론을 적극적으로 수용하면서 사진이미지 및 영화이미지로부터 비롯되는 관객의 무한한 정신적 행위와 환유적 상상력에 대해 강조한다.

세번째 줄기: 기호로서의 영화이미지

영화이미지를 기호로 간주하는 논의들이 이에 해당한다. 이 사유의 줄기는 생각보다 단순하지 않다. 학자마다 기호에 대해 갖고 있는 개념과 관점이 서로 다르기 때문이다. 기호란 간단히 말해 '무언가를 대신해 나타내는 어떤 것'을 의미하는데, 영화의 발전과 함께 영화이미지는 다양한 관점에서 기호로 고려된다. 일단, 영화이미지가 일반언어의 기호적 특성을 갖추고 있다고 처음으로 주장한 이는 미트리다. 메츠는 미트리의 논의를 좀더 다듬어 본격적으로 이론화시키는데, 이중분절 체계에서부터 약호화에 이르기까지 다양한 '언어기호'의 특성을 영화에 적용시키면서 영화이미지 역시 약호화된 언어기호와 유사한 기능을 수행할 수 있다고 주장한다. 그러나 메츠의 논의에서 영화이미지는 언제나 언술 또는 약호로 대체되며, 그 결과 물질성, 정신성, 운동성 등 영화이미지만의 본질적 특성들은 대부분 상실된다. 이 때문에, 파솔리니는 메츠의 이론에 반론을 제기하면서, 영화이미지는 언어기호가 아닌 '이미지기호'로 간주되어야 한다고 주장한다. 특히 이미지기호는 언어기호와 달리 문법과 사전을 갖고 있지 않아 매우 주관적이고 원시적인 표현수단일 수밖에 없다고 강조하고, 그에 따라 영화 역시 주관적이고 원시적인 성향의 매체가 되어야 한다고 주장한다. 바르트는 언어기호학적인 입장을 바탕으로 메츠의 입장과 파솔리니의 입장을 절충하는데, 영화이미지는 일단 (언어)기호적 층위와 탈-(언어)기호적 층위를 모두 갖는 기호라고 주장한다. 하지만 바르트 역시 진정으로 영화적인 것은 시니피앙스의 층위이자 무딘 의미의 층위인 탈-기호적 층위에서 환유적으로 생산된다고 주장한다.

네번째 줄기: 실재로서의 영화이미지

이는 영화이미지를 실재의 연장 혹은 실재의 일부로 간주한다. 사실, 이러한 관점은 움직이는 실재들을 기록한 뤼미에르 형제의 영화들이 첫선을 보인 날부터 직간접적으로 제기되어온 것이다. 그후, 한 편의 영화를 물리적 우주의 축소판으로 보았던 베르토프의 입장이나, 영화이미지의 본성이 실재의 이미지라는 특성에 한 축을 두고 있다고 주장한 모랭과 미트리의 입장도 이에 해당한다고 볼 수 있다. 그러나 영화이미지가 단지 실재를 재현한 것이 아니라 실재의 연장된 한 부분이라고 본격적으로 주장한 이는 바쟁이다. 이 책에서 간간이 언급했지만, 바쟁은 영화프레임이 세계의 대부분을 가리고 일부만 남겨 보여주는 가리개와 같다고 보았으며, 따라서 그러한 영화이미지는 실재를 재현한 것이 아니라 있는 그대로 제시되는 실재의 일부, 즉 '사실-이미지'에 해당한다고 주장했다. 파솔리니 역시 전술한 것처럼 영화이미지가 현실의 대상들로 구성된다고 보면서 영화이미지는 그 자체로 실재의 연장이라고 주장한다. 그리고 이러한 그의 주장은, 한편의 영화film를 우주라는 거대한 시네마cinema 혹은 '무한한 시퀀스숏plan-séquence infini'으로부터 몽타주를 통해 분리한 실재의 일부로 간주하는 사고로 발전하게 된다. 들뢰즈는 파솔리니의 논의를 계승하면서, 영화이미지는 실재를 재현하거나 묘사한 이미지가 아니라 실재 그 자체라고 재차 강조한다. 그리고 한 편의 영화는 일종의 '메타시네마métacinéma'인 우주로부터 영화카메라의 지각을 통해 절단해낸 이미지-실재들의 집합이라고 주장한다. 따라서 우리는 베르토프의 물질적 우주, 파솔리니의 무한 시퀀스숏, 들뢰즈의 메타시네마 개념이 모두 '실재로서의 영화이미지'에 대한 사고를 근간으로 동일한 속성의 개념을 지시하고 있음을 유추해낼 수 있다.

다섯번째 줄기: 운동으로서의 영화이미지

영화이미지를 운동 그 자체로 간주하는 입장들, 혹은 적어도 영화이미지의 가장 중요한 본질이 운동성이라고 주장하는 입장들이 이에 해당한다. 영화사 초기부터 영화이미지의 운동성은 모두를 매료시키는 가장 중요한 특성이었지만, 그에 대한 견해는 대체로 둘로 나뉘었다. 하나는, 영화이미지를 통해 구현되는 운동이 실재의 운동을 분절한 후 재구성한 '거짓 운동'에 불과하다고 보는 견해(베르그손, 벤야민 등)다. 다른 하나는, 영화적 운동성의 진정한 의미는 운동의 인위적 재현이 아니라 우리 삶의 일부를 이루는 '유동성'과 '가변성' 등을 구현해내는 데 있다고 보는 견해(엡슈타인, 발라즈, 강스 등)다. 베르토프는 이러한 두 견해로부터 다소 떨어져서, 영화이미지가 사물들의 운동과 리듬을 있는 그대로 구현해낼 수 있다고 주장하기도 한다. 한편, 초기 영화이론가들의 논의 이후 거의 잊혀져 있던 영화이미지의 운동성 논의를 다시 전면에 부각시킨 이는 들뢰즈다. 들뢰즈는 영화이미지가 실제 삶의 유동성이나 물질의 운동을 구현할 뿐 아니라, 운동 그 자체라고 주장한다. 그는 베르그손의 이미지론을 영화적으로 재해석하면서, 영화이미지는 물질 자체이자 '운동 자체'이며 따라서 '운동 중인 물질' 혹은 끊임없이 갱신중이며 변화중인 '흐름-물질'이라고 정의한다.

여섯번째 줄기: 시간으로서의 영화이미지

이는 영화이미지가 일반적인 시간이 아닌 특별한 시간을 구현할 수 있다고 보는 입장들의 줄기다. 다시 말해, 영화이미지가 연대기적으로 진행되고 규칙적으로 분할할 수 있는 시간이 아니라, '주관적이고 상대적인 시간'을 혹은 인간의 지각과 의식을 넘어서는 거대한 '전체로서의 시간'을 경험할 수 있게 해준다고 믿는 입장들이다. 영화이미지의 주관적, 상대적 시간성에 대한 논의는 초기 영화이론가들에 의해 이미 제기되었는데, 그중에서도 가장 체계적이고 심오한 사유를 보여준 이는 엡슈타인이다. 엡슈타인은 베르그손과 마찬가지로 시간을 객관적이고 절대적인 것이 아니라 주관적이고 상대적이며 가변적인 것이라 보았으며, 영화이미지는 가속, 감속, 편집 등 다양한 기술적, 기계적 도움을 받아 또다른 시간을, 즉 인위적 시간과 전혀 다른 새로운 시간을 구현해낼 수 있다고 주장했다. 이 때문에, 그는 영화를 시간의 본질에 대해 끊임없이 숙고하는 기계, 즉 '시간을 사유하는 기계'로 명명하기도 한다. 이후, 들뢰즈는 엡슈타인을 비롯한 초기 영화이론가들의 논의와 여타 영화이론가들의 논의를 모아 영화이미지의 시간성에 대한 방대한 사유를 내놓는다. 베르그손의 사유에 깊게 뿌리를 내리고 있는 들뢰즈의 논의들에서, 영화이미지의 시간성은 한편으로는 엡슈타인이 말한 주관적이고 상대적인 시간을 가리키지만, 다른 한편으로는 우리의 의식과 지각의 범위를 넘어서서 우주와 동일한 것으로 간주될 수 있는 전체이자 무한대로서의 시간을 가리킨다. 그에 따르면, 영화이미지에는 언제나 현실태적 시간과 잠재태적 시간이 공존하고 있으며, 서로 다른 현재들과 거대한 과거가 매 순간마다 응축되어 있다. 다시 말해, 영화는 우리에게 전체이자 무한대인 시간을 경험하게 해줄 수 있으며, 무수한 현재들과 과거들 사이를 편력하면서 일상적 시간과는 전혀 다른 시간의 세계를 보여줄 수 있다. 이 '시간-이미지' 덕분에, 영화는 운동이라는 자신의 본질이자 태생적 한계를 뛰어넘어 단지 실재일 뿐 아니라 '또다른 실재'라는, 즉 주관적이고 상대적이며 나아가 무한한 전체와 직접 연결되는 새로운 성격의 자율적 실재라는 정체성을 얻게 된다.

일곱번째 줄기: 사유로서의 영화이미지

영화이미지가 우리의 사유를 가동시키거나 우리의 사유양식이나 사유구조를 구현한다고 보는 입장들이 이에 해당한다. 먼저 베르토프와 예이젠시테인 등은, 영화이미지가 그것에 내재된 고유한 운동성을 통해 우리의 정신에 '충격'을 주고 그 충격을 통해 우리의 사유를 촉발한다고 보았다. 그에 비해 엡슈타인은, 영화이미지가 보여주는 주관적이고 상대적인 시간이 우리로 하여금 가시적이고 물리적인 실재를 넘어서는 또다른 실재에 대해 사유하도록 이끈다고 주장했다. 한편 벤야민은, 아방가르드 영화들의 비유기적이고 비통일적인 몽타주를 지지하는데, 파편화된 현실의 단편들을 있는 그대로 보여주는 이미지들의 병치 역시 우리로 하여금 일종의 '의미의 정지상태' 혹은 유보상태를 경험하게 하면서 현실과 세계에 대한 사유로 유도한다고 강조했다. 바르트는, 사진이미지 및 영화이미지가 내포하는 '환유적 확장성'을, 즉 무한한 상상 및 사유의 가능성을 강조한다. 그에 따르면, 사진이미지의 환유적 확장성이 실재에 대한 절대적 유사성과 내부의 푼크툼적 요소들로부터 비롯되는 것에 반해, 영화이미지의 환유적 확장성은 몽타주와 프레임이라는 영화의 기본 형식에 기반을 둔 것이다. 단, 이때 몽타주는 벤야민이나 아방가르드 예술이 지향했던 비유기적 몽타주 혹은 탈계열적 몽타주라는 조건이 전제된다. 끝으로 들뢰즈는, 영화이미지가 일차적으로는 우리의 사유의 무능력과 '사유할 수 없는 것'의 현전을 일깨워주지만, 결국엔 사유의 화석화를 막고 사유의 무능력까지 포함하는 더 큰 사유를 가동시킨다고 주장한다. 즉 영화는 세계와 인간의 실재에 대한 우리의 믿음을 이끌어내면서, 사유의 무능력을 사유의 한 방식으로 전환시키고, 사유 안의 사유되지 않은 것을 사유의 일부로 내포할 수 있게 해준다고 본다.

여덟번째 줄기: 영화이미지, 비결정적인 무언가를 찾아서

마지막 줄기는, 영화이미지의 비결정성 문제로 수렴되는 모든 논의를 가리킨다. 영화 탄생 이후, 수많은 영화인들과 학자들은 영화이미지가 발현하는 비결정적인 것에 매혹되었으며, 그것의 의미를 밝히고자 혹은 단지 그것을 쫓아 실천과 사유를 거듭했다. 이 책에 등장하는 대부분의 학자들도 각자 고유한 이름을 붙이며 영화이미지에 내재된 이 비결정적인 것의 의미를 설명한다. 베르그손은, 영화이미지에 관한 논의들에 앞서 이미지의 지각에서 '비결정의 영역'이 차지하는 중요성에 대해 강조한다. 이미지의 지각은 신경계의 작용과 반작용의 단순한 합이 아니라 그 작용과 반작용 사이의 비결정의 영역을 내포하는 복합적 과정이라고 설명하면서, 이러한 비결정의 영역으로 인해 이미지의 지각에는 항상 정감과 기억이 동시에 개입한다고 주장한다. 베르토프는, 영화의 이미지와 이미지 사이에는 항상 간격이 존재한다고 주장하는데, 이때 간격은 이미지들 사이의 단순한 틈을 넘어 '정확히 규정할 수 없는' 추상적 간극을 의미하며 그 무한한 관계의 가능성을 통해 세계 자체의 운동과 에너지를 함축할 수 있다. 한편 벤야민은, 현실의 이미지들을 파편화된 상태 그대로 나열하는 영화의 몽타주 양식이 오히려 일반적인 의미화 작업으로부터 빠져나가는 '불균형한 것,' '비결정적인 것'들을 제대로 볼 수 있게 해준다고 주장한다. 또한 엡슈타인과 발라즈는, 각각 포토제니와 상相 개념을 영화이미지의 본질적 특성으로 제시하면서, 두 개념의 핵심이 무엇보다 '설명할 수 없는' 정신적 특질에 있음을 강조한다. 바르트는, 구조주의적 기호학의 관점을 버리지 않으면서도 영화이미지에 내재하는 '탈구조적' 요소들에 '무딘 의미' 또는 '푼크툼'이라는 이름을 붙여준다. 마찬가지로 들뢰즈에게서도, 영화이미지는 '비결정성'으로 지배되는 이미지-물질 그 자체다. 들뢰즈에게 영화이미지는 '그 무엇으로도 정의내릴 수 없는' 조형적 덩어리에 해당하며, 단지 그 내부에 변조의 특징을 포함하고 있는 흐름-물질일 뿐이다. 또한 영화이미지는 시간을 나타낼 때도 매 순간 현실태적 시간과 잠재태적 시간이 공존하고 있는 일종의 '식별불가능성의 지점'이라 할 수 있으며, 현재와 관련해서는 참과 거짓 사이의 설명할 수 없는 차이를, 과거와 관련해서는 참과 거짓 사이의 결정할 수 없는 양자택일을 내포한다. 요컨대, 다수의 학자들은 각자의 관점에서 영화이미지 안에 존재하는 비결정적인 것의 의미를 밝히고자 부단히 노력했다. 사실, 카메라라는 기계를 통해 실재를 복제한 이미지이자 필름이라는 물질에 새겨진 이미지인 영화이미지가, '비결정성'이라는 특성을 갖는다는 것 자체가 얼마나 역설적인 일인가? 그 역설적 사실이 비결정성이라는 특성을 오히려 영화이미지만의 고유한 매력으로 만들어주었고, 지금까지도 수많은 영화인들, 학자들, 관객들을 유혹하는 중요한 요인이 되고 있다.

이밖에도, 우리는 수많은 영화학자들의 논의들을 연구하면서 영화이미지에 대한 또다른 사유의 줄기들을 찾아 엮어낼 수 있을 것이다. 이를테면, 초기 영화이론가들에게서부터 시작된 '언어로서의 영화이미지'에 대한 사유들, 아른하임과 예이젠시테인 등에 의해 본격화된 '형상으로서의 영화이미지'에 대한 사유들, 또는 발라즈, 파솔리니, 들뢰즈로 이어지는 '신체언어로서의 영화이미지'에 대한 사유들이 그에 해당한다. 그러나 이 또다른 사유의 줄기들에 대한 연구는 다음의 연구과제로 남겨둔다.

결국, 이 책에서 살펴본 모든 개념, 주장, 논의는 하나의 질문에 대한 대답을 찾아가는 과정들이라고 할 수 있다. 바로 '영화이미지의 본질과 특성은 무엇인가'라는 질문이다. 이 책의 학자들은 그 질문에 대한 답을 찾기 위해 부단한 연구와 사유를 진행했고, 그들이 제시한 설명들은 결국 '영화이미지'의 본질뿐 아니라 '영화' 자체의 본질을 밝혀주는 데까지 이르렀다. 즉 이들의 사유는 영화이미지가 영화의 근본이자 핵심이라는 단순한 사실을 명증한 방식으로 보여준 것이다. 역으로 말하면, 영화에 대한 모든 연구는 영화이미지에 대한 연구를 피해갈 수 없다. 어느 관점에서, 어느 방법론으로 영화를 연구하든, 영화 연구는 영화이미지의 본질과 특성에 대한 기본적인 이해가 바탕이 되어야 한다. 그 연구가 타 학문의 방법론적 효율성을 입증하기 위한 것이 아니라, 영화 자체에 대한 탐구를 위한 것이라면 말이다. 이 책이 영화이미지 연구의 출발선 위 어딘가에 위치할 수 있다면, 애초의 목표는 충분히 이루어지고도 남을 것이다.

:: 참고문헌

단행본(국내)

강수미, 『아이스테시스』, 글항아리, 2011.

노그레트, 카트린, 『프랑스 연극미학』, 김덕희 외 옮김, 연극과인간, 2007.

뒤랑, 질베르, 『신화비평과 신화분석』, 유평근 옮김, 살림, 1998.

뒤봐, 필립, 『사진적 행위』, 이경률 옮김, 사진마실, 2005.

들뢰즈, 질, 『베르그송주의』, 김재인 옮김, 문학과지성사, 1996.

라코트, 쉬잔 엠 드, 『들뢰즈 철학과 영화』, 이지영 옮김, 열화당, 2004.

로도윅, 데이비드 노먼, 『질 들뢰즈의 시간기계』, 김지훈 옮김, 그린비, 2005.

로버트, 랩슬리/ 웨스틀레이이크, 마이클, 『현대 영화이론의 이해』, 이영재, 김소
    연 옮김, 시각과언어, 1995.

로브그리예, 알랭, 『누보로망을 위하여』, 김치수 옮김, 문학과지성사, 1981.

박명욱, 『너무 낡은 시대에 너무 젊게 이 세상에 오다』, 그린비, 2004.

박성수, 『들뢰즈와 영화』, 문화과학사, 1998.

발라즈, 벨라, 『영화의 이론』, 이형식 옮김, 동문선, 2003.

벅 모스, 수잔, 『발터 벤야민과 아케이드 프로젝트』, 김정아 옮김, 문학동네, 2004.

베르그손, 앙리, 『물질과 기억』, 박종원 옮김, 아카넷, 2005.

＿＿＿＿＿＿＿, 『창조적 진화』, 황수영 옮김, 아카넷, 2005.

베르토프, 지가, 『KINO-EYE. 영화의 혁명가 지가 베르토프』, 김영란 옮김, 이매
    진, 2006.

벤야민, 발터, 『독일 비애극의 원천』, 최성만·김유동 옮김, 한길사, 2009.

＿＿＿＿＿, 『발터 벤야민의 문예이론 』, 반성완 편역, 민음사, 1983.

＿＿＿＿＿, 『발터 벤야민 선집 2』, 최성만 옮김, 도서출판 길, 2007.

_____,『발터 벤야민 선집 4』, 김영옥·황현산 옮김, 도서출판 길, 2010.

_____,『발터 벤야민 선집 5』, 최성만 옮김, 도서출판 길, 2008.

_____,『아케이드 프로젝트 I, II』, 조형준 옮김, 새물결, 2005.

보그, 로널드,『들뢰즈와 시네마』, 정형철 옮김, 동문선, 2003.

보르헤스, 호르헤 루이스,『픽션들』, 황병하 옮김, 민음사, 1994.

볼츠, 노베르트 & 라이엔, 빌렘 반,『발터 벤야민: 예술, 종교, 역사철학』, 김득룡
    옮김, 서광사, 2000.

뷔르거, 페터,『아방가르드의 이론』, 최성만 옮김, 지식을만드는지식, 2009.

브레송, 로베르,『시네마토그래프에 대한 단상』, 동문선, 2003.

브르통, 앙드레,『초현실주의 선언』, 황현산 옮김, 미메시스, 2012.

사르트르, 장-폴,『사르트르의 상상력』, 지영래 옮김, 에크리, 2008.

_____,『사르트르의 상상계』, 윤정임 옮김, 에크리, 2010.

서정철 외,『현대 프랑스 언어학』, 문학과지성사, 1985.

쉬벨부쉬, 볼프강,『철도 여행의 역사』, 박진희 옮김, 궁리, 1999.

스스무, 오카다,『영상학 서설』, 강상욱·이호은 옮김, 커뮤니케이션북스, 2006.

스털링 P. 램프레히트,『서양 철학사』, 김태길·윤명로·최명관 옮김, 을유문화사,
    2000.

스탬, 로버트 /버고인, 로버트/ 루이스, 샌디-플리터먼,『어휘로 풀어 읽는 영상기
    호학』, 이수길 외 옮김, 시각과언어, 2003.

아도르노, 테오도르,『한줌의 도덕』, 최문규 옮김, 솔, 1995.

아르토, 앙토냉,『잔혹연극론』, 박형섭 옮김, 현대미학사, 1995.

앤드류, 더들리,『영화이론의 개념들』, 김시무 외 옮김, 시각과언어, 1995.

야콥센, 볼프강 외,『독일영화사 1』, 이준서 옮김, 이화여자대학교출판부, 2009.

에코, 움베르트,『기호학 이론』, 서우석 옮김, 문학과지성사, 1985.

오몽, 자크,『영화 속의 얼굴』, 김호영 옮김, 마음산책, 2006.

_____,『영화와 모더니티』, 이정하 옮김, 열화당, 2010.

오생근, 『프랑스어 문학과 현대성의 인식』, 문학과지성사, 2007.

오프레이, 마이클, 『아방가르드 영화』, 양민수·장민용 옮김, 커뮤니케이션북스, 2010.

이택광, 『세계를 뒤흔든 미래주의 선언』, 그린비, 2008.

인네스, 크리스토퍼, 『아방가르드 연극의 흐름』, 김미혜 옮김, 현대미학사, 1997.

전양준 편, 『세계영화작가론 I』, 이론과실천, 1992.

조광제, 『몸의 세계, 세계의 몸─메를로 퐁티의 〈지각의 현상학〉에 대한 강해』, 이학사, 2004.

조윤경, 『초현실주의와 몸의 상상력』, 문학과지성사, 2008.

주라비슈빌리, 프랑수아, 『뇌는 스크린이다. 들뢰즈와 영화 철학』, 그레고리 플렉스먼 엮음, 박성수 옮김, 이소출판사, 2003.

지젝, 슬라보예, 『신체 없는 기관─들뢰즈와 결과들』, 김지훈·박제철·이성민 옮김, 도서출판 b, 2006.

짐멜, 게오르그, 『돈의 철학』, 안준섭·장영배·조희연 옮김, 한길사, 1976.

＿＿＿＿＿＿＿＿，『짐멜의 모더니티 읽기』, 김덕영·윤미애 옮김, 새물결, 2005.

＿＿＿＿＿＿＿＿，『예술가들이 주조한 근대와 현대』, 김덕영 옮김, 도서출판 길, 2007.

콜브룩, 클레어, 『이미지와 생명─들뢰즈의 예술 철학』, 정유경 옮김, 그린비, 2008.

투쌩, 베르나르, 『기호학이란 무엇인가』, 윤학로 옮김, 청하, 1987.

퍼스, 찰스 샌더스, 『퍼스의 기호사상』, 김성도 편역, 민음사, 2006.

피넬, 뱅상 외, 『프랑스 영화』, 김호영 옮김, 창해, 2000.

후설, 에드문트, 『순수현상학과 현상학적 철학의 이념들 1』, 이종훈 옮김, 한길사, 2009.

단행본(국외)

Alquié, Ferdinand, *Philosophie du surréalisme*, Paris: Flammarion, 1955.

Aumont, Jacques, *L'oeil interminable*, Paris: Séguier, 1989.

_____, *Image*, Paris: Nathan, 1990.

_____, *Moderne? Comment le cinéma est devenu le plus singulier des arts*, Paris: Cahiers du cinéma, 2007.

_____, Les théories des cinéastes, Paris: Nathan, 2002.

Balázs, Béla, *Der Film: Werden und Wesen einer neuen kunst*, Wien: Globus Verlag, 1972.

_____, *L'homme visible et l'esprit du cinéma*, traduit par Claude Maillard, Paris: Circé, 2010.

Barthes, Roland, *Mythologies*, Paris: Seuil, 1957.

_____, *Roland Barthes par Roland Barthes*, Paris: Seuil, 1975.

_____, *La chambre claire. Note sur la photographie*, Paris: Cahiers du cinéma, 1980.

_____, *Œuvres complètes, tome I* (1942-1965), Paris: Seuil, 1993.

_____, *Œuvres complètes, tome II* (1966-1973), Paris: Seuil, 1994.

Bazin, André, *Qu'est-ce que le cinéma*, Paris: Les Editions du Cerf, 1985.

Bellour, Raymond, *Le corps du cinéma*, Paris: P.O.L., 2009.

Benveniste, Emile, *Problèmes de linguistique générale*, vol. I, Paris: Gallimard, 1966.

Bergson, Henri, *La pensée et le mouvant* (1938), Paris: P.U.F., 1993.

Bonitzer, Pascal, *Décadrages: Peinture et cinéma*, Paris: Les Editions Cahiers du cinéma, 1985.

Borie, Monique, *Antonin Artaud, le théâtre et le retour aux sources*, Paris: Gallimard, 1989.

Canudo, Ricciotto, *L'Usine aux images*, établie par Jean-Paul Morel, Paris: Séguier et Arte éditions, 1995.

Casetti, Francesco, *Les Théories du cinéma depuis 1945*, Paris: Nathan, 1999.

Chateau, Dominique, *Cinéma et philosophie*, Paris: Nathan, 2003.

Dayan, Daniel, "The Tutor Code of Classical Cinema," in *Film Quartely*, vol. 28, n ° 1, 1974.

Deleuze, Gilles, *Différence et Répétition*, Paris: P.U.F, 1968.

_____, *Logique du sens*, Paris: Les Editions de Minuit, 1969.

_____, *Mille plateaux*, Paris: Les Editions de Minuit, 1980.

_____, *Cinéma 1. L'image-mouvement*, Paris: Les Editions de Minuit, 1983.

_____, *Cinéma 2. L'image-temps*, Paris: Les Editions de Minuit, 1985.

_____, *Foucault*, Paris: Les Editions de Minuit, 1986.

_____, *Pourparlers*, Paris: Les Editions de Minuit, 1990.

Delluc, Louis, *CINEMA ET Cie.*(1919), repris in *Ecrits cinématographique II-vol 1*, Paris: Cinémathèque Française et Editions de l'Etoile, 1990.

_____, *Ecrits cinématographique I*, Paris: Cinémathèque Française et Editions de l'Etoile, 1990.

Derrida, Jacques, *L'écriture et la différence*, Paris: Seuil, 1967.

Eco, Umberto, *La structure absente. Introduction à la recherche sémiotique*, traduit par Uccio Esposito-Torrigiani, Paris: Mercure de France, 1972.

Epstein, Jean, *L'intelligence d'une machine*, Paris: Editions Jacques Melot, 1946.

_____, Écrits sur le cinéma, Paris: Editions Seghers, 1974.

Esquenazi, Jean Pierre, *Film, Perception et Mémoire*, Paris: L'Harmattan, 1994.

Faulstich, Werner, *Medientheorien*, Göttingen, 1991.

Foucault, Michel, *Raymond Roussel*, Paris: Gallimard, 1963.

Harrison, Jane Ellen, *Ancien Art and Ritual*, London: Oxford University Press, 1948.

Jousse, Marcel, *L'anthropologie du geste*, Paris: Resma, 1969.

Kracauer, Siegfired, *Theory of Film: The Redemption of Physical Reality*, New York: Oxford University Press, 1960.

Kristeva, Julia, *Séméiotikê: recherches pour une sémanalyse*, Paris: Seuil, 1969.

Kyrou, Ado, *Le Surréalisme au cinéma*, Paris: Le Terrain vague, 1963.

Maingueneau, Dominique, *Initiation aux méthodes de l'analyse du discours*, Paris: Hachette , 1979.

Marie, Michel, *Le cinéma muet*, Paris: Cahiers du cinéma, 2005.

Martin, René, *Dictionnaire culturel de la mythologie greco-romaine*, Paris: Nathan, 1998.

Mauss, Marcel, *Sociologie et anthropologie*, Paris: P.U.F., 1950.

Metz, Christian, *Essais sur la signification au cinéma I* (1968), Paris: Klincksieck, 2003.

_____, *Language et Cinéma* (1971), Paris: Albatros, 1977.

_____, *Essais sur la signification au cinéma II* (1972), Paris: Klincksieck, 2003.

_____, *Le signifiant imaginaire*, Paris: Union Générale d'Editions, 1977.

Mitry, Jean, *Esthétique et psychologie du cinéma*, Paris: Editions du Cerf, 2001.

Montebello, Pierre, *Deleuze, Philosophie et Cinéma*, Paris: Vrin, 2008.

Montvalon, Christine de, *Les mots du cinéma*, Paris: Belin, 1987.

Morin, Edgar, *Le cinéma ou l'homme imaginaire*, Paris: Les Editions de Minuit, 1956.

_____, *Pour sortir du XXe siècle*, Paris: Nathan, 1981.

Oudart, Jean-Pierre, "La suture," in *Cahiers du cinéma*, n° 211, avril 1969 et n° 212, mai 1969.

Pasolini, Pier Paolo, *L'expérience hérétique*, traduit par Marianne di Veltimo, Ramsay, 1989.

Petric, Vlada, *Constructivism in Film: The Man with the Movie Camera-A Cinematic Analysis*, Cambridge: Cambridge University press, 1987.

Sartre, Jean-Paul, *L'Imaginaire*, Paris: Gallimard [folio], 1940.

Saussure, Ferdinand de, *Cours de linguistique générale*, Paris: Payot, 1916.

Souriau, Étienne, *Vocabulaire d'esthétique*, Paris: P.U.F., 1990/2004.

Stindt, Georg-Otto, *Das Lichtspiel als Kunstform*, Bremer-haven: Atlantis Vlg., 1924.

Worms, Frédéric, *Introduction à 《Matière et mémoire》*, Paris: U.F., 1977.

글(국내)

김수환, 「러시아 형식주의 영화이론 다시 읽기: 영화기호학의 기원과 한계에 관하여」, 『슬라브학보』, 21권 4호, 2006.

김인식, 「바르트의 후기 기호학: 롤랑 바르트의 기호학적 모험 3」, 『기호학 연구』, 3권, 1997.

김지훈, 「1920년대 전후 유럽 영화와 시각문화의 미디어 고고학Media archeology: '기계적 시각mechanical vision'의 중요성 및 이후 미디어와의 관계를 중심으로」, 중앙대학교 첨단영상대학원 석사학위논문, 2004.

김호영, 「1920년대 프랑스의 영화예술 운동: 아방가르드, 초현실주의, 인상주의 영화」, 『유럽 영화 예술』, 한울아카데미, 2003.

_____, 「영화이미지와 포토제니」, 『영화연구』, 36호, 2008.

_____, 「영화이미지와 얼굴의 미학: 유럽의 무성영화이론을 중심으로」, 『외국문학연구』, 35호, 2009.

_____, 「현실 혹은 무한 시퀀스숏트로서 영화: 파솔리니의 영화론」, 『기호학 연구』, 37권, 2013.

박성수,「운동-이미지: 베르그송과 들뢰즈」,『필름 컬처』, 제6호, 한나래, 2000.

심혜련,「대중매체에 관한 발터 벤야민의 미학적 고찰이 지니는 현대적 의의」, 『미학』, 제30집, 한국미학회, 2001.

_____,「새로운 놀이 공간으로서의 대도시와 새로운 예술 체험: 발터 벤야민 이론을 중심으로」,『시대와 철학』, 14권 1호, 2003.

안상원,「영화이미지의 투명성을 둘러싼 논쟁: 장 미트리를 중심으로」,『미학』, 64집, 2010.

윤미애,「대도시와 거리산보자: 짐멜과 벤야민의 도시 문화 읽기」,『독일문학』, 85집, 2003.

이기중,「〈어느 여름의 기록Chronique d'un été〉(1961)를 통해서 본 '시네마 베리테(cinéma-vérité)'의 의미」,『현대영화연구』, 12호, 2011.

이상면,「발라즈와 크라카우어의 20년대 영화문화 비평」,『독일언어문학』, 19집, 2003.

이승수,「파솔리니의 문학과 영화이론」,『이탈리아어문학』, 11집, 2002.

이정하,「지가 베르토프의 '키노-아이kino-eye'에 대한 인식론적 고찰」,『영상예술연구』, 15호, 2009.

이지영,「이미지의 물질성과 내재성에 대한 연구: 지가 베르토프의 영화이론을 중심으로」,『시대와 철학』, 16권 1호, 통권 30호, 2005.

_____,「시네마에서 운동-이미지 개념에 대한 연구」, 서울대학교 대학원 철학과 박사학위논문, 2007.

이희원,「보편서사구조와 행위의 특수화: 영화 〈시베리아의 이발사〉의 인물구조를 통한 행위소 모델의 영상화 분석」,『기호학 연구』, 15권, 2004.

전성기,「언어기호 개념의 재고」,『기호학 연구』, 6권, 1999.

정과리,「정신분석에서의 은유와 환유」,『기호학 연구』, 5권, 1999.

최성만,「발터 벤야민의 인간학적 유물론」,『뷔히너와 현대 문학』, 제30호, 2008.

홍성남,「이미지와 기호: 들뢰즈와 영화기호학에 대하여」,『필름 컬처』, 제6호, 한

나래, 2000.

글(국외)

Artaud, Antonin, "Réponse à une enquête"(1923), *Œuvres complètes III*, Paris:
Gallimard, 1978.

_____, "Cinéma et réalité"(1923), *Œuvres complètes III*.

_____, "Sorcellerie et Cinéma"(1927), *Œuvres complètes III*.

_____, "La vieillesse précoce du cinéma"(1933), *Œuvres complètes
III*.

Barthes, Roland, "Le message photographique"(*Communications*, n° 1, Seuil,
1961), in *Œuvres complètes. Tome I*, Paris: Seuil, 1993.

_____, "Sur le cinéma"(entretien avec M. Delahaye et J. Rivette,
Cahiers du cinéma, n° 147 septembre 1963), in *Œuvres complètes. Tome I*.

_____, "Rhétorique de l'image"(*Communications*, n° 4, Paris: Seuil,
1964), in *Œuvres complètes. Tome I*.

_____, "La mort de l'auteur"(1968), in *Œuvres complètes. Tome II*,
Paris: Seuil, 1994.

_____, "Le troisième sens"(*Cahiers du cinéma*, n° 222, juillet 1970),
in *Œuvres complètes. Tome II*.

_____, "Droit dans les yeux," *L'obvie et l'obtus. Essais critiques III*,
Paris: Seuil, 1982.

Baudrot, Sylvette, *Alain Resnais. L'Arc*, n° 31, 1967.

Bessalel, Jean, "Lexique; Onze concepts clés," *Cinémaction. 25 ans de
semiologie*, réuni par André Gardies, Paris: Corlet-télérama, n° 58, 1991.

Borreli, Guy, "La genèse et les générations," in *Cinémaction. 25 ans de
sémiologie*, réuni par André Gardies, Corlet-télérama, n° 58, 1991.

Boudjémaï, Youcef, "Retour à Pasolini(deuxième partie)," *Les nouvelles d'Archimède*, n° 57, 2011.

Canudo, Ricciotto, "La triomphe du Cinématographe"(1908), in *L'Usine aux images*, établie par Jean-Paul Morel, Paris: Séguier et Arte éditions, 1995.

_____, "La leçon du cinéma"(1919), in *L'Usine aux images*.

_____, "La Naissance d'un sixième art. Essai sur le Cinématographe," in *L'Usine aux images*.

_____, "L'esthétique du septième art (II). Le drame visuel"(1921), in *L'Usine aux images*.

_____, "Musique et cinéma. Langages universels"(1921), in *L'Usine aux images*.

_____, "Du langage cinématographique"(1922), in *L'Usine aux images*.

Dantec, Mireille Latil-Le, "Notes sur la fiction et l'imaginaire chez Resnais et Robbe-Griellet," *Alain Resnais et Alain Robbe-Griellet. évolution d'une écriture, Etudes cinématograhpiques*, n° 100~103, 1974.

Dullac, Germaine, "The Expressive Techniques of the Cinema"(1924), trans. by S. Liebman, in *French Film Theory and Criticism. 1907~1939*, selected by Richard Abel, vol. I, New Jersey: Princeton University Press, 1988.

Delluc, Louis, "Photogénie," *Ecrits cinématographique I*, Paris: Cinémathèque Française et Editions de l'Etoile, 1990.

_____, "D'oreste à Rio Jim," *Cinéa*, n° 31 decembre, 1921.

Doane, Mary Ann, "The Close-up: Scale and Detail in the Cinema," in *difference: A journal of Feminist Cultural Studies*, volume 14, No. 3, Fall 2003.

Esquenazi,, Jean Pierre, "Du cadre au cadrage," in *Penser, cadrer: le projet du cadre*, Paris: L'Harmattan, 1999.

Epstein, Jean, "Grossissement"(1921), *Écrits sur le cinéma*, Paris: Editions Seghers, 1974.

_____, "Réalisation de détail"(1922), *Écrits sur le cinéma*.

_____, La Lyrosophie(1922), *Écrits sur le cinéma*.

_____, "L'essentiel du cinéma"(1923), *Écrits sur le cinéma*.

_____, "De quelques conditions de la photogénie"(1923), *Écrits sur le cinéma*.

_____, "L'élément photogénique"(1924), *Écrits sur le cinéma*.

_____, "L'objectif lui-même"(1926), *Écrits sur le cinéma*.

_____, "L'âme au ralenti"(1928), *Écrits sur le cinéma*.

_____, "Le cinématographe continue..."(1930), *Écrits sur le cinéma*.

Giusti, Luciano de, "Le Cinéma de la réalité," *Pasolini Cineaste*, Paris: Editions de l'Etoile, Hors serie des Cahiers du Cinéma, 1981.

Grande, Maurizio, "Les images non-dérivées," *Le cinéma selon Deleuze*, édité par Olivier Fahle & Lorenz Engell, Paris: Presse de La Sorbonne Nouvelle, 1997.

Koch, Gertrud, "Béla Balázs: The Physiognomy of Things"(trans. by M. Hasen), in *New German Critique*, No. 40, Winter, 1987.

Kracauer, Siegfried, "Cult of Distracion"(1926), in *The Mass Ornament: Weimar Essays*, translated & edited by Thomas Y. Levin, Cambridge/London: Havard University Press, 1995.

Lapoujade, Robert, "Du montage au montrage," in *Fellini, L'Arc*, n° 45, 1971(Gilles Deleuze, *Cinéma 2. L'image-temps*, Paris: Les Editions de Minuit, 1985.

Magny, Joël, "Premiers écrits: Canudo, Delluc, Epstein, Dulac," *CinémAction*.

histoire des théories du cinéma, n° 60, 1991.

Marie, Michel, *Le cinéma muet*, Paris: Cahiers du cinéma, 2005.

Metz, Christian, "Le cinéma: langue ou langage ?," *Communications*, n° 4, Seuil, 1964.

_____, "La grande syntagmatique du film narratif," *Communications*, n° 8, 1966.

_____, "Tableau des ≪segments autonomes≫ du film Adieu Philippine, de Jacques Rozier" et "Études syntagmatique du film Adieu Philippine, de Jacques Rozier," *Image et Son*, n° 201, 1967.

Naze, Alain, "Pasolini, une archéologie corporelle de la réalité," *Multitudes*, n° 18, 2004.

_____, "Le cinema, de Walter Benjamin à Pier Paolo Pasolini," *Revue Appareil*, novembre 2009, URL: http://revues.mshparisnord.org/appareil/index.php?id=875.

Pasolini, Pier Paolo, "Le Cinéma de poésie"(1965), *L'expérience hérétique*, traduit par Marianne di Veltimo, Ramsay, 1989.

_____, "La langue écrite de la réalité"(1966), *L'expérience hérétique*.

_____, "Sur le cinéma"(1966~1967), *L'expérience hérétique*.

_____, "Observations sur le plan-séquence"(1967), *L'expérience hérétique*.

Patar, Benoit, "1963-1989: Jean Mitry: un géant," *CinémAction. histoire des théories du cinéma*, n° 60, 1991.

Peirce, Charles Sanders, "Objective Logic," *Collected Papers*, vol. 6, ed. Charles Hartshorne & Paul Weiss, Cambridge, MA: Harvard University Press, 1985.

Rocher, Daniel, "Le symbolisme du noir et blanc dans L'année dernière à

Marienbad," *Alain Resnais et Alain Robbe-Griellet. évolution d'une écriture, Etudes cinématograbpiques*, n° 100~103, 1994.

Schérer, René, "Pasolini, sensualité et mystique," *Revue Silène*, URL: http://www.revue-silene.comf/index.php?sp=liv&livre_id=40, 2006. 8.

사전

이정민·배영남, 『언어학 사전』, 한신문화사, 1982.

Aumont, Jacques & Marie, Michel, *Dictionnaire théorique et critique du cinéma*, Paris: Armand Colin, 2008.

Angenot, Marc, *Glossaire, Pratique de la critique contemporaine*, Paris: Hurtubise, 1979.

Baecque, Antoine & Chevallier, Philippe, *Dictionnaire de la pensée du cinéma*, Paris: P.U.F, 2012,

Bellinger, Gerhard J., *Encyclopédie des religions*, Le Livre de Poche, Paris: La Pochothèque, 1986.

Pavis, Patrice, *Dictionnaire du théâtre*, Paris: Messidor Editions sociales, 1987.

: : 찾아보기

인명

가로니Garroni, Emilio 310~311

가르보Garbo, Greta 200, 372

강스Gance, Abel 75, 170, 180, 498, 505, 508

고다르Godard, Jean~Luc 292, 336, 501

괴테 182

그레마스Greimas, Algirdas Julius 310

그루네Grune, Karl 186

그리피스Griffith, David Wark 203

네그리Negri, Pola 191

닐슨Nielson, Asta 191

다네Daney, Serge 16

단테 333

다르Dard, Michel 236

데리다Derrida, Jacques 356~357

데시카De Sica, Vittorio 456~457

델뤽Delluc, Louis 13, 147~150, 152, 154, 156, 158, 166, 168, 170~171, 175, 178, 249

도앤Doane, Mary Ann 69, 156~157, 173, 197, 199~200, 202

뒤라스Duras, Marguerite 487

뒬락Dullac, Germaine 111, 170, 175~ 176, 180, 397, 505

드니로De Niro, Robert 292, 472

드레이어Dreyer, Carl 192, 498

들뢰즈Deleuze, Gilles 11, 15, 17, 27~ 30, 32~34, 36, 39~41, 47~50, 105, 113~114, 118~119, 127~129, 133~135, 137~140, 156, 159~160, 168, 178, 184, 188, 214, 220, 224, 251, 253, 312, 315, 317~319, 334, 337~338, 344, 356~357, 359, 374, 384, 387~502, 504, 507~511, 512

라바터Lavater, Johann Kaspar 181~182

라이프니츠Leibniz, Gottfried Wilhelm von 477, 490~491, 494

라캉Lacan, Jacques 288, 373, 375, 433

라코트Lacotte, Suzanne Hême de 40, 137~138, 427

레네Resnais, Alain 451, 481~484, 486,

488

레제Leger, Fernand 81, 113

로브그리예Robbe-Grillet, Alain 337, 451, 468, 481

로도윅Rodowick, David Norman 28, 432, 440, 442, 445~446, 459~460, 464~465, 468, 475, 482, 484~485, 487~488, 493~494

로셀리니Rossellini, Roberto 314, 457

로지에Rozier, Jacques 293

루슈Rouch, Jean 221

루트만Ruttmann, Walter 81

머피Murphy, Dudley 81

메츠Metz, Christian 11, 14, 253, 274, 283~312, 314~319, 343, 431~435, 506

멜리에스Méliès, Georges 242

모스Mauss, Marcel 214

모랭Morin, Edgar 11~12, 14, 18, 49, 177, 221~251, 278, 285, 288, 403, 505, 507

모호이너지Moholy-Nagy, László 81

무르나우Murnau, Friedrich Wilhelm 186

미트리Mitry, Jean 14, 49, 250, 252~ 280, 285, 311, 314, 505~507

바르트Barthes, Roland 14~15, 48~49, 178, 200, 296, 311~312, 320, 327, 346~384, 447, 505~506, 510~511

바를레Varlet, Théo 236

바쟁Bazin, André 16, 267~268, 272, 376~377, 412, 434, 456~457, 507

박성수 32~33, 36, 39, 114, 118~119, 184, 214, 409, 427, 430, 443

발라즈Balázs, Béla 13, 48, 52, 100, 106~107, 111, 176, 179~220, 222, 241, 249, 316~317, 343, 397, 504~505, 508, 511~512

발랑탱Valentin, Albert 243

발자크Balzac, Honoré de 174

벅모스Buck-Morss, Susan 73, 86~90, 99, 104

베르그손Bergson, Henri 13, 15, 17, 21~50, 52, 59, 84, 90, 107, 114, 139~140, 165~166, 178, 224, 228, 237, 251, 253~256, 277~278, 344, 361, 387~397, 400~401, 403~406, 414, 416, 418~420, 422, 424, 434, 437, 451, 462~467, 469~470, 476, 478~479, 503~505, 508~509, 511

베르토프Vertov, Dziga 12~13, 17, 47~48, 50, 82, 96~97, 105~107, 109~142, 176, 215~216, 219, 313, 315, 344, 384, 397, 418~419, 498, 504, 507~508, 510~511

베르톨루치Bertolucci, Bernardo 336

벤야민Benjamin, Walter 11~13, 26, 47,
　51~108, 111~112, 122, 175~176,
　205~206, 215, 219, 251, 332, 340,
　346, 361, 380, 504, 508, 510~511

벨루Bellour, Raymond 16, 238

보그Bogue, Ronald 392~393, 440, 442,
　445, 460, 465, 470, 475, 477, 483,
　490, 494

보니체Bonitzer, Pascal 159, 361~362,
　413~415, 453

보르헤스Borges, Jorge Luis 163~164,
　491

부뉴엘Buñuel, Luis 245, 375

브레송Bresson, Robert 28

브레히트Brecht, Bertolt 58, 89~90, 97,
　378

브르통Breton, André 243, 248

비네Wiene, Robert 186

비스콘티Visconti, Luchino 457

사르트르Sartre, Jean-Paul 49, 221,
　223~229, 238, 249, 254, 256,
　258~260, 277~278, 365~368, 390,
　505

샤토Chateau, Dominique 271, 273~276

소쉬르Saussure, Ferdinand de 14, 283,
　285~286, 289~290, 294, 311, 325,

439

수리오Souriau, Étienne 170, 232, 234,
　237, 244

시벨부슈Schivelbusch, Wolfgang 62, 80

아도르노Adorno, Theodor Wiesengrund
　90, 103

아르토Artaud, Antonin 170~172, 338~
　339, 498~499, 502

아리스토텔레스 261

아젤Agel, Henri 243

아폴로니오스Appollonios ho Tyaneus
　171

아폴리네르Apollinaire, Guillaume 243

안토니오니Antonioni, Michelangelo
　314, 336~337,　　457

알베르타치Albertazzi, Giorgio 487

알키에Alquié, Ferdinand 246~248

앙리Henry, Maurice 236

앤드루Andrew, Dudley 268, 270~271,
　286

야콥슨Jakobson, Roman 327, 372

에스크나지Esquenazi, Jean Pierre 413

에코Eco, Umberto 283, 311, 318, 322,
　343, 435

엡슈타인Epstein, Jean 12~13, 17, 48,
　107, 111, 141, 145~178, 180,
　184~185, 202, 215, 219, 241, 243,

249, 313, 397, 411, 415, 505, 508~511

엥겔스Engels, Friedrich 65

예이젠시테인Eizenshtein, Sergei Mikhailovich 16, 120, 126~127, 199, 297, 347, 353, 362~363, 402, 498, 510, 512

예이헨바움Eikhenbaum, Boris Mikhailovich 176~177, 383

옐름슬레우Hjelmslev, Louis 295~296

오몽Aumont, Jacques 16, 79~80, 101, 112, 116, 122, 130~132, 134, 140~141, 147, 155~156, 158, 163~164, 168, 178, 181, 185, 189, 190, 195~196, 199, 201, 210, 220, 285~286, 288, 316, 322~323, 326, 331, 362, 453

웰스Welles, George Orson 473

주네트Genette, Gérard 310

짐멜Simmel, Georg 52~55, 59 64, 66, 70, 84, 112, 190, 193~195

카누도Canudo, Ricciotto 13, 148~149, 152~154, 156, 166, 168, 171, 178, 180, 215~216, 219, 222, 249, 505

카제티Casetti, Francesco 230~231, 266, 273, 320, 322, 355, 358

코흐Koch, Gertrud 182~184, 205~206

콜브룩Colebrook, Claire 433

크라카우어Kracauer, Siegfried 26, 47, 52, 55~59, 70, 72~73, 83~85, 88, 100~101, 111, 205~206, 217, 219, 397, 504

크리스테바Kristeva, Julia 310, 353~354

테데스코Tédesco, Jean 236

트이냐노프Tynianov, Yury 177

파솔리니Pasolini, Pier Paolo 14, 17, 219, 311, 313~345, 384, 426, 435~437, 447, 504, 506~507, 512

팔코네티Falconetti, Maria 191~192, 203

퍼스Peirce, Charles Sanders 418, 439~443, 446, 448~449

펠리니Fellini, Federico 105, 314

포Poe, Edgar Allan 65

퐁단Fondane, Benjamin 216

푸코Foucault, Michel 332, 357~358, 495

프레달Prédal, René 483

프로이트Freud, Sigmund 237, 288

하트필드Heartfield, John 95

해리슨Harrison, Jane Ellen 239

후설Husserl, Edmund 34, 224, 254, 260~261, 277, 390

히치콕Hitchcock, Alfred 200, 449

용어

가능적 행동action possible 35, 37, 39~41, 428,

가능적인 것 37, 40~41, 45, 427

가리개cache 267~268, 376~377, 507

가변적 주형 159, 413

가시적 언어 179, 208~212, 214 (vs 가독적 언어 208~209)

가시적 얼굴 (vs 비가시적 얼굴) 188, 190~192

가시적 이미지 187, 223

각성 58, 73, 74, 86~89, 91~93, 95, 97~98, 100, 103, 106, 380

간격 12, 15, 24, 48, 78, 110, 129, 139, 141, 176, 351, 400, 397, 417~422, 428~430, 437~438, 442~444, 446, 448~449, 453, 455, 459, 463~464, 481, 488, 511

감각-운동 고리 453~455

감각-운동 도식 359, 450, 452~454, 460, 467, 490, 492, 494, 497, 499~500, 502

개인의 얼굴 (vs 유형의 얼굴) 188, 192

객관적 이미지 14, 229, 231, 238

객관적 이미지 체계 36, 139~140, 344, 392, 422~425, 427, 430, 438

객관적 환영 471

거대 서사구조 307

거대 통합체 287, 291~295, 319, 432

거리산보자 63~65, 72

거리두기 56, 58, 71~73, 84~85, 357, 378~380

거울 이미지 471~474

거짓 운동 27, 30, 403, 508

거짓의 서사 359, 476, 490, 492~494

거짓의 역량 359, 492, 494~495

검은 스크린 422

결정체-이미지image-cristal 16, 451, 462, 468~469, 473~475, 495

결정체적 묘사 468, 494

결정체적 서사 493

결정체적 첨점 475

결정체적 체제 492~493

계열성séquentialité 276, 362, 371, 374, 452~453

고대적 환상 400, 402

고체적 지각 446

공통분할적 특성 409~410

과거 일반 451, 478~480, 496

과거(의) 시트들 16, 451, 475, 478~
483, 488, 490~491, 493~494, 496

관계-이미지image-relation 441~444,
448~449, 453

교체 통합체 291, 293~294

구성기호 444~445, 448

구성적 총체tout organique 270

구조주의적 기호학 283, 294, 311,
343, 347

근대적 환상 400~402

기계-눈 110~113, 115, 121, 297, 504

기계론적 환영 25, 27, 29

기계복제 예술 74~75, 77~78

기계적 리듬 73, 80~83

기계적 지각 13, 52, 55, 63, 73~74,78,
83~85, 106~107, 109, 111, 176,
397, 425

기억 사실 262

기억souvenir 43, 259

기억작용mémoire 45~46, 162, 259~
260, 262, 300

기의 294~297, 318, 328, 343, 354,
356, 373~375, 381, 383

기의 없는 기표signifiant sans signifié
356, 383

기체적 지각 445

기표 294, 296~297, 310, 327~328,
343, 347, 354, 356, 359, 361, 373~

376, 380~391, 383, 433

기호적 물질 11, 419, 431, 439, 445~
446, 448, 450

깨어남(깨어나기) 55, 57~58, 72~74,
84~88

꿈꾸기 73~74, 84, 86~88

나의 신체 35~37, 39, 41~42, 49,
390~392, 396~397, 408, 420

낙인 350, 368~370

내력effort 430

내실적內實的 요소 260

내재성의 평면 49~50, 140, 315, 344,
390, 388, 394~399, 408, 420

내적 회로 473

내포적 메시지 347~349, 352~353

네오리얼리즘 105, 448, 457~458

노에마 260

노에시스 260

누보로망 337, 340

다성적多聲的 언어 188, 195, 201

다표면의 거울 이미지 473~474

단위소 317~318

단일기호들synsignes 459

대상체object 439~441

대상화된 지각 257

대항 서사 359

데쿠파주 162, 358, 407

도상성 287, 295, 296, 303

도상적 유사성 301, 304

도취 64, 71~73, 87, 378

독일 낭만주의 182, 219

둔감증 52, 54~55, 59

등거리 순간 401

디제시스 세계 486~489

랑가주 283, 287, 288~289, 293, 301, 305, 308, 431~432, 435, 437

랑그 없는 랑가주 285, 287, 289, 300~301, 316

랑그 14, 283, 286, 288~291, 293, 300~301, 305~306, 308, 310, 316, 320, 325~326, 431~432, 435~437

로드 무비 454

리로조피lyrosophie 154~155

리얼리즘 14, 148, 253, 267~268, 270~272, 321, 448

리좀적 계열 489

마법성 14, 178, 235

마법으로의 이행 239~240

마법적 의식 238

만화경 26, 47, 54

매개적 이미지 30

메타시네마 399, 425~427, 505

몸기호 331~332

몽타주 13, 28, 91, 93~98, 102~105, 105, 107, 110, 117, 120~130, 133, 135~136, 139, 162, 196, 201, 242, 272, 292, 299, 325~328, 361, 363, 371, 372~376, 380~381, 408, 411, 415, 426, 459, 507, 510~511

몽타주적 지각 13, 52, 73~74, 92, 97~100, 102~104, 106

몽트라주montrage 105

몽환성 14, 278

묘사 통합체 291~294

무딘 의미sens obtus 15, 354~360, 364~365, 379, 383, 506, 511

무한 시퀀스숏 315~316, 325, 507

물리적 실재 14, 256, 262, 277, 279, 322

물리적 이미지 234, 366

물질적 우주 13, 34, 50, 110, 115, 125~126, 134~136, 139~141, 315, 344, 384, 392, 395, 399, 411, 415, 417, 425~427, 438, 504

물질적 운동 15, 390~392, 414

물질적 지각 109, 135, 139, 504

물질-흐름 35

미분적未分的 사고 171~172, 182

미세표정표현법micro-mimiques 179, 192~193, 207

바깥dehors 33, 49, 52, 107, 110, 137~
　138, 210, 225, 355, 357~358, 376~
　381, 384

반-서술체 358

반성-이미지 446

발생기호 444, 448

발신하는 물질 419, 431, 436, 438~
　439, 447, 450, 504

발화기호dicisigne 444

배아-환경 회로 474~475

배우-관객 469

범속한 각성 89, 91~92

범용한 순간 400~403

변조 411~413, 431, 434~435, 438,
　447~448, 512

변증법적 지각 13, 52, 72~74, 84~86,
　88~89, 100, 104, 106

변형체 238, 241

보기의 변증법 92, 104, 122

보이지 않는 화면champ aveugle 376~
　377

보편언어 179, 214~217, 219, 316

복수적 현재 477

부유하는 프레이밍cadrage nomade
　413~415

배치dispatching 376

분산적 지각 13, 51, 55~59, 67,
　70~74, 83, 85, 88, 106, 380

분신double 231~236, 244, 248, 478

분열 239

분화 317, 436~437

불연속적 편집 461, 482

비가시적 이미지 221, 328

비결정성 15, 39, 146, 175, 177~178,
　463, 495~497, 511~512

비결정의 영역 39, 48, 50, 110, 418,
　511

비결정의 중심 39, 422~423, 426,
　429~430, 438, 443, 463

비교주의 171, 332

비-약호화된 도상적 메시지 349~353

비언어적 사유 493, 502

비연대기적 통합체 292

비유기적 이미지 468

사건적 현실 263~264, 266

사물성 177, 265, 279

사물-실재 255

사물-이미지 255

사유기계로서의 영화cinéma comme
　machine à penser 145

사유되지 않는 것impensé 137, 497,
　500~502

사유의 무능력 496~502, 510

사진-대상 366

사진이미지 48, 178, 223, 225~227,

234, 236, 347~352, 364~369, 371, 376, 384, 412, 434, 505, 510

산문영화 314, 338~342

살아 있는 오브제 240, 242

살아 있는 이미지 50, 397, 417~418, 420~424, 426~427, 429~430

상相, physiognomie 48, 176~187

상상행위 238, 249~258, 361, 363, 368, 381

상상계 49, 222~225, 237~238, 244, 247~248, 250, 259, 378~380

상상하는 의식 49, 225~227, 238, 256, 259, 267, 278, 364, 366~369, 384, 505

상징적 층위 347, 353~354, 364

생성중인 사유 277

생소화효과 58

서사성 291, 431

서술적 통합체 292, 306, 358

서정적-주관성 331

선형적 서술 통합체 293

세미오시스semiosis 440

소여 30, 257~258, 276

소외 232

순수 시지각-음향기호 451, 459, 461~462

순수 시지각적-음향적 상황 15, 450~451, 455, 457~458, 460~461

순수 시지각적-음향적 이미지 450, 459~462, 465

순수 영화 457, 499

순수 외연 200, 347~348, 350, 352, 368~372, 383

순수 지각 40, 43, 45, 228, 262, 277, 395, 423, 441~443, 462~463

스투디움studium 364~365, 376

시각적 무의식성 52, 99~102, 204~206, 504

시각적 사유 498~499

시각적 언술행위 287

시각적 충격 55, 59, 65~66, 68~69

시간기호chronosignes 480

시간-이미지 12, 15~16, 50, 138, 359, 449~451, 462, 464, 468, 481, 485, 489~490, 492~497, 500, 502, 509

시간적 단면 396, 398~399

시간적 원근법 159~160, 411

시-공간적 블록 396

시네마 베리테 221

시네마토그래프 28, 131~132, 209, 326, 445

시니피앙스signifiance 347, 353~354, 360, 370, 375~376, 379, 382~383, 506

시적 영화cinéma de poésie 314, 338~342

시적 영화cinéma poétique 338, 499

시지각기호opsigne 450, 459~460, 462, 467~468

식별불가능성의 지점 16, 451, 459, 470~471, 512

신경과민증 53~55, 59, 66~67, 70

신비주의적 유물론 90

신체언어 179, 208~219, 512

신체-이미지 391~392

실재이미지 174, 260~262, 266, 277~279

실재적 행동 37, 39~40

실재적인 것 37, 40~41, 45, 427

아날로곤analogon 225~226, 249, 270, 277, 366, 368

아방가르드 몽타주 95, 98

아우라 75~78, 88, 175

아케이드 59~63, 85~86

알레고리 94~95

애니미즘 146, 168~170, 172, 174, 182, 187, 219, 221, 241, 505

액체적 지각 444

약호 없는 메시지 349~350

약호 지닌 메시지 349~350, 364, 369

약호화 15, 190, 214, 190, 294, 303~305, 309, 319~318, 320, 343, 349~353, 369, 371, 382, 506

약호화 층위들 305~307

약호화된 도상적 메시지 349~351

언술énoncé 318, 322, 431~434, 436, 438, 447, 506

언술 가능한 것énonçable 431, 438

언어기호 14, 253, 272~273, 283, 293~294, 301, 304, 311, 314, 317, 329~331, 338, 343, 447, 506

언어학적 기호학 14, 283~286, 289, 294, 299, 311~312, 343

에피소드 시퀀스 291~294

엔그램engramme 444~445

역원뿔 모델 478~479

연금술적 변환métamorphoses 239~240

연대기적 통합체 292, 294

연속성continuité 84, 98, 132, 191, 292, 326, 361~362, 371, 374, 381, 401, 405, 410, 452~453, 463~464, 482~484, 488~489

영도성zéroïté 442~443

영상소cinème 317~318, 320, 435~436, 504

영화-사실 118~119

영화언어학 294

영화예술 148, 150, 154, 158, 207

영화적 계열체 291

영화적 약호들 306, 308~310, 431

영화적 지각 36, 46~47, 50, 52, 59, 74,

106, 109, 140, 183, 271, 388, 392, 397, 398, 425~426

영화적 지각구조 22, 25~29, 36, 47

영화적 지각의 장 140, 398

영화적 통합체 291, 317

영화적 하위약호들 306, 308~310, 432

영화적인 것le filmique 15, 184~185, 358~364, 506

외상적 이미지 350

외연-내포적 의미작용 298

외연적 메시지 347, 349~351, 353, 371

우주의 만곡 428

운동성mobilité 10, 24, 27, 113, 115, 145~146, 151, 157~159, 167, 175, 177, 194~195, 229, 276, 388~389, 395, 396~397, 401, 409, 413~416, 434, 434, 447, 463, 483, 499, 506, 510

운동-이미지image-mouvement 11, 15, 30, 133, 140, 344, 387, 393, 395~396, 398~400, 403, 407, 411, 414~419, 422, 424, 426~430, 433~434, 436~453, 459, 460~461, 464, 468, 492, 497, 500

원시주의 146, 170~172, 182, 219, 505

유기적 체제 402, 492~493

유동적 단면coupe mobile 29, 30, 134, 388~389, 396~399, 404, 407, 410, 413, 415

유람-형식 454

유비적 기호 433~435

유상체reume 444

은유 327, 341, 372~374

음소 290, 317~318, 436

음향기호sonsigne 450, 459, 462

응시자-주체 366

의미작용 169, 187, 210, 263, 272~273, 275~276, 278~279, 286~287, 295~306, 309, 311, 320, 341, 347, 349, 353~354, 356, 363, 372, 375, 379, 381, 383, 433, 438

의사疑似종교적 경향 171~172

의식적 지각 39, 45, 205, 462

이미지기호 11~12, 14, 57, 219, 304, 314, 317, 329, 330~332, 335, 339, 348~344, 364, 439, 447, 506

이성적 태도 54, 71, 73, 85

이중분절 288, 290, 294, 310, 317~319, 343, 435~436, 506

이중적 함의 279

인간학적 유물론 90~91

인격성 37, 48, 145~146, 151, 168, 175~178

인류-우주적 비전 239

인상학人相學 181~182, 219

인지효과 368

일반 시퀀스 292~294

일반 약호들 308~310

일반 언어체계 274

일상적 지각 23~26, 31, 206

일체화 231, 235, 238~240, 247~248, 298

자동적 재인 465, 467~468

자연스러운 의미sens obvie 347, 354

자움zaum 176~177, 383

자유간접화법 314, 333~335

자유간접주관적 시점 314, 333~339

자율 숏 291~294

잠재적 행동 41~43, 45, 428

잠재적인 것 37, 40~41, 45, 427

잠재태적 과거 451, 478~481, 490, 496

잠재태적 이미지 467~468, 471~474

잠재태적 현재 451, 470, 475, 476~478, 480, 496

장면연결 132

재인再認 254, 451, 462, 464~469

재프레임화recadrage 362

재현된 것représenté 14, 49, 250, 265~269

전이운동 388~389, 404~407, 415, 430

전체tout 11, 16, 30, 36, 42, 66~67, 71~73, 94, 98, 126, 134, 137~138, 188, 192, 194, 196~203, 384, 388, 404~410, 415, 436~437, 451, 476, 480, 496~497, 508~509

절대 유사(성) 236, 364, 367~371

정감affection 13, 39~46, 50, 84, 251, 429~430, 438, 440, 483, 511

정감-이미지image-affection 15, 50, 418, 429~431, 433, 438, 440~444, 449, 453, 455

정보적 층위 347, 353, 379

정신분산 55, 70~71

정신분석학 101, 232, 284~285, 287~289, 305, 310~312, 347~348, 373~375, 381

정신쇼크noochoc 498

정신적 실재 406

정신(적) 이미지 11~14, 222~223, 225~229, 234~235, 249, 256~262, 266, 277~279, 364, 366, 505

정지상태의 변증법 89~92, 95, 97, 100, 380

제3의 의미 352~355, 358, 360, 364~365

제3의 층위 347, 353~355

제7의 예술 153

제의성 75, 78, 172

존재론적 평등성 456, 458

주관적 이미지 체계 36, 139, 392, 422~423, 427

주의 깊은 재인 451, 465~469

중계 320

지각이미지image perceptive 256~257, 260~261, 277, 278~279

지각된 실재réel perçu 261, 277

지각-이미지image-perception 11~13, 14~15, 50, 334, 418, 425~426, 428, 430~431, 433, 438, 442~444, 448, 455

지성기계 144

지속성 75~78, 359

지속의 영화 456

지시성 369~370

지표기호 367, 369

지표 380, 459

직접적인 소여donnée immédiate 30, 276

진실주의적인 서사 490

진품성 74~75, 78

질료hyle 13, 204, 260~262, 277, 299, 426, 429, 432, 439, 443, 446

질료형상론hylomorphism 261

질적 변화 389, 404, 407, 415

집단적 각성 74, 87~88, 106

집합ensemble 405~409, 444, 459, 484, 507

첨점 473, 475, 477, 480~482, 484, 490~491, 493~494

초현실주의 65, 86~87, 91, 93, 96, 211, 221, 237, 242~250

초현실주의 영화 96, 243, 245~246

촉각적 지각 13, 51, 55, 66~71, 73~74, 85

충동-이미지image-pulsion 444

클로즈업 29, 69, 101, 107, 130, 173, 179~180, 183, 188, 191~193, 196~208, 219~220, 361, 372

클리셰 108, 454~455, 460

키노-아이Kino-Eye/Kino-Glaz 13, 110~122, 124~126, 130, 132~133, 139, 216, 397

탈계열적 몽타주 372~376, 381, 510

탈접속된 공간 459

탈중심화 36, 69~70, 140, 362, 397~400, 408~409, 424, 452

통합적 편재성 241

투사 156, 166, 230, 232~235, 239~240, 247, 467, 472, 480

투사-동일화 239~240, 247

특권적 이미지 35, 36~38, 42, 390

특권화된 순간/특권적 순간 24, 400~ 403

특수 약호들 308~310

특수화 15, 218, 317, 334, 419, 430, 433, 436~437, 449~450, 460

파노라마 이미지 60~63, 66~67, 80, 85

파노라마적 지각 63

파롤 14, 283, 287~290, 295, 299~ 301, 305, 316, 325~326, 426

평행 통합체 291~294

포괄적 통합체 291~294

포착들préhensions 424

포토그램 30, 133~134, 360, 362~364, 370

포토제니photogénie 13, 48, 141, 145~ 178, 185, 202, 219, 249, 505, 511

표상 13, 22, 32~33, 35, 39, 42, 46, 48~49, 225, 366, 396, 464

표상체representamen 439~441

표현운동 430

푼크툼functum 48~49, 178, 364~371, 377, 384, 510~511

프레이밍cadrage 159, 297~298, 308, 408, 411, 413~415, 421, 424, 428

프레임 130, 159, 266~270, 370~381, 384, 408~409, 413, 415, 421, 444,

507, 510

함께 가능하지(는) 않은incompossible 478, 482, 485, 488~495

해석체interpretant 439~441

행동 421~422, 428~430, 441~442, 453~455, 457~458, 461, 463, 465, 468~470

행동-이미지image-action 15, 50, 418, 427~431, 433, 438, 440~444, 449, 453, 455

허위의 서사 359

현실계 248

현실로 쓰인 언어 314~315, 319~325, 343, 435

현실의 기호학 322

현실태-잠재태 회로 474

현실태적 과거 478, 496

현실태적 이미지 468~469, 471~474

현실태적 현재 470, 475~476, 478, 480, 496

현실화 40~41, 241, 427, 441

현재(의) 첨점들pointes de présent 477, 480~482, 484, 490~491, 493~494

현전-부재présence-absence 228~229, 235

현전성 10, 146, 173, 227, 234, 242

형상eidos 261

형상forme 258, 270

형식주의 14, 58, 148, 176~177, 253, 268, 270~272, 284, 337, 342

형태소 290, 436

화면 밖 영역hors-champ 267, 376~377, 471

환유 327, 341, 371~374, 380, 506

환유적 사유 347, 378, 381

환유적 상상력 505

환유적 예술 327, 373, 384

환유적 충동 370

환유적 확장 352, 364, 367~369, 371~372, 375~376, 381~382, 384

환유적 확장성 15, 178, 346~384, 510

환유적 확장 444

회화이미지 225, 268, 351, 366

횡단면 395, 397~398, 483~484

흐름-물질matière-écoulement 391, 395~396, 508, 512

지은이 **김호영**

서강대학교 불어불문학과를 졸업하고 프랑스 파리8대학에서 문학 박사학위를, 고등사회과학연구원EHESS에서 영화학 박사학위를 받았다. 현재 한양대학교 프랑스언어문화학과 교수로 재직중이다. 지은 책으로 『아무튼, 로드무비』(2018), 『영화관을 나오면 다시 시작되는 영화가 있다』(2017), 『패러디와 문화』(공저, 2005), 『유럽영화예술』(공저, 2003), 『프랑스 영화의 이해』(2003), 『베네치아의 기억』(공저, 2003) 등이 있고, 옮긴 책으로 『공간의 종류들』(2019), 『미지의 걸작』(2019), 『겨울 여행/어제 여행』(2014), 『인생사용법』(2012), 『어느 미술애호가의 방』(2012), 『시점—시네아스트의 시선에서 관객의 시선으로』(2007), 『영화 속의 얼굴』(2006), 『프랑스 영화』(2000) 등이 있다.

STUDIUM
스투디움 총서 06

영화이미지학

1판 1쇄 2014년 5월 30일
1판 5쇄 2021년 11월 10일

지은이 김호영
기획 고원효 | 책임편집 송지선 | 편집 허정은 김영옥 고원효
디자인 김현우 최미영 | 마케팅 정민호 양서연 박지영 안남영
홍보 김희숙 함유지 김현지 이소정 이미희
제작 강신은 김동욱 임현식 | 제작처 영신사

펴낸곳 (주)문학동네 | 펴낸이 염현숙
출판등록 1993년 10월 22일 제406-2003-000045호
주소 10881 경기도 파주시 회동길 210
전자우편 editor@munhak.com | 대표전화 031)955-8888 | 팩스 031)955-8855
문의전화 031)955-3578(마케팅), 031)955-2686(편집)
문학동네카페 http://cafe.naver.com/mhdn
문학동네트위터 http://twitter.com/munhakdongne
북클럽문학동네 http://bookclubmunhak.com

ISBN 978-89-546-2487-9 93160

* 이 저서는 2007년 정부(교육부)의 재원으로 한국연구재단의 지원을 받아 수행된 연구입니다(NRF-2007-812-G00019).

www.munhak.com